I nstructor's Ma....

PART I

General Introduction

Spiralen is an intermediate-level German program that comprises a textbook, an audio program (supported by video), and a workbook. The textbook offers a thorough review and expansion of materials generally presented during introductory German courses to allow learners to achieve a *usable and useful* level of both receptive and productive skills. The program emphasizes the students' *creative* involvement with authentic spoken and written German texts, thus fostering in them a sense of pride and accomplishment in their German studies.

Spiralen can stand as a concluding component to any formal study of German and also provides students with a strong and solid base for future language study.

Goals

The overall goal of the program is to give students the tools to be able to communicate meaningfully and effectively in the target lanuage. All skills—speaking, writing, reading, and listening—and culture understanding are developed equally and are supported by a variety of activities throughout the program.

We hope that, at the end of the course, learners will have reached a level of oral proficiency enabling them to handle spoken German creatively, with ease, and accurately enough to converse with native speakers of German.

As for receptive skills, the program provides students with listening and reading strategies that allow them to perform different types of comprehension tasks while working with varied authentic listening materials. Sometimes the level of language is significantly higher than the students' speaking ability because of the well-known phenomenon of the comprehension advantage in most foreign languages. Students listen to authentic conversations, narrative passages, and media-related texts on a variety of topics within many social contexts. A wide array of authentic reading texts, both literary and nonliterary, appear throughout the text and workbook.

Writing is seen as a support skill for language learning and can be found in the form of notetaking and outlining, paraphrasing, and working with personal and semi-official notes and letters, as well as brief summaries and short essays. Writing is developed gradually, beginning with cohesive and coherent sentences and ending with complete paragraphs that lead to short essays.

Planning with *Spiralen*

Spiralen is intended for use at the college as well as the advanced high school level. At the secondary level, it would best be used in Advanced Placement courses, although it might also be used in regular fourth- and fifth-year classes. At the college level it can be adapted to various semester/term situations, such as the following.

- **College Programs, Two Semesters:** The program was designed for *courses meeting four times a week* in a 13–14 week semester. In each semester five chapters should be covered. In general, we have allowed three meetings per Stufe, an average of nine class periods of instruction for each chapter, and one period per chapter for evaluation. However, some chapters, such as Chapters 3 and 7, are perhaps more difficult than others, owing to the coverage of more complex grammatical features and/or the inclusion of longer reading or writing tasks. Such chapters might well be extended to 12 class periods. In contrast, Chapters 5 and 10 may be handled in 7–8 periods. Should you find that your students, for whatever reason, need more time to absorb the central parts of a chapter, you can skip some of the reading selections (especially some of the ones in the workbook) and/or some of the interactive group activities at the end of each Stufe.

Classes meeting three times a week can use the program by deleting some of the reading and interactive components. This will in no way affect the continuity of learning and instruction in terms of basic vocabulary, grammar, and skill development. The schedule would then permit roughly seven class meetings per chapter, including time for assessment.

Classes meeting five times a week would have maximum benefit of the entire program and would be able to place additional emphasis on those components that address their particular goals.

- **Year Program, Quarter System:** Programs working under the quarter system would probably find the following three-part division most advantageous:

  First quarter: Chapters 1–3
  Second quarter: Chapters 4–6
  Third quarter: Chapters 7–10

- **High School Programs:** *Spiralen* can be covered in a one-year Advanced Placement German program since students in such programs have similar contact hours and significantly longer exposure to the language than college students. It is up to instructors to decide which materials are appropriate for their students.

  Spiralen can also be used in regular fourth- and fifth-year programs in which students work with five chapters each year.

Premises

Teacher and Learner Involvement

In our work with the materials we have become thoroughly convinced that the program requires the *active participation of the instructor* in the planning and implementation of the course, just as it requires *students to be full partners* in the process of learning German. The materials form a framework, but it is your personal style of leadership that creates the supportive classroom within which different kinds of interaction essential for effective language learning take place.

Communication, Language Learning, and Language Acquisition

Spiralen is oriented toward communicative language teaching. This implies a focus on meaning, whereby it is understood that meanings are negotiated between partners via certain language forms that are appropriate within certain social settings and frameworks. It is important that the centrality of meaning in context is maintained and not subordinated to form considerations.

Integration of all Language Modes

We consider *speaking* to be a primary mode of language and therefore favor it. However, instead of setting *active* versus *passive* language skills in opposition, we maintain that the receptive skills, listening and reading, also involve the learners actively by incorporating their knowledge of the world and their powers of thinking. Listening and reading are integral to building an enhanced inventory of form/meaning units in a relatively low-anxiety, non-threatening way. Gradually an internalized set of expectations about appropriate use can emerge and eventually be transformed into greater capabilities in *all language modes*.

Listening and Reading Comprehension

Comprehension is not a matter of decoding or deciphering individual words or phrases. Rather, it occurs when listeners or readers bring meaning to the text on the basis of their knowledge of the world at large and of the particular communicative setting. It is not necessary to know every single word in a text to get its broad meanings.

Also, in natural listening or reading we do not attend to everything equally. Instead, we go through a complicated selection process and focus on central concepts; less important points or redundancies are either not attended to at the same level or entirely disregarded. Beginning language learners cannot exercise this selection process, and so comprehension is poor. This problem creates frustration. This is why we carefully monitor the listening and reading process by supplying pre-listening/reading activities, specific tasks while listening/reading, and post-listening/reading activites.

Difficulties also occur if listening and reading comprehension are directly and automatically connected to production in speaking and writing. Since comprehension levels are usually significantly ahead of production, we must be certain that expectations for transfer are within the students' reach.

"Cycles and Spirals"

The grammatical patterns introduced during the first year of language study created a basic framework that must now be refined. Such refinement is best accomplished in a *cyclical* fashion. Like a spiral staircase with repeated circles that never arrive at the same level but ascend to the next, each **Stufe** in the **Spiralen** program raises the level of detail of previously covered material and increases the degree of reinforcement. Thus not every aspect of a grammatical feature is covered in full the first time around; instead, a selection is made following criteria such as wide applicability in diverse communicative situations of the target language, degree of acceptance by native speakers, presumed relative ease of learning, and so on.

The book takes two passes through the most important aspects of grammar. Chapters 1–5 review the grammar covered in most standard introductory books, beginning with basic aspects of the tense system, expanding to the case system and the adjectival system, and then returning to the verbal system's more complex features, such as the passive voice and the subjunctive voice. We are aware that our assumptions about old material may not always reflect your particular situation. But we are quite sure that the students' ability to manipulate many "learned" forms and structures is still limited. Therefore, for "learning" to become "acquisition," students must be allowed time for additional receptive exposure, for opportunities to test their "hypotheses" actively in various sheltered environments, and, finally, to employ the language materials in free communicative situations.

Chapters 6–10 increase students' access to previous materials and lay a foundation for additional work with the language. We feel strongly about this *bridging function*. Such grammar points as extended noun phrases and complex structures with participles and infinitives, which are necessary for comprehension of literary texts and advanced listening, are presented during this second pass. Those students who intend to continue their German studies must be provided with the bases for such increasingly complex work.

The second half of the book allows for greater automaticity and control of the basic structures while presenting a foundation, through receptive work and carefully guided active work, for advanced features of the written language. Students are made aware of the transparency of various elements of the grammatical system, such as word types (from verb to adjective to noun to adverb) or syntactic arrangements (for example, from phrases to clauses to connecting devices between sentences), and of the interrelationship of form and meaning.

Centrality of the Verb

Among grammars, a model that focuses on the verb as the center of basic sentences and then specifies the obligatory as well as the optional syntactic elements accompanying it offers advantages from the standpoint of precision and comprehensiveness as well as learnability. Such a model takes into account the close ties between form and meaning. These ties are crucial for language teaching at the intermediate level and above, where fine meaning differentiations must be made. Such a grammatical model is compatible with a *functional-structural* syllabus, a design that emphasizes the essence of language as communication. The importance attributed to the verb is especially evident in one of the features of this program, the **Vokabelmosaik**.

Authenticity of Texts and Tasks

The connection between meaning and form is best maintained in authentic texts. With the exception of some geo-political or cultural introductions by the authors, texts in *Spiralen* are authentic.

Even so, authenticity in itself is not a sufficient criterion for selection, just as perceived grammatical and lexical simplicity in the typical author-produced texts is not. Authentic texts must be carefully selected by topic, socio-cultural relevance, student interest, diversity of genre, degree of natural occurrence of a certain form feature that can then be studied more closely, and level of sentence structure and lexical difficulty. We have tried to keep these parameters in mind. While the majority of our written and (visual) aural texts involve native-to-native communication, we also include language used between native and non-native speakers, whereby the learners' limitations are taken into consideration but never at the expense of communicating meaningfully or using effective language. Authentic texts also require authentic tasks. Reading comprehension has customarily been checked by answering questions following the text or selecting multiple-choice items. However, we have devised a variety of activities that come closer to what a native reader might find useful—for example, classification of the information, determining the underlying argument, using the information provided for further decision-making, comparing it with another issue or a related issue in one's socio-cultural environment.

Finally, and certainly not least, texts are not only linguistically but also culturally authentic. By including issues that move people to speak and to write, ones that they remember and that they dream of and that deal with aspects of life they wish to maintain or to change, we hope to portray a real culture. Our texts do not merely comprise a collection of cultural exceptions and strange or curious events that may reinforce stereotypes; instead, they reflect culture and culture conflict as they exist in the German-speaking countries today. (This should also promote reflection on one's own culture.) We make these texts available to students without the interference of interpretational biases. We are aware that text selection in itself constitutes a judgment, but we hope to have balanced that judgment by offering a wide range of materials.

Implications for Teaching

Emphasis on Teacher and Student Involvement

Although we have given careful thought to all aspects of *Spiralen,* its success depends in large measure, of course, on your involvement. To maximize this success, students should be encouraged to participate actively; take risks in a supportive environment in which intelligent guessing—not necessarily the correct answer—is rewarded; value authentic communication with peers in partner work or small groups; tolerate a certain degree of ambiguity and openness.

Cyclical Teaching and Error Correction

In advocating cyclical teaching we acknowledge that mastery is not achieved during the first pass. Nevertheless, a solid foundation is laid for the second pass. What degree of accuracy should instructors insist on during the first pass, and which aspects are best left for gradual enhancement and development? Perhaps the best guidance we can give is to continuously observe and support students' progression, not allowing flawed patterns to become settled while not insisting unduly on flawless performance.

To help with this crucial task we have attempted, throughout the program, to give as many opportunities as the text materials reasonably permit to reintroduce, to refer back, to see from a different angle, to fit isolated pieces of the puzzle into larger wholes.

Learning Vocabulary and Structures

It is a truism that vocabulary and structures are best learned in meaningful contexts. Our aim was to create materials and activities that make this task manageable. Instructors can also encourage students to employ new vocabulary and grammar forms in unique personalized and contextualized activities. By becoming accustomed to placing the verb in the center of a planned statement and playing with different required or optional sentence elements, students quickly learn the communicative power of such creativity at the same time that they efficiently learn new materials.

PART II

Chapter Features and Suggestions for Teaching Individual Chapter Components (with Samples from Chapter 3)

Chapter Opener

The two chapter-opening pages include an illustration pertaining to the chapter theme or sub-themes. These illustrations may be used to stimulate student discussion. For example, the illustration for Chapter 3, **Traum und Wirklichhkeit: Schule—Beruf—Karriere**, may be used to start a brief exchange among students on childhood "dream-careers"; or the class could list familiar vocabulary on this topic in form of a **Vokabelmosaik**.

Each chapter opener also includes an overview of the chapter goals as well as an outline of the various sections in each of the three **Stufen**: **Aktuelles zum Thema, Vokabelmosaik, Hörverstehen, Formen und Funktionen, Zum Lesen, Zum Schreiben,** and **Reden wir miteinander!** Also listed are the various listening and reading texts in both the textbook and the workbook.

This chapter outline facilitates the overall planning for the chapter and gives students a quick reference to features in the chapter. Note that all activities within each **Stufe** as well as the activities from **Stufe 1** to **Stufe 3** have been carefully integrated. Care should be taken not to destroy this integration by introducing ancillary materials with an abundance of new vocabulary. Vocabulary "overkill" often hinders the mastery of basic theme-oriented vocabulary intended for active use.

Aktuelles zum Thema

Each chapter and some of the **Stufen** begin with either a short text and/or **Schaubild**, setting the stage by introducing the chapter topic or its sub-themes. Most of these **"Einstiege"** are in the textbook; some are in the workbook. These sections direct the students to think about the topic by presenting everyday life situations and cultural information. This fosters an awareness of similarities to and differences from the students' own environment.

Part of the texts may be in English, part in German with some **Vokabelhilfe** boxes. These texts do not act as reading comprehension tasks but as background for the upcoming activities of the chapter.

Depending on the course environment and students' previous exposure to the particular topic, **Aktuelles zum Thema** materials may be used for brief class discussions.

EXAMPLE: **Aus dem Alltag von Meik und Enrico** is the **Einstieg** to Chapter 3. This article portrays the training situation of two German youths while also focusing on the changed geo-political situation in Germany and the educational/training possibilities in the country. The tasks connected with this section require students to look first at a map of Germany then at an area map showing the Elbe river and the towns where the two young men live and work. These towns are located in two different federal states that previously belonged to two different Germanies. A brief review of the federal states of Germany and the old versus the new **Bundesländer** may be useful here. The questions following the text are easy in order to stimulate speaking and reviewing basic vocabulary.

The cyclical and spiral-like approach of *Spiralen* (discussed earlier) is evident here, since the theme of Chapter 1 is taken up again but now embedded in a new theme with new vocabulary and structural requirements.

The overview of the educational system in this section describes Meik as a "life-participant." Time permitting, you can use the **Schaubild** in the workbook with some questions on the **Schulabschluß situation** to lead to discussions of the students' own experience in their school or town.

Vokabelmosaik

Each chapter includes three **Vokabelmosaiken**, one per **Stufe**. These arrangements of primary vocabulary items related to the chapter topic constitute the core active vocabulary students should be able to work with. The charts represent the interrelationships between various types of vocabulary items (verbs, nouns, adjectives, prepositions) and show possible basic and expanded arrangements in sentences.

Based on the principle of verb-centrality, each entry is preceded by a highlighted basic sentence. In most cases, these sentences have been taken from the context of the **Einstiegstexte** or the **Hörverstehen**; that is, they are recycled. Attention is given to the building blocks of the sentence—in particular, to the verb and the elements surrounding it. This system allows students to begin expressing themselves within a given context. Sample phrases are given for each verb to show how vocabulary is combined to form real language.

It should be noted that the phrases are displayed in the correct order, reading from left to right, and thus provide students with a foolproof way to form structurally correct sentences, provided they are familiar with basic verb forms. If students are not familiar with these, they can refer to the grammar review in the back of the book. Students will likely require a period of adjustment to this way of learning vocabulary, but with some encouragement they will soon find the **Vokabelmosaiken** to be helpful learning devices.

English definitions are provided for all verbs in the **Vokabelmosaik**, thus eliminating the sometimes tedious and often ambiguous task of explaining and/or paraphrasing in German.

For quick reference and review, all verbs introduced in the **Vokabelmosaiken** are listed alphabetically at the end of the book. We have also provided a list of the most important verbs requiring specific prepositions.

EXAMPLE: **Vokabelmosaik 1** in Chapter 3 provides an example of how complex and difficult verbs—in this case, verbs requiring a reflexive pronoun and a preposition—are given special attention. The following exercises and the grammar section of **Formen und Funktionen 1** also focus on these verbs. This approach contrasts that of other textbooks that present difficult verbs only in readings or inappropriate grammar contexts.

Experience with our approach has shown that students will use syntactically or semantically difficult verbs with considerable ease in speaking and writing.

*How can one use the **Vokabelmosaiken** most effectively?*

1. Make sure students understand that these items are to become *active* vocabulary—for use at any time. This means knowing all basic forms of the verbs.

2. To get students used to the **Vokabelmosaiken** arrangements, "play" with the material, letting students ask questions, and experiment with verb associations, and so on.

3. **Schauen und Identifizieren** items can be introduced in group work. **Kombinieren und Schreiben** exercises may be introduced in class and then continued as home assignments.

4. **Assoziationen** exercises (D.) test the students' understanding of the grammatical and semantic compatibility of particular verbs. Sometimes the preposition in the associated phrase(s) will assist the student in determining the verb, but only if he or she already associates the preposition with the particular verb. Exercises of this kind, as well as those that ask students to determine the verb when a related noun or adjective is supplied (C.), should be done quickly.

As a variation, these exercises can be reversed, whereby the instructor or a student-partner provides the verb and the students respond with appropriate phrases/derived nouns without looking in the book.

EXAMPLES: interessieren sich → für einen Sommerjob
für Musik
. . .

or

interessieren sich → das Interesse
interessant

5. Exercises E.–G. (contextual sentence building and fill-ins in a text) are useful home assignments. They can then be compared in class and used as an introduction to the personalized communication-oriented tasks in exercises H. and I.

(Please note that "recycling" and "spiraling" in these exercises lead to a higher level in I., where the model speaker clearly indicates a level of discourse more appropriate to the intermediate level. When beginning students speak a foreign language, they tend to stay at a simplistic but comfortable level of speech. Our program makes a concerted effort to overcome this handicap by providing a variety of exercises based on psycholinguistic research in phrase and sentence retention.)

Hörverstehen (Audio and Video)

Audio: By and large, the listening-comprehension exercises are authentic exchanges related to the chapter topic. Given that most students have not been exposed to listening comprehension without an accompanying printed text, it is essential to guide this activity carefully. We have attempted to take some of the anxieties out of the task by asking only very basic information in the initial texts and then gradually asking for details. Students should not be asked to do too much too soon.

Also, students must be reminded that it is only natural that they will have to listen to some of the selections numerous times before they feel comfortable with them. Only then can they gradually work at understanding specific parts. While you are working on the first two or three chapters, try to set aside 5–10 minutes in each period to help students approach this unfamiliar task. Once they have passed the first hurdles, students get a tremendous sense of satisfaction out of being able to deal with real language.

You will note that parts of the **Hörverstehen** selections are recycled throughout each chapter; in fact, they form the basis for many of the grammatical exercises as well as the oral work—for example, in **Reden wir Miteinander!**. We strongly encourage you to use these activities since they are crucial to the program's progression.

Video: At least one **Hörverstehen** per chapter appears on video, which is a new feature in the listening-comprehension program. The authors have video-recorded numerous situations on location in Europe and in home/studio environments. This video support serves to increase the students' socio-cultural awareness. Continual exposure will lead students to using language in a more natural, native-like manner. Students sometimes find it difficult to identify with a particular situation when only audio material is available; this can affect listening efficiency. However, students are more motivated to listen to video-supported authentic discourse/text because the visual material helps them observe, identify, and remember the cultural context. Facial expressions and gestures, as well as the "real" environment in which communciation takes place, play an important role in the interpetation of the language.

We suggest the following procedure for using the video-supported **Hörverstehen** sections.

— Use the **Vor dem Hören** activities to prepare the students.
— Show the videotape in class.
— Let students work on their own with the audiotape (student tape).
— Check/Discuss students' work and proceed with **Nach dem Hören** activities.

We have found that students working on their own with the audiotape remember the video component and retain the comprehension text to a surprising degree.

All **Hörverstehen** activities are designed so that, if for some reason the videotape cannot be used, the audiotape can be used alone.

*Transcripts of the **Hörverstehen** materials appear at the end of this Instructor's Manual. The transcripts of the **Hörverstehen** are meant not only as a quick reference for the instructor but also—whenever appropriate—as an aid for the students. A number of the **Hörverstehen** are challenging, and there is nothing wrong in supplying students—after their initial listening— with the transcript. Again, this depends on the level and objectives of the course as well as the desired degree of comprehension. Providing transcripts can also be handled on an individual basis. We have found that some students do not want the transcript while others really need it.*

EXAMPLE: The three **Hörverstehen** sections in Chapter 3 provide an example of how the listening-comprehension features work. You should refer to the workbook as you read the following description.

Each of the three **Hörverstehen** sections in a chapter is self-contained, yet each relates to the other two and to the other components in the chapter. Chapter 3's **Hörverstehen 1**, for example, reviews the activities, as well as the expressions, in **Redemittel 1,** which were introduced in conjunction with the **Einstiegstext** in **Stufe 1** (Meik and Enrico)—all of which center on inquiring about personal data. This knowledge prepares students to manage the more difficult "production" task of writing a **Lebenslauf** (in **Zum Schreiben**).

The expressions from **Redemittel 1** are used again later in **Reden wir miteinander!,** where the students become familiar with the speakers in the next two **Hörverstehen** sections, the **Abiturientin** Elisabeth in **Hörverstehen 2** and the apprentice Birgit in **Hörverstehen 3**. In this way, previous material is reviewed and upcoming material is anticipated.

Since the **Hörverstehen** in each **Stufe** become increasingly more difficult, we move from a studio recording accompanied by receptive activities in **Hörverstehen 1** to authentic conversations in an authentic environment along with productive, open-ended activities in **Hörverstehen 2** and **Hörverstehen 3**. To lead students into these more difficult comprehension activities, we provide in **Vor dem Hören** in **Hörverstehen 2** some personalized questions regarding the students' plans and wishes after high school and college. These questions prepare students for what they will hear on the tape—namely, Elisabeth's plans for her future after her graduation from the **Gymnasium**. The **Beim Hören** activities focus the student's attention and help build the skills for the more challenging part: **Nach dem Hören**. Students are encouraged to listen to the tape several times on their own. First they listen to Elisabeth decribe places and time. Then they identify the sequence of topics being discussed. Next, students listen to when events occurred, and, finally, they identify some **Redemittel** (both new and familiar vocabulary expressions) that will prepare them for activities in **Nach dem Hören.** Here students move from the more receptive to the productive, putting all skills and information they identified in **Beim Hören** to work in open-ended group exercises and free discussions.

Because **Hörverstehen 2** provides some excellent material to introduce and exploit cultural attitudes and differences (Elisabeth feels the need to defend her reticence to pin herself down immediately after the **Abitur**), **Hörverstehen 2** sets the stage and provides the context for the upcoming components: **Vokabelmosaik 2, "Bist du . . . begabt?"**; **Formen und Funktionen 2,** "Subjunctive—Practical and Easy"; and reading-comprehension material on talents and professional plans of students on the verge of graduating.

Hörverstehen 3 exploits the concept of German apprenticeship training that was introduced in **Stufe 1** (Meik and Enrico). Since students may be unfamiliar with this concept, and since the profession of goldsmith is somewhat unusual, **Vor dem Hören** activities encourage students to brainstorm on the material and have them guess how long it takes to complete the training to become a goldsmith.

The introduction to the **Beim Hören** activities explains the purpose of the exercises, which is to recycle vocabulary from previous **Vokabelmosaiken** and **Redemittel** and to collect useful phrases for the subsequent **Nach dem Hören** and **Zum Schreiben** sections. In **Nach dem Hören,** students talk about their new acquaintance, Birgit. In **Zum Schreiben,** students carry out a three-step writing exercise that results in a letter describing new cultural experiences related to Meik and Enrico, Elisabeth and Birgit. The **Beim Hören** activities move gradually from having students identify phrases to asking them to produce phrases at random; they then proceed to a more specific acoustical task in which students have to differentiate sounds. Finally, students answer questions about the entire interview with Birgit.

While we suggest that you follow the steps provided in the workbook for working with the **Hörverstehen** sections, we encourage you to find additional activities suitable for your particular course.

Formen und Funktionen: Grammar Review and Expansion

Each chapter contains three **Formen und Funktionen** sections. In Chapters 1–5, the first **Formen und Funktionen** section reviews grammar. **Formen und Funktionen 2 + 3** expand and refine grammar points. Wherever possible, grammar topics are selected in accordance to their theme-related function in the chapter—for example, location-related matters in Chapter 1, time-related matters in Chapter 2, reflexivity and subjunctive in Chapter 3. Each presentation begins with an overview of the grammar item to be discussed and learned. Structured exercises follow that are intended for individual and/or group practice; last are exercises that focus on creative and meaningful use. Vocabulary from the **Vokabelmosaiken** and, on occasion, from the **Hörverstehen** sections is thoroughly integrated into the exercises. Sometimes visual clues, such as diagrams, tables, pictures, and short texts, are incorporated.

In Chapters 1–5 explanations are in English with German terms. These terms will eventually be used to discuss grammatical points. The second half of the book shifts to German explanations, not only because almost all the terminology has previously been introduced in German but also because the students are by then well acquainted with reading German for meaning.

EXAMPLE: In Chapter 3, **Formen und Funktionen 1** focuses on reflexivity, introduced in the **Vokabelmosaik**. Although students are already familiar with reflexive pronouns and their normal use, it is important to make them aware of the large number of German verbs that cannot be used without a reflexive pronoun—that is, the reflexive pronoun has become part of the verb. This becomes even more difficult when a *specific* preposition is also closely associated with the verb. Much practice is needed for such verbs to become part of students' active vocabulary.

The exercises following the overview range from very basic form practice to contextualized cognitive tasks. Exercise E., **"Meine hektische Morgenstunde,"** for example, lends itself to individualized practice requiring considerable skill and concentration. Additional exercises appear in the workbook. Since *Spiralen* is not an introductory program, we try to progress quickly to more open-ended, creative and authentic exercises.

"Subjunctive: Practical and Easy," in **Formen und Funktionen 2**, picks up from where **Stufe 1** left off in obtaining personal information. Only one function of the subjunctive is selected—namely, its use for polite or formal questions and requests. Also, only a few subjunctive forms—primarily of modal verbs—are presented to encourage thorough familiarity and frequent use.

Since **Umlaute** play an important distinctive role in German, this is a good occasion to check students' ability to hear and pronounce **Umlaute**.

Another function of the subjunctive is taken up in **Formen und Funktionen 3**— namely, to express hypothetical conditions. This function is relevant to Chapter 3's theme: talking about dreams and wishes that either won't or have not come true. Again, we intentionally restrict the use of subjunctive to this one function. There is no mention of subjunctive 1 at this point. (If students should inquire about subjunctive 1, they can be informed that it occurs in reported/indirect speech, which will be discussed in a later chapter.) Sometimes students in intermediate courses are afraid of using the subjunctive. We have found that if the various functions are handled separately, understanding and use of subjunctive is much less painful than anticipated.

Students should be made aware of the subjunctive forms of strong verbs and the importance of learning past-tense forms (see the note at the end of the overview to this section).

Formen und Funktionen 3, Exercise B., **"Was wärst du lieber?,"** provides individualized practice of subjunctive forms. This exercise can be done in groups; as a follow-up, each group can report to the class what the group members would like to be and why. Note that each answer in this exercise has two versions: one with a **weil**-clause and another with two separate sentences. This is a good opportunity to get students used to expressing themselves in complex sentences without reading from the book.

Zum Lesen

The texts presented here further expand the chapter topic. They are usually more challenging than the **Einstiegstexte**, noticeably ahead of the students' speaking ability, and even challenge students' reading ability. The readings allow students to tackle increasingly difficult texts by enhancing their ability for intelligent contextual guessing. Particularly in the beginning, emphasize to students that their task is comprehension and not production and that comprehension can be indicated in ways other than speaking.

Since for many students this is the last language-centered course before either going on to subject-oriented courses or ending the formal study of German, we have attempted to offer a variety of readings including many literary texts. All texts are accompanied by glosses.

Some reading selections appear in the workbook.

EXAMPLE: (Chapter 3) The **Zum Lesen** in **Stufe 1** recycles the phrases from **Vokabel-mosaik 1** and **Redemittel 1** where students learned to talk and inquire about personal data. Therefore, we have included two versions of a **Lebenslauf**: a short form and a written document. These offer students the opportunity to recognize and later (**Zum Schreiben**) to reproduce the learned phrases in a basic, yet meaningful context.

Zum Lesen 2, a text that challenges students to move a step beyond the basic skills necessary to decode **Zum Lesen 1**, is prepared for in **Vokabelmosaik 2**, which presents some complex verbs from the reading selection. This section also uses the previously introduced subjunctive employed by the students in the text to express their wishes and dreams. We provide **Vor dem Lesen** activities that move from personalized associations about the students' own dream professions to questions about some differences between Americans and Germans regarding their professional expectations.

The **Vor dem Lesen** and **Beim Lesen** activities also help students employ different kinds of reading skills, from scanning the introductory text to finding out what kind of information they can gather other than the information contained in the title, to scanning the eleven short texts in one minute each to direct students' attention to general information only.

Exercise B in **Beim Lesen** asks students to read one of the eleven texts for more specific information and lets them in on the purpose of this exercise—namely, to be able to report about their favorite student.

The exercises in **Nach dem Lesen** help students to reread the text in order to structure the information better and prepare for the more complex **Reden wir miteinander! 2** section, which is integrated with the reading comprehension and requires students to use the information they have obtained about the eleven students in conjunction with **Redemittel 2**. These **Redemittel** give students the opportunity to talk about their own talents, interests, and professional goals while comparing themselves with the students they have read about in the text (exercise B, **Nach dem Lesen**). Exercise C. in **Reden wir miteinander!** makes use of this personalized way of approaching a text by having students transform one of the texts into first-person singular and then have their classmates guess whom they represent.

As was the case with **Hörverstehen 3**, the interview with a goldsmith apprentice, **Zum Lesen 3** (in workbook) focuses on one specific dream profession, this time that of a writer. The level of this literary text is beyond the active communicative abilities of the students and requires a lot of preparation and structured exercises. **Vor dem Lesen** has students associate phrases with the professions of writer and journalist, asks for the students' own dream professions, and for the guidance they themselves have received prior to "professional" choices like place of study, education etc. Each literary text also includes a short paragraph on the author's life and work.

Since this authentic text by Corinna Schnabel presents a wonderful summary of the topics dealt with in this chapter, students are well prepared to get the gist of it; they will probably not be able to grasp this text in all its detail and are not required to do so. Rather than expect a complete understanding of the text, the **Beim Lesen** activities ask the students to use discretionary skills (determine right or wrong statements), structuring skills (give subtitles), and reading skills, focusing on information of the students' choice (ask one another questions) or on basic characteristics of the characters in the text. (Some literary reading selections in other chapters and accompanying exercises will go beyond this stage of easing students into a complex text; they introduce the students to some literary terminology and interpretive strategies that help prepare them for literature and culture classes in the third year.)

The writing assignments then move to a more in-depth understanding of certain aspects of the text or ask students to elaborate on certain sections of the text. Again, the **Reden wir miteinander!** section is fully integrated with the literary text, exploiting difficult or idiomatic vocabulary. Students can work within a meaningful context to explore the situation in the text in a pragmatic way beyond its limits (for example, they can create dialogues between persons in the text or invent personnel—school psychologist, professional counselor—with the help of **Redemittel 3** and **3a**. The optional creative writing assignment again requires students to apply their own understanding of the text by exploring their own writing skills in the writer's place.

Reden wir miteinander!

These sections present summary partner and group activities that encourage students to apply whatever they have learned fom the chapter to carry out communicative tasks. Typically, material from the **Hörverstehen**, the **Vokabelmosaiken**, the grammar of the chapter/**Stufe**, and particularly the **Redemittel** (see below) is used. Sometimes this section is integrated into other sections of a **Stufe**—for example, **Zum Lesen**.

EXAMPLE: The three **Reden wir miteinander!** sections of Chapter 3 progress from basic to demanding communicative tasks. The variety of tasks/exercises offered gives the instructor the opportunity to choose material depending on the aspirations, needs, and goals of the particular program. Occasionally, worksheets or authentic information in the workbook support an activity in the textbook (**Reden wir miteinander! 1**, Ex. C; **Reden wir miteinander! 2**, Ex. D). Some activities can be prepared at home (incorporating materials from other sections) and then presented (to a group) in class.

For these activities to be successful, the instructor must be well informed about the new vocabulary and **Redemittel** to be able to guide the spiral-like progression. Otherwise, students fall back to "safe territory," staying away from the use of new materials.

Reden wir miteinander! 3 may be quite a challenge if students employ the suggested vocabulary and phrases, but its activities simulate real-life communication beyond the level of "tourist talk."

Redemittel

Each chapter offers important phrases to express certain functions/notions. Often these are formulaic expressions presented to achieve certain communicative tasks with maximum ease. These **Redemittel** are closely tied to the chapter topics, such as asking for directions, extending and receiving invitations, giving and accepting congratulations, making plans, obtaining travel or job information, and so on. They are also geared to providing students with basic conversational strategies, such as making suggestions, replying positively or negatively to suggestions made by others, discussing complex matters, soliciting somebody's opinions, and asking for and giving clarification. As much as possible, the **Redemittel** are thematically connected with the **Hörverstehen** and **Zum Lesen** sections and are coordinated with the conversational tasks the students are asked to handle in the sections for free conversation (**Reden wir miteinander!**).

Since the **Redemittel** are integrated into various sections and not listed at the end of each chapter, it is advisable that the instructor makes students aware of their importance for speaking. For review purposes, all the **Redemittel**, plus translations, appear at the end of the workbook.

EXAMPLE: The **Redemittel** in **Stufe 1** of Chapter 3 review basic questions for obtaining personal information such as name, date of birth, address, telephone, and family members. To be sure, such information was handled already in an introductory course. However, putting it in a new context—for example, that of Meik and Enrico or that of using complex sentence stucture such as the following to ask information about a third person—provides an easy and useful transition to more challenging speaking patterns for example, in **Reden wir miteinander! 1**, Ex C.

Weißt du (vielleicht), wo . . . wohnt?

, ob . . . sich . . . für . . . interessiert?

, warum . . . ?

In a similar way, **Redemittel 2** and **3** present a mix of introductory- level phrases and phrases using complex verbs introduced in the **Vokabelmosaiken**. The interviews with Elisabeth and Birgit supply the background for personalized discussion about **Persönliche Interessen und Berufswünsche** and **Information über Jobs und Ausbildung**. Note the more challenging structures of some of the **Redemittel**. If you can get students over the initial anxiety about using these phrases, they will thoroughly enjoy being able to produce longer sentences. Many students are scared if sentences get longer than five/six words! Be patient and let students get plenty of practice in partner exercises. Using a new **Redemittel** once or twice does not do it!

Examples from **Stufe 2** and **3**:

Easy:	—Was hast du diesen Sommer vor?
	—Rufen Sie doch mal bei . . . an!
More difficult:	—Ich möchte die Gelegenheit nutzen, . . .
	—Umgang mit Computern interessiert mich kaum.
Challenging:	—Eine Freundin von mir hat mir von Ihrem Studium erzählt und . . .
	—Mit wem kann ich mich in Verbindung setzen, wenn ich mehr Information über . . .?

Zum Schreiben

As indicated earlier, students will achieve different levels of performance, roughly in a progression that moves from writing and speaking to listening and reading. We have made a concerted effort to encourage a slow step-by-step progression in writing skills. Every chapter includes writing activities ranging from note-taking to situational mini-dialogues, to form-type statements, to paragraphs and short essays employing such features as connecting sentences and referring back and forth with **da**- and **wo**-compounds.

EXAMPLE: In Chapter 3, the first task, **Mein Lebenslauf**, is a relatively easy one. However, students can apply their skill of writing a short letter to the more formal format required by the **Lebenslauf**. This writing exercise is also a good review of basic time expressions and using past tense.

Depending on the objectives and level of the course, **Ein größeres Schreibprojekt** of **Stufe 3** may provide a summing-up of certain chapter aspects. It requires combining information on the educational/training system, the **Gesellin** Birgit, and the student's own aspirations for the future. For some programs this may be too formidable a task. But an essay on previous dreams and present/future aspirations is something everyone who has worked seriously with the chapter will be able to handle.

Realia

Various types of **Realia** appear throughout the textbook and the workbook. Sometimes they are intended merely to add an additional, culturally authentic touch and therefore need not be "taught" separately. Students are generally interested enough to attempt to get the meaning on their own. At other times, the realia are essential for doing the exercises.

Workbook

The **Workbook** is totally integrated into the *Spiralen* program and therefore not optional. For example, all the tasks associated with the listening-comprehension selections, review-oriented grammar exercises, a number of the **Zum Lesen** activities, some supplementary texts for comprehension, and extended exercises referred to in the textbook are printed here. We have also incorporated into Chapters 6–9 the most frequent irregular verbs grouped, for ease of learning, by vowel patterns. It would be helpful to make students aware of this so they can derive maximum benefit from the practice opportunities of the workbook.

Appendices

In its backmatter the textbook contains a reference grammar, a list of the abbreviations used throughout the book, an alphabetical list of all verbs introduced in the **Vokabelmosaiken**, and a list of verbs requiring specific prepositions.

The workbook contains in its backmatter all **Redemittel** with their English equivalents, as well as a selected German-English vocabulary.

Chapter Tests/Final Exams

Upon acceptance of the *Spiralen* program, the instructor will receive a separate booklet (**Test Bank**) containing chapter tests and final exams.

There are two sets of tests. One set has chapter tests for each of the ten chapters; the second set contains chapter tests for Chapters 1–4 and 6–9 and two final exams, one covering Chapter 5 and chapters 1–4, the second covering Chapter 10 and Chapters 6–9. The two sets together provide a variety of questions and exercises covering the different components of the chapters. It is only natural that the tests reflect the different approach this intermediate program takes. In other words, most of the test sections are not of the multiple-choice/question/cloze-test format. Rather, they employ tasks whereby students have to show that they can recognize and use vocabulary and phrases in thematically defined contexts. A considerable number of the test sections have been taken from or represent chapter exercises. Since these exercises do not lend themselves to be memorized, there is little chance that students remember verbatim what they did in class or as an assignment. We have found that when students recognize such exercises in the test this gives them a certain feeling of confidence as well as objectivity and fairness. This is, in our view, an important aspect of testing.

You should feel free to add, delete, and mix and match sections from the two sets as you see fit for your program. The tests provided are meant only as suggestions. For example, the reading-comprehension sections can easily be replaced by up-to-date texts from such publications as *JUMA, SCALA* or *Deutschland Nachrichten,* to mention but a few.

KAPITEL 1

Hörverstehen 1—Dialog 1

Auf Besuch bei einer Wohngemeinschaft (Video)

SIGRID: (Auf) Besuch in einer Wohngemeinschaft. Das ist die Bettina und die Karin, die wohnen hier in Trier, im Stadtzentrum, in einer Wohngemeinschaft. Und—Bobby ist natürlich auch dabei, den hab' ich ganz vergessen. Und Sie teilen sich eine Dreizimmerwohnung. Stimmt das?

KARIN: Das ist richtig!

SIGRID: Und im Moment sind wir hier in der großen Küche.

KARIN: Ja, im **Herzstück** von unserer Wohnung sind wir hier. Das ist hier unser Küchentisch. Wir können ja gerne mal nach hinten gehen. Mhm. Und Sie haben einen schönen **Ausblick** in den Garten.

KARIN: Ja.

SIGRID: Wie hab'n Sie diese Wohnung gefunden?

KARIN: Oh, es war zunächst völlig schwierig, überhaupt was zu finden, und dann **hat der Zufall zugeschlagen**. Eine Freundin von mir hat das Haus hier gekauft.

SIGRID: Ach, sie hat das Haus gekauft!

KARIN: Ja, und hat mir dann die Wohnung angeboten.

SIGRID: Mhm. Und Sie mieten die Wohnung also von der Freundin.

KARIN: Ähm. Wir hab'n das so gemacht, daß jeder von uns, öh, ein Zimmer mietet und Hauptmieter ist. Wir teilen uns **quasi** dann nur die Küche und das Bad.

SIGRID: Mhm, gut. Und, ähm, gibt es auch einen Untermieter hier, oder haben Sie das Recht, die Wohnung unterzuvermieten?

KARIN: Ne, weil wir alle Hauptmieter sind, wird nicht untervermietet.

SIGRID: Wird nicht untervermietet. Aha. Und darf ich mal fragen, ob es schwierig war, hier, ähm, in ein Haus, in dem normalerweise nur Familien wohnen, als WG einzuziehen?

KARIN: Also, eigentlich nicht, weil 'ne WG ist viel besser für 'nen Vermieter, weil man da mehr Geld verdienen kann.

SIGRID: Ah, so ist das!

KARIN: Die Vermieter, ähm, das weißt du ja auch, die können von den einzelnen Studenten **erheblich** mehr Geld nehmen.

SIGRID: Wieviel bezahlen Sie denn? Darf ich das mal fragen, oder ist das zu privat? Wieviel bezahlen Sie für diese Wohnung?

KARIN: Also wir zahlen 400 Mark pro Zimmer plus 50 Mark Strom.

SIGRID: 50 Mark Strom. Das sind zusammen 450 pro Zimmer, mal drei, da kommt man auf 1200 oder mehr.

KARIN UND
BETTINA: 1350.

SIGRID: 1350. Hm. Und die **Nebenkosten**, sind das Strom, Wasser, **Müllabfuhr**?

KARIN: Das weiß ich (noch) nicht genau, wie das geregelt ist, ich weiß nur, daß ich an die Stadtwerke extra Geld **abführen** muß.

SIGRID: Hm. Und bezahlen Sie alle 400 für ein Zimmer, egal, wie groß das Zimmer ist?

KARIN: Ja.

SIGRID: Alle der gleiche Preis.

BETTINA: Ja, ganz genau.

SIGRID: Sie wohnen also mit drei Frauen hier zusammen in der Wohngemeinschaft, ja? Und wie sind Sie eigentlich daraufgekommen, mit drei Frauen zusammen-zuziehen? Hatten Sie vorher schon WG-Erfahrung? Haben Sie schon mal alleine gewohnt oder mit anderen zusammen, mit einer größeren WG viel-leicht?

BETTINA: Also ich hab' vorher zwei Jahre lang alleine gewohnt, und das hat mir eigentlich nicht so gut gefallen, weil man, also, wenn man nach Hause kommt, ist man alleine und dann hab' ich **halt** beschlossen, auch mal in 'ne WG zu ziehen; ich hab' vorher auch schon in 'ner WG gewohnt, auch mit zwei Frauen zusammen, und jetzt wohn' ich wieder mit zwei Frauen zusammen, und find' das eigentlich ziemlich angenehm.

SIGRID: Ziemlich angenehm.

BETTINA: Ja, sehr gut.

SIGRID: Könnten Sie sich vorstellen, äh, Karin, mit mehreren Leuten zusammen-zuziehen?

KARIN: Och, ja, ich mein', das hab' ich ja immer mal wieder gemacht, ich hab' oft mit Leuten zusammen gewohnt, und ich hab' aber auch schon ein paar mal alleine gewohnt. Und eigentlich wohn ich gern' mit Leuten zusammen. Obwohl diesmal war es witzig, ich wollte nicht nur Frauen in der WG haben.

SIGRID: Und **wie ist es dazu gekommen**, daß gerade Sie drei zusammengezogen sind?

KARIN: Och, irgendwie hab'n wir gut zusammen gepaßt! (*lachen*) **Das hat sich ergeben**.

Hörverstehen 1—Dialog 2

Bettinas Zimmer

SIGRID: Das ist also hier im Zimmer von der Bettina, und ich finde Ihre Einrichtung ganz interessant, dieses Bett zum Beispiel, wo haben Sie das her?

BETTINA: Das hab' ich von meiner Oma. Also, ich, als ich von zu Hause ausgezogen bin, hab' ich erstmal, ja, bei allen möglichen Verwandten und Bekannten nachge-fragt, ob ich irgendwelche alten Möbelstücke haben kann, und meine Oma hatte halt dieses **Prunkstück** noch und hat es mir dann so **überlassen**—da bin ich ziemlich stolz drauf, auf mein Bett.

SIGRID: Gut. Und, ähm, das Regal ist, glaub' ich, von Ikea, ne? Ikea-Regal.

BETTINA: Natürlich, das darf natürlich in keinem Studentenzimmer fehlen. Ja, von Ikea.

BOBBY: (*bellt*)

SIGRID: Das ist typisch für Studentenwohnungen.

BETTINA: Ja, ja genau.

SIGRID: Weil es auch ziemlich billig ist, praktisch und gut. Und, ähm, der Schreibtisch ist auch interessant. Ein Glasschreibtisch. Arbeiten Sie viel mit Zeichnungen oder?

BETTINA: Ne, nicht unbedingt, ich fand ganz einfach das Modell ziemlich schön, das hat nichts mit Zeichnungen zu tun, hat gar nichts mit meinem Studium zu tun.

SIGRID: Sie studieren gar nicht Zeichnen. Sie studieren Philosophie, glaub' ich, ne?

BETTINA: Ja, ganz genau.

SIGRID: Mhm, ja, gut.

Hörverstehen 2

Nach dem Weg fragen und den Weg beschreiben

Dialog 1

WILFRIED: Entschuldigen Sie, zum Bahnhof?

FRAU WÜST: Zum Bahnhof, ja, geradeaus und dann links.

Dialog 2

HORST: Guten Tag, entschuldigen Sie bitte, zur Post?

FRAU MEISNER: Zur Post—. . .

HORST: Oder . . .

FRAU MEISNER: Ja, immer gradeaus bis Se nicht mehr können, dann rechts 'rum, wieder gradeaus, und da seh'n Se's rechts. Über, über'n Unnaer Platz.—Und da können Se sich nicht verfahren.

HORST: Ah ja, danke schön . . .

Dialog 3

BÄRBEL: Entschuldigen Sie bitte, äh, können Sie mir sagen, wie ich hier zum Buchladen komme?

TORSTEN: Ja, sehen Sie die Kirche da hinten, auf die müssen Sie erst mal zuhalten, und hinter der Kirche gehen Sie in die erste Straße links und dann hinter der Ampel in die zweite Straße rechts. Nach fünfzig Metern finden Sie das Buchgeschäft auf der linken Seite.

BÄRBEL: Ja, danke schön, ich hoffe, ich finde es.

Dialog 4

JOCHEN: Du, entschuldige, kennst du hier 'ne gute Diskothek oder so was?

SABINE: Na klar, hier in der Gegend gibt's 'n paar. Ja, welche Art willste denn, mit, mit Tanz oder wo du nur 'n paar Leute kennenlernst, oder . . .?

JOCHEN: Ja, am besten wär' beides.

SABINE: Ja, da gibt's 'n Kaktus. Der is, wenn de hier die Straße weiter geradeaus gehst und dann die zweite Straße links, und dann mußte immer den Straßenbahnschienen entlang gehen und dann auf der linken Seite ist so'n, so'n gelbes Haus. Sieht total jeck aus. Ist auch ganz gut da. Ist auch nicht so besonders teuer.

JOCHEN: Ja, das is' ja mal gut.

SABINE: Also, kannste dir wahrscheinlich leisten.

JOCHEN: Na ja, gut, danke. Tschüß.

SABINE: Bitte, tschüß.

Dialog 5

HELGA: Entschuldigen Sie bitte, wie komme ich zum Beethovenhaus?

KAI: Zum Beethovenhaus? Oh, das weiß ich aber wirklich nicht. Fragen Sie doch mal die Dame da hinten!

HELGA: Äh, entschuldigen Sie bitte, könnten Sie mir sagen, wie ich zum Beethovenhaus komme?

FRAU VEIGEL: Ja, passen Sie auf, Sie müssen jetzt erst mal hier weiter geradeaus gehen und dann dort beim Kaufhof rechts rein und . . .

HELGA: Mmh.

FRAU VEIGEL: . . . dann gehen Sie ungefähr hundert Meter und . . .

HELGA: Ja.

FRAU VEIGEL: . . . dann wieder links rein, und dann sind's ungefähr noch zwanzig Meter, und dann sind Sie da.

HELGA: Na ja, also, erst rechts, dann links, na ja, ich werd's mal seh'n.

Dialog 6

KATJA: Entschuldigung, wie komme ich denn hier zur Post?

HERR BAUER: Ja, das—ganz einfach.

FRAU BAUER: Das is' ganz einfach, ja.

HERR BAUER: Sie gehen jetzt die Straße hier runter, ja. Dann ist auf der linken Seite, wenn Sie einen kleinen Bogen machen, die Treppe erst mal hoch . . .

FRAU BAUER: Das ist eine—Rolltreppe.

HERR BAUER: Ja richtig, eine—eine Rolltreppe. Dann ist auf der linken Seite ein Zigarettengeschäft, ja.

FRAU BAUER: Also ein Stück weitergehen. Wenn Sie die Rolltreppe hoch sind . . .

HERR BAUER: Ja, ja natürlich.

FRAU BAUER: Ja.

HERR BAUER: Am Zigarettengeschäft auf der linken Seite gehen Sie links rum, dann gehen Sie die Straße geradeaus durch, und wenn Sie dann, ja dann kommt eine Ampel, verstehen Sie? Dann stehen Sie davor und gucken nach links. Da sehen Sie die Hauptpost.

KATJA: Ah ja.

FRAU BAUER: Also erste Straße links hier runtergehen, die ist schon richtig.

HERR BAUER: Ja, ganz einfach.

KATJA: Ja, ja danke.

[„Mignon"—ein Lied von Franz Schubert, nach dem Gedicht von J.W. von Goethe]

Hörverstehen 3 (Video)—Dialog 1

Ein Bad in einem Altbau

STEFAN: Ja, ja und auch dieser Raum gehört zu einer Wohngemeinschaft. Was ich interessant finde, hier in der Ecke, was ist denn das?

KARIN: Das ist unser **Badeboiler**. In dem wird das Wasser zum Baden warmgemacht. Und man muß sich das vorher genau überlegen, wann man baden will, weil das sehr teuer ist, wenn dieser Boiler sehr lange an ist; das heißt also, 'ne Stunde, bevor man **gedenkt**, ein Bad **zu** nehmen, macht man den Boiler an.

STEFAN: Aber der reicht dann nur für eine Person.

KARIN: Richtig.

STEFAN: Und da muß die andere warten.

KARIN: So ist es.

STEFAN: Und wie lange darf man hier ungefähr eine Dusche nehmen?

KARIN: Es reicht für ungefähr 10 Minuten duschen und für 'ne ziemlich normale **Wanne** voll Wasser.

Dialog 2

In Karins renovierter Wohnung

SIGRID: Sie wohnen also hier in einem renovierten Altbau. Ist der auch modernisiert worden?

KARIN: Ja, der wurde auch modernisiert, soviel ich weiß in den 70er Jahren.

SIGRID: Mhm.

KARIN: Und vor zwei Jahren kamen hier neue Fenster rein, was auch dringend notwendig ist wegen dem Lärm, vor allem nachts.

SIGRID: Ja, das glaub' ich. Damit Sie gut schlafen können.

KARIN: Ja.

SIGRID: Hab'n Sie dieses Zimmer selber renoviert?

KARIN: Ne, wir hatten Glück. Als wir hier eingezogen sind, war die ganze Wohnung komplett gemacht.

SIGRID: Aha, Sie brauchten also gar nichts mehr zu machen. Und was ist in so einer Wohnungseinrichtung enthalten? War zum Beispiel der Kühlschrank in der Küche? War irgendetwas . . .?

KARIN: Der gehört mir.

SIGRID: Der gehört Ihnen. Sie mußten alles mitbringen.

KARIN: Wir haben überall genommen, was wir gekriegt haben und mußten alles mitbringen. Das einzige, was in der Wohnung war, war die **Spüle**.

SIGRID: Und die muß auch in jeder Wohnung sein.

KARIN: Noch nicht mal.

SIGRID: Noch nicht mal.

KARIN: Das ist abhängig vom Bundesland.

SIGRID: Mhm.

KAPITEL 2

Hörverstehen 1

Vorstellen und Kennenlernen

Humorous prelude (Bobby bellt) (Lachen)

STEFAN: Na, wer bist du denn? So heißt du! Was denn? Ist ja ein schönes Willkommen!

KARIN: Komm', mein Hund, wir geh'n mal hier auch rein, komm, hier.

STEFAN: O.K.

KARIN: Rechts.

STEFAN: Wie heißt er denn?

KARIN: Bobby!

STEFAN: Bobby? Ha! O.K.

KARIN: Ja geh', Bob!

SIGRID: Das hätt' ich ja wissen müssen!

Dialog 1 und 2

FRAU BEIER: Ich glaube, Sie kennen sich noch nicht. Darf ich vorstellen? Herr Kaiser—Frau Mühlenfels.

HERR KAISER: Grüß Gott.

FRAU MÜHLENFELS: Angenehm.

FRAU BEIER: Kennt ihr euch schon? Das ist mein Vetter Jens und das ist Juliane.

JENS: Hallo.

JULIANE: Tag.

Dialog 3

GERD: Hallo, ich hab' dich ja schon lang' nicht mehr gesehen, wie geht's denn so?

THOMAS: Oh, geht ganz gut, aber du wollt'st mich doch mal besuchen.

GERD: Ja, weißt du, Semesterende und die Klausuren vor der Tür, ne, da kommt man zu nichts mehr.

THOMAS: Aber morgen abend bin ich zu Hause, komm' doch mal vorbei.

GERD: Ja, klar, bis morgen dann. Ich komm' dann.

THOMAS: Ja, tschüß.

GERD: Tschüß.

Dialog 4

ULRIKE: Hey, hallo, was machst du denn hier?

HEIDI: Mensch, dich hab' ich ja ewig nicht mehr gesehen.

ULRIKE: Du, ich dich auch nicht, wie geht's dir denn so?

HEIDI: Och, grad' ganz gut, aber gut siehst du aus.

ULRIKE: Ja, du auch. Ach ich freu' mich echt, daß ich dich mal wiedersehe.

HEIDI: Das find' ich ja toll, daß wir jetzt . . . so ein Zufall. Wie kommst du denn her?

ULRIKE: Ja, ich bin hier von, vom Thomas mitgenommen worden.

HEIDI: Das is' ja wirklich toll, daß man sich so—nach so langer Zeit wiedertrifft.

ULRIKE: Du, hör mal, wir müßten uns mal wieder treffen, daß wir also . . .

HEIDI: Ja, wie wär's denn Sonntag? Komm' doch zu mir . . .?

ULRIKE: Obwohl Sonntag . . .

HEIDI: Du, wo wohnst du denn jetzt?

ULRIKE: Na, Sonntag ist nicht so gut. Ich ruf' dich mal an, ja.

HEIDI: Ja, ist gut. Gibste mir deine Telefonnummer auch?

ULRIKE: Ja, klar, hier.

Dialog 5

THOMAS: He, ah, ihr, ihr, wißt doch, äh, das eine Mädchen, von dem ich euch so . . . oft erzählt hab', ne?

FRAU BAER: Ja?

THOMAS: Die is' eine aus der Parallelklasse. Ja, das ist meine neue Freundin, und die kommt heute um vier. Wollt ich euch vorstellen.

FRAU BAER: Ja, gut.

HERR BAER: Nett.

THOMAS: Ach, da kommt sie ja grade. Also, das ist, äh, Beate Matuschek, ja.

BEATE: Guten Abend.

THOMAS: Und das sind meine Eltern.

FRAU BAER: Tag.

HERR BAER: Guten Abend, Renate. Beate?

THOMAS: Ne, Beate . . . ja, ja.

HERR BAER: Ah, ich hab' Renate verstanden.

THOMAS: Ne, ne, Beate.

FRAU BAER: Ja, darf man denn noch „du" sagen?

BEATE: Aber natürlich.

FRAU BAER: Ja?

BEATE: Ja.

Hörverstehen 2

Einladen

Dialog 1 und 2

CLAUDIA: Hast du heute abend schon was vor?

ANDREA: Heute abend . . . , nein, heute abend noch nicht, warum?

CLAUDIA: Ach, das trifft sich gut. Wenn du Zeit hast, kannst du zu mir kommen, weil meine Eltern sind nicht da, und da dacht' ich, wir könnten uns'n gemütlichen Abend machen.

ANDREA: Ja, das ist gut. Heute abend kommt'n Krimi, dann könnten wir uns den zusammen angucken. Ich hab' bestimmt wieder Angst alleine.

CLAUDIA: Ja, is' gut, machen wir.

. . .

SABINE: Hast du heute abend was vor?

ANGELA: Ja, warum, sollt' ich zu dir kommen?

SABINE: Ja, weißt du, ich dachte, meine Eltern sind heute abend nicht da, und wir hätten uns 'nen gemütlichen Abend machen können.

ANGELA: Ja, das tut mir leid, meine Eltern sind nämlich auch nicht da. Und da muß ich auf meine kleine Schwester aufpassen.

SABINE: Ach so. Ja, vielleicht komm' ich dann zu dir.

ANGELA: Ja, das wär' 'ne Idee.

SABINE: Also, tschüß.

ANGELA: Tschüß.

Dialog 3

INGE: Hallo, Gerd, muß das denn sein, daß du 'ne halbe Stunde zu spät kommst? Find' ich wirklich nicht gut. Beim nächsten Mal wart' ich nicht länger als zehn Minuten auf dich.

GERD: Ach ja nun, 'ne halbe Stunde—außerdem hab' ich die Straßenbahn verpaßt, und denn wollt' ich nicht zu Fuß laufen, der Weg war so weit, da hab' ich denn auf die nächste gewartet.

INGE: Immer diese Ausreden. Beim nächsten Mal mach' ich das nicht mehr, da kannste sicher sein.

Dialog 4

THOMAS: Ach, guten Abend. Ja, kommen Sie mal rein. Legen Sie mal Ihre Sachen ab. So . . . , soll ich Ihnen helfen, oder?

EVA: Nein, danke.

HEINZ: Danke, danke.

EVA: Danke, Thomas, wir freuen uns sehr über die Einladung. Oh, mein Mann hat auch noch etwas zu trinken mitgebracht.

HEINZ: Hier.

THOMAS: Och, das ist aber nett. Danke. Och, wär' aber nich' nötig gewesen. Ich, ich hab' eingekauft, eben gerade noch. Ja, 'n Mantel hängen Sie mal dahin auf. Ja, so ist gut.

HEINZ: Danke.

THOMAS: Ja, dann kommen Sie mal rein, bitte.

HEINZ: Komm, geh du vor, Eva.

EVA: Danke.

Gratulieren

Dialog 5

SONJA: Herzlichen Glückwunsch zum Geburtstag.

PETRA: Danke. Ich glaube, heute gratuliert mir jeder. Ich weiß gar nicht, woher die das alle wissen.

SONJA: Na, haben alle ein gutes Gedächtnis.

PETRA: Ja, das glaub' ich auch.

Verabschieden

Dialog 6

FRAU WEBER: Also, ich muß jetzt gehen, auf Wiedersehn.

HERR HAUSER: Auf Wiedersehn, bis nächste Woche.

Dialog 7

HERR HAUSER: Müssen Sie jetzt schon gehen?

FRAU WEBER: Ja, sonst verpasse ich meinen Bus.

HERR HAUSER: Das ist aber schade. Dann auf Wiedersehn.

FRAU WEBER: Ja, Wiedersehn.

Dialog 8

REGINA: Tschüß, bis morgen.

THOMAS: Ja, bis morgen.

Dialog 9 (optional)

ULRIKE: So, und, wir müssen jetzt leider gehen, und wir wollten uns nochmal herzlich für Ihre Einladung bedanken. Es hat uns wirklich unheimlich gut bei Ihnen gefallen.

HERR FRÖHLICH: Das ist lieb. Hoffentlich dauert's das nächste Mal nicht so lange, bis Sie wieder zu uns finden.

FRAU FRÖHLICH: Das wollt' ich eben gerade sagen. Helmut, ich finde, ihr müßt also in Zukunft wirklich mal etwas öfter vorbeikommen. Und es geht wirklich nicht, daß ihr noch ein Glas trinkt?

HELMUT: Ne, wirklich nicht du.

ULRIKE: Das, das geht einfach nicht, weil wir müssen jetzt wirklich nach Hause. Wir würden unheimlich gerne dableiben, aber die Kleine halt, und das ist klar.

. . .

FRAU FRÖHLICH: Ja, also dann gute Fahrt und bis bald, ne.

ULRIKE: Ja, vielen Dank, tschüß.

HERR FRÖHLICH: Auf Wiedersehn.

ULRIKE: Hoffentlich sehen wir uns bald wieder.

Hörverstehen 3 (Video)

Bei Bettina, Karin und Sabine.

SIGRID: Sabine, Sie sind also die dritte Mitbewohnerin hier in der Wohngemeinschaft. Ähm, sind Sie auch aus Trier, oder woher kommen Sie?

SABINE: Ich komme aus Bayern. Und, ähm, ich hab' hier angefangen zu studieren und bin seit 5 Jahren in Trier.

SIGRID: Ja, und was studieren Sie denn?

SABINE: Ich studiere Chemie.

SIGRID: Chemie, mhm, interessant. Und Sie studieren Philosophie, ne, Bettina?

BETTINA: Ja, ganz genau, und Germanistik noch dazu, und ich komm' aus der Nähe von Köln, studiere auch schon seit sechs Jahren hier in Trier.

SIGRID: Das ist lange.

BETTINA: Ja.

SIGRID: Und die Karin hab' ich ganz vergessen?

KARIN: Ja, ich studier' auch Germanistik und im zweiten Fach Politik und bin schon ziemlich lange in Trier.

SIGRID: Und woher kommen Sie?

KARIN: Ah so, ich komme aus dem Saarland, aus dem Land der Kischten und Kaschten.

SIGRID: Was ist das denn?

KARIN: Das, ähm, hängt mit dem saarländischen Dialekt zusammen, wir haben große Schwierigkeiten mit dem „ch", und sprechen dann immer „sch".

SIGRID: Ah so, also das hat nichts mit den Kisten und Kasten . . . (zu tun).

KARIN: Doch! Ist genau das. Kisten und Kasten.

SIGRID: Mhm. Das bringt mich ein bißchen zu der Einrichtung, Kisten und Kasten. Besonders in dem anderen Zimmer haben wir gesehen, daß sehr viel in Ihrer Wohnung noch improvisiert ist, ne, besonders die, die, Regale und ein bißchen mit Kartons, und die Dekoration ist auch interessant. Hab'n Sie dieses Poster aus der Nationalgalerie in Berlin mitgebracht?

SABINE: Äh es ist mir geschenkt worden.

SIGRID: Mhm.

SABINE: Ich war nicht selber in Berlin.

SIGRID: Sie waren nicht selber da, ist ein Geschenk. Und, was ich auch noch fragen wollte, äh, Sie haben also keinen Kleiderschrank hier. War das eine besondere Idee von Ihnen, so eine Stange aufzuhängen? (Lachen)

SABINE: Es war billiger! Ganz einfach. Und ich fahr' jedes Wochenende nach Hause und, ähm, ich brauch' hier in Trier nur sehr wenig Kleidung.

SIGRID: Mhm, das ist der Grund. Sieht ganz interessant aus.

SABINE: Ja.

SIGRID: So wie im Laden, ne?

SABINE: Ja.

SIGRID: Was ich noch fragen wollte, leben Sie nur zusammen hier in der Wohngemeinschaft, oder unternehmen Sie auch etwas zusammen?

KARIN: Och, (*lacht*) wir kochen zusammen, gehen hin und wieder zusammen ins Theater, ins Kino, manchmal in Konzerte, sofern in Trier welche angeboten werden.

SIGRID: Mhm.

SABINE: Spazierengehen.

KARIN: Jo.

SIGRID: Es gefällt Ihnen also zusammenzuwohnen, ja, es ist keine reine Wohngemeinschaft, wie wir das in den amerikanischen Universitäten manchmal haben. Reine Wohngemeinschaft in den Studentenhäusern.

KAPITEL 3

Hörverstehen 1

Wer sind Sie? Persönliche Daten

Fragen zur Person stellen

Dialog 1

ULRIKE: Wie heißen Sie bitte?

CHRISTIAN: Ich heiße Christian Menne.

ULRIKE: Wann sind Sie geboren?

CHRISTIAN: Ich wurde am 2. 6. 1955 geboren.

ULRIKE: Und ihr Wohnort?

CHRISTIAN: Mein Wohnort ist Oberhausen.

ULRIKE: Können Sie bitte die genaue Adresse nennen?

CHRISTIAN: Ich wohne auf der Weseler Straße zwohundertunddreiunddreißig.

ULRIKE: Und die Postleitzahl?

CHRISTIAN: Die Postleitzahl ist 46149 Oberhausen.

ULRIKE: Und was ist Ihr Beruf?

CHRISTIAN: Ich habe noch keinen festen Beruf. Ich bin Student. Mein Berufsziel ist der Lehrer.

ULRIKE: Ja, schönen Dank.

CHRISTIAN: Bitte sehr.

Dialog 2

JULIANE: Ich brauche noch einige Angaben zu deiner Person. Wie heißt du?

ULRIKE: Äh, Ulrike. Ulrike Lappe.

JULIANE: Und wie alt bist du?

ULRIKE: Neunzehn.

JULIANE: Wann bist du geboren?

ULRIKE: Am 11. August 1959.

JULIANE: Und wo wohnst du? Kannst du mir deine Adresse geben?

ULRIKE: Ja, in der Danzigerstraße 5, in 18107 Rostock . . .

JULIANE: Und hast du noch Geschwister?

ULRIKE: Geschwister? Nein.

JULIANE: Aber du hast doch sicher ein Hobby?

ULRIKE: Ja, Hobbys hab' ich, Lesen, Reiten, Briefmarken Sammeln.

JULIANE: Ah ja. Danke.

ULRIKE: Bitte.

Hörverstehen 2 (Video)

Gespräch mit einer Abiturientin

JOCHEN: Elisabeth, du hast vor einem Jahr das Abitur gemacht und hast jetzt schon das Abitur ein Jahr hinter dir. Kannst du mir sagen, was du seit letztem Jahr gemacht hast?

ELISABETH: Ja, wie viele meiner Altersgenossen wußt' ich nicht genau, was ich machen wollte und habe die Gelegenheit genutzt, ein Jahr nach Frankreich zu gehen, an die Universität in Aix-en-Provence und hab' dort Französisch gelernt, was ich an der Schule nicht gemacht hatte.

JOCHEN: Ja, und ich habe auch gehört, daß du nächstes Jahr vorhast, nach England zu gehen. Kannst du 'was Genaueres dazu sagen?

ELISABETH: Ja, also in dem einen Jahr hab' ich 'n bißchen überlegt, was ich machen wollte und hab' mich dafür entschieden, ähm, nich' in Deutschland zu studieren, sondern in England, aus verschiedenen Gründen. Ich denke, daß in England das System, das Universitätssystem schwieriger ist und mehr wie 'ne Schule, aber man—ich denke, man lernt mehr. Und ich habe mich also, öh, beworben an verschiedenen Universitäten und bin an der, öh, Universität London angenommen worden und werde im Oktober anfangen, öh, Russisch zu studieren.

JOCHEN: Ja, kannst du Genaueres zu deinem Studienfach sagen? Wie, wie kamst du auf die Wahl des Faches Russisch, und welche konkreten Pläne verbindest du da[mit] für deinen späteren Beruf?

ELISABETH: Ja, ich hatte in der Schule Russisch und hab' an einem Austausch teilgenommen, war in Moskau letztes Jahr—vor zwei Jahren [*lacht*], und es hat mir sehr gut gefallen, und ich hab' mich in das Land und die Leute und die Sprache verliebt, und ich denke, daß man, öh, heute in Europa viel machen kann mit Russisch, ich denke, daß meine Berufschancen sehr groß sein werden, ich möchte gerne, öh, vielleicht ans europäische Parlament—irgendwas, Austausch mit der Sowjetunion, irgendsowas [*lacht*].

JOCHEN: Also wenn ich dich richtig verstanden habe, möchtest du so in diese Übersetzer- oder Dolmetscherlaufbahn, ist das richtig?

ELIZABETH: Nein, Übersetzer, Dolmetscher ist (eine eigene), ein eigenes Studienfach, und mein Studienfach (ist), hat eher den Schwerpunkt, äh, „Geschichte", „Kultur" der Sowjetunion, mit einem sehr starken Sprachschwerpunkt auch, und ich denke, daß ich eher im Rahmen von Kulturaustausch was machen werde.

JOCHEN: Ok.

Hörverstehen 3 (Video)

Interview mit einer Goldschmiedin

JOCHEN: Ich bin Jochen, du bist Birgit. Du arbeitest hier als Gesellin in diesem Laden, als Goldschmiedin. Wie bist du eigentlich dazu gekommen, Goldschmiedin zu werden? War das immer dein Traumberuf gewesen?

BIRGIT: Öh, das war eigentlich nicht mein Traumberuf gewesen, obwohl er's jetzt schon ist, aber, ähm, ich hatte mich während der Schulzeit schon immer für Kunst interessiert, ein allgemeines Interesse d'ran gehabt und wollte eigentlich Restauratorin werden. Das war aber etwas schwierig; und zwar hab' ich mich zum Studium der Kunstgeschichte entschlossen; aber während des Studiums hab' ich dann relativ schnell gemerkt, daß das, äh, zu theoretisch für mich ist und habe dann versucht, eine Lehrstelle zu bekommen und mich darum zu bewerben.

JOCHEN: Ja, wie war das mit dieser Lehrstellensuche? War das einfach gewesen? Wie bist du da vorgegangen bei der Lehrstellensuche? Hast du dich bei verschiedenen Stellen bewerben müssen?

BIRGIT: Also, ich, es war zu der Zeit sehr schwierig, das war vor sechs Jahren, eine Lehrstelle als Goldschmiedin zu bekommen, denn es ist schon eine Art Modeberuf; ich habe jemand gekannt, der war Goldschmied, und zu dem hab' ich Kontakt aufgenommen, und er sagte mir, daß in seiner Werkstatt eine Lehrstelle frei ist; und dort hab' ich mich dann beworben, und, äh, ich mußte dann dort Probe arbeiten und hatte schließlich das Glück, unter mehreren Bewerbern die Lehrstelle zu bekommen.

JOCHEN: Ja, kannst du etwas zum Ausbildungsgang Goldschmiedin selbst sagen?

BIRGIT: Äh, der Ausbildungsgang dauert im allgemeinen dreieinhalb Jahre; man kann ihn auch abkürzen. Ich hab' die dreieinhalb Jahre durchgelernt und, äh, er findet in der Werkstatt des jeweiligen Betriebes statt, und einmal in der Woche, äh, geht man in die Berufsschule, um auch die Theorie zu lernen.

JOCHEN: Wann hast du die Prüfung gemacht, seit wann bist du Gesellin?

BIRGIT: Ich hab' die Prüfung 1989 gemacht und seit dann, seit dieser Zeit bin ich Gesellin und habe seitdem in mehreren Werkstätten gearbeitet.

JOCHEN: Welche weiteren Interessen hast du, welche Weiterbildungsmöglichkeiten gibt es in deinem Beruf? Hast du da schon klare Vorstellungen?

BIRGIT: Also, da bin ich mir noch nicht ganz im klaren drüber; ich könnte den Meister machen, das würde bedeuten, daß ich nochmal zwei, drei Jahre auf eine Schule gehen muß, und da hab' ich im Moment nicht soviel Lust zu; ich könnte auch, äh, mich selbständig machen—dafür braucht man sehr viel Geld am Anfang, oder ich könnte als freischaffende Künstlerin arbeiten; es wird sich zeigen.

JOCHEN: Ja, ich glaub', das genügt. Vielen Dank für das Gespräch!

KAPITEL 4

Hörverstehen 1

„Feierabend" text is at beginning of Chapter 4.

Freizeitpläne

Text 1

DOROTHEA: Heute abend möchte ich ins Kino gehen. Bei uns in der Stadt läuft ein sehr interessanter Film. Ich wollt' ihn immer schon sehen, und jetzt hab' ich endlich die Gelegenheit. Wenn ich nach Hause komme, muß ich noch meinen Koffer packen, denn morgen fahr' ich in Urlaub.

Text 2

ALBERT: Ich werd' heut' abend zum Schwimmen gehen ins Hallenbad.

UTE: Ja, ich weiß das noch nicht genau, ich hab' mir das noch gar nicht überlegt. Wahrscheinlich werd' ich Volleyball spielen heute abend und noch eine Bekannte besuchen.

KARL-HEINZ: Ich gehe heute abend tanzen. Um sechs Uhr hole ich meine Freundin ab.

Text 3

DOROTHEA: Wenn das Wetter am Wochenende schön ist, möchte ich gerne schwimmen gehen. Aber im Augenblick ist es nicht sehr schön, und ich glaube nicht, daß ich die Möglichkeit dazu haben werde. Wenn nicht, werde ich mich zu Hause hinsetzen und lesen oder vielleicht muß auch, muß ich auch meine Wohnung putzen, denn das ist auch mal wieder nötig.

Text 4

VOLKER: Am Wochenende werde ich sehr wahrscheinlich einige Referate vorbereiten, die ich noch leider zu schreiben habe.

CHRISTEL: Ja, ich werde am Wochenende wahrscheinlich schwimmen gehen, und abends werde ich zu einer Diskothek- Veranstaltung gehen, wo mein Freund bei einer Band spielt.

Text 5

DOROTHEA: Ich fahre morgen früh für vierzehn Tage nach England. Ich war schon mehrmals da und werde in meiner üblichen Gastfamilie wohnen. Sie wohnen in einem Vorort von London, so daß ich die Gelegenheit habe, London kennenzulernen näher und auch die nähere und weitere Umgebung.

Hörverstehen 2 (Video)

Reiseauskunft einholen und geben

Dialog 1: Das Supersparpreis-Ticket

Das Supersparpreis-Ticket

SIGRID: Ja, guten Tag. Wir wollten mal ein paar Tage nach München fahren mit der Bundesbahn, und wir haben gehört, daß es eine spezielle Gelegenheit gibt, mit einem Supersparpreis-Ticket zu fahren.

ANGESTELLTE: Ganz genau, ja; die gibt es. Das ist der Supersparpreis; der gilt einen Monat. Sie müssen über ein Wochenende bleiben, das heißt, die Nacht von Samstag auf Sonntag dann in München verbringen.

SIGRID: Aha.

THOMAS: Ja. Das geht.

ANGESTELLTE: Freitag und Sonntag dürfen Sie allerdings nicht fahren, und die Fahrkarte kostet in der zweiten Klasse 140 DM; jede weitere Person bezahlt die Hälfte.

SIGRID: Also, wenn wir zusammen fahren, würde ich 140 bezahlen und er 70. Also zusammen . . .

ANGESTELLTE: Gleich 210.

THOMAS: Hin und zurück.

ANGESTELLTE: Hin und zurück.

SIGRID: Oh, das ist günstig.

THOMAS: Jo.

ANGESTELLTE: Und in der ersten Klasse 210 und jede weitere Person dann wieder die Hälfte. Ansonsten pro Fahrt 6 DM IC-Zuschlag, wenn wir den benötigen, und Reservierungen sind dann inklusive, wenn wir die Reservierungen machen, in den 6 DM dann drin.

THOMAS: Gut.

SIGRID: Ja, ähm, dann müßten wir also Samstag fahren, ne?

THOMAS: Ja, ja.

SIGRID: Und, äh, gibt es morgens einen Zug?

ANGESTELLTE: Können wir gern mal nachschauen. (. . .) Jetzt am kommenden Samstag?

THOMAS: Jetzt am Samstag, ja.

ANGESTELLTE: Das wäre der . . . (Pause; sie schaut im Computer nach). Es besteht die Möglichkeit morgens um 8 Uhr 50. Das wäre mit einem Interregio; der wäre in Mannheim um 11 Uhr 14. Abfahrt ab Mannheim 11 Uhr 54, und die Ankunft in München wäre 15 Uhr 12.

THOMAS: 8 Uhr 50; schaffen wir das?

SIGRID: Ja, das hört sich gut an.

THOMAS: Gut, dann nehmen wir den. Wir müssen einmal umsteigen?

ANGESTELLTE: Einmal umsteigen in Mannheim.

SIGRID: Könnten Sie uns das vielleicht mal aufschreiben?

ANGESTELLTE: Ich druck's Ihnen aus.

Dialog 2: Die Reservierung

ANGESTELLTE: Das wäre dann die Verbindung für Sie. Ich kann Ihnen beide Züge gerne reservieren;

SIGRID
UND THOMAS: Ja.

ANGESTELLTE: Das heißt, im Interregio gibt es Abteilwagen. Das sind jeweils drei Plätze gegenüber; Eurocity und Intercity-Züge können Sie wählen zwischen Abteil oder Großraum.

THOMAS: Großraumwagen, da sitzt man so wie im Flugzeug.

ANGESTELLTE: Wie im Flugzeug oder im Bus. Ganz genau.

SIGRID: Ja, den hätt' ich gerne. Einen Großraum.

ANGESTELLTE: Da ist mehr los, ne? So, das wär' dann für den 20. 7. Supersparpreis—zweiter Klasse—für zwei Personen. Und das wär' dann der Großraum. Raucher oder Nichtraucher?

THOMAS: Nichtraucher, bitte.

ANGESTELLTE: Und da nehmen wir 'nen Fenster- und 'nen Gangplatz, damit Sie auch nebeneinander sitzen können. Gut, ganz kleinen Moment, bitte.

Dialog 3: Zugauskunft

SIGRID: Müssen wir 'nen anderen Zug suchen!

THOMAS: Einen späteren, bitte.

ANGESTELLTE: Der würde dann bis Koblenz gehen und ab Koblenz durchgehend bis München.

ANGESTELLTE: Das wäre dann 10 Uhr 20 ab Trier.

SIGRID: Das hört sich besser an.

ANGESTELLTE: Ankunft in Koblenz 11 Uhr 40. Ab Koblenz 12 Uhr 23. Da haben Sie also 40 Minuten gut Aufenthalt und Ankunft in München 17 Uhr 12.

SIGRID: Gut.

Dialog 4: Liegewagen

SIGRID: Wir könnten ja auch einen Liegewagen buchen.

ANGESTELLTE: Das ist kein Problem. Der Liegewagen kostet 24 DM pro Person.

THOMAS: Das ist billiger . . .

SIGRID: Das wär' doch mal was. Das hab' ich noch nie gemacht!

THOMAS: Ne?

ANGESTELLTFSE: Es gibt eine Verbindung um 5 Uhr, ab Trier. Der wäre 12 Uhr 12 mittags in München.

SIGRID: Und dann frühstücken wir im „Käfer". Das Gute daran ist, daß wir dann gleich zu den Theaterkassen gehen können. Die machen nämlich alle um 11 Uhr auf. Jo, den können wir nehmen. Dann können wir uns Theaterkarten für den Abend besorgen.

Hörverstehen 3 (Video)

Im Reisebüro

ANGESTELLTE: Guten Tag, was kann ich für Sie tun?

THOMAS: Guten Tag!

SIGRID: Guten Tag! Wir hätten gerne Auskunft über Reisemöglichkeiten nach Paris.

ANGESTELLTE: Nach Paris.

SIGRID: Könnten Sie da irgendetwas empfehlen?

ANGESTELLTE: Also, ich kann Ihnen Flüge anbieten, ich kann Ihnen Busreisen anbieten, Flüge—wann möchten Sie fliegen? Im August, September?

THOMAS: Ja, wir hatten so gedacht, Ende Juli bis, äh, Mitte August.

ANGESTELLTE: Augenblick, da schau ich g'rad mal nach.

ANGESTELLTE: Ab Frankfurt, Köln?

THOMAS: Wenn's geht, Köln.

SIGRID: Köln, ja.

THOMAS: Ja.
(*Angestellte schaut im Computer nach.*)

SIGRID: Gibt's da was?

ANGESTELLTE: Ja, die Preise sind zwischen drei- und vierhundert Mark.

SIGRID: Ja.

THOMAS: Für einen Flug.

ANGESTELLTE: Aber—für einen Flug, ja. Aber ich kann Ihnen auch hier die, äh, Pauschalreisen mit dem Bus empfehlen, von diesem Veranstalter Paris (Paris)-Travel. Der bietet zum Beispiel vier-Tage-Programme, fünf-Tage-Programme an, die haben hier etwas ab 189 DM, das ist in der untersten Kategorie, aber Sie können auch mehr Komfort-Hotels haben, da würde der Preis sich natürlich erhöhen.

SIGRID: Was ist denn in einer Pauschalreise enthalten? Ist da die Zimmerreservierung mit drin?

ANGESTELLTE: Ja. Da ist Zimmer, normalerweise Übernachtung, Frühstück. Hier unten sehen Sie die Leistungen, ich kann Ihnen die grad' mal vorlesen: Fahrt im Vier-Sterne-Reisebus mit WC und Getränkeservice, drei Übernachtungen, halt über diese vier Tage, mit Frühstück in der gebuchten Hotelkategorie. Hotelkategorien stehen hier hinten, da sehen Sie also, ob sie halt was Billigeres möchten oder halt bis zur Komfortklasse, demnach richten sich dann auch die Preise.

THOMAS: Aber das ist ja relativ kurz . . .

ANGESTELLTE: Ja.

THOMAS: . . . das sind nur drei, vier, fünf Tage. Wir hatten so gedacht, wir wollen etwa zwei Wochen verbringen in Paris.

ANGESTELLTE: Zwei Wochen. Dann würd' ich Ihnen schon einen Flug empfehlen, Bahn wär' etwas billiger, da muß ich mal gucken. Da können Sie auch direkt von Trier aus fahren.

THOMAS: Mhm. Dann müßte man aber wohl umsteigen.

ANGESTELLTE: Und dann, Hotels buchen. Das würd' ich Ihnen empfehlen. Denn diese, diese Fahrt ist halt für fünf Tage—außerdem, ich weiß nicht, inwieweit Sie mit einer Gruppe reisen wollen oder privat?

SIGRID: Nee, lieber alleine . . .

ANGESTELLTE: Lieber alleine.

SIGRID: Ist so 'ne Art Hochzeitsreise!

ANGESTELLTE: Oh, na dann muß man natürlich in trauter Zweisamkeit ruhn, hm, zweite Klasse Preise für Trier-Paris—über Luxemburg—72 Mark 90 . . .

SIGRID: Oh!

ANGESTELLTE: . . . und über Saarbrücken 83 DM.

SIGRID: Für eine einfache Fahrt, oder . . .?

ANGESTELLTE: Für eine einfache Fahrt, ja. Dann würd' ich Ihnen auch den Flug nicht empfehlen, denn bis Sie in Köln sind und nach Paris geflogen . . .

THOMAS: Mhm. Das lohnt sich nicht.

ANGESTELLTE: Gut!

SIGRID: Und, äh, könnten Sie für uns ein Doppelzimmer buchen, oder?

ANGESTELLTE: Sie können entweder Übernachtung, Frühstück wählen oder auch Vollpension, wenn Sie möchten, Sie können sich im Hotel über Rundfahrten, über Städtetouren und so was informieren.

SIGRID: Mhm. Also, Vollpension hätte ich nicht so gern.

THOMAS: Ich auch nicht, nein, wir wollen doch Restaurants ausprobieren . . .

ANGESTELLTE: Ist auch schöner, wenn man abends mal essen geht.

ANGESTELLTE: Sie haben hier, doch, eine Restaurantliste ist auch dabei.

THOMAS: Mhm. Gut, ja, das sieht gut aus.

SIGRID: Ja, könnten Sie uns denn mal, äh, einen Kostenvoranschlag ausrechnen?

ANGESTELLTE: Ja, das kann ich machen . . .

THOMAS: Mit allem zusammen?

ANGESTELLTE: Und, ähm, vielleicht frag' ich an, ob noch Plätze frei sind. So, also das Hotel, 1200 DM, plus zweimal 72 Mark und 80 Pfennig für den Zug, sagen wir mal 75 Mark überschlagen, sagen wir mal 150 DM, das gibt zusammen 1350 DM.

SIGRID: Jo, das können wir uns glaub' ich leisten.

THOMAS: Jo, das . . .

ANGESTELLTE: Das ist jetzt also Übernachtung und Frühstück.

SIGRID: Mhm.

THOMAS: Ah, ja, gut. Soll'n wir das so machen?

SIGRID: Ja.

ANGESTELLTE: Dann machen wir die Anmeldung . . .

SIGRID: Jut, ne?

(Angestellte sucht nach Anmeldeformularen.)

ANGESTELLTE: So.

SIGRID: Anmeldung, der Name und so . . .

ANGESTELLTE: Ihr Name?

SIGRID: SIGRID Berka, B E R K A, SIGRID.

ANGESTELLTE:	Mhm. Und Ihr Name?
THOMAS:	Thomas Kniesche.
ANGESTELLTE:	Kniesche.
THOMAS:	S C H E
ANGESTELLTE:	Mhm, Thomas. Sie wohnen in . . .?
SIGRID:	Aachen, Weiern 49 a.
ANGESTELLTE:	Telefon?
SIGRID:	0241
ANGESTELLTE:	Ja?
SIGRID:	52
ANGESTELLTE:	Mhm.
SIGRID:	6377
ANGESTELLTE:	77. Also, wir machen das so, wenn die Tickets da sind, rufen wir Sie an, dann können Sie Ihre Unterlagen abholen.

KAPITEL 5

Hörverstehen 1

„Fernsehabend"

Text is at beginning of Chapter 5.

Hörverstehen 2

Die Funkwerbung: Teil 1

Szene 1: Adler-Lack

TEXT: Ich weiß nicht, wie er heißt, oder wie er aussieht, der Mann mit dem Adler-Lack. Ich weiß nur, daß er einen neuen Lack verwendet mit der Formel H_2O, wasserverdünnbar. Verstehen Sie, der Mann ist ein Umweltfreund; er ist mir schon wieder um Jahre voraus. Adler Akryllack, der Umweltlack von Adler.

Szene 2: McDonald Super Fisch Mäc

— Ich hab' heut Lust auf McDonald's,
   da gibts ab heute viel Fisch. Den neuen Super Fisch Mäc, den angeln wir uns ganz frisch. Dieser Fisch Mäc ist super, ein riesengroßes Stück . . .
— Jetzt, für nur kurze Zeit gibt's den Super Fisch Mäc mit einem extragroßen Fischfilet. Super Fisch Mäc nur 3 Mark 40.
— Ich hab' heut Lust auf McDonald's . . .

Szene 3: Waldbrot

— Tag, Hein, rück mal ein bißchen. Sieht gut aus, was du da ißt.
— Waldbrot!
— Waldbrot?
— Waldbrot!
— Warum heißt das denn Waldbrot?
— Weil von jedem Waldbrot 10 Pfennig an den deutschen Wald gehen —gegen das Waldsterben . . .

— Reicht das denn?

— Nee, aber das hilft. Und das läppert sich. Seit letztem Jahr sind schon über 200.000 Mark zusammengekommen.

— Wo gibt es denn Waldbrot?

— Beim Bäcker, wo denn sonst.

— Du, da eß ich mit.

— WALDBROT—EIN GUTES BROT FÜR EINEN GUTEN ZWECK. EINE AKTION FÜR DIE SCHUTZGEMEINSCHAFT DEUTSCHER WALD.

Szene 4: Holsten-Bier

Freu dich, freu dich,
es ist Holsten Zeit.
Zeit für dich, Zeit für mich,
es ist Holsten Zeit.
Bring den großen Durst mit rein.
Schenk dir Holsten Edel ein.

FÜR DIE SCHÖNSTE ZEIT, IHR LIEBSTES BIER.
HOLSTEN-EDEL: HERZHAFT-WÜRZIG, NORDISCH-FRISCH.

Schenk dir Holsten Edel ein.
Es ist Holsten Zeit.

Szene 5: Toblerone

— Ein Fest für die neue Toblerone, denn die neue Toblerone hat jetzt noch mehr Aroma durch die verfeinerte Honig-Mandel Rezeptur.

— Wer jetzt anruft, kann 10.000 Mark und alle acht Stunden die größte Toblerone der Welt gewinnen.

0421/32 00 72

Sagen Sie uns, warum die neue Toblerone noch mehr Aroma hat.

Also, 0421/32 00 72.

— Die neue Toblerone: mehr Aroma durch verfeinerte Honig-Mandel Rezeptur.

Szene 6

"Diamonds are forever." Ganz Österreich liegt im Diamantenfieber. Die Millionen-Diamanten von Mitsubishi sind zu gewinnen. Die Preisfrage: Was heißt Mitsubishi: zwei Diamanten, drei Diamanten, oder vier Diamanten? Teilnahmekarten bei Ihrem Mitsubishi-Händler. "Diamonds are forever." Mitsubishi—*cars of three diamonds*.

Hörverstehen 3

ORF Nachrichten, Wetterbericht

Acht Uhr. Guten Morgen, meine Damen und Herren, der österreichische Rundfunk sendet Nachrichten [. . .] Schweiz. Der Plan, neue Eisenbahnlinien durch die Alpen zu bauen, ist gestern durch die Volksabstimmung bestätigt worden. Mehr als 63% sind für das Projekt, 36% dagegen. Es ist vorgesehen, den St. Gotthardt, den Lötschberg und den Monte Generi zu untertunneln. Die Kosten für die neuen Eisenbahnlinien werden auf 120 Milliarden Schilling geschätzt. Die Schweiz soll durch den Bau besser an das europäische Netz angeschlossen werden. Österreich [. . .] Bundespräsident Klestil reist heute nach Belgien. Er wird mit König Baudouin, mit der belgischen Regierung und mit Spitzenvertretern der europäischen Gemeinschaft zu einem Meinungsaustausch zusammentreffen. [. . .] Griechenland. Auf der Insel Rhodos wurde wegen eines Waldbrandes der Notstand ausgerufen. Das Feuer hat seit Freitag zweitausend Hektar Wald und zahlreiche Häuser vernichtet. Den Löschmannschaften gelang es nicht, den Brand einzudämmen. Vermutlich ist das Feuer gelegt worden. Die Polizei hat einen Deutschen und drei Griechen festgenommen. [. . .]

Soweit die Meldungen. Das Wetter:
Ein Wolkenband mit Regen und Gewittern schiebt sich heute von Südwesten langsam über Österreich. Die Meßwerte von sieben Uhr: Wien: Hochnebel 12 Grad, Eisenstadt: Hochnebel 11, St. Pölten: wolkig 10; Linz: heiter 9, Salzburg: heiter 10 Grad; Innsbruck: stark bewölkt 13; Bregenz: stark bewölkt 16; Graz: heiter 9 und Klagenfurt: stark bewölkt bei 10 Grad. Heute wird es von Oberösterreich bis ins Burgenland wieder sonnig, in Kärnten gibt es in den nächsten Stunden stellenweise Regen, vereinzelt auch Gewitter; etwas später dann auch in Vorarlberg, Tirol und Salzburg. Der Südwind wird lebhaft, in den Bergen zeitweise stürmisch. Die Tageshöchsttemperaturen liegen zwischen 18 und 25 Grad. In 2000 Meter Höhe um 11 Grad. Die Vorschau auf Dienstag: meist bewölkt, regnerisch und kühler.

Der ORF brachte Nachrichten. Verantwortlicher Redakteur Fabio Polli. Sprecher Christian Nieber. Abschließend die Zeit: es ist acht Uhr fünf.

KAPITEL 6

Hörverstehen 1 (Video)

Wolf Biermann singt „Berliner Liedchen"

Berliner erzählen 1: „Am Alexanderplatz"

STEFAN: Wir befinden uns hier im neuen Berlin auf dem Alexanderplatz, und ich hab' hier eine nette Dame gefunden, die aus Berlin ist. Wohnen Sie schon lange in Berlin?

DAME: Seit 1953.

STEFAN: Und vorher, wo waren Sie vorher?

DAME: In Magdeburg.

STEFAN: Ach ja, da sind wir gerade durchgekommen, durch Magdeburg.

DAME: Ja. Ganz früher waren wir, seit 1939 in Cottbus und dann wieder in Magdeburg, und dann in Berlin; ach und noch vorher waren wir erst noch in Stunsdorf, das ist kurz vor Halle. Mein Mann ist an der Bahn, als Bahnmeister, der war damals schon Beamter, hat die Laufbahn gemacht als Hoch- und Tiefbauingenieur und wurde dann, na ja, an der Bahn angestellt als . . .

STEFAN: Und Sie sagten, seit 53 wohnen Sie hier, immer in dieser Wohnung da oben?

DAME: Nein, seit 53, da hab'n wir erst auswärts gewohnt, also so am Ende von Berlin könnte man sagen, in Richtung Norden, Buch, Berlin Buch, das ist an und für sich 'ne Krankenhausstadt, da sind viel Krankenhäuser.

STEFAN: Und seit wann wohnen Sie hier?

DAME: Und seit 1978 wohnen wir hier.

STEFAN: Ist aber sehr, eine sehr schöne, sehr schöne Wohngegend, direkt im Zentrum von Berlin.

DAME: Ja, ist schön, aber auch ganz schön laut.

STEFAN: Ja, ja, ja.

DAME: Bei uns fährt gerade die Bahn vorbei, die Fernbahn und die S-Bahn

STEFAN: Ach ja.

DAME: . . . und da ist natürlich auch, da muß man sich dran gewöhnen, ja?

STEFAN: Und, äh, wie sehen Sie, ich mein' von Ihrer Sicht jetzt, die Veränderungen? Ich mein' das sind doch, die sind so schnell gekommen.

DAME: Na ja, also das ist sehr schnell gegangen, das hätte langsamer gehen müssen, meinet . . .

STEFAN: Ja, ja, hmhm.

DAME: Das war alles zu . . ., und jetzt ist alles kaputt.

STEFAN: Was meinen Sie mit „kaputt"?

DAME: Also ist alles, na ja, hier die Fabriken sind alle nicht mehr, und die Leute sind arbeitslos, und die neuen hab'n sie noch nicht wieder richtig aufgebaut und viel Arbeitslose . . .

STEFAN: Sie glauben, daß es schwierig sein wird, das irgendwie . . .

DAME: Es ist schwierig, ja. Und vor allem die alten Leute, die sind am schlimmsten dran. Die haben erstmal mit der Rente sehr wenig, und das steigt auch nicht so rasch. Die Wohnung hier, das ist 'ne Zwei-Zimmer-Wohnung, die kostet 105 DM und 75 Pfennig; jetzt kann ich sie noch gut bezahlen; also, gut ist über-trieben. Ich habe 830 DM Rente. Ich krieg' aber nur Witwenrente, also von meinem Mann; und von meiner Rente, ich hab' nur 15 Jahre gearbeitet, da bekomm' ich 117 Mark im Monat davon, und das ist, na ja, wenn man da alles rechnet, Telefon und die Miete, wenn die jetzt erhöht wird, also kann ich das nicht bezahlen; ich werde ungefähr vier-bis fünfhundert Mark bezahlen müssen für die Miete, für das . . . ; da reicht ja mein Geld nicht.

STEFAN: Ja, aber hoffentlich wird die, die Rente ja auch erhöht.

DAME: Wohngeld, Wohngeld beantragen; ja, ab Januar wird die wieder erhöht.

STEFAN: Ja, ja, na ja, wir hoffen, wir hoffen das Beste.

DAME: Wir wollen das Beste hoffen.

STEFAN: Das dauert einige Zeit, aber hoffentlich läßt sich das lösen, nicht?

DAME: Wir sind an und für sich 'ne, äh, die schlechteste Generation mit; ich bin 14, 1914 geboren, da war der erste Weltkrieg; dann war der Geldverfall, also in den zwanziger Jahren, Inflation und alles, dann war 'ne große Arbeitslosigkeit, und dann war, dann kam Hitler, und das war für uns; im Moment hab'n wir gedacht, „Jetzt geht's aufwärts", aber dann nachher, hab'n wir erstmal gemerkt, was da gekommen ist, na ja. Und jetzt nach dem Krieg durch diese Trennung, sind wir ja hier die Dummen gewesen. Mein Mann, der hätte, wenn er im Westen gearbeitet hätte, als er, er war als Eisenbahner draußen an der Front, äh, wenn er da drüben gearbeitet hätte, hätte er jetzt vielleicht 'ne Rente von 3000 Mark und ich als Witwe jetzt vielleicht, na ja 60% glaub' ich. Aber das ist ja nun alles nicht. Mein Mann hat hier Rente gehabt, 1005 Mark, und ich hatte, na ja, 300 Mark noch dazu; da sind wir beide gut ausgekommen; aber jetzt dadurch, daß alles teurer geworden ist, ist das natürlich schlecht.

STEFAN: Ja, ja. Ok. Recht vielen Dank für Ihre Freundlichkeit, nicht, mit mir kurz zu sprechen über Berlin heute, bzw. wie Sie das erlebt haben, nicht.

Hörverstehen 2 (Video)

Berliner erzählen 2: „Erinnerungen an Charlottenburg"

FRANCINE: Ich bin in Berlin Ende der 60er Jahre aufgewachsen mit drei Geschwistern, im Stadtteil Charlottenburg. Meine Zeit in Berlin habe ich als eine sehr angenehme Zeit in Erinnerung. Meine Familie ist großenteils aus Deutschland, ich habe . . . meine Mutter, meine Großmutter, Tanten und Onkel und dann natürlich ist mein Vater ist aus Afrika. So hatte man Beziehungen zu mehreren Kulturen. Meine Erinnerungen von meiner Kindheit sind sehr positive. Ich bin ja geboren, als die Mauer schon gebaut war. Ich habe also die Teilung der Stadt erlebt, aber es war etwas ganz Selbstverständliches. Berlin war von Anfang an immer eine Stadt mit vielen verschiedenen Eindrücken. Charlottenburg ist ja relativ im Zentrum; es war Teil des britischen, ehemaligen britischen Sektors. Ich war ungefähr 5 Minuten vom Schloß Charlottenburg entfernt, vielleicht zwanzig Minuten vom Olympiastadion entfernt, und ich erinnere mich noch sehr gut daran, einmal pro Jahr gingen wir immer mit der Schule zur Militärparade, und wir konnten dann schon—ein paar Wochen fing das an—bevor die Militärparade der alliierten Soldaten war, konnten wir sehen, wie die Panzer durch die Straßen fuhren, das wurde geübt und geprobt. Man hatte das aber nicht als eine politische Sache in Erinnerung; es war etwas Selbstverständliches, daß einmal im Jahr diese Parade stattgefunden hat, und man konnte sehen, wie die Leute durch die Straßen fuhren. Sie sind sogar direkt vor meinem Haus vorbeigefahren. Es war eigentlich eine ganz interessante Sache. Vor allen Dingen, da ja in Berlin keine Bundeswehr ist, war das das einzige Mal, daß man überhaupt Soldaten gesehen hat.

Wenn man in Berlin gelebt hat, hatte man zwei Möglichkeiten. Man konnte natürlich damals noch nach Westdeutschland fahren, und man konnte einen Bus nehmen, einen Zug, oder man konnte fliegen. Aber sehr oft sind wir eigentlich immer in Berlin geblieben; es gab die kurzen, typischen Reisen nach Österreich, vielleicht nach Italien, aber innerhalb der Bundesrepublik kannte ich mich eigentlich nicht so gut aus, und ich denke, in der Hinsicht war es eine typische Berliner Erfahrung.

Ähm, nach der Schule habe ich natürlich das Gymnasium besucht, habe mein Studium angefangen und bin dann gegen Ende meines Studiums in die Vereinigten Staaten gekommen, wo ich momentan etwas Deutsch unterrichte. So habe ich also die Wiedervereinigung nicht in Person, also direkt miterlebt. Ich habe es sehr bedauert, daß ich nicht in Berlin war, als die Mauer gefallen ist. Es war ja leider während des akademischen Jahres, es war Herbstsemester, ich war in Massachusetts, an der Universität von Massachusetts, und ich weiß noch, es war Nachmittag, und ich hatte einen Kursus zu besuchen, und plötzlich ging ein Professor unseres Departments den Gang entlang und sagte, „hört mal alle zu", und er sagte zu mir, „Francine, Du bist doch aus Berlin, das wird Dich interessieren"; er hatte ein Radio in seinem Büro und hatte das gerade gehört, daß die Mauer gefallen war. Ich konnte es kaum glauben und habe das nicht sehr ernst genommen und bin zum Unterricht gegangen, und da war eine andere Berlinerin im Unterricht und habe ihr das erzählt, und sie hat auch gesagt, na ja, wer weiß, was uns der Professor erzählt hat. Aber nachdem der Kurs vorbei war, kam—es war so im dritten Stock des Gebäudes — kamen andere Professoren vorbei, die nicht Deutsch unterrichteten, aber die hab'n uns drauf angesprochen, und dann haben wir es geglaubt.

Ich bin natürlich dann später wieder nach Berlin gekommen, jedes Jahr, und habe dann sehen können, wie weit die Stadt sich verändert hat. Ich bin sehr begeistert davon, was Berlin für einen Weg eingeschlagen hat; natürlich hat es viele Herausforderungen gegeben; erst einmal, (daß) gleiche Lebensstandards in beiden Teilen der Stadt zu machen, die Infrastruktur zu verbessern; es ist ja so gewesen, daß eigentlich in West-Berlin sehr viel mehr Annehmlichkeiten des täglichen Lebens waren, seien es nur Busse und Bahnen, seien es die Theater, es war einfach alles sehr viel leichter. Im östlichen Teil der Stadt, im Zentrum, wo diese historische Museumsinsel war, wo diese ganzen historischen, der historische Stadtkern war, da war seit der 750-Jahres-Feier, das war 1900 ich glaube 87 gewesen, wo Berlin das Jubiläum gefeiert hat, 750 Jahre alt zu sein. Im Zuge dessen war in Ost-Berlin sehr viel gemacht worden, wieder aufgebaut worden, sehr viel renoviert worden, aber das war immer nur im Zentrum der Stadt, auch im Zentrum von Ost-Berlin. Und wenn man in den Außenbezirken gewohnt hat, dann hatte man wirklich Schwierigkeiten im täglichen Leben. Sowie die Stadt wiedervereinigt wurde, mußte man natürlich daran arbeiten, beide Stadtteile auf ein gleiches Niveau zu bekommen. Und das war sicherlich oder ist immer noch im Werden und kein einfacher Prozeß.

Umso gespannter war ich dann, als ich ein halbes Jahr, nachdem die Mauer gefallen war, nach Berlin zurückgegangen war. Meinen ersten Eindruck kann ich gar nicht beschreiben. Es war so faszinierend für mich. Ich konnte schon vom Flugzeug aus sehen, daß die Mauer kürzer geworden war; es gab noch ein paar Mauerteile, es gab plötzlich Lichter und Reklame auf der östlichen Seite; vorher war es so, wenn man abends über Berlin landete, war es sehr dunkel über dem Osten, und im Westen war es ein bißchen heller; es war wirklich deut-lich sichtbar; das war schon beeindruckend. Der erste Sommer in Berlin, 89 oder 90 muß das gewesen sein, da hab' ich den Kontrast zwischen Ost und West noch sehr stark erlebt, besonders in der Gegend um den Reichstag herum hat immer noch etwas Mauer gestanden. Man hat sehr viele Souvenirs gesehen von sowjetischen Soldaten oder Uniformen, man hat DDR-Uniformen, all das Ganze gesehen. Jetzt, ein bis zwei Jahre später, ist das viel weniger der Fall. Vorher, diese historische Straße "Unter den Linden", konnte man in den ersten Monaten sehr viele Straßenverkäufer sehen, die nicht nur DDR-Souvenirs ange-boten haben, sondern überhaupt alle möglichen Waren oder Lebensmittel mit-ten auf der Straße. Das ist jetzt nicht der Fall; wenn ich jetzt „Unter den Linden" gehe, heute, ist es eine normale Straße geworden, eine Einkaufsstraße, ein Boulevard, und man kann sich daran erinnern, wie es gewesen sein muß, vielleicht in den zwanziger Jahren oder vorher. Vielleicht darf ich erwähnen, daß diese alte Straße „Unter den Linden" eigentlich eine dieser Prachtstraßen Berlins war, und ich habe sehr viele persönliche Erinnerungen, auch von meinen Großeltern gehört zu haben, wie schön es eigentlich „Unter den Linden" war, und wie sehr sie es bedauert haben, daß während der DDR-Zeit „Unter den Linden" nur so ein, na ja, es war so ein offizieller Boulevard, rechts war FDJ-Hauptquartier, links, ich weiß nicht, sowjetische Botschaft, es war alles Partei, also nichts und garnichts, ich will nicht sagen nichts und garnichts, aber es war alles sehr sehr politisiert. Heute ist es eine normale Straße. Diesen Sommer 1992 konnte ich mir vorstellen, daß diese Straße vielleicht einen neuen Charakter bekommen kann. Man merkt, Berlin ist eine Stadt mit sehr vielen Bezirken, verschiedenen Stadtteilen, und es hat immer verschiedene Teile Berlins gegeben, verschiedene Bevölkerungsgruppen, verschiedene

Menschen und auch verschiedene soziale Klassen. Aber das ist eigentlich eine Tradition Berlins, die meiner Meinung nach weiterexistieren wird. So meine Erinnerungen aus der Kindheit in Berlin, glaube ich, sind Erinnerungen, die heute noch gültig sind, in dem Sinne, daß Menschen verschiedener Herkunft in Berlin leben, sei es, daß sie vielleicht teilweise aus Afrika sind, oder daß sie aus Polen sind; es heißt doch, ich glaube, jeder zehnte Berliner hat irgendwo polnische Vorfahren und irgendwie Verbindungen. Und daß sie trotzdem eine Beziehung an die Stadt haben und, ähm, an die Region und dadurch sich identifizieren. In diesem Sinne hoffe ich und denke ich, daß Berlin ein Modell sein kann und bereits ist, dafür, wohin Europa gehen kann oder überhaupt Deutschland, einfach, verschiedene Kulturen zusammenzubringen, sich an verschiedene historische Gegebenheiten anzupassen und sich weiterzuentwickeln. Es ist ja allgemein bekannt, daß manchmal jemand nicht weiß, „bin ich deutsch, bin ich nicht deutsch", „bin ich türkisch, bin ich deutsch"? „Bin ich amerikanisch"? Was ist die Identität? Man kann immer noch sagen, man ist „Berliner", wenn man aus der Stadt ist. Und in der Tat, so hängen die Berliner an ihrer Stadt, wie vielleicht auch die meisten Leute in Deutschland sich besonders stark mit ihrer Region identifizieren; sie sind Deutsche, aber sie sind auch Bayern natürlich, sie sind Hamburger, Stuttgarter. Und so ist Berlin eigentlich garnicht so einzigartig durch diesen starken regionalen Bezug. Ich bin sehr zufrieden, in Berlin geboren zu sein und aufgewachsen zu sein. Ich denke, daß ich dort sehr viel gelernt habe und hoffe, daß ich die Gelegenheit haben kann, meine Erfahrungen weiterzugeben.

Hörverstehen 3 (Video)

„Biermann singt in Amerika"

Ich wollte Ihnen ein langes Lied vorsingen, aber das ist zu lang für heute abend; es heißt „Dideldumm", die Betonung liegt auf der zweiten Silbe, und es ist ein Spottlied über die Deutschen, besonders über die Ostdeutschen, und da ich lange dort gelebt habe und eher ein Ossi als ein Wessi bin, darf ich sie ja 'n bißchen ärgern. Die Wessis dürfen das nicht, weil sie sonst sofort Besserwessis sind, und das wollen sie ja nicht sein. Obwohl, es gibt von westlichen Leuten, die jetzt nach Ostdeutschland kommen, nicht nur Leute, die sehr hochnäsig sind, sondern auch gefährlich tiefnäsig; auch nicht gut. Schwer, das richtige Maß zu finden, menschlich und politisch. Sehr schwer. Nur damit Sie einen Eindruck kriegen, das Lied ist so'n . . .

Nun endlich ist mein Land wieder eins	
Und blieb doch elend zerrissen.	zerrissen *ripped apart*
Aus Geiz und Neid	der Geiz *stinginess* / der Neid *envy*
Kein Aas will im Grund	das Aas *carrion, beast; here: nobody*
Vom andern da drüben was wissen	im Grunde *actually*
Der Todesstreifen, man sieht kaum noch,	der Todesstreifen *death strip*
Wo gestern die Wachtürme standen.	
Wir Deutschen haben uns wieder verloren,	Wachtürme *watch towers*
noch eh' wir einander fanden.	

Dideldummdummdummdumm

Usw. stundenlang, ja aber da sitzen wir ja morgen früh noch hier. Nee, nee. (*klatschen*)

Ja. *It's not my schedule.* Na ich will nicht auf Sie alle Schuld, äh, äh, jedenfalls nicht alle. Na, in der Zeit hätt' ich ja schon wieder zwei Strophen singen können.

Vier Meter hoch, vier Meter hoch, die Mauer hat uns . . .

Ich sing' etwas schneller

Den Himmel zerschnitten, wir haben   zerschnitten *cut up*
nun vier Meter tief durch die Erde ein' Riß   der Riß *crevice*
ein deutsch-deutscher Raubtiergraben   Raubtiergraben *predator ditch*
Ein Graben teilt unser schönes Land
Darin ist schon mancher ersoffen   ersaufen *to drown*
Er fiel in die Jauche aus Resignation   die Jauche *liquid manure*
und in die Kotze aus falschem Hoffen.   die Kotze *vomit*

Dideldummdummdummdumm

Diese Stelle singt immer Eva Maria Hagen, das ist die Mutter von der ewigen Nina, aber ich kann sie ja für dieses eine Stück nicht mit nach Amerika zotteln. Warum eigentlich nicht?

Kein Stacheldraht, kein Minenfeld mehr,   Minenfeld *mine field*
kaputt sind die Selbstschußanlagen,   Selbstschußanlagen *spring-gun system*
Kein Hänschenklein muß nun auf dem Weg   (*refers to a nursery rhyme about a boy*
nach Westen sein Leben mehr wagen.   *leaving home*)
Man schießt nicht mehr weiches Blei ins Fleisch,   das Blei *lead*
man zahlt jetzt in harter Währung.   harte Währung *hard currency* (DM)
In Leipzig wird rigoros umgestellt auf   umgestellt . . . *switch for Western style*
Westwaren alle Ernährung.   *food*

Dideldummdummdummdumm

Das war angelsächsisch! Lalala.

Ob Wurst, ob Milch, ob Brot ganz egal,   ganz egal *no matter what*
was, äh, Birnen vom Havelland kosten
Man schmeißt doch in Weimar kein Westgeld raus   rausschmeißen *to throw away*
für Salzgurken aus dem Osten.   Salzgurken *pickles*
Sie saufen nicht mehr ihr eigenes Bier,
an Coca-Cola-Zitzen, da hängen sie nun,   die Zitze *tit*
ach, die Trottel, sie sägen den Ast ab,   der Trottel *fool* / ab·sägen *to saw off* /
auf dem sie sitzen.   der Ast *branch*

Dideldummdummdummdumm

Oh Treuhand! Ach, das Wörtchen treu,   Treuhand *institution that sells state-*
Gehörte in Deutschland verboten   *owned East-German enterprises to private*
Vonwegen Hände! Bei Treuhand seh ich   *ownership* / treu *loyal* / vonwegen = *das*
Nur krumme Finger und Pfoten   *stimmt ja gar nicht* / krumme
Der Westen powert und boomt und jauchzt   *Finger und Pfoten stealing fingers and*
Der Osten jammert und humpelt   *paws* / jauchzen *to exult* / jammern
Kohl* hat die Proleten in Erfurt geprellt und   *to complain* / humpeln *to hobble* /
Jetzt schmeißt er sich ran und kumpelt   prellen *to cheat* / ran·schmeißen
                                        to make up to (*flatter*) / kumpeln *to*
                                        play the good friend

*Chancellor Kohl had given a speech in Erfurt where he promised equal living standards to the East-German population.

Dideldummdummdummdumm Dideldumm

Provinzganoven, Graf Rotze im Benz	der Ganove *scoundrel* / Graf Rotze =
Die letzte verbrannte Asche	*Count Snot*
Sie fingern dem nackten Mann in Schwerin	fingern *to steal*
Das druckfrische Geld aus der Tasche	druckfrisch *from the press*

Die, de . . .

Ach, lassen Sie mal, ich will das Lied jetzt nicht zu Ende singen. Ich möchte Ihnen, es geht immer so weiter, eine ewige . . . er sagt, am Ende, das ist nämlich der Punkt: den Ostdeutschen geht es sehr schlecht, aber nebenbei geht's ihnen viel zu gut. Und das ist der Punkt, den sie nicht kapieren. Das darf man ihnen nicht vorwerfen, denn sie kennen ja die Welt nicht; sie waren ja eingesperrt. Aber da ich schon 15 Jahre vorher rausgeschmissen wurde, hatte ich ja Zeit, mich umzugucken. Und die Deutschen gehören doch—das kann keiner abstreiten—nebenbei auch noch zur Menschheit. Und gemessen an der Menschheit sind alle Leiden in Ostdeutschland Luxusleiden. Das sind superreiche Leute! Das muß man sagen; es ist die Wahrheit. Sie haben Probleme, sie sind sauer. Sie haben Schwierigkeiten, alles nicht schön. Eigenes Leid ist immer das schwerste, das ist klar; das kenn' ich von mir. Aber gemessen an der Menschheit, alles; ach, wir müssen ja garnicht zur Menscheit gehen. Schon die nächsten Nachbarn, die Polen, die Tschechen, die Russen wären glücklich, die Rumänen, wenn es ihnen so schlecht ginge, wie den Ostdeutschen. Und deswegen heißt es in der letzten Strophe:

Der Deutsche Michel zog übers Ost-	Michel *symbol for Germany that often*
Und Westohr sich tief seine Mütze	*during history did not want to "see clearly"* /
Er mag nichts von der Welt mehr sehn	die Mütze *Michel's night cap*
Und hockt in der Tränenpfütze	die Tränenpfütze *puddle of tears*
Mir aber lacht das Herz, ich weiß	
Bald heilt auch die deutsche Wunde	heilen *to heal*
Nur eines ist dumm, ganz nebenbei	
—die Menschheit geht grade zugrunde	die Menschheit *mankind* / zugrunde
	gehen *to perish*

Dideldummdummdumm Dideldumm Bambabambabambabaaa

Und deswegen will ich Ihnen grob und deutlich, weil ich im Ausland bin, sagen: Wer sich nicht erstens bis zehntens freuen kann darüber, daß diese verfluchte Tyrannei endlich zusammengebrochen ist, mit dem will ich nicht mal übers Wetter reden, mit dem will ich nichts zu tun haben. Ich gehöre nicht zu denen, die sich nach der guten, alten schlechten Zeit zurücksehnen. Ich sagte, erstens bis zehntens. Elftens kann man ja wieder meckern, wie schlecht alles ist. Aber wer das nicht liefert, wer das nicht weiß, der ist maßlos. Der weiß nicht, wo Gott wohnt, und wo die Menschen leben. Und, das was uns jetzt in Deutschland so tief erschüttert, die neofaschistischen Attacken, in Hoierswerda, in Rostock, es ist kein Wunder, daß das gerade im östlichen Teil besonders schlimm ist. Die Tendenz ist in ganz Europa; das ist kein Privileg der Deutschen. Aber in Ostdeutschland überlagert und potenziert es sich mit dem Erbe der Stalinzeit. Denn die meisten Kids, die da Brandflaschen werfen, sind die Kinder von Stasi-Leuten, von Mitläufern des alten Regimes, die jetzt sauer sind, und insofern hängt das sehr eng zusammen.

KAPITEL 7

Hörverstehen 1

„Meine Mutter ist (nicht) berufstätig"

Meine Mutter ist nicht berufstätig. Ich finde das eigentlich gut, denn ich habe vier Geschwister, und so hat sie mehr Zeit für uns. Es ist zwar mehr Geld da, wenn sie arbeiten würde, aber das Geld ersetzt nicht die Mutter.
Marina

Meine Mutter arbeitet zweimal in der Woche nachmittags in einem Wollgeschäft, und dadurch mag ich gern handarbeiten. Wenn sie nicht da ist, mache ich meistens etwas, wofür ich Ruhe brauche. Zum Beispiel Tagebuchschreiben, Briefeschreiben.
Franziska

Meine Mutter paßt tagsüber auf einen kleinen Jungen auf, der in der Nachbarschaft wohnt. Sie kommt meistens um zwei bis drei Uhr nachmittags wieder. Ich finde das echt gut, weil ich mehr allein zu Hause bin und mir nicht immer anhören muß, was meine Mutter mir sagt, zum Beispiel: „Mach den Rekorder leiser" oder „geh jetzt raus und sitz nicht immer im Zimmer rum." So kann ich mir meine Zeit selbst einteilen. Ich habe noch zwei Brüder 14 und 6 Jahre alt. Mit dem großen streite ich mich meist, aber sonst kommen wir gut zurecht, und ich fühle mich pudelwohl.
Ingo

Ich meine, wenn meine Mutter arbeiten würde, würde sich ziemlich viel selbständiger werden im Haushalt. Allerdings gäbe es auch Nachteile: Ich würde mich mit meinem Bruder andauernd streiten oder sogar schlagen. Dann wäre niemand da, der den Streit verhindern kann!
Simone

Wir haben einen kleinen Betrieb, wo auch unser Haus ist. Meine Mutter bringt zwar manchmal die Post weg, aber muß es nicht tun. Wenn ich nach Hause komme, steht das Essen schon fast bereit. Ich finde das prima. Aber trotzdem finde ich es auch gut, wenn man mal allein ist. Ich koche nämlich gerne.
Peter

Meine Mutter arbeitet zweimal in der Woche. Ich finde das ganz gut, weil wir dann mehr Geld haben, und mein Vater braucht meiner Mutter nicht soviel Unterhalt zahlen. Denn meine Eltern leben getrennt.
Yasmin

Früher hat meine Mutter als technische Zeichnerin gearbeitet. Das fand ich nicht gut. Immer hatte ich Krach mit meinem Bruder. Wenn ich Lust hatte, etwas zu machen, zum Beispiel ins Kino gehen, wußte ich nicht, ob ich darf oder nicht. Ich mußte dann auch immer in der Schule essen von diesen blöden Plastiktellern. Das hat mir gar nicht geschmeckt.
Jörg

Manchmal bin ich froh, daß meine Eltern beide arbeiten, weil ich dann laute Musik hören kann, soviel Freunde mitbringen kann, wie ich will, immerzu Fernsehen gucken kann und „sturmfreie Bude" habe. Aber oft fände ich es schöner, meine Eltern wären zu Hause, weil ich so wenig Kontakt zu ihnen habe.
Martin

Wenn ich aus der Schule komme, gehe ich meistens erst einmal in die Küche, weil ich mir etwas zu essen kochen muß. Ich finde das gut, weil ich mir dann aussuchen kann, was ich mir koche. Andererseits finde ich es manchmal nicht gut, wenn mir dann etwas anbrennt und ich den Herd und den Topf schrubben muß. Auch finde ich nicht gut, daß ich mein Zimmer in Ordnung halten muß und daß ich bis drei

Uhr allein bin, manchmal kommt es vor, daß ich das ganze Haus aufräumen und saubermachen muß. Auch für meinen Vater ist es manchmal schlecht, wenn meine Mutter später kommt und er sich sein Essen selber machen muß. *Corinna*

Ich finde es nicht gut, daß meine Mutter nicht berufstätig ist, weil sie mich immer bevormundet. Außerdem will ich lernen, selbständig zu sein, und das kann ich nicht. Dann verbietet sie mir alles. *Gerhardt*

Ich finde es sehr, sehr gut, daß meine Mutter nur Hausfrau ist. Weil ich gerne mit ihr zusammen bin. Wir spielen oft, wenn sie den Haushalt fertig hat. Das finde ich sehr schön, daß meine Mutter bei mir ist. *Christina*

Ich finde es sehr schlecht, daß meine Mutter arbeiten geht! Ich sehe sie kaum und kann nicht viel mit ihr unternehmen. Wenn sie da wäre, könnte sie mir Diktate diktieren und bei den Hausaufgaben helfen. *Herbert*

Meine Mutter arbeitet dreimal die Woche als Serviererin in einem Restaurant. Dann muß ich, wenn ich aus der Schule nach Hause komme, saubermachen, abwaschen und meine kleine Schwester füttern. Sie ist erst sechs Monate alt. Ich gebe ihr Brei und Milch aus der Pulle. Meine Mutter sagt mir vorher genau, wieviel und wann ich ihr etwas geben muß. Ich finde das ganz gut, weil ich dadurch eher selbständig werde. *Robert*

Hörverstehen 2 (Video)

Gäste oder Fremde?

Elia, Natascha und Lu erzählen

Elia Naqvi

Ich heiße Elia Naqvi, und mein Vater ist Pakistaner, meine Mutter Österreicherin. Ich habe lange in Wien und in Österreich gelebt und habe eine Geschichte, die ich zum Thema Ausländer erzählen möchte. Ich hatte letzten Sommer auf einem Schiff am Wörthersee, in Kärnten, im Süden von Österreich einen Job als Kellnerin. Und da erging es mir so, daß ich eines Tages also ankam, und der Chef mich in einer etwas unangenehmen Weise ansprach. Er sagte irgendwie so: „Du jetzt das machen und das putzen." Also, er nahm an, daß also, weil ich dunkel bin, daß ich Ausländerin bin und kein Deutsch verstehe. Und daraufhin habe ich ihn entsetzt angeschaut und mir gedacht : „So ein schrecklicher Mensch" und irgendwie gemeint, „Sie können mit mir genauso sprechen, wie mit jedem anderen normalen Menschen, dankeschön, ja." Und da habe ich mich das erste Mal, also in Österreich, so richtig diskriminiert gefühlt. Ich hab' mit einem anderen Inder zusammengearbeitet, und wir haben, obwohl wir als Kellner angestellt waren, also auf dem Papier ist „Kellnerin" gestanden, bin ich meistens in der Küche gewesen, hab' putzen dürfen, Geschirr waschen, und also eigentlich alles, was niemand anderer machen wollte, haben wir zwei dann machen dürfen.

Natascha

Hallo, mein Name ist Natascha Bodemann, mein Vater ist Deutscher, und meine Mutter ist Amerikanerin aus New York, eigentlich, und da meine beiden Eltern Soziologieprofessoren sind, hab' ich auch eine Zeitlang in Deutschland gelebt, und zwar sechs Jahre lang. Und vier Jahre davon hab' ich auf einem französischen Gymnasium verbracht und zwar, da hab' ich mein Abitur auch geschrieben und auch diesen französischen Baccalaureat. Und das war eigentlich eine ganz interessante Schule, denn das war zur Hälfte deutsche Gymnasiasten und zur Hälfte französische Militär und dann noch dazu waren auf dieser Schule sehr viele Diplomaten und überhaupt sehr viele Leute aus einem internationalen Hintergrund, das heißt Italiener, Türken, Jugoslawen, Griechen, also wir hatten auch Algerier, Tunesen, undsoweiter, das war ganz interessant, also eine sehr internationale Schule. Und, das Interessante daran war aber, daß die Deutschen und die Franzosen waren die beiden größten Gruppen, und die beiden haben sich eigentlich überhaupt nicht so richtig verstanden. Sie kamen auch aus völlig verschiedenen Milieus, also das heißt die Deutschen waren bürgerlich, sehr, sehr gute Schüler gewesen an der Grundschule, und die Franzosen kamen eben aus diesem Militärmilieu, und das war eher konservativ, viele waren, könnte man schon sagen, rechtsradikal. Und die Deutschen und die Franzosen haben sich eigentlich überhaupt nicht verstanden. Ich selber, da ich ja mich nicht als Deutsche betrachte, war eigentlich mehr mit den Franzosen oder mit diesen internationalen Diplomaten zusammen. Und die internationalen Leute, das heißt die Deutsch-Franzosen, die Leute, die überhaupt gemischt waren, oder aus einem völlig verschiedenen Hintergrund kamen, haben sich wirklich ganz toll untereinander verstanden und haben sich auch mit den Deutschen sowohl wie auch mit den Franzosen verstanden. Und das hat mich irgendwie geärgert, daß da irgendwie die Franzosen und Deutsche so getrennt waren. Das war einfach schlimm, also in der Klasse, das zu erleben, daß sie sich wirklich nicht so angesprochen haben, sie haben nichts miteinander gemacht, angestellt, und da hab ich mich entschieden, ein großes Projekt zu machen, und das sollte heißen „La Fusion", und zwar daß, da hab ich Projekte organisiert, verschiedene Aktivitäten usw., damit sich die Deutschen und die Franzosen besser verstehen. Und das ist eigentlich ziemlich schlecht gegangen. Das war auch—überhaupt, der Direktor, das interessierte ihn eigentlich nicht so doll, er war eigentlich eher an dem Ruf der Schule interessiert, und ich hab sehr wenig Hilfe gekriegt, obwohl eigentlich viele Schüler versucht haben, sich dafür zu begeistern, aber am Ende war das bekannt, „La Fusion", das ist nichts geworden, und das war schade.

Lu

Ich bin Lu, ich bin ein Chinese, Chinesin, mein Vater und meine Mutter sind beide Chinesen, und sie können keine Fremdsprache. Ich habe vier Jahre an der Peking Universität Germanistik studiert und daher Deutsch gelernt, aber ich bin noch nie in Deutschland [gewesen], und diesmal bin ich auch zum ersten Mal außerhalb von China, erst zwei Wochen in New York. Deshalb, mit dem Erlebnis als Ausländer in Deutschland oder Amerika kann ich fast nichts anfangen. Aber trotzdem kann ich etwas erzählen über die Deutschen, die als Touristen in China ihre Reisen machen. Ich habe für eine gewisse Zeit als Reiseleiterin gearbeitet, hatte hauptsächlich deutsche Touristen betreut. Und die haben mir solchen Eindruck gemacht, daß sie vor der Reise ein anderes Bild über China im Kopf haben als China wirklich ist. Und zum Beispiel die glauben, die Chinesen sind noch alle ganz konservativ, und sie leben ganz einfach, sind in blaue Kleidungen, alle einheitlich, und die Ehe wird vom Chef vorgestellt, vorgeschrieben, usw. Aber jeder sagte mir nach der Reise, sie sind angenehm überrascht, weil die Leute sind in so bunter Kleidung, und viele Leute verhalten sich viel lockerer als in ihrer Vorstellung. Und auch der schnell gekommene Wohlstand ist auch eine große Überraschung. Viele Leute denken die Chinesen noch ziemlich arm, und z.B. das festliche Essen, eingeschlossen in der Reise, ich esse auch dabei, und sie fragen immer: „Lu, fühlen Sie sich jetzt besonders glücklich, daß Sie mit uns so festliches Essen haben konnten?" Als ich das hörte, fühlte ich mich ganz erstaunlich, weil ich hatte solches Essen jede Woche zu Hause, und wenn ich will, kann ich jeden Tag haben. Deshalb, das kann man nicht sagen, daß es Vorurteile ist, aber manche Klischees über China.

Hörverstehen 3

Mein Mann kommt immer so spät nach Hause

Frau Niedert wartet auf ihren Mann. Sie hat das Abendessen schon fertig. Aber Herr Niedert ist immer noch nicht da. Es wird immer später. Endlich kommt er nach Haus. Es gibt eine kleine Auseinandersetzung.

JOCHEN: Grüß dich, Liebling.

INGE: N'abend, Jochen.

JOCHEN: Du, es tut mir leid, daß es etwas spät geworden ist, aber du weißt ja, die Firma.

INGE: Etwas ist gut!! Ja, etwas ist gut!!

JOCHEN: Na, wir hatten wieder Gäste. Ich mußte sie rumführen, das ließ sich nicht vermeiden.

INGE: Anderthalben Stunden warte ich jetzt schon . . .

JOCHEN: Sicher, sicher.

INGE: Das dritte Mal in dieser Woche.

JOCHEN: Wird nicht wieder vorkommen, wird nicht wieder vorkommen.

INGE: Nein, das hast du schon oft gesagt . . . Also, laß gut sein. Zieh deinen Mantel aus, komm, wir wollen essen, ich habe schon gedeckt. Ich warte schon so lange.

JOCHEN: Ach, Inge, weißt du, wir haben schon in der Firma gegessen.

INGE: Was?

JOCHEN: Sei mir bitte nicht böse. Sei mir bitte nicht böse, aber ich kann wirklich nichts mehr essen.

INGE: Das kann doch nicht dein Ernst sein. Also, ich bitte dich, ich kann doch das Essen nicht schlecht werden lassen.

JOCHEN: Ich habe gegessen und bin wirklich satt. Mach es doch morgen noch mal.

INGE: Ja, ich hab Tartar gemacht, das ist morgen schwarz. Ich kann das ganze Essen wegwerfen. Das kann ich doch nicht aufheben, das weißt du doch. Ach weißt du, nein, du, ich bin wirklich furchtbar unglücklich. Ich bin den ganzen Tag, die ganze Woche allein. Ich warte ständig auf dich.

JOCHEN: Liebling, du weißt doch . . .

INGE: Ich bin Köchin, ich bin Putzfrau, ich bin Babysitterin, ich bin alles, nur, daß ich einen Ehemann hab, das merke ich nicht . . .

JOCHEN: Wer wollte denn das Kind haben?

INGE: Ach, jetzt komm, fang doch nicht auch noch damit an.

JOCHEN: Ja, und ich meine die Köchin, ich meine ich kann es doch nicht verhindern ...

INGE: Freust du dich denn nicht über das Kind?

JOCHEN: Ich kann es doch nicht verhindern, daß ich mal später nach Hause komme.

INGE: Ja, mal, ist ja gut.

JOCHEN: Ich mache es ja auch nicht aus reiner Freude.

INGE: Aber, schau mal, früher war das ganz anders, da hattest du wirklich ein bißchen mehr Zeit für mich.

JOCHEN: Ach, Schatz, laß uns nicht streiten, ich bin viel zu müde.

INGE: Da sind wir am Wochenende mal ein bißchen weggefahren. Ja, ja, du bist immer müde. Ah, übrigens, was ich dir noch sagen wollte, die Müllers haben auch vorher angerufen, die haben uns heute abend auf ein Gläschen Wein eingeladen . . .

JOCHEN: Nein.

INGE: Was??

JOCHEN: Aber Inge, das doch nicht auch noch. Jetzt habe ich dir gerade erklärt, daß ich müde aus dem Büro heimkomme, nicht . . .

INGE: Also . . .

JOCHEN: Also, es ist mir wirklich zu viel.

INGE: Nein, also Jochen ... du nimmst mir jede, jede Freude.

JOCHEN: Ich muß morgen früh anfangen.

INGE: . . . nimmst du mir.

JOCHEN: Aber, Inge, hab doch Verständnis.

INGE: Ich habe Verständnis, ich habe sogar sehr viel Verständnis, aber was zuviel ist, ist zu viel.

JOCHEN: Sieh mal, bei Müllers sitze ich nur rum, und es wird ein langweiliger Abend, und ich bin morgen wieder nicht frisch. Ich brauch das für den Beruf.

INGE: Ja, ja, es ist schon gut.

JOCHEN: Also, paß auf, hör zu, ich mache dir einen Vorschlag: Wie wäre es, wenn ich mir das nächste Wochenende frei nähme und wir zusammen aufs Land raus fahren.

INGE: Wirklich??

JOCHEN: Weißt du noch, dieses kleine, nette Hotel, wo wir früher waren?

INGE: Ach, das wäre natürlich wunderbar.

JOCHEN: Und wir übernachten dort und frühstücken schön.

INGE: Ah, ja.

JOCHEN: Und machen uns ein hübsches Wochenende.

INGE: Ach, da würde ich mich aber wirklich sehr freuen.

JOCHEN: Du, das machen wir.

INGE: Ach, hoffentlich klappt's wirklich.

JOCHEN: Paß auf, ich hol mir schnell was zu trinken, und dann reden wir drüber.

INGE: Ja, gut, ja, schön.
(*Telefon*)

INGE: Ach, Jochen, das Telefon klingelt, geh doch bitte mal hin.

JOCHEN: Ja, ja, ich geh schon hin.
Ja, Niedert,—ja, grüß dich. Ja, gut, und euch? Ist wieder vorbei. Das freut mich. Ja. Nein. Am Samstag. Ja gerne. Aber sicher. Nein. Wir freuen uns sehr. Werd ich machen, werd ich ausrichten. Und du an Mama. Ja. Gut. Schönen Gruß. Wiedersehen.

INGE: Na. Wer hat denn angerufen?

JOCHEN: Na, rate mal, na rate mal.

INGE: Na, ich hab keine Ahnung.

JOCHEN: Dein lieber Vater.

INGE: Ja, was wollte er denn?

JOCHEN: Und weißt du, was passiert?

INGE: Nein.

JOCHEN: Er kommt nächsten Samstag mit deiner Mutter und macht einen Besuch bei uns.

INGE: (*lacht*)

JOCHEN: Ach, du liebe Zeit. Sie trinken Kaffee, sie bleiben bis Sonntag abend. Das ganze Wochenende ist wieder hin.

INGE: Nein, das darf doch nicht wahr sein. Unser schönes Wochenende.

JOCHEN: Aber, paß auf, Schatz. Ich versprech dir, das Wochenende danach machen wir es wahr. Wir fahren zusammen in Urlaub, und es wird uns kein Schwiegervater stören.

INGE: Ja, versprich mir nichts.

KAPITEL 8

Hörverstehen 1

„Stimmen junger Menschen zur Umwelt"

„Meine Eltern fahren auf der Autobahn langsamer. Sie sparen Benzin. Ich bin umweltbewußt erzogen worden. Wenn ich aus dem Zimmer gehe, mache ich immer das Licht aus. Im Winter drehe ich die Heizung ab, sobald ich das Haus verlasse. Beim Einkaufen achte ich auf die Verpackung. Joghurt zum Beispiel kaufe ich im Glas, nicht in Pappbechern." *Christoph, 15*

Ich bade nicht in der Badewanne, sondern dusche. Dabei verbrauche ich weniger Wasser. Papier und Glas schmeiße ich nur in Spezialcontainer, die stehen in jedem Stadtteil. Dafür laufe ich gern ein paar Meter. Meine Mutter denkt auch an die Umwelt. Im Supermarkt macht sie zum Beispiel die Verpackungen ab und läßt sie einfach liegen. Meine Schwester und mein Vater interessieren sich wenig für den Umweltschutz. Sie sind zu bequem. *Ines, 18*

„Alufolie, Kunststoffabfälle usw. gebe ich an Sammelstellen ab, weil Umweltschutz für mich wichtig ist. Von diesen Sammelstellen sollte es viel mehr geben. Wenn die öffentlichen Verkehrsmittel öfter kämen und billiger wären, würde ich sie viel mehr benutzen. So lasse ich mich lieber mit dem Auto bringen oder abholen. Jeder einzelne muß viel mehr an die Umwelt denken. Stattdessen waschen viele jeden Samstag die Autos. Meine Mutter hat jetzt einen Zweitwagen; seitdem fährt sie viel öfter Auto." *Verena, 17*

„Beim Einkaufen denke ich selten an die Umwelt. Außerdem gibt es viele Produkte nur in Dosen. Und mit dem Auto oder Motorrad bin ich schneller als mit dem Bus oder der Straßenbahn. Meiner Meinung nach darf man den Umweltschutz nicht dem einzelnen überlassen. Man muß ihn erzwingen. In Hamburg zum Beispiel durfte man vor Weihnachten nicht mehr in die Innenstadt fahren. Nur so kann man die Probleme lösen." *Stephan, 16*

„Der einzelne kann nur wenig für die Umwelt tun. Ich kann das kritische Umweltge-rede nicht mehr hören. Es gibt schließlich auch noch andere Themen." *Tobias, 18*

„Wir haben versucht die Cola-Dosen in der Schule durch Glasflaschen zu ersetzen. Aber Cola in Glasfaschen ist teuer. Deshalb blieb alles, wie es war. Wir bringen Pappe zu Sammelstellen, und im Fotokopierer benutzen wir nur Recyclingpapier. Aber auf die wirklich wichtigen Sachen haben wir keinen Einfluß: die Zerstörung des Regenwaldes in der ganzen Welt, das Ozonloch usw." *Anne, 17*

„Ich benutze phosphatfreies Waschmittel, was jetzt glücklicherweise auch billiger geworden ist. Und in unserem Haushalt haben wir organisiert, daß Glas, Altpapier usw. gesammelt und abgeliefert werden. Aber ich kenne auch eine ganze Menge Leute, bei denen dieses Engagement wirklich schwach ist. Ich glaube, es gibt kein Hauptumweltproblem. So genau kann man das gar nicht mehr differenzieren. Wichtig ist, daß die Leute im Umweltschutz einen Sinn sehen und durch eigenes Engagement ihre Umgebung erhalten und schützen." *Birgit, 18*

„Ich fahre ein Auto mit Katalysator. Aber so richtig Gedanken um die Umwelt mache ich mir nicht. Jeder sollte bei sich anfangen, doch ob das so viel nützt . . . ?

Das größte Umweltproblem liegt, glaube ich, bei den großen Konzernen. Die haben ja auch das Geld „zum Schmieren". Und daran wird sich bestimmt nicht viel ändern. Die Industrie hat das meiste Geld, und sie sucht sich ihre Politiker immer nach ihren Interessen." *Holger, 19*

„Ich wohne in einer Wohngemeinschaft, und wir haben da eine ziemlich klare Linie. Wir sammeln zum Beispiel Altpapier, Altglas. Und wir passen auf, daß nicht grenzenlos Spül- und Waschmittel verbraucht werden. Um für die Umwelt wirklich etwas zu tun, wünsche ich mir, daß der Staat härtere Maßnahmen ergreift. Es wird zwar viel geschwätzt, aber es passiert nichts. Es stecken einfach zu viele andere Interessen dahinter. Natürlich sollte sich auch jeder an die eigene Nase fassen und bei sich anfangen, damit was verändert wird. Denn bis der Staat was tut . . . " *Birgit, 25*

„Ich komme aus Brasilien. Dort wird leider nicht viel für den Umweltschutz getan. Ich selber benutze nur solche Produkte, die die Umwelt nicht belasten. Zum Beispiel Spray ohne Treibgas. Ich sammle auch Altpapier, Glas und andere Sachen. Aber diese Probleme werden in Zukunft sicher nicht so schnell zu lösen sein. Denn die Weltbevölkerung nimmt immer mehr zu. Außerdem fehlt es an Organisationen." *Dirgen, 17*

„Ich kaufe Spraydosen ohne Treibgas, sammle Alufolien, Glas, Papier und werfe das Zeug in die entsprechenden Container. Außerdem spende ich im Monat 30 Mark für Greenpeace. Mein Freund macht es ähnlich; er ist genauso umweltbewußt wie ich. Meine Eltern, wie überhaupt die ältere Generation, sind das weniger. Das Hauptproblem sehe ich darin, daß sich unsere Lebensweise geändert hat. Wir leben von der Industrie. Also nicht mehr so natürlich wie früher. Das belastet die Umwelt. Doch ich sehe Chancen, damit fertig zu werden. Alle müssen mithelfen. Umweltschutz kann nicht befohlen werden, er muß gelebt werden." *Erwin, 21*

Hörverstehen 2

„Die Erde ist rund"

Ein Mann, der weiter nichts zu tun hatte, nicht mehr verheiratet war, keine Kinder mehr hatte und keine Arbeit mehr, verbrachte seine Zeit damit, daß er sich alles, was er wußte, noch einmal überlegte.

Er gab sich nicht damit zufrieden, daß er einen Namen hatte, er wollte auch genau wissen, warum und woher. Er blätterte also tagelang in alten Büchern, bis er darin seinen Namen fand.

Dann stellte er zusammen, was er alles wußte, und er wußte dasselbe wie wir,

Er wußte, daß man die Zähne putzen muß.

Er wußte, daß Stiere auf rote Tücher losrennen und daß es in Spanien Toreros gibt.

Er wußte, daß der Mond um die Erde kreist und daß der Mond kein Gesicht hat, daß das nicht Augen und Nasen sind, sondern Krater und Berge.

Er wußte, daß es Blas-, Streich- und Schlaginstrumente gibt.

Er wußte, daß man Briefe frankieren muß, daß man rechts fahren muß, daß man die Fußgängerstreifen benützen muß, daß man Tiere nicht quälen darf.

Er wußte, daß man sich zur Begrüßung die Hand gibt, daß man den Hut bei der Begrüßung vom Kopf nimmt.

Er wußte, daß sein Hut aus Haarfilz ist und daß die Haare von Kamelen stammen, daß es einhöckrige und zweihöckrige gibt, daß man die einhöckrigen Dromedare nennt, daß es Kamele in der Sahara gibt und in der Sahara Sand.

Das wußte er.

Er hatte es gelesen, es wurde ihm erzählt, er hatte es im Kino gesehen. Er wußte: In der Sahara gibt es Sand. Er war zwar noch nie da, aber er hatte gelesen darüber, und er wußte auch, daß Kolumbus Amerika entdeckt hat, weil er daran glaubte, daß die Erde rund ist.

Die Erde ist rund, das wußte er.

Seit man das weiß, ist sie eine Kugel, und wenn man immer geradeaus geht, kommt man wieder zurück an den Ort, von dem man ausgegangen ist.

Nur sieht man nicht, daß sie rund ist, und deshalb wollten die Leute das lange nicht glauben, denn wenn man sie anschaut, ist sie gerade, oder sie geht hinauf oder hinunter, sie ist mit Bäumen bepflanzt und mit Häusern bebaut, und nirgends biegt sie sich zu einer Kugel; dort, wo sie es tun könnte, auf dem Meer, dort hört das Meer einfach auf, endet in einem Strich, und man sieht nicht, wie sich das Meer und wie sich die Erde biegt.

Es sieht so aus, als würde die Sonne am Morgen aus dem Meer steigen und abends zurücksinken ins Meer.

Doch wir wissen, daß es nicht so ist, denn die Sonne bleibt an ihrem Ort, und nur die Erde dreht sich, die runde Erde, jeden Tag einmal.

Das wissen wir alle, und der Mann wußte das auch.

Er wußte, wenn man immer geradeaus geht, kommt man nach Tagen, Wochen, Monaten und Jahren an denselben Ort zurück; wenn er jetzt von seinem Tisch aufstände und wegginge, käme er, später, von der andern Seite wieder zu seinem Tisch zurück.

Das ist so, und man weiß es.

„Ich weiß", sagte der Mann, „wenn ich immer geradeaus gehe, komme ich an diesen Tisch zurück."

„Das weiß ich", sagte er, „aber das glaube ich nicht, und deshalb muß ich es ausprobieren."

„Ich werde geradeaus gehen", rief der Mann, der weiter nichts zu tun hatte, denn wer nichts zu tun hat, kann geradesogut geradeaus gehen.

Nun sind aber die einfachsten Dinge die schwersten. Vielleicht wußte das der Mann, aber er ließ sich nichts anmerken und kaufte sich einen Globus. Darauf zog er einen Strich von hier aus rund herum und zurück nach hier.

Dann stand er vom Tisch auf, ging vor sein Haus, schaute in die Richtung, in die er gehen wollte, und sah da ein anderes Haus.

Sein Weg führte genau über dieses Haus, und er durfte nicht um es herum gehen, weil er dabei die Richtung hätte verlieren können.

Deshalb konnte die Reise noch nicht beginnen.

Er ging zurück an seinen Tisch, nahm ein Blatt Papier und schrieb darauf: „Ich brauche eine große Leiter." Dann dachte er daran, daß hinter dem Haus der Wald beginnt, und einige Bäume standen mitten auf seinem geraden Weg, die mußte er überklettern, deshalb schrieb er auf sein Blatt: "Ich brauche ein Seil, ich brauche Kletterreisen für die Füße."

Beim Klettern kann man sich verletzen.

„Ich brauche eine Taschenapotheke", schrieb der Mann. „Ich brauche einen Regenschutz, Bergschuhe und Wanderschuhe, Stiefel und Winterkleider und Sommerkleider. Ich brauche einen Wagen für die Leiter, das Seil und die Eisen, für Taschenapotheke, Bergschuhe, Wanderschuhe, Winterkleider, Sommerkleider."

Jetzt hatte er eigentlich alles; aber hinter dem Wald war der Fluß, darüber führte zwar eine Brücke, aber sie lag nicht auf seinem Weg.

„Ich brauche ein Schiff", schrieb er, „und ich brauche einen Wagen für das Schiff und ein zweites Schiff für die beiden Wagen und einen dritten Wagen für das zweite Schiff."

Da der Mann aber nur einen Wagen ziehen konnte, brauchte er noch zwei Männer, die die andern Wagen ziehen, und die zwei Männer brauchten auch Schuhe und Kleider und einen Wagen dafür und jemanden, der den Wagen zieht. Und die Wagen mußten alle vorerst einmal über das Haus; dazu braucht man einen Kran und einen Mann, der den Kran führt, und ein Schiff für den Kran und einen Wagen für das Schiff und einen Mann, der den Wagen für das Schiff für den Kran zieht, und dieser Mann brauchte einen Wagen für seine Kleider und jemanden, der diesen Wagen zieht.

„Jetzt haben wir endlich alles", sagte der Mann, „Jetzt kann die Reise losgehen" und er freute sich, weil er jetzt gar keine Leiter brauchte und auch kein Seil und keine Klettereisen, weil er ja einen Kran hatte.

Er brauchte viel weniger Dinge: Nur eine Taschenapotheke, einen Regenschutz, Bergschuhe, Wanderschuhe, Stiefel und Kleider, einen Wagen, ein Schiff, einen Wagen für das Schiff und ein Schiff für die Wagen und einen Wagen für das Schiff mit den Wagen. Zwei Männer und einen Wagen für die Kleider der Männer und einen Mann, der den Wagen zieht, einen Kran und einen Mann für den Kran und ein Schiff für den Kran und einen Wagen für das Schiff und einen Mann, der den Wagen für das Schiff mit dem Kran zieht, und einen Wagen für seine Kleider und einen Mann, der den Wagen zieht, und der kann seine Kleider auch auf diesen Wagen tun und die Kleider des Kranführers auch; denn der Mann wollte möglichst wenige Wagen mitnehmen.

Jetzt brauchte er nur noch einen Kran, mit dem er den Kran über die Häuser ziehen konnte, einen größeren Kran also, dazu Kranführer und ein Kranschiff und einen Kranschiffwagen, einen Kranschiffwagenzieher, einen Kranschiffwagenzieherkleiderwagen und einen Kranschiffwagenzieherkleiderwagenzieher, der dann auch seine Kleider und die Kleider des Kranführers auf den Wagen laden konnte, damit es nicht zu viele Wagen braucht.

Er brauchte also nur zwei Kräne, acht Wagen, vier Schiffe und neun Männer. Auf das erste Schiff kommt der kleine Kran. Auf das zweite Schiff kommt der große Kran, auf das dritte Schiff kommen der erste und der zweite Wagen, auf das vierte Schiff kommen der dritte und der vierte Wagen, Er brauchte also noch ein Schiff für den fünften und sechsten Wagen und ein Schiff für den siebten und achten Wagen.

Und zwei Wagen für diese Schiffe.

Und ein Schiff für diese Wagen.

Und einen Wagen für dieses Schiff.

Und drei Wagenzieher.

Und einen Wagen für die Kleider der Wagenzieher.

Und einen Wagenzieher für den Kleiderwagen.

Und den Kleiderwagen kann man dann auf das Schiff laden, auf dem erst ein Wagen steht.

Daß er für den zweiten großen Kran einen dritten noch größern braucht und für den dritten einen vierten, einen fünften, einen sechsten, daran dachte der Mann gar nicht.

Aber er dachte daran, daß nach dem Fluß die Berge kommen und daß man die Wagen nicht über die Berge bringt und die Schiffe schon gar nicht.

Die Schiffe müssen aber über die Berge, weil nach dem Berg ein See kommt, und er brauchte Männer, die die Schiffe tragen, und Schiffe, die die Männer über den See bringen, und Männer, die diese Schiffe tragen, und Wagen für die Kleider der Männer und Schiffe für die Wagen der Kleider der Männer.

Und er brauchte jetzt ein zweites Blatt Papier.

Darauf schrieb er Zahlen.

Eine Taschenapotheke kostet 7 Franken 20 Rappen, ein Regenschutz 52 Franken, Bergschuhe 74 Franken, Wanderschuhe kosten 43 Franken, Stiefel kosten etwas und Kleider kosten.

Ein Wagen kostet mehr als all das zusammen, und ein Schiff kostet viel, und ein Kran kostet mehr als ein Haus, und das Schiff für den Kran muß ein großes Schiff sein, und große Schiffe kosten mehr als kleine, und ein Wagen für ein großes Schiff muß ein riesengroßer Wagen sein, und riesengroße Wagen sind sehr teuer. Und Männer wollen verdienen bei ihrer Arbeit, und man muß sie suchen, und sie sind schwer zu finden.

Das alles machte den Mann sehr traurig, denn er war inzwischen 80 Jahre alt geworden, und er mußte sich beeilen, wenn er noch vor seinem Tod zurück sein wollte.

So kaufte er sich dann doch nichts anderes als eine große Leiter, er lud sie auf die Schulter und ging langsam weg. Er ging auf das andere Haus zu, stellte die Leiter an, prüfte, ob sie auch richtig Halt habe und stieg dann langsam die Leiter hoch. Da erst ahnte ich, daß es ihm ernst war mit seiner Reise, und ich rief ihm nach:

„Halt, kommen Sie zurück, das hat keinen Sinn."

Aber er hörte mich nicht mehr. Er war bereits auf dem Dach und zog die Leiter hoch, schleppte sie mühsam zum Dachgiebel, ließ sie auf der andern Seite hinunter. Er schaute nicht einmal mehr zurück, als er über den Giebel des Daches stieg und verschwand.

Ich habe ihn nie mehr gesehen. Das geschah vor zehn Jahren, und damals war er achtzig.

Er müßte jetzt neunzig sein. Vielleicht hat er es eingesehen und seine Reise aufgegeben, noch bevor er in China war. Vielleicht ist er tot.

Aber hie und da gehe ich vor das Haus und schaue nach Westen, und ich würde mich doch freuen, wenn er eines Tages aus dem Wald träte, müde und langsam, aber lächelnd, wenn er auf mich zukäme und sagte: „Jetzt glaube ich es, die Erde ist rund."

Hörverstehen 3 (Video)

Interview mit einem Schweizer Mathematiker

STEFAN: Es ist nett, daß wir uns hier getroffen haben. Sie sind aus der Schweiz, und ich habe gehört, Sie sind Wissenschaftler, und Ihr Gebiet ist Mathematik. Stimmt das?

M.: Ja, ich bin Mathematiker an der ETH in Zürich.

STEFAN: ETH, was heißt ETH?

M.: Das ist die Eidgenössische Technische Hochschule in Zürich.

STEFAN: Ach ja. Und was lehren Sie da, oder?

M.: Ich bin in der Forschung tätig, im Bereich der höheren Geometrie.

STEFAN: Oh, das ist ja ein ganz schönes Spezialgebiet, nicht, also mehr theoretisch als praktische . . .

M.: Ja.

STEFAN: lehre. Wie groß ist denn die Technische Universität?

M.: Das sind etwa 10.000 Studenten.

STEFAN: Ist das die einzige Technische Unversität in der Schweiz?

M.: Ja, sie hat noch eine Zweigstelle in Lausanne, äh, die heißt auch ETH; das sind die einzigen.

STEFAN: Nun, Mathematiker befassen sich ja sicher auch mit dem modernen Leben, mit der Welt, mit dem Weltall, mit allen möglichen rechnerischen Problemen. Ich könnte mir vorstellen, daß Sie auch sich Gedanken machen, wie die Technologie unsere Welt beeinflußt. Und ich hab' gehört, daß Sie nicht Auto fahren.

M.: Ja, das ist vielleicht in der Schweiz nicht so eine Besonderheit, wie in Amerika, wenn man nicht Auto fährt. Ich kenn' verschiedene Leute, zum Beispiel die Leute, die mit mir zusammen arbeiten, die haben alle fünf, die in den zwei Büros, wo ich arbeite, arbeiten, die haben kein Auto zum Beispiel.

STEFAN: Ist das nur, weil Sie in der Nähe der Universität wohnen, und daß Sie kein Auto brauchen, oder gibt es noch andere Gründe?

M.: Ja, also als Mathematiker bin ich von berufswegen nicht, zum Beispiel wie ein Schreiner, nicht auf das Auto angewiesen. Und, äh, wir haben das Glück, daß bei uns der öffentliche Verkehr recht gut ausgebaut ist, das heißt der Zug, die Postautos, Busverkehr. Man kommt in der Schweiz an jeden Ort, kann man sagen, mit öffentlichem Verkehr, in jede Gemeinde kommt man, ohne ein Auto zu benützen.

STEFAN: Das ist natürlich ideal. Also, dann würden Sie sagen, gibt es in der Schweiz kaum ein Umweltproblem, was Luftverschmutzung oder Wasserver- schmutzung angeht?

M.: Doch, das gibt es eben schon. Das kommt daher, daß die Menge das Gift macht. In der Schweiz wie überall fahren immer mehr Leute Auto, und das hat dazu geführt, daß die Grenzwerte, die in der Schweiz gelten, für Luftverschmutzung jedes Jahr an vielen Tagen schon überschritten werden. Und trotzdem unternimmt man nichts, also man spricht keine Verbote aus, sondern man sieht einfach zu. Und ich und andere Leute, die eben nicht Auto fahren, versuchen, etwas dagegen zu wirken. Für mich hat das auch zu tun mit den Wertigkeiten. Ich glaube, wenn, wie das jetzt der Fall ist, wenn Kinder nicht mehr auf der Straße spielen können, überhaupt nicht mehr im Freien spielen können an gewissen Tagen, wenn man keinen Sport mehr treiben kann wegen der Luftverschmutzung . . .

STEFAN: Sie meinen, das ist so ungesund . . .

M.: Ja.

STEFAN: . . . , daß man nicht aus dem Haus kann.

M.: Ja. Das wird dann durch das Radio empfohlen, nicht, Kinder nicht hinauszu- lassen. Dann, dann ist die Zeit gekommen, daß man etwas unternimmt.

STEFAN: Ich hab' vor einigen Tagen in der Schweiz gesehen, als ich von Basel nach Zürich fuhr, daß es sehr viel chemische Industrie gibt. In Basel, Sandoz usw.

Sind die nun so heute technologisch, daß sie die Luft relativ wenig verschmutzen, oder gibt es von der Industrie auch Probleme?

M.: Ja, ich möchte das einmal absolut hinstellen und einmal im Vergleich. Absolut
gesehen, gibt es sicher Probleme. Also, auch die Industrie läßt viele Abgase
raus. Im internationalen Vergleich sind wir, ich glaube in der Schweiz, in
einer sehr guten Lage. Also wir haben sehr strenge Abgasreinigungs-
vorschriften für die Industrie, und die werden auch großenteils durchgesetzt.
Bloß reicht das noch nicht. Es müßte noch mehr unternommen werden.

STEFAN: Vor allem heute, wo die Grenzen fallen langsam, nicht wahr, in Europa, denn
Flüsse kann man nicht an der Grenze stoppen, nicht, zum Beispiel, daß eben
international mehr zusammengearbeitet wird in dieser Hinsicht. Wie sehen
Sie die, wie sehen Sie die Zukunft? Haben Sie Angst vor der Zukunft zu
Beginn des nächsten Jahrtausends, oder sehen Sie das eher positiv? Jetzt nicht
nur, was die Wasserverschmutzung anbetrifft, sondern das Leben allgemein.

M.: Ich sehe es weder einfach nur positiv, noch hab' ich Angst. Ich, ich hab', das
klingt vielleicht komisch, wenn ich meine Konsequenzen ziehe, in Sachen
Autofahren, aber ich habe eine gewisse Gelassenheit bekommen. Ich schau
manchmal zu und kann nur den Kopf schütteln. Ich hab' nicht eigentlich
richtig Angst. Aber ich bin irgendwie zum Realist geworden, daß, wenn das so
weitergeht, wir uns den eigenen Ast, auf dem wir sitzen, absägen.

STEFAN: Ja, ich bin eigentlich der gleichen Meinung. Das paßt sehr gut zu dem Motto
„überleben" bzw. „überlegen", überlegen, was bedeutet nachdenken über das,
was wir tun, und was wir vielleicht in Zukunft tun müssen, um das Leben für
alle besser zu machen. Recht vielen Dank!

KAPITEL 9

Hörverstehen 1

Heimat und keine

HEINRICH BÖLL: Meine Heimat, Herkunft, Umgebung wird mir immer fremder, und ich
möchte das völlig unpolitisch verstanden sehen. Es hängt wahrscheinlich mit
dem Alter zusammen, mit der Veränderung der Umgebung. Dieses Köln, in
dem ich immer noch wohne, ist eigentlich schon ein viertes, fünftes Köln, in
dem ich noch ein paar Erkennungszeichen sehe. Aber meine Erinnerung
daran, an sagen wir die Straßen meiner Kindheit . . . der Teutoburgerstraße,
wo ich geboren bin und Karolingerring, Ubierring, dieses Südstadtviertel,
wird immer kälter. Wenn ich zufällig dorthin gerate, empfinde ich fast gar
nichts. Das macht mich natürlich nachdenklich dem ganzen Begriff Heimat
gegenüber.

SPRECHER: Menschen sind wohl nur da halbwegs zu Hause, wo sie Wohnung und Arbeit
finden, Freunde und Nachbarn gewinnen. Die Geschichte des Ortes, an dem
einer wohnt, ist gegeben, die Geschichte der Person ergibt sich aus unzähli-
gen Einzelheiten und Erlebnissen, die unbeschreiblich und unwieder-
bringlich sind.

HEINRICH BÖLL: Es gibt zwei Köln, die in diesem Sinne „heimatlich" waren: das Vorkriegsköln
zwischen Raderthal und Chlodwigplatz, zwischen Vorgebirgsstraße und
Rhein, dazu noch die Südbrücke und die Poller Wiesen; das zweite Köln, das
in diesem Sinn „heimatlich" war, war schon ein anderes, das zerstörte Köln,

in das wir 1945 zurückzogen. Diese beiden Köln sind Gegenstand der Erinnerung—und der Sentimentalität natürlich.

G. JOURDAIN (INTERVIEWER): Gut, aber das wäre zunächst mal Heimat im engeren Sinne.

HEINRICH BÖLL: Ja . . .

G. JOURDAIN: Kommen wir doch mal auf Herkunft, Umgebung zurück. In einem, sagen wir mal, kulturellen und kulturpolitischen Sinne.

HEINRICH BÖLL: Ja . . .

G. JOURDAIN: Wie stehen Sie dazu, was haben Sie heute dabei für Assoziationen?

HEINRICH BÖLL: Da wird meine Bindung immer stärker. Also, sagen wir, Heimat im physisch-physikalischen Sinne ist mir nicht mehr so interessant, bewegt mich auch nicht mehr, aber, sagen wir z.B., die Erinnerung an die Kölner Museen. Meine Dankbarkeit gegenüber denen, die sie gegründet, die sie verwaltet, die sie ergänzt haben, wird immer stärker. Und auch an die noch verbliebene alte Kölner Architektur: Romanik. Köln ist ja mehr eine romanische Stadt, gar keine gotische so sehr gewesen . . . Eigentlich ist es eine romanische Stadt. Das wird stärker. Und was spirituell daran ist, also Eindrücke im Museum, beim Gang durch die Kirchen—bin ich mit meinem Vater gegangen und ist mir vieles erklärt worden—das wird immer stärker. Ja, das, sagen wir, Spirituelle, dieses kulturgeschichtlich fast etwas Niederländische, das die Stadt immer gehabt hat, nicht in ihrer Architektur, aber in ihrem Lebensstil, Gefühl so ein bißchen, bißchen proletarisch, vulgär . . .

Hörverstehen 2

Interview mit einem jungen Künstler

INTERVIEWERIN: Herr Österloh, die Stadt Köln hat für den Stadtpark eine Ihrer Großplastiken angekauft, für eine relativ hohe Summe. Betrachten Sie das als einen Erfolg für sich?

ÖSTERLOH: Ohne Zweifel würde ich sagen: ja. Es zeigt doch, daß meine Werke, meine Sachen, Zugang gefunden haben zum breiteren Publikum und Anklang gefunden haben auch bei der Bevölkerung.

INTERVIEWERIN: Ja, dafür spricht ja auch eigentlich Ihre Ausstellung bei der Galerie Winkelmann, die ja glänzend besucht ist, und deshalb noch eine Woche verlängert ist.

ÖSTERLOH: Ja.

INTERVIEWERIN: Ah, das ist ja auch ein großer Erfolg, und ist das Ihre erste Einzelausstellung?

ÖSTERLOH: Das ist meine erste Einzelausstellung in Deutschland, ja.

INTERVIEWERIN: Sie hatten schon Kollektivausstellungen in, wenn ich recht unterrichtet bin, in Karlsruhe . . .

ÖSTERLOH: Ja, die letzten großen Kollektivausstellungen waren in Karlsruhe, Stuttgart und München, die letzten.

INTERVIEWERIN: Ja, hm, aha. Herr Österloh, würden Sie uns etwas über Ihre Arbeitsweise mitteilen. Sie sind Schüler von Henry Moore, haben sich aber in den letzten Jahren vom Stil Moores ziemlich weit entfernt.

ÖSTERLOH: Ja, seit zwei Jahren arbeite ich überwiegend mit fertigen Teilen, die ich zusammenmontiere und in einen anderen Zusammenhang stelle.

INTERVIEWERIN: Was sind das für Teile?

ÖSTERLOH: Das sind, Gott, Maschinenteile, Autoteile, Blechteile, das Material der Technik,

INTERVIEWERIN: Aha.

ÖSTERLOH: Das Material, mit und in dem wir im 20. Jahrhundert leben, denn ich finde, man sollte sich auch im Material zu unserer Zeit bekennen.

INTERVIEWERIN: Ja, ja.

ÖSTERLOH: Nicht nur auf edle Materialien, auf noble, vornehme Materialien wie Marmor, Stein oder Holz zurückkommen, und konservativ da weiterarbeiten, sondern auch eben schon in der Auswahl des Materials.

INTERVIEWERIN: Ja, jaja. Sind das vorgefertigte Teile?

ÖSTERLOH: Das sind vorgefertigte Teile, die aber, wie gesagt, durch die Auswahl, aus ihrer ursprünglichen, aus ihrer alten Funktion herausgelöst werden und in einen anderen Zusammenhang gestellt werden und dadurch eine neue Bedeutung bekommen.

INTERVIEWERIN: Ja, ja. Sie arbeiten nur mit Metall?

ÖSTERLOH: Bis jetzt nur mit Metall, aber ich habe Pläne: ich werde demnächst auch versuchen, Kunststoff in die Konzept, in die Komposition mit einzubeziehen.

INTERVIEWERIN: Plastik?

ÖSTERLOH: Plastik, Kunststoff, ja, also: Kunststoff in der Plastik, wie es das Wort schon sagt, . . .

INTERVIEWERIN: Ja, ja . . .

ÖSTERLOH: auch: Plastik in der Plastik.

INTERVIEWERIN: Ja. Herr Österloh, Sie gehören der „Gruppe 70" an, sind Mitglied, und haben sich aber . . .

ÖSTERLOH: Ja.

INTERVIEWERIN: von ihr gelöst.

ÖSTERLOH: Ja, ich war, ich war Mitglied.

INTERVIEWERIN: Aha.

ÖSTERLOH: Das ist eine leidige Geschichte, . . . ich möchte eigentlich nicht mehr sehr viel darüber sagen, wissen Sie, diese Gruppe ist mir einfach, . . . ich möchte damit, mit meinem Austritt, nicht sagen, daß ich die künstlerische Richtung mit dieser Gruppe nicht mehr teilen würde, . . .

INTERVIEWERIN: Ja, jaja.

ÖSTERLOH: oder nicht geteilt hätte, sondern, meine Kollegen sind mir einfach auf eine Art und Weise politisch tätig geworden und zwar eindeutig tätig geworden, die mir nicht gefallen hat.

INTERVIEWERIN: Aha, Sie glauben also, ein Künstler sollte politisch überhaupt nicht tätig sein?

ÖSTERLOH: Nein, das möchte ich damit nicht gesagt haben. Ich meine nur, daß die direkte Betätigung, . . .

INTERVIEWERIN: Aha.

ÖSTERLOH: Die direkte politische Betätigung nicht im Bereich eines Künstlers liegt.

INTERVIEWERIN: Aha. Ja. Also, Herr Österloh, wie sind denn Ihre weiteren Pläne, haben Sie Auslandspläne?

ÖSTERLOH: Ja, eine weitere Ausstellung ist, die nächste Ausstellung ist in Venedig geplant, . . .

INTERVIEWERIN: Einzelausstellung?

ÖSTERLOH: im August. Ja, nein, das heißt, eine Kollektivausstellung, eine Ausstellung mit einem italienischen Kollegen zusammen. Im August, wie gesagt.

INTERVIEWERIN: Herr Österloh, wir danken Ihnen für dieses Gespräch und wünschen Ihnen alles Gute. Auf Wiedersehen.

ÖSTERLOH: Dankeschön.

Hörverstehen 3 (Video)

Teilszene aus dem Theaterstück und Interview *Tufa (Tuchfabrik)*

Theaterstück: DIE ZEIT UND DAS ZIMMER

Auf wen hab' ich mich nicht alles eingestellt.
Ich hab mich eingestellt auf den Umständlichen.
Auf den Empfindsamen.
Und auf den kaufmännischen Mann.
Teilgehabt an den Problemen.
An ihrer Art, die Welt zu sehen. Studiert, angenommen, mir zu eigen gemacht.
Auf den Schweigsamen wie auf den Geschhwätzigen hab ich geantwortet.
Ach, und dem Unglücklichen hab ich aufgeholfen.
Hach und dem Fröhlichen bin ich eine Lachgesellin gewesen.
Mit dem Sportler bin ich gelaufen.
Und mit dem Trinker hab ich getrunken.
es blieb nichts.
Von keinem.
Keine Spur.
Das ist aber gesund gewesen.
Dort holt' ich's mir mit vollen Armen.
Dort ließ ich's.
Was ich bin.

Meine Herrschaften, diese Frau ist ein Joker. Jeder kann sie für die Zwecke einsetzen, die ihm gerade günstig erscheinen. Leben Sie wohl, Marie Steuber. Alles, was Ihnen von nun an passiert, wäre Ihnen erspart geblieben, wenn Sie fünf Minuten länger auf mich gewartet hätten, Marie. Sie hätten in meinen Hafen gehört.

. . .

(*Klatschen*).

Hinter der Bühne

s.: Und wer, wer entscheidet über die Regie? Gibt es einen Regisseur, Dramaturgen?
s.: Nein, alle zusammen?

Nein. Das ist Basisdemokratie.

s.: Basisdemokratie und Kollektivarbeit?

Ja.

s.: Und dann noch: Wie sind Sie darauf gekommen, oder was hat Sie an Botho Strauß jetzt fasziniert? Wer hat die Auswahl getroffen? Sie hatten vorher, glaube ich, *Leonce und Lena* aufgeführt, und noch was anderes?

Ja, auf Botho Strauß sind wir gekommen, weil wir einfach ein Stück suchten, das, ja, uns allen die Möglichkeit gibt zu spielen. Oft gibt's ja ein oder zwei Hauptrollen und dann viele kleine Nebenrollen, und wir wollten es einigermaßen gleich verteilt haben, und da kamen diese losen Szenen uns entgegen, weil wir da auch verschieden besetzen konnten, immer wechselnd mit den Personen, weil kein Handlungsfaden in dem Sinne drin ist. Und dann, naja—durch diese losen Szenen kann man auch einfacher proben jetzt, ne. Da gibt's nicht soviel Aufwand, da müssen nicht immer alle dasein. Das ist immer etwas schwierig mit der Motivation.

(*Lachen*)

Und mit der Zeit.

Von daher kam das so unserem Spieldrang und den ökonomischen Bedürfnissen sehr entgegen dann das Stück.

s.: Sind Sie denn alle Trierer Studenten oder Germanistikstudenten?

Psychologie. Ausschließlich inzwischen.

s.: Alles Psychologiestudenten?

Ja, das war am Anfang ganz anders, da war das alles bunt durchmischt. Irgendwie hat sich das so rauskristallisiert.

s.: Es gibt ja noch 'ne konkurrierende Theatergruppe, ne, von den Germanisten?

Kollegen, Kollegen.

(*Lachen*)

s.: Und wie oft ist das Stück hier schon aufgeführt worden?

In der Tuchfabrik? Zweimal jetzt. Zweimal vorher, im Exzellenzhaus. Und jetzt zweimal in der Tuchfabrik.

s.: Und konnten Sie immer soviele Zuschauer anlocken wie bisher, heute abend?

Ne,ne.

s.: Ein toller Erfolg, nicht?

Ja.

Botho Strauß lockt gewöhnlich nicht so viele Leute ins Theater. Es ist meistens schlecht zu verstehen und kompliziert, und äh, aber es hat sich irgendwie rumgesprochen.

s.: Und dann wollt' ich noch fragen, bekommen Sie von der Uni Trier in irgendeiner Form Unterstützung?

(*Lachen*)

Ja, abgesehen davon, daß gelegentlich mal ein Dozent kommt und seine fünf Mark Eintrittsgeld bezahlt—das ist doch die einzige Unterstützung.

Die Unterstützung liegt auch darin, daß sie für uns die Organisation mit Einrichtung der Halle . . .

Ja, das ist die Studentenvertretung.

s.: Von der Stadt keine Unterstützung?

Nein.

Doch, aber wir haben jetzt vor, in Weimar zu spielen im Herbst so 'nen Kulturaustausch zu machen, weil Weimar ist Partnerstadt von Trier und, äh, also ehemals DDR, jetzt Neue Bundesländer, ja und da wollen wir versuchen, von der Stadt ein bißchen Geld zu kriegen, und wir haben schonmal vorgefühlt bei der Stadt, und das geht wohl klar.

Ja, da freu' ich mich auch schon drauf.

Ja, ich auch!

s.: Und da kommt auch eine andere Theatergruppe aus Weimar hierher oder?

Das muß sich erst ergeben.

s.: Und, äh, hat Ihnen der Titel auch irgendeine Regieidee gegeben, „Die Zeit und das Zimmer"? Also manchmal ging es ja um Langeweile und . . .

Also mir ist dazu einfach eingefallen, wenn wir jetzt statt Zimmer mal Raum sagen, dann haben wir Zeit und Raum, und das ist in der ersten Szene vollkommen durcheinandergewürfelt, und danach ergeben sich dann in den einzelnen Szenen so Zufallsprodukte—wenn jemand mit jemand zusammenkommt, was passiert dann? Entwickelt sich so 'ne eigenständige Dynamik daraus.

Also wir haben die, noch so 'ne, die erste Szene ganz verändert, und 'ne fast eigenständige daraus gemacht, so 'ne Collage von einzelnen Dialogpassagen. Und das wollten wir an den Schluß hängen und so eher ins Traummäßige, Phantasiemäßige abgleiten lassen von der Darstellung. Aber, hm, das war dramaturgisch nicht präsentabel.

(*Lachen*)

> s.: Obwohl Sie mit der Bühne schon sehr viele bessere Möglichkeiten haben als die Leute in Aachen, zum Beispiel, die hatten wirklich nur eine kleine Kellerbühne zur Verfügung.

Aber auf 'ner kleinen Bühne ist es auch sehr schön. Da ist man dem Publikum einfach näher. Also es ist atmosphärisch sehr angenehm, in kleinen Räumen zu spielen. So im Großen fühlt man sich eher mal verloren oder so, alleingelassen.

Und wir haben die Inszenierung halt für minimale Beleuchtungsmöglichkeiten und so ausgelegt, und sind dann einfach ins kalte Wasser auch gesprungen, weil wir hier keine Möglichkeit mehr hatten, das umzustellen. Und haben das gleiche, was wir auf dem Viertel des Raumes gemacht haben, jetzt hier auf der großen Bühne dargestellt.

> s.: Ja, diese eine Beleuchtungssache mit dem Herrn mit dem Herzinfarkt war ja ganz gut, ne. Das wurde so grünlich.

(*Lachen*)

Aber da in dem anderen Raum, da waren nur drei festinstallierte kleine Scheinwerfer und sonst keine Beleuchtungsmöglichkeiten, überhaupt keine Technik, nichts. Von daher. . .

KAPITEL 10

Hörverstehen 1 (Video)

Rhein-Main-Donaukanal eröffnet

[aus ORF—Zeit im Bild—25. Sept. 1992]

SPRECHERIN: Rhein-Main-Donaukanal eröffnet. Der Rhein-Main-Donaukanal wurde heute feierlich eröffnet. In Nürnberg wurde heute der Rhein-Main-Donaukanal feierlich eröffnet.

Für die einen ein Jahrhundertbauwerk, das Europa von Autolawinen und Transportstaus befreien soll, für die anderen ein nicht mehr gutzumachendes Naturschutzverbrechen.

SPRECHER: Die Naturschützer liefen jahrelang Sturm gegen das 40 Milliarden Schilling Projekt, von dem schon Karl der Große geträumt hatte. Die künstliche Wasserstraße zwischen Main und Donau hat vor allem im Altmühltal die Gemüter erregt. Der Eingriff in die Natur war enorm, gleichzeitig bestanden von Anfang an Zweifel über die wirtschaftliche Sinnhaftigkeit des Kanals. Die sozialliberale Koalition wollte den Bau einstellen, worauf man in Bayern das Ausland mobilisierte.

. . .

Zur symbolischen Verkehrsfreigabe kam heute nachmittag Bundespräsident Richard von Weizsäcker auf den höchsten Punkt des Kanals, die europäische Hauptwasserscheide zwischen Rhein und Donau.

In den Festreden gab es nur Lob und Kritikerschelte, nur ein katholischer Weihbischof ließ auch nachdenklich anklingen, nämlich wieviel Lebensraum der Mensch anderen Geschöpfen wegnehmen dürfe.

Symbolisch fielen Wasservorhänge in sich zusammen und gaben die Strecke von der Nordsee bis zum Schwarzen Meer frei.

Hörverstehen 3

„Fünf Fragen an Chong Sook Kang"

[aus Süddeutsche Zeitung Nr. 213 / Seite 53]

Ausländerbeauftragte der Stadt München

Gibt es im Jahr 2050 noch Ausländerbeauftragte?

CHONG SOOK KANG: „Ja selbstverständlich. Es hat in der Geschichte schon immer Völkerwanderungen gegeben. Und so ist auch in Zukunft weiter damit zu rechnen. Höchstwahrscheinlich braucht auch die hiesige Wirtschaft im Jahr 2050 aus demographischen Gründen zuwandernde Arbeitskräfte. Ich befürchte auch, daß die heutigen Fluchtursachen, nämlich Krieg, Verfolgung, Folter, Armut und Umweltkatastrophen, bis dahin noch nicht ausgemerzt sind."

Was werden denn die Hauptprobleme ihrer künftigen KollegInnen sein?

CHONG SOOK KANG: „Auch im Jahr 2050 wird es darum gehen, daß die EinwanderInnen gleiche politische und soziale Rechte haben wie die Deutschen, respektive die zu Deutschen gewordenen früheren Einwanderergenerationen. Sie müssen zu Mitgestaltern der demokratischen Gesellschaft, also zum politischen Sujet werden."

Was bedeutet für Sie Multikultur?

CHONG SOOK KANG: „Deutschland hatte ja immer eine multikulturelle Gesellschaft, da es immer Einwanderung in dieses Land gab. Zu wünschen wäre, daß diese Multikultur eine Kultur ohne Dominanz und Hierarchie unter ihren Teilkulturen ist."

Welche Kultur wird in Münchens Gesellschaft im Jahr 2050 den Ton angeben?

CHONG SOOK KANG: „Eine neue Kultur, die jetzt im Entstehen ist. Wir haben es jetzt in der Hand, ob sie kinder-, frauen-, alten- und fremdenfreundlich wird."

Was erhoffen Sie sich von den 58 Jahren bis zu unserem SzenarienJahr 2050?

CHONG SOOK KANG: „So kurz vor dem diesjährigen Oktoberfest fällt mir dazu ein: München wird nur dann im Jahr 2050 noch blühen, wenn es sein Herz für Fremde und seine Weltoffenheit bewahren kann."

Interview: Karl Forster

Spiralen

Spiralen

Intermediate
German for
Proficiency

Stefan Fink
Georgetown University

Sigrid Berka
*Barnard College,
Columbia University*

Heinle & Heinle Publishers
A Division of Wadsworth, Inc.
Boston, Massachusetts 02116 U.S.A.

The publication of *Spiralen: Intermediate German for Proficiency* was directed by the members of the Heinle & Heinle College German Publishing Team:

Pat Menard, Editorial Director
Marisa Garmen, Market Development Director
Kristin Thalheimer, Production Editor

Also participating in the publication of this program were:
Publisher: Stanley J. Galek
Vice President, Production: Erek Smith
Editorial Production Manager: Elizabeth Holthaus
Managing Developmental Editor: Beth Kramer
Project Manager: Stacey Sawyer, Sawyer & Williams
Assistant Editor: Mary McKeon
Associate Market Development Director: Amy Terrell
Production Assistant: Laura Ferry
Manufacturing Coordinator: Jerry Christopher
Photo Coordinator: Martha Leibs-Heckly
Interior Designer: Winston•Ford Visual Design
Cover Designer: Alan Natale, Bortman Design Group
Cover Art: 897 *Silver Spiral*, 1988, Friedensreich Hundertwasser, © 1993 Harel, Wien

Heinle & Heinle is a division of Wadsworth, Inc.
Manufactured in the United States of America

ISBN 0-8384-4508-X (student edition)
0-8384-4509-8 (instructor's edition)

10 9 8 7 6 5 4 3 2 1

Library of Congress Cataloging-in-Publication Data

Fink, Stefan R.
    Spiralen : intermediate German for proficiency / Stefan Fink, Sigrid Berka.
       p. cm.
    Includes index.
    ISBN 0-8384-4508-X
    1. German language—Grammar. 2. German language—Textbooks for foreign speakers—
English. I. Berka, Sigrid, 1959– . II. Title.
PF3112.F55 1994
438.2'421—dc20
                        93-43694
                        CIP

Contents

🔳 These items appear in the Workbook.

v

Kapitel 3 *Traum und Wirklichkeit: Schule—Beruf—Karriere*

Kapitel 7   *Gesellschaft im Wandel*

Kapitel 8 *Modernes Leben: Zum Überlegen und Überleben*

Stufe 1

Stufe 2

Stufe 3

Kapitel 9 *Perspektiven*

Stufe 1

xi

Kapitel 10 *Europa*

....

Stufe 3

xii

To the Instructor

Spiralen is an innovative intermediate-level German program that consists of a textbook, a workbook, and an audio/video program. What distinguishes *Spiralen* from other programs is the high degree of integration among its various components and the emphasis on authentic language. Both the lively and engaging reading selections representative of many different types of texts and the oral/video models that form an integral part of each chapter are authentic language. *Spiralen* also reviews and expands grammar in a new, thought-provoking way that engages the mature learner in the cognitive learning process while paying special attention to developing more advanced reading skills.

The audio component is provided on two cassettes packaged with the text. In addition, selected recordings have been videotaped, and the videocassette will be available to instructors upon adoption of the program.

The *Instructor's Manual* includes suggestions for scheduling and teaching with the *Spiralen* program. Sample tests of all chapters and sample final exams are provided separately.

Spiralen's ten chapters offer a review of materials generally presented during introductory courses. However, right from the start, the program is equally concerned with expanding the participants' performance to a usable and useful level. Emphasizing reentry of materials (in the three **Stufen** of each chapter as well as throughout the program) and the participants' creative involvement in the learning process, enhances communicative abilities in both the receptive and productive skills.

Each chapter, divided into three **Stufen**, focuses on a particular theme. The textbook and the workbook are integral parts of the program. *The textbook cannot be used without the workbook.* Each chapter offers the following components for coordinated class and individual work:

- Three authentic listening selections, one of which is video-supported. These selections provide the basis for many of the oral interactive language activities.

- A grammar review section in **Stufe 1** and two additional grammar components in **Stufen 2** and **3**. All **Formen und Funktionen** components are tied to the chapter topic. Grammar is at all times seen as a means of facilitating communication (speaking, listening, reading, and writing) and is continually recycled using the topical vocabulary of previous **Stufen** and/or chapters.

- Three verb-based **Vokabelmosaiken** that present topic-related vocabulary. These can be used as building blocks and patterns for grammatically and semantically correct sentences.

- A progression of exercises. The progression is from guided, contextualized exercises, aimed at acquisition of skills, to situation-based partner and group activities leading to the creative application of skills.

- Conversational strategies for dealing with everyday language functions (giving and receiving directions, extending and accepting/rejecting invitations, expressing pleasure/displeasure/interest/disinterest), and discussing relevant and possibly controversial topics of contemporary society by stating facts and questioning or agreeing/disagreeing with partners' opinions.

- Three reading comprehension texts combined with a progression of reading strategies, from global comprehension to the understanding of details, and with **Vor, Beim,** and **Nach dem Lesen** activities preparing, structuring, and applying participants' reading skills. Attention is also given to the interpretation of literary texts.

Acknowledgments

Spiralen is the result of years of classroom experience and testing with its forerunner *Wendepunkt* as well as an increased awareness of the importance of (intercultural) understanding. Over the years, many colleagues and students at our institutions and elsewhere have contributed ideas and suggestions for this learner-centered program. To all of them we are deeply indebted. We would like especially to thank Heidi Byrnes, co-author of *Wendepunkt,* whose original contributions to reading strategies and listening comprehension have been integrated and expanded in *Spiralen.* Heidi also painstakingly proofread the final version of the text. Thanks also go to the people who participated in the (Videorecording) of many of the **Hörverstehen** sections by the authors either on location in Europe or in a studio.

A program like *Spiralen,* which departs significantly from typical intermediate/advanced level language programs, could not have become a reality without the continuing support and flexibility provided by the Publishing Team. Thanks to Stanley Galek, Publisher, and Erck Smith, Vice President for Production. We are also grateful to Petra Hausberger, Developmental Editor, for the many discussions and suggestions, her patience in understanding and willingness to accept our ideas, and for coordinating the editing and transfer of raw video recordings.

Modern production practices of a program as complex as *Spiralen* involve too many people to mention and thank individually; however, our very special thanks go to Stacey C. Sawyer, the Project Manager, as far away as Lake Tahoe. Stacey was able to keep intact a network of communication channels across the country in order to meet the publication deadline. Her professionalism and attention to detail significantly contributed to the final appearance of the program. At Heinle & Heinle, our thanks go also to Pat Menard, Editorial Director, Kristin Thalheimer, Production Editor, who also oversaw the editing and recording of the audiotapes, and Cheryl Carlson, Marketing Manager.

In addition, we would like to thank the following reviewers for their constructive criticism and helpful comments:

Catherine Fraser, Indiana University

Dorothy James, Hunter College

Margaret Johnson, Iowa State University

Paula Johnson, The Pennsylvania State University

Peter Kastner-Wells, University of Northern Colorado

Thomas Lovik, Michigan State University

Ursula McCune, Tufts University

Daniel Soneson, College of St. Thomas

We hope that for the users of *Spiralen* our efforts as well as those of the people mentioned above contribute to a more advanced competence in the German language and better (intercultural) understanding.

Stefan Fink
Sigrid Berka

To the Student

You are about to begin working with a language program that is different in many respects from other language programs. We the authors, realize that for all parts of the program— textbook, workbook, audio and video material, and tests—maximum benefit can be derived only if you are a full partner in the enterprise of learning German. That presupposes that you are informed about the goals we have envisioned for your next phase of German study, that you know in general terms what motivated our overall approach, and that you are given guidance on how we see you benefiting most from the individual chapters and their subcomponents.

Goals |

In the recent past, communication has been typically associated with speaking. However, communication takes place just as much in listening (facilitated by visual/video support), reading, and writing. Upon completing *Spiralen*, participants should be able to use spoken German creatively and appropriately for general intercultural communication. Such language use goes well beyond typical tourist talk.

In the area of listening/viewing, participants deal with interactive conversational texts as well as stories and more formal interviews; some of the recordings were videotaped by the authors in authentic social and cultural settings. Being able not only to hear, but also to watch on video, some of the **Hörverstehen** greatly enhances participants' comprehension and motivation to speak.

Written texts consist of literary and nonliterary genres, including some where more complex vocabulary and structures will occur. The goal of the writing activities is to help participants bridge the gap between writing sentences and formulating a cohesive paragraph.

Since oral proficiency is more difficult to attain than proficiency in the other language modes, a good deal of class time will probably be devoted to oral work. Listening and reading comprehension, on the other hand, can to a great degree be achieved with individual study at home. The ability to use German addresses all four skill areas, though each student will most likely attain different levels of performance in each area, with listening and reading skills usually at a higher level than writing and speaking.

General Approach |

In learning to communicate their intentions in a second language, learners typically find themselves working under numerous constraints as they juggle message and form. This balancing act includes the likelihood of errors and some concern for self-image, which makes a supportive class environment extremely important. You can help by creating a climate in which everybody feels free to participate in meaningful communication, even with the limitations that come from being a learner. Although you may be particularly interested in speaking, you have undoubtedly noticed that your ability to understand spoken and written German is considerably higher than your ability to speak and write it yourself. We have incorporated this imbalance by avoiding reduced classroom language and selecting only *authentic* texts (sometimes slightly edited). This has also allowed us to offer content that is closer to your interests and cognitive abilities than would otherwise be possible.

In working with authentic language, you do not have to understand every single word to get broad meanings. We urge you not to resort to deciphering strategies, but, instead, to put your background knowledge to work until what you have gleaned from a text makes sense. It is our intent that with higher-level listening and reading materials you be primarily required to *understand* the major points, but not to *produce* all the complex forms being employed. We feel strongly that there is intrinsic value in the enjoyment of obtaining new information in another language. If, in addition, such comprehension work helps you to become so familiar with many aspects of German grammar and vocabulary that you feel comfortable with using their forms productively, then so much the better.

Our use of authentic materials has a number of consequences. You will not find the usual taped materials that are restricted to repetitive drills. Instead you will learn to listen *without* the support of a printed text, just as would normally be the case in real life. However, we do provide the scripts for the listening comprehension material together with the *Instructor's Manual.* You should feel free to ask your instructor for the script if you would like more details *after* you have done all the comprehension exercises. Likewise, vocabulary for the reading selections will not show up in lists to be memorized. We will, however, provide you with **Vokabelhilfen** to make reading more effective and enjoyable. We want you to be actively involved in understanding, and we help you to achieve that through a wide range of tasks. This presupposes a willingness on your part to remain flexible, to guess intelligently, and to endure some uncertainties. You need to be aware that speaking another language does not amount to expressing the same meanings in another "strange" and unfamiliar way, as though everything simply corresponded one to one. You should have learned already that each language expresses meanings that reflect the realities of the culture served by that language.

To help you face the challenge of authentic materials, we want to assure you that we do not expect complete mastery of everything each chapter presents. Instead, you will find many opportunities to continue refining your ability to use forms that were previously introduced; we have made every effort to recycle them as often as possible throughout the book. In addition, integration takes place with parts of listening and reading work reappearing in speaking and writing tasks, meshing with specific areas of grammar, with vocabulary arranged by meaning groups, and with classroom activities that enhance your ability to use the forms brought to your attention. We emphasize the process of learning a language; this involves you, the learner, and presupposes your continued willingness to readjust your hypotheses about how the German language works.

With that goal in mind, this program offers numerous suggestions for tackling listening and reading tasks, for learning grammar and vocabulary, and, ultimately, for making the leap from restricted to creative language use.

In the following pages we would like to familiarize you with the major subcomponents you will encounter in the chapters, and to give you suggestions for working with each of them.

Chapter Components

Chapter Outline: Each chapter is divided into three **Stufen** gradually moving from easier to more difficult tasks in reading, listening, speaking, and writing. Materials are organized in a kind of *spiral* fashion, with **Stufe 2** picking up material from **Stufe 1** and with **Stufe 3** recycling to a certain extent material from both previous **Stufen.** At the beginning of each chapter there is an overview of the goals and activities planned for it. This allows for quick access to specific aspects you might wish to concentrate on.

Chapter Introduction/*Aktuelles zum Thema*: Each chapter and many of the **Stufen** (in both the textbook and workbook) begin with a brief text, set of short texts, and/or **Schaubilder**, setting the stage for the chapter by introducing its topic and subthemes. This will focus you on the topic suggested by the chapter's title. Frequently these **Einstiegstexte** are combined with thought-provoking comments and questions to foster an awareness of cultural similarities and/or differences and spur initial class discussion. The accompanying **Vokabelhilfe**, a listing of vocabulary, is there merely to facilitate comprehension, not for active use.

As with listening comprehension, reading comprehension is relative. What counts as "comprehension" includes everything from global understanding of the gist of a text to detailed understanding of the facts and their implications. All of this takes place with a wide variety of texts, from advertising to literature. When you pick up an unknown selection you will almost always encounter vocabulary you do not know. But that does not mean that you cannot obtain the major message of the text, and it certainly does not mean that you should immediately reach for a dictionary.

Most texts have a clear *context*. A first good indication of context is the *publication* where it appears. Check to see whether it was printed in a daily newspaper (on what page? under local news? sports? on the editorial page? with foreign policy reporting?), in a newsmagazine, in a professional journal for a very restricted group, in a children's book, in a public information brochure, or in a collection of literary works. In case of a literary text, you can also find information on the author and period under the heading **Kurzinformation zu . . .**

Knowledge of the source of a text can be valuable for setting in motion your *expectations*. What kind of text, from the standpoint of content as well as language use, are you likely to encounter? Having definite expectations often allows you to keep reading, getting the gist even in stretches of text that contain unknown vocabulary or complex sentence structure.

Another good clue comes from accompanying illustrations (pictures, graphs, cartoons, etc.), which have usually been incorporated precisely to aid comprehension. It is good practice to look at them before you even begin to read the text.

Vokabelmosaik: Each chapter will contain three **Vokabelmosaiken**, one in each **Stufe.** They constitute core active vocabulary we would like you to be able to work with. The displays themselves are intended to represent the interrelationships among various types of vocabulary items (i.e., verbs, nouns, adjectives, prepositions) and show you possible arrangements in sentences. The verbs and sample sentences are taken from the **Einstiegstexte**, the **Hörverstehen** or the **Zum Lesen** texts.

What does **Mosaik** mean in our context? You are familiar with puzzles where, by joining pieces together, you slowly produce a total picture. One piece by itself means very little, if anything at all. In a similar way, the vocabulary of a language does not function in isolation. Rather, it is joined to or associated with other vocabulary items. What makes a suitable joining or association? This depends *critically* on the relationship of the verb or verbal expression to its surrounding elements. In other words, certain elements (**Ergänzungen**) are more centrally associated with a particular verb than others (for example, **Angaben**). This characteristic of verbs to require certain **Ergänzungen** is referred to as its *valence*.

For example, a verb like **studieren** usually attracts a **wer**-phrase with the optional addition of other phrases—for instance, **was?** or **wo?**

WER?	(WAS? /	WO?)

Verena studiert (Psychologie / in Wien)
Verena is a university student.
Verena is studying psychology.
Verena is studying in Vienna.

If, however, the verb **studieren** has two **Ergänzungen** (*centrally associated elements*), namely, a **wer**- and a **was**- phrase, then it takes on a different meaning.

WER?   **WAS?**

Verena studiert das Vorlesungsverzeichnis.
Verena is studying (carefully reading) the course offerings.

We could, of course, make other associations, such as **Gerhard hat nie (lange, zu lange, von 1986–1990 . . . studiert)**, or **Gerhard studiert in Tübingen (an der Technischen Hochschule . . .)**, where these elements of time or location add information.

To help you get a feel for these central associations, we provide not only the basic forms of strong or irregular verbs (infinitive, simple past, past participle) but also **Ergänzungen** prepositions and/or reflexive pronouns that occur with individual verbs and a sample sentence to illustrate how the verb works.

Thus, from the very beginning, you have the esssential building blocks for *creating* phrases and sentences. In addition, you will find related nouns (adjectives) listed underneath the verb. The samples provided in the **wer-/was-/wo-/wem-** . . . slots are meant as "starters" only. You are encouraged to use other items you already know from your introduction to German.

Below you see two entries from the first **Vokabelmosaik.** Look them over and verify what we said above.

xviii

Susi und Petra suchen ein Zimmer.		
WER?		**WAS?**
wir	suchen *to look for*	ein Zimmer
die junge Familie . . .		ein Bauernhaus

Kellers mieten ein Haus		
WER?		**WAS?**
sie	mieten *to rent*	eine Dreizimmerwohnung
der ältere Herr	der Mieter	ein Balkonzimmer
drei Frauen	die Miete	ein Haus
	die Untermieterin	

Hörverstehen (Video): Grouped into three **Stufen** per chapter, the listening comprehension activities are made up of short (**Stufe 1**) to gradually longer (**Stufe 2** and **3**) conversational exchanges, interviews, narrations, songs, theater scenes and TV and radio excerpts, providing you with some excellent material about cultural attitudes and differences. Most of the listening selections are authentic; some are from German, Austrian, and American studio recordings.

If you have never heard a normal German conversation, you will probably be amazed (shocked!?) at the rate of speech. At first you may comprehend only bits and pieces. Do not let this discourage you! Significant parts of these recordings will be recycled throughout the chapter. Just as athletes train for many hours to improve their performance, so you will train your hearing until you gradually feel at ease and ultimately gain a tremendous sense of satisfaction from being able to deal with language as it is really used. After all, as Mark Twain noted, among themselves Germans do not speak beginning German!

Listening to recorded materials, unlike most natural situations, does not allow you to stop the speaker or speakers and ask for clarification. Below are some suggestions for coping with this constraint.

1. Do not attempt to understand every individual word, but try to get the *gist* of things first. The brief introductions for each chapter's listening activity should help you get a feel for the setting and thus for what is likely to be said.

2. Remember, comprehension is a matter of degree. You can understand more or less of a text. Perhaps, at a given time, you need only certain information, the rest being less important. In the beginning we do not expect any more comprehension from you than is indicated by the questions/ tasks that accompany the listening activity in the workbook. Gradually, as you are able to understand more, we will also be looking for greater detail. Each **Hörverstehen** is accompanied by exercises **Vor, Beim,** and **Nach dem Hören**. The **Vor dem Hören** activities help you to get your mind set to the topics you are about to hear discussed. These "mindsetting" or association exercises will ease you into the actual listening task. The **Beim Hören** activities will help you structure and focus your attention. Not everything you are about to hear is equally important. You should always read these hints before you start listening. You will be surprised how much you can pick up from a real-life conversation. The **Nach dem Hören** activities will move you from the more receptive listening to the more lively and challenging speaking and writing activities. The listening selections also form the basis for many of the grammar exercises as well as the group- and partner-activities. Functional listening/ viewing is thus *not* considered optional; it is crucial to your gradual progress in the language.

Grammar Review and New Grammar: Under the heading **Formen und Funktionen 1** each chapter provides a review of grammar points that are presumed to be familiar. The subsequent sections **Formen and Funktionen 2-3** (in **Stufe 2** and **3**) present new grammar, some of which may also be already familiar in some form. However, **Spiralen** aims to present grammar rules with the clear goal of functional language use, allowing for a fresh understanding both of these materials and of the role of grammar in general. The presentation of exercises in the context of the chapter topic and vocabulary range from mastery of grammatical structures to creative use in real-life situations. In the second half of the program special attention is given to more complex structures as they occur in written texts, thus assisting you in being able to read authentic texts of considerable complexity.

Zum Lesen: Texts appearing under the heading **Zum Lesen** often are somewhat more challenging than the **Einstiegstexte**. The intent is to give you cultural, historical, and up-to-date information. To enable you to do so we present, throughout the entire course, a progression of different reading strategies. These are aimed at enhancing your ability to bring previous knowledge, linguistic or otherwise into full play as you search to give meaning to texts.

We already mentioned above that the publication source and the title, sometimes followed by a subtitle, are strong hints for what the author, named or unnamed, wants to convey. Did the author wish to inform (as in a professional journal), present an opinion (as on the editorial page), argue, entertain, or persuade (as in an advertisement)? Keeping all these considerations in mind as you read will help you sort out what is being said and why.

Much as with the **Hörverstehen, Zum Lesen** is accompanied by various activities that prepare, structure, and guide your reading experience. **Vor dem Lesen** activities are warmups for the topic, often personalized to help you relate your own experience and knowledge to the upcoming content of the text. **Beim Lesen** exercises structure the text for you and keep you focused on the most important information you ought to find in the text. Your findings under these first two headings will aid you in **Nach dem Lesen** in applying information, expressions, or cultural materials found in the text. In case of a literary text, the **Nach dem Lesen** activities also provide you with some technical terms or suggestions on how to read the text. Thus they provide important tools and strategies for introducing you to ways of a deeper and more detailed understanding of (literary) texts. This may be very helpful to you later in your advanced study of German. Texts are glossed to facilitate enjoyable reading.

To the Student

Reden wir miteinander!: Here we have assembled partner- and group-activities that encourage you to apply anything you have previously encountered in order to convey the intended meanings. This will include diverse strategies, such as rephrasing to negotiate your message when you run into difficulties, or perhaps even asking your partner, in German, how to express something. The **Reden wir miteinander!** activities appear in connection with **Hörverstehen** and various readings as fits the context and situation. You will find that the grammar review, the new grammar, the theme-related vocabulary from the **Vokabelmosaiken,** the reading selections, the diverse conversation strategies in the listening activities, and particularly the **Redemittel** (see below) will be helpful for success in your efforts. *Be creative with all these language materials!*

Redemittel: Under this heading we provide a summary of expressions that are particularly useful in conjunction with either a **Hörverstehen** or a reading selection and the communicative task you are to perform. Be sure to study them carefully and use the suggested phrases as "conversational lubricants" in any communicative exercise, particularly those under **Reden wir miteinander!** This will make your language use smooth, effective, and authentic. The **Redemittel** and their translations appear at the end of the workbook, arranged by chapters and **Stufen.**

Overview of Forms and Functions: For quick review of certain aspects of grammer you will find not only charts but also examples and brief explanations at the end of the textbook. This overview is arranged in an innovative manner, grouping functionally related materials together. For example, one such heading, "The Harmony of the Noun Phrase," includes gender, case, and number of nouns and various determiners as well as forms and functions of adjectives. Numbers in parentheses refer to chapters/sections in the book where this item is discussed in more detail.

CREDITS

Literary/Readings

Wo und wie wir leben

Tübingen, Innenstadt.

Goals:

- *Getting information about and understanding the living environment of German students*

- *Listening to interviews with German students in their apartments: how they found their apartments, how they furnished them, and what their expenses are*

- *Reading about student living, how different generations like their own lifestyle, and a dream place to live*

- *Reviewing how to express present, past, and future time, imperative, and word order*

- *Expanding knowledge of prepositions and adverbs indicating location and direction*

- *Reviewing how to ask for directions and read ads about housing*

- *Discussing living arrangements (alone, with parents, with a roommate, or with a group of people in a* Wohngemeinschaft) *with partners and friends*

- *Writing a want ad, describing one's room or apartment, writing a short essay about differences between student life in Germany and the USA*

1

These items appear in the Workbook.

Stufe 1

Im Vergleich mit den Vereinigten Staaten sind die deutschsprachigen Länder, die Bundesrepublik Deutschland, Österreich, die Schweiz und Liechtenstein, sehr dicht besiedelt. Trotzdem haben die Menschen auch hier die Möglichkeit, zwischen dem Leben in der Stadt und dem Leben auf dem Land zu wählen. Beides hat gute und schlechte Seiten, die natürlich von Person zu Person variieren. Deshalb behandeln wir in diesem Kapitel das Thema **Wie und wo wir leben** auch aus verschiedenen Perspektiven, aus der Sicht verschiedener Altersgruppen und unter verschiedenen Kriterien.

Aktuelles zum Thema

Schauen Sie sich die Landkarte auf Seite 3 und die folgenden Statistiken zur Einwohnerzahl und Bevölkerungsdichte in Deutschland an.

Mecklenburg-Vorpommern	
Hauptstadt:	Schwerin
Fläche:	23.835 km²
Einwohner:	2.0 Millionen

Hamburg	
Hauptstadt:	Hamburg
Fläche:	755 km²
Einwohner:	1.6 Millionen

Brandenburg	
Hauptstadt:	Potsdam
Fläche:	29.060 km²
Einwohner:	2.6 Millionen

Berlin	
Hauptstadt:	Berlin
Fläche:	883 km²
Einwohner:	3.4 Millionen

Sachsen-Anhalt	
Hauptstadt:	Magdeburg
Fläche:	20.444 km²
Einwohner:	3.0 Millionen

Sachsen	
Hauptstadt:	Dresden
Fläche:	18.338 km²
Einwohner:	4.9 Millionen

Schleswig-Holstein	
Hauptstadt:	Kiel
Fläche:	15.730 km²
Einwohner:	2.6 Millionen

Bremen	
Hauptstadt:	Bremen
Fläche:	404 km²
Einwohner:	0.67 Millionen

Niedersachsen	
Hauptstadt:	Hannover
Fläche:	47.349 km²
Einwohner:	7.3 Millionen

Nordrhein-Westfalen	
Hauptstadt:	Düsseldorf
Fläche:	34.068 km²
Einwohner:	17.1 Millionen

Hessen	
Hauptstadt:	Wiesbaden
Fläche:	21.114 km²
Einwohner:	5.7 Millionen

Rheinland-Pfalz	
Hauptstadt:	Mainz
Fläche:	19.849 km²
Einwohner:	3.7 Millionen

Thüringen	
Hauptstadt:	Erfurt
Fläche:	16.251 km²
Einwohner:	2.7 Millionen

Bayern	
Hauptstadt:	Munich
Fläche:	70.554 km²
Einwohner:	11.2 Millionen

Saarland	
Hauptstadt:	Saarbrücken
Fläche:	2.570 km²
Einwohner:	1.1 Millionen

Baden-Württemberg	
Hauptstadt:	Stuttgart
Fläche:	35.751 km²
Einwohner:	9.6 Millionen

DEUTSCHLAND

Kapitel 1: Wo und wie wir leben

Vor dem Lesen

Zur Information: When German students begin their studies at a university that is not close to their home town, they have to find their own housing since there are only very few **Studentenheime.** The number of university students is constantly rising. There are over 1.5 million students enrolled at German universities. In highly populated areas like German university cities this situation causes an immense housing shortage (**Wohnungsengpaß**). At the beginning of the semester, some universities supply large tents or trailors to cope with the situation.

The following text „**An Studenten vermieten . . . !**" is from a brochure compiled by the German government. The addressees are house or apartment owners.

Beim Lesen

Lesen Sie den Text jetzt, und unterstreichen Sie alle Vokabeln, die Sie schon kennen und die mit dem Wohnen zu tun haben. Der Text gibt Ihnen einige Informationen, die Sie später für **Hörverstehen 1** brauchen.

4

An Studenten vermieten . . . !

. . . und was Eigentümer und Mieter von Wohnungen dafür tun können

Wohnungsengpässe—Was bedeutet das konkret?

Der Bundesminister der Justiz
Der Bundesminister für Raumordnung, Bauwesen und Städtebau
Der Bundesminister für Bildung und Wissenschaft

Auf den Wohnungsmärkten gibt es zum Teil empfindliche Angebotsengpässe. Wohnungssuchende, vor allem mit geringem Einkommen, haben es schwer, eine Wohnung zu finden.

Für die Studierenden bedeutet dies:

❑ Sie müssen in vielen Fällen <u>weite Anfahrwege</u> zur Hochschule in Kauf nehmen.

❑ Sie müssen häufig eine im Vergleich zur Allgemeinheit <u>höhere Miete</u> zahlen

❑ Sie können diesen höheren Aufwand oft nur durch eine <u>Erwerbstätigkeit</u> auffangen. Dies wiederum hindert sie daran, ihr Studium in angemessener Zeit abzuschließen. Sie bleiben also länger an den Hochschulen; die Hochschulen werden dadurch noch mehr belastet, die Wohnungen noch knapper.

Wie Sie helfen können:

Ein einzelnes Zimmer reicht oft aus.

Angenommen, Sie haben—in Ihrem Haus oder Ihrer Eigentumswohnung—ein Zimmer übrig, das nicht dringend benötigt wird. Sie fragen sich: „Welche Vorteile habe ich, und welche Risiken gehe ich ein, wenn ich es an eine Studentin oder einen Studenten vermiete?" Das Zimmer kann <u>in Ihrer Wohnung</u> gelegen sein. Es kann <u>möbliert oder un-</u> <u>möbliert</u> sein.

Ihre <u>Vorteile</u> beim Vermieten:

❏ Von den finanziellen Vorteilen einmal abgesehen, gibt es gute Gründe dafür, einen jungen Menschen in Ihre Wohnung aufzunehmen. Das Zusammenleben von Alt und Jung unter einem Dach kann manchen praktischen Nutzen haben. Gegenseitige Hilfen im Alltag machen das Leben leichter. Die Wohnung bleibt behütet, die Blumen werden gegossen und die Katze gefüttert, auch wenn Sie mal verreisen.

❏ Das Gespräch zwischen den Generationen bereichert beide Seiten und kann gegenseitige Vorbehalte abbauen.

❏ Sie tragen dazu bei, die drängenden Wohnungsprobleme an unseren Hochschulorten zu lindern.

Sie haben **eine ganze Wohnung—oder gar ein Haus—vorübergehend oder auf längere Dauer frei.** Je nachdem, wie die Wohnung oder das Haus beschaffen ist, fragen Sie sich: „Vermiete ich an eine **studentische Wohngemeinschaft,** oder warte ich ab, bis sich eine Mieterfamilie findet?"

Nicht ohne Grund wohnt heute mehr als ein Drittel aller Studierenden zusammen mit einem Partner oder in einer Wohngemeinschaft. Vor allem Altbauwohnungen mit geräumigen Zimmern und Fluren werden gerne von Wohngemeinschaften angenommen. Kleinere oder mittlere Neubauwohnungen eignen sich besonders für Zweier- oder Dreiergemeinschaften.

<u>Ihre Vorteile:</u> Eine Wohngemeinschaft ermöglicht eine langfristige, durchgehende Vermietung auch solcher Wohnungen, die von Familien nur als Übergangslösungen akzeptiert werden: Vor allem Wohnungen in verkehrsreicher Lage der Innenstädte, ohne Garten, Grünfläche und Spielplätze in der Nähe. Oder auch Altbauwohnungen, die für die heutige Durchschnittsfamilie zu groß und kaum bezahlbar sind.

Viele Vermieter scheuen bei Wohngemeinschaften den <u>häufigen Wechsel der Mitglieder.</u> Sie sollten aber auch den Vorteil dieser Wohnform sehen: Das Mietverhältnis bleibt bestehen und der Mietzins wird gezahlt, auch wenn das eine oder andere Mitglied aus der Wohngemeinschaft ausscheidet und ein anderes dafür eintritt.

5

Vokabelhilfe

der Engpaß, Engpässe *narrow pass; notch, bottleneck*
empfindlich *severe (sensitive)*
das Angebot *offer (supply)*
gering *low*
der Anfahrweg *approach, route for commuting*
in Kauf nehmen etwas *to put up with; to take into the bargain*
der Aufwand *expense; expenditure*
die Erwerbstätigkeit *occupation; employment; job*
auf•fangen etwas durch *to absorb (to catch up)*
angemessen *appropriate*
belasten jdn/etwas *to burden; to charge*
knapp werden *to run short; to become tight*
aus•reichen *to suffice*
an•nehmen etwas *to suppose; (to accept)*
übrig haben etwas *to have left*
dringend *urgently*
benötigen jdn/etwas *to need*

das Risiko, -en, ein•gehen *to run the risk(s)*
unser Rat lautet *our advice is*
das Studentenwerk *students' association*
ab•sehen von *to disregard*
auf•nehmen jdn *to admit; to take in*
der Nutzen *use*
gegenseitig *mutual*
behüten jdn/etwas *to guard; to protect*
bereichern jdn *to enrich*
der Vorbehalt, -e *reservation; reserve*
ab•bauen etwas *to reduce; to cut down*
bei•tragen zu *to contribute*
lindern *to alleviate; to soften*
vorübergehend *temporary*
je nachdem *depending*
beschaffen sein *to be constituted; to look like*
die Wohngemeinschaft *group of people sharing an apartment*
der Grund *reason*
geräumig *spacious*
langfristig *long-term*   [*Continued*]

durchgehend *uninterrupted*	**der Wechsel** *change*
die Übergangslösung *temporary solution*	**das Mitglied, -er** *member*
verkehrsreich *busy; frequented*	**das Mietverhältnis** *rent agreement*
die Lage *location*	**bestehen bleiben** *to remain in effect*
die Grünfläche *green space*	**aus•scheiden aus** *to drop out*
die Durchschnittsfamilie *average family*	**ein•treten** *to enter*
scheuen jdn/etwas *to fear*	

A | Notieren Sie einige Probleme, die deutsche Studenten mit dem Wohnen haben.

B | An wen richtet sich diese Broschüre der Regierung?

Wo können einzelne Studentinnen / Studenten wohnen?

Welche Vorteile hat man, wenn man an Studenten / Studentinnen vermietet?

Wo wohnen Wohngemeinschaften am liebsten?

Warum vermieten Deutsche nicht gern an Wohngemeinschaften? Nennt die Broschüre alle Gründe, oder kennen Sie noch mehr Gründe?

Broschüre:
andere Gründe:

Welche Vorteile hat es, an Wohngemeinschaften zu vermieten?

Zu den Vokabelmosaiken

In our remarks on the **Vokabelmosaik** in the Introduction we emphasized the relationship between a verb or verbal phrase and its surrounding elements. We can take our observation one step further by distinguishing between elements very closely associated with the verb and others that can be added freely to make the message more informative. For example, you would never ask anyone "How long have you been living?" but it is perfectly fine to ask "How long have you been living *in Munich?*" Why is this so? The verb *to live* has several meanings: one is *to be alive, to exist,* another is *to reside someplace.* Whenever *to live* is used with this latter meaning, it is accompanied by an element indicating *location.* The following are, therefore, two distinct meanings of *to live:*

Er lebt (noch).	Karin lebt/wohnt in Trier.
He is (still) alive.	*Karin lives in Trier.*
(*This could be said after*	(*This is a simple statement about*
an accident.)	*someone's place of residence.*)

In the case of *to live* in the sense of *to reside,* we immediately associate the verb with an expression of location. In the same way, German **wohnen** never occurs without an expression of location or, if it does, location is understood, as in:

Karin wohnt allein (in einer Kleinwohnung).

Thus, location is a complement (**Ergänzung**) to go with **wohnen**. This is not so with other elements that can be added to make a more informative sentence. For example, we can expand the sentence „**Karin wohnt in Trier**" to read „**Karin wohnt *seit drei Jahren* in Trier**."

Compare the sentences below and notice the different status of *location* and *time*. Which is more closely linked with the verb **wohnen**?

Karin wohnt.	(*not possible*)
Sie wohnt seit drei Jahren.	(*not possible*)
Karin wohnt in Trier.	(*possible*)
Sie wohnt (seit drei Jahren) in Trier.	(*possible*)

In other words, time is an *optional* element (**Angabe**) to be used with **wohnen**, while location is *obligatory* (**Ergänzung**).

- In learning or reviewing vocabulary from the **Vokabelmosaik,** you should acquire verbs together with their complements as *thought units.*
- Doing so will help you express basic sentences right from the start.
- To make it easier to learn these units, verbs appear in the center column of the **Vokabelmosaik** followed by samples of complements that are typically associated with the specific verb.

The **Vokabelmosaik** also helps you to expand your capabilities in the language in another way. Words related to or derived from the verb are indented slightly.

> mieten
>> der Mieter

Entries from *all* **Vokabelmosaiken** in this book should become part of your active vocabulary, ready for use at any time. The more carefully you work with the **Vokabelmosaik** the easier it will be for you to understand and work with the different sections of the **Stufen.**

In **Vokabelmosaik 1** you will find verbs that help you to communicate about where one lives, about moving, and about renting a place.

7

Porta Nigra in Trier.

Kapitel 1: Wo und wie wir leben

Schauen und Identifizieren

Identifizieren Sie im Vokabelmosaik 1 Verben, die Sie schon kennen. Welche Verben sind neu für Sie? Welche sind bekannt?

*V*okabelmosaik 1

Wo Leute wohnen

Karin wohnt im Stadtzentrum.

WER?		WO?
der Student	wohnen	in einer Großstadt
die Studentin	die Wohnung, -en	in einer Kleinstadt

Peter lebt in einem Dorf.

WER?		WO?
Peter	leben	im Stadtzentrum
Karin	*here.* = wohnen	in der Innenstadt
		in einer Wohngemein- schaft (WG)
		in der Fußgängerzone
		in einem Dorf *village*

Wo bist du aufgewachsen?

WER?		WO?
ich	auf•wachsen,	direkt in der Stadt
mein Bruder	wächst auf, wuchs auf,	auf dem Land *in the country*
seine Eltern	ist aufgewachsen	
	to grow up	am Stadtrand *periphery*
		in einem Vorort *suburb*

Wir ziehen in eine Kleinwohnung ein.

WER?		WOHIN?
Beckers	ein•ziehen, zog ein,	in ein neues Haus
Frau Sommer	ist eingezogen	in eine Kleinwohnung
	to move in	

Familie Sommer zieht um.

WER?		WOHIN?
mein Freund	um•ziehen *to move*	in eine Altbauwohnung
seine Freundin		in eine Kleinstadt

Susi und Petra suchen ein Zimmer.

WER?		WAS?
wir	suchen *to look for*	ein Zimmer
die junge Familie		ein Bauernhaus

Hast du schon eine Wohnung gefunden?		
WER?		WAS?
sie	finden, findet, fand,	eine ruhige Wohnung
Boris	gefunden	kein Zimmer

Kellers mieten ein Haus.		
WER?		WAS?
sie	mieten *to rent*	eine Dreizimmerwohnung
der ältere Herr	der Mieter	ein Balkonzimmer
drei Frauen	die Miete	ein Haus
	die Untermieterin	

Vermieten Sie ein Zimmer?		
WER?		WAS?
Frau Bauer	vermieten *to lease*	ein Zimmer
Professor Baum	die Vermieterin	eine 3 Zi.-Wohnung

Wer bezahlt das Telefon?		
WER?		WAS?
Kirsten	bezahlen *to pay (for)*	die monatliche Miete
	bezahlbar	die Nebenkosten *utilities*

Hast du dein Zimmer schon eingerichtet?		
WER?		WAS?
wir	ein•richten *to furnish*	das leere Zimmer
die Studentinnen		das Schlafzimmer

9

Kombinieren und Schreiben

A Sprechen und schreiben Sie jetzt einfache (*simple*) Sätze mit jedem Verb: zuerst mit Vokabeln vom Vokabelmosaik, dann auch mit Ihnen schon bekannten Wörtern. Sie können auch zu zweit üben.

> **BEISPIELE:** Ich wohne im Studentenheim.
> Meine Familie wohnt . . .
>
> **ZU ZWEIT:** Wo wohnst du?
> Wo wohnt ihr?

B Wer ist schneller? Schreiben Sie in einer Minute möglichst viele Kombinationen mit Vokabeln vom Vokabelmosaik.

> **BEISPIELE:** Verb + wo? Verb + was?
> wohnen auf dem Land suchen ein Zimmer
> aufwachsen in einer Großstadt bezahlen die Miete

C Setzen Sie passende (*suitable*) Verben aus dem Vokabelmosaik ein.

1. Herr Otte _____ in einer Kleinstadt, und er wohnt gern dort.

2. Inge hat fünf Jahre im Stadtzentrum _____ ; jetzt wohnt sie in einem Vorort.

3. Wo sind Sie auf_____ ? In einer Großstadt? Auf dem Land?

4. Manche Studenten _____ zusammen ein Appartement; dann ist die monatliche Miete nicht so hoch.

5. Am Anfang des Semesters _____ viele Studenten vom Wohnort der Eltern in ein Studentenheim um.

6. Wer nicht alle Zimmer in einer großen Mietwohnung braucht, kann vielleicht ein Zimmer unterver_____ (*sublet*).

D „Ich bin umgezogen!" Setzen Sie in den Brief unten Verben vom Vokabelmosaik ein.
Nicht alle angegebenen Verben passen!

aufwachsen
bezahlen
einrichten
einziehen
finden
umziehen
vermieten
wohnen

Neue Mieter – hohe Mieten
Anstieg der Mieten jeweils gegenüber Vorjahr in %
Beispiel: Altbauwohnungen

Trier, den 28. September

Lieber Max,

Du wirst Dich wundern, einen Brief aus Trier zu bekommen. Ich bin seit ein paar Tagen hier und _____ bei Freunden meiner Familie. Sie haben mir geholfen, ein Zimmer zu _____. Das war wirklich nicht leicht. Du weißt vielleicht, daß es in der Bundesrepublik viel zu wenig Wohnungen gibt. Ich werde bei einer älteren Frau wohnen, die ein Zimmer übrig hat. Sie hat schon öfter an Studenten _____. Das tolle an diesem Zimmer ist, daß es im Stadtzentrum liegt. Du weißt ja, ich bin in einer größeren Stadt _____ und bin nicht gern allein. Und in der Fußgängerzone ist immer was los. Ich muß auch keine Nebenkosten _____. Dafür gehe ich für die Frau einkaufen. Und wenn sie verreist, gieße ich die Blumen und füttere die Katze. Am 1. Oktober kann ich _____. Ich freue mich schon, das kleine Zimmer ganz nach meinem Geschmack _____ zu können. Schade, daß du mir dabei nicht helfen kannst.

Sobald ich eingezogen bin, werde ich Dir meine Telefonnummer geben.

Bis bald,

Deine Uschi

E Schauen Sie die Anzeigen (*ads*) an. Arbeiten Sie in einer Gruppe, und diskutieren Sie. Welche Anzeige gefällt Ihnen am besten? Warum? Wer muß wohl am längsten suchen? Warum?

10

VERMIETE
1-ZIMMER-WOHNUNG
VON MITTE JULI BIS
MITTE OKTOBER (UNI-NÄHE)

MIETE: 300 DM/WARM   Tel: 149537

Ich bin ein-fach schlagfertig!

WANTED!

WG-sucht Mitbewohner zum 1. Juli

Wir sind zwei Studentinnen und haben eine große Wohnung mit einem leerstehenden Zimmer Wenn Du ein Zimmer suchst und 350,- DM jeden Monat entbehren kannst, so melde Dich sofort!

Jutta und Iris

Welcher nette Vermieter hat eine...

1 Zimmerwohnung für ruhigen Studenten, Nichtraucher, ab August oder September in Trier und Umgebung mit Küche/Koch-nische und Bad bis ca. 400,--DM warm.

Unmöglich - gibt's gar nicht!

Oder vielleicht doch?
Telefon:
06152 / 81527

Michael verlangen - rufe auch zurück!

Nichts ist unmöglich.

Vokabelhilfe

entbehren *to be able to spare*
verlangen *here: to request, ask for*

Kapitel 1: Wo und wie wir leben

➡ WB, S. 2; mehr über die studentische Wohnsituation in Ost und West.

Hörverstehen 1 (Video)

Auf Besuch bei einer Wohngemeinschaft

Es gibt viele verschiedene Wohnsituationen. Nicht nur wo man wohnt, sondern auch wie man wohnt ist wichtig. In den USA wohnen Studenten oft allein oder mit anderen Studenten zusammen in einem Studentenwohnheim. In Deutschland ist die „Wohngemeinschaft" eine populäre Form des Wohnens. Im Hörverstehen 1 besuchen wir junge Leute in einer Wohngemeinschaft und bekommen Informationen über diese Wohnsituation.

➡ WB, S. 3–6; Übungen zum **Hörverstehen 1.**

Formen und Funktionen 1

I. TIME AND TENSE

The prominent position given to verbal structures in the **Vokabelmosaik** indicates how central verbs are to a German sentence. One of the functions of the verb is to indicate when something happens: now (**jetzt—in der Gegenwart**), in the past (**früher—in der Vergangenheit**), or in the future (**später—in der Zukunft**). For this function of indicating time verbs use different tenses.

In German the major distinction is between the past and the non-past. To indicate the present, German uses *one* tense, the **Präsens**. To indicate the future, German frequently uses the **Präsens** as well. There are also two future tenses, **Futur I** and **Futur II**. To indicate the past, German has *three* tenses: **Präteritum** (*simple past*), **Perfekt** (*present perfect*), and **Plusquamperfekt** (*past perfect*).

	Past	Non-Past	
Time	Vergangenheit früher	Gegenwart jetzt	Zukunft später
Tense	Plusquamperfekt Perfekt Präteritum	Präsens	Präsens, Futur I, (Futur II)

1. Past Events

The three tenses indicating past time have the following functions:

- The **Perfekt** is the most frequently used tense to relate past events in the spoken language. Only the modal verbs and **haben** and **sein** use the **Präteritum** forms. Try to follow these guidelines in speaking German.

  > BEISPIEL: Letztes Jahr hat Bettina allein gewohnt. Dieses Jahr wollte sie aber mit anderen jungen Leuten zusammen wohnen. (Perfekt, Präteritum)

- The **Präteritum** is generally used for indicating past events in written language. You should learn to recognize this tense during reading and, whenever possible, employ it in your own writing.

  > BEISPIEL: In den letzten Jahren besuchten immer mehr Studenten eine Universität. Das Wohnungsangebot war jedoch gering. So mußten viele einen langen Anfahrweg in Kauf nehmen. (Präteritum)

- The third past tense, the **Plusquamperfekt**, is used in both spoken and written language to indicate that something occurred *even before* the main past event that is being related (**Vorzeitigkeit**).

  > BEISPIEL: Bettinas Bruder hat letzten Sommer in einem Büro gearbeitet. Sein Vater hatte diesen Job schon im März für ihn gefunden. (Perfekt, Plusquamperfekt)

We can summarize use of the past tenses in this fashion:

Verben	Gesprochene Sprache	Geschriebene Sprache
Modalverben, haben, sein	Präteritum	Präteritum
andere Verben	Perfekt	Präteritum
alle Verben bei Vorzeitigkeit	Plusquamperfekt	Plusquamperfekt

2. Non-Past Events

For events that are considered to be taking place in the present or that are timeless (for example facts about our physical environment) German uses the **Präsens**.

> BEISPIELE: Mietwohnungen in Großstädten sind teuer.
> An der Mosel ist das Klima sehr mild.

To indicate future time German often also uses the **Präsens**, particularly when the context itself clearly establishes futurity or when some adverb of time is given.

> BEISPIEL: Nächstes Wochenende fahren sie zu Freunden aufs Land. (Präsens)

In addition, there are two future tenses. However, you only need to concern yourself with one of these, the **Futur I**.

> BEISPIEL: Wir werden das Haus wahrscheinlich mieten, nur wissen wir noch nicht genau, wieviel es kostet. (Futur I, Präsens)

In the workbook (pp. 7–8) you will find tables about German verbs and modals as well as review exercises. Review them carefully. These tables, along with subsequent tables on grammatical forms and their functions, provide reference sections to refresh your memory. The activities throughout the book will give you ample opportunity to incorporate these forms into comfortable, active usage.

A | Gehen Sie zurück zum Text „An Studenten vermieten". Konzentrieren Sie sich auf die Verben. Identifizieren Sie möglichst alle Verben. In welcher Zeit (*tense*) stehen sie? Der Text ist auf die Gegenwart bzw. Zukunft gerichtet. Er beschreibt die Wohnsituation **jetzt** und bittet um Hilfe für **später.**

B | Im Hörverstehen 1 finden Sie mehrere Zeiten (*tenses*). Identifizieren Sie in den folgenden Sätzen aus dem Hörverstehen die grammatische Zeitform (Präsens, Präteritum, Perfekt, . . .) und die Situation (jetzt, früher, später).

> BEISPIEL: Das **sind** Bettina und Karin, die **wohnen** hier in Trier . . .
> (Präsens-jetzt)   (Präsens-jetzt)

Im Moment **sind** wir hier in der großen Küche.

Wie **hab'n** Sie diese Wohnung **gefunden**?

Eine Freundin von mir **hat** das Haus **gekauft.**

Und Sie **mieten** die Wohnung also von der Freundin.

Und **darf** ich mal **fragen**, ob es **schwierig war**, in ein Haus . . . als WG einzuziehen?

Wieviel **bezahlen** Sie denn?

Wie **sind** Sie eigentlich **darauf gekommen**, mit drei Frauen zusammenzuziehen? **Hatten** Sie vorher schon WG-Erfahrung?

Als ich von zu Hause **ausgezogen bin, hab'** ich . . . **nachgefragt**, . . . ich **fand** ganz einfach das Modell ziemlich **schön**, . . .

C | „Karin erzählt einer Freundin von ihrer WG." Berichten Sie einem Partner oder der Klasse aus Karins Perspektive. Verwenden Sie die folgenden Ausdrücke in einer passenden Zeitform.

> schwierig sein; eine Wohnung zu finden
> kaufen; eine Freundin, ein Haus
> mieten; wir, die Wohnung, von ihr
> teilen; wir, die Küche und das Bad
> bezahlen; 400 Mark pro Zimmer plus 50 Mark Strom.
> wohnen; ich, vorher, zwei Jahre allein
> gefallen; nicht so gut
> zusammenziehen; mit drei Frauen
> Ich find' das eigentlich ziemlich angenehm.

D | „Und wie war das bei Ihnen?" Wie haben Sie Ihr Zimmer oder Ihre Wohnung gefunden? Mit wem wohnen Sie zusammen? Wer bezahlt was und wieviel? Sprechen Sie oder schreiben Sie kurz darüber. Verwenden Sie Verben vom Vokabelmosaik.

14

II. MAKING REQUESTS WITH THE IMPERATIVE

Depending on the situation there are several ways to express a request in German, ranging from very polite and soft requests to a very command-like imperative (**Imperativ**). In order to change the command-like imperative to a friendly request the word **bitte** is used. Thus, the imperative forms plus **bitte** are the basic and clearest way of making a request. Other forms of expressing requests will be reviewed in later chapters.

Since German has three forms of address it also has three imperative forms: two informal and one formal.

	INFORMELL		FORMELL
	du-**Imperativ**	*ihr*-**Imperativ**	*Sie*-**Imperativ**
	Singular	*Plural*	*Singular und Plural*
	Komm!	Kommt!	Kommen Sie!
	Geh!	Geht!	Gehen Sie!
	Antwort**e**!	Antwort**et**!	Antworten Sie!
	Spr**ich** laut!	Sprecht laut!	Sprechen Sie laut!
	N**imm** den Bus!	Nehmt den Bus!	Nehmen Sie den Bus!
	Fahr langsam!	**Fahrt** langsam!	Fahren Sie langsam!
	Komm . . . mit!	Kommt . . . mit!	Kommen Sie . . . mit!
	Sei ruhig!	Seid ruhig!	Seien Sie ruhig!
	Hab doch Geduld!	Habt doch Geduld!	Haben Sie doch Geduld!
	Have patience!		

15

Notes:

- The **du-Imperativ** is formed with the infinitive stem (**Verbbasis**)

  Strong verbs with vowel change e → i(e) (**nehmen → nimm__**) *retain* this change in the **du-Imperativ**.

    BEISPIEL: **Nimm** doch das größere Zimmer!

  Strong verbs with vowel change a → ä (**fahren → fähr__**) *do not* change the vowel in the **du-Imperativ**.

    BEISPIEL: **Fahr** doch ein bißchen schneller!

- The **ihr-Imperativ** is identical to the **ihr**-form of the verb.

    BEISPIEL: **Bezahlt** noch heute die Miete!

  With **du-Imperativ** and **ihr-Imperativ** the personal pronouns are not used, except occasionally to show emphasis.

    BEISPIEL: Bezahl **du** diesmal die Telefonrechnung!

- The **Sie-Imperativ** is identical to the **Sie**-form of the verb.

    BEISPIEL: Bitte, **richten** Sie mein Zimmer **ein**!

  The personal pronoun *always* follows the verb.

- German actually has a fourth imperative, the **wir-Imperativ**. This imperative is identical to the **wir**-form of the verb. It can be used in informal as well as formal speech.

wir-Imperativ

Gehen wir!	*Let's go.*
Essen wir!	*Let's eat.*

Warten wir noch ein bißchen!
Let's wait a little longer.

E „Zusammen ist vieles leichter!" Bilden Sie wir-Imperative.

> **BEISPIEL:** eine Wohnung suchen, nicht ein Haus →
> Suchen wir eine Wohnung, nicht ein Haus!

> mit dem Vermieter sprechen
> die größere Wohnung nehmen
> am Wochenende einziehen
> mit dem Einrichten warten
> die Miete gleich am Ersten des Monats bezahlen

F „Guter Rat (*advice*) für Freunde und Freundinnen". Nehmen Sie die Beispiele von E und verwenden Sie ihr-Imperative.

> **BEISPIEL:** eine Wohnung suchen, nicht ein Haus →
> Sucht doch eine Wohnung, nicht ein Haus!

> NOTE*:* The flavoring particle **doch** intensifies the speaker's request while at the same time softening the tone. This **doch** is unstressed.

G „Rat (*advice*) für einen Freund oder eine Freundin". Bilden Sie du-Imperative; sagen Sie sie zuerst laut, und schreiben Sie sie anschließend auf.

> **BEISPIEL:** schreiben: eine Anzeige → Schreib doch eine Anzeige!

> anrufen: die Eltern
> sprechen: mit der Direktorin
> essen: nicht in der Mensa
> kaufen: ein neues Bett
> haben: mehr Verständnis
> fahren: mit dem Fahrrad zur Uni
> mitgehen: öfter in die Stadt
> mitnehmen: die Freundin / den Freund ins Kino

H Nehmen Sie die Beispiele von G, aber diesmal verwenden Sie ihr-Imperative.

> **BEISPIEL:** schreiben: eine Anzeige → Schreibt doch eine Anzeige!

➡ WB, S. 8; Übungen zu **Formen und Funktionen 1.**

Zum Schreiben

Anzeige (*ad*) für Wohnungs- / Zimmersuche. Wenn Sie ein Computerfreak sind, können Sie vielleicht Graphiken verwenden.

> SITUATION A*:* Sie suchen zusammen mit einem anderen Studenten eine Wohngelegenheit in Uninähe.

> SITUATION B: Sie haben ein Haus gemietet, brauchen aber noch drei bis vier Mitbewohner.

Spiralen

➤ WB, S. 10; mehr Anzeigenbeispiele, Umzugslisten und Aufsatzthemen.

Reden wir miteinander!

Wo, wie und mit wem man zusammen wohnen kann

Now it is time to try your own communicative skills! Remember to incorporate material from the **Vokabelmosaik**, the **Hörverstehen**, and the **Redemittel**.

Redemittel

Was sagt man, wenn man über den Wohnort oder die Wohnung diskutiert?

❏ Ich finde, daß es hier in der Stadt / in unserer Wohnung / im Haus / in der Küche / . . .

❏ Mir / Uns gefällt es in _____ sehr / gar nicht, weil . . .

❏ Ich kann mir (nicht) gut vorstellen, in / an / auf / mit _____ zu wohnen.

❏ Ich fühle mich hier sehr heimisch (at home).

❏ Ich bin mit meiner Wohnung / meinem Zimmer sehr / gar nicht zufrieden.

❏ Hier ist viel / zu viel / nie etwas / nichts los.

❏ Es gibt hier die / keine Möglichkeit, . . . zu . . .

❏ In unserer Stadt / in unserem Dorf kann man abends / am Wochenende viel / kaum etwas unternehmen.

❏ Mein Zimmer ist schön hell / zu dunkel.

❏ Ich wohne am liebsten etwas außerhalb / mitten in der Stadt.

Für die folgenden Gespräche wählen Sie am besten eine Partnerin, oder einen Partner, oder Sie bilden eine kleine Gruppe.

A Fragen Sie, wo Ihr Partner / Ihre Partnerin oder Bekannte von ihm / ihr schon überall gewohnt haben. Versuchen Sie, über jede Wohnsituation möglichst viele Einzelinformationen zu bekommen, z.B. über Größe, eigenes Haus oder Miete, Lage, Umzug, wo es ihm / ihr besonders gefallen hat, warum, wie lange er / sie dort gewohnt hat.

> **BEISPIELE:** Wo wohnt deine Familie zur Zeit (*at present*)?
> Wie lange wohnt ihr schon dort?
> Wo habt ihr vorher gewohnt?
> Warum seid ihr umgezogen?

B Wenn Sie ein Appartement oder ein Zimmer haben, erzählen Sie Ihren Gruppenpartnern, wie Sie es gefunden haben, und was Ihnen daran besonders gefällt. Ihre Partner sollen natürlich Zwischenfragen an Sie stellen.

> **BEISPIELE:** A: Ich bin erst gestern in mein Zimmer eingezogen.
> B: Wie hast du es denn gefunden, in der Zeitung oder durch Bekannte?
> A: Kennst Du Kerstin? Die hat voriges Jahr dort gewohnt, und . . .

C Im Hörverstehen „Auf Besuch bei einer Wohngemeinschaft" hörten (und sahen?) Sie ein Gespräch zwischen Sigrid, Bettina und Karin. Versuchen (*try*) Sie, so ein Interview in einer Dreiergruppe zu machen. Vielleicht wollen Sie sich zuerst das Hörverstehen noch einmal anhören.

17

Stufe 2

Wir alle brauchen oft
Informationen über Orte, die
in unserem täglichen Leben eine Rolle
spielen: z.B. Sie sehen in der Zeitung eine
Anzeige für eine Wohnung und wollen
diese Wohnung anschauen, wissen aber nicht,
wie man dahinkommt. Oder jemand fragt Sie, wie man
zur Post oder zum Bahnhof kommt. Oder vielleicht
wollen Sie Freunde am Telefon informieren,
wie sie am besten zu Ihrer Wohnung kommen.

Wir ziehen um ...

Zum Vokabelmosaik

Im Vokabelmosaik 2 finden Sie Verben, die
notwendig sind, wenn Sie solche Informationen geben oder bekommen wollen.

Schauen und Identifizieren

Identifizieren Sie im Vokabelmosaik 2 Verben, die Sie schon kennen. Welche Verben
sind neu für Sie? Idee: Haben Sie schon eine Verbkartei (mit *flash cards*) begonnen,
wo Sie Stufe für Stufe, Kapitel für Kapitel alle Vokabelmosaikverben sammeln?)

*V*okabelmosaik 2

Entschuldigung, wissen Sie, wie ich . . . komme?

Bitte, wissen Sie, wo hier eine Bank ist?

WER?		WAS
ich	wissen, weiß, wußte,	, wo eine Bank ist
der Polizist	gewußt *to know*	, wie man zur Apotheke
der Freund		kommt
		, wer ein Zimmer vermietet

Diana fragt Peter, wo er wohnt.

WER?		(WEN?)	WAS?
der Student	fragen	den Professor,	wo sein Büro ist
der Tourist	die Frage, -n	den Polizisten,	wie spät es ist

Spiralen

Bitte, sag(e) mir, wo man hier telefonieren kann.

WER?		WEM?	WAS?
der Vermieter	sagen	mir	, wieviel das Zimmer kostet
die junge Frau	*to tell so. sth.*	uns	, wo man gut ißt

Karin erklärt mir den Weg zur Bibliothek.

WER?		WEM?	WAS?
ich	erklären	ihm	den Stadtplan
die Frau	*to explain*	uns	, wie man zum Park kommt
	die Erklärung		

Wie gehe ich am besten zur Post?

WER?		(WIE?)	WOHIN?
wir	gehen, ging,	geradeaus	bis zum Dom
sie	ist gegangen	diese Straße	weiter
	to go		bis zur Brücke

Fährst du heute zur Uni?

WER?		(WIE?)	WOHIN?
der Bus	fahren, fährt, fuhr,		zum Zentrum
die Studentin	ist gefahren *to go*	(mit dem Rad)	zur Uni
	by (car, bike, . . .)		
	die Fahrt,-en		

Wo muß ich abbiegen?

WER?		WO?
wir	ab•biegen, bog ab,	an der Ampel links
die Straßenbahn	ist abgebogen	an der Post
	to turn (*left, right*)	

Wir steigen am Rathausplatz aus.

WER?			WO?
Herr Grebe	aus•steigen, stieg aus,	beim Supermarkt	
die Jungen	ist ausgestiegen		beim Kino
	to get off		

Bei der Post steigen wir um.

WER?			WO?
die Frau	um•steigen, stieg um,	am Marktplatz	
das Mädchen	ist umgestiegen		bei der Bank
	to change (*bus, train, . . .*)		

Wir nehmen die Straßenbahn zum Zentrum.

WER?		WAS?	(WOHIN?)
alle Schüler	nehmen, nimmt,	den Bus	zur Schule
die Gäste	nahm,	ein Taxi	zum Theater
	genommen		
	to take		

19

Kapitel 1: Wo und wie wir leben

| Ich kenne mich hier leider nicht aus. | | |

WER?		WO?
der Briefträger	aus•kennen sich, kannte	hier (gut)
die Touristen	aus, ausgekannt *to know*	in der Großstadt (nicht)
die Studentin	(*be acquainted with*)	auf dem Campus (noch
		nicht gut)

IDIOME: Wie kommt man zu / in / nach, . . .
How does one get to . . .
Geht es hier zu / in / nach / . . . ?
Is this the way to . . . ?

Kombinieren und Sprechen

A Sprechen und schreiben Sie jetzt einfache Sätze mit jedem Verb: zuerst mit Vokabeln vom Vokabelmosaik, dann auch mit Ihnen schon bekannten Wörtern.

> **BEISPIEL:** wissen →
> Ich weiß, wo die Bank ist.
> Wißt ihr, wann die Bibliothek aufmacht?
> Weißt du, wo die Mozartstraße ist?
> Peter weiß immer noch nicht, mit wem er zusammen wohnen will.

B „Assoziationen". Mit welchen Verben vom Vokabelmosaik 2 assoziieren Sie die folgenden Satzteile? Lesen Sie zuerst die Satzteile laut, dann sagen Sie das Verb im Infinitiv.

_____ mit dem Bus zur Uni
mit dem Rad nach Hause
mit dem Auto aufs Land

_____ an der nächsten Ampel rechts
am Hauptmarkt links
hinter dem Dom rechts

_____ der Kommilitonin, wie man zur Mensa kommt
dem Gast den Stadtplan
den Mitbewohnern die Hausregeln

_____ geradeaus bis zur Bäckerei
diese Straße weiter bis zur nächsten Kreuzung
über die Brücke, dann rechts

_____ beim Supermarkt
am Rathaus
bei der Post

_____ in dieser Stadt gar nicht
auf dem Campus sehr gut
in der Bibliothek ein bißchen

C | „Wie komme ich zum Buchladen?" Welche Verben fehlen? Sprechen Sie den Dialog mit den fehlenden Verben.

> JOCHEN: Entschuldigung, kannst du mir _____, wie ich hier zum Buchladen _____?
>
> SABINE: Gerne. Siehst du die Kirche da vorne? _____ geradeaus bis zur Kirche, hinter der Kirche _____ rechts _____, _____ diese Straße hinunter bis du rechts die Buchhandlung Herder siehst.
>
> JOCHEN: Vielen Dank. Tschüß!

D | „Wie komme ich . . . zur Deutschen Bank?" Geben Sie Informationen mit Sie-Imperativen.

> fahren: am besten mit der Straßenbahn bis zum Rathaus
> aussteigen: am Rathaus
> gehen: die Rathausstraße hinunter bis zu McDonald's
> abbiegen: bei McDonald's rechts

Dann sehen Sie bald auf der rechten Seite die Deutsche Bank.

E | Geben Sie die Informationen von D einem Bekannten. Verwenden Sie du-Imperative.

> Fahr am besten mit der . . .
> . . .
> Dann siehst du bald auf der rechten Seite die Deutsche Bank.

➤ WB, S. 14; „Traumstadt".

21

*H*örverstehen 2

Nach dem Weg fragen und den Weg beschreiben

Ob man in der Stadt oder auf dem Land lebt—man muß wissen, wie man von einem Ort zum anderen finden kann. Das heißt, man muß nach dem Weg fragen können, und man muß auch einer anderen Person den Weg beschreiben können. Die Dialoge im Hörverstehen 2 sind Beispiele solcher Auskunftszenen. Weil einige Dialoge auf der Straße aufgenommen wurden, gibt es Geräusche (*noise*). Aber Sie müssen ja nicht jedes Wort verstehen.

➤ WB, S. 16; Übungen zum **Höverstehen 2.**

*F*ormen und Funktionen 2

I. INDICATING LOCATION AND DIRECTION

Some of the verbs in **Vokabelmosaik 1** and **2** require a specification of location (**wo?**), direction towards (**wohin?**) or from (**woher?**) a location. This generally involves the use of prepositions. Some of these prepositions always require the same case. Other prepositions can indicate location as well as direction. These prepositions are sometimes called *two-way prepositions*. When signaling location, they are followed by the *dative*; when signaling direction, they are followed by the *accusative* case.

- Always the same case:

Location (**Dativ**)	Direction (**Dativ**)	Direction (**Akkusativ**)
bei	aus (woher?)	durch
	von (woher?)	gegen
	nach (wohin?)	um
	zu (wohin?)	

- Variable case:

Location (**Dativ**) (wo?)	Direction (**Akkusativ**) (wohin?)
an, auf, hinter, in, neben, über, unter, vor, zwischen	

A | Study the examples below, and practice forming thought units of your own: first with location, then with direction, and finally contrasting the two.

BEISPIELE:	umsteigen	wo?	bei der Post, . . .
	wohnen		auf dem Land, . . .
	umziehen	wohin?	in die Stadt, . . .
	gehen		ins Zimmer, . . .
	kommen	woher?	aus dem Haus, . . .

wohnen	wo?	. . .
aufwachsen	wo?	. . .
studieren	wo?	. . .
arbeiten	wo?	. . .
abbiegen	wo?	. . .
aussteigen	wo?	. . .
umsteigen	wo? . . .	
gehen	wohin? . . .	
fahren	wohin? . . .	
umziehen	wohin? . . .	

B | Study the overview of location and direction phrases that follow before going on to further exercises.

Spiralen

1. Prepositions with Fixed Case Requirements

PRÄPOSITION

Akkusativ

direktional

durch den Park (laufen)
das Haus (gehen)
durch das = durchs

gegen die Mauer (fahren)

um die Stadt (fahren)
das Haus (gehen)
um das = ums

PRÄPOSITION

Dativ

direktional	lokal	direktional
woher?	wo?	wohin?

aus dem Kaufhaus (kommen)
der Wohnung (ausziehen)

von dem Land (sein)
von dem = vom
der Stadt (weggehen)

nach Europa (fliegen)
Hause (gehen)

zu dem Freund (gehen)
zu dem = zum
der Uni (fahren)
zu der = zur

bei der Post (arbeiten)
dem Bruder (wohnen)
bei dem = beim
den Eltern (sein)

Vorsicht: **zu** Hause = at home

2. Prepositions with Variable Case Requirements

PRÄPOSITION

Dativ: lokal		Akkusativ: direktional
wo?		**wohin?**
an der Wand (hängen) am Meer (wohnen) an dem = am	**an**	etwas an die Wand (hängen) ans Meer (fahren) an das = ans
auf dem Land (aufwachsen)	**auf**	aufs Land (umziehen) auf das = aufs
hinter dem Haus (sein) (hinter dem = hinterm*)	**hinter**	hinter das Haus (laufen) hinter das = hinters
in einem Vorort (wohnen) in dem = im in der Stadt (leben)	**in**	in einen Vorort (umziehen) in die Stadt (gehen)
neben dem Studenten (sitzen)	**neben**	sich neben den Studenten (setzen)
neben der Studentin (sitzen)		sich neben die S. (setzen) neben das = nebens
über dem Fenster (hängen) (über dem = überm*)	**über**	etwas über das Fenster (hängen) über das = übers
unter dem Tisch (liegen) (unter dem = unterm*)	**unter**	etwas unter den Tisch (legen) unter den = untern
vor dem Haus (stehen) (vor dem = vorm*)	**vor**	vor das Haus (gehen) vor das = vors
zwischen dem Rathaus und der Post (liegen)	**zwischen**	sich zwischen die zwei Studentinnen (setzen)

➡ WB, S. 18; Übungen zu **Formen und Funktionen 2.**

stehen / stellen, liegen / legen, sitzen / setzen, hängen / hängen

Some verbs cause more difficulty than others. Why? First, the **wo**-verbs are frequently confused with the **wohin**-verbs. Second, the positional aspect ($\updownarrow$ vertical, $\leftrightarrow$ horizontal, $\curvearrowright$ seated, $\downarrow$ hanging) is not always easy to identify.
Study the tables below carefully.

	LOKAL			DIREKTIONAL		
	wo?			**wohin?**		
$\updownarrow$	stehen	stand	gestanden	stellen	stellte	gestellt
$\leftrightarrow$	liegen	lag	gelegen	legen	legte	gelegt
$\curvearrowright$	sitzen	saß	gesessen	setzen	setzte	gesetzt
$\downarrow$	hängen	hing	gehangen	hängen	hängte	gehängt

*These forms are used only in conversational language.

Spiralen

wo-Verb	**wohin-Verb**
somebody } being somewhere something }	somebody putting { something somebody } somewhere

Der Koffer steht vor **der** Tür.	Uschi stellt den Koffer vor **die** Tür.
Die Lampe steht auf **dem** Tisch.	Stell die Lampe auf **den** Tisch!
Die Bücher lagen auf **der** Couch.	Er legte die Bücher auf **die** Couch.
Das Poster hängt an **der** Wand.	Hast du das Poster an **die** Wand gehängt?
Der Pudel saß auf **dem** Bett.	Wir setzten den Pudel **aufs** Bett.

Der Stuhl

Ein Stuhl,
allein.
Was braucht er?
Einen Tisch!
Auf dem Tisch
liegen Brot, Käse,
Birnen,

steht ein gefülltes Glas.
Tisch und Stuhl,
was brauchen sie?
Ein Zimmer,

in der Ecke ein Bett,
an der Wand einen Schrank,
dem Schrank gegenüber ein
Fenster

im Fenster einen Baum
Tisch, Stuhl, Zimmer . . .
Was brauchen sie?
Einen Menschen.
Der Mensch sitzt
auf dem Stuhl
am Tisch,

schaut aus dem Fenster
und ist traurig.
Was braucht er?

C | „Wer wohnt wohl hier?" Schauen Sie zuerst das Bild an. Dann identifizieren Sie in der folgenden Liste Dinge, die Sie im Zimmer sehen. Nicht alles in der Liste ist im Zimmer.

der Kalender	die Tür
das Fenster	das Bett
der Teller (*plate*)	die Uhr
der Hund (*dog*)	das Buch
die Katze (*cat*)	
der Teppich (*rug*)	
der Lehnstuhl	
der Schuh	
die Stereoanlage	
die Autokarte (*map*)	
die Blumen (*flowers*)	
der Fernseher	
das Glas	
der Tisch	
die Zeitung	
das Radio	
der Boden (*floor*)	
die Couch	
die Tasse	
die Flasche	

Nun sagen Sie, was wo steht, liegt, sitzt oder hängt!

> **BEISPIEL:** Die Uhr hängt an der Wand neben der Tür. Unter der Uhr hängt ein . . . Zwischen den zwei Fenstern . . .

D Sie haben eine neue Kleinwohnung. Aber leider ist sie noch leer (*empty*). Ein Freund oder eine Freundin hilft Ihnen beim Einrichten (*furnishing*) Ihres Wohnzimmers. Benutzen Sie Wörter von der Liste und auch Modalverben und Imperativformen.

das Bild, -er	der Papierkorb, ⸚e	die Tür, -en
der Stuhl, ⸚e	der Fernseher, -	die Wand, ⸚e
das Regal, -e	der Teppich, -e	das Fenster, -
die Lampe, -n	der Boden, ⸚	die Ecke, -n
die Couch, -s / -en	die Decke, -n	die Pflanze, -n

> **BEISPIELE:**
> A: Wohin soll ich den Schreibtisch stellen?
> B: Am besten stellen wir ihn vor das Fenster.
> Was meinst Du, können wir das Bild über die Couch oder über den Sessel hängen?
> A: Häng es doch über die Couch!
> A: Der Papierkorb hier. Wohin **kommt** der?
> B: Der **kommt** am besten neben den Schreibtisch.
> A: Aber dort ist nicht genug Platz.

E Beschreiben Sie einem Partner / einer Partnerin Ihr Studentenzimmer sehr genau. Sie stehen in der Tür. Was sehen Sie alles? Ihr Partner / Ihre Partnerin macht von Ihrer Beschreibung eine Skizze! Er / sie darf Sie natürlich auch etwas fragen, wenn etwas nicht ganz klar ist!

F Ihre Freundin ist gerade zu einem Wochenendbesuch in Ihrer Wohnung angekommen. Erklären Sie ihr, wo sie alles finden, und wo sie ihre Sachen hinstellen kann. Ihre Freundin darf auch Fragen stellen.

> **BEISPIEL:**
> A: Ach Ulla, fabelhaft! Komm doch bitte herein! Du schläfst im Gästezimmer. Das ist hier gleich rechts . . . Deinen Koffer stellst du am besten . . . Wenn du etwas aufzuhängen hast, . . .
> B: Du, eine Frage, wo ist denn die Toilette?

G Rufen Sie einen Freund oder eine Freundin an, und erzählen Sie, daß Sie endlich ein Zimmer gefunden haben und gestern eingezogen sind. Berichten Sie, wohin Sie alles gestellt, gelegt und gehängt haben, oder was wo steht, liegt oder hängt.

> **BEISPIEL:**
> A: Hallo. _____? Hier ist _____. Du, stell Dir vor, ich hab' endlich ein Zimmer gefunden!
> B: Gott sei Dank. Bist Du schon eingezogen? Nun, erzähl aber mal . . .

II. WORD ORDER IN GERMAN SENTENCES (1): POSITION OF VERBAL STRUCTURES

Review and study the following overview and pay special attention to these basic word order rules in all your activities with the language.

1. Statements: Conjugated Verb Form in Position *Two*

1 Subject	2 Conjugated verb form (ending agrees with subject)	3 . . .	*end of sentence* Part of verb/ prefix/ infinitive/ past participle
Gustav	lebt	in einem Dorf.	
Frau Bach	sucht	eine Einzimmerwohnung.	
Die Wohnung	gefällt	der Studentin.	
Diese Stadt	ist	alt.	
Fischers	haben	viele antike Möbel.	
Monika	[zieht}	in ein Appartement	{um].*
Max	[richtet}	sein Zimmer	{ein].
Peter	[muß}	die Miete	{bezahlen].
Wir	[möchten}		{ausziehen].
Martin	[hat}	lange zu Hause	{gewohnt].
Oma	[hat}		{umziehen müssen].
Martina	[wird}	ihre große Wohnung	{verkaufen].

Expressions of location, time or any one of many other elements can be in position *one* either for emphasis or for smooth transition between sentences.

1 Other part of sentence	2 Conjugated → verb form	3 Subject	
In München	wohnt	Michaela	schon lange.
Seit gestern	wohnt	Peter	bei Monika.

2. WH-Questions: Conjugated Verb Form in Position *Two*

1 Question word	2 Conjugated verb form	3 . . . Subject	*end of sentence*
Wo	wohnt	Christian?	
Wohin	fahrt	ihr	im Sommer?
Wie	komme	ich	zum Bahnhof?
Was	suchst	du?	
Wer	bist	du?	
Wie	[richtest}	du	dein Zimmer {ein]?
Wann	[ziehen}	Bergers	aufs Land {um]?
Wer	[mußte}	die Miete	{bezahlen]?
Was	[hat}	Martin	{gefunden]?

* [__} . . . {__]: brackets indicate that these forms belong together.

H Gehen Sie zurück zum Bild in Aufgabe C, und arbeiten Sie mit einer anderen Person zusammen. Fragen Sie, wo verschiedene Objekte stehen/liegen/hängen.

> BEISPIEL: A: Wo steht die Flasche?
> B: Die Flasche steht auf dem Tisch.

3. Yes-No Questions and Imperatives: Conjugated Verb Form in Position *One*

1	2	3 . . .	end of sentence
Conjugated verb form	Subject		
Sucht	Frau Betz	ein Zimmer?	
Haben	Fischers	antike Möbel?	
[Zieht}	Monika	heute	{um]?
[Hat}	Alexander	bei euch	{gewohnt]?
[Sollen}	wir	die Lampe in die Ecke	{stellen]?
[Seid}	ihr	schon	{eingezogen]?
Bezahl		die Miete!	
[Seid}		nicht so	{laut]!
Fahren	Sie	bitte langsam!	
[Machen}	Sie	die Tür	{auf]!
Essen	wir	doch jetzt!	

I Noch einmal das Bild in Übung C. Nun stellen Sie ja / nein-Fragen. Geben Sie sowohl richtige wie auch falsche Orte an.

> BEISPIEL: A: Steht die Flasche auf dem Boden?
> B: Nein, die Flasche steht auf dem Tisch.

J „Was steht wo in Deinem Zimmer?" Fragen Sie mit Fragewort-Fragen und ja / nein-Fragen, wo verschiedene Sachen sind.

> BEISPIEL: A: Wo steht in deinem Zimmer das Bett?
> *oder*: Steht in deinem Zimmer das Bett beim Fenster?
> B: Mein Bett steht rechts neben dem Tisch in der Ecke.

4. Dependent Clauses with Subordinating Conjunction (Subjunktor), Question Word, or Relative Pronoun: Conjugated Verb Form at *End of Sentence*

Hauptsatz,	Nebensatz . . .		end of sentence
. . . ,	subordinating conjunction (**daß**, **weil**, . . .) question word (**wo**, **wann**, . . .) relative pronoun (**die**, **deren**, . . .)		conjugated verbform
Ich weiß,	**daß** Roger die Miete . . .		**bezahlt hat.**
Ulla sagt mir nicht,	**wo** sie		**wohnt.**
Kennst du die Leute,	**die** das Bauernhaus		**gekauft haben?**

K | „Neue Bekannte an der Uni". Da gibt's viel zu fragen. Üben Sie mit einem Partner oder einer Partnerin. Wer findet mehr Fragen mit „wissen"?

> BEISPIEL: Weißt du, daß . . . (Verb)?
> Weißt du auch, wer . . . .
> Weißt du, warum . . .
> Weißt du schon, wo . . .

➡ WB, S. 20; Übungen zu **Formen und Funktionen 2.**

Reden wir miteinander!

Nach dem Weg fragen und gefragt werden

A | Schauen Sie sich noch einmal die Redemittel an, die Sie beim Hörverstehen 2 (im WB, S. 16) kennengelernt haben. Danach schreiben Sie die Redemittel auf, an die Sie sich erinnern können. Sie werden die Redemittel für die Übungen unten brauchen.

> Was sagt man, wenn man nach dem Weg fragen will?
>
> Was sagt man, wenn man nach dem Weg gefragt wird?

B | Sie reisen im Sommer durch Deutschland und sind gerade ein paar Tage in Köln. Schauen Sie auf den Stadtplan von Köln (S. 30), und stellen Sie Fragen nach dem Weg. Ihr Partner antwortet mit den Redemitteln.

> BEISPIELE: Sie sind am Hauptbahnhof und wollen zum Verkehrsamt.
> Sie sind am Rhein (Deutzer Brücke) und möchten zur Hohen Straße zum Einkaufen.

C | Mit Partner. Stellen Sie sich vor, Sie begegneten früh am Morgen vor Ihrem Haus einem atemlosen Mann, der Sie nach dem Weg zum Bahnhof fragt. Antworten Sie ihm mit den Redemitteln.

1. Der Mann läuft zu Fuß.

2. Er fährt mit dem Fahrrad.

➡ WB, S. 21; **Zum Lesen**: „Gibs auf!" (F. Kafka); S. 23 „Mignon-Lied" (J. W. v. Goethe).

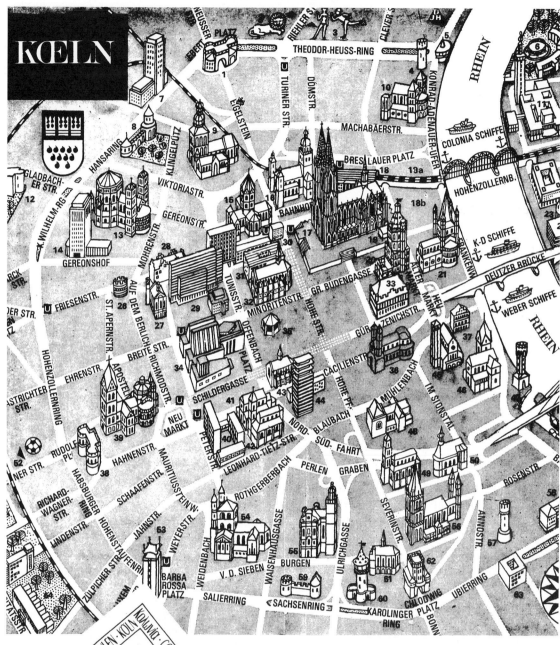

KŒLN

8 alte Stadtmauer
13 St. Gereon
17 Dom
18 Hauptbahnhof
19 Dionysosmosaik
21 Groß St. Martin
26 Römerturm

28 Kölnisches
   Stadtmuseum
30 Verkehrsamt
34 Oper und Theater
39 St. Aposteln
62 Chlodwigplatz

Stufe
3

In Stufe 3 werden Sie Gelegenheit haben, im Gespräch mit Studentinnen zu hören / zu sehen, wie sie ihre Wohnung eingerichtet haben, und wie kompliziert es sein kann, ein Bad zu nehmen. Im Lesetext kommt es zu einem „Wohnstil"-Konflikt zwischen Tochter und Vater.

 WB, S. 25; „Traumhaus, und Kinderzimmer"

Zum Vokabelmosaik

Im Vokabelmosaik 3 und in den Redemitteln finden Sie Vokabeln, die Ihnen beim Sprechen und Lesen über Wohnsituationen helfen.

Schauen und Identifizieren

Welche Verben kennen Sie schon? Welche sind neu für Sie? Markieren Sie alle bekannten Verben, und bilden Sie Sätze.

*V*okabelmosaik 3

Wohnen, wie es einem gefällt?

Die Stadt Berlin muß viele Wohnungen bauen.

WER?		WAS?
Herr Beck	bauen *to build* das Gebäude *building*	ein eigenes Haus (das Haus, ⸗er) = das Eigenheim

Karin kann kein eigenes Haus kaufen.

WER?		WAS?
Schmidts	kaufen	ein Einfamilienhaus
Dr. Keller	*to buy*	ein Zweifamilienhaus
Frau Merkel	der Käufer	(Doppelhaus)
		eine Eigentumswohnung

Karin besitzt aber einen Kühlschrank.

WER?		WAS?
Sabine	besitzen, besaß, besessen	ein Reihenhaus
die Bank	*to own*	ein Hochhaus *high-rise*
	der Besitzer =	ein Wohnhaus
	der Eigentümer	ein Haus auf dem Land
	die Besitzerin	*country home*
		ein Bauernhaus *farmhouse*

Kapitel 1: Wo und wie wir leben

Der Hausbesitzer modernisiert die Mietwohnungen.

WER?		WAS?
die Stadt	modernisieren	alte Häuser
	die Modernisierung	eine Altbauwohnung
		ein Kaufhaus *department store*

Die Vermieterin repariert die Fenster.

WER?		WAS?
der Besitzer	reparieren	die Tür
	die Reparatur	den Fernseher
		die Heizung

Die Studentinnen tapezieren ihre Altwohnung selbst.

WER?		WAS?
wir	tapezieren	das Wohnzimmer
	to wallpaper	eine Seitenwand
	die Tapete, -n	

Sie streichen auch die Decke selbst.

WER?		WAS?
Ute	streichen, strich,	die Türen
Peter	gestrichen	das Bücherregal
Gabi	*to paint*	den Tisch (mit blauer Farbe)

Immer mehr Städte restaurieren historische Gebäude.

WER?		WAS?
die Stadt	restaurieren	eine (gotische) Kathedrale
	die Restauration	ein Denkmal *memorial*

Die Universität renoviert die Studentenwohnungen.

WER?		WAS?
das Land	renovieren	eine Schule
	die Renovierung	eine Wohnung

Das alte Kaufhaus hat man abgerissen.

WER?		WAS?
die Firma	ab•reißen, riß ab,	ein historisches Gebäude
die Berliner	abgerissen	einen Altbau
	to tear down	die Mauer

NOTE: Nomina mit **-ung** haben immer den Artikel **die** und bilden den Plural mit **-en**.

die Wohnung, die Wohnung**en**
die Siedlung, die Siedlung**en**

Verben mit **-ieren** haben im Partizip Perfekt kein **ge-**.

renovieren,   renoviert
modernisieren,   modernisiert

Kombinieren und Schreiben

A Geben Sie das passende Verb, ohne auf das Vokabelmosaik zu schauen. Arbeiten Sie mit einem Partner oder einer Partnerin. Sie geben das Nomen, Ihr Partner das Verb.

> **BEISPIEL:** A: die Modernisierung
> B: modernisieren

1. der Käufer _____
2. das Gebäude _____
3. die Besitzerin _____
4. die Restauration _____
5. die Einrichtung _____
6. der Mieter _____
7. die Bezahlung _____
8. die Reparatur _____
9. die Fahrt _____
10. die Vermieterin _____

B Welches der beiden deutschen Wörter hat die angegebene englische Bedeutung? Sie können auch zu zweit arbeiten: A nimmt eines der deutschen Wörter und fragt B, ob die englische Bedeutung richtig oder falsch ist.

> **BEISPIEL:** mieten **besitzen** *to own*

1. Mietwohnung	Eigentumswohnung	*rental apartment*
2. der Mieter	der Besitzer / der Eigentümer	*owner*
3. vermieten	verkaufen	*sell*
4. das Wohnhaus	das Kaufhaus	*residence*
5. umziehen	einziehen	*move*
6. Käufer	Verkäufer	*buyer*
7. abreißen	bauen	*tear down*
8. finden	suchen	*look for*
9. bewohnbar	bezahlbar	*habitable*
10. einrichten	einziehen	*furnish*

C „Hausbesetzer". Lesen Sie den Text, und identifizieren Sie Vokabeln aus den Vokabelmosaiken.

> Vorsicht: besetzen (*to occupy*) / besitzen
>
> Immer wieder passiert es, daß Menschen, die kein Dach über dem Kopf haben, leerstehende Häuser besetzen. Während Besserverdienende und Einzelpersonen (*singles*) immer mehr Wohnraum bekommen, müssen sozial Schwächere oft jahrelang auf eine Mietwohnung warten. Etwa 100.000 Wohnungen werden in Deutschland jährlich abgerissen oder in Büros, Arztpraxen oder Geschäftsräume umgebaut. Altbauten in Großstädten stehen oft leer, weil die Besitzer wegen Preisspekulation die Häuser nicht renovieren lassen. Bei Mieterwechsel verlangen (*demand*) Vermieter bis zu 30% mehr Miete.
> Besonders in Großstädten wie Frankfurt und Berlin gibt es Viertel, in denen ganze Häuserblocks besetzt wurden, z.B. Kreuzberg im früheren

West-Berlin und Prenzlauer Berg im früheren Ost-Berlin. Die Besetzer renovieren und reparieren manchmal das Notwendigste selbst. Aber das Hausbesetzen ist natürlich illegal. Früher oder später müssen die Besetzer wieder ausziehen.

Sind Ihnen oder Klassenkameraden Hausbesetzungen oder Konflikte zwischen Mietern und Besitzern in Ihrer Stadt bekannt?

Hörverstehen 3 (Video)

In Karins renovierter Wohnung

Im Hörverstehen 3 besuchen wir Karin in ihrer Wohnung. Dabei hören wir, was alles schon in der Wohnung war, und was sie selbst mitbringen mußte. Auch über Besonderheiten des Bades werden wir informiert.

➡ WB, S. 29; Übungen Zum **Hörverstehen 3.**

Formen und Funktionen 3

ADVERBS AS INDICATORS FOR LOCATION AND DIRECTION

In a context where the direction or location is already known, an adverbial phrase often takes the place of a prepositional phrase.

BEISPIELE: Gestern sind wir **in die Stadt** gefahren. **Dort** haben wir . . .
(Adverb)

Schillers waren im Sommer **in Mexiko**. **Dahin** möchte ich auch mal.
(Adverb)

„Kennst du das Land, wo die Zitronen blühn? **Dahin, dahin** möcht' ich mit dir, o mein Geliebter, ziehn!" (Goethe)

NOTE: In general, **da** refers to locations closer to the speaker than does **dort**. However, in colloquial speech they are often used interchangeably.
Study carefully the following overview with sample sentences.

wo?	**wo** (gehst du) **hin?** (weg vom Sprecher)	**wo** (kommst du) **her?** (zum Sprecher)
in der Stadt—dort / da hier	in die Stadt—dorthin	von der Stadt—von dorther
Beispiele:		
Karin wohnt in Trier. **Da/dort** wohnt auch Karl.	Ute zieht nach Bonn um. **Dorthin** möchte ich auch umziehen.	Kim kommt aus Wien. Von **dorther** kommt auch Maria.

Spiralen

wo?	wo (gehst du) hin? (weg vom Sprecher)	wo (kommst du) her? (zum Sprecher)
im Haus—drinnen *inside*	ins Haus—hinein	aus dem Haus—heraus

Beispiele:

Ist Karin im Haus? Ja, sie ist **drinnen.**	Gehen Sie doch bitte schon **hinein!**	Kommen Sie doch bitte **herein!** (formell)
Yes, she is inside.	*Please, go inside!*	*Please, come inside!*
	Geh doch schon **rein!** (informell)	Komm doch **rein!** (informell)
	Do go inside (already)!	*Do come in(side)!*

im Garten—draußen *outside*	in den Garten—hinaus	aus dem Haus—(he)raus

Beispiele:

Essen wir **draußen**?	Geht doch in den Garten **hinaus!**	Kommt doch **heraus!** Wir warten schon.
Are we eating outside?	*Go outside into the garden!*	*Come outside, we are waiting!*

auf der anderen Seite der Straße—drüben	auf die andere Seite der Straße—hinüber	von der anderen Seite der Straße—herüber

Beispiele:

Dort drüben ist das Café.	Gehen wir **hinüber!**	Kommt zu uns **herüber!**
Over there is the café.	*Let's go across!*	*Come over here (to where we are)!*

dort unten *down there* unten *down(stairs)*	hinuntergehen	(he)runter . . . (= nach unten) . . .

Beispiele:

Wer wohnt **dort unten**? **Unten** wohnen ist billiger.	Geh mal in den Keller **hinunter** und hol eine Flasche Wein.	Petra, kannst du mal schnell **herunter**kommen?
Who lives down there? *It is cheaper downstairs.*	*Go down into the cellar and get a bottle of wine.*	*Petra, can you quickly come down (here)?*

auf dem Dach—(dr)oben hier oben *up here* oben *up(stairs)*	aufs Dach—hinauf hinaufgehen (= nach oben) . . .	vom Keller—herauf (he)raufkommen

Beispiele:

Hier **oben** gefällt es mir.	Aufs Dach? Da gehe ich nicht **hinauf!**	Keine Angst! Komm schon **herauf!**
I like it up here.	*Onto the roof? I am not going up there!*	*Don't worry! Come up here!*

NOTE:

herunter	hinunter	
herauf	hinauf	
herein	hinein	geschriebene Sprache
heraus	hinaus	
herüber	hinüber	

runter
rauf
rein
raus
rüber
} gesprochene Sprache

„Minisituationen". Setzen Sie fehlende wo-, wohin-, und woher-Adverbien ein.

1. ANDREA: Wo wohnt deine Familie?
ELISABETH: In Stuttgart.
ANDREA: _____ wohnt auch eine Tante von mir.

2. ELISABETH: Woher kommst du?
USCHI: Aus München.
ELISABETH: Von _____ kommt auch meine Mutter.

3. PETER: Ist Karin oben in ihrem Zimmer?
ERIKA: Ich glaube ja. Geh' doch einfach _____ / _____!

4. KLAUS: Hans, wo bist du?
HANS: Hier im Keller. Komm mal _____ / _____! Ich hab'
was Interessantes gefunden.

5. INGE: Bei dem schönen Wetter könnten wir eigentlich im Garten essen, nicht?
GUDRUN: Lieber nicht. _____ im Garten sind zu viele Mücken. Bleiben
wir lieber _____ (inside)!

6. FRAU: Entschuldigen Sie, wo ist hier eine Bank?
POLIZIST: _____ drüben, neben der Bäckerei.

7. BORIS: Im Dezember fliege ich nach Hawaii.
STEFAN: _____ möchte ich auch mal!

8. UTE: Ich hab' den alten Teppich über die Couch gehängt.
ANTJE: Aber _____ hängen doch schon zwei Bilder! Ich glaube, das ist
zuviel.

➡ WB, S. 30; Übungen zu **Formen und Funktionen 3.**

Zum Lesen

„Fünfzehn" (Reiner Kunze)

Kurzinformation zu Reiner Kunze: Geboren am 16.8.1933 in Oelsnitz (Erzgebirge).
Studierte in Leipzig Philosophie und Publizistik. Wissenschaftlicher Assistent.
Schriftsteller. Aus politischen Gründen die DDR verlassen. Seit 1977 in der
Bundesrepublik.—Kurzprosa, Kinderbücher, Lyrik, Essays. „Fünfzehn" ist aus *Die
wunderbaren Jahre.* Frankfurt a.M.: Fischer, 1976, S. 26–28.

Vor dem Lesen

A Was assoziieren Sie mit dem Titel „Fünfzehn"? Wie waren Sie, als Sie in diesem Alter waren? Kennen Sie jemanden, der oder die zur Zeit so alt ist? Schreiben Sie Wörter oder Sätze auf, die Ihnen spontan einfallen!

B Was für Probleme kann es zwischen Teenagern und ihren Eltern zu Hause geben? Wie war das bei Ihnen?

C Beschreiben Sie sich als Mitbewohner! Welche Eigenschaften passen zu Ihnen? Kreuzen Sie an! Danach vergleichen Sie das Ergebnis mit Ihrer Nachbarin / Ihrem Nachbarn. Würden Sie miteinander auskommen (*get along*)?

sauber _____ schmutzig _____ ordentlich _____ nachlässig (*negligent*) _____

gern allein _____ gern mit anderen zusammen _____ beides _____

ruhig _____ laut _____ viel Besuch _____ wenig Besuch _____

Raucher / Raucherin _____ Nichtraucher / Nichtraucherin _____ ohne Haustier _____

mit Haustier _____ Hund _____ Katze _____ Kanarienvogel _____

koche gern zu Hause _____ gehe lieber essen _____

kleide mich modisch _____ schminke mich _____ bleib' natürlich _____

D Charakterisieren Sie einen „typischen" Teenager im Gegensatz zu „typischen" Eltern.

Teenager   Eltern

Beim Lesen

A Lesen Sie die Geschichte einmal schnell durch. Worum geht es in der Geschichte?

1. Um einen Mann, der für seine Tochter ein Zimmer finden will?

2. Um ein junges Mädchen, das ihren Vater nicht leiden kann?

3. Um einen Vater, der versucht, mit den Eigenheiten (*peculiarities*) seiner Tochter fertig zu werden (*cope with*)?

B Lesen Sie die Geschichte etwas genauer durch. Sie brauchen nur soviel zu verstehen, daß Sie etwas über die Hauptfiguren sagen können. Geben Sie dann ein paar Informationen, Wörter, Satzteile. (*Watch out for the main characteristics of the protagonists only!*)

Wer?

Wie?

Was?

Wo?

Wann?

Warum?

Fünfzehn

Sie trägt einen Rock, den kann man nicht beschreiben, denn schon ein einziges Wort wäre zu lang. Ihr Schal dagegen ähnelt einer Doppelschleppe: lässig um den Hals geworfen, fällt er in ganzer Breite über Schienbein und Wade. (Am liebsten hätte sie einen Schal, an dem mindestens drei Großmütter zweieinhalb Jahre gestrickt haben—eine Art Niagara-Fall aus Wolle. Ich glaube, von einem solchen Schal würde sie behaupten, daß er genau ihrem Lebensgefühl entspricht. Doch wer hat vor zweieinhalb Jahren wissen können, daß solche Schals heute Mode sein würden.) Zum Schal trägt sie Tennisschuhe, auf denen sich jeder ihrer Freunde und jede ihrer Freundinnen unterschrieben haben. Sie ist fünfzehn Jahre alt und gibt nichts auf die Meinung uralter Leute— das sind alle Leute über dreißig.

Könnte einer von ihnen sie verstehen, selbst wenn er sich bemühen würde? Ich bin über dreißig. Wenn sie Musik hört, vibrieren noch im übernächsten Zimmer die Türfüllungen. Ich weiß, diese Lautstärke bedeutet für sie Lustgewinn. Teilbefriedigung ihres Bedürfnisses nach Protest. Überschallverdrängung unangenehmer logischer Schlüsse. Trance. Dennoch ertappe ich mich immer wieder bei einer Kurzschlußreaktion: Ich spüre plötzlich den Drang in mir, sie zu bitten, das Radio leiser zu stellen. Wie also könnte ich sie verstehen—bei diesem Nervensystem? Noch hinderlicher ist die Neigung, allzu hochragende Gedanken erden zu wollen.

Auf den Möbeln ihres Zimmers flockt der Staub. Unter ihrem Bett wallt er. Dazwischen liegen Haarklemmen, ein Taschenspiegel, Knautschlackederreste, Schnellhefter, Apfelstiele, ein Plastikbeutel mit der Aufschrift „Der Duft der großen weiten Welt", angelesene und übereinandergestülpte Bücher (Hesse, Karl May, Hölderlin), Jeans mit in sich gekehrten Hosenbeinen, halb- und dreiviertel gewendete Pullover, Strumpfhosen, Nylon und benutzte Taschentücher. (Die Ausläufer dieser Hügellandschaft erstrecken sich bis ins Bad und in die Küche.) Ich weiß: Sie will sich nicht den Nichtigkeiten des Lebens ausliefern. Sie fürchtet die Einengung des Blicks, des Geistes. Sie fürchtet die Abstumpfung der Seele durch Wiederholung! Außerdem wägt sie die

Vokabelhilfe

ähneln jdm / etwas *to look similar*
die Doppelschleppe *double train, trail* (am Kleid)
lässig *nonchalant; negligent*
das Schienbein *shinbone*
die Wade *calf* (*of the leg*)
mindestens *at least*
stricken (an) etwas *to knit*
behaupten *to assert; to maintain*
entsprechen etwas *to equal; to be identical*

bemühen sich *to make an effort*
die Lautstärke *loudness; sound intensity*
die Teilbefriedigung *partial satisfaction*
das Bedürfnis (nach) *need* (*for*)
die Überschallverdrängung *sonic boom*
der Schluß, die Schlüsse *conclusion* (*end*)
ertappen sich (*acc.*) **bei** *to catch, surprise oneself*
der Kurzschluß *short circuit*
den Drang spüren *to feel the urge*
die Neigung *inclination*
hochragend *high-flying; high-reaching*
erden *to ground*
der Staub *dust*
wallen *to wave*
die Haarklemme, -n *hair clip*
der Knautschlacklederrest, -e *leftover of crinkled artificial leather*
der Schnellhefter *letter file*
der Stiel, -e *stem; stick*
der Duft *scent, fragrance*
an•lesen *to start to read*
übereinander•stülpen *to pile up one on the other*
in sich gekehrt *turned inward*
wenden *to turn*
der Ausläufer *foothill*
erstrecken sich *to extend to*
die Nichtigkeit, -en *nullity, nothingness*
aus•liefern sich *to give up; to deliver oneself*
die Einengung *narrowness; restriction*
die Abstumpfung *dullness*
ab•wägen etwas *to weigh*

Tätigkeiten gegeneinander ab nach dem Maß an Unlustgefühlen, das mit ihnen verbunden sein könnte, und betrachtet es als Ausdruck persönlicher Freiheit, die unlustintensiveren zu ignorieren. Doch nicht nur, daß ich ab und zu heimlich ihr Zimmer wische, um ihre Mutter vor Herzkrämpfen zu bewahren—ich muß mich auch der Versuchung erwehren, diese Nichtigkeiten ins Blickfeld zu rücken und auf die Ausbildung innerer Zwänge hinzuwirken.

Einmal bin ich dieser Versuchung erlegen. Sie ekelt sich schrecklich vor Spinnen. Also sagte ich: „Unter deinem Bett waren zwei Spinnennester."

Ihre mit lila Augentusche nachgedunkelten Lider verschwanden hinter den hervortretenden Augäpfeln, und sie begann „Iix! Ääx! Uh!" zu rufen, so daß ihre Englischlehrerin, wäre sie zugegen gewesen, von soviel Kehlkopfknacklauten—englisch „glottal stops" —ohnmächtig geworden wäre. „Und warum bauen die ihre Nester gerade bei mir unterm Bett?"

„Dort werden sie nicht oft gestört." Direkter wollte ich nicht werden, und sie ist intelligent.

Am Abend hatte sie ihr inneres Gleichgewicht wiedergewonnen. Im Bett liegend, machte sie einen fast überlegenen Eindruck. Ihre Hausschuhe standen auf dem Klavier. „Die stelle ich jetzt immer dorthin", sagte sie. „Damit keine Spinnen hineinkriechen können."

---

betrachten *to regard*

heimlich *secretly*
wischen *to wipe; to clean*
bewahren jdn vor *to save*
erwehren sich *(acc.)* **etwas**
  (gen.) *to ward off*
die Versuchung *temptation*
ins Blickfeld rücken etwas *to*
  move into the field of vision
der Zwang, ⸚e *force*
hin•wirken auf *to work toward*
erliegen etwas *to succumb*
ekeln sich *(acc.)* **vor** *to be*
  disgusted
die Spinne, -n *spider*
die Augentusche *eye shadow*
hervor•treten *to emerge*
zugegen sein *to be present*
ohnmächtig werden *to faint*

stören *to disturb*

das Gleichgewicht *balance*

überlegen *superior*
der Eindruck *impression*

kriechen *to crawl*

39

Nach dem Lesen

A | Streichen Sie den Rand des Textes mit blau an, wo von dem Mädchen die Rede ist, und mit rot, wo der Vater über sich selbst spricht. Zählen Sie diese Passagen, und schreiben Sie passende Überschriften in die Tabelle.

TOCHTER	VATER
1.	
2.	
3.	
.	
.	
.	

Schauen Sie sich an, was Sie zu Vater und Tochter aufgeschrieben haben. Mit wem identifizieren Sie sich leichter? Warum?

B | Wettspiel: Wer kann in drei Minuten aus dem Kopf am meisten Sachen aufschreiben, die im Zimmer der Tochter herumliegen? Fertig? Los!

C | Zu Hause. Schreiben Sie (a) die Abschnitte (*paragraphs*) um, in denen über das Mädchen in der dritten Person geredet wird: in die erste Person—so, als ob sie selber eine Personenbeschreibung von sich geben würde, die sie einem Brieffreund schickt. Versuchen Sie danach (b), einen ähnlichen Abschnitt über sich selbst zu schreiben.

> BEISPIEL A: ANFANG: Ich trage einen Rock, den kann man nicht beschreiben,
> . . . Mein Schal dagegen . . .
> ENDE: Auf den Möbeln meines Zimmers flockt der Staub . . . Ich
> will mich nicht den Nichtigkeiten des Lebens ausliefern.

> BEISPIEL B: ANFANG: Ich trage immer schwarz und dazu passenden Schmuck . . .
> ENDE: Ich halte meine Wohnung immer sehr sauber, weil ich
> eine Stauballergie habe . . .

➡ WB, S.30; mehr zum Schreiben.

Reden wir miteinander!

Wohnen, wie es einem gefällt

Bevor Sie mit Partnern über Traumwohnungen und Traumzimmer oder Erfahrungen (*experiences*) in und mit wirklichen Wohnsituationen reden, schauen Sie sich die Vokabelmosaiken von Kapitel 1 und die Redemittel unten an. Denken Sie auch zurück an die Redemittel 1.

Redemittel

❑ Meine Wohnung sollte viel Platz für Regale / Blumen / Möbel haben.

❑ Mein Zimmer ist meine eigene Welt!

❑ Hier sieht es ja aus! So eine Unordnung!

❑ Ich habe meine Wohnung / mein Zimmer selbst eingerichtet, ganz nach meinem Geschmack.

❑ Ich habe mich sofort / nur sehr langsam mit Zimmernachbarn angefreundet.

❑ Du hast ja wirklich eine Traumwohnung!

❑ Ich finde deine Wohnung phantastisch / toll / klasse.

❑ In unserer Wohnung kann jeder machen, was er will.

❑ Meistens bin ich gern mit anderen Leuten zusammen, aber manchmal / gelegentlich (*occasionally*) möchte ich doch allein sein und meine Ruhe haben.

A | Wann haben Sie einmal ein Zimmer / Haus / eine Wohnung gesehen, die Ihnen (1) ausgezeichnet, (2) überhaupt nicht gefallen hat? Beschreiben Sie (1) oder (2).

B | Der Vater aus der Kunze-Geschichte redet jetzt einmal direkt mit seiner Tochter über das Leben in ihrer gemeinsamen Wohnung. Spielen Sie mit einem Partner / einer Partnerin, wie die beiden miteinander diskutieren könnten.

Kommt doch mal vorbei!

C Eine Freundin will heute abend nach der Arbeit / Uni bei Ihnen vorbeikommen. Sie wollen das lieber nicht, weil Ihr Zimmer nicht aufgeräumt ist. Beschreiben Sie ihr das Chaos bei Ihnen zu Hause. Erzählen Sie ihr aber auch, wie ordentlich es normaler-weise bei Ihnen aussieht. Benutzen Sie Vokabeln von den Vokabelmosaiken, vom Lesetext und von den Redemitteln.

FREUNDIN: Du, du wohnst doch ganz in der Nähe von hier. Könnte ich heute abend vielleicht mal vorbeischauen und mir das Tennisturnier im Fernsehen ansehen? Das verpasse ich sonst.

SIE: Oh, das geht leider nicht. Ich kann mir nicht gut vorstellen, wo du dich in meiner Bude hinsetzen willst!

Unter Freunden und Bekannten

Im Wochenendhäuschen.

Goals:

- *Sampling some youth-jargon and reviewing ways of introducing someone*

- *Listening to and understanding conversations where people introduce, invite, and congratulate*

- *Reading and reacting to a traditional fairy tale (**Dornröschen**) and two recent variations*

- *Reviewing German nouns and article words (gender, cases, singular/plural)*

- *Learning how to use various time expressions and their places in sentences*

- *Becoming fluent in introducing, inviting, and congratulating someone*

- *Being able to tell a story (fairy tale) and/or talk about it with others*

- *Writing a story/fairy tale revision; writing an invitation*

43

🔖 These items appear in the Workbook.

Stufe 1

Aktuelles zum Thema

Im ersten Teil dieses Kapitels werden Sie erfahren, was junge Deutsche mit ihren Freunden und Bekannten machen; wie man miteinander redet, wenn man sich trifft, grüßt, vorstellt.

Der leicht gekürzte Text ist aus dem Buch *Lass uns mal 'ne Schnecke angraben. Sprache und Sprüche der Jugendszene* von Claus Peter Müller-Thurau (Düsseldorf: Econ Verlag, 1986), S. 77–80.

Vor dem Lesen

A Bevor Sie „Freaks oder: Ich habe etwas gefunden" lesen, schreiben Sie bitte auf, was Sie am liebsten mit Ihren Freunden tun.

am allerliebsten   am liebsten   gerne   ungerne

B Gehören Sie einem Freundeskreis an, der ein ganz besonderes Interesse an einem Hobby hat, wie zum Beispiel Tanzen, Motorradfahren, Surfen?

JA: _____ Hobby: _____   NEIN _____

Ist Ihre Begeisterung für Ihr Hobby so groß, daß Sie sich als _____-Freak bezeichnen würden?

JA, ich bin ein _____-Freak   NEIN _____

C Gibt es Redemittel, die Jugendliche (Sie selber?) benutzen, wenn Sie mit ihren Freunden zusammen sind? Was sagen Sie selber oft? Welche Ausdrücke würden Sie einer deutschen Bekannten beibringen, damit sie die Sprache in Ihrer Clique versteht?

D Lesen Sie jetzt „Freaks . . . ", und lernen Sie den Musik-Freak „Memo" und seine Sprache kennen. Unterstreichen Sie die Ausdrücke, die aus dem Amerikanischen kommen.

Freaks oder: Ich habe etwas gefunden

Es gibt Drogen-Freaks, Musik-Freaks, Motorrad-Freaks, Öko-Freaks, Show-Freaks und vieles mehr. Sie alle sind auf der Szene zu finden und mit den Definitionen in »Cassells Wörter-Buch« vermutlich gar nicht einverstanden:

freak (fri:k), s. die Laune, Grille, drolliger Einfall; — (of nature), das Monstrum, die Mißgeburt, freakish, adj. grotesk; launenhaft, grillenhaft.

Soviel zur Herkunft des Begriffs, den seine Träger oder Adressaten sicher insoweit akzeptieren würden, daß sie auf ihrer Suche nach Leben, Inhalt und Sinn auf irgendeine Weise glauben, fündig geworden zu sein.

Einer von ihnen soll vorgestellt werden, der auf Kafkas Parabel »Gibs auf« eine individuelle Antwort gefunden hat.

Memo ist kein Musik-Freak, und doch gehört es zu den Höhepunkten seines Lebens, wenn er sich mit Freunden in seinem Zimmer der elterlichen Wohnung trifft: Dann hören sie ihre Musik.

Auf welchem Sound sie zur Zeit *abschwimmen?* Da werden viele Namen genannt: UKW, BAP, AC/DC, ZA-ZA, DAF, ABC und natürlich die »Rolling Stones« aus Großenkneten: Trio. Aber auch »Die Krupps«, »Wirtschaftswunder«, »Treibstoff«, »Sperrmüll«, »Extrabreit«, »Grobschnitt«, »6er Pack«, und selbstverständlich »Motörhead« haben sich in ihren Ohren *festgekrallt.*

Memo: Da sind sicher viele dabei, die schon in einem Jahr nichts mehr vom Teller ziehen. Die kommen auf 'ner neuen Welle angesurft, man zieht sie sich 'ne Weile rein—und dann ist irgendwann empty. Aber was soll's—wenn 'ne Gruppe nicht mehr antörnt, gibt's 'ne neue.

M-T: Ihr habt ja eben 'ne ganze Menge Gruppen aufgezählt. Wer von denen ist denn nach Eurer Meinung besonders originell?

Memo: Also—ich finde, »Die Krupps«—die bringen echt einen Wahnsinns-Sound. Zum Beispiel ihre »Stahlwerkssymphonie« . . . da geht Power ab. Oder ihre Maxi-Single »Wahre Arbeit, wahrer Lohn«. . . oder ihre LP »Volle Kraft voraus«—das fetzt! Reine Maschinenmusik . . . und das Songmaterial . . . da kommt 'ne Message rüber: viel Provokation und Ironie. Das bringt einen echt gut drauf.

Vokabelhilfe

ab•schwimmen auf etwas = ab•fahren auf = stehen auf *to be enthusiastic for sth., be emotionally completely absorbed by*

RM: **Da fahr' ich voll drauf ab!**

fest•krallen sich *to grab with one's claws; to cling to*

RM: **Die zieh'n nichts mehr vom Teller! = Die sind uninteressant geworden.**

rein•zieh'n sich etwas = an•hören / sehen sich etwas *to listen to/watch/consume*

fetzen *etwas tun, das begeistert*

RM: **Das fetzt (rein)!** *This is/sounds really great/cool!*

RM: **Ich bin gut drauf** *I feel great.*

RM: **Das bringt einen echt gut drauf!** *That makes you feel real good!*

Krupp *multinational German industrial group*

das Wirtschaftswunder *name for the economic miracle in the Germany of the late fifties and early sixties*

der Treibstoff *fuel*

der Sperrmüll *bulky refuse*

Extrabreit *extra drunk (literally: broad, wide)*

der Grobschnitt *coarse cut*

Volle Kraft voraus *full speed ahead*

vermutlich *presumably*

die Laune *mood*

die Grille *whim, fancy*

der Einfall *idea*

der Träger *bearer (of a name, title)*

fündig werden *to find something, come up with something*

Nach dem Lesen

Unterhalten Sie sich zu zweit darüber, was Sie gerne mit Ihren Freunden machen. B versucht, ab und zu (*now and then*) in der Freak-Sprache zu antworten. Danach tauschen Sie die Rollen.

A: Was unternimmst du dieses Wochenende mit deinen Freunden?

B: Wir gehen wieder Frisbee-Spielen im Westpark. Da fahr' ich im Moment voll drauf ab!

Zum Vokabelmosaik

The **Vokabelmosaiken** of chapter one focused on verbs and vocabulary relating to location and direction. The **Vokabelmosaiken** of this chapter will introduce verbs that reflect person-to-person relations such as introducing someone, inviting someone, congratulating someone, and helping someone. Again, as you compare the following examples, note the difference between elements or phrases that are closely bound to the verb and others that supply additional information.

Compare: *Barbara did the inviting.* (*possible only in specific context*)
Barbara hat eingeladen.

Barbara invited many guests. (*possible*)
Barbara hat viele Gäste eingeladen.

Barbara invited many guests for dinner. (*possible*)
Barbara hat viele Gäste zum Essen eingeladen.

Barbara invited for dinner. (*possible only in specific context*)
Barbara hat zum Essen eingeladen.

Which of the sentences above reflects the basic sentence (unit of thought): "someone inviting someone"? It is:

Barbara invited many guests.
Barbara hat viele Gäste eingeladen.

For dinner is additional information and could be replaced or expanded by *to her country home*, or, *for tomorrow evening*, etc.

Barbara hat (für morgen abend) viele Gäste (auf ihren Landsitz) eingeladen.

In everyday speech we often take shortcuts by leaving out elements that are actually obligatory. For example, we say:

Dan accepted.
Dan hat angenommen.

This is possible only when the other person already knows what the accepting is all about. Otherwise an immediate question arises:

What (has he accepted)?

Initially, it is essential that you learn the obligatory elements *together with* the verbs. Later on, when you have gained a certain control over the verbs and phrases that are closely tied to them you may indulge in shortcuts. Incidentally, the dialogues of the **Hörverstehen** are full of such shortcuts.

Remember that entries in all **Vokabelmosaiken** should become part of your active vocabulary, ready for use at any time.

Schauen und Identifizieren

A | Bevor Sie das Vokabelmosaik anschauen, schreiben Sie doch einige Verben oder Phrasen auf, die Sie zu *introducing, getting acquainted* und *arranging a date* schon kennen.

B | Jetzt identifizieren Sie im Vokabelmosaik Verben, die Sie schon gut kennen.

Vokabelmosaik 1

Vorstellen und Kennenlernen

Kennt ihr euch schon?

WER?		WEN?
Michaela	kennen, kannte,	Peters Eltern
Dirk	gekannt *to know,*	den Bruder von Michaela
	to be acquainted with	

Er hat sie im Stehcafé kennengelernt.

WER?		WEN?	WO?
ich	kennen•lernen	Max	in Europa
Petra	*to get to know*	Dr. Bahr	beim Kongreß

Darf ich euch meine Freundin vorstellen?

WER?		WEM?	WEN?
Ulrike	vor•stellen	uns	ihren Freund
Heike	*to introduce*	mir	ihre Mit–
			bewohnerin

Toll, daß wir uns morgen wieder treffen können!

WER?		WEM?
Maria	treffen sich mit, trifft,	ihrer Freundin
Alex	traf, getroffen *to meet*	seinem Tennispartner
	das Treffen	
	der Treffpunkt	

Ich ruf' dich mal an, ja?

WER?		WEN?
Gerd	an•rufen, rief an,	seinen Bruder
Helene	angerufen *to call* (*telephone*)	den Deutschlehrer
	der Anruf	

Hat er dich angesprochen?

WER?		WEN?
die junge Frau	an•sprechen, spricht an,	Gert und Thomas
der Tourist	sprach an,	den Polizisten
	angesprochen *to speak to*	

Sie beobachtet die anderen Gäste.

WER?		WEN?
Sabine	beobachten *to observe*	ihre Freundinnen
der Kellner (*waiter*)	die Beobachtung	seine Gäste

Gerd hat sich verspätet.

	verspäten sich = zu spät
	kommen *to be late*

Kombinieren und Schreiben

A | Üben Sie jetzt im Vokabelmosaik. Sprechen (und schreiben) Sie einfache Sätze. Lesen Sie zuerst von links nach rechts; dann machen Sie Ihre eigenen Kombinationen.

> **BEISPIELE:** Maria trifft sich mit ihrer Freundin in der Diskothek.
> Maria hat sich gestern abend mit ihrer Freundin getroffen.
> Ich treffe mich jedes Wochenende mit meinem Freund.
> Wann und wo kann ich mich mit euch treffen?

B | „Ganz persönlich". Sprechen und schreiben Sie eine für Sie passende Antwort. Diese Aufgabe können Sie auch mit Partnern machen.

> **kennen:** Seit wann kennst du deinen besten Freund? / deine beste Freundin?
>
> **kennen•lernen:** Wo lernst du die meisten Leute kennen? Auf dem Campus? . . .
>
> **treffen:** Triffst du oft Bekannte auf dem Campus / in der Stadt?
>
> **an•rufen:** Wann hast du das letzte Mal deine Eltern / Verwandten angerufen?
>
> **an•sprechen:** Wo sprichst du am leichtesten eine unbekannte Person an?
>
> **beobachten:** Wann und wo beobachtest du gern andere Leute?
>
> **verspäten:** Wann hast du dich das letzte Mal verspätet?

C | „Mini-Situationen". Setzen Sie passende Verben aus dem Vokabelmosaik ein.

1. Beate wartet schon eine halbe Stunde auf ihren Freund. Endlich kommt er. Er hat sich an der Uni verspätet. Beate ist böse und sagt: „Warum hast du mich denn nicht _____?"

2. Ulrike und Sabine haben sich schon lange nicht mehr gesehen. Sabine sitzt im Kino und hört hinter sich eine bekannte Stimme. Sie dreht sich um und . . . „Ulrike, das ist ja toll, daß wir uns hier im Kino _____!"

3. Michaela hat Mittagspause. Sie sitzt in einem Straßencafé und . . . Durch ihre dunkle Sonnenbrille _____ sie die anderen Gäste und vorbeigehende Fußgänger. Das macht ihr Spaß.

*H*örverstehen 1

Vorstellen und Kennenlernen

Before you listen to the **Hörverstehen** of chapter two, make sure you still remember the suggestions we made at the beginning of the **Hörverstehen** of chapter one. If you are not sure, please return to page 3 in the *Workbook*.

➡ WB, S. 32; Übungen zum **Hörverstehen 1.**

*F*ormen und Funktionen 1

I. FUNCTIONS OF GERMAN CASES

This section is intended to give you a better understanding of the forms and functions of German nouns and articles. The case system signals the role a noun or pronoun plays in the sentence. Quite often this role is determined by the verb as you have seen in chapter one. Case forms convey *meaning* beyond the meaning of individual words.

The subject of a sentence, for example, appears in the nominative case. It indicates who (**wer?**) or what (**was?**) is doing or experiencing something. The dative case (**wem?**) frequently signals that a person is the receiver, beneficiary, or owner. Several familiar verbs, like **bringen**, **danken**, **geben**, **gefallen**, **gehören**, and **helfen**, require a person-oriented **wem**-phrase (**Dativ**). The accusative case (**wen? / was?**) points to the thing or person affected by the action. The genitive case (**wessen?**) helps to further define or indicate possession. When prepositions requiring a specific case come into play, then case can also be used to signal such things as place, direction, time, and cause.

The sentences in the table below are examples of the functions mentioned above.

Nominativ Subject		Dativ Indirect Object	Akkusativ Direct Object	Genitiv Possessive
wer?/was?	Verb	wem?	wen? / was?	
Peter	grüßt		die Gäste.	
Stefan	trifft		seine Freunde.	
Der neue BMW	gehört	Eva.		
Ursula	bringt	ihrer Mutti	Blumen.	
Beate	gibt	ihrem Freund	einen Kuß.	
Paul	bekommt		das Auto	seines Vaters.
Dirk	gibt	uns	die Adresse	des Vermieters.

In non-emphatic regular statements the indirect object (**Dativ**) comes *before* the direct object (**Akkusativ**).

II. THREE IMPORTANT CHARACTERISTICS OF NOUNS

Genus (*gender*)	Kasus (*case*)		Numerus (*number*)
M(askulin)	N(ominativ)	wer? was?	S(ingular)
F(eminin)	A(kkusativ)	wen? was?	Pl(ural)
N(eutrum)	D(ativ)	wem?	
	G(enitiv)	wessen?	

Gender

It is advisable to learn the gender with each new noun. There are, however, some rules that help you identify the gender of many nouns. You will get a more complete list later in the program. For the time being, the following guidelines may be helpful.

MASKULIN SIND:

- männliche Personen und Berufe: der Vater, der Professor
- Wetter, Himmelsrichtungen: der Regen, der Süden
- Zeit: der Morgen, der Dienstag, der Monat, der Winter
- Nomen mit der Endung -er, -ling, -or, -us: der Käufer, der Lehrling, der Reaktor, der Realismus
- Nomen, die von Verben kommen, aber keine Endung haben: der Gang (gehen), der Anruf (anrufen)

FEMININ SIND:

- Weibliche Personen und Berufe: die Tante, die Direktorin
- Nomen mit der Endung -ei, -heit, -keit, -schaft, -ung: die Bücherei, die Freiheit, die Freundlichkeit, die Freundschaft, die Beobachtung
- Nomen mit der Endung -ät, -ie, -ik, -ur, -ion: die Universität, die Philosophie, die Genetik, die Kultur, die Religion
- Nomen, die von Verben kommen und ein -t haben: die Sicht (sehen)

NEUTRUM SIND:

- Nomen mit -chen und -lein: das Märchen, das Häuslein
- Nomen mit -ment, -um: das Monument, das Museum
- Nomen, die vom Verbinfinitiv kommen: das Treffen, das Essen

Case

Case is relatively easy.

- Only "masculine" and "neuter" nouns have the ending -(e)s in the genitive singular.

    BEISPIELE: der Freund   das Haus
    des Freund(e)s des Hauses

    aber: die Freundin die Tante
    der Freundin   der Tante

- Some **der**-nouns have the ending -(e)n in the accusative, dative, and genitive case (der Mensch, der Herr, der Nachbar, der Bauer).

    BEISPIELE: der Mensch   der Herr
    den Menschen den Herrn
    dem Menschen dem Herrn
    des Menschen des Herrn

Der-nouns that end with an **-e** and denote persons or animals also follow this pattern.

BEISPIELE:	der Junge	der Franzose	der Kollege	der Löwe
	den Jungen	den Franzosen	den Kollegen	den Löwen
	dem Jungen	dem Franzosen	dem Kollegen	dem Löwen
	des Jungen	des Franzosen	des Kollegen	des Löwen

Also, all **der**-nouns ending in **-a(n)t**, **-ent**, **-ist** follow the pattern of the **n**-group.

BEISPIELE:	der Demonstrant	der Soldat
	den Demonstranten	den Soldaten
	dem Demonstranten	dem Soldaten
	des Demonstranten	des Soldaten

	der Student	der Jurist
	den Studenten	den Juristen
	dem Studenten	dem Juristen
	des Studenten	des Juristen

- In the *dative plural* almost all nouns add an **-(e)n**, unless they already have this ending in the nominative plural.

BEISPIELE:	die Freunde	*but:*	die Menschen
	die Freunde		die Menschen
	den Freunden		den Menschen
	der Freunde		der Menschen

Number

It is somewhat more difficult to determine number—i.e., whether a noun is singular or plural—and also to form the plural, since there are several fairly frequent plural forms. In English, the most frequent plural marker is the *-s*. While this plural marker also exists in German, it occurs only with very few nouns, such as: **das Hotel**, **die Hotels**; **der Park**, **die Parks**. Again, we suggest that you learn the plural form with every new noun.

Review the chart below which summarizes the various plural forms.

SINGULAR	PLURAL	ENDUNG
der Besitzer	die Besitzer	-
das Mädchen	die Mädchen	-
die Wohnung	die Wohnungen	**-en**
die Schwester	die Schwestern	**-n**
die Freundin	die Freundinnen	**-nen**
der Bruder	die Brüder	⸚ (Umlaut)
die Mutter	die Mütter	⸚
der Freund	die Freunde	**-e**
das Jahr	die Jahre	**-e**
die Stadt	die Städte	⸚**e**
der Gast	die Gäste	⸚**e**
das Kind	die Kinder	**-er**
das Land	die Länder	⸚**er**
das Radio	die Radios	**-s**

51

NOTES:

- From this summary you can see that **-e**, **-er**, and/or an **Umlaut** (**ä**, **äu**, **ö**, **ü**) frequently serve as plural markers.

- Having reviewed the three important characteristics (gender, case, number) of the preceding nouns, are there any aspects that were new or unfamiliar to you? If so, make a note for yourself so that your learning of new nouns becomes easier.

In the workbook you will find charts for reviewing forms of nouns and determiners (articles). Before doing the exercises below, review the charts.

A | Sie kennen schon Genus, Kasus und Numerus der folgenden Nomen. Schreiben Sie die fehlenden Artikel und die Endungen für Genitiv Singular und die Pluralform des Nomens. (Cover the answers on the right while speaking or writing a particular item; then immediately compare your answer with the correct one. A hyphen (-) indicates no ending.)

BEISPIEL: Haus → **das** Haus, **-es**, ̈er

ARTIKEL		GENITIV (SG.)	PLURAL	ZUR KONTROLLE		
1. _____	Einrichtung			*die*	-	*-en*
2. _____	Stadt			*die*	-	̈*e*
3. _____	Besitzer			*der*	*-s*	-
4. _____	Dorf			*das*	*-(e)s*	̈*er*
5. _____	Wohnung			*die*	-	*-en*
6. _____	Miete			*die*	-	*-n*
7. _____	Mieter			*der*	*-s*	-
8. _____	Freundin			*die*	-	*-nen*
9. _____	Gast			*der*	*-(e)s*	̈*e*
10. _____	Beruf			*der*	*-(e)s*	*-e*
11. _____	Geschenk			*das*	*-s*	*-e*
12. _____	Land			*das*	*-es*	̈*er*
13. _____	Student			*der*	*-en*	*-en*
14. _____	Polizist			*der*	*-en*	*-en*
15. _____	Freundschaft			*die*	-	*-en*

B | Auch diese Nomen kennen Sie schon. Sprechen und schreiben Sie bitte Nominativ und Genitiv Singular.

BEISPIEL: die Gäste → der Gast, des Gastes

1. die Menschen
2. die Einladungen
3. die Kaufhäuser
4. die Franzosen
5. die Brüder

6. die Bücher
7. die Väter
8. die Berge
9. die Stühle
10. die Feste

C | *Wem* bringen Sie vielleicht ein Geschenk mit? Geben Sie definite und indefinite Artikel an (wo möglich). Denken Sie bei den Nomina auch an notwendige Endungen!

BEISPIEL: *dem / einem* Freund

1. _____ / _____ Freundin

2. _____ / _____ Geburtstagskind

3. _____ /mein__ Eltern

4. _____ / _____ Großvater

5. _____ / _____ Präsident__

6. _____ /mein__ Geschwister__ (*pl.*)

7. _____ / _____ Gastgeber

8. _____ / _____ Student__

9. _____ / _____ Cousine

10. _____ / _____ Kind

11. _____ /sein__ Kinder__

12. _____ / _____ Herr__

➡️ WB, S. 36; weitere Übungen zu **Formen und Funktionen 1**.

„Herzlichen Glückwunsch
Frau Rosen!"

Zum Lesen

„Mittagspause" (Wolf Wondratschek)

Kurzinformation zu Wolf Wondratschek: Geboren 1943 in Rudolstadt (Thüringen), aufgewachsen in Karlsruhe. Studierte Literaturwissenschaft und Philosophie in Heidelberg, Göttingen, Frankfurt. Seit 1967/68 freischaffender Schriftsteller, lebt in München. Schreibt Gedichte, Kurzprosa, Hörspiele. 1970/71 Gastdozent für Poetik an der Universität Warwick (England), 1977/78 Vortragsreise durch Universitäts-städte der USA. „Mittagspause" ist aus *Früher begann der Tag mit einer Schußwunde*. München: Hanser 1970. S. 52–53.

Vor dem Lesen

A | Sie haben im Vokabelmosaik 1 und Hörverstehen 1 gesehen, wie man sich begrüßt und sich vorstellt, wenn man sich trifft. Manchmal stellt man sich auch vor (*imagines*), wo und wann man jemanden am besten treffen könnte. Geben Sie ein paar Orte an, wo Sie hingehen, um sich mit Leuten zu treffen oder neue kennenzulernen. Geben Sie auch die Zeit an.

              ORT   ZEIT

    BEISPIEL: an den Strand   am Wochenende

B | Wie verbringen Sie Ihre Pause in der Schule, an der Uni oder bei der Arbeit? Lieber allein oder mit Leuten? Was machen Sie gewöhnlich?

Kapitel 2: Unter Freunden und Bekannten

Mittagspause

Sie sitzt im Straßencafé. Sie schlägt sofort die Beine übereinander. Sie hat wenig Zeit.

Sie blättert in einem Modejournal. Die Eltern wissen, daß sie schön ist. Sie sehen es nicht gern.

Zum Beispiel. Sie hat Freunde. Trotzdem sagt sie nicht, das ist mein bester Freund, wenn sie zu Hause einen Freund vorstellt.

Zum Beispiel. Die Männer lachen und schauen herüber und stellen sich ihr Gesicht ohne Sonnenbrille vor.

Das Straßencafé ist überfüllt. Sie weiß genau, was sie will. Auch am Nebentisch sitzt ein Mädchen mit Beinen.

Sie haßt Lippenstift. Sie bestellt einen Kaffee. Manchmal denkt sie an Filme und denkt an Liebesfilme. Alles muß schnell gehen.

Freitags reicht die Zeit, um einen Cognac zum Kaffee zu bestellen. Aber freitags regnet es oft.

Mit einer Sonnenbrille ist es einfacher, nicht rot zu werden. Mit Zigaretten wäre es noch einfacher. Sie bedauert, daß sie keine Lungenzüge kann.

Die Mittagspause ist ein Spielzeug. Wenn sie nicht angesprochen wird, stellt sie sich vor, wie es wäre, wenn sie ein Mann ansprechen würde. Sie würde lachen. Sie würde eine ausweichende Antwort geben. Vielleicht würde sie sagen, daß der Stuhl neben ihr besetzt sei. Gestern wurde sie angesprochen. Gestern war der Stuhl frei. Gestern war sie froh, daß in der Mittagspause alles sehr schnell geht.

Beim Abendessen sprechen die Eltern davon, daß sie auch einmal jung waren. Vater sagt, er meine es nur gut. Mutter sagt sogar, sie habe eigentlich Angst. Sie antwortet, die Mittagspause ist ungefährlich.

Sie ist ein Mädchen wie andere Mädchen. Sie beantwortet eine Frage mit einer Frage.

Obwohl sie regelmäßig im Straßencafé sitzt, ist die Mittagspause anstrengender als Briefeschreiben. Sie wird von allen Seiten beobachtet. Sie spürt sofort, daß sie Hände hat.

Der Rock ist nicht zu übersehen. Hauptsache, sie ist pünktlich.

Im Straßencafé gibt es keine Betrunkenen. Sie spielt mit der Handtasche. Sie kauft jetzt keine Zeitung.

Es ist schön, daß in jeder Mittagspause eine Katastrophe passieren könnte. Sie könnte sich sehr verspäten. Sie könnte sich sehr verlieben. Wenn keine Bedienung kommt, geht sie hinein und bezahlt den Kaffee an der Theke.

An der Schreibmaschine hat sie viel Zeit, an Katastrophen zu denken. Katastrophe ist ihr Lieblingswort. Ohne das Lieblingswort wäre die Mittagspause langweilig.

▼ Vokabelhilfe

übereinander•schlagen die Beine *to cross one's legs*	**besetzt** *occupied*
blättern in *to skim through*	**mittlerweile** *in the meantime*
bedauern etwas *to regret*	**anstrengend** *exhausting*
der Lungenzug *inhalation*	**spüren** *to feel, sense*
ausweichend *evasive*	**verspäten sich** *zu spät kommen*

Beim Lesen

A Identifizieren Sie beim Lesen Zeitbestimmungen und Ortsbestimmungen, und tragen Sie sie anschließend in die folgenden Rubriken ein.

BEISPIEL: *Im Café*

B | Stellen Sie der Klasse eine Frage, in der einer der Orts- oder Zeitausdrücke
vorkommt. Wer die Frage beantworten kann, stellt die nächste.

BEISPIEL: A: Was macht „sie" **in der Mittagspause**?
            B: . . .

Nach dem Lesen

A | Stellen Sie sich vor, Sie wären die „Sie" aus Wondratscheks „Mittagspause". Schreiben
Sie auf, was Sie genauso wie „sie" machen würden und was anders.

BEISPIEL: Ich würde auch eine Sonnenbrille tragen.
            Ich würde mich zu jemandem an den Tisch setzen.
            Ich würde . . .

B | Erzählen Sie Ihren Eltern alles, was Sie erleben? Haben Sie jemanden, dem / der Sie
alles erzählen können?

C | Schauen Sie sich das Foto von Pina Bausch an. Pina Bausch ist die Leiterin (*director*)
des international bekannten Wuppertaler Tanztheaters. Sie tanzt kein klassisches
Ballett, sondern Ausdruckstanz. Sie war mit ihrer Truppe auch schon in den USA.
Das Foto zeigt Pina Bausch in der Tanzszene „*Songs of encounters* – Begegnungen" an
der Akademie der Künste in Berlin.

1. Schreiben Sie ein paar Wörter, Sätze und Fragen zu Bild und Titel auf.

2. Vergleichen Sie Pina Bauschs Tanz der Begegnung mit der (vorgestellten)
Begegnung von Wondratscheks „Sie". Welche
Gemeinsamkeiten, welche Unterschiede
gibt es zwischen den beiden Frauen? Können
Sie sich mit einer der Frauen identifizieren?
Warum?

Zum Schreiben

Zu Hause. Schreiben Sie eine andere
Geschichte mit dem Titel „Mittagspause", „In
der Diskothek" oder so ähnlich, in der Sie die
Heldin oder der Held sind. Schreiben Sie in
der Ich- Form. Wenn Sie in Ihrer Geschichte
jemanden ansprechen, benutzen Sie die
Redemittel, WB, S. 32. Ihre Geschichte wird
Ihnen helfen, in der nächsten Stunde eine
Begegnung zu spielen.

Pina Bausch

Kapitel 2: Unter Freunden und Bekannten

55

Reden wir miteinander!

Wie man jemanden vorstellen oder anreden kann

Bevor Sie die folgenden Partner- oder Gruppenübungen machen, gehen Sie noch einmal zurück zu den Redemitteln im Workbook S. 32, und merken Sie sich einige. Schreiben Sie auf, an welche Sie sich erinnern.

Was sagt man, wenn man sich selbst oder andere vorstellen will?

Sich selbst: _____

Andere: _____

A | Sie sitzen mit einem / einer Bekannten im Café. Da kommt Ihr Freund oder Ihre Freundin vorbei. Stellen Sie ihn / sie vor.

B | Ihre Eltern besuchen Sie zum Wochenende an Ihrer Universität. Stellen Sie einen Ihrer Professoren vor. Und stellen Sie ihnen dann auch Ihren Mitbewohner oder Ihre Mitbewohnerin vor.

C | Im Supermarkt treffen Sie jemanden, den Sie schon sehr lange nicht mehr gesehen haben. Sprechen Sie ihn / sie an, und zeigen Sie, daß Sie sich über das Wiedersehen freuen.

D | Die „Sie" in Wondratscheks Geschichte stellt sich vor, wie sie von einem Mann angesprochen wird. Lesen Sie noch einmal Ihre eigene Geschichte aus „Zum Schreiben". Danach spricht Ihr Partner / Ihre Partnerin Sie an, und Sie reagieren. Probieren Sie mehrere Möglichkeiten aus, die „sie" sich vorstellt (ausweichende Antwort, Platz ist besetzt usw.).

Schreiben Sie einige Redemittel auf, an die Sie sich erinnern können. Was sagt man, wenn man jemanden einmal wiedersehen möchte? Und wie könnte der Partner oder die Partnerin reagieren?

SIE	IHR PARTNER / IHRE PARTNERIN
_____	_____
_____	_____
_____	_____

E | Denken Sie nochmal an die Wondratschek-Geschichte. Überlegen Sie sich dann zu zweit oder dritt, welche „Katastrophen" passieren könnten (sich verlieben, sich verspäten, jemanden an•sprechen usw.) und was dabei geschehen könnte (z.B. er setzt sich an Ihren Tisch, Sie vergessen die Zeit, er antwortet überhaupt nicht usw.) Dann spielen Sie diese „Katastrophen" zusammen.

Telefonkarte,
Deutschland

Spiralen

Stufe 2

Zum Vokabelmosaik

Vokabelmosaik 2 offers you a number of verbs to use when making, accepting, or declining an invitation, congratulating someone, receiving and thanking for a gift, and taking leave after a visit.

Schauen und Identifizieren

A | Bevor Sie im Vokabelmosaik arbeiten, schreiben Sie doch einige Verben auf, die Sie zu den obigen Themen schon kennen.

B | Schauen Sie die Verben im Vokabelmosaik an, und identifizieren Sie die neuen oder nicht so gut bekannten Verben.

*V*okabelmosaik 2

Einladen—Gratulieren—Verabschieden

Claudia lädt zwei Freundinnen ein.

WER?		WEN?	WOHIN? / WOZU?
Familie Schmidt	ein•laden, lädt ein,	Anja	zum Essen
der Professor	lud ein,	Studenten	zum Kaffee
du	eingeladen	eine Bekannte	ins Kino
Gisela	*to invite*	einen Freund	ins Konzert
Peter	die Einladung	eine Freundin	zum Tanzen
ich		die Eltern	zu mir
die Großeltern		alle Verwandten	aufs Land

Die eine Freundin nimmt die Einladung an.

WER?		WAS?
die Gäste	an•nehmen, nimmt	die Einladung
die Gastgeberin	an, nahm an,	das Geschenk
der Gastgeber	angenommen	eine Flasche Wein
	(= akzeptieren)	

Die andere Freundin muß leider ablehnen, weil . . .

WER?		WAS?
die Freundin	ab•lehnen *to decline,*	die Einladung
der Student	*turn down*	das Stipendium
	die Ablehnung	

Kapitel 2: Unter Freunden und Bekannten

Beatrix gratuliert der Mutter zum Geburtstag.			
WER?		WEM?	
die WG	gratulieren	dem Geburtstagskind	
die Eltern		dem Studenten (zur Promotion)	

Beatrix bringt der Mutter Blumen mit.			
WER?		WEM?	WAS?
wir	mit•bringen, brachte	der Gastgeberin	ein Geschenk
Thomas	mit, mitgebracht	Eva und Heinz	etwas zu trinken
	to bring along		

Die Studenten bekommen eine neue Wohnung.			
WER?		(VON WEM?)	WAS?
Susi	bekommen, bekam,	(vom Opa)	einen Scheck
Alex	bekommen (= er-	(von zu Hause)	ein Paket
	halten) *to receive, get*		

Thomas dankt Eva und Heinz für die Einladung.			
WER?		WEM?	WOFÜR?
der Tourist	danken *to thank*	dem Herrn	für die Auskunft
die Eingeladenen	der Dank	der Gastgeberin	für das tolle Essen
	dankbar		

Gerd hilft seinen Freunden bei der Party.			
WER?		WEM?	WOBEI?
Gerda	helfen, hilft, half,	der Mitbe-	beim Einrichten
wer	geholfen	wohnerin	bei der Prüfung
	to help (*with*)	mir	
	die Hilfe		

Kombinieren und Schreiben

A | Bilden Sie Minimalstrukturen (*thought units*). Kombinieren und variieren Sie mit
wer? / wen? / was? / wem? / wohin?-Phrasen. Sagen Sie Ihre Minimalstrukturen laut,
und schreiben Sie sie auf. Wer findet in einer Minute die meisten Kombinationen
mit einem der untenstehenden Verben?

BEISPIELE: einladen: einen Freund
eine Freundin (ins Theater)
einen Bekannten (zum Besuch)

gratulieren: dem Bruder
der Schwester (zum Geburtstag)

1. mit•bringen: 5. bekommen:
2. ab•lehnen: 6. danken (für):
3. helfen: 7. gratulieren:
4. an•nehmen: 8. an•rufen:

Zum Geburtstag die besten Glückwünsche

„Viel Spaß beim Lesen!"

B | Welche Elemente assoziieren Sie mit dem Verb? Markieren Sie.

> **BEISPIEL:** ein•laden → eine Bekannte zum Tanzen

1. helfen   a. die Einladung ins Konzert
2. mit•bringen   b. dem Bruder in der Küche
3. gratulieren   c. von der Freundin ein Geschenk
4. an•nehmen   d. der Gastgeberin Blumen
5. bekommen   e. dem Freund zum Diplom

C | Lesen Sie den folgenden Text. Dann schreiben Sie einen Absatz (*paragraph*) mit den gleichen Verben in der gleichen Sequenz.

> **BEISPIEL:** Ich habe mich über Kohls Einladung gefreut. . . .

1. Wir freuten uns sehr über Fischers Einladung.
2. Gerd brachte der Gastgeberin eine Flasche Wein als Geschenk mit.
3. Inge mußte die Einladung leider ablehnen.
4. Natürlich hat sich Peter wie immer verspätet. Wir haben eine halbe Stunde auf ihn gewartet.
5. Fischers hatten nicht erwartet, daß alle eingeladenen Gäste kommen würden.
6. Nach der Party dankten die Gäste Fischers für den netten Abend.
7. Wir wollten den Gastgebern noch beim Saubermachen helfen, aber sie lehnten unsere Hilfe ab.

D | Setzen Sie fehlende Wörter oder Wortteile ein.

1. Wir haben uns sehr über Ihre Einladung _____.

Kapitel 2: Unter Freunden und Bekannten

2. Fischers haben der Gastgeberin eine Flasche Wein mit_____.

3. Zum Abitur hat Gustav vom Vater einen Porsche _____.

4. Petra wartet schon eine halbe Stunde auf ihre Freundin. Wo bleibt sie nur? Hat sie sich wieder _____?

5. Ich weiß wirklich nicht, warum Schreibers unsere Einladung nicht an_____ haben.

*H*örverstehen 2

Einladen—Gratulieren—Verabschieden

Inviting someone, arranging a date, and even saying good-bye after a party are not always straightforward matters; work schedules, other commitments, personal moods may interfere. In **Hörverstehen 2** you will hear and learn how to communicate in different situations pertaining to the topics above.

➡ WB, S. 38; Übungen zum **Hörverstehen 2.**

*F*ormen und Funktionen 2

I. TYING SENTENCES TOGETHER: THE USE OF PERSONAL PRONOUNS

Texts, spoken or written, that involve more than a single sentence have numerous ways of tying the information conveyed in individual sentences together into a cohesive message that the hearer or reader can follow easily. Perhaps the simplest and most common of these devices is the *personal pronoun*. Pronouns are words that can take the place of nouns, specifically in the circumstances described below. New topics that are the focus of a sentence are typically introduced with a noun. In subsequent sentences this "new" topic becomes old; other new material takes center stage. To signal this shift from *unknown* to *known* information we use pronouns.

> Yesterday *my roommate* got a call from *his sister. She* wants to visit *him* on campus for the long weekend. I've only met *her* once but I look forward to seeing *her* again.

To help you appreciate the importance of this function, try saying these three sentences without pronoun substitution! It sounds awfully repetitive. Pronouns can be replaced again by nouns if it becomes unclear, over a number of sentences, what nouns they originally referred to.

Incidentally, have you noticed what effect the constant use of the pronoun **sie** has in Wondratschek's „**Mittagspause**"? It might be interesting to go back and read the story with the personal pronoun in mind.

Since pronouns replace nouns, German pronouns must have a way of indicating case, number, and gender just as nouns do.

Personalpronomenformen					
Singular					
	1. PERSON	2. PERSON		3. PERSON	
		formell *familiär*		*maskulin* *feminin* *neutrum*	
Nominativ	ich	Sie	du	er	sie	es
Akkusativ	mich	Sie	dich	ihn	sie	es
Dativ	mir	Ihnen	dir	ihm	ihr	ihm
Genitiv*	meiner	Ihrer	deiner	seiner	ihrer	seiner
Plural					
	1. PERSON	2. PERSON		3. PERSON	
		formell *familiär*		*maskulin* *feminin* *neutrum*	
Nominativ	wir	Sie	ihr	sie	
Akkusativ	uns	Sie	euch	sie	
Dativ	uns	Ihnen	euch	ihnen	
Genitiv*	unser	Ihrer	euer	ihrer	

* The genitive of personal pronouns occurs extremely rarely.

The *case* of a pronoun is, of course, dependent on the role it plays in the sentence where it appears. It can stand for a subject (**Nominativ**), a direct object (**Akkusativ**), indirect object (**Dativ**), or, rarely, a possessive (**Genitiv**).

BEISPIELE: Hast du schon **mit Eva** gesprochen? **Sie** wollte uns zum Abendessen einladen. (*subject*)

Evas Bruder aus München kommt auch. Ich habe **ihn** letzten Sommer kennengelernt. (*direct object*)

Weißt du, **Eva** liebt die Natur. Bringen wir **ihr** doch einen Strauß Wiesenblumen mit. (*indirect object*)

When both a **dative** and an **accusative** appear in one sentence, the normal sequence is for the **dative** to precede the **accusative**. However, if the **accusative** appears in pronoun form *the accusative pronoun always precedes any **dative***, in noun or pronoun form.

BEISPIELE: BEATE: Schenk deiner Mutter doch ein paar Blumen.
MATTHIAS: Gute Idee. Vielleicht kann ich sie ihr in einer hübschen Vase geben.

Dativ   *Akkusativ*
Schenk **deiner Mutter** doch **ein paar Blumen.**

Vielleicht kann ich **sie ihr** in einer Vase geben.
Akkusativ   *Dativ*

Frau May: Zeig bitte unseren Gästen das Zimmer, in dem sie schlafen werden.

Herr May: Darf ich Sie in den ersten Stock bitten? Dann kann ich es Ihnen zeigen.

Dativ   *Akkusativ*

Zeig bitte **unseren Gästen das Zimmer.**

. . . Dann kann ich **es**   **Ihnen** zeigen.

Akkusativ   *Dativ*

A | Verwenden Sie in den Minitexten für das markierte Nomen das passende Personalpronomen.

> BEISPIEL: Du hast, glaube ich, **meinen Vater** noch nicht kennengelernt. Darf ich <u>ihn</u> dir vorstellen?

1. Darf ich Ihnen mit Ihrer **Tasche** helfen? Legen Sie _____ doch am besten hier in die Ecke.

2. Hallo, **Gerd**! Wie fabelhaft, daß man _____ wieder mal sieht!

3. Gestern mußte ich kurz in die Stadt. Wir haben nämlich für heute abend eine Einladung bei **Müllers**, und da wollte ich _____ ein hübsches kleines Geschenk kaufen.

4. Im Sommer fahren alle unsere **Verwandten** aufs Land. _____ bleiben nicht gern in der heißen Stadt.

5. Ich möchte mich herzlich für **die Blumen** bedanken. _____ sind einfach wunderschön.

6. Zum Geburtstag wünscht sich **meine Schwester** einen besseren Plattenspieler. Wahrscheinlich werden meine Eltern _____ einen schenken, und ich kaufe eine hübsche Schallplatte.

7. Wo ist denn eigentlich **die Party**? Ich dachte, _____ soll bei **Peter** sein. Und jetzt höre ich, sie ist nicht bei _____ , sondern bei dir!

8. Kannst du mir bitte **den Kuchenteller** geben? Ich kann _____ so schlecht erreichen.

9. Moment, **Frau Schumacher**, ich packe _____ das **Geschenk** in hübsches Geschenkpapier ein. So sieht _____ ein bißchen besser aus.

10. Hast du meine **Einladung** noch nicht erhalten? Ich hab' _____ schon vor drei Tagen abgeschickt.

B | Setzen Sie in die Minitexte passende Pronomina ein.

1. A: Hast du Brigitte schon ein Geburtstagsgeschenk gekauft?

   B: Vielleicht kaufe ich _____ ein hübsches Buch. Hoffentlich kann ich _____ _____ dann auch selbst bei der Party geben. Ich weiß nämlich noch nicht genau, ob ich kommen kann.

2. A: Soll ich den Kindern etwas mitbringen?

   B: Ja, bring _____ doch irgend ein hübsches Spielzeug mit, und dann gibst du _____ _____ gleich, wenn du ankommst. Da brauchen sie nicht lange darauf zu warten, was ihre Lieblingstante mitgebracht hat!

3. Ich freue mich so auf Peter. _____ kann nur so selten zu Besuch kommen. Und ich sorge mich immer, ob es _____ an der Universität auch gefällt.

4. Wir bedanken uns für Ihre freundliche Einladung zur Eröffnung der Ausstellung. Natürlich nehmen wir _____ an. Soll ich außerdem Ihrer Sekretärin unsere Antwort schriftlich geben? Dann schicke ich _____ in einem kleinen Briefchen.

5. Nun zeig uns doch endlich Deinen neuen Mantel! Wir wollen _____ auch bewundern können. Hast Du Deiner Mutter schon erzählt, wieviel _____ _____ gekostet hat? Und hast du _____ _____ schon gezeigt?

➡ WB, S. 42; Übungen zu **Formen und Funktionen 2.**

II. TIME EXPRESSIONS

In the dialogues of **Hörverstehen 1** and **2** there were time expressions like **morgen abend, zu spät,** and **beim nächsten Mal.** Such expressions may be of considerable importance when you are arranging a time for meeting a friend, congratulating somebody, making an invitation, and the like. Time expressions are also important when telling a story, as you will see in „**Dornröschen,**" the upcoming reading. *Expressions of time* may refer to a specific *point of time* (**um fünf Uhr**), *duration* (**eine Stunde**), or *time frequency* (**jedes Wochenende**). They can take the form of a prepositional phrase, an adverb, or a sentence.

Study the overview below:

← **W A N N ?** →

früher	←	jetzt	→	später
die Vergangenheit	←	die Gegenwart	→	die Zukunft
past		*present*		*future*

1. Adverbs of time:

vorgestern ← gestern abend ← heute mittag → morgen früh → übermorgen
früher ← damals ← jetzt, heute → bald → später

2. Prepositional phrases:

vor_d der Party	**während**_g der Party	**nach**_d der Party
vor dem Essen	während des Essens	nach dem Essen
vor einer Stunde	während des Abends	nach einem Jahr
vor einem Tag	während der Woche	nach dem Fest

an_d deinem Geburtstag	**in**_d den Ferien
am 26. Oktober	in der Nacht (*at night*)
am Samstag	im Sommer / Winter / ...
am Abend (*in the evening*)	im Jahre 1984 oder: 1984

Kapitel 2: Unter Freunden und Bekannten

bei_d gutem Wetter (*in good weather*)
  beim Essen = während des Essens
  beim Studieren (*while studying*)
  bei der Arbeit

um halb zehn (Uhr) = 9:30^h
  genau um neun Uhr = Punkt neun Uhr (*at exactly . . .*)
  ungefähr um acht = einige Minuten vor oder nach acht (*at about . . .*)
  um den 5. August herum (*around August 5*)

gegen Morgen / zehn Uhr (*toward morning . . .*)

3. Adverbial phrases in the accusative case:

letzten Monat	diesen Monat	nächsten Monat
vergangene Woche	diese Stunde	jedes Jahr

4. Indefinite time:

Es war einmal . . .
Eines Tages (Abends, Morgens, Mittags, Nachts).
(*Do* not *use indefinite time with* **Woche**, **Monat**, **Jahr**.)

Some prepositions can be used to express time as well as location or direction.

LOKAL / DIREKTIONAL	TEMPORAL
(*wo? / wohin? / woher?*)	(*wann*)
	(*mit Dativ*)
vor dem Haus (wo?)	vor dem Fest
vor die Universität (wohin?)	vor der Arbeit
vor dem Theater (*in front of . . .*)	vor dem Theater (*before . . .*)
nach Hause	nach dem Kino
nach Europa	nach der Party
in der Stadt	in einer Stunde
in die Stadt	in einem Monat
an der Wand	an deinem Geburtstag
an die Tür	am 1. Oktober
von zu Hause (woher?)	von November (bis . . .)
	vom 1. Oktober an
zwischen München und Salzburg	zwischen 12 und 14 Uhr
	zwischen (der) Ankunft und (der) Abfahrt

C | In the preceding overview, identify time-related expressions that are new or somewhat unfamiliar to you. Mark them and/or write them out.

D | Bilden Sie mit den Präpositionen je drei neue Lokal-/Direktionalausdrücke und Temporalausdrücke. Nicht **alle** Kombinationen sind möglich.

vor, nach, an, zwischen, um

BEISPIEL: *in*

Wo?	**Wohin?**	**Wann?**
im Garten	in den Garten	in zwei Tagen
im Park	in den Park	in kurzer Zeit

Spiralen

E Nehmen Sie Wörter vom Vokabelmosaik 2, und bilden Sie Sätze im Präsens oder Perfekt mit den angegebenen Verben. Wenn möglich, verwenden Sie auch einen Zeitausdruck.

> **BEISPIEL:** bekommen (Perfekt) → Ich habe **gestern** von guten Bekannten eine Einladung zum Kaffee bekommen.

1. grüßen (Präsens)
2. ein•laden (Perfekt)
3. kennen•lernen (Präsens)
4. an•nehmen (Perfekt)
5. ab•lehnen (Präsens)

➡ WB, S. 43; mehr Übungen zu **Formen und Funktionen 2**.

➡ WB, S. 44; **Zum Lesen**: „Dornröschen". **Zum Schreiben**: „Wir laden ein", S. 51.

Reden wir miteinander!

Eine Einladung annehmen oder ablehnen

Bevor Sie mit Partnern oder in der Gruppe reden, schauen Sie sich nochmals die Personalpronomen, die Zeitausdrücke und die Redemittel 2 im WB, S. 38 an. Dann schreiben Sie einige Redemittel auf, an die Sie sich erinnern können.

> Was sagt man, wenn man jemanden einladen will?

> Was sagt man, wenn man eine Einladung annehmen oder ablehnen will?

A Sie haben Gäste zu einer Party eingeladen. Die Gäste kommen an. Grüßen Sie, sie, und bitten Sie die Gäste herein. Sie bekommen ein kleines Geschenk und bedanken sich dafür.

B Sie haben eine Verabredung (*date*) mit Ihrem Freund oder Ihrer Freundin. Dieser / diese kommt eine halbe Stunde zu spät. Wie reagieren Sie?

C Auf einer Party bei Freunden treffen Sie Unbekannte. Stellen Sie sich selbst vor!

D Sie haben gehört, daß nächste Woche in der Stadt der neue Film „_____" läuft. Rufen Sie bei einer Freundin an, und laden Sie sie ein. Denken Sie bitte an Informationen wie Tag, Zeit, Ort und Treffpunkt.

> VARIATION A: Ihre Freundin nimmt die Einladung an.

> VARIATION B: Ihre Freundin kann die Einladung leider nicht annehmen und gibt Gründe dafür an.

Stufe 3

Bevor Sie mit dem Vokabelmosaik 3 arbeiten, schauen Sie sich im WB, S. 52, die Gedichte an, die junge Menschen zum Thema „Ein Freund, ein guter Freund" geschrieben haben.

Zum Vokabelmosaik

Vokabelmosaik 3 has a different format. It does not focus on verbs but on time expressions. In **Stufe 2** you reviewed and learned time expressions answering the question „**wann?**". **Vokabelmosaik 3** will offer you samples of important time expressions answering the questions: „**seit wann?**" (*since when?*), „**bis wann?**" (*until when?*), „**von wann—bis wann?**" (*from when until when?*), „**ab wann?**" (*from when on?*), „**wie lange**" (*for how long?*), and „**wie oft?**" (*how often*).

Schauen und Identifizieren

Schauen Sie das Vokabelmosaik an, und markieren Sie die für Sie neuen Zeitausdrücke. Nun finden Sie ein Verb zu jeder Gruppe von Zeitausdrücken.

> **BEISPIELE:** seit . . .   → studieren
> den ganzen Abend . . . → tanzen

Vokabelmosaik 3

Seit wann? Bis wann? Ab wann? Wie lange? Wie oft?

Bert hat **seit** einer Woche eine Freundin.

Seit wann?	**seit**$_d$	einem Tag / Monat / Jahr
Dauer		vielen Tagen / Wochen / Jahren
* ←		einer Stunde / Woche
		Montag / September
		letztem Monat / letzter Woche

Tschüß, **bis** bald!

Bis wann?	**bis**	morgen früh
Dauer		Freitag / nächs**ten** Freitag
→ *		zum Winter / Sommer / Herbst / Frühjahr
		(zum) 15. Oktober

Die beiden Freundinnen waren **von** neun **bis** elf am Telefon.

Von wann?	**Bis wann?**	von zwölf bis vierzehn Uhr (12-14 Uhr)
Dauer		(**zwischen** 12 und 14 Uhr)
* ↔ *		**vom** ersten **bis zum** fünfzehnten Oktober

Ab nächstem Monat bezahlt Peter das Telefon.

Ab wann?	(**Von wann**	**ab** nächster Woche = **von** nächster
Ausgangspunkt	**an?**)	Woche **an**
* →		**ab** heute = **von** heute **an**
		ab letztem Monat = **von** letztem Monat **an**

Kirsten hat **den** ganz**en** Abend auf uns gewartet.

Wie lange?	ein**en** Tag / Monat, ein**e** Stunde, ein Jahr
Dauer	ein**en** ganz**en** Tag / Monat
↔	ein ganz**es** Jahr, das ganz**e** Jahr
	den ganz**en** Abend / Winter
	die ganz**e** Nacht / Woche / Stunde

Sie treffen sich **einmal** die / pro Woche.

Wie oft?	einmal, zweimal, dreimal
Frequenz	täglich = jeden Tag
* * * . . .	nie, kaum, selten, manchmal (= hin und wieder)
	regelmäßig, oft, sehr oft, immer

Vorsicht: **vor** einem Jahr   *versus*   ein Jahr (lang)
             (wann?)   (wie lange?)

        über$_a$ eine Woche / einen Monat / ein Jahr / zwei Stunden
        oder: länger als eine Woche / einen Monat etc.
        (**durch**) das ganze Jahr **hindurch**

Kombinieren, Sprechen und Schreiben

A „Endlich kommst du! Ich warte schon . . .“ Arbeiten Sie zu zweit: A bildet Fragen mit „seit wann?“, und B antwortet.

> **BEISPIEL:** Peter hat eine Freundin. (ein Monat) →
>   A: Seit wann hat Peter eine Freundin?
>   B: Seit einem Monat.

1. Ernst wohnt jetzt bei seinem Onkel. (letzte Woche)
2. Erika studiert Medizin. (ein Semester)
3. Gunter bekommt ein Stipendium. (ein Jahr)
4. Monique arbeitet in der Bibliothek. → Wirklich? Seit . . . (drei Tage)
5. Erich nimmt den Bus zur Uni. → Nein, wirklich? Seit . . . (der Unfall [*accident*] mit dem Fahrrad)

B „Ganz persönlich! Wie oft . . . ?“ Antworten Sie mit passenden Zeitausdrücken.

> täglich, Woche, Abend, Monat, Jahr, zweimal am Tag, viermal pro Woche, hin und wieder, selten, . . .

> **BEISPIEL:** A: Wie oft rufst du deine Eltern an?
>   B: Jedes Wochenende, manchmal auch öfter. Und du?
>   A: Ich . . .

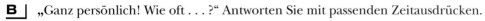

Kapitel 2: Unter Freunden und Bekannten

1. an•rufen: deinen Freund / deine Freundin . . .

2. treffen: deine Großeltern . . .

3. ein•laden: Bekannte / Professor X . . .

4. fahren: nach Hause / in die Stadt . . .

5. gehen: zum Supermarkt

Finden Sie selbst noch drei andere Situationen.

C | Geben Sie bei den folgenden Zeitausdrücken die fehlenden Teile an. (Bitte schreiben Sie in Ihr Übungsheft.)

> BEISPIEL: Wann kommt sie?
> in **einer** Stunde
> in zwei **Wochen**
> in drei **Tagen**

1. Seit wann wohnst du hier?
   seit ein__ M_____
   seit zwei J_____
   seit letzt__ W_____
   seit viel__ J_____

2. Bis wann bleiben die Gäste?
   bis morgen a_____
   bis z__ 15. Nov_____
   bis näch__ Frei_____
   bis näch__ W_____

3. Ab wann mußt du . . . bezahlen?
   ab heute _____
   ab letzt__ M_____
   ab näch__ W_____
   ab näch__ J_____

4. Wie lange dauert . . . ?
   ein__ halb__ St_____
   ein ganz__ J_____
   d__ ganz_____ Abend
   d__ ganz_____ Nacht

5. Wie lange . . . ?
   Ja, über ein__ St_____
   Ja, über ein__ Mo_____
   Ja, mehr als drei T_____
   Ja, durch d__ ganz__ Jahr

   Nein, nur zehn Mi_____
   Nein, nur ein__ Wo_____
   Nein, nur ein__ T_____
   Nein, nur ein__ M_____

6. Wie oft . . . . . ?
   jed__ T_____
   täg_____

   zweimal die W_____
   viermal im J_____

D | Nehmen Sie zu zweit die Zeitausdrücke von C. 1–6: A stellt 8–10 Fragen, die B mit einem Zeitausdruck beantworten muß. Dann stellt B Fragen.

> BEISPIEL: A: Seit wann . . . ? B: Schon seit einem Jahr.
> B: Was machst du jeden Tag? A: Zähne putzen.

E | Wie sagen Sie auf deutsch . . . ? Schreiben Sie in Ihr Übungsheft.

1. *until tomorrow*

2. *from next week on*

3. *all evening*

4. *a month ago*

5. *for a month*

6. *through the entire year*

7. *sometimes*

8. *rarely*

9. *since last week*

10. *till next month*

11. *starting next week*

12. *twice a week*

Spiralen

Hörverstehen 3 (Video)

Bei Bettina, Karin und Sabine

In Stufe 1 und 2 haben Sie viele Kurzdialoge gehört und gelernt, wie man unter Freunden miteinander redet. Hörverstehen 3 ist ein etwas längeres Interview mit Karin, Bettina und Sabine, die Sie schon aus Kapitel 1 kennen.

➡ WB, S. 53; Übungen zum **Hörverstehen 3.**

Formen und Funktionen 3

WORD ORDER IN GERMAN SENTENCES (2)

1. Relative Position of Time and Place Expressions

German sentences frequently contain expressions of place (location/direction) as well as expressions of time.

<table>
<tr><td></td><td></td><td>Zeitpunkt</td><td>Ort</td></tr>
</table>

BEISPIELE: 1. Wir treffen uns **morgen nachmittag bei Peter.**

<table>
<tr><td></td><td>Zeitpunkt</td><td>Zeitpunkt</td><td></td></tr>
<tr><td></td><td>(generell)</td><td>(exakt)</td><td>Ort</td></tr>
</table>

2. Die Gäste kamen **gestern abend um neun Uhr in München** an.

<table>
<tr><td></td><td>Zeitpunkt</td><td>Ort / Richtung</td></tr>
</table>

3. Schreibers sind **letzte Woche in die Schweiz** umgezogen.

<table>
<tr><td>Dativ</td><td>Zeit / Frequenz</td><td>Akkusativ</td></tr>
</table>

4. Peter bringt seiner Freundin **jede Woche**   Blumen mit.

> Montag, 19. November 1990, 19 Uhr
> Zeitungscafé in der Stadtbibliothek Nürnberg, Abendeingang Peter-Vischer-Straße:
> **Ausstellungseröffnung** »**Anna Seghers zum 90. Ge**burtstag« mit J. Kuczynski,

Although there is considerable flexibility in the positioning of elements in German sentences, there are some rather strictly observed rules. You should gradually get used to understanding information on grammar in German. The following rules are an easy start.

REGELN

• Temporalangaben stehen **vor** Lokalangaben (Beispiele 1,2).

• Generelle Temporalangaben stehen **vor** spezifischen Temporalangaben (2).

• Temporalangaben stehen **vor** Direktionalangaben (3).

• Temporalangaben stehen normalerweise **nach** Dativergänzungen, aber **vor** Akkusativergänzungen (4).

Temporal- und Lokalangaben sind meistens adverbiale Teile des Satzes. Diese stehen normalerweise in der Mitte des Satzes, d.h. zwischen den Ergänzungen (Akkusativ, Dativ, . . .). Siehe Beispiel 4.

Often, expressions of time (but also expressions of place) stand at the beginning of a sentence followed immediately by the verb.

BEISPIELE: **Vor Zeiten** waren ein König und eine Königin . . .
In dem Schloß steckte ein verrosteter Schlüssel, . . .
Kaum hatte sie aber die Spindel angerührt, . . .

2. Time Expressions and Sequence of Events

2.1. Forms of Time Expressions

Time expressions can have different forms: one word (**Adverb**), a phrase (for example, **Präposition plus Nomen**), or an entire temporal clause introduced by a **Subjunktor**, traditionally called subordinating conjunction.
Compare the following:

Diana spielt **täglich** Flöte.

Diana spielt **während des Essens** Flöte.

Diana spielt Flöte, **während wir essen**.

We said above that time expressions can take the form of entire dependent clauses introduced by a **Subjunktor** (*when, while, after, before,* and so on). Like other time expressions, temporal clauses are common in initial position. In such cases they are followed by the main clause (**Hauptsatz**). Since the entire dependent clause is now *one* element of the complex sentence, the verb must be in second position (i.e., at the beginning of the main clause).

BEISPIEL: **Während wir essen**, spielt Diana Flöte.
1   2   3   . . .

While we are eating, Diana plays the flute.

2.2. Sequencing of Time Expressions

Events can either be simultaneous or sequential.

Simultaneous events: When simultaneous events relate to a one-time situation in the past, the **Subjunktor** is **als**. **Wenn** is used primarily with non-past events (**jetzt, später**), but occasionally with past events to indicate customs or habitual occurrences (**immer wenn**).
Compare the following:

One-time events in the past:

Als das Fest zu Ende war, wünschten die weisen Frauen dem Kind Tugend, Reichtum und Schönheit.

Non-past events:

Wenn die Prinzessin 15 Jahre alt **ist**, wird sie sich mit der Spindel stechen.

Repeated (habitual) events:

(Immer) wenn Königssöhne durch die Hecke zur Prinzessin wollten, blieben sie in der Hecke hängen und starben.

70

Sequential events: These are events following one another. In temporal clauses, sequential ordering can be signaled by **bevor**, **seit(dem)**, **bis**, **sobald**, or **nachdem**. With **nachdem**, the sequence of tenses follows the rule shown in the table below; **bevor** does not follow such a rigid scheme as **nachdem**.

NACHDEM-TEMPORALSATZ	HAUPTSATZ
Perfekt	Präsens
Plusquamperfekt	Präteritum

> BEISPIEL: **Nachdem** er den ganzen Abend studiert **hat**, **hört** er Musik.
> **Nachdem** er den ganzen Tag studiert **hatte**, **hörte** er Musik.

Summary of Different Time Expressions		
Präposition + Nomen	**Subjunktor +temporaler Nebensatz**	**Adverb**
während (*during*)	während (*while*) wenn (*when*) als (*when*)	währenddessen (= gleichzeitig)
vor (*before*)	bevor / ehe (*before*)	vorher (*before that*)
nach (*after*)	nachdem / sobald (*after, as soon as*)	nachher (*afterward*)
seit (*since*)	seit(dem) (*since*)	seitdem (*since then*) seither
bis (*until*)	bis (*until*) solange (*as long as*)	bis dahin (*until then*)

A | Notieren Sie, was für Sie in den Formen und Funktionen oben neu oder nicht so bekannt war. Dann machen Sie folgende Übungen.

B | Bilden Sie mit den folgenden Ausdrücken Sätze im Perfekt. Beginnen Sie zuerst mit dem Subjekt; dann mit dem Zeitausdruck. Vorsicht mit der Wortstellung!

> BEISPIEL: 1. einziehen: neue Wohnung / die Trierer Wohngemeinschaft / letzte Woche →
> a. Die Trierer WG ist letzte Woche in eine neue Wohnung eingezogen.
> b. Letzte Woche ist die Trierer WG in eine neue Wohnung eingezogen.

1. umziehen: Schreibers / nach Stuttgart / vor ein___ Jahr
2. ausziehen: an Peters Geburtstag / Sonja / aus sein___ Wohnung
3. kaufen: eine Stereoanlage / zu Weihnachten / Kindern / Eltern
4. fahren: übers Wochenende / Bergers / ans Meer
5. einladen: hin und wieder / ihre Freundinnen / Veronika
6. weggehen: von zu Hause / Frau Mark / ungefähr um neun Uhr
7. sich setzen: während des Essens / Hans / zwischen Petra und Erika
8. veranstalten: nach der Prüfung / Studenten / Freitag abend / in Monikas Appartement / ein Fest

C Markieren Sie in den Beispielen unten Temporalsätze und andere Temporalangaben.

SIMULTANEOUS:

1. Während des Essens spielte Diana Flöte.
2. Während wir aßen, spielte Diana Flöte.
3. Als wir aßen, spielte Diana Flöte.
4. Beim Studieren hört Oskar gern klassische Musik.
5. Oskar hört gern klassische Musik, wenn er studiert.

SEQUENTIAL:

6. Vor der Party halfen wir in der Küche.
7. Wir halfen in der Küche, bevor die Party begann.
8. Nach dem Essen unterhielten sie sich über Nele.
9. Nachdem sie gegessen hatten, unterhielten sie sich.
10. Sobald sie angekommen waren, riefen sie uns an.
11. Sofort nach der Ankunft riefen sie uns an.

D Wählen Sie aus der Liste unten passende Zeitausdrücke, und setzen Sie diese in den Lückentext ein. Ein paar müssen mehrmals benutzt werden.

an / am	dann	nachher	während
bei / beim	ehe	schließlich	wann
bevor	jetzt	sobald	wenn
bis	nachdem	vor	zuerst

„PARTYVORBEREITUNGEN"

_____ man eine Party gibt, muß man folgende Dinge tun. _____ fragt man sich, ob die Party einen besonderen Anlaß hat, zum Beispiel einen Geburtstag oder das Ende des Semesters. _____ ist das Problem zu lösen, wo die Party stattfindet. _____ man in einem Haus mit Garten wohnt, und natürlich besonders _____ des Sommers, kann man eine Party im Freien geben. _____ kühlerem Wetter muß man aber das Haus benutzen. Man muß sich also fragen, wieviele Gäste bequem Platz haben können. Die nächste Entscheidung ist, _____ welchem Tag und _____ die Party sein soll, _____ Nachmittag oder _____ Abend. _____ man eine Zeit und die Gästezahl gefunden hat, macht man eine Gästeliste._____ kann man beginnen, telefonisch oder schriftlich die Gäste einzuladen.

_____ zum Beginn des Festes gibt es noch viele Arbeiten. Zum Beispiel, _____ man einkaufen gehen kann, muß man natürlich wissen, was für Essen man den Gästen anbieten möchte. _____ dem großen Tag muß auch das Haus sauber gemacht werden. _____ sollte man sich selbst nicht vergessen: Vielleicht braucht die Gastgeberin ein neues Kleid!

Natürlich freut man sich, _____ die Gäste sich _____ der Party vergnügen und sich _____ Abschied für die Einladung bedanken. _____ geht es wieder an die Arbeit!

➡ WB, S. 54; Übungen zu **Formen und Funktionen 3.**

Spiralen

Zum Lesen

1. Dornröschen-Variante: „Vom Küchenjungen in Dornröschens Schloß" (Irmela Brender, geb. 1935)

Diese Geschichte ist aus dem Band *Neues vom Rumpelstilzchen und andere Märchen von 43 Autoren*, herausgegeben (*edited*) von Hans-Joachim Gelberg. (Weinheim: Beltz & Gelberg, 1976) S. 104-06.

Vor dem Lesen

Der Titel von Irmela Brenders Märchenvariante—„Vom Küchenjungen in Dornröschens Schloß"—handelt von der Geschichte eines neuen Helden. Woran können Sie sich erinnern, wenn Sie an den Küchenjungen aus dem alten „Dornröschen" denken?

Beim Lesen

Lesen Sie jetzt Irmela Brenders „Vom Küchenjungen in Dornröschens Schloß", und markieren Sie am Rand die neuen Passagen.

Vom Küchenjungen in Dornröschens Schloß

Von Dornröschen weiß fast jedes Kind: wie aus Mangel an passendem Geschirr eine weise Frau zur Feier von Dornröschens Geburt nicht eingeladen werden konnte, wie die Ungebetene dann doch erschien und dem Königskind zum fünfzehnten Geburtstag den Tod wünschte; und wie dann eine andere weise Frau den bösen Wunsch abwandelte—nicht sterben sollte Dornröschen, sondern hundert Jahre lang schlafen. Das tat das Königskind dann auch, und mit ihm schliefen alle im Schloß, bis ein Prinz kam und mit einem ganz leisen Kuß alle aus dem Schlaf schreckte. Alle—auch den Küchenjungen, von dessen Geschichte bisher viel zu wenig die Rede war. Denn natürlich haben nicht nur Königskinder, sondern auch Küchenjungen ihre Geschichte.

Dieser Küchenjunge hatte eine besonders unerfreuliche: Sein Chef, der Koch, ließ ihn immer nur Zwiebeln schneiden. Und nie schnitt der Küchenjunge dem Koch die Zwiebeln fein genug. Der Junge hatte schon eine Triefnase und rotverheulte Augen von der vielen Zwiebelschneiderei, aber der Koch kannte kein Erbarmen. »Bevor du die Zwiebeln nicht so fein

Vokabelhilfe

der Mangel *lack*
das Geschirr *dishes*
die Ungebetene *the one who was not asked*

ab•wandeln etwas *to change slightly*

schrecken jdn *to frighten*

die Triefnase *running nose*
rotverheult *red from crying*

das Erbarmen *mercy*

schneidest, daß man sie mit der Zunge zerdrücken kann, bekommst du keine Kartoffel in die Finger«, pflegte er zu sagen, und manche Leute meinen, daß daher der Ausdruck »zwiebeln« kommt, der soviel wie quälen heißt. Nun, an jenem Tag, an dem Dornröschen fünfzehn wurde—der Küchenjunge hatte das Königskind übrigens noch nie gesehen, sein Leben spielte sich in der Küche und in seiner Schlafkammer ab —, an jenem Dornröschengeburtstag also war der Zeitpunkt gekommen, an dem der Küchenjunge es einfach nicht mehr aushielt. Wenn er die letzten Wochen und Monate seines Lebens überblickte, dann sah er da nichts als Zwiebeln, und wenn er sich die Zukunft vorzustellen versuchte, dann war da wieder nur ein Zwiebelberg. Und so tat der Küchenjunge etwas, was zu Dornröschens Zeiten höchst ungewöhnlich war—er protestierte. Als der Koch unmutig die geschnittenen Zwiebeln musterte und gerade den Mund öffnen wollte zu seinem vielgesagten Satz: »Bevor du die Zwiebeln nicht so fein schneidest . . .«, da hob der Küchenjunge den Kopf vom Zwiebelbrett. Seine tränenden Augen funkelten, die geschwollene Nase zuckte, und mit verschnupfter Stimme schrie er: »Nicht eine Zwiebel werd ich mehr schneiden, und wenn's mich das Leben kosten sollte.« Es wurde mucksmäuschenstill in der Küche. Die Unterköche standen wie erstarrt—eine solche Unverschämtheit war ihnen noch nie zu Ohren gekommen. Der Koch hob die Hand zur einzigen Antwort, die seiner Meinung nach möglich war, nämlich zu einer saftigen Ohrfeige—aber genau in dieser Sekunde stach sich irgendwo in einem Dachzimmer des Schlosses Dornröschen mit der Spindel in den Finger, und alle sanken augenblicklich in tiefen Schlaf.

Nun dauert ein hundertjähriger Schlaf wahrhaftig eine lange Zeit, und man kann viel träumen unterdessen—Schönes und Schlimmes, wie's gerade kommt. Der Koch muß wahre Alpträume gehabt haben, in denen geschnittene Zwiebeln und protestierende Küchenjungen und bald auch protestierende Zwiebeln und zerschnittene Küchenjungen ihn bedrohten—jedenfalls, als er hundert Jahre später erwachte und seine Hand immer noch zum Schlag bereit über dem Ohr des Küchenjungen hielt, da machte er aus dem Schlag einen freundlichen Klaps und sprach: »Laßt uns gemeinsam Kartoffeln schälen, mein

---

zerdrücken etwas / jdn *to crush*

pflegen etwas zu sagen *to be in the habit of saying*
zwiebeln jdn *to give a person hell, make it hot for*
quälen *to torture*

aus•halten *to bear, stand*

unmutig *in a bad mood*
mustern *to inspect, examine*

funkeln *to sparkle*
zucken *to jerk, wince*

mucksmäuschenstill *completely silent (as a mouse)*
erstarren *to stiffen*

die saftige Ohrfeige *resounding slap*

unterdessen *in the meantime*
der Alptraum *nightmare*

bedrohen jdn *to threaten*

der Klaps *smack*
schälen *to peel*

Freund.« Übrigens waren Koch und Küchenjunge und alle anderen auch inzwischen beträchtlich gealtert, und der ergraute Küchenjunge und der weißhaarige Koch vergaßen das Zwiebelproblem ganz über der Hochzeit, die das einhundertfünfzehnjährige Dornröschen bald darauf mit seinem Prinzen feierte.

beträchtlich *considerably*

Nach dem Lesen

Schreiben Sie in Stichworten auf, was in „Vom Küchenjungen . . . " gleich ist wie im Original, und was neu ist.

GLEICH   NEU

➡ WB, S. 55; 2. Variante von „Dornröschen": Erich Kästners „Die scheintote Prinzessin".

Zum Schreiben

Schreiben Sie eine Variante von „Dornröschen." Dabei können Sie entweder Motive wegfallen lassen oder demselben Motiv einen anderen Inhalt geben, z.B. eine feministische Version. Vertrauen (*rely on*) Sie mal auf Ihre eigene Phantasie!

Reden wir miteinander!

Wir erzählen unsere Dornröschen-Variante

A Machen Sie eine Märchenstunde, und lesen Sie Ihre Variante von „Dornröschen" der Klasse vor. Die Zuhörer / Zuhörerinnen reagieren. Gehen Sie zuerst zurück zu den Redemitteln im Workbook, S. 51. Dann schreiben Sie hier einige auf, an die Sie sich erinnern können.

ERZÄHLER / ERZÄHLERIN

● _____

ZUHÖRER / ZUHÖRERINNEN

● _____

B Schreiben Sie bitte auf, wie der Titel von Ihrer eigenen „Dornröschen-Variante" heißt und auch die Titel von anderen Varianten aus Ihrer Klasse, die Ihnen am besten gefallen haben. Sie können auch nur ein paar Stichwörter (*key words*) angeben.

Meine eigene Variante heißt: _____

Andere Varianten: _____

75

Traum und Wirklichkeit

Schule—

Beruf—

Karriere

Goals:

- *Understanding the cultural and educational setting of young Germans pursuing on-the-job training or academic careers*

- *Listening to Elisabeth's and Birgit's interests and career aspirations*

- *Reading about dream jobs and realities*

- *Writing a resumé*

- *Learning how to use reflexive verbs, how to ask polite questions, and how to express hypothetical conditions*

- *Speaking with partners and friends about career plans and interests*

Technische Universität, Berlin.

77

These items appear in the Workbook.

Stufe **1**

Aktuelles zum Thema: Aus dem Alltag von Meik und Enrico

99 *Meik erzählt: „Zuerst wollte ich Maurer werden. Oder Architekt. Während der Schulzeit machte ich drei Wochen Praktikum in einer Tischlerei. Das hat mir gefallen."* **99**

99 *1992 hat Enrico die Lehre fertig. Will er später von Polz weggehen? „Mal sehen", sagt er. „Es ist nicht schlecht hier. Vielleicht ein bißchen langweilig, aber sonst ganz schön."* **99**

Meik and Enrico have a lot in common. Geographically, they live very close to each other. And yet, they have spent their childhood and school years in very different political and educational environments, Meik in the Federal Republic of Germany, Enrico in the former German Democratic Republic (East Germany). Both of them are now getting their professional training in a carpenter shop (**Tischlerei**).

Before reading the text you'll want to know that Germany has what is called the *dual system* for young people who have finished the **Hauptschule** or **Realschule** and want to get on-the-job training. In this system, practical training at the workplace is combined with more theoretical courses in the **Berufsschule**. On-the job-training (**Ausbildungszeit**) usually takes about three years, depending on the job. Typically, trainees/apprentices (**Lehrlinge / Auszubildende** or **Azubis**) spend three or four days per week on the job and one or two days in the **Berufsschule** (see also chart on page 83). At the end of their **Ausbildungszeit** they have to pass job-oriented exams to get a diploma. Some continue their training towards a **Meisterprüfung** and are called **Geselle / Gesellin.** The **Meisterprüfung** enables them to operate their own business, or train apprentices. In the video interview that you will see later in this chapter, Birgit is a **Goldschmiedegesellin.**

Have you or your friends had an internship, summer job, co-op, or on-the-job training? In your country/state, is there anything similar to the German *dual system* described above?

78

Spiralen

Vor dem Lesen

Suchen Sie auf der Deutschlandkarte zuerst die beiden Bundesländer Niedersachsen und Mecklenburg-Vorpommern. Nun identifizieren Sie auf der Detailkarte die kleinen Orte Lüchow und Polz. Polz liegt im neuen Bundesland Mecklenburg-Vorpommern (früher Teil der DDR).

Beim Lesen

Notieren Sie Informationen über Meik und Enrico.

Mecklenburg-Vorpommern
Das Heimatdorf von Enrico, Polz, liegt im neuen Bundesland Mecklenburg-Vorpommern.

Niedersachsen
Das Heimatdorf von Meik, Lüchow, liegt im zweitgrößten Land der Bundesrepublik: in Niedersachsen.

79

Kapitel 3: Traum und Wirklichkeit

Meik G., Streetz. Meik G. ist Lehrling in der Tischlerei Rosin in Streetz, einem niedersächsischen Dorf mit Häusern aus rotem Backstein. Er ist neunzehn und im zweiten Lehrjahr. In der Tischlerei arbeiten Rosin senior und junior, ein zweiter Meister, fünf Gesellen, vier Lehrlinge. Sie bauen vor allem Fenster und Türen.

Meik hat vor der Lehre ein Berufsbildungsjahr gemacht, ein Jahr Schule ohne einen Pfennig Geld. Dort bekam er Grundwissen für den Tischlerberuf. Bei Rosin baut er Schubladen und Regale, er hilft bei den Fenstern: „Neulich wollte ein Kunde einen Briefkasten haben. Der Meister hat ihn aufgemalt, nach der Zeichnung habe ich ihn gebaut." Laut Lehrvertrag bekommt Meik nach Abzug der Sozialabgaben 527 Mark im Monat. Für die Autofahrt zur Arbeit zahlt er rund 10 Mark Benzin am Tag, das sind 160 Mark im Monat, dazu kommen 100 Mark Versicherung. Kurz vor halb sieben fährt er los, nachmittags um fünf ist er wieder zu Hause. Freitags ist Berufsschule in Lüchow, wo er wohnt. Meik zählt auf: „Fensterbau, Mathematik, Deutsch und Politik, technisches Zeichnen, Fachkunde." Zuerst wollte er Maurer werden. Oder Architekt. Während der Schulzeit machte er drei Wochen Praktikum in einer Tischlerei. Das hat ihm gefallen.

Meik wohnt im Haus der Eltern, in einer Siedlung mit neuen Einfamilienhäusern. Er bittet mich ins Eßzimmer. Kekse und Kaffee stehen auf dem Tisch. Daneben eine Kerze, passend zum rosa Geschirr. Meik trägt ein olivfarbenes Sweatshirt, ein schwarzes Polohemd und eine schwarze Hose. Sein Vater sitzt im Zimmer nebenan in einem Sessel, der Fernseher läuft. Meik hat sein Zimmer in der oberen Etage. Sein Bruder geht noch zur Schule. Die beiden älteren Schwestern sind ausgezogen. Die eine, gelernte Krankenschwester, macht ihr Abitur nach, die andere ist Kauffrau: Meiks Vater ist Metallarbeiter in einer Fabrik, die Mutter Hausfrau. Meik zahlt an die Eltern im Monat 150 Mark für Wohnen und Essen. Er hat 117 Mark übrig. Eine Freundin hat er nicht: „Das ist es, was viel Geld kostet. Die anderen bezahlen am Wochenende hundert Mark in der Disco. Ich nehme mir nur 20 Mark mit." Er trinkt Bier, zwei Mark das Glas, geht selten in Kneipen oder Discos.

Manchmal besuchen ihn Freunde zu Hause. Nach der Lehre möchte er in der Tischlerei Rosin bleiben. Als Geselle verdient man 19,75 Mark in der Stunde. „Aber erst kommt noch die Bundeswehr." Danach macht er vielleicht noch seinen Meister.

Enrico H., Polz. Enrico H. ist Lehrling in der Tischlerei Neumann in Polz, einem mecklenburgischen Dorf mit Häusern aus rotem Backstein. Er wird achtzehn und ist im zweiten Lehrjahr. In der Tischlerei arbeiten der Meister, zwei Gesellen, zwei Lehrlinge. Sie bauen Fenster und Türen für Altbauten. Nach der Wende kaufte man neue Maschinen.

Nach Abzug der Sozialabgaben verdient Enrico 185 Mark im Monat. Die Fahrt zur Berufsschule in Ludwigslust kostet zwanzig Mark im Monat, das Essen dreißig Mark: „Entweder esse ich gar nichts oder eine Tüte Pommes." Arbeit und Schule wechseln ab: eine Woche Tischlerei, eine Woche Berufsschule. Wenn Enrico zur Schule fährt, muß er früh aufstehen: Zehn vor fünf startet er mit dem Moped von Polz nach Dömitz. Von dort fährt er mit dem Zug nach Ludwigslust. Zur Tischlerei Neumann sind es nur ein paar Schritte. Zehn Minuten vor sieben geht er los, heizt den Ofen, fängt um sieben mit den anderen an. Mittags ißt er zu Hause. Um halb fünf ist Feierabend. Früher wollte Enrico Dachdecker werden, wie sein Vater. Doch dann hatte er die Chance, im Dorf lernen zu können. Er bewarb sich bei Tischler Neumann und wurde genommen. Vor zwei Jahren war es noch kein Problem, eine Lehrstelle zu finden. Enrico und seine Schwester leben im Haus der Eltern. Es ist ein schönes altes Bauernhaus. Im Wohnzimmer gibt es bunte Teppiche, Polstermöbel, Gardinen vor den Fenstern. Er trägt Jeans, dazu ein Sweatshirt in lila und grün. Der Vater setzt sich zu uns, raucht eine Zigarette, sagt manchmal etwas. Enrico muß nichts für Essen und Wohnen bezahlen. Die Mutter, Friseuse, gibt ihm oft Geld für Kleidung. Seine Jeans hat er allein gekauft. Sie kostete auf dem Markt in Dömitz 35 Mark. Der wichtigste Kauf war sein Moped. 1900 Mark hat es gekostet. „Ich bekam Geld zur Jugendweihe." Trotzdem wartete er damals und kaufte nicht sofort: „Sie hatten nur ein blödes Gelb. Da habe ich auf ein grünes Moped gewartet." Tanken kostet im Monat 16 Mark. Ihm bleiben 119 Mark übrig.

Eine Freundin hat er noch nicht. Einmal die Woche geht Enrico in die Kneipe. „Im Jugend-club machen nur noch die Dreizehn-, Vierzehn-jährigen Krach."

Enrico will in der Tischlerei Neumann bleiben. Gesellen verdienen 6,50 Mark die Stunde, im Moment.

Vokabelhilfe

Meik

der Backstein *red brick*
das Grundwissen *basic knowledge*
die Schublade *drawer*
neulich *recently*
der Kunde *customer*
auf•malen *to paint sth. onto sth.; to sketch*
die Versicherung *insurance*
der Lehrvertrag, ⸚e *apprenticeship contract*
der Abzug, ⸚e *deduction*
die Fachkunde *special subject*
der Maurer *mason*
die Krankenschwester *nurse*
die Bundeswehr *military, army*

Enrico

die Tischlerei *carpenter's shop*
nach der Wende *after the "change"*
die Sozialabgaben *payroll deductions*
die Tüte Pommes *bag of french fries*
ab•wechseln *to alternate*

heizen den Ofen *to heat the oven*
der Dachdecker *roofer*
bewerben, a, o sich bei *to apply*
die Friseuse *hair dresser*
tanken *to refuel, fill up*
der Krach *noise*
Konfirmation religious ceremony in which a person of 13–16 years is admitted to full membership in a Protestant church
Jugendweihe a state-imposed festivity for fourteen year olds to pledge their allegiance to the GDR. This event was initiated by the GDR regime in 1955 as a competitor to the religious ceremony of confirmation.
The **Konfirmation** still is and the **Jugendweihe** was an occasion for a family celebration. The youngsters usually receive(d) presents.

Notieren Sie Informationen über Meik und Enrico. Arbeiten Sie zu zweit, und fassen Sie Ihre Resultate mündlich zusammen (*summarize*).

Wie alt sind sie?

Wo wohnen sie?

Wo arbeiten sie?

Was haben sie vor der Lehre (*apprenticeship*) gemacht?

Was für eine Schule besuchen sie?

Wie oft müssen sie zur Schule gehen?

Wo ist die Schule?

Wie kommen sie zur Schule? Zur Arbeit?

Wieviel verdienen (*earn*) sie?

Wieviel bezahlen sie für Wohnen und Essen?

Warum hat Meik keine Freundin?

Was wollen beide nach der Lehre machen?

Nach dem Lesen

Vergleichen Sie (*compare*) Ihre Notizen. Was ist gleich / anders für Meik und Enrico? Markieren Sie mit verschiedenen Farben.

Kapitel 3: Traum und Wirklichkeit

Zur Information

Meik und Enrico bekommen eine Ausbildung am Arbeitsplatz, während sie gleichzeitig eine Berufsschule besuchen. Zur Wiederholung oder zum besseren Verständnis des Bildungssystems in Deutschland schauen Sie sich die folgende Übersicht und den Text an.

Bildungswesen = Schulsystem

Schulpflicht:	Vom 6. bis zum 15. Lebensjahr **muß** man zur Schule gehen.
Grundschule:	Mit sechs Jahren kommen die Kinder in die Grundschule. Sie dauert vier Jahre.
Orientierungsstufe:	Nach der Grundschule gibt es drei Möglichkeiten. Die Orientierungsstufe (5. und 6. Klasse) soll die Entscheidung (*decision*) leichter machen.
Hauptschule:	Sie dauert fünf Jahre. (Meik hat wahrscheinlich vor der Lehre eine Hauptschule besucht.)
Realschule:	Sie dauert sechs Jahre und führt zur mittleren Reife (*diploma preparing for a position in administration or industry*).
Gymnasium:	Es dauert neun Jahre und ist die Vorbereitung für ein Studium an einer Hochschule = Universität. (*Successful completion of the Gymnasium with the **Abitur**, i.e., exams in several major subjects, entitles a student to study at a university.*)
Gesamtschule:	In der Gesamtschule sind Hauptschule, Realschule und Gymnasium integriert (ähnlich der amerikanischen *high school*.)

Schematische Gliederung des Bildungswesens

		Weiterbildung
Hochschule	Fachhochschule	Fachschule

Schuljahr			
13	Gesamt-schule	Gymnasium	Andere berufsbildende Schulen (z. B. Fach-oberschule)
12			Berufsschule (Teilzeit)
11			
10			10. Schuljahr
9		Realschule	Hauptschule
8			
7			
6	Orientierungsstufe		
5			

Schuljahr	
4	Grundschule
3	
2	
1	

Kindergarten

■ ▬ ■ Hauptschulabschluß   ••••• mittlerer Abschluß   ▬▬▬ Hochschulreife

Berufsschule:	Meik besucht einmal die Woche eine Berufsschule, wo er eine berufsspezifische Ausbildung bekommt.
Fachschule:	z.B. für Technik, Handel, Hotel

➡ WB, S. 62; Statistik über Schulabgänger.

*H*örverstehen 1

„Wer sind Sie?"—Persönliche Daten

Inquiries about studying or job training often require information about yourself (name, age, address, telephone number, etc.)

➡ WB, S. 63; Übungen zum **Hörverstehen 1.**

Zu den Vokabelmosaiken

In all three **Vokabelmosaiken** of this chapter are several verbs with reflexive pronouns and prepositions. Verbs such as *to be interested in* (**interessieren sich für**) and *to inform oneself about* (**informieren sich über**) are frequently used and therefore deserve special attention.

Quick Review: Formen von Personal- und Reflexivpronomen					
Personalpronomen:				*Reflexivpronomen:*	
	AKKUSATIV	DATIV		AKKUSATIV	DATIV
ich	mich	mir	(ich)	mich	mir
du	dich	dir	(du)	dich	dir
er	ihn	ihm	(er)		
sie	sie	ihr	(sie)	**sich**	**sich**
es	es	ihm	(es)		
wir	uns	uns	(wir)	uns	uns
ihr	euch	euch	(ihr)	euch	euch
sie	sie	ihnen	(sie)	**sich**	**sich**
Sie	Sie	Ihnen	(Sie)		

When learning reflexive verbs, be sure you include the reflexive pronoun and, if applicable, the preposition.

BEISPIELE:
interessieren sich für	*to be interested in*
freuen sich auf(*acc.*)	*to look forward to*
freuen sich über(*acc.*)	*to be pleased about*

Ich interessiere mich sehr für Jazz.
Wir freuen uns auf die Party.
Eva hat sich über das Geburtstagsgeschenk gefreut.

In **Vokabelmosaik 1** you will find verbs that help you to talk and write about your job or career-related interests, dreams, and wishes.

Bankdirektorin

Manager

Schauspieler

Schauen und Identifizieren

Identifizieren Sie im Vokabelmosaik 1 Verben, die Sie schon kennen. Welche Verben sind neu für Sie? Schreiben Sie alle Verben in Ihr Übungsheft.

Vokabelmosaik 1

Interessen—Träume—Wünsche

Enrico interessiert sich für Mopeds.

WER?

der Junge	interessieren sich für	WOFÜR?
das Mädchen	*to be interested in*	technische Berufe
die Abiturientin	das Interesse, -n	handwerkliche Berufe
ich	interessant	wissenschaftliche Berufe
die Schülerin		*scientific*
		künstlerische Berufe
		artistic

Ich wünsche mir mehr Freizeit.

WER?

wir	wünschen jdm / sich_d etwas	WAS?
Peter	*to wish so. / oneself sth.*	schönes Wetter
Enrico	der Wunsch, ⸗e	ein größeres Zimmer
		ein neues Moped

Meik stellt sich seine Zukunft als Meister vor.

WER?

der Jugendliche	vor•stellen sich_d etwas	WAS?
die Eltern	*to imagine, picture*	ein neues Auto
Erika	die Vorstellung, -en	ein Eigenheim
	vorstellbar	eine Traumreise

Wir überlegen uns, was wir heute abend machen wollen.

WER?

der Student	überlegen sich_d etwas	WAS?
Karin	*to think about, consider*	, was er werden will
	die Überlegung, -en	die Vor- und Nachteile
		advantages and disadvantages einer Wohnge-
		meinschaft

Jochen unterhält sich mit Elisabeth über ihre Studienpläne.

WER?

wir	unterhalten sich (mit)	WORÜBER?
die Gäste	über, unterhielt, unter-	die Party
die Professorin	halten *to talk (with) about*	Ferienpläne
	die Unterhaltung	Politik

Meik informiert sich über Lehrstellen.

WER?

der Hauptschüler	informieren jdn / sich über	WORÜBER?
die Abiturientin	*to inform so. / oneself about*	Berufsmöglichkeiten
	die Information, -en	einen Sommerjob

85

Kapitel 3: Traum und Wirklichkeit

Birgit hat ihren Studienplan geändert.		
WER?		**WAS?**
der Professor	ändern	die Vorlesungszeiten
die Studentin	*to change*	den Studienplan
	die Änderung, -en	

Kombinieren, Sprechen und Schreiben

A | Sprechen und schreiben Sie jetzt einfache Sätze mit jedem Verb: zuerst mit Vokabeln vom Vokabelmosaik, dann auch mit Ihnen schon bekannten Vokabeln.

> **BEISPIEL:** Der Junge interessiert sich für technische Berufe.
> Ich interessiere mich für . . .
> Als Kind habe ich mich für . . . interessiert.
> Mein Freund Peter interessiert sich nicht für Musik.

B | Finden Sie Verben, die mit den folgenden Wörtern verwandt sind. Sagen Sie das passende Verb, ohne im Vokabelmosaik nachzuschauen.

der Wunsch → _____

das Interesse → _____

die Unterhaltung → _____

die Änderung → _____

unvorstellbar → _____

die Information → _____

C | „Assoziationen". Mit welchen Verben vom Vokabelmosaik 1 assoziieren Sie die folgenden Satzteile? Lesen Sie zuerst die Satzteile, dann sagen Sie das Verb (mit Reflexivpronomen) im Infinitiv.

VERB

_____
für einen technischen Beruf
für Jazz
für einen Sommerjob

_____
über das Studium
über Ferienpläne
über Freunde
über einen Film

_____
tolle Mitbewohner
mehr Taschengeld
gute Professoren
weniger Prüfungen

_____
über Benzinpreise
über Sommerjobs
über eine Lehrstelle
über Stipendien

D „Welche Information bekommt man?" Und wo? Verwenden Sie eine Form von **informieren sich (bei) über**. Sprechen und schreiben Sie die Sätze.

WER?	WORÜBER?	WO?

BEISPIEL: Studentin   Medizinstudium   Chemieprofessor
Die Studentin informiert sich über das Medizinstudium.
Die Studentin informiert sich bei ihrem Chemieprofessor.
Die Studentin informiert sich bei ihrem Chemieprofessor über das Medizinstudium.

1. Uwe; beim akademischen Auslandsamt; ein Studiensemester in den USA
2. wir; beim / im Reisebüro; Flugpreise nach Mexiko
3. ich; bei einer Zeitung; Teilzeitjob
4. du; beim Direktor; Möglichkeiten als Sekretär / Sekretärin
5. Beate; im Kaufhaus; Schuhpreise
6. ihr; bei der Berufsberatung; Lehrstellen
7. Richard und Ulrike; beim Besitzer; Wohnungsmiete
8. Sabine; beim Arbeitsamt; Berufschancen in der Filmindustrie

E „Alles ist schon vorbei." Nehmen Sie die Beispiele von D, und bilden Sie Sätze im Perfekt. Verwenden Sie dabei Zeitausdrücke wie: gestern, letzte Woche, schon oft, am Wochenende, am Dienstag, vor einer Woche.

BEISPIEL: Die Studentin hat sich schon letzte Woche über ein Medizinstudium informiert.

F „Peters Traumberuf". Wählen Sie von den folgenden Verben, und setzen Sie die fehlenden Formen (inklusive Reflexivpronomen / Präposition) in den Text ein. Zuerst sprechen Sie, dann schreiben Sie den ganzen Text in Ihr Übungsheft.

unterhalten—vorstellen—überlegen—interessieren—informieren

Schon immer hat _____ Peter für Maschinen _____.
Sein Vater konnte sich nicht _____, daß Peter einmal Mechaniker wird. Aber sein Sohn hat sich bei einer Mercedes-Werkstätte über Lehrstellen _____. Dann hat er _____ mit Freunden _____ seinen Plan _____. Diese meinten: Peter, du solltest _____ die Vor- und Nachteile dieser Arbeit gut _____, bevor du dich entscheidest!

G „Und du? Wofür interessierst du dich?" In Gruppen von drei bis fünf Personen machen Sie eine Umfrage (*poll*). Eine Person schreibt auf, wofür sich die anderen interessieren. Dann werden die einzelnen Interessen der ganzen Klasse mitgeteilt. Berufskategorien: technische, künstlerische, pädagogische, wissenschaftliche, andere . . .

BEISPIEL: Peter, wofür interessierst du dich?
—Ich interessiere mich für . . .

Amy?
John?

Zur Klasse:
Peter interessiert sich für technische Berufe.

H In einer Kneipe in Polz unterhalten sich Jugendliche über ihre Zukunftspläne. Bilden Sie eine Gesprächskette mit 3–4 Personen.

> **BEISPIEL:** Tischler wie Enrico → Tischlerei
>
> A: Könntest du dir vorstellen, Tischler zu werden wie Enrico?
>
> B: Nein, das kann ich mir nicht vorstellen; aber ich habe mir überlegt, ob ich im Sommer nicht mal ein Praktikum in einer Tischlerei machen soll.
>
> C: . . .

1. Krankenschwester wie Meiks Schwester;   im Krankenhaus
2. Kauffrau wie Meiks andere Schwester;   im Geschäft / in der Firma
3. Maurer wie Meik;   auf dem Bau (*construction site*)
4. Metallarbeiter wie Meiks Vater;   in der Fabrik
5. Hausfrau wie Meiks Mutter;   im Haushalt
6. Dachdecker wie Enricos Vater;   auf einer Baustelle
7. Friseuse wie Enricos Mutter;   in einem Friseursalon

*F*ormen und Funktionen 1

REFLEXIVE VERBS AND REFLEXIVE PRONOUNS

German, like French and Spanish, has a relatively large group of verbs that are accompanied by a reflexive pronoun. Many of these verbs *always* have a reflexive pronoun, i.e., the reflexive pronoun has become part of the verb.

● As you can see from the chart below, only for the third person singular (**er** / **sie** / **es**) and third person plural (**sie** / **Sie**) is the reflexive pronoun **sich**; otherwise it has the same forms as the personal pronoun.

Personalpronomen			Reflexivpronomen		
	AKKUSATIV	DATIV		AKKUSATIV	DATIV
ich	mich	mir	(ich)	mich	mir
du	dich	dir	(du)	dich	dir
er	ihn	ihm	(er)		
sie	sie	ihr	(sie)	**sich**	**sich**
es	es	ihm	(es)		
wir	uns	uns	(wir)	uns	uns
ihr	euch	euch	(ihr)	euch	euch
sie	sie	ihnen	(sie)	**sich**	**sich**
Sie	Sie	Ihnen	(Sie)		

BEISPIELE: interessieren sich für etwas / jdn (*to be interested in*)

    Ich interessiere mich für Musik.
    Interessierst du dich für Sport?
    Beate (sie) interessiert **sich** für Peter.
    Wir interessieren uns nicht für Politik.
    Interessiert ihr euch für Tennis?
    Sie interessieren **sich** sehr für eine Reise nach Amerika.

- The reflexive pronoun indicates that an action or an emotion refers back to the subject.
- If a verb has both a phrase in the dative and accusative case associated with it, the reflexive pronoun appears in the dative case.

Compare:

NON-REFLEXIVE	REFLEXIVE
Ich wasche das Auto.	Ich wasche mich.
Ich wasche dem Kind die Hände.	Ich wasche **mir** die Hände.
Dativ Akkusativ	*I wash **my** hands.*

Some German verbs require a preposition in addition to the reflexive pronoun. In English, such verbal structures are rare. Examples are: *to pride oneself on* and *to avail oneself of.* In these cases, the preposition becomes closely tied to the verb. In fact, a change in the preposition may change the meaning of the verb (see below).

    Note that if a preposition follows the verb, the reflexive pronoun is then in the accusative. Also, two-way prepositions (**an**, **auf**, **in**, **über**, . . .), when part of a reflexive verb, are followed by an accusative.

    Remember, when learning reflexive verbs, to be sure you include the reflexive pronoun and, if applicable, the preposition.

BEISPIELE: interessieren sich **für**   *to be interested in*
              freuen sich **auf**_a   *to look forward to*
              freuen sich **über**_a   *to be pleased about*

    Ich interessiere mich sehr **für** Jazz.
    Wir freuen uns **auf** die Party.
    Eva hat sich **über** das Geburtstagsgeschenk gefreut.

A „Wer stellt sich vor?" Üben Sie.

    Ich stelle _____ vor.   Wir stellen _____ vor.

    Petra stellt _____ vor. Sie stellen _____ vor.

    Du stellst _____ vor.   Ihr stellt _____ vor.

B „Wer hat sich wem vorgestellt?" Üben Sie.

    Ich habe _____   dem Professor vorgestellt.

    Petra . . .   (der neuen Zimmerkollegin)

    Du . . .   (dem Dekan)

    Wir . . .   (der Direktorin)

    Corinna und Eva . . .   (der Gastgeberin)

    Ihr . . .   (beim Vermieter)

89

C | „Weißt du schon?" Setzen Sie passende Verben von der Liste und Reflexivpronomen ein.

kaufen, kennenlernen, interessieren, entscheiden, wünschen

1. Ulrike und Kurt haben _____ (*each other*) in Köln _____ .

2. Ich_____ _____ für nächstes Jahr eine größere Wohnung.

3. Richard will _____ ein neues Haus _____.

4. Hast du _____ schon für einen Beruf _____?

5. Für Fußball _____ ich _____ gar nicht.

D | „Erika muß umziehen." Setzen Sie die fehlenden Personal- und Reflexivpronomen ein.

ERIKA: Du, Anja, ich muß umziehen. Ich kann _____ die hohe Miete nicht mehr leisten.

ANJA: Überleg _____ doch mal, ob du nicht bei uns wohnen möchtest.

ERIKA: Das ist furchtbar nett von dir, aber ich habe _____ schon zwei Kleinwohnungen angesehen. Eine ist in einem Altbau und gefällt _____ sehr. Ich werde _____ noch heute entscheiden.

E | „Meine hektische Morgenstunde . . . " Erzählen Sie in der Vergangenheit in der Ich-Form. Wenn es sinnvoll ist, können Sie die Uhrzeit mit in den Satz einbauen. Zuerst sprechen Sie, dann schreiben Sie.

BEISPIEL: 6:35   sich gestern nicht ganz wohlfühlen
Gestern um fünf nach halb sieben habe ich mich nicht wohlgefühlt

1. 6:40   sich überlegen, ob ich weiterschlafen soll
2. 6:42   sich entscheiden, doch aufzustehen
3. 6:45   sich duschen (*to take a shower*) mit erfrischendem Duschgel
4. 7:00   sich anziehen und schnell die Haare kämmen
5. zehn Minuten später   sich eine Tasse Instant-Kaffee machen
6. während des Kaffeetrinkens   sich die Morgenzeitung ansehen
7. 7:25   sich noch ganz schnell die Zähne putzen
8. 7:30   sich beeilen müssen, weil der Bus um 7:35 abfährt

➡ WB, S. 66; weitere Übungen zu **Formen und Funktionen I.**

Zum Lesen

Lebenslauf

Information about a person is often presented in the form of a **Lebenslauf** (resumé or c.v., for *curriculum vitae*). Such a written document is required when applying for a job. Lesen Sie die zwei Versionen.

Version 1: Kurzform (tabellarische Form)

1 Vor- und Zuname

2 Ort und Datum

3 Inhalt des Schreibens

4 Geburtsort und -datum

5 Name des Vaters
   Name der Mutter

6 Zahl der Geschwister

7 Besuchte Schulen
   Schulabschlüsse
   Besuchte Kurse

8 Lieblingsfächer in
   der Schule

9 Hobbys

10 Bisherige Information und
   Vorbereitung auf die
   Berufswahl

11 Berufswunsch

12 Unterschrift

---

3 *Lebenslauf*

1 *Name:*   Doris Keller

4 *Geburtsdatum:*   30. April 1976
   -ort: Neustadt

5 *Vater:*   Hermann Keller
   Mutter: Karin Keller, geborene Herwig

6 *Geschwister:*   zwei Brüder

7 *Schulbildung:*   1982–1986 Grundschule in
                         Neustadt
                         1986–1992
                         Adam-Kraft-Realschule
                         Kurs für Maschinenschreiben
                         und Stenografie

8 *Lieblingsfächer:*   Biologie, Geografie, Deutsch

9 *Hobbys:*   Lesen, kunsthandwerkliche
                         Arbeiten

11 *Berufswunsch:*   Bürokauffrau

2 *Nürnberg, 10. September 1991*
      12 *Doris Keller*

Meister und
Lehrlinge in einer
Maschinenfabrik.

Kapitel 3: Traum und Wirklichkeit

Version 2: Aufsatzform

1. **Vor- und Zuname**

2. **Ort und Datum**

3. **Inhalt des Schreibens**

4. **Geburtsort und -datum**

5. **Name des Vaters**
   Name der Mutter

6. **Zahl der Geschwister**

7. **Besuchte Schulen**
   Schulabschlüsse
   Besuchte Kurse

8. **Lieblingsfächer in**
   der Schule

9. **Hobbys**

10. **Bisherige Information und**
    Vorbereitung auf die
    Berufswahl

11. **Berufswunsch**

12. **Unterschrift**

---

1 *Doris Keller*   2 *Neustadt, 10. September 1991*

3 *Lebenslauf*

4 *Am 30. April 1976 wurde ich in Neustadt geboren.*

5 *Mein Vater heißt Hermann Keller, meine Mutter Karin Keller, geborene Herwig.*

6 *Ich habe noch zwei Brüder. Der jüngere besucht das Gymnasium, der ältere die 12. Klasse der Fachoberschule.*

7 *Vom September 1982 bis 1986 besuchte ich in Neustadt die Grundschule. Anschließend wechselte ich zur Adam-Kraft-Realschule über. Ich verlasse 1992 die Realschule mit dem Abschlußzeugnis. Zur Zeit besuche ich Kurse für Maschinenschreiben und Stenografie.*

8 *Meine Lieblingsfächer sind Biologie, Geografie und Deutsch.*

9 *In meiner freien Zeit lese ich gern, außerdem liegen mir kunsthandwerkliche Arbeiten.*

10 *In den letzten Ferien hatte ich Gelegenheit, mich über Aufgaben und*

11 *Tätigkeiten im Beruf Bürokaufmann/Bürokauffrau zu informieren. Mir gefallen diese Arbeiten, deshalb möchte ich diesen Beruf erlernen.*

12 *Doris Keller*

Zum Schreiben

„Mein Lebenslauf". Schreiben Sie zu Hause Ihren eigenen Lebenslauf in der Version 2, und bringen Sie ihn in die Klasse mit.

Reden wir miteinander!

Arbeiten Sie zu zweit an den folgenden Übungen. Verwenden Sie Information aus Aktuelles zum Thema, aus Vokabelmosaik 1, aus Hörverstehen 1 und die Redemittel 1 im Workbook, S. 63.

A | Interviewen Sie Ihren Partner / Ihre Partnerin. Ergänzen Sie die Tabelle unten.

Name:_____ Geburtsdatum:_____

Wohnort:_____

B | Ein Reporter möchte für die Wochenzeitschrift *Die Zeit* einen Artikel über Meik und Enrico schreiben. Der Herausgeber (*editor*) der *Zeit* möchte vorher klare Fakten hören und schreibt sich einige Informationen auf.

Informationen über Meik und Enrico
Wohnort   Alter   persönliche Daten Meik—Enrico . . .

C | Nun möchten Partner A und B persönliche Daten über eine andere Person C herausfinden. A fragt B. Wenn B die Information nicht hat, soll B die andere Person C fragen. Tauschen Sie dann die Rollen.

BEISPIEL: A: Weißt du vielleicht, wo . . . wohnt?
Weißt du, ob . . . sich für . . . interessiert?
Weißt du, warum . . .
Weißt du, . . .

➡ WB, S. 68; zwei Fragebögen zu Elisabeth und Birgit, die Sie in den Stufen 2 und 3 kennenlernen werden.

Stufe

2

Sie haben bereits Meik und Enrico kennengelernt. Die beiden interessierten sich für einen handwerklichen Beruf. Andere junge Deutsche gehen länger zur Schule. Sie besuchen ein Gymnasium und machen vielleicht das Abitur. Aber was dann? Sehen und hören Sie sich zuerst das Gespräch mit Elisabeth an.

*H*örverstehen 2 (Video)

Gespräch mit der Abiturientin Elisabeth

Das Interview wurde im Sommer 1990 an der Universität Trier aufgenommen. Wir befinden uns auf einem Platz vor der Mensa (*cafeteria*). Jochen unterhält sich mit Elisabeth über ihre Pläne.

➡ WB, S. 70; Übungen zu **Hörverstehen 2.**

Zum Vokabelmosaik

In **Vokabelmosaik 2** you will find verbs and phrases that enable you to talk and write about special talents, skills, work- or study-related likes and dislikes, and job selection.

Schauen und Identifizieren

Identifizieren Sie im Vokabelmosaik 2 Verben, die Sie schon gut kennen. Schreiben Sie alle für Sie neuen Verben ins Übungsheft.

Journalistin

Rockmusiker

Vokabelmosaik 2

„Bist du begabt?"

Veronika ist künstlerisch begabt.

WER?		WIE?	
Mozart		musikalisch	
(mein) Freund	sein	technisch	begabt / talentiert
Uwe		künstlerisch	

to be . . . gifted/talented
die Begabung = das Talent

Bernhard beschäftigt sich gern mit Mathematik.

WER?		WOMIT?
die Mathematikerin	beschäftigen sich mit	Zahlen
das Kind	*to occupy/busy oneself with*	Lego
Vati	die Beschäftigung, -en	Kochen
. . .	sein beschäftigt (mit)	

Fremdsprachenlernen fällt Dolores leicht.

WAS?		WEM?
das Studium	fallen jdm leicht /	dem Mädchen leicht
der Abschied	schwer, fiel, ist gefallen	der Mutter schwer
Chemie	= ist leicht / schwer für	Petra sehr leicht
		mir

Angelika nimmt ihr Studium sehr ernst.

WER?		WAS?
der Lehrling	nehmen etwas / jdn ernst,	die Arbeit
Günther	nahm, genommen	seinen Vater
	to take sth. / so. seriously	

Ulrike hat einen Sozialberuf ausgewählt.

WER?		WAS?
die Abiturientin	(aus)•wählen	ein Studienfach
die Politiker	*to select, choose*	einen Kandidaten
der Freund	die (Aus)wahl	ein Geschenk
	die Berufswahl	

Ein Universitätsstudium kommt für Meik nicht in Frage.

WAS?		FÜR WEN?
eine Lehre	kommen (nicht) in Frage	für Peter
	(für jdn)	für mich
	to be a possibility / to be	
	out of the question	

Beate hat sich noch nicht für einen Beruf entschieden.

WER?		WOFÜR?
Frau Handke	entscheiden sich für /	eine Reise in die USA
Monika	gegen, entschied,	eine Filmkarriere
Alexander	entschieden *to decide*	ein Medizinstudium
	for / against	
	die Entscheidung, -en	

Peter hat seinen früheren Berufsplan aufgegeben.

WER?		WAS?
der Student	auf•geben (gibt auf),	das Chemiestudium
Boris	gab auf, aufgegeben	die Tenniskarriere
	to give up	

Kombinieren und Schreiben

A Sprechen und schreiben Sie mit jedem Verb einfache Sätze wie im Modellsatz im Vokabelmosaik. Sie können zu zweit üben.

> **BEISPIEL:** sein musikalisch begabt
> Meine Schwester Deborah ist musikalisch begabt.

B Welche Verben im Vokabelmosaik 2 sind mit folgenden Wörtern verwandt? Sagen Sie das passende Verb, ohne im Vokabelmosaik nachzuschauen.

> **BEISPIEL:** die Unterhaltung → unterhalten sich (mit) über,
> unterhielt sich, hat sich unterhalten
>
> die Beschäftigung → _____
> die Begabung → _____
> die Auswahl → _____
> die Entscheidung → _____

C „Warum muß ich mich entscheiden?" Paul und Ulrike haben gerade ihr Abitur gemacht und diskutieren mit den Eltern ihre Zukunft. Wählen Sie von den folgenden Verben aus, und setzen Sie die fehlenden Formen in den Text ein.

sein . . . begabt
fallen . . . leicht / schwer
kommt (nicht) in Frage
interessieren sich
entscheiden sich

Paul sagt, daß Ulrike künstlerisch _____ ist. Ulrike meint:
Mathematik fällt Paul _____; er ist mathematisch nicht
_____. Pauls Vater glaubt, Paul sollte _____ bald
_____, was er studieren will. Ulrikes Eltern möchten, daß sie
Ärztin wird. Dieser Beruf kommt aber für Ulrike nicht _____.
Sie _____ _____ gar nicht für Medizin.

D | „Und wie ist das bei dir?" Fragen Sie Klassenkameraden.

- Was fällt dir leicht / schwer?
- Bist du . . . begabt?
- Womit beschäftigst du dich gern, wenn du allein bist?
- Nimmst du dein Studium immer ernst?
- Kommt für dich ein künstlerischer Beruf in Frage?
- Hast du dich schon für einen Beruf entschieden?

E | Und wie ist das bei deinen Geschwistern / Freunden / Freundinnen? Nehmen Sie
die Fragen von D, und sprechen Sie.

    BEISPIEL: Mein älterer Bruder ist mathematisch begabt. Er . . .

Formel-1-Fahrer

*F*ormen und Funktionen 2

THE SUBJUNCTIVE—PRACTICAL AND EASY (1)

You have already used subjunctive forms in German. For example, several of the
Redemittel in previous chapters contained subjunctive forms.
    Do you remember the following?

❏ Entschuldigung! **Könnten** Sie mir bitte sagen, wo (wie, . . .) . . .

❏ **Würden** Sie mir bitte sagen, . . . ?

❏ Ich **möchte** Sie . . . einladen.

❏ Das **wäre** sehr schön.

❏ Wir **müßten** wieder mal zusammen ausgehen!

❏ Ich **würde** gern . . .

Let us have a closer look at the function of these subjunctives.

The Subjunctive (*Konjunktiv*) in Questions, Requests, and Wishes

One can express questions, requests, and wishes directly, without using a subjunctive. However, the use of the subjunctive makes questions, requests, and wishes somewhat more polite and more formal. Look over the examples below and compare them to their English counterparts.

BEISPIELE: *Direct*

Ich **habe** mal eine Frage.
Ist es möglich, . . .?
Kann ich die Zeitung mal haben?
Darf ich später kommen?
Was **muß** ich tun, um . . .?
Geben Sie mir bitte . . .

More formal

Ich **hätte** mal eine Frage.
Wäre es möglich, . . .?
Könnte ich die Zeitung mal haben?
Dürfte ich später kommen?
Was **müßte** ich tun, um . . .?
Würden Sie mir bitte . . . geben?

Indikativ		*Konjunktiv*
haben	→	hätte (*would have*)
sein	→	wäre (*would be*)
können	→	könnte (*could*)
dürfen	→	dürfte (*would be allowed to*)
müssen	→	müßte (*would have to*)
mögen	→	möchte (*would like to*)
geben	→	würde . . . geben (*would give*)

NOTE: Make sure not to confuse the subjunctive forms of modal verbs above with their **Präteritum** forms, for example, **könnte** vs. **konnte**. Practice pronouncing these similar but distinct forms correctly.

A | Sie arbeiten in einem Personalbüro. Sie brauchen von einem Kandidaten Information zur Person. Fragen Sie etwas formeller (höflicher):

BEISPIEL: Ihr Name, bitte! → Könnten Sie mir bitte Ihren Namen geben?

1. Ihre Adresse?

2. Ihr Geburtsdatum?

3. Ihre Telefonnummer?

B | Job-Information: Etwas formeller, bitte.

BEISPIEL: Haben Sie morgen Zeit für mich? → Hätten Sie morgen Zeit für mich?

1. Ich interessiere mich für diesen Job.

2. Wo kann ich Informationen über die Stelle bekommen?

3. Wann muß ich mich entscheiden?

4. Ist es Ihnen recht, wenn ich . . .?

5. Was muß ich können, um diese Stelle zu bekommen?

6. Können Sie mir bitte die Telefonnummer von . . . geben?

7. Ich danke Ihnen für Ihre Hilfe.

➡ WB, S. 73; Übungen zu **Formen und Funktionen 2.**

97

Zum Lesen

„Beruf—Traum und Wirklichkeit für elf junge Menschen"

Vor dem Lesen

Traumberufe. Was fällt Ihnen dazu ein? Geben Sie kurze Antworten.

Welchen Traumberuf haben Sie? Warum?

Hatten Sie schon immer denselben Traumberuf? Wenn nicht, warum haben Sie jetzt einen anderen?

Was sind typische Traumberufe in Ihrem Land? Was glauben Sie, warum?

Ist für Sie Lebensqualität wichtiger oder Geld oder beides?

Können Sie sich vorstellen, was für junge Deutsche wichtig ist, wenn sie einen Beruf wählen?

Beim Lesen

A | Lesen Sie kurz den Abschnitt „Elf junge Menschen, elf Wünsche." Kreuzen Sie danach die richtigen Informationen an.

Was für Menschen sind das? _____ Studenten / Studentinnen?
_____ Schüler / Schülerinnen, die noch zur Schule gehen oder
_____ die gerade mit der Schule fertig geworden sind?
_____ Gymnasiasten / Gymnasiastinnen?
_____ Hauptschüler / Hauptschülerinnen?
_____ Realschüler / Realschülerinnen?
_____ Schüler / Schülerinnen einer Gesamtschule?

B | Weitere Informationen. Welche anderen Pläne, die nichts mit einem Beruf zu tun haben, nennen die Schüler / Schülerinnen noch?

C | Überfliegen (*scan*) Sie die folgenden Kurztexte einmal schnell in je 1 Minute, und notieren Sie zu jeder Person etwas über ihre Interessen, Hobbys, Berufswünsche.

BEISPIEL: Veronika → Berufswunsch Kunstschreinerin; Holz

1. Ulrike
2. Uwe
3. Beate
4. Christian
5. Angelika
6. Bernhard
7. Richard
8. Thomas
9. Peter
10. Dolores

Koch

Beruf: Traum und Wirklichkeit für elf junge Menschen

Elf junge Menschen, elf Wünsche

Die Jungen und Mädchen der „Staudinger Schule" in Freiburg / Breisgau stehen an der Schwelle des Erwachsenenlebens, sie haben zu Ostern das Abitur gemacht. Die „Staudinger Schule" ist eine integrierte Gesamtschule. Nach den Prüfungen zum Abitur müssen alle Schüler noch ein halbes Jahr die Schule weiter besuchen; dann erst werden die Noten für das Abschlußzeugnis endgültig festgelegt. Bildbericht: Willi Genzler

Ulrike Skorski

Seit langem hat Ulrike nur den einen Wunsch: sie möchte Krankengymnastin werden. Dieser Beruf hat sie schon als Kind fasziniert. Außerdem meint sie, daß er zukunftssicher sei. „Man kann nach der Ausbildung in ein Krankenhaus gehen oder in eine größere Arztpraxis, oder man kann sich selbständig machen." Bei 23 Schulen hat sich Ulrike bereits beworben, sie hofft sehnlichst, daß sie bald eine Zusage erhält.

Uwe Allgeier

Er möchte später im „technischen Umweltschutz" arbeiten. Die Anregung dazu bekam er vom Arbeitsamt. Nach dem Studium in Furtwangen oder in Berlin geht Uwe entweder in die Industrie oder in die Verwaltung, oder er macht sich selbständig. Während der Ausbildung möchte er außerdem noch „auf die große Reise gehen". Und zwei Studiensemester in den USA stehen auf seinem Programm.

Beate von Knilling

„Bei mir ist hinsichtlich eines späteren Berufes noch alles offen. Schauspielerin oder Journalistin wäre vielleicht der richtige Beruf für mich." Beate möchte nach dem Abitur zwei Semester Kunst studieren, aber nicht, um das Staatsexamen zu machen, sondern um ihrer Neigung und Begabung entsprechend tätig zu sein, um sich weiterzubilden und—das hofft sie—zu einer Entscheidung zu kommen.

Christian Müller

Die Richtung weiß er schon, zu welchem Beruf er dann später neigt, wird sich im Laufe des Studiums zeigen. Christian will Betriebswirtschaft studieren, und

Vokabelhilfe

stehen . . . an der Schwelle *here: to be at a turning point*

fest•legen *to determine*

erhalten eine Zusage *to receive an acceptance*

bekommen eine Anregung *to get an idea / the incentive*

die Neigung *the inclination*

die Richtung *direction, area of studying*

99

zwar auf einer Fachhochschule, nicht auf einer Universität. Die Universitätsausbildung hält er nämlich für zu theoretisch. Am liebsten möchte er drei Semester in London absolvieren.

Angelika Schlomm
Sie weiß schon genau, wie es weitergehen soll. Sie will Jura studieren und Richterin oder Rechtsanwältin werden. „Die erste Idee, nach dem Abitur ein juristisches Studium zu machen, bekam ich nach einem Besuch der Universität in Freiburg, als diese einen „Tag der offenen Tür" veranstaltete. Weitere Informationen zum gleichen Thema bestärkten mehr und mehr meinen Entschluß." Weil Angelika sich bereits so gut auskennt, weiß sie auch, was nicht in Frage kommt: Staatsanwältin.

Bernhard Heselmann
Mathematik und Physik sind seine Lieblingsfächer in der Schule, deshalb möchte Bernhard gern einen Beruf in dieser Richtung ergreifen, zum Beispiel Fachmann in der Fernseh- oder Computer-Technik. Welchen Weg er einschlägt, das weiß er noch nicht: „Ich werde vielleicht nach dem Abitur eine Handwerkslehre machen oder gleich mit einem Studium anfangen." Außerdem gibt es für ihn auch noch die Möglichkeit, sich bei der Bundeswehr als Soldat für mehrere Jahre zu verpflichten und dabei eine Ausbildung in der Elektronik zu absolvieren.

Richard Wehrle
Ihm schwebt ein künstlerischer Beruf vor, „in dem man sich verwirklichen kann". Das könnte zum Beispiel Gartenbau-Architekt oder Grafiker sein, aber Richard hat sich noch nicht entschieden. Seine Großmutter besitzt eine kleine Gärtnerei; und ein Bekannter, der in München die Fachhochschule für Grafik besucht, erzählt ihm oft über Ausbildung und Möglichkeiten in diesem Metier. Richard meint, daß man bei der Herstellung einer Grafik zum Beispiel ständig das Resultat sehen kann. „Deshalb liegt mir das." Aber er will sich noch über andere Berufe informieren.

Thomas Kretz
Bis vor einigen Monaten wollte er noch Geographie und Volkswirtschaft studieren. Inzwischen jedoch ist Thomas durch eine Fachberatung beim „Tag der offenen Tür" an der Universität Freiburg zu der Überzeugung gelangt, daß man die Fachrichtung Geographie nur als Lehrer voll ausschöpfen könne.

---

halten etwas / jdn für, hielt, gehalten *to consider to be* (Christian hält ein Universitätsstudium für zu theoretisch.)

veranstalten *to organize, hold* (Die Universität veranstaltet ein Filmseminar.)

verpflichten jdn / sich *here: to enlist, to commit oneself*

verwirklichen etwas / sich *to realize, to find fulfillment*

liegen etwas jdm (nicht) *(not) to be capable of doing, (not) to be inclined toward*

gelangen zur Überzeugung, daß . . . *to come to the conclusion that*

Und die Aussichten im Lehrerberuf sind nicht gerade günstig. Deshalb will sich Thomas auf das Studium der Volkswirtschaft beschränken. Welchen Beruf er dann später wählen wird, das weiß er noch nicht.

Peter Doelfs

Sein früheres Ziel—Traumberuf Goldschmied—hat er aufgegeben, jetzt schwebt ihm ein geisteswissenschaftliches Studium vor, vielleicht politische Wissenschaften. Peter möchte sich damit persönlich weiterentwickeln. Er meint, dabei wird sich schon herausstellen, welcher Beruf zu ihm paßt. Vielleicht Diplom-Historiker?

Dolores Kopitz

„Von meinem ursprünglichen Berufswunsch, Dolmetscherin, ist nicht mehr viel übriggeblieben, nachdem ich mit Bekannten gesprochen habe, die in diesem Beruf bereits tätig sind." Wahrscheinlich wird sie jetzt Jura und Betriebswirtschaft studieren. Wenn sie es schafft, will sie in beiden Fächern das Staatsexamen machen. Dolores meint, daß sie mit diesem Rüstzeug später fast unbegrenzte berufliche Möglichkeiten hat. Vielleicht wird sie einmal in einer Bank arbeiten—in gehobener Position.

Veronica Mainka

Plastik und Kunststoff lehnt sie entschieden ab, am liebsten möchte sie später mit Holz arbeiten. Deshalb heißt Veronicas Berufswunsch: Kunstschreinerin. Sie hofft, bald eine Lehrstelle zu finden. Sollte das nicht klappen—für diesen Fall hat Veronika sich schon einen anderen Plan zurechtgelegt—wird sie studieren und an der Universität Freiburg das Fach Germanistik belegen. Wenn sie Zeit dazu findet, möchte sie auch weiter an einer Freiburger Jugendbühne Theater spielen— „nur so nebenbei" und ohne den Schauspielerberuf anzustreben.

---

günstig *favorable*
beschränken etwas / sich auf
  to limit (oneself) to (Thomas hat sich auf das Studium der Volkswirtschaft beschränkt.)

vor•schweben jdm etwas *to imagine, dream of* (Mir schwebt ein Kunststudium vor.)

heraus•stellen sich *to show, become clear*
passen zu *to be suitable for* (Ein künstlerischer Beruf paßt nicht zu dir.)

übrig•bleiben, blieb übrig, ist übriggeblieben *to be left*

schaffen es *coll.: to make it, succeed* (Wir haben es geschafft!)
das Rüstzeug *here: basic training*
unbegrenzt *unlimited*

die Kunst, ⸚e *art*
der Schreiner *joiner, cabinet maker*
es klappt *it works out*
zurecht•legen sich_d etwas *here: to select*
belegen ein Fach *to enroll in* (Veronika will das Fach Germanistik belegen.)

an•streben *to strive for*

101

D Jetzt suchen Sie sich einen Schüler oder eine Schülerin aus, über die Sie vor der Klasse etwas Genaueres erzählen wollen. Schauen Sie sich zuerst die Vokabeln zu der Person an. Dann lesen Sie und machen sich Notizen. Wenn alle fertig sind, berichten Sie vor der Klasse.

  Name: _____

  Was will ich der Klasse über _____ berichten (*report*)?

E Unterstreichen Sie alle Konjunktivformen in den Texten. Welche Zeiten können Sie finden?

Nach dem Lesen

A | Können Sie identifizieren, wer sich im Text für welchen Beruf bzw. welches Gebiet interessiert? Wählen Sie die richtigen Kombinationen.

1. Ulrike	a. Industrie
2. Uwe	b. Wirtschaft
3. Beate	c. Rechtsanwältin
4. Christian	d. Elektronik
5. Angelika	e. Geographie
6. Bernhard	f. Goldschmied
7. Richard	g. Sozialberuf
8. Thomas	h. Gärtner
9. Peter	i. Kunsthandwerk
10. Dolores	j. Jura
11. Veronika	k. Historiker
	l. Staatsanwältin
	m. Schauspielerin
	n. Dolmetscherin
	o. Graphiker

B | Zusammenfassung. Vervollständigen Sie die folgende Tabelle mit Informationen aus den Texten. Für welche Berufe kann man wo eine Ausbildung machen? Ist ein Studium nötig? Nicht alle Kategorien müssen immer ausgefüllt werden!

	BERUFE	AUSBILDUNGSPLÄTZE	STUDIENFÄCHER
Ulrike	Krankengymnastin	Krankenhaus / Arztpraxis	–
Uwe	technischer Umweltschutz		
Beate	_____	_____	_____
	_____	_____	_____

Reden wir miteinander!

Interviewen Sie sich gegenseitig (benutzen Sie die Redemittel unten). Tragen Sie auch die Antworten unten ein. Danach tauschen Sie die Rollen.

Redemittel

Was sagt man, wenn man sich über persönliche Interessen und Berufswünsche unterhält? Lesen Sie zuerst, und fragen und antworten Sie dann selber.

❏ Ich interessiere mich besonders für den Umweltschutz, wie Uwe. Und wofür interessierst du dich besonders?

oder:
❏ Ich experimentiere gern mit Computerprogrammen, wie Bernhard. Und du?

oder:

❑ Ich beschäftige mich gern mit Zeichnen und Entwerfen, wie Richard. Und womit beschäftigst du dich gern?

oder:

❑ Der Umgang mit Holz interessiert mich sehr, wie Veronika. Interessiert dich der Umgang mit Menschen / Pflanzen / Computern?

oder:

❑ Mich interessiert . . . überhaupt nicht / kaum / nicht sehr.

oder:

❑ Ich würde auch gern Krankengymnastin werden, wie Ulrike. Und was würdest du gern werden?

oder:

❑ Ich habe auch vor, ein Praktikum in einer Bank zu machen, wie Dolores. Und was hast du im Sommer vor?

oder:

❑ Ich möchte die Gelegenheit nutzen, an einer Jugendbühne Theater zu spielen, wie Veronika. Und du?

Ihre Fragen und Antworten:

A: _____

B: _____

A: _____

B: _____

A Mit welchen Abiturienten / Abiturientinnen aus dem Lesetext könnten Sie sich am leichtesten identifizieren? Warum?

> BEISPIEL: Mit Peter. Ich hab' auch meinen früheren Traumberuf aufgegeben.
> Und ich interessiere mich auch für politische Wissenschaften.
> Und du?
> Mit . . .

B Zu Hause suchen Sie sich Ihre Lieblingsperson aus den elf Beschreibungen aus und schreiben den Text über diese Person in die Ich-Form um. Lesen Sie die Hausaufgabe in der nächsten Deutschstunde vor. Ihre Klassenkameraden / Klassenkameradinnen raten, wer Sie sind.

> *zu Hause:* Ich bin jetzt mal Veronika. Plastik und Kunststoff lehne ich entschieden ab . . .

> *im Unterricht:* Wer bin ich? Plastik . . .

C Schauen Sie die Übersicht (im Workbook, S. 74) mit den vielen Berufsmöglichkeiten an. Jede(r) in Ihrer Gruppe macht Kommentare zu einzelnen Berufen. Warum würden Sie sich für einen bestimmten Beruf interessieren; warum nicht für einen anderen? Verwenden Sie auch Wörter wie: gar nicht, ein wenig, kaum, sehr, möchte (nicht) . . . werden.

> BEISPIEL: Architekt kommt für mich gar nicht in Frage, weil ich nicht mathematisch begabt bin.

D | Wählen Sie aus der Übersicht mehrere Berufe aus, die besonders gut zu Ihnen passen. Dann geben Sie das Wort weiter.

> BEISPIEL: Journalistin paßt gut zu mir. Ich kann nämlich gut schreiben und wollte schon immer mal gerne beim *Spiegel* arbeiten. Welcher Beruf würde gut zu dir passen?

E | Oft ändert man seine Berufswünsche. Sprechen Sie über Ihre früheren Träume und Ihre jetzigen Vorstellungen von einem Beruf. Warum haben Sie Ihre Pläne geändert? Was macht diesen Beruf so attraktiv? Vergessen Sie die Redemittel nicht!

F | In Ihrem Familien- und Freundeskreis werden natürlich Ihre Berufswünsche auch diskutiert. Erklären (*explain*) Sie, warum Sie einen weniger bekannten Beruf wählen wollen, z.B. Diplompsychologin, Sozialarbeiter, Biologin. Sie könnten Ihr Gespräch beginnen mit: Berufswünschen von Geschwistern, Ihren Talenten, Wohnen in einer interessanten Stadt, . . .

➡ WB, S. 75/76; mehr zum Lesen, Identifizieren und Diskutieren.

Straßenmaler in Köln.

Stufe

3

Studium – wie lange?
Durchschnittliche Studiendauer deutscher Hochschüler in Semestern

Medizin	14,6
Gymnasiallehrer	14,2
Sprachen	14,2
Mathematik, Naturwissenschaften	14,0
Ingenieurwesen	13,6
Recht	12,8
Wirtschaft	12,6
Kunst	12,0
Grund-, Hauptschullehrer	9,8
Maschinenbau*	9,0
Sozialwesen*	8,4

*Fachhochschule

© Globus 7529

Haben Sie im Schaubild gesehen, daß ein Gymnasiallehrer beinahe so lange studieren muß wie ein Arzt? Wenn also Elisabeth, die Sie in Stufe 2 kennengelernt haben, Fremdsprachen studieren will, hat sie ein langes Studium vor sich. Manche Abiturienten und Abiturientinnen beginnen ein Studium, aber schließen es nicht ab.

So hat auch Birgit ihre Berufspläne geändert. Sehen und hören Sie sich das Interview mit Birgit an.

*H*örverstehen 3 (Video)

Interview mit einer Goldschmiedin

Die meisten Jugendlichen beginnen eine Lehre nach der Hauptschule oder nach der Realschule, manchmal auch nach dem Gymnasium oder der Gesamtschule. Warum hat sich aber die Universitätsstudentin Birgit für eine Lehre entschieden?

Das Interview wurde in einem Goldschmiedeatelier aufgenommen.

➡ WB, S. 78; Übungen zum **Hörverstehen 3.**

Kapitel 3: Traum und Wirklichkeit

Zum Vokabelmosaik

In Vokabelmosaik 3 you will find verbs and phrases that help you to talk, read, and write about the decision-making process, employment contacts, and completing or giving up studies or a job.

Schauen und Identifizieren

Welche Verben kennen Sie schon gut? Identifizieren Sie die neuen Verben, und schreiben Sie diese in Ihr Übungsbuch.

Vokabelmosaik 3

Studium oder Lehre ?

Meik hat sich um eine Lehrstelle (beim Tischler Neumann) beworben.

WER?		WORUM?
der Abiturient	bewerben sich um (bei),	ein Stipendium
Gisela	(bewirbt) bewarb,	eine Arbeit (bei . . .)
die Schülerin	beworben *to apply*	einen Teilzeitjob
	(*with so.*) *for sth.*	
	die Bewerbung	
	der Bewerber /	
	die Bewerberin	

Die Universität hat Thomas beraten.

WER?		WEN?
die Mutter	beraten, (berät) beriet,	die Kinder
der Arzt	beraten *to give advice,*	den Patienten
	to counsel	
	die Beratung	

Birgit wendet sich an einen Goldschmied.

WER?		AN WEN?
der Student	wenden sich an	die Universität
Frau Böll	*to consult / see so. about,*	den Präsidenten
Touristin	*to turn to*	die Polizei

Angelika setzte sich mit der Universität in Verbindung.

WER?		MIT WEM
der Hotelbesitzer	setzen sich in Verbindung	mit dem Chefkoch
Beate	*to get in contact / touch with*	mit der Direktorin

Birgit entschloß sich, Goldschmiedin zu werden.

WER?		WOZU?
Tanja	entschließen sich (zu),	zu einem Jurastudium
Thomas	entschloß, entschlossen	, Bäcker zu werden.
Elvira	= entscheiden sich für	, in Wien zu studieren
	der Entschluß	

Meik ist bei der Tischlerei Rosin beschäftigt.

WER?		WO?
der Programmierer	sein beschäftigt bei	Siemens
die Laborantin	*to work for*	Nestle
Boris	die Beschäftigung, -en	der Bildzeitung
	der / die Beschäftigte, -n	
	employee	

Die Fachschule bildet Facharbeiter aus.

WER?		WEN?
die Flugschule	aus•bilden	Piloten
die Kunsthochschule	*to train / educate,*	Künstler
	die Ausbildung	

Birgit hat ihre Lehre schon abgeschlossen.

WER?		WAS?
die Studentin	ab•schließen, schloß ab,	die Diplomarbeit
der Azubi	abgeschlossen	die Lehre
	to complete / finish	
	der Abschluß	

Die Abiturientin will ihren Vater nicht enttäuschen.

WER? / WAS?		WEN?
der Bewerber	enttäuschen jdn	den Interviewer
die Semesterarbeit	*to disappoint*	die Professorin
	die Enttäuschung	

107

Kombinieren und Schreiben

A | Wie heißt das verwandte Verb?

die Beratung _____ der Beschäftigte _____

der Abschluß _____ die Bewerbung _____

die Enttäuschung _____

B | Sprechen und schreiben Sie jetzt einfache Sätze mit jedem Verb: zuerst mit Vokabeln vom Vokabelmosaik, dann auch mit Ihnen schon bekannten Wörtern und Satzteilen.

> **BEISPIEL:** Der Abiturient bewirbt sich um ein Stipendium.
> Gisela bewirbt sich um eine Arbeit bei der Deutschen Bank.
> Ich möchte mich um einen Sommerjob bei . . . bewerben.

C | „Beratung!" Ein Bekannter, der einen Job sucht, wendet sich an Sie. Sie beraten ihn. Antworten Sie mit Imperativsätzen.

> **BEISPIEL:** Wo kann ich mich informieren? (die Firma Stark) →
> Informieren Sie sich bei der Firma Stark!

1. An wen soll ich mich wenden? (an Prof. Schwarz)

2. Wo soll ich mich bewerben? (bei der Univerwaltung)

3. Mit wem kann ich mich in Verbindung setzen? (mit Herrn Kuhn)

4. Wann muß ich mich entscheiden? (am besten in einer Woche)

D | Verstehen Sie die folgenden Komposita? Geben Sie ein englisches Äquivalent.

Meisterprüfung	Ausbildungsmöglichkeiten
Bewerbungsformular	Abschlußprüfung
Beschäftigungsort	Studentenverbindung
Berufsfachschule	Fachschulabschluß
Studienbewerber	Ausbildungsgang
Vorbereitungszeit	Hochschulabschluß
Berufsberatung	Gesellenstück

E | „Birgit wird vielleicht Meisterin!" Sprechen Sie über Birgit. Verwenden Sie dabei folgende Satzteile im Perfekt. Abitur machen—zum Studium der Kunstgeschichte entschließen—Studium nicht abschließen—mit einem Goldschmied in Verbindung setzen—sich bewerben—eine Lehrstelle bekommen—die Goldschmiedelehre abschließen

F | Welche englische Bedeutung paßt zu dem deutschen Verb? Markieren Sie a., b. oder c.

1. beraten   a. *to decide*   b. *to give advice*   c. *to train*

2. bewerben sich um   a. *to disappoint*   b. *to work for*   c. *to apply for*

3. entschließen sich   a. *to complete*   b. *to give up*   c. *to decide*

4. ab•schließen   a. *to complete*   b. *to turn to*   c. *to apply*

5. aus•bilden   a. *to complete*   b. *to train*   c. *to give up*

6. enttäuschen   a. *to disappoint*   b. *to decide*   c. *to counsel*

Gesellenstück eines Schreinerlehrlings.

Spiralen

THE SUBJUNCTIVE—PRACTICAL AND EASY (2)

The Subjunctive in Hypothetical Conditions

Whether or not a given action or event can be carried out depends on certain conditions. In No. 1 below, Beate's talent is a *fact*. In 2 and 3, however, we have *hypothetical conditions*, one referring to *present time*, the other to *past time*.

First, study the three possibilities below; then look over the verb forms for the hypothetical conditions (sometimes called *contrary-to-fact statements*).

1. **Fact:**

   Beate ist musikalisch begabt.   *Beate is musically gifted.*

   Sie wird an einer Musikhoch-   *She will be studying at a conservatory.*
   schule studieren.

2. **Hypothetical condition (present time):**

   Wenn Beate musikalisch begabt   *If Beate **were** musically gifted, she **would study***
   wäre, **würde** sie an einer   *at a conservatory.*
   Musikhochschule **studieren**.

3. **Hypothetical condition (past time):**

   Wenn Beate musikalisch begabt   *If Beate **had been** musically gifted, she **would have***
   gewesen wäre, **hätte** sie an   ***studied** at a conservatory.*
   einer Musikhochschule
   studiert.

Infinitiv	Hypothetische Kondition (Gegenwart / Zukunft)	Hypothetische Kondition (Vergangenheit)
sein	wäre	wäre . . . gewesen
haben	hätte	hätte . . . gehabt
werden	würde	wäre . . . geworden
kommen	würde . . . kommen	wäre . . . gekommen
abschließen	würde . . . abschließen	hätte . . . abgeschlossen
beraten	würde . . . beraten	hätte . . . beraten
können	könnte + Verb$_{inf}$	hätte + V$_{inf}$ + können
müssen	müßte + Verb$_{inf}$	hätte + V$_{inf}$ + müssen
dürfen	dürfte + Verb$_{inf}$	hätte + V$_{inf}$ + dürfen
sollen	sollte + Verb$_{inf}$	hätte + V$_{inf}$ + sollen
wollen	wollte + Verb$_{inf}$	hätte + V$_{inf}$ + wollen

109

NOTE: Strong verbs have special subjunctive forms (for example, **käme**, **führe**, **wüßte**) but, except for a few very commonly used verbs, these forms are not used in the spoken language. You will, however, have to be able to recognize such forms for reading purposes. Since the subjunctive form of strong verbs is derived from the **Präteritum**, it is important to know the **Präteritum** form.

	INFINITIV	PRÄTERITUM	KONJUNKTIV	PARTIZIP PERFEKT
BEISPIELE:	kommen	kam	→ **käme**	gekommen
	entschließen	entschloß	→ **entschlösse**	entschlossen
	beraten	beriet	→ **beriete**	beraten

The table below presents a summary of the most commonly used subjunctive forms. Pay special attention to the pronunciation of these forms, since most of them have a counterpart without the Umlaut but with a very different function and meaning (Compare: **hätte** vs. **hatte**; **würde** vs. **wurde**).

BEISPIELE:	Ich **hatte** Zeit.	versus	Wenn ich Zeit **hätte,** . . .
	I had time. (simple past)		*If I had time . . .*

Peter **war** müde.   Wenn Peter müde **wäre** . . .
Peter was tired.   *If Peter were tired . . .*

Beate **konnte** Jura studieren.   Wenn Beate Jura studieren **könnte** . . .
Beate was able to study law.   *If Beate were able to study law . . .*

Alex **wurde** Bäcker.   Wenn Alex Bäcker **würde** . . .
Alex became a baker.   *If Alex became a baker . . .*

	sein	haben	werden	können	müssen	dürfen
ich (er,sie,es)	wäre	hätte	würde	könnte	müßte	dürfte
du	wär(e)st	hättest	würdest	könntest	müßtest	dürftest
wir (sie,Sie)	wären	hätten	würden	könnten	müßten	dürften
ihr	wär(e)t	hättet	würdet	könntet	müßtet	dürftet

A | Bilden Sie selbst Kontrastsätze wie in den Beispielen oben.

war—wäre   mußte—müßte
hatte—hätte   durfte—dürfte
konnte—könnte   wurde—würde

B | „Was wärst du lieber? Warum?" Bilden Sie hypothetische Konditionen (Gegenwart / Zukunft). Wählen (*choose*) Sie von den Ausdrücken in der rechten Spalte.

BEISPIEL:	Psychologe oder Biologe?	mehr Kontakt mit Menschen →
	Ich **wäre** lieber Psychologe.	Da **hätte** ich mehr Kontakt mit Menschen.
oder:	Ich **wäre** lieber Psychologe,	weil ich da mehr Kontakt mit Menschen **hätte**.

1. Journalistin oder Architektin?   mehr Freizeit haben

2. Mathematiker oder Schauspieler?   unabhängig sein

3. Friseuse oder Fotografin?   kreativ sein können

4. Zahnarzt oder Lehrer?   eine sichere Stelle haben

5. Soziologin oder Bäuerin   im Freien arbeiten können

6. Ingenieur oder Professor?   nicht am Wochenende arbeiten müssen

7. Künstlerin oder Hotelbesitzerin?   sich mehr leisten können

8. Mechaniker oder Verkäufer?   nicht mit Menschen umgehen müssen

9. Tischler oder Gärtner?   nicht so sehr vom Wetter abhängig sein

Finden Sie mit einem Partner oder einer Partnerin noch fünf weitere Beispiele.

➡ Weitere Übungen zu **Formen und Funktionen 3** im Workbook, S. 82.

➡ WB, S. 83; mehr zum Lesen, Diskutieren und zum Schreiben.

Zoodirektor

Politikerin

Fotograf

Modeschöpfer

Freizeit

Tegernsee, Bayern.

Goals:

- *Learning about leisure activities and how someone is poking fun at a typical German **Feierabend***

- *Listening to and watching conversations in a travel office*

- *Reading about Hamburg and Böll's story about a tourist and a local fisherman*

- *Writing a paragraph on a selected theme pertaining to the chapter*

- *Reviewing adjectives and learning how to use them to express quality and quantity; learning how words cross word-boundaries: how verbs become adjectives, adjectives become nouns or adverbs*

- *Reviewing and mastering the basic funtions of the passive.*

- *Talking with partners and friends about leisure activities and planning a weekend trip or vacation.*

Stufe 1

Aktuelles zum Thema:
„Feierabend" (Loriot)

Hörverstehen 1
Freizeitpläne: „Feierabend"

Vokabelmosaik 1
Freizeitaktivitäten

Formen und Funktionen 1
I. Expressing Quality and
   Quantity with Adjectives
II. Expressing Degrees of Quality
    and Quantity by Comparing

Reden wir miteinander!
Reden über Freizeit

Stufe 2

Hörverstehen 2 (Video)
Reiseauskunft einholen und
geben

Vokabelmosaik 2
Nix wie weg von hier . . . aber
wohin?

Formen und Funktionen 2
I. Three Functions of **werden**
II. The Passive

Zum Lesen
🔖 „Hamburg"

Reden wir miteinander!
🔖 Auskunft erfragen und geben

Stufe 3

Hörverstehen 3 (Video)
Eine größere Reise planen

Vokabelmosaik 3
Wenn man nur wüßte, . . .

Formen und Funktionen 3
I. From Verbs to Adjectives—
   Participles as Adjectives
II. From Adjectives to Nouns
III. From Nouns to Adjectives
IV. From Adjectives to Adverbs

Zum Lesen
„Anekdote zur Senkung der
   Arbeitsmoral" (Böll)

Zum Schreiben
Aufsatz zum Thema

Reden wir miteinander!
Rollenspiel zur Anekdote

113

🔖 These items appear in the Workbook.

Aktuelles zum Thema

Viele Menschen im späten achtzehnten und beginnenden neunzehnten Jahrhundert mußten noch den größten Teil ihrer wachen Stunden mit schwerer körperlicher Arbeit verbringen. In der postindustriellen Zeit hat sich aber für viele Deutsche die Situation dramatisch verbessert. Immer häufiger hört man heute das Wort **Lebensqualität** und meint damit unter anderem die Möglichkeiten, die einem zur Erholung offen stehen.

In Stufe 1 wollen wir sehen (und hören), was ein Humorist über die Freizeitgewohnheiten einiger Deutscher zu sagen hat.

„Feierabend" (Loriot): Loriot ist der Künstlername von Viktor von Bülow. Loriot ist ein multimedialer Humorist, der vor allem durch seine Cartoon-Figuren für das Fernsehen bekannt geworden ist, das typische deutsche Ehepaar (siehe Bild), den Fernsehhund Wum und andere. Wir stellen Ihnen dieses Ehepaar jetzt in der Szene „Feierabend" vor. Feierabend ist eine Parodie auf die Art, wie manche Leute ihre kostbare (*valuable*) Freizeit verbringen.

Vor dem Lesen

Was machen Sie gewöhnlich am Feierabend, wenn Sie fertig sind mit der Arbeit? Sind Sie eher (*rather*) aktiv, oder entspannen Sie sich lieber? Wie?

Beim Lesen

Lesen Sie jetzt den Text „Feierabend", und beantworten Sie die Fragen.

1. Wie will der Hausherr seinen Feierabend verbringen (*to spend*)?

_____

2. Wozu will seine Frau ihn motivieren?
Zum _____

Feierabend

Bürgerliches Wohnzimmer. Der Hausherr sitzt im Sessel, hat das Jackett ausgezogen, trägt Hausschuhe und döst vor sich hin. Hinter ihm ist die Tür zur Küche einen Spalt breit geöffnet. Dort geht die Hausfrau emsiger Hausarbeit nach. Ihre Absätze verursachen ein lebhaftes Geräusch auf dem Fliesenboden.

SIE: Hermann . . .

ER: Ja . . .

SIE: Was machst du da?

ER: Nichts . . .

SIE: Nichts? Wieso nichts?

ER: Ich mache nichts . . .

SIE: Gar nichts?

ER: Nein . . .
(*Pause*)

SIE: Überhaupt nichts?

ER: Nein . . . ich *sitze* hier . . .

SIE: Du *sitzt* da?

ER: Ja . . .

SIE: Aber irgendwas *machst* du doch?

ER: Nein . . .
(*Pause*)

SIE: *Denkst* du irgendwas?

ER: Nichts Besonderes . . .

SIE: Es könnte ja nicht schaden, wenn du mal etwas spazierengingest . . .

ER: Nein-nein . . .

SIE: Ich bringe dir deinen Mantel . . .

ER: Nein danke . . .

SIE: Aber es ist zu kalt ohne Mantel . . .

ER: Ich gehe ja nicht spazieren . . .

SIE: Aber eben wolltest du doch noch . . .

ER: Nein, *du* wolltest, daß ich spazierengehe . . .

SIE: Ich? *Mir* ist es doch völlig egal, ob *du* spazierengehst . . .

ER: Gut . . .

SIE: Ich meine nur, es könnte dir nicht schaden, wenn du mal spazierengehen würdest . . .

ER: Nein, *schaden* könnte es nicht . . .

SIE: Also was willst du denn nun?

ER: Ich möchte hier sitzen . . .

SIE: Du kannst einen ja wahnsinnig machen!

ER: Ach . . .

SIE: Erst willst du spazierengehen . . . dann wieder nicht . . . dann soll ich deinen Mantel holen . . . dann wieder nicht . . . was denn nun?

ER: Ich möchte hier sitzen . . .

SIE: Und jetzt möchtest du plötzlich da sitzen . . .

ER: Gar nicht plötzlich . . . ich wollte immer nur hier sitzen . . . und mich entspannen . . .

SIE: Wenn du dich wirklich *entspannen* wolltest, würdest du nicht dauernd auf mich *einreden* . . .

ER: Ich sag ja nichts mehr . . .
(*Pause*)

SIE: Jetzt hättest du doch mal Zeit, irgendwas zu tun, was dir Spaß macht . . .

ER: Ja . . .

SIE: Liest du was?

ER: Im Moment nicht . . .

SIE: Dann lies doch mal was . . .

ER: Nachher, nachher vielleicht . . .

SIE: Hol dir doch die Illustrierten . . .

ER: Ich möchte erst noch etwas hier sitzen . . .

SIE: Soll *ich* sie dir holen?

ER: Nein-nein, vielen Dank . . .

SIE: Will der Herr sich auch noch bedienen lassen, was?

ER: Nein, wirklich nicht . . .

SIE: Ich renne den *ganzen Tag* hin und her . . . Du könntest doch wohl *einmal* aufstehen und dir die Illustrierten holen . . .

ER: Ich möchte jetzt nicht lesen . . .

SIE: Dann quengle doch nicht so rum . . . →

ER: (*schweigt*)

SIE: Hermann!

ER: (*schweigt*)

SIE: Bist du taub?

ER: Nein-nein . . .

SIE: Du tust eben *nicht,* was dir Spaß macht . . .
statt dessen *sitzt* du da!

ER: Ich sitze hier, *weil* es mir Spaß macht . . .

SIE: Sei doch nicht gleich so aggressiv!

ER: Ich bin doch nicht aggressiv . . .

SIE: Warum schreist du mich dann so an?

ER: (*schreit*) . . . Ich schreie dich nicht an!!

Vokabelhilfe

der Feierabend *closing time, time after work*	**der Fliesenboden,** ⸚ *tiled floor*
bürgerlich *bourgeois*	**schaden** (*dat.*) *to harm*
dösen vor sich hin *to doze*	**entspannen sich** (*acc.*) *to relax*
emsig *busy*	**die Illustrierte, -n** *magazine*
nach•gehen etwas (*dat.*) *to pursue*	**rennen hin und her** *to run to and fro*
der Absatz, ⸚**e** *heel*	**(he)rum•quengeln** *whine, nag*
verursachen *to cause*	**taub** *deaf*
lebhaft *lively*	**an•schreien jdn** *to shout at*
das Geräusch *noise*	

Nach dem Lesen

Kennen Sie Menschen, die gerne so faul (*lazy*) sind wie Loriots Hausherr, und andere, die so aktiv sind wie die Hausfrau?

Ja, . . .   Nein, . . .

Schreiben Sie ein paar Freizeitaktivitäten auf, die Sie

1. gerne tun;
2. gerne tun würden, wenn Sie mehr Zeit und Energie hätten.

 *H*örverstehen 1

Freizeitpläne

Für viele Menschen, vor allem junge Leute, bedeutet Freizeit gemeinsam verbrachte Zeit, und das bedeutet vorher gemeinsames Planen. In den folgenden Kurzgesprächen reden einige junge Leute über ihre Pläne für den Abend, das Wochenende und auch den Urlaub (*vacation*).

„Feierabend": Hören Sie sich dann die Loriot-Szene zum Spaß an. Später sollen Sie in „Reden wir miteinander" versuchen, so eine ähnliche Szene zu zweit nachzuspielen.

➤ WB, S. 94; Übungen zu **Hörverstehen 1.**

Zum Vokabelmosaik

Vokabelmosaik 1 of this chapter has again a somewhat different format. To the left you will find a selection of leisure activities, most of them already quite familiar to you. On the righthand side are expressions indicating likes and dislikes regarding these activities.

Schauen und Identifizieren

Sie haben bereits einige Freizeitaktivitäten notiert. Welche dieser Beschäftigungen finden Sie im Vokabelmosaik? Welche Beschäftigungen im Vokabelmosaik sind neu für Sie? Schauen Sie sich auch die Reaktionen rechts an.

*V*okabelmosaik 1

Freizeitaktivitäten

Aktivitäten		Ihre Reaktion?
fern•sehen *to watch TV*	lesen ein Buch	Das mache ich mit
	malen *to paint*	Vorliebe.
gehen in die Disko	spazieren•gehen	*I prefer to do this.*
gehen ins Kino	*to go for a walk*	Das macht Spaß.
treiben Sport *to engage*	kegeln *to bowl*	*That's fun.*
in sports		Das ist (mir zu) langweilig.
schwimmen, schwamm,	zu•schauen *to watch*	*That's too boring for me.*
ist geschwommen	beim Fußballmatch	. . . finde ich gut / toll.
spielen Fußball / Tennis	bei einem Tennistournier	
an•sehen sich_d, sah an,	gehen fischen	Ich beschäftige mich lieber
angesehen *to look at*	wandern	mit . . . *I prefer doing . . .*
eine Ausstellung	*to hike*	. . . gefällt mir.
einen Film	rad•fahren	. . . gefällt mir nicht.
Schi•fahren *to ski*	*to ride a bike*	
berg•steigen, stieg berg,	Auto fahren	
ist berggestiegen		
to hike up/climb		
mit•singen, sang mit,	mit•spielen	Am liebsten verbringe ich
mit•gesungen	in der Theatergruppe	meine Freizeit mit . . .
beim Jugendchor		*Most of all I like to . . .*

117

Kapitel 4: Freizeit

reiten, ritt, ist geritten *to ride a horse*	segeln *to sail*	Dafür gebe ich zuviel aus. *For that I spend too much money*
machen einen Ausflug aufs Land *to make a trip to the country*	bummeln durch eine Geschäftsstraße *to stroll along a shopping street*	Das kostet zuviel. Das kann ich mir nicht leisten.
hören Musik, Rock, klassische Musik	machen Musik spielen Klavier, Flöte usw.	leisten können sich$_d$ *to be able to afford*
sein Mitglied eines Turnvereins *to be a member of an athletic club*	sammeln Briefmarken *to collect stamps*	Dazu habe ich keine Lust. *I don't feel like doing that.*
handarbeiten stricken *to knit* nähen *to sew*	kochen backen grillen	Das macht faul. *That makes one lazy.*
entspannen sich *to relax*	aus•gehen (mit), ging aus, ist ausgegangen faulenzen = nichts tun *to be lazy*	Meine Lieblingsbeschäftigung ist . . . *My favorite activity is . . .*

118

Kombinieren und Schreiben

A | Teilen Sie die Beschäftigungen vom Vokabelmosaik in zwei Gruppen.

    a. Beschäftigungen, die mir gefallen / die ich mache   b. Beschäftigungen, die mir nicht gefallen / die ich nicht machen kann / will

B | Nun teilen Sie die Beschäftigungen in solche ein, die man **drinnen** (im Haus, in der Wohnung, im Zimmer) macht, und solche, die man **draußen** (im Freien, auf einem Sportplatz, im Park, . . .) macht.

    a. drinnen   b. draußen

C | „Freizeitbeschäftigungen: Was und wo/wohin?" Wählen Sie aus dem Vokabelmosaik fünf Beschäftigungen, und sagen Sie, **wo** Sie diese ausführen würden, oder **wohin** Sie gehen würden.

    BEISPIEL: Schifahren →
        Schifahren würde ich am liebsten **in den Alpen.**
        Zum Schifahren würde ich am liebsten **nach Colorado** fahren.

D | „Wie finden Sie . . . ?" Wählen Sie aus dem Vokabelmosaik Freizeitbeschäftigungen, und **reagieren** Sie mit einem Satz von der rechten Seite. Sie können das auch in kleinen Gruppen machen. Bitte sprechen Sie laut, und schreiben Sie auch einige Beispiele auf.

    BEISPIELE: Zu Hause rumsitzen wie der Ehemann bei Loriot?
        Das mache ich mit Vorliebe.
        Segeln? Das kostet (leider) zuviel. *oder*: Hier gibt es keinen See.

E „Wußten Sie schon?" Setzen Sie passende Wörter ein. Es gibt vielleicht mehr als eine Möglichkeit.

1. Viele möchten gerne reiten und segeln, können _____ aber diese Freizeitbeschäftigungen nicht _____. Das kostet zuviel.

2. 4000 DM im Jahr geben Autofahrer in der BRD durchschnittlich für ihr Fahrzeug _____.

3. Ich möchte dir empfehlen, dir die Ausstellung „Deutsche Malerei der Gegenwart" _____ zu _____.

4. In Österreich ist der Wintersport nicht nur als Leistungssport, sondern auch als Freizeitsport sehr be_____.

F Welche Verben (oder verbale Ausdrücke) sind mit folgenden Nomen verwandt? Verstehen Sie alle Nomen?

1. die Kegelbahn
2. die Sportlerin
3. die Wanderung
4. der Bergsteiger
5. der Spaziergang

6. das Gemälde
7. das Fahrrad
8. der Zuschauer
9. das Segelschiff
10. das Reitpferd

G In den folgenden Sätzen fehlen Wörter, die mit Freizeit zu tun haben. Finden Sie passende Wörter im Vokabelmosaik, und füllen Sie die Lücken. Denken Sie immer an den Kontext! Schreiben Sie Beispiele, die für Sie schwierig waren, in Ihr Übungsheft.

1. Michaela spielt gern Theater. Seit einem halben Jahr ist sie Mitglied der _____ ihrer Schule.

2. Manche verbringen ihre Freizeit im Grünen, andere finden Erholung, indem sie durch eine Geschäftsstraße _____.

3. Kirstens Bruder hat eine Vorliebe für klassische Musik. Er _____ am liebsten Schallplatten von Mozart und Beethoven. Er _____ aber auch selbst Musik: Er spielt _____.

4. Jörg ist ein begeisterter Fußballfan. Er _____ nicht nur bei fast jedem Fußballmatch _____, sondern er _____ auch selbst aktiv mit.

5. Wenn ich mal ein Wochenende am Meer verbringe, liege ich am liebsten in der Sonne und tue nichts. _____ ist eine fantastische Freizeitbeschäftigung.

6. Abends kann man mit Freunden zusammen aus_____.

7. Tr_____ Sie Sport?—Ja, ich spiele _____.

8. Mehr und mehr wird die _____ auch ein Gebiet wissenschaftlicher Forschung; an einigen Hochschulen gibt es bereits das Studienfach „Freizeitpädagogik".

H Nehmen Sie fünf Freizeitbeschäftigungen vom Vokabelmosaik, und bilden Sie hypothetische Konditionen. Temporalausdrücke nicht vergessen!

„Was ich in meiner Freizeit gern tun würde, aber leider nicht machen kann."

BEISPIELE: schwimmen, tanzen gehen
Wenn ich mehr Zeit hätte, würde ich gern **täglich** schwimmen.
Wenn es nicht so teuer wäre, würde ich **zweimal die Woche** in eine Disko tanzen gehen.

Kapitel 4: Freizeit

119

Fans des Fußballclubs Rot-Weiß-Erfurt.

I. Schreiben Sie im Übungsheft die drei deutschen Hauptformen (Infinitiv, Präteritum, Partizip Perfekt) der folgenden Verben auf, ohne auf das Vokabelmosaik zu schauen.

1. *to ride a bike*
2. *to climb a mountain*
3. *to watch television*
4. *to swim*
5. *to go for a walk*

6. *to ride (on horseback)*
7. *to go out*
8. *to watch a soccer game*
9. *to relax*

Erinnern Sie sich noch an andere Verben vom Vokabelmosaik?

*F*ormen und Funktionen 1

I. EXPRESSING QUALITY AND QUANTITY WITH ADJECTIVES

Functions and Base Forms

In previous chapters we have reviewed base forms and some functions of verbs and nouns in German. In this chapter we will look at a third very important category of words, the adjective. Adjectives can be used as part of the predicate (after **sein,**

werden, and a few other verbs), adverbially (following a verb), or attributively (typically before a noun).

    BEISPIELE: Das Tennis-Tournier war toll.   (prädikativ)
                Peter und Ute spielen toll Tennis.   (adverbial)
                Gestern sahen wir ein tolles Tennis-Match. (attributiv)

NOTE: Only attributive adjectives have variable endings.

The system of endings for attributive adjectives is best understood in conjunction with nouns and various other noun modifiers. Most familiar to you are the definite and indefinite articles. Other determiners are grouped with them since they behave like them. Review the groups of modifiers below:

DEFINITE ARTICLE	**INDEFINITE ARTICLE**
der, die, das	ein, eine, ein
	kein, keine, kein (*negation*)
	irgendein- (*some*)

OTHER DETERMINERS

dies- (*this*)	mein, dein usw.
jen- (*that*)	(*all possessives*)
jed- (*each*)	
welch- (*which*)	
manch- (*many a*)	
beide (+ Plural)	
alle (+ Plural)	

The attributive adjective is part of the noun group which should be seen as a unit. The noun group shows a certain "harmony." The center of the noun group is obviously the noun. To the left of the noun is the adjective which further describes the noun. To the left of the adjective(s) may be a determiner. As you will see later on, this left expansion of the noun group can be quite extensive. For the moment, let us concentrate on the simple noun group:

        (Determiner) + Adjective(s) + Noun

Look at the following example and observe the consonant (**-s** / **-r**) ending.

da**s** Spiel	de**r** Film
tolle**s** Spiel	gute**r** Film
da**s** tolle Spiel	de**r** gute Film
ein tolle**s** Spiel	ein gute**r** Film

To the left of the noun always appears a consonant-ending (for example, **-s** / **-r** above). This **-s** / **-r** is a grammatical signal indicating that a **das**-noun or a **der**-noun will follow. This signal (sometimes referred to as marker / strong ending) can occur with the adjective or the determiner. If the article / determiner carries the signal, then the adjective does not need one. The adjective then takes on an **-e** or **-en**. If the article / determiner does not carry the signal, or if there is no article / determiner, then the adjective **must** carry the signal.

    The following chart gives an overview of the signals for determiners and (in brackets) the endings for the adjective when it follows a determiner.

| | Singular | | | Plural |
	M	F	N	M = F = N
Nominativ	-r (e)	e	-s (e)	e (-en)
Akkusativ	-n (-en)	e	-s (e)	e (-en)
Dativ	-m (-en)	-r	-m (-en)	-n (-en)
Genitiv	-s* (-en)	-r	-s* (-en)	-r (-en)

*This -s never appears on the adjective.
If there is more than one adjective in a row, *all* adjectives have the same ending.

A noun group without a determiner (used as a general reference) is also possible (that is, sunny days, perfect weather, inexpensive vacation).

sonnige Tage—perfektes Wetter—billiger Urlaub

Remember, the first important step for deciding on endings is still knowing the *gender of the noun*. Using the correct endings requires time and patience. It may be helpful to get used to the harmony (of sound) we referred to earlier.

A „Abendbeschäftigungen": Sprechen Sie einfache Sätze.

   BEISPIEL: Am liebsten lese ich ein interessant**es** Buch.

   lesen: ein interessant__ Buch
   das neuest__ TV-Magazin
   deutsch__ Comics
   . . .

   hören: klassisch__ Musik
   ein deutsch__ Volkslied
   eine italienisch__ Oper
   einen amerikanisch__ Schlager (hit song)
   eine neu__ Platte von . . .
   . . .

   spielen: Tennis mit ein__ gut__ Partner
   mit ein__ gut__ Partnerin
   Karten mit mein__ Freund
   mit mein__ Freundin
   mit mein__ neu__ Mitbewohnerin
   mit mein__ neu__ Mitbewohnerin

   ansehen: ein toll__ Fußballspiel im Fernsehen
   einen neu__ Film im Kino
   . . .

B „Und am Wochenende?" Was sind Ihre Lieblingsbeschäftigungen?
Bei schön**em** Wetter . . . . .
Bei schlecht**em** Wetter . . .

➡ In the Workbook, page 95, you will find detailed charts of endings for various noun groups, as well as exercises that give you practice in determining adjective endings using the signal-system as outlined above.

II. EXPRESSING DEGREES OF QUALITY AND QUANTITY BY COMPARING

Adjectives enable us to compare persons, things, or activities that are *equal*. To do so we use the base form of the adjective and **so . . . wie** (*as . . . as*).

> **BEISPIEL:** Ute spielt so gut Tennis wie Peter.

To indicate a *difference* in quality or quantity we use the comparative form of the adjective and **als** (*than*). It is also possible to compare two comparatives; in such a case **je . . . desto** or **je . . . umso** is used with the two adjectives in the comparative form.

> **BEISPIELE:** Steffi spielt besser als Ute.
> *Steffi plays better than Ute.*
> Je schneller Steffi spielt, desto nervöser wird Ute.
> *The faster Steffi plays, the more nervous Ute gets.*

One way to express the *highest degree* of a certain quality or quantity is to use the superlative form of the adjective. Another possibility is to use an *idiomatic* superlative.

> **BEISPIELE:** Die Flugreise ist am teuersten.
> Das war die teuerste Flugreise.
> Das Wasser im Chiemsee war eiskalt. (= sehr, sehr kalt)

Therefore, we typically distinguish three forms. Study the table and notes below.

Grundstufe (*Base Form*)	Komparativ (*Comparative*)	Superlativ (*Superlative*)
schön	schön + **er**	**am** schön + **sten** (prädikativ adverbial) *or:* der / die / das schön + **ste** (attributiv)
alt	**ält** + **er***	**am ält** + **esten**[†]
jung	**jüng** + **er***	**die jüngste** Spielerin
teuer	teur + **er**[‡]	**am** teuer + **sten**
dunkel	dunkl + **er**[‡]	**am** dunkel + **sten**
Adj. + Endung	Adj. + (¨)**er** + Endung	Art. + Adj. + (¨)**st** + Endung

*Most monosyllabic adjectives with the vowels **a, o,** or **u** take an umlaut in the comparative and superlative forms. Typical examples:

  a: alt, arg, arm, hart, kalt, lang, nah, scharf, schwach, schwarz, stark, warm
  o: grob, groß, hoch
  u: dumm, gesund, jung, klug, kurz

[†]The superlative marker **-st-** changes to **-est-** with adjectives ending in **-d, -t, -s/ß, -sch, -x,** and **-z.**
[‡]Adjectives with **-el** or **-er** drop the **e** in the base form when an ending is added, and in the comparative.

Note: Many English adjectives take **-er** for comparative and **-st** for the superlative; others form the comparative with **more** and the superlative with **most.** German adjectives *never* use **mehr** to form the comparative. Watch those "deviants":

groß	größer	größt-
hoch (hoh__)	höher	höchst-

nah	näher	nächst-
gut	besser	best-
viel	mehr	meist-
sehr*	mehr	meist-
spät	später	spätest-
lieb	lieber	liebst-
gern*	lieber	liebst-

C | Superlative. Fragen Sie einen Partner oder eine Partnerin mit Superlativformen.

An welchen Tagen hast du am _____ Freizeit? (viel)
 Antwort: Am _____ Freizeit habe ich . . .
Was für Musik hörst du am _____ ? (gern)
 Antwort: Am _____ höre ich . . .
An welchem Tag kommst du am _____ nach Hause? (spät)
Wann mußt du am _____ aufstehen? (früh)
Welcher Sport gefällt dir am _____ ? (gut)
Wann kannst du am _____ schlafen? (lang)

D | Vergleiche. Fragen Sie sich gegenseitig mit Komparativformen.

Spielst du _____ Tennis oder Fußball? (gern)
 Antwort: Ich spiele _____ . . .
Hörst du _____ Rock oder Volkslieder? (oft)
Gibst du _____ fürs Kino oder für Bücher aus? (viel)
Gehst du lieber mit einem/einer _____ oder _____
 Partner / Partnerin aus? (jung/alt)
Kaufst du _____ oder _____ Jeans als deine
 Geschwister / Mitbewohner? (teuer / billig)

➤ WB, S. 96; mehr Übungen zu **Formen und Funktionen 1.**

*These forms occur together only with verbs.

 Das Tennis-Match gefiel ihr sehr.
 Ich würde gern mit dir spielen.

Reden wir miteinander!

Bevor Sie die Übungen machen, schauen Sie sich das Vokabelmosaik 1 und die folgenden Redemittel an:

Redemittel

Was sagt man, wenn man über Pläne für den Abend, für das Wochenende, oder für den Urlaub spricht?

Was machst du heute abend? **oder** Was hast du heute abend vor?

❑ Ich werde . . .

❑ Wahrscheinlich werd' ich . . .

❑ Leider muß ich heute abend . . .

❑ Ich hab' nichts Besonderes vor; vielleicht können wir zusammen . . .

Was für Pläne hast du / habt ihr / haben Sie für das kommende Wochenende?

❑ Wenn das Wetter schön ist, möchte ich . . .

❑ Dieses Wochenende fahre ich . . .

❑ Am Samstag/Sonnabend werde ich . . . müssen.

Fährst du dieses Jahr weg?

❑ Ich möchte in diesem Sommer nach . . . fahren.

❑ Meine Ferien- / Urlaubspläne stehen noch nicht fest, aber ich möchte sehr gern . . .

❑ Das hängt ganz vom Geld ab; eine Auslandsreise kann ich mir auf keinen Fall leisten, weil . . .

❑ Ich habe nur einen kurzen Urlaub; da lohnt es sich nicht, . . .

A | Sie haben einen neuen Mitbewohner bekommen. Unterhalten Sie sich mit ihm darüber, wie Sie am liebsten Ihre Freizeit verbringen (Sport, Ausgehen, Musik machen usw.).

B | In kleinen Gruppen stellen Sie sich gegenseitig Fragen über verschiedene Pläne für die nächsten Ferien.

C | Schlagen Sie einem Partner oder einer Partnerin vor (*suggest*), gemeinsam eine Ausstellung / einen Film / ein Theaterstück anzusehen. Dabei gibt es einen Zeitkonflikt. Suchen Sie eine Lösung.

D | Hören Sie sich die Loriot-Szene „Feierabend" nochmals an. Versuchen Sie nun, eine ähnliche Szene zu zweit nachzuspielen. Mit wem können Sie sich eher identifizieren? Mit „ihm" oder mit „ihr"? Spielen Sie diese Person. Sie brauchen nichts wörtlich zu wiederholen, und Sie können auch Sätze neu dazu erfinden. Viel Spaß!

125

Bahn frei für Radfahrer.

**Fit und Fun.
Mit Rad
und Bahn.
Saison 1992.**

Die Kombination von Rad und Bahn in Österreich ist nur eine Möglichkeit, auf erholsame Weise zu reisen. In Hörverstehen 2 erfahren Sie, was die Deutsche Bundesbahn alles zu bieten hat.

*H*örverstehen 2 (Video)

Reiseauskunft einholen und geben

In Deutschland gibt es zwei Arten von Reisebüros: 1. Reisebüros, in denen Sie nur Flüge, Schiffs- und Busfahrten buchen können, und 2. Reisebüros, wo Sie auch Auskunft über Bahnreisen bekommen und Fahrkarten kaufen können. Diese Reisebüros ersparen Ihnen oft lange Wartezeiten am Bahnhofsschalter. Dialoge 1–4 spielen in solch einem Reisebüro.

➡ WB, S. 99; Übungen zu **Hörverstehen 2.**

Zum Vokabelmosaik

In **Vokabelmosaik 2** you will find verbs you need for making travel arrangements and indicating modes of travel.

Schauen und Identifizieren

„Nix wie weg von hier" heißt *„Let's get away from here"*. **Nix** ist Slang für **nichts**. Die Verben in diesem Vokabelmosaik sind Ihnen zum Teil schon bekannt. Sie sollen Ihnen helfen, über Reisepläne und Urlaubsvorbereitungen zu reden und zu lesen. Markieren Sie Verben, die für Sie neu sind.

Vokabelmosaik 2

Nix wie weg von hier . . . aber wohin?

der Urlaub   *vacation (from work)*   die Ferien (*pl.*) *vacation (from school)*

Sigrid und Thomas reisen nach München.

WER?		WOHIN?
wir	reisen *to travel*	**nach** Italien (I),
Irene	machen eine Reise	Frankreich (F),
John		Österreich (A), . . .
		in die Schweiz (CH)

Sie sind mit der Bahn gefahren.

WER?		WIE? / WOMIT?
Erich	fahren, fährt, fuhr,	**mit** der Bahn
Erika	ist gefahren	dem eigenen Auto
	die Fahrt	

Webers flogen mit United nach Hawaii.

WER?		WIE?	WOHIN?
Eva	fliegen, flog,	mit Lufthansa	in die Türkei
Kohls	ist geflogen	mit Swissair	nach Japan
	der Flug		
	das Flugzeug *airplane*		

Der Reiseladen gab Sigrid Auskunft über Supersparpreistickets.

WER?		(WEM?)	WORÜBER?
das Reisebüro	geben Auskunft, gibt,	dem Touristen	über Hotels
die Angestellte	gab, gegeben	dem Studenten	über Flugpreise
	to give information		

Sigrid und Thomas bereiten ihre Hochzeitsreise vor.

WER?		WAS?
die Freunde	vor•bereiten *to prepare*	einen Urlaub (am Meer)
Tina	die Vorbereitung	eine Radtour
		eine Wanderung

Sie suchen ein preisgünstiges Ticket aus.

WER?		WAS?
Susi	aus•suchen *to select*	ein Komforthotel
Kurt		einen tollen Strand *beach*

Die beiden buchen eine Bahnreise nach München.

WER?		WAS?
Kellers	buchen *to book*	eine Schiffsreise
wir		einen Flug nach Kalifornien

Der Zug nach München fährt um fünf Uhr früh ab.

WER? / WAS?			WANN?	WO?
der Intercity	ab•fahren, fuhr ab, ist		um 17 Uhr	in Köln
der Bus	abgefahren *to depart*		um halb sechs	von der Post
	die Abfahrtszeit			

Die Fahrgäste steigen schnell ein.

WER?		WO(HIN)?
die Freunde	ein•steigen, stieg ein,	ins Auto
die Passagiere	ist eingestiegen (in$_a$)	ins Flugzeug / Schiff
	to get on	

Sigrid und Thomas sind sieben Stunden unterwegs.

WER?		WIE LANGE?
der Politiker	sein unterwegs	den ganzen Tag
	to be en route	

Mit Liegewagen mußten sie nicht umsteigen.

WER?		WO?
die Passagiere	um•steigen *to change*	in Frankfurt
	(*trains, planes, . . .*)	

Thomas und Sigrid steigen in München aus.

WER?		WO?
der Sekretär	aus•steigen (aus)	beim Rathaus
die Studentin	*to get off*	bei der Uni
		am Bahnhof

Thomas und Sigrid kommen müde in München an.

WER? WAS?			WO?
die Gäste	an•kommen,	(pünktlich)	am Bahnhof
der Bus	kam an,	(mit Verspä-	in Wien
	ist angekommen	tung)	
	to arrive		
	die Ankunft		

Niemand holt Sigrid und Thomas am Bahnhof ab.

WER?		WEN? / WAS?	WO?
der Vater	ab•holen jdn	den Sohn	am Flughafen
Tom	*to pick up*	die Freundin	zu Hause

Kombinieren und Schreiben

A „Assoziationen". Wählen Sie ein Verb vom Vokabelmosaik. Es gibt vielleicht mehr als eine Möglichkeit.

_____ mit dem Bus   mit dem Fahrrad

mit der Bahn   mit dem Schiff

Spiralen

_____ nach Europa
nach Mexiko
in die Schweiz

_____ einen Flug in die USA
eine Busreise nach Österreich
eine Bahnfahrkarte von Frankfurt nach Berlin
eine Schiffsreise in die Karibik

_____ mit Swissair zum Schifahren in den Alpen
mit Lufthansa zum Oktoberfest in München
mit United zum Studium in Deutschland
mit Austrian zu den Wiener Festwochen

_____ um 16 Uhr beim Rathaus
gegen Mittag
spät abends
nach Mitternacht

B | „Steigen". Geben Sie zuerst drei Möglichkeiten; dann geben Sie jemandem Auskunft.

_____steigen _____steigen _____steigen

> **BEISPIEL:** Wenn du mit dem Bus zum Sportstadion willst, steigst du am besten in
> den 21er Bus _____. Beim . . . mußt du in den 12er Bus _____stei-
> gen. Du kannst dann direkt beim Stadion _____steigen.

Situation A: . . .
Situation B: . . .

C | „Wie war das nochmal?" Sie erinnern sich an eine Reise. Erzählen Sie kurz. Verwenden
Sie die folgenden Verben im Perfekt.

aussuchen	fahren / fliegen	verbringen
Auskunft holen	abfahren / abfliegen	zurückreisen
buchen	unterwegs sein	abholen
vorbereiten	ankommen	

D | Was ist das Gegenteil (*opposite*) für die unten angegebenen Wörter?

> **BEISPIEL:** suchen → finden

1. einsteigen   4. mieten

2. abfahren   5. die Ankunft

3. **holen** Auskunft   6. zu Fuß gehen

E | Setzen Sie fehlende Wörter oder Wortteile in den Kurztexten ein.

1. A: Wißt ihr schon, ob ihr dieses Jahr wegfahren wollt?
   B: Aber ja, wir haben _____ entschieden, unseren nächsten Ur_____ in
   Österreich _____ _____.

2. A: Könnt ihr euch so einen Auslandsaufenthalt _____?
   B: Ich glaube schon. Christel kann uns durch einen Bekannten eine preisgünstige
   Pauschalreise _____ .

3. A: Was habt ihr denn alles vor?
   B: Auf jeden Fall möchten wir Wien besuchen und vielleicht eine Ausstellung
   _____ .

4. A: Habt Ihr denn Bekannte in Wien?

   B: Ja, eine Studienfreundin von mir wird uns am Bahnhof _____.

5. A: Wißt Ihr übrigens, daß über die Hälfte der Bundesbürger jähr_____ mindestens eine große Ferienreise macht?

   B: Ja, und ihr beliebt_____ Ferienland ist Österreich, gefolgt von Italien, Spanien, Portugal und Frankreich.

F | Finden Sie Komposita mit „Reise".

> **BEISPIEL:** Plan $\rightarrow$ Reiseplan
> Geschäft $\rightarrow$ Geschäftsreise

Schiff	Hochzeit	Urlaub
Auskunft	Route	Vorbereitungen
Büro	Andenken	Bus . . .
Flug		

*F*ormen und Funktionen 2

I. THREE FUNCTIONS OF *WERDEN*

Werden has three important functions in German.

1. As a main verb: **werden, wurde, ist geworden**

Präsens:	Petra **wird** Schauspielerin.	(*to become*)
Präteritum:	Das Essen **wurde** kalt.	(*to get, become*)
Perfekt:	Hans **ist** müde **geworden**.	(*to grow, become*)
Plusquamperfekt:	Nachdem es dunkel **geworden war,** . . .	
Futur:	Das Essen **wird** kalt **werden**, wenn . . .	

2. As auxiliary verb to form the future tense:

   werden + Verb$_{\text{Infinitiv}}$

   Schmidts **werden** nächstes Wochenende nach Kanada fahren.

   Verb$_{\text{Inf}}$

3. As auxiliary verb to form a passive: werden, wurde, **ist . . . worden**

   werden + Verb$_{\text{Partizip Perfekt}}$

Präsens:	Die Flugtickets **werden** abgeholt.
	The plane tickets are being picked up.
Präteritum:	Die Flugtickets **wurden** abgeholt.
Perfekt:	Die Flugtickets **sind** abgeholt **worden.**
Plusquamperfekt:	Die Flugtickets **waren** abgeholt **worden.**
Futur:	Die Flugtickets **werden** abgeholt **werden.**

Identifizieren und markieren Sie (**X**) die Funktion von **werden** in den Sätzen 1–10. (H = Hauptverb, F = Futur und P = Passiv).

H	F	P
	X	

BEISPIEL: Schreibers **werden** aufs Land fahren.

1. Ulrike möchte Lehrerin **werden**, aber die Berufsaussichten sind nicht gut.
2. Der Zug von Frankfurt **wird** 20 Minuten später ankommen.
3. Frau Wicke **wird** für vier Tage nach Paris reisen.
4. Barbara **wurde** am Flughafen abgeholt.
5. Ich **werde** heute abend ins Hallenbad schwimmen gehen.
6. Helga **ist** von Beate ins Theater eingeladen **worden.**
7. Nicht alle können das **werden**, was sie wollen.
8. Carsten **wurde** böse, weil Erika so spät kam.
9. Seine Bewerbung um eine Lehrstelle **ist** abgelehnt **worden**.
10. Mit Silvia **wirst** du dich sicher gut unterhalten.

II. THE PASSIVE

1. Focusing on Events

So far we have looked at events primarily in the sense of *somebody performing a certain action.* To express this perspective we use the *active* forms of verbs.

But events can be noteworthy in their own right, without a mention of the agent or means that brought them about or will bring them about in the future. Using the *passive forms of verbs* is a way to focus on events while de-emphasizing the agent.

> During the past decade much *has been written* about the declining interest in foreign languages. Numerous commissions *were formed* to investigate potential underlying causes for this trend. But to this point few substantive answers *have been offered* beyond the rather narrow-minded statement that in this vast country knowledge of a foreign language is not necessarily *required* to get around reasonably well.

Try rewriting this English paragraph in the active, and note the awkwardness as well as the difference in flavor.

This difference in perspective on events is important. Both German and English use the *passive* when the agent or means is *of secondary importance,* even though one knows them. For instance, you may not wish to name *who* or *what* caused something, preferring to remain vague. In other cases, the information about the identity of the agent may simply not be available.

For practice, we will show the relationship between active and passive *forms* through transformations of active into passive sentences. But remember that each sentence type results in a *difference in meaning* as the focus changes from the events in themselves (*passive*) to the agents or means that bring about events (*active*). In other words, one sentence type *cannot simply be substituted for the other.*

We have reviewed, above (under the functions of **werden**), the forms of a passive sentence.

➡ In the Workbook, p. 104, you will find exercises for reviewing the passive in the different tenses.

2. Modals in Passive Constructions

Modal verbs are verbs used to express some obligation, necessity, wish, possibility, etc. They frequently appear in passive sentences to express what *has to be done* or *cannot be done* in general terms.

AKTIV	PASSIV
BEISPIELE: Man muß den Koffer packen.	Der Koffer muß gepackt werden.
	The suitcase must be packed.

Passiv mit Modalverb = Modalverb + V$_{PP}$ + werden$_{Inf}$

$$\downarrow \qquad\qquad \downarrow \qquad\qquad \downarrow$$

kann	repariert werden
can	*be repaired*
sollte	bestellt werden
ought	*to be ordered*
dürfen	gewaschen werden
may	*be washed*
variable Form	*invariable Form*

Präsens:	Der Koffer **muß** gepackt werden.
Präteritum:	Der Koffer **mußte** gepackt werden.
Perfekt:	Der Koffer **hat** gepackt werden **müssen**.
Plusquamperfekt:	Der Koffer **hatte** gepackt werden **müssen**.
Futur:	Der Koffer **wird** gepackt werden **müssen**.

Note: In the *future* example, there are two forms of **werden** with two different functions.

> **wird** . . . müssen (Futur)
> gepackt **werden** (Passiv)

A „Wenn jemand eine Reise macht, . . . " Üben Sie Passiv-Formen mit **müssen** in allen Zeiten.

Aktiv: Wir müssen das Flugticket buchen.

Passiv: Das Flugticket muß . . .
Das Flugticket mußte . . .
Das Flugticket hat . . .
Das Flugticket hatte . . .müssen.
Das Flugticket wird . . .müssen.

1. Wir müssen eine Reiseroute aussuchen.
2. Peter muß Geld von der Bank holen.
3. Sabine muß noch die Miete bezahlen.
4. Ich muß noch die Bücher in der Bibliothek abgeben.
5. Du mußt die Eltern anrufen.
6. Sigrid muß ein Supersparpreisticket kaufen.

Insel Sylt mit Strandkörben.

Neu BUS-INSELRUNDFAHRT über Sylt **Neu**

mit SCHIFFAHRT ab HÖRNUM

Täglich außer freitags ab Bahnhofsvorplatz „Tölke Reisen"

Abfahrt 14.00 Uhr – Rückkehr an Westerland ca. 17.00 Uhr

Die Inselrundfahrt führt von Westerland nach Wenningstedt, Kampen, List, Rantum und Hörnum.
Die Sehenswürdigkeiten werden Ihnen gezeigt und erläutert.
Während einer Pause in Hörnum können Sie zusätzlich an einer Schiffsfahrt zur Hörnum-Odde teil-
nehmen (Fahrpreis 3,– DM). An Bord informiert der Kapitän Sie über die Küstenschutzproblematik
und anderes Wissenswerte über das Wattenmeer. Kaffee und Kuchen sowie andere Kleinigkeiten
(Fischbrötchen etc.) sind an Bord vorrätig.

Fahrkarten erhalten Sie vor Abfahrt am Bahnhofsvorplatz bei „Tölke Reisen".
Erwachsene DM 15,– / Kinder DM 10,–.
Die Fahrkarten für die Schiffahrt erhalten Sie vor Abfahrt direkt am Schiff beim Einsteigen.
(Änderungen vorbehalten)

B | „Ein Mitbewohner / eine Mitbewohnerin macht sich Sorgen"—Sie reagieren mit einem Passivsatz.

MB: Solltest du nicht deinen Freund am Flughafen abholen?
SIE: Nein, er will nicht . . .
MB: Mußt du nicht diese Bücher zurückgeben?
SIE: Nein, die müssen erst morgen . . .
MB: Und dieser Brief. Wolltest du den nicht wegschicken?
SIE: Richtig. Der muß heute noch . . .

➡ WB, S. 107; **Zum Lesen.** S. 113; **Reden wir miteinander!**

Kapitel 4: Freizeit

Adressen lieber Leute, die einen
Urlaubsgruß erhalten sollen:

☎

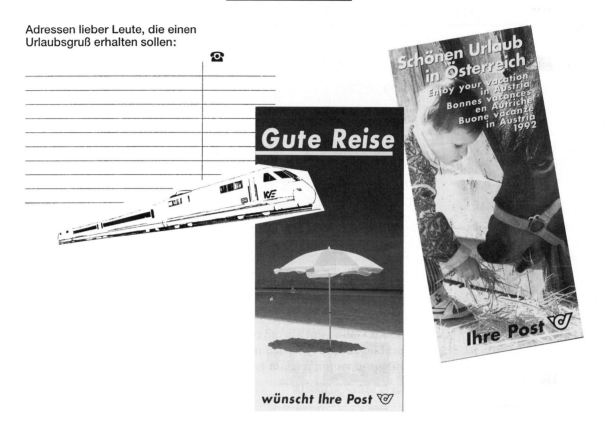

Gute Reise

Schönen Urlaub
in Österreich

Enjoy your vacation
in Austria
Bonnes vacances
en Autriche
Buone vacanze
in Austria
1992

Ihre Post ∇

wünscht Ihre Post ∇

*H*örverstehen 3 (Video)

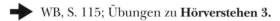

Wie man eine größere Reise plant, erfahren Sie in einem Gespräch zwischen Sigrid,
Thomas und der Angestellten im Reisebüro.

➡ WB, S. 115; Übungen zu **Hörverstehen 3.**

Zum Vokabelmosaik

In **Vokabelmosaik 3** we offer you some verbs relating to weather and some that
comment on travel and vacation environments.

Schauen und Identifizieren

Wenn man eine Reise macht, spielt das Wetter eine wichtige Rolle. Das nächste
Vokabelmosaik soll Ihnen helfen, eine europäische Wetterkarte bzw. Wetterprognose
zu lesen, Celsius-Temperaturen zu verstehen und über größere Reisepläne zu reden.
Überfliegen Sie das Vokabelmosaik, und suchen Sie nach neuen Vokabeln.

Vokabelmosaik 3

Wenn man nur wüßte, . . .

Der Erfolg der Parisreise hängt vom Wetter ab.

WER? / WAS?		WOVON? / VON WEM?
der Urlaub	ab•hängen, hing ab,	vom Geld, Wetter
die Radtour	abgehangen	davon, wie / wann. . .
	to depend on	

Die Preise richten sich nach dem Komfort.

richten sich nach = ab•hängen von

Ob man sich in der Metropole Paris wohl erholen kann?

WER?		WOVON?
die Studentin	erholen sich	von der großen Prüfung
der Patient	*to recover*	von der Operation
die Angestellte	die Erholung	vom Arbeitsstreß

Die Reise nach Frankreich hat sich gelohnt.

WAS?	
der Film	lohnen (es) sich
der Besuch	*to be worthwhile*

Die beiden fühlten sich in Paris wohl.

WER?		WO?
die Studentin	wohl fühlen sich$_a$ *to feel*	in der WG
	comfortable = es ist hier	
	heimelig / gemütlich	
	cozy = wie daheim	

Die Angestellte rechnet den Preis für die Parisreise aus.

WER?		WAS?
die Familie	aus•rechnen	die Urlaubskosten
der Student	*to calculate*	die monatlichen Ausgaben

Das Fernsehen sagt für nächste Woche schönes Wetter voraus.

WER?		WAS?
das Radio	voraus•sagen	das Wetter
der Prophet	*to predict*	die Zukunft

In den Alpen ändert sich das Wetter schnell.

WER?		WAS?
die Temperatur	ändern (sich) *to change*	unsere Urlaubspläne
wir	die Änderung	

der Wetterbericht = die Wettervorhersage
= die Wetterprognose
die Wetterlage

135

Wie das Wetter sein kann:

bedeckt   gewittrig
overcast neblig
           veränderlich
           windig
           regnerisch

heiter
sonnig
wolkenlos

bewölkt   teils heiter,
           teils wolkig

steigende Temperatur
fallende Temperatur

der Regen	die Sonne	das Gewitter *thunderstorm*
der Nebel *fog*	die Wolke, -n *cloud*	das Eis
der Schnee	die Luft *air*	der Wind
der Föhn = ein trockener, warmer Wind	die Feuchtigkeit *humidity*	der Sturm

Kombinieren und Schreiben

A | Im Vokabelmosaik haben Sie Adjektive zum Wetter gefunden. Welche passen für das Wetter gestern? / heute?

B | Schauen Sie den Wetterbericht (S. 137) aus der *Süddeutschen Zeitung* an. Markieren Sie Adjektive und Nomen, die schon im Vokabelmosaik zu finden waren. Finden Sie noch weitere **Wetter**-wörter?

> Wo in Deutschland war es am 14. September am wärmsten? / am kältesten?
> Wo in Europa war es am wärmsten?
> Wie war das Wetter in Paris?
> Gab es irgendwo in Deutschland Schnee?
> Wie ist die Wettervorhersage bis Samstag? Sie möchten eine Wanderung im Alpengebiet / Süddeutschland machen.

Eine kleine Hilfe zum besseren Verständnis der Temperaturen:

Fahrenheit		Celsius
32°F	Gefrierpunkt: Wasser wird zu Eis	0°C
50°F		10°C
68°F	mittlere Temperatur im Juli	20°C
86°F		30°C
98.4°F	normale Körpertemperatur	37°C
212°F	Siedepunkt: Wasser kocht und verdampft	100°C

Was finden Sie an diesem Wetterbericht aus einer deutschen Tageszeitung überraschend (*surprising*)?

Spiralen

Der SZ-Wetterbericht

Vorhersage bis Mittwoch

Südbayern: Zunächst noch stark bewölkt und einzelne Schauer. Im weiteren Verlauf Wolkenauflockerungen, morgen nach Frühnebel sonnig. Höchstwerte 14 bis 18, morgen 19 bis 23 Grad, nachts 10 bis 5 Grad. **Alpengebiet:** Anfangs stark bewölkt und einzelne Niederschläge, später Wolkenauflockerungen, am Mittwoch sonnig mit freien Bergen. Höchstwerte um 16, morgen um 20 Grad, in 2000 m zwischen 7 und 10 Grad. **Nordbayern:** Zunächst wechselnd bewölkt, einzelne Schauer, dann Aufheiterungen und trocken. Höchstwerte 15 bis 20, nachts um 10 Grad. **Baden-Württemberg:** Anfangs veränderlich bewölkt und örtlich Schauer, morgen nach Frühnebel sonnig. Höchstwerte um 19, am Mittwoch bei 22 Grad. Nachts um 7 Grad. **Hessen – Rheinland-Pfalz – Saarland:** Wechselnd wolkig, aber weitgehend trocken. Im Süden sonnige Abschnitte. Höchstwerte 16 bis 20, morgen bis 24 Grad. Nachts um 13 Grad.

Nordrhein-Westfalen: Zunächst im Norden bedeckt und zeitweise Sprühregen, danach wolkig bis heiter und trocken. Höchstwerte 19 bis 21 Grad, nachts um 12 Grad. **Norddeutschland:** Wechselnd bis stark bewölkt mit Schauern, später Regen. Am Mittwoch Wolkenauflockerungen. Höchstwerte um 17, morgen um 18 Grad. Nachts um 12 Grad. **Ostdeutschland:** Wechselnd bis stark bewölkt und schauerartige Regenfälle, am Mittwoch Wolkenauflockerungen. Höchstwerte um 17, morgen um 18 Grad. Nachts bei 12 Grad.

Weitere Aussichten bis Samstag

Süddeutschland: Nach Frühnebel heiter bis wolkig, örtliche Schauer möglich, spätsommerlich warm. **Norddeutschland:** Nach Frühnebel zunächst sonnig, am Samstag wolkig mit Schauern, spätsommerlich warm.

Europa, 14. 9.

Amsterdam	heiter	15°C	Madrid	heiter	26°C
Athen	heiter	29°C	Mailand	st.bew.	21°C
Barcelona	heiter	27°C	Moskau	st.bew.	13°C
Belgrad	heiter	27°C	Nizza	wolkig	23°C
Bordeaux	wolkig	21°C	Las Palmas	wolkig	25°C
Bozen	wolkig	19°C	Palma d.M.	heiter	27°C
Dublin	wolkig	14°C	Paris	st.bew.	15°C
Helsinki	heiter	18°C	Prag	Regen	14°C
Innsbruck	Regen	17°C	Rom	wolkig	25°C
Istanbul	heiter	25°C	Salzburg	st.bew.	17°C
Klagenfurt	heiter	22°C	Stockholm	st.bew.	12°C
Lissabon	heiter	19°C	Warschau	st.bew.	19°C
Locarno	–	15°C	Wien	heiter	24°C
London	heiter	16°C	Zürich	Regen	16°C

Asien, 14. 9.

Delhi	st.bew.	31°C
Hongkong	–	–
Peking	heiter	30°C
Tokio	wolkig	26°C
Bangkok	wolkig	32°C
Tel Aviv	heiter	29°C

Amerika, 13. 9.

New York	heiter	21°C
S. Francisco	heiter	26°C
Atlanta	heiter	21°C
Los Angeles	heiter	22°C
Mexiko-Stadt	–	–

(Alle Werte Mittag, Ortszeit)

Deutschland, 14. 9.

	Wetter	Wind km/Std.	Temperatur °C früh	Mittag	rel. F. in %
Berlin	st. bew.	N 18	15	16	71
Bonn	bedeckt	W 16	12	13	80
Dresden	bedeckt	SW 13	16	18	63
Frankfurt	Regen	S 18	14	14	96
Hamburg	wolkig	W 20	12	16	53
Leipzig	st.bew.	SW 31	14	14	78
München	Regen	W 13	15	15	91
Nürnberg	Regen	W 25	14	15	81
Stuttgart	st. bew.	SW 9	14	14	76
Wendelstein	Regen	W 69	10	6	98
Zugspitze	Schneef.	N 16	1	0	98

*F*ormen und Funktionen 3

I. FROM VERBS TO ADJECTIVES; PARTICIPLES AS ADJECTIVES

German verbs have two participial forms:

1. the **Partizip Perfekt**, needed to form the **Perfekt**, **Plusquamperfekt** and the **Passive**, and

2. The **Partizip Präsens**.

Study the table below to see how the present participle is formed and how it compares with the past participle.

	Partizip Präsens	Partizip Perfekt
fahren + **d** = fahren**d**		gefahren
abfahren + **d** = abfahren**d**		abgefahren
spielen + **d** = spielen**d**		gespielt
steigen + **d** = steigen**d**		gestiegen
beginnen + **d** = beginnen**d**		begonnen
Infinitiv + **d** = Partizip Präsens		Partizip Perfekt

Note: The **d** is only added to the infinitive to form the present participle; *no* additional ending is used to form the past participle.

Both participial forms can function as adjectives, which means that they may take adjective endings. German participial phrases may require a rather different structure in English. Try giving an idiomatic English equivalent for each of the phrases shown on the next page.

	BEISPIEL:	der abfahrende Bus	versus	der abgefahrene Bus
		the departing bus		*the bus that has left*

1. die steigenden Temperaturen   die gestiegenen Temperaturen
2. der singende Jugendchor   das gesungene Lied
3. die beginnenden Ferien   die begonnene Arbeit
4. die ankommenden Gäste   die angekommenen Gäste

A | Identifizieren Sie mit **x** die Partizipien als Partizip Präsens (PPr) oder Partizip Perfekt (PP); dann setzen Sie die fehlenden Adjektivendungen ein. Decken Sie aber zuerst die Kontrollliste rechts zu!

PPr	PP		**Zur Kontrolle** PPr	PP	Endung
		BEISPIEL: gemeinsam verbrachte Zeit		X	-e
		1. Ich möchte einen durchgehend__ Zug.	X		-en
		2. im beginnend__ 19. Jahrhundert	X		-en
		3. der folgend__ Text	X		-e
		4. natürlich gewachsen__ Städte		X	-e
		5. 29% der befragt__ Leute		X	-en
		6. im kommend__ Sommer	X		-en
		7. Von den eingeladen__ Gästen kamen nur fünf.		X	-en
		8. die zunehmend__ Beliebtheit des Fahrrades	X		-e
		9. der in der Garage stehend__ Wagen	X		-e
		10. in der kommend__ Woche	X		-en

B | Geben Sie englische Äquivalente für die Sätze und Ausdrücke in A. oben.

C | Im SZ-Wetterbericht gibt es im Teil „Das Wetter in Europa" zwei Partizip Präsens. Können Sie diese finden? Wenn ja, toll! Verstehen Sie das erste im Kontext? Das zweite bedeutet *accordingly*.

Das Wetter in Europa

Gestern: Ein breites Wolkenband erstreckt sich von Skandinavien bis nach Mitteleuropa. Es gehört zu den Ausläufern eines Tiefs über dem Nordatlantik. Diese brachten in Deutschland schauerartige Regenfälle und in Süddeutschland vereinzelt auch Gewitter. Mit Temperaturen von 13 bis 18 Grad um die Mittagszeit war es dann auch recht kühl und auf der Zugspitze wurden die 0 Grad nur knapp überschritten. Nach Westen zu erkennt man weitere Wolkenbänder und über den Britischen Inseln auch eine typische Schauerbewölkung. Diese kennzeichnet die nachfließende kühle Meeresluft. Dementsprechend erreichten die Mittagstemperaturen in Irland und Großbritannien auch nur etwa 15 Grad. Einzelne Wolkenfelder verdeckten zeitweise auch die Sonne über Südfrankreich und an der Mittelmeerküste Spaniens, allerdings blieb es dabei trocken. Ansonsten jedoch herrschte rund um das Mittelmeer sonniges Bade- und Urlaubswetter und die Mittagstemperaturen zeigten mit 27 bis 33 Grad, daß hier der Sommer noch lange nicht zu Ende ist.

Wetterlage: Während im Süden Deutschlands eine schwache Hochdruckzone wirksam wird, beeinflussen den Norden noch Tiefausläufer.

WB, S. 117; weitere Übungen zu **Formen und Funktionen 3.**

II. FROM ADJECTIVES TO NOUNS

Sometimes adjectives, including participles, are used like nouns.

> Das **S**chönste am ganzen Urlaub war . . .
> Die **B**ekannten / **V**erwandten von mir . . .

When preceded by **viel, etwas, wenig,** or **nichts,** nouns derived from adjectives have the endings shown in the table below.

viel	NOM	**-es**	(viel Schön**es**, nichts Interessant**es**)
etwas	AKK		
wenig			
nichts	DAT	**-em**	(mit wenig Bekannt**em**)

When preceded by **alles** or **manches,** the endings of adjectives used as nouns are as shown below.

alles	NOM	**-e**	(alles Gut**e**)
manches	AKK		
allem	DAT	**-en**	(all**em** Gut**en**)
manchem			

When preceded by **jemand** or **niemand,** the endings of noun-adjectives are as shown below.

jemand	NOM	**-er**	(jemand Fremd**er**, niemand Bekannt**er**)
niemand	AKK	**-en**	(jemand Fremd**en**, niemand Bekannt**en**)
	DAT	**-em**	(Er hat mit jemand Fremd**em** gesprochen)

Now you should be able to understand both the meaning of the expressions below, and how the nouns were formed.

> Alles Gute zum Geburtstag!
> Im Westen nichts Neues.

D | „Noch einmal: Hamburg". Setzen Sie fehlende Endungen ein. Sie haben den Text über Hamburg im Workbook gelesen und möchten wahrscheinlich diese Stadt selbst besuchen, denn . . .

1. in Hamburg gibt es so viel Neu___ zu entdecken.
2. man kann etwas Gut___ aus aller Welt genießen.
3. es gibt kaum etwas Aufregender___ als einen Reeperbahnbummel.
4. man wird in Schaufenstern manches Extravagant___ sehen.
5. für jeden gibt es etwas Interessant___.

III. FROM NOUNS TO ADJECTIVES

Just as adjectives can be used like nouns, so nouns can be transformed into adjectives. The following list shows some frequently used suffixes for deriving adjectives from nouns.

Nomen oder Verb + **-lich**:

    Freund → freund**lich**   frag-en → frag**lich**

    Sport → sport**lich**   ärger-n → ärger**lich**

Nomen + **-ig**:

    Fleiß → fleiß**ig**   Vorsicht → vorsicht**ig**

    Sonne → sonn**ig**   Woche → __wöch**ig** (**dreiwöchig**)

Nomen + **-isch**:

    Künstler → künstler**isch**   Österreich → österreich**isch**

    Frankreich → französ**isch**   Amerika → amerikan**isch**

Nomen + **-bar**:

    Dank → dank**bar**   Furcht → furcht**bar**

E | Setzen Sie **-lich, -ig, -isch, -bar** und Adjektiv-Endungen ein. Das ist nicht ganz leicht (ohne Hilfe von oben)!

1. ein wissenschaft_____ Mitarbeiter   6. viele vorsicht_____ Autofahrer

2. die fleiß_____ Studenten   7. am sonn_____ Tag der Woche
                                (Superlativform)

3. japan_____ Autos

4. französ_____ Wein   8. etwas Lust_____

5. die dank_____ Zuschauer   9. eine amerikan_____ Künstlerin

When used in a temporal sense **-lich** and **-ig** have very specific functions: **-lich** refers to frequency (**wie oft?**); **-ig** identifies duration (**wie lange?**). Study the samples below and find equivalents in English.

Frequenz (wie oft?): **-lich**	Dauer (wie lange?): **-ig**

die tägliche Arbeit
   = jeden Tag
	ein zweitägiger Besuch
	   = zwei Tage lang

ein stündlicher Bus
   = jede Stunde
	ein dreistündiger Flug
	   = drei Stunden lang

die monatliche Miete
   = jeden Monat
	ein fünfmonatiges Kind
	   = fünf Monate alt

der jährliche Urlaub
   = jedes Jahr
	ein achtzigjähriger Mann
	   = achtzig Jahre alt

eine wöchentliche Veranstaltung
   = jede Woche
	eine dreiwöchige Reise
	   = drei Wochen lang

BEISPIELE: 1. Wie oft kommt hier ein Bus?   Ich glaube, viertel**stündlich**, = alle fünfzehn Minuten.

               2. Wie lange dauerte der Flug von Zürich nach London?   Das war ein **einstündiger** Flug.

               3. Verbringt ihr **jährlich** euren Urlaub in der Schweiz?   Ja, und immer ist es ein **zweiwöchiger** Aufenthalt im Tessin.

Vorsicht: Die **-ig** (wie lange?) -Wörter stehen nie allein, d.h. sie haben immer eine spezifische Zeit (**zwei**wöchig, **ein**stündig) dabei.

F Wie könnte man jeden Satzteil anders sagen? Gebrauchen Sie Adjektive mit **-lich** oder **-ig**. Sprechen Sie zuerst, dann schreiben Sie 1–5.

> **BEISPIEL:** ein Mädchen, das sieben Jahre alt ist
> *a girl who is seven years old*
>
> ein siebenjähriges Mädchen
> *a seven-year-old girl*

1. eine Klasse, die zwei Stunden dauert—eine . . .
2. ein Ausflug, der jede Woche gemacht wird—ein . . .
3. die Telefonrechnung, die jeden Monat bezahlt wird—die . . .
4. ein Musikfest, das drei Tage dauerte—ein . . .
5. eine Ausstellung, die jedes Jahr stattfindet—eine . . .

IV. FROM ADJECTIVES TO ADVERBS

Earlier in this chapter we reviewed the **Grundform, Komparativ,** and **Superlativ** of adjectives. Some frequently used German adverbs are formed by adding an **-s** to the **Superlativform.** Study the chart below carefully, especially the English renderings of the adverbial forms.

Adjektiv-Superlativ	Adverb
am —sten der —ste . . .	—sten**s**
am höchsten (hoch, höher) der höchste Berg	höchsten**s** = nicht mehr als *at most*
am wenigsten (wenig, weniger) die wenigste Zeit	wenigsten**s** = nicht weniger als *at least*
am frühesten (früh, früher) das früheste Schiff	frühesten**s** = nicht früher als *at the earliest*
am spätesten (spät, später) der späteste Flug	spätesten**s** = nicht später als *at the latest*
am meisten (viel, mehr) die meisten Leute	meisten**s** = sehr, sehr oft *most of the time*
am besten (gut, besser) das beste Hotel	besten**s** = sehr, sehr gut *superbly*

G „Im Reisebüro. "Wählen Sie die richtigen Formen der Wörter oder Satzteile in Klammern, und setzen Sie sie in den Lücken ein.

1. Wie lange dauert der Flug? _____ drei Stunden.
   (nicht mehr als)

2. Wann wollen Sie reisen? _____ in einer Woche.
   (nicht früher als)

3. Wieviel kostet die Pauschalreise? _____ 850 DM.
   (nicht weniger als)

4. Wann müssen Sie zurückkommen? In _____ drei Wochen.
   (nicht später als)

5. Vielen Dank. Sie haben uns _____ informiert.
   (sehr, sehr gut)

6. Von allen Reisen gefällt mir diese am _____.
   (gut)

7. Wenn Sie nicht viel ausgeben wollen, am _____ kosten Gruppenreisen.
   (wenig)

8. Um diese Zeit sind die Hotelpreise am _____.
   (hoch)

9. Am _____ bezahlen Sie für einen Flug mit der Concorde.
   (viel)

10. Charterflüge nach Spanien haben _____ Verspätung.
    (sehr, sehr oft)

11. Beim Reisebüro „Nix Wie Weg" wurden wir _____ bedient.
    (sehr, sehr gut)

Zum Lesen

„Anekdote zur Senkung der Arbeitsmoral" (Heinrich Böll)

Kurzinformation zu Heinrich Böll: Heinrich Böll (1917–85) arbeitete nach dem Abitur als Lehrling im Buchhandel; 6 Jahre Soldat; in Köln Studium der Germanistik und Arbeit als Hilfsarbeiter. 1949 veröffentlichte er sein erstes Buch, *Der Zug war pünktlich*, danach zahlreiche Erzählungen, Romane, Hörspiele und Essays, die den Krieg, das Wirtschaftswunder und gesellschaftliche Fragen (Institutionen, Terrorismus) ansprechen, z.B. *Wanderer, kommst du nach Spa . . . (1950), Gruppenbild mit Dame* (1971), *Frauen vor Flußlandschaft* (1985). Alle seine Bücher wurden in zahlreiche Sprachen übersetzt. Als einer der wichtigsten und erfolgreichsten deutschen Nachkriegsschriftsteller erhielt er 1972 den Nobelpreis für Literatur. „Anekdote zur Senkung der Arbeitsmoral" (1963) ist aus *Gesammelte Erzählungen*, Bd. 2 (Köln: Kiepenheuer & Witsch, 1981) S. 256–258.

Vor dem Lesen

A In der Geschichte „Anekdote zur Senkung der Arbeitsmoral" kommen die beiden Themen Freizeit und Reisen noch einmal zusammen vor. Bevor Sie die Geschichte lesen, machen Sie sich bitte ein paar Gedanken über Ihre Einstellung zu Freizeit, Reisen und Arbeit. Markieren Sie, was auf Sie zutrifft:

143

FREIZEIT

In meiner Freizeit (nach der Arbeit, an Wochenenden) arbeite ich
nie, _____manchmal_____, selten_____.
Ich bin in meiner Freizeit _____sehr aktiv, _____aktiv, _____faul.
Meine Freizeit verbringe ich am liebsten _____zu Hause, _____im Kino,
_____bei meinen Eltern, _____mit Freunden, _____allein.
Meine Lieblingsbeschäftigung ist _____Sport, _____Fernsehen,
_____Lesen, _____ Laufen, etwas anderes: _____

REISEN

Wenn ich verreise, _____will ich Spezialitäten der Gegend ausprobieren,
_____esse ich bei McDonalds, _____nehme ich Konserven (*canned food*) mit.
Wenn ich verreise, _____möchte ich möglichst viele Städte hintereinander
sehen, _____sehe ich mir ein oder zwei Städte gründlicher an, _____ver-
bringe ich die ganze Zeit am Strand.
Wenn ich verreise, _____mache ich sehr viele Fotos, _____filme ich
Sehenswürdigkeiten, _____schaue ich mir alles mit eigenen Augen an.
Ich mache es ganz anders: _____

ARBEIT

Ich arbeite, _____weil ich schnell Karriere machen will, _____weil ich viel
Geld verdienen will, um einen hohen Lebensstandard zu haben, _____weil
ich mich und meine Familie ernähren muß, _____weil mir Arbeiten Spaß
macht _____
Ich arbeite nur soviel, wie ich brauche, um durchzukommen und um
genug Geld für meine Freizeitbeschäftigungen zu haben.
Ich arbeite aus anderen Gründen: _____

B | Haben Sie beim Reisen in ein anderes Land schon einmal einen Kulturschock
erlebt? Schreiben Sie kurz einige Notizen zu diesem Ereignis auf, und erzählen Sie
dann Ihrer Nachbarin / Ihrem Nachbarn davon.

REISELAND	ERLEBNIS	IHRE REAKTION

C | Was fällt Ihnen ein, wenn Sie an Touristen denken? Touristen sind meistens . . .

Beim Lesen

A | Lesen Sie den ersten Abschnitt (Zeile 1–21), und unterstreichen Sie alle Adjektive und
alle Partizipien, die Sie finden. Dann fassen Sie den Abschnitt in einem Satz zusammen.

Welche Adjektive beschreiben den Mann, welche den Touristen?

MANN	TOURIST

B | Lesen Sie den Dialog zwischen den beiden Männern (Zeile 22–57). Kontrastieren Sie
danach die beiden.

> **BEISPIEL:** Der Tourist redet viel, aber der Fischer schüttelt nur den Kopf.
> Der Fischer fühlt sich phantastisch, aber der Tourist wird immer
> unglücklicher.

C | Lesen Sie weiter (Zeile 58–88 „exportieren"), und unterstreichen Sie alle Verben im Konjunktiv. Der Konjunktiv wird hier benutzt, weil der Tourist sich die Zukunft des Fischers vorstellt. Schreiben Sie ein paar Sätze auf, die diese Vorstellungen ausdrücken.

> **BEISPIEL:** Wenn der Fischer noch einmal ausführe, dann würde er zehn Dutzend Makrelen fangen.
>
> Wenn . . .

D | Lesen Sie jetzt den Text zu Ende. Welches Wort kommt fünf mal vor, um den Höhepunkt der Anekdote hinauszuzögern (*to postpone*)?

> Wort: _____
>
> Was stünde für den Touristen am Ende der Fischerkarriere?
>
> Kommt Ihnen dieses Leben bekannt vor? Was sagt der Fischer zu diesen Zukunftsvisionen?

Anekdote zur Senkung der Arbeitsmoral

In einem Hafen an der westlichen Küste Europas liegt ein ärmlich gekleideter Mann in seinem Fischerboot und döst. Ein schick angezogener Tourist legt eben einen neuen Farbfilm in seinen Fotoapparat, um das idyllische Bild zu fotografieren: blauer Himmel, grüne 5 See mit friedlichen, schneeweißen Wellenkämmen, schwarzes Boot, rote Fischermütze. Klick. Noch einmal: klick, und da aller guten Dinge drei sind, und sicher sicher ist, ein drittes Mal: klick. Das spröde, fast feindselige Geräusch weckt den dösenden Fischer, 10 der sich schläfrig aufrichtet, schläfrig nach seiner Zigarettenschachtel angelt, aber bevor er das Gesuchte gefunden, hat ihm der eifrige Tourist schon eine Schachtel vor die Nase gehalten, ihm die Zigarette nicht gerade in den Mund gesteckt, aber in die Hand 15 gelegt, und ein viertes Klick, das des Feuerzeuges, schließt die eilfertige Höflichkeit ab. Durch jenes kaum meßbare, nie nachweisbare Zuviel an flinker Höflichkeit ist eine gereizte Verlegenheit enstanden, die der Tourist—der Landessprache mächtig—durch 20 ein Gespräch zu überbrücken versucht. »Sie werden heute einen guten Fang machen.« Kopfschütteln des Fischers. »Aber man hat mir gesagt, daß das Wetter günstig ist.« 25 Kopfnicken des Fischers. »Sie werden also nicht ausfahren?« Kopfschütteln des Fischers, steigende Nervosität des

Vokabelhilfe

die Senkung, -en *lowering*
die Arbeitsmoral *work ethic*
die Küste *coast*
der Wellenkamm, ⁼e *crest of a wave*

spröde *brittle*
feindselig *hostile*
auf·richten sich *to sit up*

eifrig *eager*

eilfertig *hasty, rash*
flink *quick*
gereizt *strained*
die Verlegenheit *embarrassment*
mächtig sein (gen.) *to be in command of*

145

Touristen. Gewiß liegt ihm das Wohl des ärmlich
gekleideten Menschen am Herzen, nagt an ihm die
Trauer über die verpaßte Gelegenheit.   30
»Oh, Sie fühlen sich nicht wohl?«
Endlich geht der Fischer von der Zeichensprache zum
wahrhaft gesprochenen Wort über. »Ich fühle mich
großartig«, sagt er. »Ich habe mich nie besser gefühlt.«   35
Er steht auf, reckt sich, als wollte er demonstrieren,
wie athletisch er gebaut ist. »Ich fühle mich phantastisch.«
Der Gesichtsausdruck des Touristen wird immer
unglücklicher, er kann die Frage nicht mehr unter-   40
drücken, die ihm sozusagen das Herz zu sprengen
droht: »Aber warum fahren Sie dann nicht aus?«
Die Antwort kommt prompt und knapp. »Weil ich
heute morgen schon ausgefahren bin.«
»War der Fang gut?«   45
»Er war so gut, daß ich nicht noch einmal auszufahren
brauche, ich habe vier Hummer in meinen Körben
gehabt, fast zwei Dutzend Makrelen gefangen . . . «
Der Fischer, endlich erwacht, taut jetzt auf und klopft
dem Touristen beruhigend auf die Schultern. Dessen   50
besorgter Gesichtsausdruck erscheint ihm als ein
Ausdruck zwar unangebrachter, doch rührender
Kümmernis.
»Ich habe sogar für morgen und übermorgen genug«,
sagt er, um des Fremden Seele zu erleichtern.   55
»Rauchen Sie eine von meinen?«
»Ja, danke.«
Zigaretten werden in Münder gesteckt, ein fünftes
Klick, der Fremde setzt sich kopfschüttelnd auf den
Bootsrand, legt die Kamera aus der Hand, denn er   60
braucht jetzt beide Hände, um seiner Rede Nach-
druck zu verleihen.
»Ich will mich ja nicht in Ihre persönlichen Angele-
genheiten mischen«, sagt er, »aber stellen Sie sich mal
vor, Sie führen heute ein zweites, ein drittes, vielleicht   65
sogar ein viertes Mal aus und Sie würden drei, vier,
fünf, vielleicht gar zehn Dutzend Makrelen fangen . . .
stellen Sie sich das mal vor.«
Der Fischer nickt.
»Sie würden«, fährt der Tourist fort, »nicht nur heute,   70
sondern morgen, übermorgen, ja, an jedem günstigen
Tag zwei-, dreimal, vielleicht viermal ausfahren—
wissen Sie, was geschehen würde?«
Der Fischer schüttelt den Kopf.
»Sie würden sich in spätestens einem Jahr einen Motor   75
kaufen können, in zwei Jahren ein zweites Boot, in
drei oder vier Jahren könnten Sie vielleicht einen
kleinen Kutter haben, mit zwei Booten oder dem Kutter
würden Sie natürlich viel mehr fangen—eines Tages

146

---

am Herzen liegen *to be con-*
   cerned about
nagen *to gnaw*

recken sich *to stretch*

der Gesichtsausdruck *facial*
   expression
unterdrücken *to suppress*
sprengen *to burst*
drohen (*dat.*) *to threaten*
knapp *tersely*

der Hummer *lobster*

auf•tauen here: *to become*
   communicative

unangebracht *inappropriate*
rührend *touching*
die Kümmernis, -se *concern*

der Rede Nachdruck
   verleihen *to give emphasis*
   to his speech

würden Sie zwei Kutter haben, Sie würden . . . «, die 80
Begeisterung verschlägt ihm für ein paar Augenblicke
die Stimme, »Sie würden ein kleines Kühlhaus bauen,
vielleicht eine Räucherei, später eine Marinadenfabrik,
mit einem eigenen Hubschrauber rundfliegen, die
Fischschwärme ausmachen und Ihren Kuttern per Funk 85
Anweisung geben. Sie könnten die Lachsrechte
erwerben, ein Fischrestaurant eröffnen, den Hummer
ohne Zwischenhändler direkt nach Paris exportieren—
und dann . . .«, wieder verschlägt die Begeisterung
dem Fremden die Sprache. Kopfschüttelnd, im tiefsten 90
Herzen betrübt, seiner Urlaubsfreude schon fast
verlustig, blickt er auf die friedlich hereinrollende Flut,
in der die ungefangenen Fische munter springen.
»Und dann«, sagt er, aber wieder verschlägt ihm die
Erregung die Sprache. Der Fischer klopft ihm auf den 95
Rücken, wie einem Kind, das sich verschluckt hat.
»Was dann?« fragt er leise.
»Dann«, sagt der Fremde mit stiller Begeisterung, »dann
könnten Sie beruhigt hier im Hafen sitzen, in der Sonne
dösen—und auf das herrliche Meer blicken.« 100
»Aber das tu ich ja schon jetzt«, sagt der Fischer, »ich
sitze beruhigt am Hafen und döse, nur Ihr Klicken hat
mich dabei gestört.«
Tatsächlich zog der solcherlei belehrte Tourist
nachdenklich von dannen, denn früher hatte er auch 105
einmal geglaubt, er arbeite, um eines Tages einmal
nicht mehr arbeiten zu müssen, und es blieb keine
Spur von Mitleid mit dem ärmlich gekleideten Fischer
in ihm zurück, nur ein wenig Neid.

die Begeisterung *enthusiasm*
die Stimme verschlagen *to leave speechless*
die Räucherei, en *smokehouse*
die Marinadenfabrik, -en *cannery*
der Hubschrauber *helicopter*
per Funk *over radio*
die Anweisung, -en *directions*
die Lachsrechte *rights for fishing salmon*
erwerben, (i), a, o *to obtain, acquire*
der Zwischenhändler *dealer, middleman*
betrübt *saddened*
einer Sache verlustig gehen (gen.) *to forfeit a thing; no longer enjoy*
munter *merrily*
die Erregung *agitation*
verschlucken sich *to swallow the wrong way*

solcherlei *in such a way*
von dannen ziehen *to go away*

das Mitleid *compassion*
der Neid *envy*

147

Nach dem Lesen

Böll ist ein großer Satiriker. Er hat in seinen Werken Satiren auf die Leistungsgesell-
schaft, auf den Polizeistaat, auf den Katholizismus geschrieben. Worauf ist diese Anekdote eine Satire? Auf welcher Seite steht der Erzähler? Über wen macht er sich lustig?

Einige Mittel der Satire sind Übertreibung (*exaggeration*) und Wiederholung,
Umkehrung (*reversal*) und Kontrast. Lesen Sie den ganzen Text jetzt noch einmal
und versuchen Sie, Stellen zu finden, an denen Böll übertreibt, wiederholt, kontra-
stiert, und wo in der Geschichte eine Umkehrung stattfindet.

Zum Schreiben

A „Zu Hause". Sie haben jetzt schon einiges über Bölls Satire herausgefunden. Können
Sie nun versuchen, den Titel der Anekdote zu erklären? Schreiben Sie einen kurzen
Abschnitt über die Bedeutung der Geschichte.

B | Schreiben Sie einen kurzen Aufsatz über eins der folgenden Themen:
  a. ein Ferienerlebnis   c. kulturelle Stereotypen
  b. Bin ich ein typischer Tourist?   d. Ihre Arbeitsmoral

Reden wir miteinander!

Rollenspiel zur Anekdote

A | Wer ist Ihnen sympathischer? Spielen Sie mit einem Partner die Situation zwischen Tourist und Fischer. Wählen Sie die Rolle, die Ihnen besser gefällt. Sie können Ihre eigenen Worte und Gesten dafür benutzen.

B | Es gibt bestimmte Stereotypen über die Arbeitsmoral bestimmter Nationen (faul / fleißig). Verstärkt Bölls Text diese Stereotypen, oder geht er kritisch damit um? Haben Sie zum Beispiel an ein bestimmtes Land gedacht, woher der Tourist kommen könnte, und an ein anderes, wo der Fischer leben könnte?

Zu viele Angebote!

Tauernradweg
der Salzach entlang

Start des Tauernradweges unterhalb der Krimmler Wasserfälle

Mit dem Wind im Rücken! Treten Sie in die Pedale. Der Salzach entlang von Krimml über Salzburg nach Passau. Sie radeln vorbei an den hohen und höchsten Bergen. Aber keine Angst, die mehr als 300 Kilometer lange Strecke von Krimml bis Passau hat ein Gefälle von über 700 Metern. Es geht also meistens »fast von selbst«.

Zur Anreise empfiehlt sich das Radtransportangebot der ÖBB. Die genaue Routenbeschreibung, Karten, Kilometerangaben und zahlreiche nützliche Informationen finden Sie im neuen 42-seitigen Radwegführer.

Erhältlich zum Preis von öS 89,– im Buchhandel oder direkt bei: SalzburgerLand, Postfach 8, A-5033 Salzburg.

SalzburgerLand
Ein kleines Paradies

Die Massen-medien— Information oder Manipulation

Goals:

- *Getting information on the media scene (radio, television, the press): what program selections are there? A look at the new kid on the block: commercial television*

- *Listening to ads on radio, a weather report, and news; a dialogue of a "typical" German TV-family*

- *Reading and reacting to television programs, advertisements in magazines, and a poem on advertisement*

- *Reviewing word order in passive sentences; learning how to distinguish between **haben** passive and **sein** passive*

- *Acquiring a certain skill in expressing and arguing opinions*

- *Writing a summary of an American TV program; writing an ad*

Internationale Presse am Zeitungsstand.

151

These items appear in the Workbook.

Bayrische Kontraste.

Aktuelles zum Thema

Was meinen wir, wenn wir von **Medien** reden? *Medium* ist das lateinische Wort für *Mitte, Mittel, inmitten.* Der lateinische Plural ist wie auf Englisch *Media*; auf Deutsch ist der Plural **Medien**. Bei jeder Kommunikation ist das Medium das, was zwischen den (inmitten von) Kommunikationspartnern liegt und die Information bzw. die Kommunikation möglich macht. Wir denken heute beim Wort **Medien** allerdings nicht an Luft, Schrift, elektromagnetische Wellen oder gar Laserlichtblitze, sondern vielmehr an die **Massenmedien**. Das sind Presse, Radio und Fernsehen. Je nach ihrem technischen Charakter nennt man die Massenmedien **Druckmedien** (*print media*) oder **elektronische Medien**. Auch Bücher, Kinofilme, Schallplatten, Videokassetten und Bildplatten sind Massenmedien. Wie rapide sich die Telekommunikation entwickelt hat, zeigt das Schaubild (S. 153). Schauen Sie, was seit 1980 alles dazugekommen ist.

    Die meisten Bürger informieren sich regelmäßig durch zwei oder sogar drei Medien, wobei das Fernsehen am beliebtesten ist. Die Medien bekommen ihre Information sowohl durch eigene Korrespondenten, als auch durch die Nachrichtenagenturen des In- und Auslandes. Neben der Deutschen Presseagentur (dpa) und dem Deutschen Pressedienst (dpd) gibt es z.B. deutsche Dienste von Associated Press (ap), Agence France Press (afp) und Reuter. In der früheren DDR gab es eine einzige zentrale Informationsquelle (ADN).

1847	1877	1930	1970	1980	1990
Telegraf	Telefon	Telefon	Telefon	Telefon	Telefon
	Telegraf	Telegraf	Funktelefon	Funktelefon	Funktelefon
		Telex	Telegraf	Funkruf	Funkruf
		Faksimile	Telex	Telegraf	Voice mail
			Faksimile	Telex	Telegraf
			Datex	Telefax	Telex
			Breitband-Daten-übertragung	Teletext	Telefax
				Bildschirmtext	Teletex
				Datex	Bildschirmtext
				Breitband-Daten-übertragung	Textfax
				Fern-über-wachung	Sprachfax
				Fern-steuerung	Text Mail
				Kabelfernsehen	Schnellfax
				Videotext	Tele-Zeitung
				Bildtelefon	Farb-faksimile
				Video-konferenz	Datex
					Breitband-Daten-übertragung
					Fern-über-wachung
					Fern-steuerung
					Kabel-fernsehen
					Videotext
					Bildtelefon
					Video-konferenz
					Zweiweg-Kabel-fernsehen.

Die Entwicklung der Telekommunikationsdienste hat sich seit 1947 immer mehr beschleunigt.

Während in den USA viele Radio- und Fernsehprogramme dem Empfänger kostenlos ins Haus gesendet werden, bezahlt man in der BRD und anderen europäischen Ländern eine monatliche Gebühr (BRD 1992: DM 19). In den letzten Jahren sind die Einnahmen aus der Werbung stark zurückgegangen.

Seit 1985 hat die BRD auch privates Fernsehen, das bei den Deutschen sehr populär ist. Durch die Einführung des privaten Fernsehens soll die Qualität und Breite von Information, Bildung und Unterhaltung verbessert werden. Es gibt auch bereits europäische Programme. ARTE ist zum Beispiel ein europäisches Medien-Experiment. Zum ersten Mal in der Fernsehgeschichte bietet dieser Sender ein zweisprachiges Programm an; ARTE ist deutsch und französisch. Bei der ARTE-Redaktion in Straßburg gehört es zum guten Ton, daß man Deutsch und Französisch spricht.

Manche Bürger und Politiker sind dem privaten Fernsehen gegenüber skeptisch. Sie glauben, daß private Kontrolle zu größerer Manipulation der Konsumenten führen wird. Ob das stimmt, wird die Zukunft zeigen.

Fernsehabend (Loriot)

Den Künstler und Kabarettisten Loriot kennen Sie ja schon aus Kapitel 4, wo Sie das Stück „Feierabend" gelesen haben. Auch in dem folgenden Text geht es um eine Freizeitbeschäftigung, und zwar die beliebteste der Deutschen: das Fernsehen.

Vor dem Lesen und Hören

A | Wie sieht das bei Ihnen aus? Welche Rolle spielt das Fernsehen in Ihrer Familie, Ihrem Bekanntenkreis? Kreuzen Sie die Aussagen an, die am ehesten auf Sie zutreffen, und ergänzen Sie.

_____ Mein Tagesablauf richtet sich ganz nach dem Fernsehprogramm.

_____ Ich schaue so gut wie nie fern.

_____ Wenn ich abends nach Hause komme, werfe ich als erstes einen Blick ins Fernsehprogramm.

_____ Ich wähle die Sendungen genau aus, die ich mir ansehe.

_____ In unserer Familie haben wir keinen Fernsehapparat.

_____ Ich treffe mich ab und zu gerne mit Freunden, um mir einen guten Film oder eine Sportsendung anzusehen.

_____ . . .

_____ . . .

B | Was hatten Sie als Kind für Lieblingssendungen? Lieblingsprogramme? Wie lange durften Sie fernsehen? Abends? Täglich? Am Wochenende? In den Ferien?

Beim Lesen

Während Sie den Loriot-Text lesen, unterstreichen Sie bitte alle Ausdrücke, die mit dem Sehen und Fernsehen zu tun haben. Sie werden einige davon später im Vokabelmosaik wiederfinden.

Fernsehabend

Ein Ehepaar sitzt vor dem Fernsehgerät. Obwohl die Bildröhre ausgefallen ist und die Mattscheibe dunkel bleibt, starrt das Ehepaar zur gewohnten Stunde in die gewohnte Richtung.

SIE: Wieso geht der Fernseher denn grade heute kaputt?

ER: Die bauen die Geräte absichtlich so, daß sie schnell kaputtgehen . . . *(Pause)*

SIE: Ich muß nicht unbedingt fernsehen . . .

ER: Ich auch nicht . . . nicht nur, weil heute der Apparat kaputt ist . . . ich meine sowieso . . . ich sehe sowieso nicht gern Fernsehen . . .

SIE: Es ist ja auch wirklich nichts im Fernsehen, was man gern sehen möchte . . . *(Pause)*

ER: Heute brauchen wir Gott sei Dank überhaupt nicht erst in den blöden Kasten zu gucken . . .

SIE: Nee . . . *(Pause)* . . . Es sieht aber so aus, als ob du hinguckst . . .

ER: ICH?

SIE: Ja . . .

ER: Nein . . . ich sehe nur ganz allgemein in diese Richtung . . . aber du guckst hin . . . Du guckst da immer hin!

SIE: Ich? Ich gucke da hin? Wie kommst du denn darauf?

ER: Es sieht so aus . . .

SIE: Das *kann* gar nicht so aussehen . . . ich gucke nämlich vorbei . . . ich gucke *absichtlich* vorbei . . . und wenn du ein kleines bißchen mehr auf mich achten würdest, hättest du bemerken können, daß ich absichtlich vorbeigucke, aber du interessierst dich ja überhaupt nicht für mich . . .

ER: (*fällt ihr ins Wort*) Jaaa . . . jaaa . . . jaaa . . . jaaa . . .

SIE: Wir können doch einfach mal ganz woandershin gucken . . .

ER: Woanders? . . . Wohin denn?

SIE: Zur Seite . . . oder nach hinten . . .

ER: Nach hinten? Ich soll nach hinten sehen? . . . Nur weil der Fernseher kaputt ist, soll ich nach hinten sehen? Ich laß mir doch von einem Fernsehgerät nicht vorschreiben, wo ich hinsehen soll!

SIE: Was wäre denn heute für ein Programm gewesen?

ER: Eine Unterhaltungssendung . . .

SIE: Ach . . .

ER: Es ist schon eine Un-ver-schämtheit, was einem so Abend für Abend im Fernsehen geboten wird! Ich weiß gar nicht, warum man sich das überhaupt noch ansieht! . . . Lesen könnte man statt dessen, Kartenspielen oder ins Kino gehen . . . oder ins Theater . . . statt dessen sitzt man da und glotzt auf dieses blöde Fernsehprogramm!

SIE: Heute ist der Apparat ja nu kaputt . . .

ER: Gott sei Dank!

SIE: Ja . . .

ER: Da kann man sich wenigstens mal unterhalten . . .

SIE: Oder früh ins Bett gehen . . .

ER: Ich gehe nach den Spätnachrichten der Tagesschau ins Bett . . .

SIE: Aber der Fernseher ist doch kaputt!

ER: (*energisch*) Ich lasse mir von einem kaputten Fernseher nicht vorschreiben, wann ich ins Bett zu gehen habe!

155

Vokabelhilfe

glotzen = starren *to stare at* **Was sagst du zu . . . ?** *What do you think about . . .* **bemerken** *to notice* **der blöde Kasten** *here: the TV set (the stupid box)*	**(an)bieten, bot an, angeboten** *to offer* **vorschreiben lassen sich etwas** *to allow oneself to be dictated to do sth*

Nach dem Lesen

A | Machen Sie ein Vokabelmosaik mit dem Wort **sehen**.

B | Zu zweit: Lesen Sie den Text jetzt noch mal laut und mit verteilten Rollen vor. Später können Sie sich das Originalpaar auf dem Tonband anhören.

C | Welche von den Aussagen, die Sie **Vor dem Lesen** durchgeschaut haben, trifft auf Loriots typisiertes Ehepaar zu?

Welcher Satz im Text zeigt uns, daß der Ablauf des Abends bei diesem Paar ganz vom Fernsehapparat bestimmt ist?

D | Besprechen Sie in einer Gruppe zu dritt die Rolle, die Fernsehen, Radio, Videogerät oder andere Medien für Sie und Ihre Familie spielen.

E Was hat das Fernsehen Ihrer Meinung nach ersetzt (*replaced*) oder verdrängt (*displaced*)? Was hat man wohl früher ohne Fernsehen gemacht? Schreiben Sie einige Sätze dazu auf. Benutzen Sie auch die Ergebnisse Ihres Gesprächs mit der Gruppe.

Zum Vokabelmosaik

Vokabelmosaik 1 of Chapter 5 introduces verbs and other basic vocabulary dealing with the process of communication and the media.

Schauen und Identifizieren

Identifizieren und wiederholen Sie im Vokabelmosaik Verben, die Sie schon kennen. Welche Verben fanden Sie im „Fernsehabend"-Text?

*V*okabelmosaik 1

Kommunikation—Information—Mißverständnisse

das Fernsehen *TV*	der Hörfunk *radio*	das Telefon das Telefongerät,	der Videorecorder die Videokamera
der Fernseher *TV set* = das Fernsehg erät, -e	das Radio, -s = der Rundfunkapparat, -e	-e = der Fernsprecher	die Videokassette

Die beiden sprechen / reden über den kaputten Fernseher.

WER?		MIT WEM?	WORÜBER? / ÜBER WEN?
die Frau der Mann Elke der Reporter	sprechen, spricht (mit) (über / von), sprach, gesprochen *to talk* die Sprache, -n reden (mit) (über) *to talk* die Rede	mit seiner Frau mit Ute mit dem Politiker	über das Programm über die Talk-Show über ihren Freund über den Skandal

Sie besprechen auch das Abendprogramm.

WER?		(MIT WEM?)	WAS?
Antje die Studenten	besprechen etwas (mit) *to talk sth. over with*	mit Peter die Prüfung	die Telefonrechnung

Der Radioansager hat sich versprochen.

WER?	
der Redner	versprechen sich *to make a slip of the tongue*

Sag mir doch, was du dir ansehen möchtest!

WER?		WEM?	WAS?
der Assistent	sagen jdm etwas	der Direktorin	, warum er zu spät kam
das Kind	*to tell so. sth.*	der Mutter	, daß es fernsehen möchte

Enrico sieht jeden Abend fern.

fern•sehen   *to watch TV =*
Fernsehen gucken (*coll.*)

Aber lieber sieht / schaut er bei einem Fußballspiel zu.

WER?		WO?
Renate	zu•sehen (bei) *to watch* beim Tennisspiel	
der Lehrling	(*as a spectator*) =	bei der Reparatur
	zu•schauen	
	der Zuschauer	

Markus hört sich die Spätnachrichten an.

WER?		WAS?
Ludwig	an•hören sich etwas	Volksmusik
Monika	*to listen to =*	die Reportage im Radio
	zu•hören (bei)	WOBEI?
	der / die Zuhörer(in) *the listener*	bei einer Diskussion

Er versteht nicht, warum die Bildröhre (tube) ausgefallen ist.

WER?		WAS?
ich	verstehen, verstand,	die Fernsehsprecherin
Oma	verstanden *to understand*	die Medienwelt nicht mehr
	das Verständnis	

Die beiden in „Fernsehabend" verstehen sich nicht gut.

WER?		WIE?
die Freunde	verstehen sich (gut)	phantastisch
die Reporter	*to get along*	schlecht

Ich glaube, er hat sie mißverstanden.

WER?		WEN? / WAS?
der Zuhörer	mißverstehen	die Übertragung *broadcast*
der Sohn	*to misunderstand*	den Vater
	das Mißverständnis	

Das österreichische Fernsehen (ORF) sendet „Zeit im Bild".

WER?	WAS?	
‚ARTE'	senden *to send, broadcast, telecast*	Kulturprogramme
Deutsche Welle	der Sender *broadcasting station*	verschiedene Programme
	die Sendung (*particular*)	
	program, show	

Nicht überall kann man Kurzwellenprogramme empfangen.

WER?	WAS?	
der Diplomat	empfangen, empfängt, empfing,	die Journalisten
der Student	empfangen *to receive* Deutsche Welle	
	der Empfang *reception*	

Kombinieren und Schreiben

A | „Assoziationen". Wählen Sie ein Verb vom Vokabelmosaik. Vielleicht gibt es mehr als eine Möglichkeit.

_____ mit einem Freund über die Somaliasendung.
mit dem Reporter über das Interview.
über die neue Mini-Serie im Fernsehen.

_____ bei einem Basketballspiel.
bei einem Experiment.
bei einem Tennistournier.

_____ der Freundin, daß das Radio zu laut ist.
dem Lehrer, wann die Prüfung sein soll.
der Mitbewohnerin, wer angerufen hat.

_____ phantastisch.
sehr gut.
einfach toll.
überhaupt nicht.

_____ mit dem Reporter das Interview.
mit der Zeitung die Bewerbung.
mit den Freunden die Semesterferien.

B | Finden Sie passende Verben zu den folgenden Nomina. Kennen Sie die Basisformen (Infinitiv, Präteritum, Partizip Perfekt)?

die Sendung _____

der Empfang _____

das Verständnis _____

die Zuhörerin _____

die Rede _____

der Zuschauer _____

C | Verstehen Sie die folgenden Kurztexte? Ergänzen Sie mit Wörtern aus dem Vokabelmosaik.

1. „Neue Technologien"
   A: Wer hat im Rundfunk _____?
   B: Der Präsident. Er sprach _____ die elektronischen Medien.

2. „Probleme, Probleme . . . "
   A: Warum sprichst du nicht _____ deinem Freund _____ dieses Problem?
   B: Mit ihm kann ich so etwas nicht be_____ .

3. „Zu theoretisch"
   A: Vor einem internationalen Publikum von Experten hat der Wissenschaftler im Radio über Genforschung ge_____.
   B: Hast du dir seinen Vortrag auch an_____?
   A: Ja, aber ich konnte vieles nicht _____.

Spiralen

4. „Wenn der Präsident spricht"

    A: Viele hörten sich die Neujahrsrede des Bundespräsidenten _____.

    B: _____ er öfter im Rundfunk?

    A: Ja, und er redet so, daß ihn alle _____ können.

5. „Leider kaputt"

    A: Du, heute abend gibt es im Fernsehen eine interessante _____ über
alte amerikanische Filme. Aber mein Fernseher ist gestern kaputtgegangen.
Könnte ich bei dir vorbeikommen?

    B: Aber ja, dann können wir auch die Deutschaufgabe be_____.

D Ändern Sie einige Kurztexte von Übung C ein wenig. Vielleicht passen sie dann zu
Ihrer Situation. Arbeiten Sie zu zweit.

        BEISPIEL: „Probleme, Probleme . . . "

            A: Warum **hast** du nicht mit **deiner Mutter** über dieses Problem
               gesprochen?

            B: Mit **ihr will** ich so etwas nicht besprechen.

E Sammeln Sie zu den folgenden „einfachen" Verben neue Verben (mit Präfix /
Präposition) und Wörter, auch aus früheren Vokabelmosaiken. Wer findet am
meisten in zwei Minuten?

        reden   sprechen   sehen   hören

        an·sprechen   *fern·sehen*

F Reden Sie zu zweit über Ihre Fernseh- und Radiogewohnheiten. Die folgenden
Fragen sollen Ihnen dabei helfen. Finden Sie aber noch weitere Fragen mit Vokabeln
vom Vokabelmosaik.

    Fragen Sie

    . . . , ob er / sie einen Farbfernseher im Zimmer hat.

    . . . , ob sein / ihr Fernseher mit einem Videorecorder verbunden ist.

    . . . , wie lange er / sie täglich fernsieht.

    . . . , wie der Empfang ist.

    . . . , ob er / sie Kabelanschluß hat.

    . . . , welche Sendungen er / sie am interessantesten findet: Spätnach-
        richten, Wetter, Reportagen, Serien, Fernsehfilme, . . .

    . . . , ob er / sie sich auch manchmal etwas im Radio anhört—wenn ja,
        welche Sendungen?

    . . . , ob er / sie mit dem Radiogerät die Deutsche Welle empfangen kann.

    . . . , ob er / sie studieren kann, wenn seine / ihre Mitbewohner / Mitbe-
        wohnerin das Radio oder den Fernseher angestellt haben.

    Kleine Vokabelhilfe—**stellen**: an·stellen *to turn on*
                                 ab·stellen *to turn off*
                                 ein·stellen *to tune in*

    . . . , ob er / sie auch manchmal etwas vom Fernsehen aufnimmt (*to tape*).

    . . . , wie oft er / sie Videokassetten ausleiht.

    . . . , welches seine / ihre Lieblingssendungen sind.

    . . . , wer sein / ihre Lieblingsansager / Lieblingsansagerin ist.

➤ WB, S. 120; **Hörverstehen 1:** Loriots „Fernsehabend".

Kapitel 5: Die Massenmedien—Information oder Manipulation?

WORD ORDER IN GERMAN SENTENCES (3)

Position of Verbal Elements in the Passive

As indicated earlier, the *passive* is used if the agent or means that causes an action or event is not important or if, for some reason, one cannot or does not want to name the agent. This is frequently the case in:

> giving various directions on how to do something;
> reporting an accident or natural catastrophe;
> describing the operation of machinery or the process of some scientific investigation;
> stating governmental / administrative / legal guidelines; advertising.

When modals are introduced into the passive and when passives, with or without modals, are used in dependent clauses, the word order of the verbal elements may become quite complex.

Compare the different possibilities for passive constructions in the models that follow.

HAUPTSATZ OHNE MODALVERB

Was **wird** heute abend im Fernsehen **gesendet**?
        ↓
        marked verbal element

What is being broadcast on TV tonight?

NEBENSATZ OHNE MODALVERB

Weißt du, **ob** die Rede des Präsidenten heute abend **gesendet wird**?
                                                        ↓
                                                        marked verbal element

Do you know whether the president's speech is being broadcast tonight?

HAUPTSATZ MIT MODALVERB

Diese Rede **muß** doch **gesendet werden.**
            ↓
            marked verbal element

This speech must be broadcast.

NEBENSATZ MIT MODALVERB

Ich weiß nicht genau, wann seine Rede **gesendet werden soll.**
                                            ↓
                                            marked verbal element

I am not sure, when his speech is supposed to be broadcast.

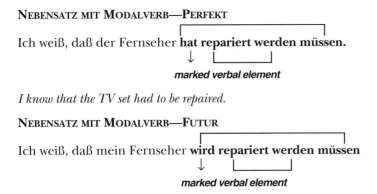

NEBENSATZ MIT MODALVERB—PERFEKT

Ich weiß, daß der Fernseher **hat repariert werden müssen.**

marked verbal element

I know that the TV set had to be repaired.

NEBENSATZ MIT MODALVERB—FUTUR

Ich weiß, daß mein Fernseher **wird repariert werden müssen**

marked verbal element

I know that my TV set will have to be repaired.

NOTE: Passive sentences with modal verbs are quite rare in compound tenses such as present perfect and future. We present them for *recognition only*. Note that the conjugated part of the verb is *not* in clause final position but occurs as the **first** element of the entire verbal structure.

➡ WB, S. 120; Übungen zu **Formen und Funktionen 1**. S. 123; **Zum Lesen.**

Zum Lesen

Fernsehprogramme

Wenn man ein Fernsehprogramm betrachtet, vergleicht man meistens eine Sache mit einer anderen. Man sucht Antworten auf die Fragen „was ist mehr oder weniger interessant, früher oder später, schlechter oder **besser als** etwas anderes", vielleicht ist etwas **so gut wie** etwas anderes, oder eines ist **am besten**. Das heißt, man gebraucht viele Komparativ- und Superlativformen.

Arbeiten Sie bitte wieder in Gruppen. Nachdem Sie zu einem Ergebnis gekommen sind, sollten Sie der ganzen Klasse Ihre Antwort mitteilen.

A Vergleichen Sie die Fernsehprogramme der verschiedenen Kanäle miteinander. Schauen Sie sich die drei öffentlichen Programme an, das 1. (ARD), 2. (ZDF) und 3. Programm. Welche Unterschiede gibt es zwischen diesen 3 Hauptprogrammen, die man ohne Kabel empfangen kann? Denken Sie an die Art der Sendungen (Informations-, Unterhaltungs-, Bildungssendungen).

> **BEISPIEL:** Im 3. Programm gibt es **mehr** Sendungen zur Bildung **als** in ARD und ZDF, zum Beispiel das „Schulfernsehen" um 9.10 und 10.10 Uhr morgens und um 16.30 Uhr nachmittags; das „Telekolleg" . . .

B Amerikanische Produktionen haben einen großen Einfluß auf die deutschen Fernsehprogramme. Suchen Sie die amerikanischen oder amerikanisch inspirierten Sendungen für diesen Tag.

C Natürlich steht bei den Funktionen des Fernsehens Unterhaltung ganz oben. Welche Sendungen sind humorvoll orientiert, welche sind Aktionsfilme oder Krimis?

tagsüber

Das gemeinsame Programm von ARD und ZDF bis 13.45 Uhr: siehe Tagsüber-Spalte ZDF

13.45 Wirtschafts-Telegramm (HR)
14.00 Tagesschau Nachr. / Wetter
14.02 Des dummen Bauern goldenes Glück (Wh. / BR)
Ein Puppenspiel von Walter Flemmer frei nach einem deutschen Märchenmotiv. Mit der Kleinen Bühne
Ein Bauer stellt sich so dumm an, daß er zusammen mit Kindern noch mal die Schulbank drücken muß.
14.30 George 26teilige Serie (BR)
15. Folge: Ein blindes Huhn findet auch ein Korn (Wh.)
15.00 Tagesschau Nachr. / Wetter
15.03 Alles Banane (NDR)
Die NDR-Kinderhitparade
▶ Siehe auch rechts
15.30 Allerhand Magazin (HR)
Sisis Schloß auf Korfu / Beobachtungen in einer Schönheitsfarm / Ein Naturfreund kümmert sich um leidende exotische Tiere / Die berühmte Reeperbahn in Hamburg hat ihr Gesicht verändert
16.00 Tagesschau Nachr. / Wetter
16.03 Talk täglich (WDR)
Alltagsgespräche mit Sabine Brandi
16.30 Die Trickfilmschau
16.45 Der Doktor und das liebe Vieh
Herriot macht sich Vorwürfe, als eine Kuh nach seiner Behandlung stirbt.
17.15 Tagesschau Nachr. / Wetter

Regional West

17.25 WWF-Studio
17.35 und 18.05 Remington Steele
Besser als o.k.

Remington und Laura (Stephanie Zimbalist) untersuchen eine seltsame Mordserie. Verdächtig ist ein Wunderheiler

18.30 Hier und Heute
18.45 und 19.20 Der Prins muß her
Unterm Gras der Jahre
▶ Siehe auch rechts
19.45 WWF

Weitere Regionalprogramme

NORD 17.25 Berichte 17.35 und 18.05 Remington Steele 18.35 und 19.05 Der Prins muß her 19.30 Landesprogramme

SÜDWEST 17.25, 18.30 Vor 8 17.35, 18.05 Remington Steele: Besser als o.k. 18.45, 19.20 Der Prins muß her: Unterm Gras der Jahre 19.48 Landesschau

HESSEN 17.25 Puzzle 17.35 und 18.05 Remington Steele 18.30 Hessen heute 18.45 und 19.20 Der Prins muß her

DFF 17.25, 19.57 Vorschau 17.26, 17.55 High Mountain Rangers 18.20 Sandmännchen 18.28, 18.55 Regionalpr. 19.25 Der Wildnis auf der Spur

58 HÖRZU

abends

19.58 Heute im Ersten (WDR)
20.00 Tagesschau Nachr. / Wetter
20.15 MAZ ab! (SFB)
Eine Gameshow rund ums Fernsehen mit Harald Schmidt und Gästen
Regie: Pit Weyrich
▶ Siehe auch rechts
Auch morgen, 12.00 Uhr
20.59 Tagesthemen-Telegramm
21.00 Report Baden-Baden (SWF)
Moderator: Franz Alt
21.45 Dallas Schlag gegen J. R.
Bobby Ewing . . . . Patrick Duffy
J. R. Ewing . . . . . Larry Hagman
Carter McKay . . George Kennedy
James Beaumont . Sasha Mitchell
Cally Ewing . . . . Cathy Podewell
April Ewing . . . .Sheree J. Wilson
Clayton Farlow . . . . Howard Keel
Cliff Barnes . . . . .Ken Kercheval
Lee Ann De La Vega . Barbara Eden
▶ Siehe auch rechts
22.30 Tagesthemen
23.00 Tennis Internationale Meisterschaften von England
Berichte und Informationen vom Tage aus Wimbledon
23.30 Tatort Krimireihe (HR)
Kopflos Von Hans Kelch (Wh.)
Kommissar Brinkmann
. . . . .Karl-Heinz von Hassel
Wegner . . . . . . Thomas Ahrens
Dr. Bergner . . Dietrich Mattausch
Ines Bergner .Sabine von Maydell
Christa Rako . . . Ingmar Zeisberg
Bertie . . . . Hendrik Martz
Gerda Buthe . . . . . Diana Körner
Andrea Mahler . . Anke Sevenich
Karin Kundler . . Julia Biedermann
Dr. Warnke . . . . . . .Helmut Zierl
Uschkureit . . . . Rudolf Kowalski
Regie: Sylvia Hoffman
Dr. Fred Bergner ist Forschungsleiter in einem Frankfurter Elektronik-Unternehmen. Seine junge Frau Ines will ihn eines Abends aus dem Werk abholen. Da erlebt sie Schreckliches: Ihr Mann sitzt zusammengesunken im Schreibtischsessel, sein Hemd ist blutverschmiert. Wurde er ermordet? Als die Polizei wenig später im Büro eintrifft, ist Dr. Bergner spurlos verschwunden! Nichts scheint auf ein Verbrechen hinzudeuten. Kommissar Brinkmann untersucht die reichlich mysteriöse Angelegenheit. **85 Min.**

Wegner (Thomas Ahrens, l.), Kommissar Brinkmann (Karl-Heinz von Hassel) und Ines (Sabine von Maydell)

0.55 Tagesschau Nachr. / Wetter
1.00 Zuschauen – Entspannen – Nachdenken (BR)
Alte Gärten in China
2. Teil: Der Sommerpalast in Peking

15.03 Alles Banane Kinder zeigen, was sie als Schlagersänger drauf haben

Zum sechsten Mal treten Kinder mit Schlagern auf, bei denen sie die Musik von aktuellen Hits mit eigenen Texten kombinieren. Das jugendliche Publikum im Studio bestimmt den Sieger des Monats, der dann im Jahres-Finale noch einmal mitwirken darf.

Moderator Eric Schnecko (M.) mit Ehrengästen – den London Boys. Sie singen „Sweet Soul Music"

18.45 Der Prins muß her Gefälschte Gemälde tauchen auf dem Markt auf

WDR

Eine junge Französin ersteigert bei einer Auktion drei Bilder von Fernand Léger, die früher im Besitz ihrer Familie waren. Prins hilft ihr dabei. Die erworbenen Gemälde erweisen sich bald als Fälschungen. Aber wo befinden sich die echten?

Experte Prins (Peter Sattmann) und Mademoiselle Martin (Françoise Dorner) prüfen ein Gemälde

---

20.15 MAZ ab! Vergnügliches Quiz mit Harald Schmidt

Ob Fernsehereignisse der letzten Zeit oder kommende Sendungen – bei Harald Schmidt wird garantiert nichts tierisch ernst genommen. In den Genuß der Gewinnsummen kommen der Ski-Klub Pallas und das Heim „Haus Koenigsallee", beide aus Berlin. Es raten u. a.: SWF-3-Moderator Elmar Hörig und Jürgen Roland.

Um einen witzigen Spruch nie verlegen ist Gastgeber Harald Schmidt (rechts). Zu seinen Gästen zählt Regisseur Jürgen Roland (Porträt)

21.45 Dallas Die Firma Ewing Oil wird verkauft

Harter Schlag für J. R.: Bobby verkauft tatsächlich Ewing Oil! J. R. will die Firma auf krummen Wegen wieder an sich bringen. Auch privat bleibt er aktiv: Er läßt sich von Cally scheiden und verlobt sich mit Vanessa. Barnes hat große Probleme. Denn er gehört nach wie vor zu den Verdächtigen im Mordfall Dancer. **45 Min.**

Lee Ann De La Vega (Barbara Eden), die neue Eigentümerin von Ewing Oil, sieht im Büro von J. R. um

Bobby Ewing (Patrick Duffy), der in Paris nach Sheila Foley sucht, telefoniert mit J. R.

VPS Alle Uhrzeiten = Eingabezeiten für Video-Recorder mit VPS-System. Wenn VPS-Zeit in Klammern, gilt diese.

Spiralen

tagsüber

*Das gemeinsame Programm
von ARD und ZDF bis 13.45 Uhr:*

9.00 heute Nachrichten / Wetter

9.03 Der Denver-Clan
Start frei für Sammy-Jo (Wh.)

9.45 Medizin nach Noten

10.00 heute Nachrichten / Wetter

10.03 ARD-Ratgeber: Recht

10.35 Mosaik-Ratschläge
Sachsen-Anhalt: Was bietet das
neue Bundesland? / Firmengrün-
dungen in den neuen Bundesländern

11.00 heute Nachrichten / Wetter

11.03 Papa haut auf den Putz
deutsch / englisch ⊙⊙
Kanadischer Spielfilm von 1979

12.35 Umschau / 12.55 Presseschau

13.00 ZDF-Mittagsmagazin
mit **heute**-Nachrichten

**13.45 Auf den Spuren
von Sherlock Holmes** (Wh.)
Der geflügelte Scarabäus. Teil 1
Die Baker-Street-Bande versucht,
Sherlock Holmes aus der Gewalt von
Professor Moriarty zu befreien.
Teil 2: morgen, 13.45 Uhr

14.10 Täuschend echt (Wh.)
Die Lust zu fälschen. Über Fälscher
und Piraten, von ihren Motiven und
Wirkungen. Film von Ulli Rothaus

**14.40 Deutsche Flußlandschaften:
Die Eider** Fluß in Schleswig-Hol-
stein, der in die Nordsee mündet.

15.10 Die Pyramide (Wh. v. Sa.)

15.58 Programm-Service

16.00 heute Nachrichten / Wetter

16.03 Die Biene Maja
Thekla hat sich verrechnet (Wh.)
Willie und Maja benutzen eine Liane
als Trampolin. Dabei landet Maja im
Netz der braunen Spinne.

16.25 logo Nachrichten für Kinder

**16.35 Supergran – Die Oma
aus dem 21. Jahrhundert**
Das Wundermobil
▶ Siehe auch rechts
3. Folge: am nächsten Dienstag

17.00 heute / Aus den Ländern

17.15 tele-illustrierte ⊙⊙
Zu Gast: Die Rebirth Brass Band

17.45 und 18.20 Ein Heim für Tiere
Frau Stenzels Testament (Wh.)

Zwar ist die gesuchte Popsängerin Jo-
hanna (Eva „Medusa" Gühne, r.) gefun-
den, doch sie schlägt die Erbschaft ihrer
verstorbenen Tante Clara aus. Dr. Bayer
(Hans-Heinz Moser), Martha (Angela
Pschigode, 2. v.l.) und Julia (Vera
Tschechowa) fragen sich, wer sich nun
um Tante Claras Tiere kümmern soll.
Anschließend: **(VPS 18.50)**
Programm-Service

abends

19.00 heute Nachrichten / Wetter

19.30 Prieros – der erste Frühling
Ein Dorf in Brandenburg
Reportage von Martin Graff
Kamera: Udo Börsch
Prieros ist ein 900-Einwohner-Dorf,
wegen seiner Lage inmitten vieler
Seen auch Mini-Venedig genannt.
Die Gemeinde liegt rund 50 Kilometer südöstlich von Berlin.
Diese Reportage bildet den Auftakt zu
einer Reihe von Sendungen, die das
ZDF zum ersten Jahrestag der Deutschen Wirtschafts- und Währungsunion am 1. Juli ausstrahlt. Thema ist
der wirtschaftliche und soziale Struk-
turwandel – der Versuch einer Bilanz
nach einem Jahr.
▶ Siehe auch rechts
*Im „Deutschland Journal" um 22.10
Uhr berichten vier Journalisten aus
den neuen Ländern über ihre Erfahrungen nach einem Jahr Wirtschafts-
und Währungsunion und 266 Tagen
staatlicher Einheit.*

20.15 Verkehrsgericht
Amokfahrt eines Betrunkenen
Rainer Blasius . Claus-Dieter Reents
Susanne Blasius . . . .
. . . . Marie-Charlott Schüler
Werner Mehnert . . . . . Peter Hart
Lissy Lauterbach . Elisabeth Rass
Yvonne Forster . . Daniela Dadieu
Ali . . . . Ali-Ihsan Arkades
Theo Reichmaier . . . .
. . . . Leopold Gmeinwieser
Moderation: Petra Schürmann
Buch: Ruprecht Essberger
Regie: Bruno Jantoss
▶ Siehe auch rechts
*Auch Donnerstag, 11.03 Uhr
Lesen Sie dazu bitte Seite 20*

21.45 heute-journal

22.10 Deutschland Journal
Es hat sich was verändert! Ein Jahr
Währungsunion – Journalisten aus
den neuen Ländern berichten.
▶ Siehe auch rechts

22.55 Ortssinn
Kleines Fernsehspiel
Original französisch mit Untertiteln
Der Erstlingsfilm von Mariana Otero
und Alexandra Rojo, zwei Südameri-
kanerinnen, die in Paris leben.
Drei Schauplätze in Paris, die ständig
wechseln: Fleury Merogis, das größte Gefängnis Europas, eine Trabantenstadt und ein Innenhof inmitten
der französischen Hauptstadt. Die
Filmemacherinnen beobachten eine
Theaterinszenierung, in der Strafge-
fangene als Schauspieler die Freiheit
proben, und besuchen die Familien
von zwei dieser Inhaftierten. **70 Min.**

Paris. Trabantenstadt am Rande der Metropole: anonym und gesichtslos

0.05 heute Letzte Nachrichten

16.35 Supergran
Hilfe! Diebe haben das Wundermobil gestohlen

In Chisleton erregt die neueste
Erfindung von Prof. Blake großes Aufsehen: das Land-Luft-
Wasser-Mobil. Supergran te-
stet das Wunderding und ist
begeistert. Aber auch Gang-
sterchef Teller – die Erfindung
könnte ihm viel Geld bringen.
Bevor die Maschine offiziell
ausgestellt wird, fliegt sie davon! Ein frecher Diebstahl.
Doch Supergran ist nicht faul!

Falschspieler
Rollo Rohfisch
(Michael
Elphick) will
das Wunder-
mobil (l.) als
ideales Flucht-
auto haben

19.30 Prieros – der erste Frühling
Viel Hoffnung in einem brandenburgischen Dorf

„Wir können nicht zaubern,
aber wir versuchen es täglich."
Dorf-Bürgermeisterin Gishla-
na Poppelbaum, 39, verbreitet
Optimismus. In Prieros werden die Ärmel aufgekrempelt.
Ein Drechsler will eine Halle
bauen, Dr. Eggers hat eine Praxis eröffnet. Und alle hoffen
auf viele Touristen im Sommer.

Sylvia und Detlev Steinke wollen
aus dem ehemaligen Stasi-Heim
die Pension „Wald-Idyll" machen.

20.15 Verkehrsgericht
Die wilde Amokfahrt eines Betrunkenen

Eine Geburtstags-
feier. Rainer Blasius wollte nie
mehr Alkohol anrühren. Aber
der einschlägig Vorbestrafte
wird „schwach". Ehefrau Susanne will den Betrunkenen
nach Hause fahren, doch Rainer – wütend – setzt sich selbst
ans Steuer. Was folgt, ist eine
wilde Amokfahrt. Bei einer
Raststätte rammt Rainer ein
parkendes Auto, in dem ein
schlafendes Kind liegt. Es wird
schwer verletzt . . . **90 Min.**

Es hat gekracht. Susanne (M.-Ch.
Schüler) hilft ihrem blutenden
Mann (C.-D. Reets) aus dem Auto

22.10 Deutschland Journal
Ein Jahr nach der Währungsunion

Am 2. Juli vor einem
Jahr, an einem Montag: lange
Schlangen vor den Banken in
der ehemaligen DDR. Die
D-Mark ist da. Das neue Geld
und die am 3. Oktober gefeierte
staatliche Einheit haben das
Leben von über 16 Millionen
Menschen umgekrempelt. Vier
Journalisten aus den neuen
Ländern berichten, welche
Veränderungen sie erfahren
und beobachtet haben, aber
auch, was sie selbst empfinden.

Ein junger Leipziger freut sich: Stolz zeigt er
seine in der Bank eingetauschten DM-Scheine

163

Kapitel 5: Die Massenmedien—Information oder Manipulation?

West 3

8.55 Seniorengymnastik
9.10 Schulfernsehen
Bienen und Ökologie. 2. Teil: Lebensräume **9.25** Der stumme Freund (2) Picknick mit Hindernissen
9.40 Telekolleg
Deutsch. 37. Lektion: Der verdoppelte Text. Schreiben über Literatur
10.10 Schulfernsehen
Geschichten der Bibel. 3. Teil: Führe mein Volk aus der Knechtschaft **10.40** Zoom – Your English Magazine **11.10** Politik aktuell **11.25** This Week
11.40 Aktuelles aus dem Videotext
11.50 Gestern gelesen Anwaltsserie
5. Folge: **Korporal** (Wh.)
12.15 Blickpunkt Gesundheit
Reisen ohne Reue (Wh.)
13.00 Im Gespräch Gabriele von Arnim unterhält sich mit Janosch (Wh.)
13.45 High Score Computerspielshow Moderation: Ute Welty (Wh.)
14.15 West 3 aktuell Nachrichten
14.20 Fenster Platz Regionalmagazin
15.25 Interface Anmerkungen und Beispiele zur elektronischen Bilderwelt Film von Erwin Michelberger (Wh.)
15.55 West 3 aktuell Nachrichten
16.00 Sesamstraße Für Kinder
16.30 Schulfernsehen
Versorgung – Entsorgung. Vierteilige Sendereihe. 2. Teil: Wasser und Strom **16.45** Ein Sommer am Meer. Dreiteilige Sendereihe. 1. Teil: Muschelbänke
17.00 Radio, Radio
Letzter Teil: Welturaufführung Fernsehen in Berlin (1928–1945) 1936 können Zuschauer die Olympischen Sommerspiele erstmals auf dem Bildschirm verfolgen. Eine neue Epoche beginnt: das Fernsehzeitalter. Die Sendung stellt Pioniere des neuen Mediums vor: Paul Nipkow, Manfred von Ardenne und Walter Bruch.
17.30 Telekolleg Mathematik
Analysis. Folgen und Grenzwerte 5. Teil: Grenzwertsätze
18.00 Aktuelle Minute Nachrichten
18.01 Barney Bär und seine Freunde
Elfteilige Zeichentrickserie für Kinder 2. Folge (Wh.)
18.30 Sinhá Moça Die Tochter
des Sklavenhalters. 142. Folge (Wh.) Skandal in Araruna: Erstmals werden in der Zeitung die Schandtaten des Barons öffentlich angeprangert. Die Auflage ist im Nu vergriffen . . .
18.57 Der Abend in West 3 Vorschau
19.00 Aktuelle Stunde Magazin

(20.00) 15 Minuten international
Tunesien. Mit der Eisenbahn unterwegs. Reportage
20.15 Weltweit Aktuelle Reportage
20.45 Die Deutsche Schlagerparade

Moderator Jürgen Drews (Foto) präsentiert heute u.a. Songs von: Rex Gildo, Nicki, G.G. Anderson, Hanne Haller, Ireen Sheer

21.30 West 3 aktuell Nachrichten
21.45 plus 3 Das Wirtschaftsmagazin
22.15 Porträt Thomas Kling
Reportage von Detlev F. Neufert (Wh.) Im Frühjahr 1989 veröffentlichte der 1957 in Bingen geborene Thomas Kling seinen ersten Gedichtband ("geschmacksverstärker"). Sechs Monate später wurde schon die zweite Auflage gedruckt – ungewöhnlich für Lyrik. Heute lebt der von Kritikern gelobte Autor, der sich selbst nicht Dichter, sondern Sprachinstallateur nennt, „zwischen Düsseldorf und Wien".
22.45 Die Heilige Kuh Thema:
Der Mann, das schwache Geschlecht
23.15 Die Perversität des Persers oder
Frau essen Seele auf. Film von Christa Ritter und Rainer Langhans

Die Momentaufnahme einer gescheiterten Ehe; Zwistigkeiten, vor der Kamera ausgetragen: Vor zehn Jahren heirateten Lisa Fitz und Ali Kahn-Halmataoglu (Foto). Ihre gemeinsam produzierte Platte „Mein Mann ist Perser" war eine Reaktion auf die Empörung der Lisa-Fans. Als Kabarettistin und Talkshow-Gast redete Lisa dann von sich, Ali blieb im Hintergrund. Vor zwei Jahren trennten sie sich. Ali gründete eine eigene Band . . .
23.55 Letzte Nachrichten
Anschließend: **Zur Nacht**

Südwest 3

8.15 Fit und frisch Gymnastik. 11. Teil
8.30 Telekolleg Mathematik. Analysis Folgen und Grenzwerte. 5. Teil: Grenzwertsätze. Bis 9.00 Uhr
(16.00) Beobachtungen in Wald und Flur Lebensraum und Lebensgewohnheiten heimischer Wildtiere Letzter Teil: Über Leben, Lieben und Leiden von Hase und Kaninchen
16.30 Galerie der Autoren 12. Teil
Christa Wolf. Die Autorin liest aus ihrem Erzählband „Unter den Linden", der 1974 erschienen ist. Mit anschließender Diskussion
In den Texten aus „Unter den Linden" analysiert Christa Wolf ihre Zeit als engagierte DDR-Schriftstellerin und fragt nach der Beziehung von Mensch und Gesellschaft. Ihr Fazit: Die zunehmende Rationalisierung der Welt macht das Emotionale im Menschen nahezu unmöglich.
17.00 Telekolleg Mathematik. Analysis Folgen und Grenzwerte. 5. Teil
(17.30) Sesamstraße Für Kinder
(17.59) Welt der Tiere
Afrikanische Wildhunde (Wh.)

Der langbeinige afrikanischen Wildhund kann eine Laufgeschwindigkeit von über fünfzig Stundenkilometern erreichen
Die afrikanischen Wildhunde jagen im Rudel. Selbst ausgezeichnete Läufer wie Gazellen oder Antilopen sind vor ihnen nicht sicher: Sie werden bis zur Erschöpfung verfolgt. Schnelle Beute sind die Kälber. Das Sozialleben der Wildhunde ist sehr ausgeprägt, vor allem bei der Aufzucht der Jungtiere.
18.23 Philipp Hoch hinaus (Wh.)
18.26 Das Sandmännchen Piggeldy und Frederick und das Fernsehen
Für Baden-Württemberg:
18.30 Abendschau
Für Rheinland-Pfalz:
18.30 Das Südwest-Journal
Für das Saarland:
18.30 Jenseits der großen Städte Columbia, Missouri

(19.00) Sag die Wahrheit
Ein Spiel mit Spaß und Schwindel Heutiger prominenter Gast ist die Münchner Kabarettistin Sibylle Nicola
19.30 Schlaglicht Thema der Woche
20.00 Die unsterblichen Methoden des Franz Josef Wanninger
Krimiserie **Franz im Glück** (Wh.)
20.24 Auszeit Sportnachrichten
Für Baden-Württemberg:
20.30 Bizz Kulturmagazin
21.00 Nachrichten
Für Rheinland-Pfalz:
20.30 Landesspiegel Magazin
21.00 Nachrichten
Für das Saarland:
20.30 Saar-Report Regionalmagazin
21.00 Nachrichten
Für Gesamt Südwest 3:
21.15 Mark(t) und Pfennig
Verbrauchermagazin mit Zuschauertelefon (0 61 31 / 3 20 31) Thema heute: Sommerfreizeit
22.00 Arsen und Spitzenhäubchen ◨
US-Krimikomödie von 1941
Mit Cary Grant, Priscilla Lane, Josephine Hull, Jean Adair, Peter Lorre Regie: Frank Capra (Wh.)
Mortimer Brewster besucht seine beiden alten Tanten, um ihnen von seiner bevorstehenden Hochzeit zu berichten. Entsetzt entdeckt er, daß die reizenden Damen aus Mitleid einsame Herren um die Ecke bringen. **111 Min.** Schwarzer Humor der Spitzenklasse.

Mortimer (Gary Grant) versucht, seine ahnungslose Frau Elaine (Priscilla Lane) aus dem Haus zu komplimentieren

23.50 Geschichte der Oper II
2. Teil: Die Oper zwischen Vorklassik und Romantik. Der junge Mozart Über das Opernschaffen Mozarts bis zu „Idomeneo" (1781) und „Die Entführung aus dem Serail" (1782).
0.20 Schlagzeilen

Dritte Programme: Alle Uhrzeiten sind VPS-Eingabezeiten. Wenn VPS-Zeit in Klammern, gilt diese.

Spiralen

Zum Schreiben

Als Hausaufgabe schreiben Sie eine kleine Zusammenfassung einer amerikanischen Sendung auf deutsch. Nehmen Sie als Modell die Beschreibungen im Programm, S. 162–164.

Reden wir miteinander!

Meinungen zum Fernsehen

Bevor Sie jetzt gemeinsam über das deutsche Fernsehen diskutieren, lesen Sie bitte die folgenden Redemittel durch, die Sie benutzen können, um eine eigene Meinung zu formulieren.

Redemittel

Was sagt man, wenn man seine eigene Meinung ausdrücken will?

❑ Ich meine, man sollte / müßte eigentlich . . .

❑ Ich glaube, daß . . .

❑ Ich bin der Meinung / Ansicht, daß . . .

❑ Es kommt auf . . . an, ob . . .

❑ Es hängt von . . . ab, wann / ob / wer . . .

❑ Das halte ich für wichtig / notwendig / normal / unsinnig . . .

❑ Ich könnte mir (gut) vorstellen, daß . . .

Was sagt man, wenn man auf die Meinung anderer reagieren möchte?

ZUSTIMMEND (POSITIV)

❑ Das stimmt.

❑ Das finde ich gut / sehr gut / ausgezeichnet.

❑ Okay, in Ordnung.

❑ Natürlich!

❑ Selbstverständlich!

❑ Da bin ich ganz Ihrer Meinung!

❑ Der Meinung bin ich auch.

❑ Da stimme ich ganz mit Ihnen überein.

ABLEHNEND (NEGATIV)

❑ Das ist für mich unmöglich.

❑ Das kann ich mir beim besten Willen nicht vorstellen.

❑ Ich würde das Gegenteil sagen.

❑ Im Gegenteil, . . .

❑ Es stört mich, wenn . . .

❑ Das finde ich Unsinn / Quatsch.

❑ Nein, ich glaube eher, daß . . .

❑ Davon halte ich nichts / nicht viel.

A Die Klasse wird in zwei Gruppen geteilt. Jede Gruppe bereitet eine (provokative) Meinungsaussage von 5 Minuten über das deutsche Fernsehen vor. Danach sagt die erste Gruppe ihre Meinung laut, und die andere Gruppe reagiert auf ihre Meinung. Schließlich tauschen die Gruppen ihre Rollen.

B Sie sind am 25. Juni bei einer deutschen Familie zu Gast und diskutieren darüber, welche Sendung Sie sich anschauen wollen.

> BEISPIEL: SIE: „Was halten Sie davon, wenn wir uns den Krimi „Tatort" um 23.30 Uhr ansehen?"
>
> FRAU KELLER: „Davon halte ich gar nichts. Das ist mir viel zu spät. Außerdem stört es mich, wenn im Fernsehen soviel Gewalt gezeigt wird!"

C Erzählen Sie Ihrem Partner / Ihrer Partnerin den Inhalt eines Films / einer Sendung / Ihrer Lieblingssendung, die Sie vor einiger Zeit einmal gesehen / gehört haben. Sagen Sie auch Ihre Meinung über die Sendung, warum Sie sie gut oder schlecht finden. (Das kann etwas aus dem deutschen oder amerikanischen TV oder Hörfunk sein.)

Stufe

2

166

ꓤꓤ	**Bayrischer Rundfunk**	(BR)
hr	**Hessischer Rundfunk**	(HR)
NDR	**Norddeutscher Rundfunk**	(NDR)
ⓛ	**Radio Bremen**	(RB)
Ⓢ	**Saarländischer Rundfunk**	(SR)
SFB	**Sender Freies Berlin**	(SFB)
ⓘ	**Süddeutscher Rundfunk**	(SDR)
SWF	**Südwestfunk**	(SWF)
WDR	**Westdeutscher Rundfunk**	(WDR)
	Deutsche Welle	(DW)
	Deutschlandfunk	(DLF)
NORA	**Nordostdeutscher Rundfunk**	(NORA)
MDR	**Mitteldeutscher Rundfunk**	(MDR)

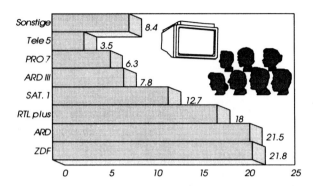

Der TV-Sender RTL plus wurde im September dieses Jahres von so vielen Deutschen eingeschaltet wie nie zuvor in seiner Geschichte - von 18 Prozent der Fern-
sehhaushalte. Noch liegen ARD und ZDF bei den TV-Marktanteilen vorn - aber
sie verlieren ständig gegenüber den Privaten.   Quelle: GfK-Fernsehforschung

▼

Vokabelhilfe

ein•schalten *to turn on*
der Anteil, -e *share, part*
verlieren, verlor, verloren *to lose*
die Nutzung *use*
widmen *here: to devote to*

Vergleichen Sie die Zeiten, die die
Deutschen dem Fernsehen und
Radio widmen, mit den Zeiten
für Bücher und Wochenzeitungen.

Welcher Sender ist sehr populär
geworden? Ist das ein öffentlicher
oder ein privater Sender?

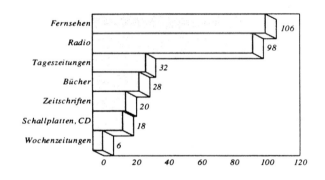

167

Zum Vokabelmosaik

Vokabelmosaik 2 introduces some verbs and phrases dealing with the informative
and persuasive power of the media.

Schauen und Identifizieren

Die Medien spielen auch in den USA eine immer größere Rolle im kommerziellen
und politischen Leben. Manchmal ist es für die „Konsumenten" nicht leicht,
zwischen Information und Werbung zu unterscheiden. Es gibt im Englischen sogar
ein neues Wort für diese Mischung: Infomercials.
        Markieren Sie Vokabeln, die Sie schon wirklich gut kennen.

Vokabelmosaik 2

Information und Werbung

die Werbung *advertisement*		die Nachricht, -en *news*	der Bericht, -e *report*
= die Reklame, -n			Wetterbericht
Fernsehwerbung		Kurznachrichten	
Funkwerbung		Spätnachrichten	
Werbeslogan			

McDonald's wirbt in aller Welt.

WER?		(WO?)	WOFÜR? / FÜR WEN?
VW	werben, wirbt, (für)	in Zeitungen	für den Passat
die Partei	warb, geworben	im Rundfunk	für Kandidaten
der Kandidat	*to advertise, to seek, to attract*	im Fernsehen	um Stimmen *votes*

BMW konkurriert mit Mercedes.

WER?			MIT WEM?
McDonald's	konkurrieren mit (um)		mit Burger King
IBM	*to compete*		mit Siemens
Peter	die Konkurrenz		mit Kurt (um die Stelle)
	der Konkurrenzkampf		
	konkurrenzfähig		

Suchard verspricht den Kunden die feinste Schokolade.

WER?		(WEM?)	WAS?
Honda	versprechen, verspricht,	den Käufern	beste Qualität
Sonja	versprach, versprochen	Boris	ein Geschenk
die Freunde	*to promise so. sth.*	uns	, mitzukommen
	das Versprechen		
	ein Versprechen halten		
	to keep a promise		

Nina überredet die Zuhörer zum Mitsingen.

WER?		WEN?	WOZU?
der Vater	überreden zu	die Tochter	, Journalistik zu studieren
die Sängerin	*to persuade so. to do sth.*	die Fans	, die Platte zu kaufen

Viele Konsumenten sind nicht von der Qualität der Ware überzeugt.

WER?		WEN?	WOVON?
die Freundin	überzeugen	Birgit	von der Gefahr des Rauchens
der Student	*to convince*	den Professor	von der Wichtigkeit seines Experiments
	die Überzeugung		
	ein überzeugendes Argument		

Was meinst du? Haben wir zuviel Werbung?		
WER?		(WAS?)
der Reporter	meinen *to think, mean,*	, daß die Umfrage
manche Leute	*believe*	wertvoll war
	die Meinung, -en *opinion*	, daß es zuviel
	meiner Meinung nach	Werbung gibt
	in my opinion	
Was meinst du damit?	*What do you mean by that?*	
Das meine ich auch!	*I think so, too!*	
Sie meint es gut.	*Her intentions are good / honest.*	

Wir haben durch die Zeitung von der Demonstration erfahren.			
WER?		(WIE?)	WAS?
der Student	erfahren, (durch),	durch Gerd	viel über Dresden
Elke	von, über, erfuhr,	durch die Zeitung	, daß Madonna kommt
	erfahren *to find out*		etwas Neues
	/ learn sth. about so. / sth.		
	die Erfahrung *experience*		

Im 2. Programm wird das Fußballänderspiel übertragen.		
WER?		WAS?
SAT.1	übertragen, überträgt,	die Amtseinführung
der SWF	übertrug, übertragen	des Präsidenten
	to transmit	das Rockkonzert
	die Übertragung	

Kombinieren, Schreiben und Sprechen

A Welche Verben passen zu diesen Nomina und Adjektiven? Kennen Sie die drei Basisformen dieser Verben?

konkurrenzfähig _____

das Versprechen _____

die Meinung _____

der Bericht _____

die Erfahrung _____

B „Versprechen sollte man halten!" Haben Sie in den letzten Wochen jemandem etwas versprochen, oder hat jemand Ihnen etwas versprochen? Notieren Sie einige Beispiele.

BEISPIEL: Ich hab' meiner Mitbewohnerin versprochen, ein Buch von der Bibliothek mitzubringen.

Professor . . . hat uns versprochen, keine schwere Prüfung zu geben.

. . .

Reden Sie nun mit einem Partner oder einer Partnerin darüber, ob die Versprechen auch gehalten wurden.

BEISPIEL: A: Du sagst, daß du deiner Mitbewohnerin versprochen hast, ein Buch . . . mitzubringen. Hast du ihr das Buch auch gebracht?
B: Ich wollte, aber es war leider nicht da.

Kapitel 5: Die Massenmedien—Information oder Manipulation?

C | „Meinungen über das amerikanische Fernsehen". Sicher gefällt Ihnen nicht alles, was das Fernsehen bietet. Denken Sie bei Ihren Meinungen an Ihre Diskussion des deutschen Fernsehens.

> BEISPIELE: Ich meine, daß das Fernsehen gebührenfrei sein sollte.
> Meiner Meinung nach gibt es im Fernsehen . . .
> . . .

Nun reden Sie zu zweit.

> BEISPIEL: A: Ich meine(denke), . . .
> B: Das meine ich auch.
> *oder:* Da bin ich anderer Meinung.
> Ich meine, . . .

D | „Überreden ist eine Kunst." Finden Sie es schwer oder leicht, andere Menschen zu etwas zu überreden? Haben Sie in letzter Zeit jemanden zu etwas überredet? Oder sind Sie zu etwas überredet worden? Notieren Sie.

> BEISPIEL: Ich hab' meine Freundin (dazu) überredet, bei mir zu bleiben und mit mir Fernsehen zu gucken.
>
> Meine Eltern habe ich überredet, . . .

Vielleicht wollen Sie mit Partnern darüber reden?

*H*örverstehen 2

Für das **Hörverstehen 2** zu Kapitel 5 haben wir für Sie einige Beispiele vom deutschen und österreichischen Radio und Fernsehen ausgesucht. Entdecken (*discover*) Sie selbst, wie man Konsumenten etwas, was man verkaufen will, schmackhaft macht—diesmal nicht nur mit Worten, sondern auch mit Musik und Geräuschen (*sounds*). Im Workbook finden Sie Aufgaben, die Ihnen beim Anhören von Kurznachrichten, eines Wetterberichts und einiger Werbespots helfen. Viel Spaß!

➡ WB, S. 124; Übungen zu **Hörverstehen 2.**

*F*ormen und Funktionen 2

AGENTIVE PASSIVE VERSUS STATAL PASSIVE

The passive structures considered so far focused on some action or event. In German, **werden** plus the past participle is used to form this *agentive* passive. The *statal* passive indicates the state or result of a previous action. The German statal passive is formed using **sein** plus the past participle. It is, therefore, sometimes referred to as the **sein-Passiv**, while the agentive passive is called **werden-Passiv**. English uses *to be* for the formation of *both* the agentive and the statal passive, but with some differences. Study the two sentences below.

> The house *is being* sold.
> The house *is* sold.

What is your initial understanding of the second sentence above? It can mean

> *The house is no longer available.* (state)

or

> *The house has (already) been sold.* (result of action)

The sentence *The house is sold* is, therefore, not simply a transformation of *The house is being sold*.

In *agentive* passive sentences in English, the agent or means may be included with a phrase using *by*; in German, a phrase with **von** is used for the agent and a phrase with **durch** for the means. In *statal* passive sentences, the agent or means is *never* expressed.

Study the table below to get a clear sense of the differences between **Vorgangspassiv** (agentive passive) and **Zustandspassiv** (statal passive).

	Vorgangspassiv **werden**—Passiv *Focus on action/event*	Zustandspassiv **sein**—Passiv *Focus on result/state*
Präsens:	Die Sendung **wird** übertragen.	Die Sendung **ist** (schon) übertragen.
Präteritum:	Die Sendung **wurde** übertragen.	Die Sendung **war** (schon) übertragen.
Perfekt:	Die Sendung **ist** übertragen **worden**.	*Although these tenses are*
Plusquamperfekt:	Die Sendung **war** übertragen **worden**.	*possible in the statal passive*
Futur:	Die Sendung **wird** übertragen **werden**.	*they are quite rare!*
	Partizip als Adjektiv: die (schon) übertragene Sendung	

A | Party-Vorbereitungen. Ergänzen Sie die Tabelle mit den richtigen Formen.

AKTIV	*WERDEN*-PASSIV	*SEIN*-PASSIV	PARTIZIP ALS ADJEKTIV
Präs. Wir laden viele Gäste ein.	Viele Gäste werden eingeladen.	Viele Gäste sind eingeladen.	viele eingeladene Gäste
Prät. Wir luden viele Gäste ein.	Viele Gäste _____ eingeladen.	Viele Gäste waren eingeladen.	
Präs. Anja bäckt einen Kuchen.	Ein Kuchen _____ gebacken.	Der Kuchen ist gebacken.	ein gebackener Kuchen
Prät. Anja backte einen Kuchen.	Ein Kuchen wurde gebacken.	Der Kuchen _____	
Präs. Mark wäscht die Gläser ab.	_____ _____	Die Gläser _____	die _____ Gläser
Prät. Mark _____ die Gläser ab.	Die Gläser _____	_____	

Kapitel 5: Die Massenmedien—Information oder Manipulation?

Präs.	Peter öffnet die Tür.	_____	Die Tür		
		_____	_____ die _____ Tür		
Prät.	Peter _____ die Tür.	Die Tür	_____		
		_____			
Präs.	Vati deckt den Tisch.	_____	Der Tisch_____ der _____ Tisch		
		_____	_____		
Prät.	Vati deckte den Tisch.	_____	_____		
		_____	_____		
Präs.	Mutti empfängt die Gäste.	Die Gäste	_____ die _____ Gäste		
		_____	_____		
Prät.	Mutti _____ die Gäste.	_____			
		_____			

➡ WB, S. 135; fehlende Formen / Antworten.

B „Was in den Medien alles passiert." Machen Sie aus den **man**-Sätzen Passivsätze mit **werden**.

> **BEISPIEL:** Überall wirbt **man** für Coca Cola.
> Überall **wird** für Coca Cola **geworben.**

1. In Amerika finanziert man das Fernsehen mit Werbegeldern.
   _____

2. Das Konzert des Süddeutschen Rundfunks mußte man absagen.
   _____

3. Im 1. Programm berichtete man über das Erdbeben in Mexiko.
   _____

4. Man hat uns über die Programmänderung informiert.
   _____

5. In der Werbung verspricht man den Konsumenten das Beste.
   _____

Note: Remember that **man** is never carried over into a passive sentence!

C Verstehen Sie die folgenden Satzteile, die einen Zustand oder ein Resultat ausdrücken? Sie sind eigentlich reduzierte Passivsätze. Bilden Sie daraus Passivsätze mit **werden** im Perfekt.

> **BEISPIEL:** der gemietete Videorecorder →
> Der Videorecorder ist gemietet worden.

1. das übertragene Konzert
   _____

2. der überzeugte Käufer
   _____

3. die noch nicht bezahlten Fernsehgebühren
   _____

4. die versprochene Videokassette
   _____

5. das besprochene Programm

_____

6. der abgestellte Fernseher

_____

7. das gestern gesendete Hörspiel

_____

Zum Lesen

Werbetexte

Vor dem Lesen

Wenn Sie an amerikanische Werbetexte denken, fällt Ihnen spontan ein Spruch ein, den Sie nie mehr in Ihrem Leben vergessen werden? Ein deutsches Beispiel für solch einen klassischen Werbetext für ein Waschmittel ist

> PERSIL, da weiß man, was man hat,
> zum Kochen und bei 60 Grad.

Ihr Beispiel: _____
Die Werbung arbeitet oft mit sprachlichen Mitteln wie Reimen und Alliterationen (gleicher Klang [_sound_]), damit man sich den Text gut merken kann. Ein anderes Mittel der Werbung ist der Bezug auf Bekanntes (z.B. Klischees, Mythen, Märchen, Literatur, andere Bereiche). Die Werbung zielt (_aims_) auf Ängste und Sehnsüchte (_longings_) der Menschen ab oder versucht auch, sich Trends zunutze zu machen (_to make use of_).

Fallen Ihnen Beispiele dazu aus der amerikanischen Werbung ein?

Beim Lesen

Lesen Sie die folgenden Werbetexte durch, und markieren Sie Werbemittel, die einen bestimmten Effekt erzielen. Danach kommentieren Sie kurz, wofür diese Texte werben und wie und womit sie arbeiten.

L i e b e r
tadellos
spannend
als kabellos
langweilig.

Kabelanschluß: 26 TV-Programme plus
<u>Service total.</u>

Die RKS
schließt Sie
an die
Zukunft an.

Regionale Kabel-Servicegesellschaft
Kabel-Service Berlin

Telefonieren Sie jetzt: 884 32-110

▼ Vokabelhilfe

tadellos *faultless, blameless*
an•schließen an *to connect*

Kommentar _____

_____

_____

▼ Vokabelhilfe

abgesehen *despite*
keimfrei *germfree*
überflüssig *superfluous*
unnötig *unnecessary*
schonend *careful, gentle*
belasten *to burden*

Kommentar _____

_____

_____

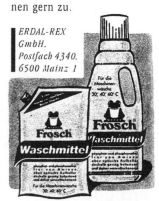
Spiralen

Einfach gut: Der neue McPolo.

Bei VW bekommen Sie jetzt ganz schnell Appetit: auf
den neuen McPolo. Beim Preis ab S 132.500,–* ist er
ganz Fast Food. Und sonst – eine wahre Delikatesse.
Erhältlich in zwei Geschmacksrichtungen: Coupé
oder Steilheck. Womit er Ihnen so richtig Gusto
macht? Mit serienmäßigem Schiebedach und einer
Super-Ausstattung. Am besten gleich zugreifen!

Kommentar _____

_____

_____

_____

Bei allen VW Betrieben.

• Unverbindlicher, nicht kartellierter Richtpreis, inkl. NOVA und 20% MwSt. für 33 kW/45 PS.

175

Zum Schreiben

Zu Hause. Schreiben Sie einen deutschen Werbetext. Benutzen Sie möglichst viele
rhetorische und graphische oder visuelle Mittel.

Reden wir miteinander!

Kommentare zur Werbung

A | Arbeiten Sie zu zweit. Wählen Sie einen Werbetext aus, den Sie genauer analysieren
wollen (Werbemittel, Effekt, Zielgruppe). Reden Sie auch darüber, ob Sie die
Werbung anspricht (*appeal to*), ob Sie sie gut gemacht oder vielleicht besonders
gemein (*mean*) finden. Überrascht Sie etwas an diesen deutschen Werbetexten, was
Sie so nicht aus der amerikanischen Reklame kennen? Wofür wird in Ihrem Land
besonders oft geworben?

B | Deutsche Werbespots werden im öffentlichen Fernsehen hintereinander in einer
separaten Funkwerbesendung abgespielt. Vergleichen Sie das mit dem amerikanischen System: Wann und wie oft hört und sieht man Werbespots? Werden sie einzeln
oder in Gruppen gesendet? Gibt es separate Funkwerbesendungen? Die deutschen
Privatkanäle haben das amerikanische System übernommen. Wie finden Sie das?
Benutzen Sie bei der Diskussion wieder die Redemittel von Stufe 1.

Mehr zum Lesen

„Reklame" (Ingeborg Bachmann)

Kurze biographische Information zu Ingeborg Bachmann: Geb. 1926 in Klagenfurt in Österreich. Studium der Philosophie, Germanistik, Psychologie in Innsbruck, Graz, Wien. Promotion (Ph.D) über den Philosophen Martin Heidegger. Redakteurin, Dozentin, Freie Schriftstellerin (Romane, Lyrik, Geschichten, Hörspiele). Reisen in die USA, Polen, Italien, Ägypten, Sudan. U.a. den Preis der Gruppe 47 (1953) und den Georg-Büchner-Preis (1964) erhalten. 1973 gestorben an den Folgen eines Brandunfalls.

Reklame

Wohin aber gehen wir
ohne sorge sei ohne sorge
wenn es dunkel und wenn es kalt wird
sei ohne sorge
aber
mit Musik
was sollen wir tun
heiter und mit musik
und denken
heiter
angesichts eines Endes
mit Musik
und wohin tragen wir
am besten
unsre Fragen und den Schauer aller Jahre
in die Traumwäscherei ohne sorge sei ohne sorge
was aber geschieht
am besten
wenn Totenstille

eintritt

▼ Vokabelhilfe

die Sorge *care, sorrow, uneasiness, alarm* **heiter** *cheerful, serene, bright* **angesichts** *in the face of* **der Schauer** *horror*	**die Traumwäscherei** *dream factory (laundry)* **geschehen, a, e** *to happen* **ein•treten** *to enter*

Beim Lesen

Lesen Sie das Gedicht „Reklame" laut vor. Die eine Hälfte der Klasse liest das kursiv Gedruckte, die andere den normal gedruckten Text. Danach liest eine Gruppe nur den normalen Text, und die andere folgt mit dem Kursivtext.

Nach dem Lesen

Wovon handelt das Gedicht? Analysieren Sie in Dreier-Gruppen das Gedicht. Versuchen Sie dabei, die folgenden Fragen zu beantworten. Sie sollen am Ende das Ergebnis Ihrer Interpretation an die Tafel schreiben.

- Kann der Titel des Gedichts helfen, den Inhalt zu erklären?
- Wer könnten die zwei Sprecher sein?
- Können Sie die Aussagen der beiden Sprecher in je einem Satz kurz zusammen-fassen?
- Mit welchen graphischen Mitteln arbeitet Bachmann? Wozu die Kursivschrift? Warum ist am Ende eine Lücke (*gap*)?

Schreiben Sie die Ergebnisse Ihrer Gruppe an die Tafel.

Stufe 3

177

In Deutschland wie in den USA gibt es eine Vielfalt von Zeitungen und Zeitschriften (Illustrierte, Programm-, Frauen-, Kinder-, Jugendzeitschriften). Manche Tageszeitungen, z.B. die „Frankfurter Allgemeine" (FAZ), die „Süddeutsche Zeitung", die „Neue Zürcher Zeitung" und „Bild", Wochenzeitungen wie „Die Zeit" und das Nachrichtenmagazin „Der Spiegel" oder „Focus" sind überregional. Außerdem überfluten eine Vielzahl von Zeitschriften und Lokalzeitungen die Medienszene.

Haben Sie schon einmal eine deutschsprachige Zeitung oder Zeitschrift gelesen?

Das Schaubild unten zeigt einige der Illustrierten, Magazine und Programmzeitschriften.

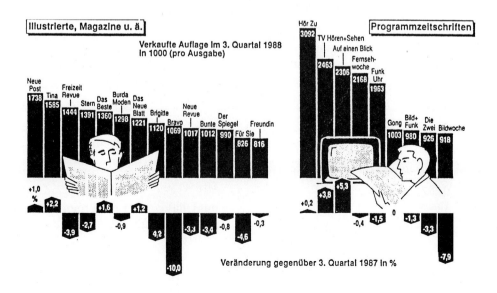

Kapitel 5: Die Massenmedien—Information oder Manipulation?

Welche Zeitschriften wenden sich an das Fernseh- und Radiopublikum? Können Sie eine oder mehrere Zeitschriften identifizieren, die sich spezifisch an Jugendliche oder Frauen wenden?

Zum Vokabelmosaik

Vokabelmosaik 3 introduces important verbs that you will come across in **Hörverständnis 3** and **Zum Lesen.**

Schauen und Identifizieren

A | Schauen Sie sich das Vokabelmosaik an, und markieren Sie alle für Sie neuen Verben.

Vokabelmosaik 3
Manipulation oder Unterhaltung?

Freu' dich, freu' dich, es ist Holsten Zeit.

WER?		WORAUF? / AUF WEN?
Gustav	freuen sich auf	auf die Werbesendung
der Tennisfan	*to look forward to*	auf die Sportnachrichten
	die Freude, -n	
	joy, enjoyment	

Manchmal freut sich Alex.

WER?		WORÜBER?
der Zuschauer	freuen sich über	das tolle Spiel
die Reporterin	*to be pleased about*	das kontroverse Interview

Manchmal glaubt Alex den Journalisten, manchmal nicht.

WER		WEM?	WAS?
die Zeitung	glauben *to believe*	dem Politiker	, daß
Peter	der Glaube	seiner Freundin	, daß . . .

Manchmal ärgert er sich.

WER?		WORÜBER? / ÜBER WEN?
Professor X	ärgern sich über	die hohen Fernsehgebühren
Ulrike	*to be angry / upset about*	ihre Freundin, weil . . .

Alex und Ulla streiten sich über die Reportage.

WER?		MIT WEM?	WORÜBER?
Alex	streiten sich mit /	mit Ulla	über das Programm
Herr Burger	über, stritt,	mit Herrn	über den Radiolärm
	gestritten	Beck	
	to argue, quarrel		
	der Streit		

Alex und Ulla verlassen sich auf die Information in den Medien.		
WER?		WORAUF? / AUF WEN?
die Zeitung	verlassen sich auf,	auf den Reporter
der Kameramann	verläßt, verließ,	auf das Wetter
	verlassen *to rely, depend on*	
	ein verläßlicher Freund	

Sie verlassen sich darauf, was das Fernsehen berichtet.		
WER?		WAS?
das Fernsehen	berichten von / über	über eine Demonstration
der Student	*to report*	von seiner Studienreise
	der Bericht, -e	

Und urteilen über das, was andere berichtet haben.		
WER?		WORÜBER / ÜBER WEN?
das TV-Publikum	urteilen über *to judge* =	die Qualität der Sendung
	beurteilen jdn / etwas	
	das Urteil, -e	
	das Vorurteil *prejudice*	

179

Kombinieren und Schreiben

A | Sie sind Reporter beim Fernsehen. Worüber müssen oder möchten Sie berichten?
Notieren Sie.

> **BEISPIELE:** über ein Fußballspiel, von einer Reise, . . .

Jetzt reden Sie zu dritt oder zu viert darüber und fragen sich gegenseitig aus.
Notieren Sie die Themen der anderen.

B | Kennen Sie die verwandten Verben?

der Streit _____   das Versprechen _____

das Urteil _____   die Erfahrung _____

der Glaube _____   verläßlich _____

die Werbung _____   die Zuhörerin _____

der Ärger _____   die Freude _____

C | Verstehen Sie die folgenden Kurztexte? Ergänzen Sie mit Vokabeln aus dem Vokabel-
mosaik.

1. „Das ist aber ärgerlich!"
   A: Du, ich hab' mich so auf die Übertragung des Europacup-Spiels gefreut. Und
      gerade gestern ging mein Fernseher kaputt. Darüber hab' ich mich wirklich

   _____.

   B: Ärgere dich doch nicht! Komm einfach zu mir Fernsehen gucken.

2. „Ein unverläßlicher Freund"
   Gerd sollte Gisela eine Kassette aus der Videothek mitbringen. Aber wie so oft, hat er es vergessen. Man kann sich _____ ihn wirklich nicht _____.

3. „Unglaublich!"
   A: Hast du gehört, daß die Rebellen die Moschee zerstört haben? Und das nur wegen religiöser Streitigkeiten.
   B: Ja, ich hab's auch in der Zeitung gelesen und konnte es zuerst kaum _____

D „Vorurteile": Überlegen Sie, worüber manche Leute (oder auch Sie) oft zu schnell oder zu hart urteilen. Dann reden Sie darüber in der Gruppe. Verwenden Sie auch das Verb **beurteilen.**

*H*örverstehen 3

➡ Hören Sie sich jetzt auf der Kassette Nachrichten und einen Wetterbericht an, und arbeiten Sie im Workbook S. 127 weiter.

*F*ormen und Funktionen 3

PASSIVE STRUCTURES IN „AUFBRUCH NACH AMERIKA"

Dies sind die letzten Formen und Funktionen vor der „Halbzeit"—so würde man die Pause bei einem Fußballspiel nennen—das heißt, vor der Mitte unseres Sprach-programms. Und deshalb wollen wir etwas anderes machen. Sie dürfen Detektiv spielen. Ja, sie sollen in einem Text und dessen englischer Übersetzung auf die Suche nach versteckten (*hidden*) Strukturen gehen.

Der Text „Aufbruch nach Amerika" kommt aus DEUTSCHLAND NACHRICHTEN, einer Wochenzeitung des German Information Centers (27.Nov.1992).

Ist Ihnen das Radio- und TV-Programm „Deutsche Welle" bekannt? Der Text auf S. 181 berichtet über einen historischen Tag, an dem das Sendeprogramm für Amerika vergrößert und verbessert wurde.

Erste Aufgabe: Schauen Sie den Text mal kurz durch, und finden Sie fünf Sätze mit Passiv. Hoffentlich können Sie alle finden. Markieren Sie die Passivstrukturen.
Nicht vergessen: Wie erkennt man eine Passivstruktur?

Zweite Aufgabe: Im Workbook, S. 129 haben Sie eine englische Version dieses Textes. Überfliegen Sie diese einmal schnell, und identifizieren Sie dort die Passivsätze. Da stimmt doch etwas nicht! Ein Passivsatz des deutschen Textes fehlt. Welcher? Und einer wurde aktiv gemacht. Welcher?

Dritte Aufgabe: Finden Sie im Text möglichst viele Vokabeln (Verben, Nomina, auch Komposita), die Sie schon in den Vokabelmosaiken von Kapitel 5 gelernt haben.

BEISPIELE: . . . von unseren **Zuschauern** . . .
Neben der englischen Ausgabe der **Nachrichtensendung** . . .

Vierte Aufgabe: Der englische Text ist keine genaue Übersetzung des deutschen Originals. Suchen Sie Satzteile / Sätze, die ganz anders struktuiert sind. Vergleichen und diskutieren Sie die gefundenen Unterschiede zu zweit oder in kleinen Gruppen.

Deutsche Welle TV
Ihre Welle

Aufbruch nach Amerika

Mit Spannung wurde in der Fernsehdirektion Berlin der 1. November 1992 erwartet. Mit einer deutlichen Programmausweitung – nicht mehr nur sechs Stunden, sondern insgesamt vierzehn Stunden werden täglich von 15 Uhr bis 5 Uhr UTC ausgestrahlt – wollen wir unseren Zuschauern mehr und Neues bieten. Der 1. November ist gleichzeitig der Termin für den offiziellen Sendestart nach Nord- und Südamerika über den direktabstrahlenden Satelliten Intelsat K.

Der Aufbruch nach Amerika bedingt zunächst einmal eine Aufstockung des Anteils englischsprachiger Sendungen. Neben der englischen Ausgabe der Nachrichtensendung JOURNAL zeigen wir künftig auch unsere Feature und Dokumentationen in englischer Sprache. Der Empfang des Satellitenfernsehens in Südamerika geht einher mit dem Angebot einer spanischsprachigen Ausgabe der Nachrichtensendung JOURNAL und zahlreicher Feature und Dokumentationen in spanischer Sprache. Zu diesem Zweck wurde eine eigene Redaktion aufgebaut.

Zu den neuen Programmen zählt die Sendung »Boulevard Deutschland«, ein einstündiges Magazin von montags bis freitags, das einen Querschnitt des alltäglichen Lebens der Deutschen zeigen soll. Und dann natürlich, so hoffen wir, der Renner: die Fußball-Bundesligaberichterstattung, jeweils dienstags und mittwochs im Programm von Deutsche Welle TV Berlin.

Für den offiziellen Start unseres Programms nach Nord- und Südamerika haben wir uns um eine besondere Attraktion bemüht. In einer Koproduktion mit dem Westdeutschen Rundfunk und dem Sender Freies Berlin überträgt Deutsche Welle TV Berlin weltweit live die Richard-Wagner-Oper »Parsifal«. Aus Anlaß des 250jährigen Bestehens der Deutschen Staatsoper Unter den Linden wurde die Oper vom künstlerischen Leiter Daniel Barenboim neu inszeniert.

Mit dem Sprung über den Atlantik sind wir unserer selbstgestellten Aufgabe, ein deutsches Weltfernsehen aufzubauen, ein großes Stück nähergekommen. Die überwiegend positive Kritik unseres Publikums hat uns ermutigt, den ehrgeizigen Schritt in Richtung Vollprogramm zu unternehmen. Aber unsere Anstrengungen und unser Einsatz sind nur dann erfolgreich, wenn das Programm von Ihnen, von den Zuschauern, angenommen wird. Wir verstehen uns als Dienstleistungsunternehmen, und daher ist uns Ihr Urteil über unser Programm wichtig. Zögern Sie also nicht, uns zu schreiben, wenn Ihnen etwas nicht gefällt oder wenn Sie zufrieden sind. Es wird Ansporn für uns sein.

Einige Fragen: In welchem Text sind die Sätze länger oder komplexer? Wo sind aus einem deutschen Satz zwei englische Sätze geworden? Hat der englische Text (wichtige) Information ausgelassen?

➤ WB, S. 130; **zum Lesen und Überlegen; mehr zum Lesen**.

➤ WB, S. 134; **Reden wir miteinander!**

181

6 Berlin: Gestern— heute— morgen

Gedächtniskirche, Berlin.

Goals:

- *Getting acquainted with Berlin, the new German capital; its dramatic recent history, its people and attractions*

- *Listening to what native Berliners have to say about their city; hearing the famous Liedermacher Biermann*

- *Reviewing prepositions with multiple functions; learning about alternatives for passive and 'hidden' passives*

- *Reading about Berlin's cultural scene, multiethnic mix, and special foods; historic Potsdam; Biermann's "Dideldumm"*

- *Learning how to talk about political and historical themes*

- *Writing an essay about a favorite city and its attractions*

Stufe 1

Aktuelles zum Thema
„Berlin für junge Leute"

Hörverstehen 1
„Berliner Liedchen" (Biermann)
　Berliner erzählen: „Am Alexan-
　derplatz" (Video)

Vokabelmosaik 1
Berlin, Berlin . . .

Formen und Funktionen 1
Prepositions with Multiple
　Functions

Zum Lesen
City-Walk: Unter den Linden

Reden wir miteinander!
City-Walk

Zum Schreiben
„Meine Lieblingsstadt"; „Plan für
　einen City-Walk"

Stufe 2

Hörverstehen 2 (Video)
Berliner erzählen: „Erinnerungen
　an Charlottenburg"

Vokabelmosaik 2
Berlin erleben—Menschen und
　Geschichte

Formen und Funktionen 2
Three Alternatives to the Passive
　Voice

Zum Lesen
Kreuzberg
Mein Tip; Rund um die Schau-
　bühne; Prenzlauer Berg

Zum Schreiben
„Kreuzberg erleben"

Reden wir miteinander!
Wir gehen aus

Stufe 3

Hörverstehen 3 (Video)
Biermann singt in Amerika

Vokabelmosaik 3
In und um Berlin herum

Formen und Funktionen 3
Two "Hidden" Alternatives to the
　Passive Voice

Zum Lesen
Potsdam

Zum Schreiben
Informationsblatt für die Berlin-
　woche

Reden wir miteinander!
Wir spielen Fremdenführer

183

These items appear in the Workbook.

Aktuelles zum Thema

Vor dem Lesen

Was wissen Sie schon über Berlin? Teilen Sie die Klasse in zwei Gruppen auf, und rufen Sie Ihrem Lehrer alles zu, was Ihnen einfällt. Für inhaltlich richtige Antworten gibt es Punkte. Wer gewinnt?

Lesen Sie jetzt aus der Broschüre „Berlin für junge Leute" das Vorwort, etwas über Politik und einige Berliner Bezirke. Mal sehen, was Sie noch alles über Berlin lernen können . . . Markieren Sie, was Sie besonders interessant finden.

VORWORT

Berlin ist heute einer der faszinierendsten Orte in Europa. Hier können wir die tiefgreifenden gesellschaftlichen Umwälzungen, die sich in Deutschland und Europa vollziehen, hautnah erleben. Jetzt können die alten Verbindungslinien, die über Jahrhunderte hinweg Berlin mit Städten wie Paris und Warschau, Prag, London, Wien, Petersburg und Moskau verbanden, wieder aufgenommen werden. Die geopolitische Lage der Stadt prädestiniert sie dazu, im zusammenwachsenden Europa Forum zu sein für die geistige Annäherung und für die Festigung und Weiterentwicklung demokratischer Strukturen.

Die Bundestagsentscheidung vom 20. Juni 1991 für Berlin als Parlaments- und Regierungssitz ist für die Stadt und ihre Umgebung eine große Herausforderung und Bewährungsprobe. Mit der Wiedereinsetzung als Hauptstadt geht für Berlin jetzt endlich die Nachkriegszeit zu Ende.

Die jahrzehntelang geteilte Stadt wächst zusammen, wenn auch die Narben der Teilung noch vielerorts sichtbar bleiben werden. Noch vor dem ersten Jahrestag der Wiedervereinigung Deutschlands ist der Regierende Bürgermeister vom Rathaus Schöneberg in das Berliner Rathaus, den angestammten Amtssitz für das Berliner Stadtoberhaupt, umgezogen. Er setzt damit ein deutliches Zeichen dafür, daß es jetzt darum geht, die Lebensverhältnisse in beiden Teilen der Stadt anzugleichen.

Die Vier-Millionen-Stadt Berlin ist ein großes "steinernes Geschichtsbuch". Bis zur Jahrtausendwende werden mit dem Umzug von Parlament und Regierung in die alte und neue Hauptstadt wichtige Kapitel hinzugefügt.

Die neue politische Situation

Durch die Wiedervereinigung nach dem Fall der Mauer ist Berlin wieder e i n e Stadt geworden.

Auch wenn Berlin nun wieder eine Perspektive als Hauptstadt und Regierungssitz, als geistig-kulturelle Metropole und Brücke zwischen West- und Osteuropa hat, so steht die Stadt doch vor einem Neuanfang. Denn hier zeigen sich alle Probleme des Zusammenwachsens von Ost und West geballt auf engstem Raum und müssen trotz äußerst angespannter Finanzlage gelöst werden: So sind große Anstrengungen nötig, um z.B. im Ostteil der ehemals geteilten Stadt eine funktionierende Infrastruktur aufzubauen, den Wohnungsbau voranzutreiben, alte Bausubstanz zu erhalten, die ehemaligen DDR-Betriebe in die Marktwirtschaft zu überführen und gleiche Lebensbedingungen für alle Bundesbürger zu schaffen.

Dabei muß darauf geachtet werden, daß die Mieten nicht davonlaufen und die Tarife im Nahverkehr bezahlbar bleiben, damit die Menschen von ihren Autos auf die öffentlichen Transportmittel "umsteigen".

Zum Zusammenwachsen der Stadt gehört aber auch die Überwindung der geistigen Trennung, die sich in über 40 Jahren Teilung in vielen Köpfen gebildet hat.

Viele für West-Berlin geplante Vorhaben müssen zurückgestellt werden, um die Probleme der Wiedervereinigung schnell zu lösen.

Mit der Entscheidung, daß Berlin auch wieder Parlaments- und Regierungssitz wird, wurde Glaubwürdigkeit demonstriert. Die Entscheidung ist darüber hinaus aber auch ein politisches Signal für die Menschen in der ehemaligen DDR.

Die Bundesregierung und der Bundestag werden in den nächsten Jahren nach und nach in die Spreemetropole umziehen. Die materiellen Anstrengungen, die erforderlich sind, werden sich wirtschaftlich und vor allem politisch bezahlt machen. Denn auch für die Länder des ehemaligen Ostblocks gehen vom "Unternehmen Berlin" Impulse für wirtschaftlichen Fortschritt und politische Freiheit aus.

Seit den ersten Gesamtberliner Wahlen im Dezember 1990 hat die Stadt erstmals wieder ein Gesamtberliner Parlament, das zur Zeit noch im Rathaus Schöneberg tagt.

185

▼ Vokabelhilfe

die Umwälzung *epoch-making change*	**sichtbar** *detectable*
vollziehen sich = stattfinden *to take place*	**es geht um** *it is about*
verbinden *to connect*	**an•gleichen** *to adjust, balance*
wieder•aufnehmen *to resume, start over*	**hinzu•fügen** *to add*
die geistige Annäherung *intellectual,*	**geballt** *highly concentrated*
spiritual rapprochement	**äußerst angespannt** *utterly precarious*
der Bundestag *branch of German*	**voran•treiben** *to push forward*
government, comparable to U.S. House of	**überführen** *to move, guide toward*
Representatives	**die Glaubwürdigkeit, -en** *credibility*
die Herausforderung *challenge*	**die Anstrengung, -en** *efforts*
die Bewährungsprobe *(crucial) test*	**erforderlich** *necessary*
geteilt *divided*	

Nach dem Lesen

A | Sammeln Sie aus dem Vorwort 10 Beschreibungen, die Berlin charakterisieren.

BEISPIEL: Berlin—einer der faszinierendsten Orte Europas
Berlin—Forum für die Festigung demokratischer Strukturen

1.   5.   8.

2.   6.   9.

3.   8.   10.

4.

B | Im Vorwort heißt es, daß die „Narben der Teilung" noch sichtbar seien. Können Sie mit Hilfe des Textes „Die neue politische Situation" einige der „Narben" nennen? Haben Sie vielleicht in den Medien gehört, welche anderen Probleme die Stadt beim Zusammenwachsen hat?

C | Welche Bedeutung hat es, daß Berlin wieder (wie von 1871 bis 1945) Hauptstadt Deutschlands geworden ist? Was steht dazu im Text? Was wissen Sie selber über die Kontroverse „Bonn oder Berlin"? Könnten Sie sich vorstellen, warum einige Politiker im In- und Ausland gegen Berlin als Hauptstadt waren?

Hörverstehen 1 (Video)

Im „Berliner Liedchen" reagiert Biermann, der lange Zeit in Berlin lebte, auf den Fall der Mauer (1989). Dann hören (und sehen) Sie, was eine Berlinerin über ihre Stadt erzählt. Herr Fink hat mit seiner Videokamera diese Dame am Alexanderplatz beim Eislutschen „überrascht" (*surprised*).

➡ WB, S. 138; Übungen zum **Hörverstehen I**, „Berliner Liedchen".

Reichstag vor dem Zweiten Weltkrieg.

Spiralen

**Reichstag am Ende des
Zweiten Weltkrieges.**

**Reichstag vor dem
Fall der Mauer.**

Reichstag heute.

Kapitel 6: Berlin: Gestern—heute—morgen

Zu den Vokabelmosaiken

Beginnend mit Kapitel 6 werden in den Vokabelmosaiken nur die Verbformen und wichtige Ergänzungen für das Einüben von Basissätzen gegeben. Ihr Wortschatz ist inzwischen so gut, daß Sie leicht selbst passende Wörter für die Nominativposition (Subjekt) finden können.

Im Vokabelmosaik 1 finden Sie Verben, die beim Lesen oder Reden über Orte und Situationen hilfreich sind.

Schauen und Identifizieren

Bevor Sie sich dieses Vokabelmosaik ansehen, wiederholen Sie bitte Vokabelmosaik 2 und 3 von Kapitel 4 über „Reisen". Vielleicht machen Sie in naher Zukunft eine Reise nach . . . Berlin?

Nun identifizieren Sie bekannte und neue Verben im Vokabelmosaik unten. Denken Sie an „Aktuelles zum Thema" und Hörverstehen 1.

*V*okabelmosaik 1

„Berlin, Berlin . . . "

Berlin kann man mit dem Auto, mit der Bahn oder dem Flugzeug erreichen.

	WEN? / WAS?
erreichen jdn / etwas	jemanden (am Telefon, zu Hause)
to reach, achieve	etwas (z.B. den Bus, ein Ziel *goal*)
erreichbar	

Berlin war jahrzehntelang eine geteilte Stadt.

	WAS?
teilen etwas *to divide*	einen Besitz
die Teilung Berlins	ein Land
der Teil, -e *part*	eine Stadt
teilbar	

Viele Berliner Studenten teilen eine Wohnung mit Kommilitonen.

	WAS?	MIT WEM?
teilen etwas mit	ein Zimmer	mit Freunden
to share	einen Kuchen	mit Geschwistern

Während der DDR-Zeit wurden die Transitstrecken kontrolliert.

	WEN? WAS?
kontrollieren jdn / etwas	den Reisepaß, den Personalausweis,
die Kontrolle, -n	den Führerschein, eine Grenze

Spiralen

Autobahnen, die DB und Fluglinien verbinden Berlin mit aller Welt.

	WEN? / WAS?	MIT WEM? / WOMIT?
verbinden jdn / etwas mit,	den Besucher	mit dem Info-Zentrum
verband, verbunden	die Vororte	mit dem Zentrum
to connect		
die Verbindung		

Die Broschüre „Berlin für junge Leute" hilft, einen Eindruck von der faszinierenden Stadt Berlin zu bekommen / gewinnen.

	VON WEM? / WOVON?
bekommen (gewinnen)	von einer Person
einen Eindruck (von)	von einer Stadt / Universität, . . .
to get an impression of	

In Berlin kann man gesellschaftliche Veränderungen hautnah erleben.

	WAS?
erleben etwas *to experience*	etwas Interessantes, viel Schönes,
das Erlebnis, -se	Freude, eine Überraschung

Die ältere Dame im Interview sagt, daß sie sich an den Lärm der Fernbahn und S-Bahn gewöhnen mußte.

	WORAN? / AN WEN?
gewöhnen sich an jdn /	an den Lärm *noise*
etwas *to get used to*	an die höhere Miete
	an einen neuen Zimmerkollegen

Sie meint auch, daß sie jetzt mit ihrer Rente nicht mehr auskommt.

	WOMIT? / MIT WEM?
aus•kommen mit, kam	mit dem Stipendium, mit der Rente
aus, ist ausgekommen	mit einer Zimmerkollegin,
to manage on, to get	mit Geschwistern (gut, gar nicht, . . .)
along with	
das Auskommen *livelihood*	

189

Kombinieren und Schreiben

B Welche Verben vom Vokabelmosaik können Sie mit folgenden Sätzen assoziieren? Zuerst mündlich, dann schriftlich.

1. Während der DDR-Zeit wurden Besucher von West-Berlin beim Transit durch die DDR _____.

2. Jahrzehntelang war Berlin eine _____ Stadt.

3. Es gab nicht genug Berlinbroschüren für alle Besucher, einige mußten ihre Broschüre _____.

4. Mit „Berlin für junge Leute" _____ man schnell einen Eindruck von der Stadt Berlin.

5. Berlin-Besucher können viel Interessantes und auch Überraschungen _____.

6. Heute _____ sowohl Fluglinien wie auch die Eisenbahn und Autobahnen Berlin mit aller Welt.

7. Im „neuen" Berlin ist es besonders für Studenten und ältere Leute nicht leicht, mit ihrem Geld auszu_____.

C | Geben Sie für die Satzteile unten passende Verben vom Vokabelmosaik.

    BEISPIEL: eine Wohnung mit einem Freund → *teilen*

1. eine Freundin am Telefon   _____
   ein Reiseziel

2. einen Eindruck von der Stadt   _____
   einen Eindruck vom neuen Chef

3. etwas Schönes   _____
   viel Neues
   eine tolle Überraschung

4. ein Geschenk   _____
   einen Kuchen
   ein Land

5. den Führerschein   _____
   den Reisepaß
   die Geschwindigkeit *speed*

D | Finden Sie drei oder mehr passende Ergänzungen zu den Verben. Spielen Sie zu zweit: Wer findet in einer Minute mehr Ergänzungen?

    BEISPIEL: erreichen   den Bus, den Professor am Telefon, den Freund zu Hause, ein Studienziel

1. kontrollieren   4. erleben

2. teilen   5. bekommen einen Eindruck

3. gewöhnen sich an   6. aus•kommen (mit)

E | „Früher—heute". Welche Verben vom Vokabelmosaik passen in diesen Text?

FRÜHER:

1. Wenn man früher auf der Autobahn (Transitstrecke) durch die DDR nach Berlin fuhr, wurden an der Grenze die Reisepässe _____.

2. An der Mauer _____ man einen ersten Eindruck von der geteilten Stadt.

HEUTE:

3. Heute kann man Berlin mit dem Flugzeug, mit der Bahn oder mit dem Auto _____.

4. In Berlin angekommen, kann man in dieser alten europäischen Metropole viel _____.

5. Ein sehr gutes U-Bahn- und S-Bahn-System _____ alle Teile der Stadt.

6. Man muß sich allerdings auch an hohe Hotelpreise _____.

Spiralen

F | Geben Sie die verwandten Verben und ihre englische Bedeutung.

> **BEISPIEL:** der Teil   teilen (mit) *to divide, share*

1. das Erlebnis   _____   _____
2. die Kontrolle   _____   _____
3. die Verbindung   _____   _____
4. erreichbar   _____   _____
5. das Auskommen   _____   _____

*F*ormen und Funktionen 1

PREPOSITIONS WITH MULTIPLE FUNCTIONS

Präpositionen wie **durch**, **mit**, **von** und **über** können mehrere Funktionen haben. Wir haben die wichtigsten für Sie zusammengestellt. Schauen Sie sich die Übersicht an, und vergleichen Sie die verschiedenen Möglichkeiten.

DURCH

durch	direktional	durch den Park, durchs Zimmer
durch	temporal (Dauer)	durch das ganze Jahr (*oder:* das ganze Jahr hindurch) durch Jahrzehnte
durch (wen?)		durch meinen Vater durch eine Verbindung mit . . .
durch-passive (*by what means*)		durch die Mauer, durch das Erdbeben

MIT

mit (wem? / womit?)		mit einer Freundin, mit dem Auto, mit der U-Bahn
Verb + **mit**		unterhalten sich mit, reden mit, beschäftigen sich mit

VON

von (woher?)	direktional (Ausgangspunkt)	von der Stadt, vom Einkaufen
von . . . bis	direktional (Ausgang . . . Ziel)	von Hannover bis Berlin
von . . . bis	temporal (Beginn . . . Ende)	von Montag bis Freitag, vom 1. März bis . . .

von . . . an	temporal (Beginn)	vom ersten Tag an von Anfang an
von (wem?)	Genitiversatz	von einem Freund das Auto von Erich = Erichs Auto
von-passive (*by whom*)		von der Regierung vom Besitzer
Verb + **von**		abhängen von, überzeugen jdn von, erholen sich von

ÜBER

über$_a$ (wohin?) (*across*)	direktional	über die Grenze, über den Fluß
über$_d$ (wo?) (*above*)	lokal	über der Stadt, über dem Haus
über$_a$ (wie lange?)	temporal (Dauer)	über drei Wochen (= mehr als drei Wochen)
Verb + **über**$_a$		freuen sich über, informieren jdn über, reden über, unterhalten sich über

192

Beispiele für den häufigen Gebrauch der obigen Präpositionen enthält der **alte** Vorwort-Text über Berlin. Glücklicherweise ist diese Situation seit 1989 Vergangenheit.

> . . . Umgeben von der DDR, geteilt durch die Mauer, erreichbar nur über Transitwege oder durch die Luft, geprägt von . . . ist die Stadt in einer einmaligen Situation. . . .

In diesem Satz finden Sie partizipiale Kurzformen für Sätze wie:

> Die Stadt ist **von** der DDR umgeben. (Zustandspassiv)
> Die Stadt ist durch die Mauer geteilt. (Zustandspassiv)
> Die Stadt kann nur über Transitwege erreicht werden. (Vorgangspassiv)

Gehen Sie zurück zum **neuen** Vorwort-Text (siehe oben). Können Sie hier Satzteile mit **von**, **durch**, **über** und **mit** finden? Wie heißen diese Ausdrücke im Englischen?

Im Workbook, S. 142, finden Sie zwei Texte über die Anreise nach Berlin vor und nach der „Wende". In diesen Texten gibt es mehrere Ausdrücke mit Präpositionen wie oben. Außerdem gibt es Passivsätze (mit und ohne Modalverben) zum Identifizieren und Variieren.

Sie finden im Arbeitsbuch auch weitere Übungen zu verschiedenen Funktionen der obigen Präpositionen.

➤ WB, S. 142; Übungen zu **Formen und Funktionen 1.**

ZUM WIEDERHOLEN UND ÜBEN DEUTSCHER VERBEN

To help you recall and memorize basic forms of strong and irregular verbs, we have grouped them according to their vowel change pattern. These groups will be reviewed

Spiralen

in chapters six through ten of the Workbook so that, at the end of the program, you will have *most* basic verb forms ready for *active* use in speaking and in writing.

As you know, many new verbs can be derived from basic strong and irregular verbs.

EXAMPLES: ein•ziehen → ziehen
auf•wachsen → wachsen
besitzen → sitzen
erfahren → fahren

While these derived verbs may have very different meanings and structural requirements (*Ergänzungen*) from the basic verbs from which they derive, their vowel change remains the same.

Reviewing strong/irregular verbs in this fashion can also be useful for improving your pronunciation of German vowels. With the assistance of your instructor you can check how well you distinguish between „short" and „long" vowels, or how your Umlaute sound.

You will find the first groups of strong/irregular basic verbs at the end of chapter six of the Workbook, page 156.

Zum Lesen

City-Walk: Unter den Linden—Vom Brandenburger Tor zum Alexanderplatz

Vor dem Lesen

Stellen Sie sich vor, Sie folgen dem Vorschlag der Berlin-Broschüre und machen einen Spaziergang, der am Brandenburger Tor anfängt und am Alexanderplatz aufhört. Sie wissen, daß Sie sich wahrscheinlich nicht alles anschauen können. Überlegen Sie sich also schon mal, ob Sie eher historisch _____ kulturell _____ künstlerisch _____ politisch _____ interessiert sind.

Beim Lesen

Markieren Sie, in welche Gebäude Sie bei Ihrem Spaziergang gerne hineingehen würden, was Sie sich gerne genauer ansehen wollen. Was Sie überhaupt nicht interessiert, streichen Sie durch.

CITY-WALK

City-Walk: Unter den Linden Vom Brandenburger Tor zum Alexanderplatz
Länge: 6,5 km, Dauer 2-3 Stunden (ohne größere Pausen).
Wer die wichtigsten Sehenswürdigkeiten im alten Zentrum Berlins - der Ku´damm mit der Gedächtniskirche ist das andere, neuere Zentrum der Stadt - in einer Tour erlaufen will, dem sei der folgende Sightseeing-Marsch empfohlen. Im Kapitel "Berlin von A bis Z" sind die Sehenswürdigkeiten ausführlich beschrieben.

Start ist am **Bahnhof Friedrichstraße** ① , Haupteingang. Rechts runter gehen wir die Friedrichstraße entlang, vorbei am Hotel "Metropol".
An der Ecke **Friedrichstraße/ Unter den Linden** kreuzen wir den Brennpunkt des alten Berlins. Wir biegen rechts ab, gehen die "Linden" entlang und über den Pariser Platz - der Wiederaufbau der Randbebauung mit dem Hotel Adlon ist geplant - zum **Brandenburger Tor** ② .
Auf der südlichen Seite der "Linden", vorbei an der Sowjetischen Botschaft, laufen wir zurück. **Hinter der Glinkastraße** befindet sich ein großes Wohnhaus mit Ladenpassage. Hier sind das Französische Kulturzentrum und ein Vorverkaufsbüro

der nahegelegenen **Komischen Oper** in der Behrenstraße untergebracht. Früher befand sich hier das berühmte Café Kranzler. Heute erhebt sich dort das Grand Hotel mit Restaurants und einer Fußgängerpassage .

Gegenüber der Friedrichstraße steht das Café "Lindencorso". Die folgenden Gebäude vermitteln den Eindruck der "Linden" von einst - sie wurden nach 1945 restauriert.

Hinter der Charlottenstraße passieren wir das schmuckvolle ehemalige Gouverneurshaus, welches nach 1945 von der Rathausstraße versetzt worden war. Ihm schließt sich das **Alte Palais**, das ehemalige Palais Kaiser Wilhelms I., an. Vor dem Palais, auf dem Mittelstreifen, das **Denkmal Friedrichs des Großen**. Rechts öffnet sich der Bebelplatz (früher Opernplatz) mit der **Alten Bibliothek** (der ehemaligen 'Königlichen Bibliothek'; "Kommode" im Volksmund genannt), der **Deutschen Staatsoper** und - im Hintergrund - der Kuppelbau der **St.-Hedwigs-Kathedrale**.

Vom **Bebelplatz** aus machen wir einen Abstecher zum **Gendarmenmarkt** ③, der 1944 zerstört und nun restauriert wurde: in der Mitte das Schinkelsche Schauspielhaus, davor das Schillerdenkmal, rechts der Französische Dom und links der Deutsche Dom. Zurück zu den "Linden". Der Staatsoper schließt sich eine Anlage mit Denkmälern der Feldherren

Blücher, Yorck, Gneisenau und Scharnhorst an.

Das **Opernpalais** war das ehemalige Prinzessinnenpalais. Es ist mit dem alten Kronprinzenpalais verbunden, in dem am 31. August 1990 der deutsche Einigungsvertrag unterzeichnet wurde.

Etwas versetzt zwischen dem Lindenpalais und dem Neubau des ehemaligen DDR-Außenministeriums steht die von Schinkel errichtete **Friedrichswerdersche Kirche** mit dem Schinkelmuseum.

Vom Seitengeländer der **Schloßbrücke** ④ blicken wir auf den Lustgarten. Hinten rechts sieht man einen langgezogenen Bau mit Barockportal: das **Gebäude des ehemaligen DDR-Staatsrates**.

Im rechten Winkel der inzwischen geschlossene **Palast der Republik.** Links davon der **Berliner Dom**. Nördlich, hinter dem Lustgarten , taucht das Alte Museum auf (erkennbar am Säulengang) – der Beginn der **Museumsinsel** mit Nationalgalerie, Pergamonmuseum, Bodemuseum und Neuem Museum (im Wiederaufbau).

Drehen wir uns um, sehen wir das ehemalige Zeughaus, heute das **Deutsche Historische Museum.**

Wir gehen zum **Palast der Republik** (im verspiegelten "Palazzo Prozzo" tagte einst die Volkskammer, hier fanden große Veranstaltungen statt).

Weiter geht es auf der zur Spree gelegenen Seite. Wir

biegen links ab, überqueren die Rathausbrücke und sehen vor uns das **Marx-Engels-Forum** und das **Berliner Rathaus** ⑤, das **historische Viertel um die Nikolaikirche** (siehe Kapitel "Spaziergang durchs Nikolaiviertel"), den **Fernsehturm**, die **Marienkirche** und den Bahnhof Alexanderplatz. Von der Aussichtsplattform des Fernsehturmes aus hat man einen guten Rundblick über die Stadtmitte, die Außenbezirke und das Umland. Im Tele-Café in der Kuppel des Fernsehturms kann man eine einstündige Stadtrundfahrt von oben unternehmen; in dieser Zeit dreht sich die Kugel einmal um ihre Achse.

Nächstes Ziel ist der **Alexanderplatz** ⑥ hinter dem Bahnhof. Hier befinden sich das Alexanderhaus, die Weltzeituhr, das Berolinahaus - ein Kaufhaus.

Westlich, hinter dem großen Brunnen , erhebt sich das Hotel Stadt Berlin. An der Nordseite des "Alex" reihen sich große Geschäftshäuser auf, so z.B. das Haus des Reisens.

Nur wenige Schritte von hier entfernt, hinter dem Hotel Stadt Berlin, befindet sich das Scheunenviertel (siehe auch unsere "Erkundung von Spandauer Vorstadt und Scheunenviertel"). In diesem Stadtteil lagen einst die Zentren jüdischer Einwanderung und jüdischen Lebens in Berlin-Mitte.

Wir kehren über die Karl-Liebknecht-Straße und die "Linden" zur Friedrichstraße

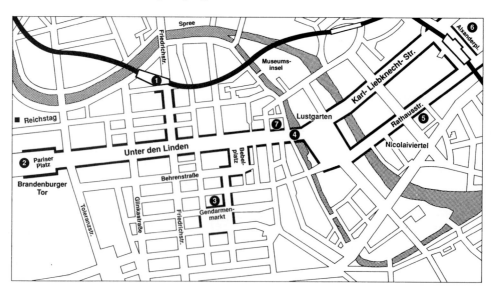

zurück. (Wer genug gesehen hat, kann mit der S-Bahn vom Alexanderplatz direkt zum Bahnhof Friedrichstraße zurückfahren.) Wir bleiben den gesamten Rückweg auf dem nördlichen Bürgersteig der Karl-Liebknecht-Straße und der "Linden". In den Passagen der Karl-Liebknecht-Straße befinden sich zahlreiche Geschäfte und Restaurants. An der nächsten Ecke (Spandauer Straße)

befindet sich das Palasthotel.

Hinter dem Dom und dem Lustgarten steht das **Zeughaus**, in dem sich jetzt das **Deutsche Historische Museum** ⑦ befindet. Daneben steht die Neue Wache mit dem "Mahnmal für die Opfer des Faschismus und Militarismus". Hinter der **Neuen Wache** liegt das Maxim-Gorki-Theater, die frühere Sing-Akademie.

Weiter geht es, vorbei an der **Humboldt-Universität** (mit den Statuen der Humboldt-Brüder Wilhelm und Alexander) und an der Deutschen Staatsbibliothek. Nach wenigen Metern sind wir wieder an der Kreuzung Friedrichstraße/Unter den Linden angekommen.

Vokabelhilfe

die Sehenswürdigkeit, -en: *sight*	**versetzt** *placed more toward the front or back*
der Marsch, ⸚e *harsh walk*	**die Kuppel** *dome, cupula*
erheben sich *to rise*	**das Mahnmal** *memorial*
schmuckvoll *decorative*	

Erklärungen: Wilhelm I, Deutscher Kaiser (1871–1888)
Friedrich II, der Große, König von Preußen (1740–1786)
Friedrich Schiller, deutscher Dichter (1759–1805)
Schinkel, Berliner Architekt (1781–1841)
Wilhelm von Humboldt, Sprachphilosoph,
 Begründer der deutschen Universität (1767–1835)
Alexander von Humboldt, Sprachforscher (1769–1859)

Reden wir miteinander!

A (In Gruppen) Schauen Sie sich jetzt auf Seite 196 die Beschreibungen zu den wichtigsten Sehenswürdigkeiten an: Reichstag, Brandenburger Tor, Museumsinsel, Palast der Republik, Alexanderplatz. Erzählen Sie den anderen in Ihrer Gruppe von der Attraktion, über die Sie sich informiert haben.

BERLINER KABARETT-THEATER
Die Wühlmäuse
GmbH.
Leitung: Dieter Hallervorden
Nürnberger Straße 33
10777 Berlin
Telefon: (030) 213 70 47 + 48
Telefax: (030) 211 18 18
10.00 – 20.00 Uhr / So. ab 15 Uhr

Büro:
Margot Michaelis
Telefon: (030) 321 72 33

Alexanderplatz (Alex)

Neun Straßen aus den nördlichen Gebieten Berlins trafen früher vor dem Königstor zusammen. Nach dem Besuch des russischen Zaren Alexander bei König Wilhelm III. (1805) wurde dieser alte Wollmarkt und Exerzierplatz umgetauft. Im Krieg wurden die meisten Gebäude rund um den Platz zerstört. Heute populärer, weitläufiger Platz im Zentrum Berlins.

Museumsinsel

Eingerahmt von zwei Seitenarmen der Spree, befindet sich an der Bodestraße die Museumsinsel mit dem Bodemuseum, dem Pergamonmuseum, dem Alten Museum und der Alten Nationalgalerie. Außerdem das Neue Museum, das zum Großteil zerstört wurde und z.Zt. restauriert wird. Insgesamt verfügen die Museen über 1,2 Mio. Kunstwerke, von denen gerade zwei Prozent ausgestellt werden können. Das Alte Museum ist einer der Prachtbauten Schinkels und wurde von 1824-30 erbaut. Besonders zu empfehlen ist das Pergamonmuseum mit seiner Antikensammlung, dem Islamischen Museum sowie weiteren Sammlungen. Auch ein Besuch im Bodemuseum lohnt sich, findet man hier doch Exponate von der Ur- und Frühgeschichte über die alten Ägypter bis zum niederländischen Barock.

Brandenburger Tor

Am Pariser Platz. Einziges erhaltenes der 14 Stadttore Berlins. 1788-1791 erbaute Gotthard Langhans dieses Monument im klassizistischen Stil, Vorbild waren die Propyläen in Athen. Quadriga und Reliefs stammen von Gottfried Schadow. Im Zweiten Weltkrieg stark zerstört, wurde es 1957 restauriert; die Quadriga kam ein Jahr später wieder an ihren alten Platz. Weihnachten 1989 wurde das wohl größte Symbol der Teilung wieder geöffnet. Geplant ist auch der Wiederaufbau der Gebäude am Pariser Platz, u.a. auch des Hotels Adlon.

Palast der Republik

Auf der Stelle des Berliner Stadtschlosses (Abbruch 1950) wurde 1973-1976 der "Palast der Republik" gebaut und 1976 eröffnet. Der repräsentative Bau ist 180 Meter lang und 85 Meter breit. Hier wurden Konzerte und Kongresse veranstaltet, hier tagte die DDR-Volkskammer. Die Zukunft des asbestverseuchten Gebäudes ist ungewiß. Auch ein Abriß steht zur Debatte.

Reichstag

Tiergarten, Platz der Republik, Tel. (W) 39 77 0. Nach den Plänen von Paul Wallot wurde das Reichstagsgebäude 1884-1894 erbaut. Im Kaiserreich und in der Weimarer Republik Sitz des Parlamentes. Die Giebelinschrift "Dem Deutschen Volke" wurde erst während des Ersten Weltkrieges eingefügt. – Der sozialdemokratische Abgeordnete Philipp Scheidemann rief von einem Eckfenster des Gebäudes am 9. November 1918 die Republik aus. Am 27. Februar 1933 wurde der Bau durch Brandstiftung stark beschädigt. Die Nationalsozialisten machten Kommunisten für den Brand verantwortlich und begannen eine propagandistische Hetzkampagne. Es kam zu einer Verfolgungs- und Verhaftungswelle gegen Kommunisten, Sozialisten und Gewerkschafter. Durch Kämpfe in den letzten Kriegstagen 1945 wurde der Bau noch weiter zerstört. – Bis 1970 wurde der Reichstag wieder aufgebaut, mit restaurierter Fassade, aber ohne Kuppel. Nach der Entscheidung für Berlin als zukünftigen Regierungssitz wird der Reichstag wohl auch wieder Sitz des deutschen Bundestages werden. Im Reichstag wird die Dauerausstellung "Fragen an die deutsche Geschichte – Von 1800 bis zur Gegenwart" gezeigt.

Vokabelhilfe

taufen jdn *to baptize*	**beschädigen** *to damage*
um•taufen *to re-baptize*	**ein•rahmen** *to frame*
die Brandstiftung, -en *arson*	**verfügen über** *to dispose of*

196

B | Bevor Sie darüber diskutieren, wie Sie Ihren City-Walk gestalten wollen, schauen Sie sich die folgenden Redemittel an. Danach macht jede / jeder Vorschläge dazu, was man sich **unbedingt** (*no matter what*) anschauen muß.

Redemittel

Was sagt man, wenn man einen Vorschlag machen will?

❏ Ich habe einen Vorschlag / eine Idee / einen Gedanken.

❏ Was würdet ihr von . . . halten?

❏ Was würdet ihr davon halten, wenn wir . . . ?

❏ Was haltet ihr davon, daß wir . . . ?

❏ Was hältst du von folgendem:

❏ Wie wäre es, wenn . . .

❏ Ich schlage vor, wir . . .

❏ Ich fände es sinnvoll / fabelhaft / am besten, wenn . . .

Was sagt man, wenn man einen Vorschlag für gut hält?

❏ Das ist eine fabelhafte / gute / ausgezeichnete Idee!

❏ Das ist ein . . . Gedanke.

❏ Guter Gedanke / Guter Vorschlag!

❏ Warum nicht?

❏ OK / Einverstanden / Das hört sich gut an.

Was sagt man, wenn man einen Vorschlag nicht so gut findet?

❏ Ach wissen Sie / weißt du, . . . ist nicht so ganz meine Sache.

❏ Eigentlich habe ich mir etwas anderes vorgestellt; vielleicht . . .

❏ Wenn ich ganz ehrlich bin, bin ich kein besonderer Liebhaber von . . . Wie wäre es mit . . . ?

❏ Sei mir bitte nicht böse, aber für . . . habe ich nicht viel übrig.

Was sagt man, wenn man einen Vorschlag völlig unsinnig findet? (*informell*)

❏ Wie bist du denn bloß auf diese Idee gekommen!

❏ Ich bitte dich, wie kannst du nur so was Verrücktes vorschlagen!

❏ Das kann doch nicht dein Ernst sein!

❏ Jetzt hör aber auf! Das ist doch völliger Unsinn / Quatsch!

❏ Nun mach aber einen Punkt. Warum denn das?

C | Tragen Sie jetzt das Ergebnis Ihrer Gruppe vor der Klasse vor, und begründen Sie Ihre Auswahl der Sehenswürdigkeiten.

D | Ein Quizspiel für eine kleine Gruppe von etwa 4 bis 5 Personen: Eine Person denkt an ihre Lieblingsstadt in Amerika oder auch anderswo. Die anderen müssen durch Fragen diese Stadt erraten.

➤ WB, S. 140; **Hörverstehen 1**, „Am Alexanderplatz".

Zum Schreiben

A Formulieren Sie als Gruppe einen Text über die Stadt, in der Sie studieren. Eine Person schreibt ihn auf, die anderen helfen, ein möglichst attraktives aber auch informatives (und korrektes!) Bild Ihrer Stadt zu geben, damit andere Studenten sich an Ihrer Universität zum Studium bewerben. (Sie haben schon eine Menge Beispieltexte im ganzen Buch; der letzte ist das Vorwort dieses Kapitels.)

B Zu Hause. Erfinden Sie nach dem Berliner Modell einen City-Walk für Ihre Heimat- oder Lieblingsstadt oder für den Ort, an dem Sie gerade leben. Geben Sie auch kurze Erklärungen zu den wichtigsten Sehenswürdigkeiten.

Stufe

2

Von dem besonderen Berliner Bier, der „Berliner Weiße", haben Sie ja bereits in Stufe 1 gehört. Von einer anderen Berliner Spezialität handelt der folgende kurze Text aus einem Spezialheft über Berlin des ADAC Reisejournals.

Erklärungen: Willy Brandt: Deutscher Bundeskanzler (1969–1974); Friedensnobelpreis (1971); gestorben 1992.
Richard von Weizsäcker: Deutscher Bundespräsident; früher Bürgermeister von Berlin
Bundespatentamt: *Federal Patent Office*
„Hamse mir jesacht": Berlinerisch für „Haben Sie mir gesagt"

Alexanderplatz.

Wir glauben, daß auch Sie nicht daran vorbeikommen, in Berlin einmal richtig preiswert zu essen: an der Bude

Schon Willy Brandt hatte zu Zeiten, als er in Berlin noch Bürgermeister war, in der Mittagspause bei Schmidt seine Wurst verzehrt. Und der ehemalige US-Präsident George Bush stahl sich vor einigen Jahren bei einem Berlin-Besuch zusammen mit dem damaligen Regierenden Richard von Weizsäcker davon, um – ungeachtet des Protokolls – heimlich an **KÄTHES IMBISS** eine Currywurst zu verdrücken.

Die Idee zur berühmtesten Berliner Spezialität kam vor über 40 Jahren indirekt aus den USA. Die resolute Gastronomin Herta Heuwer betrieb im Herbst 1949 eine Würstchenbude am Stuttgarter Platz. Ihr Mann kam in diesen trüben Tagen aus amerikanischer Gefangenschaft im und berichtete von einer wahren Köstlichkeit in Übersee: Spare-Ribs mit Gewürz-Ketchup. Doch Fleisch war so kurz nach Kriegsende im zerstörten Berlin noch knapp. Deshalb startete die findige Herta Versuche mit einer gewöhnlichen Brühwurst – und hatte einen Riesenerfolg. Ihre Currywurst wurde schließlich sogar regelrecht registriert: Herta Heuwer ließ sie unter dem Warenzeichen 721 319 beim Bundespatentamt eintragen.

KÄTHES IMBISS am Schöneberger Rathaus: „Hamse mir jesacht, der Bush kommt…"

**Am Brandenburger Tor, November 1989;
Mitte: Willy Brandt.**

Vokabelhilfe

der Bürgermeister *mayor*
verzehren etwas
   verdrücken etwas =
   etwas essen
davon•stehlen sich (*acc.*)
   to disappear secretly
ungeachtet
   notwithstanding
der Imbiß *snack; stand-up
fast-food place*
betreiben *to run* (*a business*)
die Gefangenschaft
   imprisonment
die Köstlichkeit *delicacy*
knapp *rare, scarce*
die Brühwurst, ⸗e *hot dog*
ein•tragen *to register*

199

Kapitel 6: Berlin: Gestern—heute—morgen

Nach dem Lesen

Kennen Sie andere Spezialitäten aus Deutschland (oder aus einem anderen Land), die für eine bestimmte Gegend typisch sind? Können Sie vielleicht ein Rezept für eine Spezialität geben, die Sie selber zubereiten können? Denken Sie an die Passivkonstruktionen, die Sie im Kapitel 5 wiederholt haben. Später können Sie dasselbe Rezept mit Passiv-Alternativen noch einmal stilistisch variieren . . .

*H*örverstehen 2 (Video)

Berliner erzählen: „Erinnerungen an Charlottenburg"

Im Hörverstehen 2 haben wir Francine, eine junge Berlinerin, eingeladen, uns von ihrer Stadt zu erzählen. Francine ist in Berlin aufgewachsen.

➡ WB, S. 144; Übungen zu **Hörverstehen 2**.

Zum Vokabelmosaik

In diesem Vokabelmosaik finden Sie einige Verben, die Ihnen beim Lesen oder Reden über Menschen und Geschichte helfen.

Schauen und Identifizieren

A Versuchen Sie, im Vokabelmosaik unten Verben zu identifizieren, die Sie schon kennen oder welche die Frau am Alexanderplatz und Francine im Hörverstehen verwendet haben.

*V*okabelmosaik 2

Berlin erleben—Menschen und Geschichte

Die ältere Berlinerin erinnert sich noch an die Teilung Berlins.	
	AN WEN? / WORAN?
erinnern sich an jdn / etwas *to remember so./ sth.* die Erinnerung	an die Großeltern, an einen Freund an die Mauer, an eine Reise

Die Berliner hängen an ihrer Stadt.	
	AN WEM? / WORAN?
hängen an jdm / etwas *to be attached to*	an einem Freund, an den Eltern an einem Hund, an einer Wohnung

Sie fürchtet sich vor höheren Mieten.

	VOR WEM? / WOVOR?
fürchten sich vor jdm / etwas *to be afraid of so. / sth.* die Furcht *fear* furchtbar *terrible*	vor dem Vater, vor einer Lehrerin vor einer Prüfung, vor Extremismus

Vielleicht kann sie sich bald ihre Wohnung nicht mehr leisten.

	WAS?
leisten können sich etwas *to be able to afford*	eine Wohnung, ein neues Auto, ein Studium, eine Berlinreise

1949 wurden zwei deutsche Staaten gegründet.

	WAS?
gründen *to found* die Gründung	einen Club, eine politische Partei, eine Firma

Bis 1989 sind viele Menschen aus der DDR in den Westen geflüchtet.

	(VOR WEM? / WOVOR?)
flüchten (vor etwas / jdm) *to flee (from)* die Flucht der Flüchtling *refugee*	vor politischer Repression vor einem Sturm vor einem Feind *enemy*

In der Nacht vom 9. zum 10. November 1989 zerstörten zornige Bürger die Mauer.

	WAS?
zerstören *to destroy* die Zerstörung	eine Stadt durch Bomben ein Haus durch Feuer gefährliche Atomwaffen

Francine berichtet, daß jedes Jahr Militärparaden stattfanden.

	(WO?) / (WANN?)
statt•finden, fand statt, stattgefunden *to take place*	im Park, in der Fußgängerzone am Wochenende, heute abend

Nach dem Fall der Mauer wurden die beiden Staaten vereinigt.

	WAS?
vereinigen *to unite* die Vereinigung die Wiedervereinigung die Vereinigten Staaten	getrennte Familien, zwei Länder, mehrere kleine Orte

Francine bedauert, daß sie im November 1989 nicht in Berlin war.

	WAS? / WEN?
bedauern etwas / jdn *to regret, to feel sorry for*	einen Fehler, hungernde Kinder , daß . . .

201

Kombinieren und Schreiben

A | Welche Verben vom Vokabelmosaik sind mit den folgenden Wörtern verwandt?

1. die Vereinigung → _____

2. die Gründung → _____

3. die Erinnerung → _____

4. der Flüchtling → _____

5. die Furcht → _____

6. die Zerstörung → _____

B | Kombinieren Sie die Verben unten mit passenden Ergänzungen rechts. Es gibt vielleicht mehr als eine Möglichkeit.

1. erinnern sich   a. , daß ein Berlinbesuch nicht möglich ist.

2. bedauern   b. ein Konzert im Schloß Charlottenburg

3. fürchten sich   c. aus einem totalitären Staat

4. stattfinden   d. gefährliche Waffen

5. gründen   e. zwei kleine Dörfer

6. zerstören   f. an den Fall der Mauer

7. flüchten   g. vor der Polizei

8. vereinigen   h. am Ort, wo man aufgewachsen ist

9. hängen   i. einen neuen Staat

C | „Berlinerinnen erzählen"—Setzen Sie fehlende Verben ein.

Francine _____, daß sie im November 1989 nicht in Berlin war.
Damals _____ zornige Bürger die Mauer.

Die ältere Frau _____ sich noch an die Teilung im Jahre 1949.
Sie freut sich darüber, daß die beiden Staaten _____ wurden.
Aber sie _____ sich davor, daß sie sich mit der kleinen Rente
ihre Wohnung nicht mehr _____ _____.

Francine _____ sich daran, wie sie mit der Schule zur jährlichen
Militärparade ging. Wie viele Menschen, die in Berlin aufgewachsen sind,
_____ Francine sehr an ihrer Stadt.

D | „Erinnerungen—ganz persönlich". Geben Sie Beispiele, woran Sie sich gerne (nicht so gerne) erinnern. Sie können auch einen Partner oder eine Partnerin fragen.

    BEISPIEL: Ich erinnere mich noch gut an meine Flugreise nach . . .
      oder: Erinnerst du dich noch an . . . .?
      oder: An meine letzte Chemieprüfung möchte ich mich lieber nicht
             erinnern.

*F*ormen und Funktionen 2

THREE ALTERNATIVES TO THE PASSIVE VOICE

Man

Für einen Vorgang *ohne* Fokus auf Agenten wird oft ein Satz mit **man** verwendet. Besonders für das Perfekt und Plusquamperfekt ist **man** eine gute Alternative, weil Passiv-Sätze in diesen Zeiten ein bißchen lang sind.

BEISPIELE: An der Grenze **wurde** früher alles **kontrolliert.**
At the border everything used to be checked.
→ **Man** kontrollierte alles.
"They" checked everything.

Zur 750-Jahr-Feier **ist** in Ost-Berlin viel **renoviert worden**.
For the 750-year anniversary a lot was renovated in East Berlin.
→ Zur 750-Jahr-Feier hat **man** in Ost-Berlin viel renoviert.
For the 750-year anniversary "they" renovated a lot in East Berlin.

In der Disko „Far-Out" **wird** die ganze Nacht **getanzt**.
At the "Far-Out" disco there is dancing all night.
→ In der Disko „Far-Out" tanzt **man** die ganze Nacht.
In the "Far-Out" disco they dance all night.

Dort **darf** noch **geraucht werden.**
There smoking is still allowed .
→ Dort darf **man** noch rauchen.
There one is still allowed to smoke.

Sein + *Zu*-Infinitiv

Diese Struktur steht manchmal für *notwendige* (**müssen**) oder *mögliche* (**können**) Handlungen *ohne* Fokus auf Agenten.

BEISPIELE: **Notwendigkeit**
An der Grenze **müssen** die Reisepässe **gezeigt werden**.
At the border the passports must be shown.
→ An der Grenze **sind** die Reisepässe **zu zeigen**.
At the border the passports are to be shown.

Nach 1989 **mußten** viele Gebäude **renoviert werden**.
After 1989 many buildings had to be renovated.
→ Nach 1989 **waren** viele Gebäude **zu renovieren**.
After 1989 many buildings were to be renovated.

Möglichkeit
Der Alexanderplatz **kann** mit der U-Bahn **erreicht werden**.
Alexanderplatz can be reached by subway.
→ Der Alexanderplatz **ist** mit der U-Bahn **zu erreichen**.
Alexanderplatz is reachable by subway.

Kapitel 6: Berlin: Gestern—heute—morgen

Tips **können** in der Berliner Illustrierten „Zitty" **gefunden werden.**
Tips can be found in the Berlin magazine „Zitty."
→ Tips **sind** in der Berliner Illustrierten „Zitty" **zu finden.**
Tips are to be found in the Berlin magazine „Zitty."

A | Entscheiden Sie vom Kontext, ob die folgenden Sätze Notwendigkeit oder Möglichkeit signalisieren. Wie heißen die Sätze mit **können** bzw. **müssen** plus Passiv?

1. Der City-Walk ist in einer Stunde nicht zu machen. (können / müssen)

_____

2. Alle Dokumente waren zu kontrollieren. (können / müssen)

_____

3. Berlin ist auch auf dem Luftweg zu erreichen. (können / müssen)

_____

4. Während einer Berlin-Woche ist viel zu erleben. (können / müssen)

_____

Sich Lassen + **Infinitiv**

Diese Struktur gebraucht man manchmal für mögliche Handlungen (mit **können**) ohne Fokus auf Agenten.

BEISPIELE: Der City-Walk ist in einer Stunde nicht zu machen.
→ Der City-Walk **läßt sich** in einer Stunde nicht **machen.**
The City-Walk cannot be done in an hour.
oder: Der City-Walk **kann** in einer Stunde nicht **gemacht werden.**
oder: **Man** kann den City-Walk in einer Stunde nicht machen.

Die „Wende" ist nicht leicht zu erklären.
→ Die „Wende" **läßt sich** nicht leicht **erklären.**
The „Wende" cannot easily be explained.
oder: Die „Wende" **kann** nicht leicht **erklärt werden.**
oder: Die „Wende" kann **man** nicht leicht erklären.

B | „Aus Berlins Geschichte". Welche Sätze sind Passivsätze? In vier Sätzen hat **werden** eine andere Funktion. Erinnern Sie sich noch an die drei Hauptfunktionen von **werden**? (Vollverb, Futur, Passiv—siehe auch Kapitel 4 im Textbuch, S. 130.) Markieren und identifizieren Sie in den Sätzen unten die **werden**-Strukturen.

1. 1871 wurde Berlin Hauptstadt des neugegründeten Deutschen Reiches.
2. Am 9. November 1918 wurde im Berliner Reichstag die Republik ausgerufen.
3. Großberlin ist im Jahre 1920 gegründet worden.
4. Nach Ende des Zweiten Weltkrieges wurde Berlin eine besetzte Stadt mit vier Sektoren.
5. 1948 wurde Berlin politisch geteilt.
6. In der Nacht zum 13. August 1961 wurde mit dem Bau der Mauer begonnen.
7. Nach 1989 wurde aus der geteilten Stadt Berlin die neue Hauptstadt Deutschlands.
8. Das Zusammenwachsen der „Ossis" (Ostdeutschen) und „Wessis" (Westdeutschen) wird mehrere Jahre dauern.

C | Bilden Sie je zwei Varianten für die Sätze unten, eine mit **man**, die andere mit Passiv. Vorsicht mit dem Modalverb! Entscheiden Sie vom Kontext her, ob **können** oder **müssen** paßt.

> BEISPIEL: Der Tiergarten ist vom Zentrum leicht zu Fuß zu erreichen.
> **man:** Den Tiergarten kann **man** vom Zentrum leicht zu Fuß erreichen.
> **Passiv:** Der Tiergarten **kann** vom Zentrum leicht zu Fuß **erreicht werden**.

1. In Kreuzberg ist viel zu erleben.
   man: _____
   Passiv: _____

2. Berlin ist auch auf dem Luftweg leicht zu erreichen.
   man: _____
   Passiv: _____

3. Nach dem Zweiten Weltkrieg war die Stadt in vier Sektoren zu teilen.
   man: _____
   Passiv: _____

4. Das Flüchtlingsproblem läßt sich nur schwer kontrollieren.
   man: _____
   Passiv: _____

➡ WB, S. 149; weitere Übungen zu **Formen und Funktionen 2** und Biographie von Wolf Biermann.

205

Zum Lesen

Wenn man wissen will, was man in Berlin unbedingt erlebt haben muß, fragt man am besten jemanden, der dort lebt. Aber manchmal bekommt man nicht die Antwort, die man erwartet hat . . .

MEIN TIP

JUREK BECKER
Schriftsteller

Ich finde, daß Berlin keine Hauptattraktion hat wie manche andere Städte. Das Aufregende an Berlin ist sozusagen die Stadt als Ganzes, nicht die einzelnen Facetten, sondern deren Summe. Wer mit wachen Augen nach Berlin kommt, kann sich gar nicht dagegen wehren, daß er umzingelt ist von Möglichkeiten. Schon deshalb möchte ich keine Ratschläge geben, weil jeder Gast ohne Mühe den Zeitvertreib und die Unterhaltung findet, die ihm gemäß sind. Sag der Stadt, was du möchtest, und sie zeigt dir den Weg dahin. Wer Berlin besucht und enttäuscht abfährt, der ist, so fürchte ich, fürs Reisen nicht geeignet.

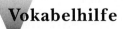

Vokabelhilfe

umzingelt sein *to be trapped in, surrounded by*
gemäß sein jdm *to be suitable*

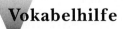

Kapitel 6: Berlin: Gestern—heute—morgen

MEIN TIP

GÜNTHER LAMPRECHT
Schauspieler

Wenn ich ausgehe, dann am liebsten zu LOHMEYER'S, einem kleinen feinen Jazzklub in 10 Charlottenburg, Eosanderstraße 24, ganz im New Yorker Stil. Hier stimmt alles bis ins Detail, vom Ambiente bis zur Musik. Gespielt wird vorwiegend Jazz der fünfziger Jahre, Mainstream und Bebop. Stars wie Walter Norris und Helmut Brand stehen auf Lohmeyer's Bühne. Während der Spielpausen laufen auf zwei Monitoren Musik-Videos mit Originalaufnahmen von Miles Davis, Charly Parker und anderen Stars, für Jazzfans echte Raritäten, die es sonst nirgendwo zu sehen gibt.

Die Berlin-Broschüre gibt auch einige Tips, von denen wir ein paar ausgewählt haben. Lesen Sie hier „Rund um die Schaubühne", „Prenzlauer Berg" und zum Schluß „Kreuzberg" im Workbook, S. 151. Danach werden Sie sich zu zweit darüber unterhalten, was Sie auf keinen Fall verpassen wollen . . .

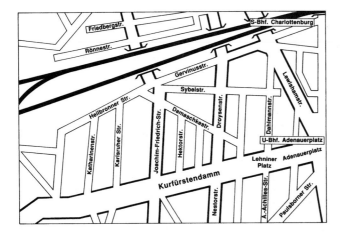

Rund um die Schaubühne am Lehniner Platz

Für Theaterfans fangen viele Abende am alten Mendelsohnbau, der jetzigen Spielstätte der Schaubühne, an. Kultur am Anfang eines langes Abends ist nie verkehrt, ganz egal ob an einer staatlichen Bühne oder beim Off-Theater im Kiez. Im Bistro Universum – direkt neben der Schaubühne – läßt sich gut über gerade gesehene Stücke plaudern. Hier, am oberen Stück des Ku'damms, ist der Touristenrummel nicht mehr ganz so stark. Wer hier seine Abende verbringt, der mag es gerne jung und ganz auf New-Life-Style. Waren die Theaterkarten zu teuer, als daß es noch für ein teures Diner reichen würde, dann solltet ihr am besten im Athener Grill einkehren: Erst zahlen, dann essen, Reklamation zwecklos (und meist unnötig). Direkt am Lehniner Platz ist auch die Disco "Far Out" – genau das Richtige für den Tanz total. Wenige Meter den Ku'damm hinauf, in Richtung Halensee, gibt es noch einige neongrelle Cafés. Hier befindet sich z.B. das "Musik Café" und gleich nebenan das "Café de Music" – ein immer noch beliebter Treff für Hardrock- und Motorradfans.

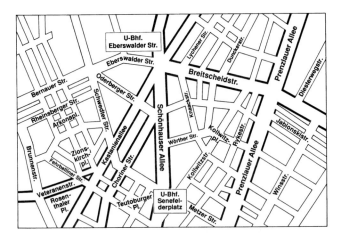

Prenzlauer Berg - Das "östliche" Kreuzberg

Auch am Prenzlauer Berg regt sich das Nachtleben gewaltig. Schnell entdeckten die Szenegänger das alte Berliner Arbeiterviertel zwischen Schönhauser und Prenzlauer Allee für einen feucht-fröhlichen Nachtbummel. Von der Hausbesetzerkneipe bis zum schicken Café hat sich hier eine bunte Szene entwickelt. Die trifft sich z.B. im Café WC (Westphal) am Kollwitzplatz – besonders beliebt am Wochenende, da durchgehend geöffnet. Wen der Hunger übermannt, der hat es von hieraus nur ein paar Schritte bis zur Budicke (Husemannstraße), wo Deftiges den kleinen und großen Appetit stillt. Gleich um die Ecke in der Schönhauser Allee: der Franz-Club. Bar, Kneipe, Disko, Kino und Konzerte für jeden Geschmack. Wer sich alt-berlinisch amüsieren will, geht in den Berliner Prater in der Kastanienallee, der noch ein wenig vom Glanz des Nachtlebens der 20er und 30er Jahre ausstrahlt. Ein Tip für warme Sommernächte ist der lauschige Biergarten im Prater.

207

▼ Vokabelhilfe

regt sich gewaltig *is virulently alive*
der Hausbesetzer *squatter*
deftig *hearty*
übermannen *to overcome*
lauschig *cosy*

Pergamonmuseum

Die Mauer heute: eine Galerie

Kapitel 6: Berlin: Gestern—heute—morgen

Reden wir miteinander!

A | Schreiben Sie ein paar von den Redemitteln auf, die Sie in Stufe 1 gelernt haben, damit Sie sich zu zweit über Ihre Pläne für den Abend in Berlin unterhalten können.

Was sagt man, wenn man einen Vorschlag machen will?

-
-
-

Was sagt man, wenn man einen Vorschlag annimmt?

-
-
-

Und was, wenn man einen Vorschlag ablehnen will?

-
-

Und wenn man einen Vorschlag völlig unsinnig findet?

-
-

B | Nun machen Sie gemeinsam einen Plan für den Abend.

> **BEISPIEL:** A: Hättest du Lust, heute abend ins Theater zu gehen?
> B: Nein, ich bin leider kein Theaterfan. Warum gehen wir nicht gemütlich aus, z.B. in einen Jazzclub?

C | Schauen Sie sich auf Seite 209 die Zeichen (*signs*) an, die Studenten für Design und visuelle Kommunikation für Berlin entworfen haben. Wie werben diese Zeichen für Berlin? Womit haben die Designer gespielt? Denken Sie an Silben, Buchstaben, Klang. Zum ersten Entwurf (*sketch*) müssen Sie wissen, daß der Berliner Bär das Wappentier (*heraldic animal*) von Berlin ist.

Entwerfen Sie jetzt ein Zeichen für Ihre Lieblingsstadt!

➡ WB, S. 151; mehr zum Lesen und Schreiben.

208

Das Presse- und Informationsamt des Landes Berlin lädt Sie ein zur Ausstellungseröffnung „Neue Zeichen für Berlin" am 3. Juni 1991 um 17.00 Uhr.

BERL!N

Signet- und Sloganentwürfe zum Thema „Berlin" von 20 Studenten/innen der Fachhochschule Aachen, Fachbereich Design, Visuelle Kommunikation unter Leitung von Prof. Doris Casse Schlüter. Initiiert vom Bund der Berliner und Freunde Berlins e.V., Aachen, mit Unterstützung des Presse- und Informationsamtes des Landes Berlin. Ausstellungshalle, Rathaus Schöneberg, J.-F.-Kennedy-Platz, 10825 Berlin Geöffnet vom 4. bis 7. Juni 1991, 10.00 bis 16.30 Uhr. Eröffnung: 3. Juni 1991, 17.00 Uhr.

Kapitel 6: Berlin: Gestern—heute—morgen

*H*örverstehen 3 (Video)

„Biermann singt in Amerika"

Vor dem Hören

Erinnern Sie sich an Wolf Biermanns „Berliner Liedchen" und an seine Vita auf S. 149 im Workbook? Sie sollen den Liedermacher jetzt noch genauer kennenlernen. Seien Sie *live* dabei, wenn er sein Lied „Dideldummm" an der Georgetown University vorträgt und kommentiert.

➡ WB, S. 152; Übungen zum **Hörverstehen 3.**

Zum Vokabelmosaik

Unter den Verben in Vokabelmosaik 3 sind auch einige, die besonders beim Lesen und Reden über Politik hilfreich sind.

Schauen und Identifizieren

A Versuchen Sie zuerst, Verben zu identifizieren, die schon im Hörverstehen 3 waren oder die mit Politik zu tun haben.

*V*okabelmosaik 3

In und um Berlin herum

Die Umgebung von Berlin bietet viel Sehenswertes.		
	WAS?	
bieten, bot, geboten *to offer sth.*	historische Schlösser *palaces* bekannte Museen innovative Architektur	

Der Straßenverkäufer hat den Touristen DDR-Uniformen angeboten.		
	WEM?	WAS?
an•bieten *to offer so. sth.* das Angebot	dem Gast dem Flüchtling	ein Glas Wein ein warmes Essen

Spiralen

Die DDR-Regierung verbot viele Demonstrationen.

	WAS?
verbieten, verbot, verboten *to forbid, ban*	Fußballspielen im Park
	Verkauf von Waffen
das Verbot	eine Demonstration

Die Bürger wehren sich gegen Preisspekulanten.

	WOGEGEN?
wehren sich (gegen) *to fight against, to resist*	gegen die Zerstörung
	gegen zu hohe Preise
wehrlos	

Viele Ostdeutsche haben bei der Flucht ihr Leben gewagt.

	WAS?
wagen *to risk, to dare* *to do sth.*	sein Leben
	, die Wahrheit zu sagen
das Wagnis = Risiko	

Idiom: Wer nicht wagt, der nicht gewinnt.
   Nothing ventured, nothing gained.

Ossis wie Wessis müssen sich umstellen.

	(WORAUF? / AUF WEN?)
um•stellen sich (auf) *to adjust*	auf eine neue politische Situation
	auf Diätessen
die Umstellung	

Wer regiert zur Zeit in Deutschland?

	WEN? / WAS? / WORÜBER?
regieren (über) *to rule, reign (over)*	ein Volk, eine Stadt
	über ein Land
die Regierung	
der Regierungssitz	

Seit der Wiedervereinigung wurden zahlreiche Verträge und Abkommen mit Nachbarländern unterzeichnet.

	WAS?
unterzeichnen *to sign (an official document, treaty)*	einen Vertrag *contract, treaty*
	ein Protokoll
die Unterzeichnung	ein Abkommen *agreement*

In den „neuen" Bundesländern wurden Regierungen gewählt.

	WAS?
wählen *to elect*	einen Präsidenten
die Wahl	eine Chefin
der Wähler / die Wählerin	eine Delegierte

Sprichwort: den Ast absägen, auf dem man sitzt
   to saw off the branch one is sitting on

211

Kombinieren und Schreiben

A | Assoziieren Sie ein Verb vom Vokabelmosaik mit den folgenden Ergänzungen:

_____ viel Sehenswertes
einen herrlichen Blick auf die Stadt
ein reiches kulturelles Programm

_____ gegen die Zerstörung eines alten Hauses
gegen politischen Radikalismus
gegen zu hohe Mieten

_____ einen Vertrag
ein Diplom
ein Abkommen

_____ eine Demonstration
einen pornographischen Film
das Rauchen in Flugzeugen

_____ auf einen neuen Professor
auf eine andere Stadt
auf wärmeres Klima

_____ den Gästen „Berliner Weiße"
den Touristen eine Rundfahrt
dem Studenten ein Stipendium

B | Jetzt verwenden Sie je eine Kombination in einem Satz.

> **BEISPIEL:** umstellen sich auf einen neuen Professor →
> Ich konnte mich leicht auf die neue Philosophieprofessorin umstellen.

C | Suchen Sie im Vokabelmosaik Verben und andere Wörter, die mit Politischem zu tun haben. Machen Sie damit ein Vokabelmosaik; dann vergleichen Sie es mit Ihren Nachbarn.

_____

_____

_____ **politisch** _____

_____

D | „Ganz persönlich". Beantworten Sie die folgenden Fragen. Sie können diese Übung auch zu zweit machen.

Was würden Sie verbieten, wenn Sie Präsident wären?

Haben Sie sich in den letzten Monaten umstellen müssen? Worauf? Auf wen?

Wogegen haben Sie sich in letzter Zeit gewehrt (an der Uni, in der Familie, in ihrer Wohnung, . . .) ?

*F*ormen und Funktionen 3

ZWEI ETWAS VERSTECKTE (*HIDDEN*) ALTERNATIVEN ZUM PASSIV

Adjektive mit Endungen *-bar* und *-wert*

Die Suffixe **-bar** und **-wert** haben oft eine Passivbedeutung, d.h. mit ihnen kann man Passivsätze auf ein Adjektiv reduzieren.

> **BEISPIELE:** Berlin **ist** mit der Bahn, mit dem Auto oder mit dem Flugzeug **erreichbar.**
> *Berlin is reachable / accessible by . . .*
> Passiv: Berlin **kann** mit der Bahn, mit dem Auto oder mit dem Flugzeug **erreicht werden.**
>
> Der City-Walk durch das Zentrum ist sehr **empfehlenswert.**
> *The City-Walk through downtown is highly recommendable.*
> Passiv: Der City-Walk durch das Zentrum **kann empfohlen werden.**

erreich**bar**	empfehlens**wert**
= kann erreicht werden	= kann empfohlen werden
= ist zu erreichen	= ist zu empfehlen

A | Versuchen Sie selbst solche Reduktionen.

> **BEISPIEL:** eine Situation, die nicht kontrolliert werden kann
> → eine unkontrollier**bare** Situation
> ein Zoo, den man sehen sollte
> , der gesehen werden sollte
> → ein sehens**werter** Zoo

-BAR

1. eine Stelle, die besetzt werden kann _____

2. etwas, was nicht geteilt werden kann _____

3. Wasser aus der Spree, das nicht zu trinken ist un_____

4. der alte VW, der nicht mehr zu reparieren ist _____

-WERT

5. eine Stadt, die man sehen sollte _____

6. ein Film, der sehr zu empfehlen ist _____

7. ein Buch, das man lesen sollte _____

Und was heißt: „Er ist ein **ungenießbarer** Mensch!"

Reduzierende Nomen

Ganze Sätze werden manchmal auf Nominalphrasen reduziert.

BEISPIELE: 1949: **Gründung** der Bundesrepublik Deutschland und der DDR
Founding of the Federal Republic of Germany and the GDR.
Passiv: 1949 **wurden** die Bundesrepublik und die DDR **gegründet.**

1961: **Beginn** des Baus der Mauer
Beginning of the construction of the wall
Passiv: 1961 **wurde** mit dem Bau der Mauer **begonnen.**

B | Einige Daten zur amerikanischen und deutschen Geschichte. Schreiben Sie für die folgenden Nominalphrasen Aktiv- oder Passivsätze.

BEISPIEL: 1492: **Entdeckung** Amerikas durch Kolumbus →
1492 wurde Amerika durch Kolumbus **entdeckt.**

1. 1776: **Unterzeichnung** der Unabhängigkeit der Vereinigten Staaten
Passiv: _____

2. 1920: **Gründung** Großberlins
Passiv: _____

3. 1939: **Beginn** des Zweiten Weltkrieges
Aktiv: _____

4. 1945: **Einteilung** Deutschlands in Besatzungszonen
Passiv: _____

5. 1959: **Aufnahme** Alaskas und Hawaiis als Bundesstaaten
Passiv: _____

6. 1989: **Zerstörung** der Berliner Mauer
Passiv: _____

7. 1992: **Wahl** eines neuen US-Präsidenten (wählen)
Aktiv: _____

C | Kleine Zeittafel zur Geschichte Berlins. In Tabellen wie *Kleine Zeittafel* werden wichtige Informationen möglichst kurz gegeben. Oft läßt man deshalb Teile der Verbphrase weg, solange der Kontext klar ist.

BEISPIEL: Berlin erstmals urkundlich erwähnt →
Berlin **wird** / **ist** erstmals urkundlich erwähnt (*mentioned*)

Oder man verwendet Nominalphrasen anstelle von ganzen Sätzen.

BEISPIEL: Friedrich II. **tritt** 1740 die Regierung **an.** →
1740 **Regierungsantritt** Friedrichs II.

1244 Berlin erstmals urkundlich erwähnt
1470 Berlin Residenz des Kurfürsten von Brandenburg
1709 Berlin königliche Residenzstadt
1740 Regierungsantritt Friedrichs II. und Ausbau Berlins zur Hauptstadt
von europäischem Rang
1871 Berlin Hauptstadt des Deutschen Reiches
1933 Machtergreifung der Nationalsozialisten und Reichstagsbrand
1939 Beginn des Zweiten Weltkrieges

Berlin, Luftbrücken—Denkmal.

1944 Londoner Protokoll: Einteilung Deutschlands in Besatzungszonen
und ein besonderes Berliner Gebiet

1945 Am 7. / 8. Mai Kapitulation der Deutschen Wehrmacht

1948 Am 24. Juni Beginn der elfmonatigen Blockade der Westsektoren

1949 Gründung der Bundesrepublik Deutschland und der DDR

1953 Am 17. Juni Volksaufstand in Berlin (Ost) und der DDR

1958 Am 27. November Berlin-Ultimatum der Sowjetunion: Aufforderung
an die Westmächte, Berlin zu verlassen

1961 Am 13. August Beginn des Baus der Mauer

1972 Am 21. Dezember Unterzeichnung des Vertrages über die Grundlagen der
Beziehungen zwischen der Bundesrepublik Deutschland und der DDR

1989 Fall der Mauer

1990 Wiedervereinigung von Ost- und Westberlin, von Ost- und Westdeutschland

1991 Berlin Hauptstadt des neuen Deutschlands

1. Finden Sie die passenden Verben zu den Nomen in der Liste.

> **BEISPIEL:** 1740 Antritt, Ausbau → **an•treten, aus•bauen**
>
> a. 1939 Beginn   e. 1943 Unterzeichnung
> b. 1940 Einteilung   f. 1944 Fall
> c. 1941 Kapitulation   g. 1945 Wiedervereinigung
> d. 1942 Gründung

2. Schreiben Sie mit Hilfe der **Kleinen Zeittafel** einen Text zur Geschichte Berlins,
indem Sie passende Verben finden oder die Nominalphrasen in Sätze umformen.
Beachten Sie auch, ob diese Sätze besser im Aktiv oder Passiv stehen.

So könnte der Anfang Ihrer Geschichte aussehen:

> 1244 wurde Berlin erstmals urkundlich erwähnt. Über zwei Jahrhunderte
> später wurde die Stadt Residenz des Kurfürsten von Brandenburg. 1709
> wurde Berlin königliche Residenzstadt. . . .

➤ WB, S. 155; Übungen zu **Formen und Funktionen 3.**

Zum Lesen

Lesen Sie den Text über Potsdam. Unterstreichen Sie dabei die vielen Passiv-Konstruktionen mit **werden**. Sie sollen später einige davon durch Alternativen ersetzen, wenn Sie von Schloß Sanssouci berichten. Welche Alternativen können Sie bereits im Text finden?

POTSDAM

Potsdam

1993 feiert Potsdam seinen 1000jährigen Geburtstag und ist damit fast ein Vierteljahrtausend älter als Berlin. Mitte des 17. Jahrhunderts wurde Potsdam zur Residenzstadt auserkoren, anfangs für die brandenburgischen Kurfürsten, später für die preußischen Könige. Damit begann auch eine rege Bautätigkeit in dem Städtchen, eine Tagesreise von Berlin entfernt. 1662 ließ der Große Kurfürst ein **Stadtschloß** errichten. König Friedrich Wilhelm I. baute Potsdam in der ersten Hälfte des 18. Jahrhunderts zur Garnisonsstadt aus. Weder das Stadtschloß noch die **Garnisonskirche** (1731/32) stehen heute noch – sie wurden unter dem DDR-Regime abgerissen.

Anno 1744 begann König Friedrich II. mit einem gewaltigen Bauprojekt. Er ließ – als Sommerresidenz – einen 290 Hektar großen Garten, den **Park von Sanssouci**, anlegen, und ein Jahr später setzte er dort ein **kleines Schloß** hinein. Hier wollte er ruhig und sorglos leben (sans souci: ohne Sorge). Der preußische König ließ seinen Park in den folgenden Jahren immer weiter ausschmücken: 1748 mit dem **Ruinenberg** (mit künstlichen Ruinen und einem Wasserbecken), 1754-57 mit dem **Chinesischen Teehaus**, 1770 mit dem **Drachenhaus**, 1770-72 mit dem **Belvedere**.

Zum Repräsentieren reichte Friedrich II. das Schlößchen Sanssouci nicht aus, und so wurde 1763 mit dem Bau des **Neuen Palais** begonnen, das immerhin dreimal länger als Sanssouci ist. Heute sieht man jedoch das Neue Palais nicht mehr in seiner einstigen Pracht; es wurde im Zweiten Weltkrieg stark beschädigt und ist noch nicht vollständig restauriert.

1826 – Friedrich II. war 40 Jahre zuvor gestorben – wurde unter der Leitung von K.F. Schinkel ein altes Gutshaus zum **Schloß Charlottenhof** umgebaut. Passend zum antik römisch anmutenden Schloß wurden nicht weit entfernt auch noch die **Römischen Bäder** (1829-35 Schinkel, Persius) errichtet. Die **Orangerie** wurde 1851-64 (Stüler, Persius) gebaut.

Im August 1991 wurden die sterblichen Überreste der beiden Preußenkönige Friedrich Wilhelm I. und Friedrich II. von ihrer Ruhestätte auf der Burg Hohenzollern über dem südwürttembergischen Hechingen ins Land Brandenburg überführt. Damit fanden sie ihre letzte Ruhestätte in Sanssouci, und Friedrich der Große liegt nun – wie gewünscht – in der Nähe seiner beiden Lieblingshunde.

Etwas entfernt vom Park Sanssouci, im Neuen Garten, zwischen dem Heiligen See und Jungfernsee, liegt das **Schloß Cecilienhof**, das 1913-17 für den Kronprinz Wilhelm gebaut wurde. Hier wurde im August 1945 das Potsdamer Abkommen unterzeichnet.

Schon 1833-35 entstand über der Glienicker Lake, am Auslauf des Griebnitzsees, ein weiterer Schloßbau: das **Schloß Babelsberg** (K.F. Schinkel).

In der Stadt Potsdam gibt es ebenfalls einiges zu sehen: den **Alten Markt** mit dem **alten Potsdamer Rathaus** (1753-55) und der **Nikolaikirche** (einer "der" Bauten des Klassizismus). Das **Brandenburger Tor** von 1770 ähnelt einem römischen Triumph-

▼ **Vokabelhilfe**

der Drachen *dragon*
die Pracht *glamour*

bogen. Im **Marstall** (1685 von Nering als Orangerie erbaut, 1746 von Knobelsdorff umgestaltet) befindet sich heute das Filmmuseum Potsdam. Für Filmfans ist die jetzt mögliche Besichtigung des DEFA Filmgeländes (früher UFA) im nicht weit entfernten Babelsberg ein Muß.

Informationen für euren Potsdam-Besuch erhaltet ihr bei der: **Potsdam-Information**, Touristenzentrale am Alten Markt, Friedrich-Ebert-Straße 5, 14467 Potsdam, Tel. 211 00 (Vorwahl von West-Berlin 03733), Mo-Fr 9-20, Sa-So 9-18 Uhr.

1 Schloß Sanssouci	**10** Brandenburger Tor
2 Chinesisches Teehaus	**11** Nikolaikirche
3 Römische Bäder	**12** Schloß Babelsberg
4 Schloß Charlottenhof	**13** Schloß Cecilienhof
5 Neues Palais	**14** Sacrower Heilandskirche
6 Belvedere	**15** Schloß Pfaueninsel
7 Drachenhaus	**16** Schloß Kleinglienicke
8 Orangerie	**17** Glienicker Brücke
9 Jägertor	**18** Böttcherberg

Zum Schreiben

Sie haben in diesem Kapitel schon viel über Berlin gelesen und gehört. Jetzt möchten Sie aber auch selbst mal dorthin. Stellen Sie sich vor, Ihre Klasse würde im kommenden Sommer an einem Intensiv-Sprachprogramm in Deutschland teilnehmen! Danach wollen Sie als Gruppe eine Woche lang Berlin besuchen.

Bilden Sie Gruppen, die versuchen, folgende Probleme zu diskutieren und zu lösen.

GRUPPE 1: Information über Berlin bekommen

GRUPPE 2: Anfahrtsroute, Transportmittel, Unterkunft wählen

GRUPPE 3: Sightseeing-Pläne für Kultur und Geschichte

GRUPPE 4: Möglichkeiten zur Unterhaltung

Wenn nötig, schreiben Sie als Gruppe Briefe, zum Beispiel an das Informationszentrum oder das Verkehrsamt in Berlin. Die Adressen lauten:

INFORMATIONEN

Wie schon im Vorwort kurz erwähnt, könnt ihr euch bei allen Fragen an das **Informations-
zentrum Berlin (IZB)** wenden. In-
fos über Berlin könnt ihr entweder persönlich bekommen oder
euch schon vor eurem Berlin-
Besuch informieren. Zum Beispiel über:
Politische Informations-
  programme für Besucher-
  gruppen
Studienfahrten nach Berlin
Berlin-Infomaterial
Quartiervermittlung für
  Gruppen in Jugendgäste-
  häusern

Hier die Adresse und die
Öffnungszeiten:
**Informationszentrum
Berlin (IZB)**
  10623 Berlin
  (Charlottenburg),
  Hardenbergstr. 20 (2. Etage),
  Tel. (W) 31 00 40,
  Informationsdienst:
  Mo-Fr 8-19 Uhr,
  Sa 8-16 Uhr
  (Telegrammadresse:
  berlinzentrum, Telex:
  18 37 98, Telefax:
  030/31 004 102)

Eine weitere Anlaufstelle ist
das Verkehrsamt Berlin (Verwaltung: 1000 Berlin 62 (Schöneberg), Martin-Luther-Str. 105,
Tel. (W) 21 23-4, Fax: (W) 21 23-
25 20, Telex (W) 183 356 vaber d).
Dort findet ihr zahlreiches Pro-
spektmaterial darüber, was alles
in Berlin los ist. Außerdem hilft
das Verkehrsamt bei der Zimmer-
vermittlung. Das Verkehrsamt
hat folgende Informationsstel-
len:

**Berlin Tourist Information
im Europa-Center** (Eingang
  Budapester Straße), Tel. (W)
  262 60 31, tgl. 8-22.30 Uhr
im Brandenburger Tor, Tel.
  über (W) 21 23-4, tgl. 9-21
  Uhr, erfragen
Bahnhof Zoo,
  in der Haupthalle, Tel. (W)
  313 90 63, tgl. 8-23 Uhr
Flughafen Tegel,
  in der Haupthalle, Tel. (W)
  410131 45, tgl. 8-22.30 Uhr

218

Jede Gruppe faßt ihre Arbeit schriftlich zusammen. Diese Texte bilden dann
ein Informationsblatt, das allen Teilnehmern und ihren Eltern Reiseauskunft gibt.

Reden wir miteinander!

Spielen Sie einen Fremdenführer (*tourist guide*), der einer Gruppe Touristen von
Schloß Sanssouci und Potsdam erzählt. Machen Sie sich vor Ihrer Führung ein paar
Notizen. Sie wollen aber nicht so formell reden, wie Sie es in der Broschüre vor sich
haben. Ersetzen Sie also die Passivkonstruktionen für Ihren mündlichen Vortrag.

BEISPIEL: 1763 wurde mit dem Bau des Neuen Palais begonnen. →
1763 begann **man** mit dem Bau des Neuen Palais.
oder: 1763 **ließ** Friedrich II das Neue Palais bauen.

Dann berichten Sie Ihrer Reisegruppe von Potsdam.

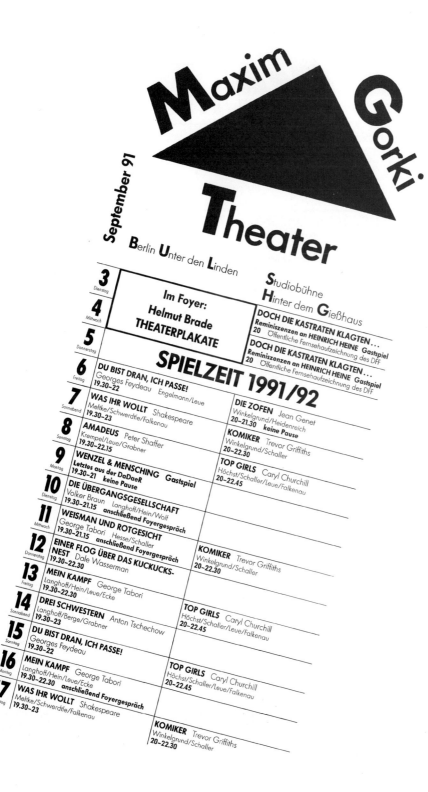

Maxim Gorki Theater

September 91

Berlin Unter den Linden

Studiobühne Hinter dem Gießhaus

3 Dienstag		
4 Mittwoch	Im Foyer: **Helmut Brade** THEATERPLAKATE	**DOCH DIE KASTRATEN KLAGTEN…** Reminiszenzen an HEINRICH HEINE Gastspiel 20 Öffentliche Fernsehaufzeichnung des DFF
5 Donnerstag		**DOCH DIE KASTRATEN KLAGTEN…** Reminiszenzen an HEINRICH HEINE Gastspiel 20 Öffentliche Fernsehaufzeichnung des DFF
	SPIELZEIT 1991/92	
6 Freitag	**DU BIST DRAN, ICH PASSE!** Georges Feydeau Engelmann/Leue 19.30–22	
7 Sonnabend	**WAS IHR WOLLT** Shakespeare Meltke/Schwerdtle/Falkenau 19.30–23	**DIE ZOFEN** Jean Genet Winkelgrund/Heidenreich 20–21.30 **keine Pause**
8 Sonntag	**AMADEUS** Peter Shaffer Krempel/Leue/Grabner 19.30–22.15	**KOMIKER** Trevor Griffiths Winkelgrund/Schaller 20–22.30
9 Montag	**WENZEL & MENSCHING** Letztes aus der DaDaeR Gastspiel 19.30–21 **keine Pause**	**TOP GIRLS** Caryl Churchill Höchst/Schaller/Leue/Falkenau 20–22.45
10 Dienstag	**DIE ÜBERGANGSGESELLSCHAFT** Volker Braun Langhoff/Hein/Wolf 19.30–21.15 **anschließend Foyergespräch**	
11 Mittwoch	**WEISMAN UND ROTGESICHT** George Tabori Hesse/Schaller 19.30–21.15 **anschließend Foyergespräch**	
12 Donnerstag	**EINER FLOG ÜBER DAS KUCKUCKS-NEST** Dale Wasserman 19.30–22.30	**KOMIKER** Trevor Griffiths Winkelgrund/Schaller 20–22.30
13 Freitag	**MEIN KAMPF** George Tabori Langhoff/Hein/Leue/Ecke 19.30–22.30	
14 Sonnabend	**DREI SCHWESTERN** Anton Tschechow Langhoff/Berge/Grabner 19.30–23	**TOP GIRLS** Caryl Churchill Höchst/Schaller/Leue/Falkenau 20–22.45
15 Sonntag	**DU BIST DRAN, ICH PASSE!** Georges Feydeau 19.30–22	
16 Montag	**MEIN KAMPF** George Tabori Langhoff/Hein/Leue/Ecke 19.30–22.30 **anschließend Foyergespräch**	**TOP GIRLS** Caryl Churchill Höchst/Schaller/Leue/Falkenau 20–22.45
17 Dienstag	**WAS IHR WOLLT** Shakespeare Meltke/Schwerdtle/Falkenau 19.30–23	
		KOMIKER Trevor Griffiths Winkelgrund/Schaller 20–22.30

219

Kapitel 6: Berlin: Gestern—heute—morgen

Gesellschaft im Wandel

Frankfurt, am Main; Fußgängerzone.

Goals:

- *Finding out about societal changes and attitudes towards minorities*

- *Listening to young people's views on "working" mothers and a dispute between partners; young women's experiences in foreign lands (video)*

- *Reading about and reacting to interpersonal relations and dreams*

- *Reviewing basics of German word order; learning how to refer back and forth in and between sentences, using relative clauses*

- *Being able to talk about personal misunderstandings, intercultural problems, and changing attitudes and laws towards family and gender*

- *Writing about experiences of interpersonal (mis)understanding*

221

These items appear in the Workbook.

Aktuelles zum Thema

Der folgende Text, eine Anzeige und eine Graphik geben Auskunft über wichtige Veränderungen im deutschen Familienrecht, über eine Initiative zum besseren Verstehen von Familien in Ost- und Westdeutschland, und schließlich über einen internationalen Vergleich darüber, was der Staat zur Unterstützung von Familien mit Kindern tut.

■■■Namensrecht ■■■
Im Zweifel durchs Los

Das Bundesverfassungsgericht schafft eines der letzten männlichen Privilegilien ab–das Recht auf den Familiennamen

D ie Brautleute, zwei Kieferortho-päden aus Tübingen, begannen ihre Ehe schon auf dem Standes-amt mit einem Dissens. Sie hätten sich, erklärten sie dem Standesbeamten, nicht einigen können, welchen gemeinsamen Namen sie künftig tragen wollten.

Der Beamte handelte streng nach dem Buchstaben des Gesetzes und trug den Familiennamen des Mannes ins Heiratsbuch ein.

Das jedoch mißfiel dem Paar erst recht. Die beiden legten Beschwerde beim Amtsgericht Tübingen ein. „Aus dem einzigen Grunde, weil ich eine Frau bin", so die Begründung der Gattin, „habe ich nun meinen Namen verloren." Die Benachteiligung widerspreche eindeutig dem Grundgesetz.

Das sah auch Amtsrichter Udo Hochschild, 46, so. Dem Tübinger Juristen stinkt die bis dato gültige Namensregelung seit langem. Er legte diesen und einen weiteren Fall in Karlsruhe zur Prüfung vor—und brachte die Männer in Deutschland damit um ein welteres Privileg.

Laut Gesetz bestimmten Ehepaare bislang bei der Trauung „den Geburts-namen des Mannes oder den Geburts-namen der Frau" zum gemeinsamen Ehenamen. Der Partner, der dabei zu kurz kam, durfte auf Wunsch seinen bisherigen Namen dem neuen voran-stellen. Doch nur zwei Prozent der Paare wählten den Namen der Frau. Und bei weiteren zehn Prozent der Frauen kam die Bindestrich-Lösung in Mode.

Wenn sich die Heiratskandidaten nicht einigen konnten, war im Para-graphen 1355 des Bürgerlichen Gesetz-buches vorgesehen: „Treffen sie keine Bestimmung, so ist Ehename der Ge-burtsname des Mannes."

Nach Ansicht der Verfassungsrichter verstößt dieses patriarchalische Vorrecht gegen die Gleichheit von Mann und Frau. Die Vorlage des emanzipations-bewußten Richters Hochschild landete in Karlsruhe auf dem Tisch einer pro-gressiven Kollegin, der Verfassungsrich-terin Helga Selbert, 52. Sie und ihre männlichen Kollegen im Ersten Senat des Gerichts befanden, „biologische oder funktionale Unterschiede" könn-ten „die Ungleichbehandlung nicht rechtfertigen".

Argumente aus der Rechtslehre, die das Vorrecht der Männer mit ihrer Position im Berufsleben begründen, lassen die Karlsruher nicht gelten. „Eine traditionell typische Arbeitsteilung", so ihr Urteil, wolle das Grundgesetz „ge-rade nicht verfestigen".

Nach Ansicht der Verfassungsrichter benachteiligt der BGB-Paragraph 1355 schon deshalb die Frau, weil er die „Einigungsbereitschaft des Mannes" im Streitfall beeinträchtige. Der wisse ja, daß er sich spätestens auf dem Standes-amt durchsetzen werde.

Das emanzipatorische Machtwort aus Karlsruhe bringt den Gesetzgeber in Zugzwang. Dem Parlament stehe zwar, so das Urteil, „ein weiter Gestaltungs-raum offen". Doch die Marschroute gibt das Gericht mit seiner „Überleitungs-regelung" deutlich vor.

Für Paare, die sich nicht einigen kön-nen, ordnet das Gericht an, daß „jeder Ehegatte vorläufig den von ihm zur Zeit der Eheschließung geführten Namen" behält—ein Brauch, der in vielen Län-dern der Welt üblich ist. Kinder dürfen den einen oder den anderen Namen führen; wenn sich ihre Eltern auch darüber nicht verständigen können, bekommen sie einen Doppelnamen—über die Reihenfolge entscheidet das Los".

222

▼Vokabelhilfe

das Bundesverfassungsgericht *constitutional court*	**widersprechen** *to contradict*
ab•schaffen, schaffte ab, abgeschafft *to abolish*	**bringen jdn um etwas** *to deprive so. of sth.*
die Brautleute *the bridal couple*	**laut** *according to*
die Ehe, -n *marriage*	**kommen in Mode** *to become fashionable*
einigen sich *to agree*	**verstoßen gegen** *to violate*
mißfallen *nicht gefallen*	**befinden** *to rule, decide*
einlegen eine Beschwerde *to file a complaint*	**durch•setzen sich** *to assert oneself; here: to get one's way*
	sein üblich *to be customary*
	das Los *lottery, lot*

„Im Zweifel durchs Los“: Falls Sie einmal heiraten, für welchen Namen würden Sie sich wohl entscheiden? Warum?

_____ Ich würde meinen eigenen Namen behalten, weil . . .

_____ Ich würde den Namen meines Partners / meiner Partnerin annehmen, da . . .

_____ Ich würde einen Doppelnamen tragen, denn . . .

_____ Ich will sowieso nie heiraten, weil . . .

Lesen Sie „Im Zweifel durchs Los“ einmal durch, und achten Sie dabei auf die Unterschiede im deutschen Namensrecht zwischen früher und heute. Tragen Sie beim Lesen Fakten ein.

FRÜHER	HEUTE

Seit einem Beschluß des Justizministeriums im Mai 1992 brauchen sich Ehepaare nun tatsächlich nicht mehr auf einen gemeinsamen Namen zu einigen. Aber wieviel Prozent wählten bis 1991 den Namen:

der Frau _____% des Mannes _____% die Bindestrichlösung _____%?

Wie kam es zu der Gesetzesänderung? Fassen Sie in vier Sätzen die Namensgeschichte der Brautleute zusammen.

„Wir gegen uns? Wir mit uns?“: Im sozialistischen System der ehemaligen DDR gab es für Familien mit Kindern und auch für unverheiratete Partner einige Vorteile, die jetzt nach der Vereinigung verloren gegangen sind, zum Beispiel:

- freie Kinderkrippe (_daycare_)
- stark verbilligte Sachen zum Anziehen für Kinder
- freie Verhütungsmittel (_contraception_) und Abtreibung (_abortion_)

In der kapitalistischen BRD sind auf der anderen Seite die Einkommen höher, und deshalb sind viele Familien und Partner nicht so auf den „sozialen Staat“ angewiesen. Diese unterschiedlichen wirtschaftlichen Voraussetzungen beeinflussen natürlich auch die Einstellung zur Familie. Die folgende Anzeige ist eine Initiative der AKTION GEMEINSINN, die dazu beitragen will, daß die unterschiedlichen Systeme in Ost und West nicht nur wirtschaftlich und politisch, sondern auch geistig und moralisch bald zusammenwachsen.

Lesen Sie die Anzeige einmal, und schreiben Sie dann auf, über welches Thema sich die beiden Frauen eigentlich unterhalten:

Thema: _____

Name der Ostmutter: _____ der Westmutter: _____

Danach schreiben Sie in eigenen Worten die beiden Meinungen auf. Sie werden später im Kapitel lernen, wie man eine Meinung erfragt und verteidigt (_defend_).

CLAUDIA RINSCH   **RENATE BRANDIS**

223

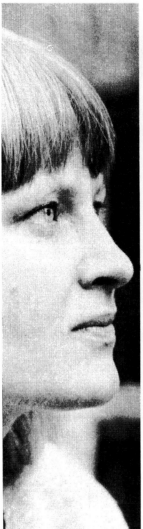

WIR GEGEN UNS?

Claudia Rinsch, Hausfrau und Mutter, Bonn:

Ihr machts Euch leicht. Überlaßt die Kindererziehung dem Staat. Ich will selbst bestimmen, wie mein Kind erzogen wird. Da sollen sich andere raushalten.

Renate Brandis, Hausfrau und Mutter, berufstätig, Potsdam:

Du kannst es Dir ja auch leisten: Bei Eurem Einkommen. Mit meinen drei Kindern bin ich voll auf staatliche Organisationen angewiesen, weil ich schließlich dazuverdienen muß.

Vorurteile auf beiden Seiten. Das Ergebnis zweier Systeme. Das Ergebnis unterschiedlicher Voraussetzungen. Wieder miteinander zu leben, müssen wir lernen. Wir sprechen dieselbe Sprache. Eigentlich sollten wir uns verstehen.

WIR MIT UNS!

 Kostenlose Informationen und Anregungen zum Thema finden Sie im Extrablatt der Aktion Gemeinsinn e.V., Prinz-Albert-Str. 30, 53113 Bonn.
Möchten Sie aktiv an einer „WIR MIT UNS!" Gesprächsrunde teilnehmen? Tel. 0228/222306

▼Vokabelhilfe

überlassen jdm etwas *to leave sth. up to so.* **bestimmen** entscheiden **erziehen, erzog, erzogen** *to bring up, raise a child*	**das Einkommen** *income* **angewiesen sein auf** abhängen von

So liebt der Staat die Kinder

Soviel Prozent mehr Geld

bringen verheiratete Industriearbeiter mit zwei Kindern netto nach Hause als ihre ledigen, kinderlosen Kollegen mit gleich hohem Bruttoverdienst, Stand 1989.

Türkei	Spanien	Japan	USA	Italien	Groß-britannien	Schweiz	Schweden	Nieder-lande	Frankreich	BR Deutschland	Griechen-land	Österreich	Norwegen	Dänemark	Luxemburg	Belgien
0	6	7	9	14	14	14	15	16	19	21	23	24	26	27	33	39%

Quelle: OECD

Wer eine große Familie hat, sollte Belgien als Wohnsitz ins Auge fassen. In Belgien sorgt der Staat am besten für die Kinder. Ermäßigte Steuern und Kindergeld bewirken, daß ein durchschnittlich verdienender Industriearbeiter mit zwei Kindern 39% mehr Geld nach Hause bringt als sein kinderloser, unverheirateter Kollege, der brutto dasselbe verdient. In der Türkei zahlt jeder Arbeitnehmer bei gleichem Verdienst gleich hohe Steuern, ob verheiratet, unverheiratet, ob Kinder oder keine. Kindergeld gibt es nicht.

Vokabelhilfe

heiraten *to get married*	**sorgen für** *to take care of*
ledig *single*	**die Steuer, -n** *tax*
verdienen *to earn*	**das Kindergeld** *federal child support*

„So liebt der Staat die Kinder": Nachdem Sie oben einige Unterschiede zwischen Ost- und Westdeutschland kennengelernt haben, gibt diese Graphik nun Daten dazu an, wieviel „Wert" (wenn man den durch Geld messen kann) verschiedene Staaten auf Kinder legen.

Welche Länder sind besonders „kinderfreundlich"?

Welche Länder fördern das Kinderkriegen kaum? Warum wohl? Ob das vielleicht mit der Bevölkerungsdichte (*population density*) zu tun hat?

Kapitel 7: Gesellschaft im Wandel

Kindermeinungen über (nicht)berufstätige Mütter

In den Texten „Aktuelles zum Thema" haben Sie bereits etwas über Veränderungen im Zusammenleben von Mensch zu Mensch und in der Gesellschaft erfahren. Hören Sie nun, was fünf Kinder zur Berufstätigkeit ihrer Mutter meinen.

➡ WB, S. 162; Übungen zu **Hörverstehen 1.**

Zum Vokabelmosaik

„Verständnis" bzw. „Mißverständnisse" zwischen Partnern und Hilfe vom Staat erleichtern oder erschweren das Zusammenleben. Im Vokabelmosaik 1 finden Sie einige Verben, die Ihnen helfen, über dieses Thema zu reden und zu lesen.

Schauen und Identifizieren

Überfliegen Sie das Vokabelmosaik, und markieren Sie Verben und andere Vokabeln, die Sie schon kennen. Dann identifizieren Sie Verben, die Sie schon in den Texten oben gelesen oder im Hörverstehen 1 gehört haben.

226

*V*okabelmosaik 1

(Miß)verständnis von Mensch zu Mensch

Die Partner haben Verständnis für einander.

	FÜR WEN? / WOFÜR?
haben (zeigen) Verständnis für jdn / etwas *to have (show) understanding for so. / sth.* verständnisvoll, -los	für Kinder, für die Partnerin für Arbeit im Haus, für Musik

Die Brautleute konnten sich nicht auf einen Namen einigen.

	(MIT WEM?) (WORAUF?) (WORÜBER?)
einigen sich (mit) (auf / über / daß) *to agree (with so.) (about sth.)* die Einigung	auf einen Kompromiß auf einen Preis , daß beide die Hausarbeit machen

Der Mann wollte durchsetzen, daß seine Partnerin seinen Namen trägt.

	WAS?
durchsetzen etwas / sich *to succeed with; to get one's way; to assert oneself*	einen Plan , daß ein Spielplatz gebaut wird , daß . . .

Frau Rinsch will die Kindererziehung nicht dem Staat überlassen.

	WAS? / WEN?	WEM?
überlassen jdm etwas / jdn, überläßt, überließ, überlassen *to leave sth.* (*up*) *to so.; to entrust*	eine Entscheidung das Kind das Haus	dem Partner dem Babysitter der Tochter

Ein männliches Privileg wird abgeschafft.

	WAS?
ab•schaffen, schaffte ab, abgeschafft *to do away with, to abolish* die Abschaffung	ungleiche Berufschancen das Rauchen am Arbeitsplatz

Yasmins Eltern leben getrennt.

	WAS? / WEN?
trennen etwas / jdn (von) *to separate* die Trennung	zwei Streitende ein Kind von seinen Eltern

Simone möchte im Haushalt selbständig werden.

sein (werden) selbständig *to be* (*become*) *self-reliant, independent*

Marina meint: Das Geld ersetzt nicht die Mutter.

	WEN? / WAS?
ersetzen jdn / etwas *to replace, to substitute sth. for* der Ersatz ersetzbar	einen Partner, eine Direktorin alte Möbel, ein kaputtes Auto

Für Frau Brandis' Kinder sollen auch staatliche Organisationen sorgen.

	FÜR WEN? / WOFÜR?
sorgen für *to care for; to provide; to take care that . . .*	für die Großeltern für die Flüchtlinge dafür, daß alle zu essen haben

Kombinieren und Schreiben

A | „Für alle und alles sollte man Verständnis haben." Üben Sie nach dem Modell im Beispiel.

> **BEISPIEL:** Der Vater . . . →
> Der Vater sollte für die Interessen der Kinder Verständnis haben.

1. Die Mutter . . .
2. Die Kinder . . .
3. Der große Bruder . . .
4. Die Freunde . . .
5. Der Professor . . .
6. Die Schule . . .
7. Der Mitbewohner
8. Der Chef . . .
9. Der Polizist . . .
10. Der Staat . . .

Und Sie? Für wen bzw. wofür zeigen Sie viel oder nicht so viel Verständnis?

B | Was paßt zusammen? Geben Sie für die Ausdrücke unten passende Verben vom Vokabelmosaik.

_____	für einander
	für Andersdenkende
	für Wohngemeinschaften
	für die Interessen eines Freundes
_____	einem Freund ein Buch
	einer Freundin die Reiseplanung
	einem Babysitter die kleine Tochter
_____	Mitbewohner, die sich streiten
	sich von einem Partner
	ein Kind von seiner drogensüchtigen Mutter
durch _____	Studienpläne
	sich bei einem Vorhaben
	, daß die Hausarbeit geteilt wird
_____	sich auf einen Preis
	sich auf die Teilung der Telefonkosten
	sich mit einem Nachbarn, daß . . .

C | „Das würde ich abschaffen!" Wenn Sie allein entscheiden könnten, was würden Sie in Ihrer Wohnsituation (in der Schule, in Ihrer Stadt) abschaffen? Sie können diese Übung auch in kleinen Gruppen machen.

BEISPIEL: Zuerst würde ich . . . Dann . . .

D | Ein Sprichwort sagt: „Einigkeit macht stark." Aber manchmal ist es nicht leicht, sich zu einigen. Mit wem und worauf ist es für Sie leicht / schwer, sich zu einigen?

BEISPIEL: mit wem?	leicht	schwer	worauf?	worüber?
mit meinem Freund /				
meiner Freundin		X		, wer die Kinokarten bezahlen soll

Und was haben Ihre Klassenkameraden / Klassenkameradinnen notiert?

*F*ormen und Funktionen 1

WORD ORDER IN SENTENCES (4): AN OVERVIEW

In Kapitel 1 haben wir die Position von Verbteilen im Satz wiederholt. Dabei haben wir gesehen, daß die markierte (konjugierte) Verbform in Position 2 steht.

Frau Rinsch   **überläßt**   ihr Kind dem Babysitter.
     1   2   3

Wenn die Verbstruktur aus mehr als einem Teil besteht, kommt der zweite /
trennbare Teil ans Satzende.

Frau Rinsch **will** die Kindererziehung nicht dem Staat **überlassen.**
Die Schule **schafft** das Rauchen in den Klassen **ab**.

1   2

└────────→ „Brücke" ◄──── Satzende

Wir haben auch gelernt, daß in Ja / Nein-Fragen und in Imperativsätzen die Position
1 leer bleibt.

— **Sorgt** der Staat für die Flüchtlinge?
— **Überlaß** diese Entscheidung deiner Partnerin!

1   2   3

Wenn ein Subjunktor (**daß, wenn, weil, . . .**), ein Fragewort (**wann, wo, . . .**) oder ein
Relativpronomen (**der, denen, . . .**) einen Nebensatz beginnt, kommt der markierte
Verbteil ans Satzende.

Peter und Ute haben sich geeinigt, **daß** beide die Hausarbeit **machen.**

Nebensatz

Sie erinnern sich sicher daran, daß in Position 1 verschiedene Satzelemente stehen
können, z.B. eine Ergänzung oder eine Orts- oder Zeitangabe. Diese Satzstruktur
dient der besonderen Betonung (*emphasis*) oder der besseren Verbindung zwischen
Sätzen im Text.

Die Kindererziehung will Frau Rinsch nicht dem Staat überlassen.
↓
Ergänzung

Schon zwei Jahre leben Jutta und Boris getrennt.
↓
Temporalangabe

1   2   3   Satzende

In Kapitel 2 wiederholten wir einige Regeln für die Sequenz von Orts- und Zeitangaben
sowie Dativ- und Akkusativergänzungen, nämlich:

● Temporalangaben kommen **vor** Ortsangaben.

Susi und Alfredo haben sich am Wochenende in der Disko getroffen.

wann?   wo?

● Temporalangaben kommen **vor** Direktionalangaben.

Sie wollen nächstes Wochenende nach München fahren.

wann?   wohin?

● Generelle Temporalangaben kommen **vor** spezifischen Temporalangaben.

Sie fahren Freitag nachmittag um 17 Uhr ab.

wann?   wann?
(generell)   (spezifisch)

- Temporalangaben kommen gewöhnlich **nach** Dativergänzungen aber **vor** Akkusativergänzungen.

Alfredo bringt Susi jeden Tag Blumen mit.

wem?   wann?   was?

In Kapitel 5 bekamen Sie einen Überblick über die Positionen von Verb und Modalverb im Passivsatz. Erinnern Sie sich noch daran?

Links-Trend versus Rechts-Trend

Innerhalb der „Brücke"—Positionen zwischen Position 2 und Satzende—stehen einige Satzelemente lieber weiter links, andere lieber weiter rechts.

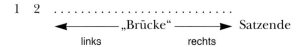

1   2   . . . .

◄——— „Brücke" ———► Satzende

links   rechts

- Nominativergänzungen (Subjekt), Dativergänzungen und Akkusativergänzungen tendieren nach links.

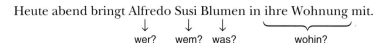

Heute abend bringt Alfredo Susi Blumen in ihre Wohnung mit.

↓   ↓   ↓

wer? wem? was?   wohin?

This evening Alfredo is bringing flowers up to Susi in her apartment.

- Präpositionalergänzungen und Genitivergänzungen tendieren nach rechts.

Susi hat Alfredo noch nicht auf seine Einladung geantwortet.

↓

wem?   worauf?

Susi has not yet answered Alfredo's invitation.

- Angaben sind nicht so eng mit dem Verb verbunden wie Ergänzungen. Angaben sind „freier". Sie stehen in der Satzmitte zwischen den Ergänzungen. Die Sequenz der Angaben ist:

Temporal → Kausal → Modal → Lokal / Direktional

↓   ↓   ↓

wann?   warum?   wie?   wo? / wohin?

Susi ist gestern wegen einer Erkältung nicht zur Arbeit gegangen.

↓

wann?   warum?   wohin?

Susi did not go to work yesterday because of a cold.

Man wird das Kind bald wegen Mißhandlung von den Eltern trennen.

wen?   wann?   warum?   von wem?

The child will soon be separated from its parents because of mistreatment.

- Neue Informationen tendieren nach rechts.

Susi möchte Alfredo zum Geburtstag ein Geschenk bringen.

new information

Susi would like to bring Alfredo a present for his birthday.

Überblick—Sequenz von links nach rechts

1 2 ◄——— „Brücke" ———► Satzende

ein Satzelement

markierter Verbteile

Nominativergänzung

Akkusativergänzung

Dativergänzung

Temporalangabe

Kausalangabe

Modalangabe

Lokal- / Direktionalangabe

Präpositionalergänzung

Genitivergänzung

Verbteil

The general observations on word order above should help you when writing German sentences or short texts. They may also be useful in speaking the language.

➤ WB, S. 165; Übungen zu **Formen und Funktionen 1**.

Zum Lesen

„Exotisch = Erotisch" (Mei-Huey Chen)

Vor dem Lesen

Zum Verständnis des Textes lesen Sie bitte die folgenden Erklärungen und die Vokabeln auf S. 233.

Dieser Artikel aus der deutschen Wochenzeitschrift *Die Zeit* vom 15.1.93 wurde von der Journalistin Mei-Huey Chen geschrieben. Sie kommt aus Taiwan. Das ist die Insel im Pazifik, auf die sich in den vierziger Jahren die Anhänger des Nationalisten Chiang Kai-Shek (1887-1975) zurückzogen, nachdem die Kommunisten den Bürgerkrieg (*civil war*) in China gewonnen hatten. Das kapitalistische Taiwan wurde also etwa parallel zum Aufbau zweier deutscher Staaten (der kommunistischen DDR und der kapitalistischen BRD) nach dem 2. Weltkrieg gegründet.

Während die BRD die meisten Gastarbeiter zum Aufbau der Wirtschaft aus Südeuropa holte, ließ die DDR viele Arbeiter aus dem Fernen Osten kommen, besonders aus Vietnam. Viele Vietnamesen, die jetzt noch in Ostdeutschland wohnen, sind Opfer (*victims*) der Arbeitslosigkeit geworden und müssen sich manchmal ihr Geld als Straßenverkäufer verdienen.

A | Assoziieren Sie etwas zu den folgenden Stichworten, die in diesem Artikel und im ganzen Kapitel 7 behandelt werden:

FRAU IN DER **BRD**   AUSLÄNDER IN DER **BRD**   AUSLÄNDERIN IN DER **BRD**

B | Welche Vorurteile (*prejudices*) gibt es in Ihrem Land gegenüber bestimmten Bevölkerungsgruppen?

Beim Lesen

Machen Sie sich beim Lesen Notizen zu den Nationalitäten, Ländern und Städten, die Mei-Huey Chen nennt.

NATIONALITÄT / LAND / STADT	BEMERKUNGEN (*REMARKS*)

Beobachtungen einer Taiwanesin über das Unvermögen deutscher Männer, Geographie und Biologie auseinanderzuhalten

Exotisch = erotisch

Starrende Blicke sind noch das Mindeste, auf das asiatische Frauen gefaßt sein müssen

Japaner, überall Japaner. Im Kolosseum, an der Fontana di Trevi, der Piazza di Spagna – wohin die Rom-Besucher kommen, die Japaner sind schon da und photographieren. Folglich wird man als asiatische Touristin in Italien ständig als Japanerin angesehen. In Rom und in Mailand sang man mir japanische Lieder vor. Italienische Männer sind ja, so war meine schlichte Vorstellung, voller Temperament und jederzeit bereit, ein weibliches Herz zu erobern. Aber japanische Lieder hatte ich mit Sicherheit nicht erwartet. Immerhin ist es angenehmer, genauer gesagt, ungefährlicher, als in Deutschland als Vietnamesin oder Thailänderin zu gelten.

Ich erinnere mich an einen Frühlingstag in Sangerhausen, Sachsen-Anhalt, wo mein deutscher Freund und ich seine Eltern besuchten. Mein Freund wollte unbedingt in den Plattenladen der kleinen Stadt, auch wenn er bereits alle möglichen und unmöglichen Platten besaß. „Fünf Minuten", versprach er. Ich ging auf und ab, fünf Minuten waren längst vergangen, und stellte mir das Schlimmste vor. Gewiß war er wieder in Platten ertrunken. Da stand ein Fremder vor mir. „Marlboro?" – „Wie bitte?" – „Na Marlboro, drei Päckchen!" Ich konnte nicht dienen. Er brabbelte etwas und verschwand. Ich stand sprachlos.

Hinterher beschwerte ich mich bei meinem Musikfanatiker: „Laß mich nie mehr allein auf fremden Straßen, sonst packe ich meinen Koffer." Das war, ehrlich gesagt, Theater. Aber konnte ich wissen, was man das nächste Mal von mir wollte in diesem entwickelten Land?

Als Taiwanesin komme ich selten klar mit Deutschen, die für „exotische Damen" ausschließlich erotisches Interesse aufbringen. Was bewirkt hier ein höfliches ·Lächeln? Was erzeugt ein freundliches Gesicht bei den starrenden Männern auf der Straße, im Café? In Asien überbrückt man peinliches Schweigen lächelnd, wehrt lächelnd zudringliche Blicke ab.

Ich unterhalte mich gern. So liefen die meisten Gespräche ab: „Woher kommen Sie?" – „Aus Taiwan." – „Ah, Thailand, kenne ich." – „Nein, Taiwan, nicht Thailand."

Ich gab mir größte Mühe zu erklären, was Taiwan sei und wie es zu China stünde. Ich nahm das Beispiel von DDR und BRD zu Hilfe. Umsonst, sie blieben bei ihren Kenntnissen, sichtlich mehr an weiblicher Biologie interessiert als an Geographie.

„Bangkok ist eine wunderschöne Stadt. Wir Deutschen machen gern dort Urlaub." Taiwan also bereits wieder vergessen.

„Ich wollte schon immer jemand aus Thailand kennenlernen. Wohnen Sie allein?" – „Nein." – „Dann können Sie vielleicht mit zu mir kommen?"

Ein sechzigjähriger Witwer aus Rostock lud mich zum Kaffee ein, auf eine Weise, die ich nicht als Gastfreundschaft bezeichnen würde. Ein Berliner erkundigte sich, ob ich eine Schwester hätte. Die müsse aber genauso „exotisch" aussehen wie ich. Mir wurde klar, daß Worte hier wenig nutzten. Was sollte ich unternehmen, um nicht als Sexobjekt angesehen zu werden? Ich zog mein Portemonnaie hervor und zeigte dem Rostocker Witwer das Photo meines Freundes. „Ihn habe ich durch Katalog-Service gefunden." Er starrte; auch mein Lächeln war vertrocknet. Ich ging, bevor er rot werden konnte.

Aus Liebe kann eine Fernossi-Frau mit dreißig noch sehr romantisch sein – zum Beispiel ihre journalistische Karriere in Taiwan aufgeben, um mit ihrem deutschen Ossi eine gemeinsame Zukunft aufzubauen. Ende Juli letzten Jahres haben wir geheiratet. Als wir nach der Zeremonie das Ostberliner Standesamt verließen, pfiffen zwei Bauarbeiter vom Gerüst. „Scheinehe!" rief der eine und der andere: „Klingling-Hochzeit!"

Ich war tapfer und stark und bin es immer noch. Aber langsam verläßt mich der Eifer zu erklären, was Taiwan ist außer Billigspielzeug und elektronischen Produkten. Es gibt in Asien andere Länder außer Thailand und Vietnam, so wahr nicht alle Thailänderinnen Prostituierte sind und nicht alle Vietnamesen Zigaretten verkaufen. Wenn die Deutschen das nicht wissen wollen, kann ich nichts dafür.

Ich sage mir: Sei nicht neidisch, daß die Berliner Ausländerbehörde am Kurfürstendamm eine Niederlassung ausschließlich für Japaner eingerichtet hat. Wenigstens ist deine Heimat ein Land, das die Tür für seine Kinder immer offenhält.

Mei-Huey Chen

Vokabelhilfe

das Unvermögen *inability*
auseinander•halten *to keep apart*
das Mindeste *the least*
gefaßt sein *to be prepared*
schlicht *plain, unpretentious*
Sachsen-Anhalt eines der neuen
   deutschen Länder im Osten der BRD
die Platte, -n *record*
brabbeln *to speak unclearly*
beschweren sich bei *to complain*
bewirken und erzeugen *here: to cause*
ab•wehren *to ward off, prevent*
zudringlich *intruding, obtrusive*
der Witwer *widower*
die Fernossi-Frau die Frau aus dem Fernen
   Osten (die Ossi-Frau = die Frau aus
   Ostdeutschland)

das Standesamt *registry (marriage license)*
   office, courthouse
pfeifen, pfiff, gepfiffen *to whistle*
das Gerüst *scaffolding, rack, stand*
der Schein *appearance*
die Ehe *marriage*
Klingling Geräusch, das von Kleingeld
   verursacht wird
die Hochzeit *wedding*
tapfer *brave*
der Eifer *ambition*
neidisch *envious*
die Ausländerbehörde *office for foreigners*
die Niederlassung *establishment*
ausschließlich *exclusively*

Nach dem Lesen

A | Kommentieren Sie kurz folgende Aussagen mit Mei-Hueys Erlebnissen:

- Viele Italiener können Japanerinnen nicht von anderen Asiatinnen unterscheiden.
- Einige Ostdeutsche glauben, alle Asiaten seien Vietnamesen.
- Viele Deutsche können Thailand und Taiwan nicht auseinanderhalten.
- Manche deutschen Männer glauben, alle Asiatinnen fänden ihre deutschen Partner durch Katalogservice oder heiraten nur, um ein Visum oder Geld zu bekommen.
- Die BRD zieht Japaner anderen Asiaten vor (*prefer*).
- Für viele Deutsche bedeutet asiatisch = exotisch = erotisch.

B | Die Journalistin Frau Chen ist ein gutes Beispiel dafür, daß nicht all die oben genannten Vorurteile stimmen. Schreiben Sie auf, was alles **nicht** der Fall ist.

> **BEISPIEL:** Frau Chen ist keine Japanerin oder Thailänderin, sondern Taiwanesin.

- Frau Chen ist / hat . . . , sondern . . .
-
-

Zum Schreiben

„Ich fühle mich mißverstanden."

Haben Sie schon einmal ein ähnliches Erlebnis gehabt wie Mei-Huey Chen? Ein Erlebnis, bei dem Sie sich entweder als Frau oder als Ausländer / Ausländerin diskriminiert gefühlt haben, oder wo Sie sich als andere / anderer behandelt fühlten? Sie können über Ihre Erfahrungen im eigenen Land oder im Ausland schreiben. Dieser Aufsatz soll Ihnen helfen, später über Ihre Einstellung zur Frauenfrage, zu Vorurteilen gegenüber Ausländern zu sprechen.

233

Reden wir miteinander!

Diskutieren Sie in einer Vierergruppe (möglichst mit Frauen und Männern) folgende provokative Aussagen:

- Werbung, Industrie und viele Männer sehen in der Frau ein Sexobjekt.
- Kulturelle Unterschiede können und sollen nicht aufgehoben (*suspended*) werden.
- Gegen Vorurteile kann man alleine nichts machen.

Danach tauschen Sie Ihre Meinungen mit denen anderer Gruppen aus. Benutzen Sie für die Diskussion folgende Redemittel:

Redemittel

Wie sagt man, wenn man komplizierte Dinge bespricht?

❏ Ich finde, man sollte nicht so vorschnell urteilen.

❏ Manche Leute meinen, daß . . . , aber man kann auch behaupten, daß . . .

❏ So wie ich die Dinge sehe . . . ,

❏ Man sollte auch nicht . . . vergessen / übersehen, daß . . .

❏ Eigentlich ist es nämlich so, daß . . .

❏ Ich halte nicht viel von . . . / davon, daß . . .

Wie sagt man, wenn man die Meinung des Gesprächspartners hören will?

❏ Ich würde gern Ihre / deine Meinung dazu / zu . . . hören.

❏ Und wie denken Sie über . . . ? Und wie denken Sie darüber, daß . . . ?

❏ Und wie stehst du zu . . . ? Und wie stehst du dazu, daß . . . ?

❏ Und was hältst du von . . . ? Und was hältst du davon, daß . . . ?

❏ Und wie sehen Sie die Sache?

Marlene Dietrich in Josef von Sternbergs Film *Der blaue Engel*.

Stufe

2

„Ausländer in Deutschland"

Sehen Sie sich das Schaubild „Ausländer in Deutschland" und den darunterstehenden Text an.

- Aus welchem Land kamen die meisten Menschen?
- Wie viele waren es 1951? Und 1982?
- In der Bundesrepublik leben über 79 Millionen Menschen. Vergleichen Sie diese Zahl mit der Anzahl der Ausländer 1992. Das bedeutet, daß unter dreizehn Einwohnern einer aus einem anderen Land kommt. Wie ist das in Ihrem Land?
- Woher kommen in Ihrem Land die größten Ausländergruppen?

Ausländer in Deutschland
(in Millionen)

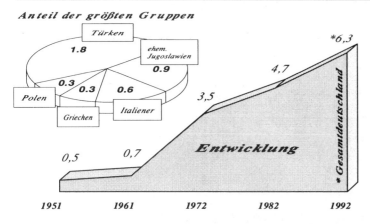

Anteil der größten Gruppen

Türken 1.8
ehem. Jugoslawien 0.9
Polen 0.3
0.3
Italiener 0.6
Griechen

Entwicklung

0,5 — 0,7 — 3,5 — 4,7 — *6,3

* Gesamtdeutschland

1951   1961   1972   1982   1992

Innerhalb der letzten 40 Jahre ist der Ausländeranteil in der Bundesrepublik Deutschland rasant gestiegen. Im Jahr 1951 lebte nur eine halbe Million Nichtdeutsche im Land. Im Oktober 1992 sind es bereits mehr als sechs Millionen. Die größte Ausländergruppe bilden die Türken mit fast zwei Millionen Menschen.   *Quelle: Indexfunk/Stat. Bundesamt*

Vokabelhilfe

rasant sehr schnell
steigen, stieg, ist gestiegen *to increase; to climb*
der Ausländer / die Ausländerin *foreigner*
entwickeln *to develop*
der Anteil *part, portion*

235

Kapitel 7: Gesellschaft im Wandel

„Kollege Ausländer"

Schauen Sie sich jetzt im Schaubild „Kollege Ausländer" einmal an, in welchen Bereichen die ausländischen Kollegen / Kolleginnen arbeiten.

- Wo arbeiten die meisten, wo die wenigsten?
- Wenn Sie neben die Branchen „attraktiv", „weniger attraktiv" und „nicht attraktiv" schreiben würden, wie sähe das Schaubild dann aus?
- Dieses Schaubild ist aus der Zeitschrift *Informationen zur politischen Bildung* von der Bundeszentrale für politische Bildung. In einem Artikel in dieser Zeitschrift heißt es, daß der Großteil der ausländischen Arbeitnehmer:
  1. den Deutschen die Arbeitsplätze nicht wegnimmt.
  2. für die deutsche Wirtschaft unersetzbar (*irreplaceable*) ist.

Können Sie sich vorstellen, warum, nachdem Sie dieses Schaubild angesehen haben?

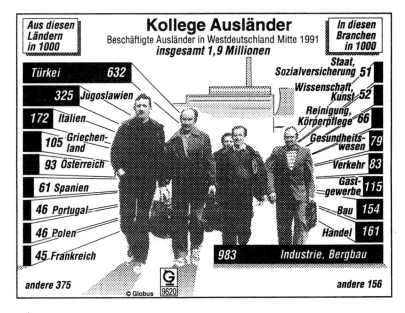

Vokabelhilfe

die Sozialversicherung *social security*
die Reinigung *cleaning*
das Gewerbe *business, profession*
der Handel *trade*
der Bergbau *mining*

➡ WB, S. 165; mehr zu Ausländern in der Bundesrepublik und der Schweiz.

*H*örverstehen 2 (Video)

Gäste oder Fremde?—Elia, Natascha und Lu erzählen

Ein Land als Tourist zu besuchen ist etwas ganz anderes, als in einem fremden Land zu arbeiten oder zu wohnen. Hören Sie, was Elia, Natascha und Lu zu erzählen haben. Diese Geschichten sind natürlich Einzelerlebnisse und sollten nicht verallgemeinert werden. Sie zeigen aber, welche Spannungen und Probleme im gesellschaftlichen Zusammenleben existieren.

➡ WB, S. 168; Übungen zu **Hörverstehen 2**.

Zum Vokabelmosaik

Verständnis zeigen für Menschen mit anderer Herkunft, Sprache, Kultur und Religion bedeutet oft Abschaffen von Vorurteilen und Stereotypen. Die Verben in Vokabelmosaik 2 sollen Ihnen helfen, über dieses Thema zu reden, zu lesen und vielleicht sogar zu schreiben.

Schauen und Identifizieren

A Finden Sie die folgenden Verben und Satzteile in den Texten oben bzw. in dem, was die jungen Leute im Hörverstehen gesagt haben. Schreiben Sie die Verben in die richtige Spalte unten.

zu•lassen	überraschen	betrachten	verhalten sich	begeistern
vor•schreiben	an•nehmen	schreien	steigen	zurecht•finden sich

„Ausländer"	„Mitmenschen"	„Schweiz"	Hörverstehen 2
_____	_____	_____	_____

B Nun schauen Sie sich im Vokabelmosaik die Beispielsätze an. Können Sie einige davon in einen Ihnen schon bekannten Kontext bringen? Siehe A. oben.

*V*okabelmosaik 2

Verständnis für kulturell andere Gruppen

Die Zahl der Nichtdeutschen ist rasant gestiegen.

	(WOHIN?)
steigen (auf), stieg,	auf einen Berg
ist gestiegen	auf das Dach *roof*
to climb; to increase	(die Arbeitslosigkeit) auf 10%

Es ist nicht leicht, sich in einem neuen Land zurechtzufinden.

	WO? / WANN?
zurecht•finden sich	in einer fremden Stadt
to find one's way	in neuen Lebensformen
	in einer anderen Kultur
	bei Dunkelheit

Man läßt nur eine bestimmte Zahl von ausländischen Arbeitern / Arbeiterinnen zu.

	WEN? / WAS?	WOZU?
zu•lassen jdn / etwas	einen Studenten	zum Studium
to admit; to license;	ein Auto	zum Verkehr
to permit / tolerate	, daß im Zimmer	
die Zulassung	geraucht wird	

Das lasse ich nicht zu! *I will not tolerate that!*

Kapitel 7: Gesellschaft im Wandel

Der Chef nahm an, daß Elia kein Deutsch konnte.

	WAS?
an•nehmen *to assume;*	, daß Türken kein Sauerkraut essen
to suppose	, daß Skinheads . . . sind
die Annahme	, daß . . .

Nehmen wir an . . . / Angenommen . . . *Let's say . . . / supposing . . .*

Natascha betrachtet sich nicht als Deutsche.

	WEN? / WAS?	ALS WAS?
betrachten (jdn. / sich) als	Andersfarbige	als gefährlich
to regard as; to look on	Mozart	als großen Musiker
	jemanden	als seinen Freund
	eine Prüfung	als unwichtig

Natascha versuchte, die Schüler für das Projekt zu begeistern.

	WEN?	WOFÜR? / WOZU?
begeistern jdn / sich für	die Zuschauer	zum Mitmachen
to inspire; to become	sich	für griechische Tänze
enthusiastic		
die Begeisterung		

Lu sagt, Chinesen verhalten sich lockerer, als die Deutschen meinen.

	WIE?
verhalten sich	vorsichtig *cautiously*
to behave; to act;	ruhig *calmly*
to conduct oneself	gemein *meanly / vulgarly*
das Verhalten	unanständig *indecently / obscenely*

Ich weiß nicht, wie ich mich verhalten soll.
I don't know what to do (how to act).

Ein deutsch-afrikanisches Pärchen in Berlin.

Spiralen

Lu sagt, daß den Chinesen nicht alles vorgeschrieben wird.

	WEM?	WAS?
vor•schreiben jdm etwas *to order; to prescribe* die Vorschrift	dem Ausländer der Kellnerin	seine Arbeit das Geschirr zu waschen

Ich lasse mir nichts vorschreiben.
I won't be dictated to.

Die Deutschen waren in China angenehm überrascht.

	WEN?	WOMIT? / WOBEI?
überraschen jdn (mit / bei) *to surprise* die Überraschung	einen Freund einen Dieb den Fremden	mit einem Geschenk beim Stehlen mit einer Einladung

Die junge Frau schrie vor Angst.

	WARUM?
schreien, schrie, geschrie(e)n *to cry out; to scream* der Schrei	vor Angst vor Schmerz *with pain* um Hilfe *for help*

Wie lange werden es Susanne und Mustafa zusammen aushalten?

	WEN? / WAS?
aus•halten, hält aus, hielt aus, ausgehalten *to endure; to bear / stand*	einen Partner Lärm es in einer kalten Wohnung

Kannst du es aushalten?
Can you take it?

Kombinieren und Schreiben

A | „Assumptions, assumptions . . . "—Bilden Sie Sätze für verschiedene Annahmen.

> **BEISPIELE:** Mein Mitbewohner nimmt immer an, daß ich . . .
> Ich nehme an, (daß) du weißt, warum ich nicht zur Party gekommen bin.
> Manche Leute nehmen an, daß alle Deutschen Neo-Nazis sind.
> Ich hab' angenommen, daß . . .
> Nehmen wir mal an, wir hätten . . .

B | Wie heißen die verwandten Verben zu den folgenden Wörtern?

die Zulassung _____   die Überraschung _____

die Annahme _____   trennbar _____

der Schrei _____   der Ersatz _____

die Begeisterung _____   die Sorge _____

das Verhalten _____

C ❘ „All diese Vorschriften!"—Versuchen Sie, weiterzumachen bzw. neue Sätze zu finden.

> Die Universität schreibt den Studenten vor, daß . . .
> Meine Mitbewoherin möchte mir vorschreiben, . . . zu . . .
> Dem Mieter wird vorgeschrieben, . . .
> Den ausländischen Arbeitnehmern schreibt man vor, . . .

Verstehen Sie?

> „Ich lasse mir nicht alles vorschreiben!"

D ❘ „Überraschungen"—Wir alle erleben angenehme und nicht so angenehme Überraschungen. Schauen Sie die Beispiele an, dann erinnern Sie sich an Ihre eigenen Überraschungen.

> **BEISPIELE:** Die deutschen Touristen waren in China überrascht, daß nicht alle Chinesen blaue Kleidung trugen.
> Sabine überraschte ihren Freund mit einer „Toblerone".
> Der Hotelchef war ganz überrascht, daß der Amerikaner Deutsch sprach.
> Die letzte Telefonrechnung war eine böse Überraschung.
> Und jetzt Sie:

E ❘ „Da fehlt etwas!"—Wie heißen diese Verben vom Vokabelmosaik?

> S T __ __ __ E N   A N N __ __ __ E N   S C H __ __ __ __ N
> __ B E R R __ S C H __ __   A __ __ H A L T __ __
> __ __ G E I S T __ __ __

*F*ormen und Funktionen 2

WAYS OF "REFERRING BACK" AND "POINTING AHEAD"

In Stufe 1 fanden Sie eine Zusammenstellung von Satzteil-Positionen im Satz. Sie wissen auch, daß wir mit Subjunktoren (**daß**, **weil**, **wenn**, . . .) Haupt- und Nebensätze verbinden können.

> Die Bürgerinitiative setzte durch, daß ein Spielplatz gebaut wurde.
> Der Fremde verhält sich vorsichtig, weil die Situation neu für ihn ist.

1. Zurückverweisen (*referring back*) auf schon Bekanntes

Eine Möglichkeit, im Text auf Bekanntes zurückzuverweisen (*to refer back*), kennen Sie schon von Kapitel 2, nämlich mit Pronomina.

> **Lu** ist Chinesin. **Sie** arbeitete einige Zeit als Reiseleiterin.

Spiralen

Viele Verben, die Sie von Vokabelmosaiken kennen, haben eine oder mehrere Präpositionalphrasen als Satzelemente.

überraschen jdn **mit**	sorgen **für**	warten **auf**
haben Verständnis **für**	erinnern sich **an**	reden **über**

Bei diesen Verben verweist man mit **Präposition + Pronomen / Fragewort** oder **Da- / Wo- + Präposition** zurück.

● Auf eine **Person / ein Lebewesen** verweist man mit **Präposition + Pronomen / Fragewort** zurück.

> BEISPIEL: A: Frau Niedert hat lange **auf ihren Mann** gewartet. Jeden Abend muß sie **auf ihn** warten.
> B: **Auf wen**?
> A: **Auf ihren Mann**, natürlich!

● Auf ein **Ding** oder eine **Idee** verweist man mit **da- / wo- + Präposition** zurück.

> BEISPIEL: FRAU N.: Wir haben nie Zeit für **ein hübsches Wochenende** zusammen!
> HERR N.: Aber Inge, bitte! Ich hol' mir schnell etwas zu trinken, und dann reden wir **darüber**.
> FRAU N.: **Worüber** sollen wir denn reden? Du weißt doch selber, die nächsten vier Sonntage sind total ausgebucht! Du hast einfach kein Verständnis **für meine Situation**.
> HERR N.: Das ist doch nicht wahr, Schatz! Natürlich habe ich Verständnis **dafür**.

Beispiele von Rückverweisformen bei Präpositionalergänzungen				
Verb + Präposition	**Dinge / Ideen**		**Personen / Lebewesen**	
	da-Form	**wo**-Form	Präp.+ Pron.	Präp.+ Fragewort
abhängen **von**	**da**von	**wo**von	**von** . . .	**von** wem?
überraschen **mit**	**da**mit	**wo**mit	**mit** . . .	**mit** wem?
fürchten sich **vor**	**da**vor	**wo**vor	**vor** . . .	**vor** wem?
warten **auf**	**da-r**-auf*	**wo-r**-auf	**auf** . . .	**auf** wen?
reden **über**	**da-r**-über	**wo-r**-über	**über** . . .	**über** wen?

*Wenn die Präposition mit einem Vokal beginnt, kommt zwischen **da- / wo-** und Präposition ein **-r-**.

● Sie sehen, wie wichtig es ist, diese Präpositionen zusammen mit dem Verb zu lernen.

● Am Ende des Textbuches finden Sie eine Liste der wichtigsten Verben, die immer eine bestimmte Präposition bei sich haben.

A | Welche Präpositionen passen zu den folgenden Verben? Schreiben Sie die Präpositionen von der Liste neben die Verben.

> an, auf, für, mit, über, um, von, vor

1. bewerben sich _____
2. freuen sich _____
3. abhängen_____
4. umstellen sich _____
5. flüchten _____
6. sorgen _____
7. überzeugen jdn _____
8. sprechen _____
9. fürchten sich_____
10. beschäftigen sich _____
11. gewöhnen sich _____
12. Verständnis zeigen _____

B | Welche **Da-** / **Wo-**Form paßt? Setzen Sie **Da-** / **Wo-**Formen ein.

1. Niederts sind bei Müllers eingeladen. Frau Niedert freut sich **über** die Einladung. Aber Herr Niedert ist müde vom Büro gekommen und freut sich gar nicht _____.

2. Guido interessiert sich **für** Musik. Aber sein jüngerer Bruder interessiert sich überhaupt nicht _____.

3. Hast du dich schon **über** den Zimmerpreis informiert?—Nein, bisher hatte ich keine Zeit. Ich werde mich aber morgen _____ informieren.

4. Seit Wochen sagt Daniela Robert, daß er diesmal die Miete bezahlen muß. Aber er läßt sich nicht _____ überzeugen.

5. Ich möchte mich um einen Studienplatz bewerben.—_____ interessieren Sie sich denn?

6. Wir gehen heute abend ins Konzert. Ich freue mich schon sehr _____.

Manchmal verweist man auf mehr Bekanntes zurück, vielleicht die Idee eines ganzen Satzes wie im folgenden Text, den Sie schon kennen:

> Meine Mutter arbeitet zweimal in der Woche nachmittags in einem Wollgeschäft, und **dadurch** mag ich gern handarbeiten. Wenn sie nicht da ist, . . .
>
> (Franziska)
>
> Warum mag Franziska gern handarbeiten?
> . . . weil ihre Mutter in einem Wollgeschäft arbeitet.

242

2. Vorverweisen (*pointing ahead*) auf kommende Informationen

Mit **Da-**Wörtern kann man nicht nur auf Bekanntes **zurück**verweisen. Man kann auch auf **etwas Kommendes vor**verweisen. Das ist der Fall, wenn die Präpositionalergänzung zu einem ganzen Satz oder einer Infinitivgruppe erweitert wird.
Vergleichen Sie:

● a. Ich möchte dir **für deine Hilfe** danken.
b. Ich möchte dir

dafür danken, **daß du mir geholfen hast**.

I would like to thank you for helping me.

● a. Ellen und Tom haben sich den ganzen Abend **über eine Rechnung** gestritten.
b. Ellen und Tom haben sich den ganzen Abend

darüber gestritten, **wer die Rechnung bezahlen soll**.

Ellen and Tom argued all evening about who should pay the bill.

● a. Das Gartenfest bei Reiters hängt **vom Wetter** ab.
b. Das Gartenfest bei Reiters hängt

davon ab, **ob das Wetter schön ist**.

Diese **Da**-Formen sind oft obligatorisch.

BEISPIELE: Hast du auch
daran gedacht, **daß wir noch fürs Wochenende einkaufen müssen?**

Kann sich Inge
darauf verlassen, **daß Jochen nun früher nach Hause kommt?**

Jochen sollte etwas mehr Verständnis
dafür haben, **daß Inge nicht immer „zu Hause sitzen" will.**

Susanne braucht man nicht
davor zu warnen, **daß sie Mustafa das Leben allzu bequem macht.**

C | „Aktionen und Reaktionen". Setzen Sie **Da**-Wörter (**da** + Präposition) ein.

BEISPIEL: Peter denkt **daran**, seine Freundin mit einem Geschenk zu überraschen.

1. Freust du dich denn nicht _____, daß ich heute früh nach Hause gekommen bin?

2. Ich möchte Ihnen _____ danken, daß Sie sich Zeit genommen haben, mir zuzuhören.

3. Wir haben uns _____ informiert, wieviel eine Dreizimmerwohnung in der Nähe der Universität kosten würde.

4. Natascha wollte ihre Mitschüler _____ begeistern, bei dem Projekt „La Fusion" mitzumachen.

5. Die Stadt mußte _____ sorgen, daß die Flüchtlinge zu essen hatten.

D | Und wie geht's weiter? Versuchen Sie jetzt selbst, die folgenden Sätze mit vorverweisendem DA-... weiterzuführen.

1. Ob Anja an der Harvard University studieren wird, hängt ganz **davon** ab,

_____

2. Ich weiß nicht, warum du dich so **davor** fürchtest,

_____

3. Ich werde mich nie **daran** gewöhnen,

_____

➡ WB, S. 170; Übungen zu **Formen und Funktionen 2**.

Kapitel 7: Gesellschaft im Wandel

Zum Lesen

„Susanne und Mustafa"

Vor dem Lesen

Sie haben in Stufe 1 bereits eine chinesische Journalistin kennengelernt, die einen deutschen Freund hat, und von den Vorurteilen erfahren, denen sie in der BRD begegnet ist. Im Text „Ausländische Mitbürger" dagegen stand, daß Deutschland versucht, seine ausländischen Mitbürger zu integrieren. Im folgenden Text, „Susanne und Mustafa", werden Sie erfahren, wie solch eine Integration praktisch aussehen kann . . .

A | Schauen Sie sich das Bild neben dem Text an. Erkennen Sie die Flagge? Was sehen Sie auf dem Bild? Finden Sie etwas Ungewöhnliches (*unusual*) daran?

Was assoziieren Sie mit dem Titel des Artikels, „Susanne und Mustafa"? Können Sie schon aus Bild und Titel erraten, worum es in dem Text geht?

B | Haben Sie Freunde oder Verwandte aus einer anderen Kultur als Ihrer eigenen? Welche Erfahrungen haben Sie zusammen gemacht? Gibt es Verhaltensweisen dieser Freunde, über die Sie überrascht waren—oder waren Ihre Freunde über Ihr Verhalten überrascht? Schreiben Sie hier ein paar Stichworte auf, über die Sie dann später in kleinen Gruppen etwas erzählen können.

> **BEISPIEL:** koscheres Essen, . . .

C | Streiten Sie sich manchmal mit Ihrem Freund / Ihrer Freundin / Ihrer Mitbewohnerin? Worüber gibt es bei Ihnen die meisten Auseinandersetzungen? Wie einigen Sie sich nach dem Streit (*quarrel*)? Schreiben Sie ein paar „Streitobjekte" auf.

Beim Lesen

Lesen Sie den Text Abschnitt für Abschnitt, und geben Sie jedem Abschnitt einen Titel. Das erleichtertes Ihnen nachher, über den Text zu sprechen.

1. Titel   2. Titel   3. Titel   4. Titel   5. Titel

_____ _____ _____ _____ _____

Vokabelhilfe

gehörig *fit, proper, due*	**in die Haare kriegen sich** *to fight*
das Selbstbewußtsein *self-confidence*	**verbeißen sich** *to stifle*
eher *rather*	**störrisch** *stubborn*
die Dreistigkeit, -en *audacity, boldness, assurance*	**der Anlaß, ⸗sse** *cause*
bahnen sich (*dat.*) **den Weg** *to prepare, open the way*	**widerwillig** *reluctantly*
	der Bogen, ⸗en *detour*
die Anpassung *adjustment, adaptation*	**die Vorhaltung, -en** *reproach*
ein•kehren *to begin, enter*	**sanft** *gentle, soft*
die Fetzen fliegen *scraps fly (in a heated quarrel)*	**zu•geben** *to admit*
	locker *loose*
der Felsbrocken, - *boulder*	**beanspruchen** *to demand*
die Niederlage, -n ein.stecken *to put in, suffer a defeat*	**hüten** *to protect*
	überwachen *to supervise*
	grausen *to be horrified*

SUSANNE UND MUSTAFA

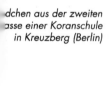

Kein Mensch kann verstehen, wie Mustafa und Susanne es miteinander aushalten. Mustafa hat bei seinem zwölfjährigen Aufenthalt in Deutschland nicht nur seinen türkischen Paß behalten, sondern auch eine gehörige Portion jenes männlichen Selbstbewußtseins, das für seine Region als typisch gilt. Und Susanne, die Arbeitertochter aus dem Ruhrgebiet, gehört zu den Frauen, die sich ihren Weg in der Männerwelt eher mit Dreistigkeit und offener Auseinandersetzung bahnen als mit Anpassung und Charme.

In Gegenwart von Mustafas Landsleuten war es am Anfang besonders schlimm. Wenn die zu Gast waren, rührte Mustafa keinen Finger. Aber Susanne dachte nicht daran, das Hausmädchen zu spielen und ignorierte seine scharfen Blicke, bis eisige Stille einkehrte, die Fetzen flogen, die Türen knallten und die Gäste sich schließlich selber bedienten. Das ist inzwischen besser geworden, Mustafa kocht gern, Susanne spült lieber ab, und beide haben gelernt, daß eine höfliche, liebevolle Aufforderung einen männlichen oder weiblichen Felsbrocken in einen freundlichen Helfer verwandeln kann. Vor allem dann, wenn Zuhörer dabei sind, vor denen man keine Niederlage einstecken will. Trotzdem kriegen sie sich immer wieder heftig in die Haare, diskutieren lautstark, verbeißen sich tagelang in störrischem Schweigen – und als Anlaß reicht schon die Frage, wer heute das Auto fährt.

Susanne hat schon verstanden, warum ihr Freund mit ihr nur widerwillig eine Reise in die Türkei angetreten und dabei einen großen Bogen um sein Heimatdorf gemacht hat. Alle Mitglieder des Dorfes und der Familie hätten sich gefragt, warum er sich das Leben schwer macht mit einer solchen deutschen Frau, die alles besser weiß und ihrem Mann dauernd Vorhaltungen macht. Wo es doch in seiner Heimat so viele schöne, sanfte Mädchen gibt, die gelernt haben, was sich für sie gehört.

Vielleicht ist es aber gerade das, was die beiden zusammenbringt: „Ich könnte ja doch keinen Mann ertragen, der immer sofort alles macht, was ich will", sagt Susanne ehrlich. Mustafa lacht herzlich, als er zugibt, es sei ihm geradezu eine Ehre, von einer so starken Frau geliebt zu werden: „Und das nun schon acht Jahre."

Dennoch wird wohl aus der Hochzeit nichts werden. Zu einer Ehe gehören für beide auch Kinder. Bei Jungen wäre das kein Problem, da könnte man sich auf eine lockere Erziehung mit Freiraum wohl einigen. „Aber stell Dir mal vor, es ist ein Mädchen", phantasiert Susanne. „Ich will der kleinen Frau ein freies und selbstbestimmtes Leben ermöglichen, wie ich es für mich selbst beanspruche. Und Mustafa will sie häuslich hüten und jeden Schritt nach draußen überwachen, wie er es jetzt schon bei seinen Schwestern tut." Und diesen Streit, da graust es ihr: „Den halten wir dann wirklich nicht mehr aus."

Eva Baumann

...dchen aus der zweiten ...asse einer Koranschule in Kreuzberg (Berlin)

245

Reden wir miteinander!

A | Vergleichen Sie mit Ihren Klassenkameraden / Klassenkameradinnen die Titel, die Sie den einzelnen Abschnitten gegeben haben. Lesen Sie einen Ihrer Titel vor, und jemand aus der Klasse rät, um welchen Abschnitt es sich handelt. Dann sagen Sie ein paar zusammenfassende Sätze zu dem Abschnitt. Wer richtig rät, darf den nächsten Titel vorlesen!

B | Porträtieren Sie das Paar Susanne und Mustafa. Suchen Sie dafür im Text nach Worten oder Ausdrücken, die die beiden beschreiben.

SUSANNE   MUSTAFA

C | Diskutieren Sie nun zu zweit darüber, ob Ihrer Meinung nach das Paar zusammenpaßt, wie lange die beiden es wohl noch aushalten, was Sie an Susannes / Mustafas Stelle machen würden usw. Denken Sie dabei auch an Ihre eigenen Erlebnisse mit Menschen aus fremden Kulturen, wozu Sie unter **Vor dem Lesen** Stichworte gesammelt haben. Benutzen Sie wieder einige Redemittel, mit denen Sie Ihre Meinung ausdrücken und etwas abwägen (*consider carefully*).

Redemittel

Eine starke Meinung vertreten

❏ Also, wenn du mich fragst, so meine ich, daß . . . unbedingt . . .

❏ Also ich gebe der Sache / den beiden (k)eine Chance.

❏ Ich bin vollkommen dagegen / dafür, daß . . .

❏ Ich sehe das ganz anders. Ich finde, . . .

❏ Mit . . . kann ich überhaupt nichts anfangen!

❏ Also das ist ja völliger Quatsch, was du da sagst!

Etwas vorsichtiger abwägen

❏ Ein Nachteil ist . . . , aber der Vorteil ist . . .

❏ Auf der einen Seite . . . , auf der anderen Seite . . .

❏ Schließlich muß man auch bedenken, . . .

❏ Im Endeffekt . . .

D | Schreiben Sie mit einem Partner einen Dialog zwischen Susanne und Mustafa. Wie stellen Sie sich eine Diskussion zwischen den beiden vor? Lassen Sie in Ihrem Dialog auch ruhig „die Fetzen fliegen". Benutzen Sie dazu die obigen Redemittel noch einmal. In der nächsten Stunde können Sie dann damit ein Rollenspiel aufführen. Zur Vorbereitung des Dialogs machen Sie sich bitte zuerst eine Liste mit „Streitobjekten" zwischen den beiden.

STREITOBJEKTE

Hausarbeit . . .

Zum Schreiben

Schreiben Sie zu Hause einen kleinen Aufsatz über Ihr Erlebnis mit Menschen aus einer oder mehreren „anderen" Kultur(en) oder Religion(en). Haben Sie vielleicht etwas über eine „(nicht) geglückte (*working*) Integration" zu erzählen? Denken Sie an Ihre Notizen, an die Diskussion mit Klassenkameraden / Klassenkameradinnen und an Susannes und Mustafas Geschichte. Wenn Sie wollen, können Sie auch eine kreative Hausaufgabe schreiben und eine Geschichte selbst erfinden.

Griechisches Essen und deutsches Bier—eine gute Kombination?

Kapitel 7: Gesellschaft im Wandel

Frau und Gesellschaft

„Männer und Frauen sind gleichberechtigt", sagt das Grundgesetz. Dieses Verfassungsgebot läßt an Klarheit nichts zu wünschen übrig; doch es umschreibt eher einen Auftrag als die gesellschaftliche Wirklichkeit. Alte Vorurteile, was Frauen „zukommt" und was nicht, weichen nur langsam. Auch heute haben Frauen in Gesellschaft, Politik und Beruf immer noch nicht die gleichen Chancen wie die Männer. Viele Frauen tragen eine hohe Belastung durch Familie und Beruf. Allerdings konnte im Laufe der Jahre die gesellschaftliche Stellung der Frau Stück um Stück verbessert werden. Dabei bilden sie die Mehrheit: In Deutschland leben fast drei Millionen mehr Frauen als Männer.

248

▼ Vokabelhilfe

umschreiben *to circumscribe*
der Auftrag, ⁼e *task*
zukommen jdm *to be suitable for*
weichen *to disappear*
die Belastung *burden*
besorgt *worried*
umgekehrt *vice versa*
überschattet *overshadowed*
versöhnen *to reconcile*
ernähren *to nourish, support*

Den Blick liebevoll aufs Kind, die Gedanken besorgt bei der Arbeit. Oder umgekehrt? Dazu schrieb Thomas Kielinger in seinem Leitartikel: „Die Zukunft wird überschattet durch das noch nicht eingelöste Versprechen, den Frauen dabei zu helfen, Kinder und Beruf miteinander zu versöhnen." Ein Ausweg aus diesem Dilemma ist noch nicht in Sicht. Ein Umdenken in Politik, Kirche und Gesellschaft ist gefordert.
Foto: Hans Windeck

„Gleicher Lohn für gleiche Arbeit".

Frau und Gesellschaft

1. Lesen Sie den Text, der den Artikel 3.2 des Grundgesetzes kommentiert: „Männer und Frauen sind gleichberechtigt". Wie sieht die Praxis der Gleichberechtigung aus?

2. Wie ist das in Ihrem Land? Was hat sich dort in den letzten Jahren zum Positiven verändert? Woran muß noch gearbeitet werden?

3. Sehen Sie sich einmal das Foto „Frau mit Kinderwagen" und den kurzen Text dazu an. Inwiefern (*in how far*) kommentiert das Foto den Text zum Grundgesetz?

4. Was drückt das zweite Foto für Sie aus?

5. Und wie hat sich die Situation der Frau in der Karikatur von Marie Marcks, „Gleicher Lohn für gleiche Arbeit", verändert?

6. Wenn Sie die drei Bilder miteinander vergleichen, sehen Sie eine bestimmte Entwicklung? Wo ist die Frau „am stärksten"?

➤ WB, S. 171; mehr zur Situation der Frau in der BRD und in Österreich.

„Mein Mann kommt immer so spät nach Hause"

Eine ganz traditionelle Situation: Frau Niedert wartet auf ihren Mann. Sie hat das Abendessen schon fertig. Aber Herr Niedert kommt immer noch nicht. Es wird immer später. Endlich kommt er . . . Es gibt einen kleinen Streit. (Zum Glück wird am Ende gelacht!)

Kapitel 7: Gesellschaft im Wandel

Vor dem Hören

Bevor Sie sich die „Niedert-Szene" anhören, möchten wir Ihnen ein paar kleine, aber wichtige Wörter vorstellen. Diese Wörter—**doch**, **mal**, **denn** und **ja**—werden oft **Partikeln** genannt.

      Was ist ihre Funktion? Besonders in der gesprochenen Sprache, in der Alltagssprache, wollen Sprecher **Gefühle** und **Intentionen** mitteilen. Das kann man mit Intonation, mit Sprechtempo oder mit der Stimme (laut, leise, . . .) tun. Aber auch eine Partikel kann diese Funktion haben, nur ist die genaue Bedeutung oft schwer zu definieren. Bei Kontroversen (Mißverständnissen) wie im Niedert-Gespräch kommen Intentionspartikeln besonders oft vor.

PARTIKEL	FUNKTION	KONTEXTE
doch	starker Wunsch	Mach es **doch** morgen noch (ein)mal! *Do serve it again tomorrow!* Aber Inge, hab **doch** Verständnis! *Inge, **do** have some understanding!*
doch	eigene Meinung	Ich kann **doch** das Essen nicht schlecht werden lassen! *But I **simply** can't let the food go bad!* Das weißt du **doch**! *You **do** know that, **don't you**?*
mal	freundliche oder ungeduldige Bitte (Nur Imperativ!)	Aber, schau **mal**, früher war das ganz anders! *But **look**, all this used to be quite different!*
doch mal	sehr emphatische Bitte / Aufforderung	Ruf **doch mal** zu Hause an! ***Do** call home!*
denn	emphatische Frage, Sprecher involviert	Wer wollte **denn** das Kind haben? ***After all**, who wanted the child?* Freust du dich **denn** nicht über das Kind? ***Aren't** you happy about the child?*
ja	Es wird Zustimmung (*agreement*) erwartet	. . . , aber du weißt **ja**, . . . ***Well**, you know, . . .*

NOTE: In all the preceding cases, the particles were unstressed. However, **doch** and **ja** also exist in a stressed version.

Compare the pairs of sentences with **doch** and **ja** below.

    UNSTRESSED: Du kommst doch! *You are coming, aren't you?*
      STRESSED: Du kommst **doch**? *You **are** coming, after all?*
    UNSTRESSED: Du bezahlst es ja nicht! *You are not paying for it, [so why are you complaining]?*
      STRESSED: Bezahl es **ja** nicht! *Do not pay for it **under any circumstances!***

 WB, S.173; Übungen zum **Hörverstehen 3**.

Spiralen

Schauen und Identifizieren

A | Schauen Sie zuerst die Gruppe von Vokabeln (Verben und Nomen) an, die Personen, Ereignisse und Rollen verbinden.

Vokabelmosaik 3

Gesellschaftliches Rollenspiel

Über- und Unterordnung?—Partnerschaft und Chancengleichheit

sein ledig *to be single*
verlieben sich (in)   die Verliebten
   to fall in love (with)
verloben sich (mit)   die Verlobten   die Verlobung
   to get engaged
heiraten *to get married*   das Brautpaar   die Hochzeit
                                    der Bräutigam
                                    die Braut

sein verheiratet   die Ehepartner   die Ehe
scheiden lassen sich   die Geschiedenen   die Scheidung
   to get divorced

Niederts hatten eine kleine Auseinandersetzung.

	MIT WEM?	WORÜBER?
auseinander•setzen sich	mit Jürgen	über das Essen
mit / über *to tackle sth.,*	mit einem Partner	über Ausländerfeind-
argue with so. about sth.	mit einem Freund	lichkeit
die Auseinandersetzung		

Die Geburtenzahl geht weiter zurück.
Familien mit ein oder zwei Kindern nehmen zu.

zurück•gehen   zu•nehmen *to increase*
   to go back; to decrease   die Zunahme = steigen, stieg,
   der Rückgang = sinken,   ist gestiegen
   sank, ist gesunken

Der Staat unterstützt die Arbeit in der Familie.

	WEN? / WAS?
unterstützen jdn / etwas	einen Flüchtling
to support	eine Politikerin
die Unterstützung	kranke Mitmenschen

Ein neues Namensrecht trägt zur „Befreiung" der Frau bei.

	WOZU?
bei•tragen, trägt bei,	zur Lösung eines Problems
trug bei, beigetragen	zur Unterhaltung
to contribute to	zur monatlichen Miete
der Beitrag	

251

	WORAUS?	
bestehen aus, bestand, bestanden *to consist of*	aus drei Personen aus Glas aus Metall	

Viele Haushalte bestehen aus nur einer Person.

In Wirklichkeit sind Frauen im Beruf immer noch benachteiligt.

	WEN?	(WESWEGEN?)
benachteiligen jdn (wegen) = diskriminieren	einen Fremden ein Kind	wegen seiner Sprache wegen Armut

das **Recht** *right*	das **Gesetz** law
Grund**recht**	Grund**gesetz**
be**recht**igt *eligible*	ein **Gesetz** entwerfen *to draft a law*
Gleichbe**recht**igung	ein **Gesetz** erlassen *to pass a law*
rechtlich *lawful*	(un) **gesetz**lich *(il)legal*

Kombinieren und Schreiben

A Welche Verben assoziieren Sie mit folgenden Wörtern?

die Liebe _____

die Hochzeit _____

das Brautpaar _____

die Ehe _____

die Trennung _____

der Beitrag _____

die Benachteiligung _____

die Unterstützung _____

B Setzen Sie fehlende Wörter oder Wortteile in die Sätze ein.

unterstützen—benachteiligen—auseinandersetzen—zu•nehmen
bestehen aus—zurück•gehen—gleichberechtigt

1. „Männer und Frauen sind _____", sagt das Grundgesetz.

2. Die Partner sollten sich über ihre finanzielle Situation auseinander_____.

3. Trotz Gleichberechtigung vor dem Gesetz sind Frauen auch in der Berufswelt noch be_____.

4. Während die Zahl der Familien mit drei und mehr Kindern _____ _____, hat die Zahl der nichtehelichen Lebensgemeinschaften stark _____.

5. Viele Haushalte _____ _____ nur einer Person.

6. Die Kindererziehung wird vom Staat mit monatlichem Erziehungsgeld _____.

C Bilden Sie mit den angegebenen Vokabeln vom Vokabelmosaik 1 bis 3 einfache Sätze im Präsens und im Perfekt—zuerst mündlich, dann schriftlich.

> **BEISPIEL:** einigen sich: die Verlobten / Hochzeitstermin →
> Die Verlobten einigten sich auf einen Hochzeitstermin.

1. verlieben sich: Petra / bei einer Studienreise / Hans
2. vorschreiben: Susanne / Mustafa / Geschirr waschen
3. unterstützen: Stadt / Flüchtlinge
4. benachteiligt werden: Frauen / in leitenden Stellen / oft
5. nicht zulassen: Chefin / Rauchen / Büro
6. nicht zurechtfinden können: große Familie / Einzimmerwohnung
7. überlassen: Eltern / Berufsentscheidung / Kindern

D Setzen Sie die fehlenden Wörter in die Tabelle ein.

	die Verliebten	
heiraten		die Verlobung
	das Brautpaar	
	die Ehepartner	
		die Scheidung

Formen und Funktionen 3

RELATIVE PRONOUNS AND RELATIVE SENTENCES

1. Form

Sie haben bereits **attributive** Adjektive kennengelernt. Diese standen **vor** einem Nomen.

> **BEISPIELE:** eine **kleine** Auseinandersetzung
> ↳
> **großes** Verständnis
> ↳
> eine **berufstätige** Mutter
> ↳

Es gibt aber auch Attribute, die **nach** einem Nomen stehen. Diese Attribute können die **Form** eines ganzen Satzes haben. Sie sind dann Relativsätze, Nebensätze mit Verb am Ende. Das Relativpronomen verbindet den Relativsatz mit dem Bezugswort (= *element referred back to / referent*). Mit einem Relativsatz können wir eine Person oder eine Sache näher beschreiben.

Relativpronomen			
Singular			**Plural**
m	*f*	*n*	
n der	die	das	die
a den	die	das	die
d dem	der	dem	**denen**
g **dessen**	**deren**	**dessen**	**deren**

Relativsatz ohne Präposition

RELATIVSATZ IM NOMINATIV

Frau Niedert, **die** auf ihren Mann wartet, wird ungeduldig.

Bezugswort   Relativpronomen (Genus + Numerus wie Bezugswort)
(Kasus = Funktion; hier: Nominativ)
Ms. Niedert, who is waiting for her husband, becomes impatient.

RELATIVSATZ IM AKKUSATIV

Herr Niedert, **den** wir noch nicht kennen, kommt nach Hause.

Bezugswort   Relativpronomen (mask., sing.; Akkusativergänzung)
Mr. Niedert, whom we do not yet know, is coming home.

RELATIVSATZ IM DATIV

Jochen,   **dem** Inge etwas Gutes gekocht hat, kommt oft zu spät.

Bezugswort Relativpronomen (mask., sing.; Dativergänzung)
Jochen, for whom Inge has cooked something good, is often late.

RELATIVSATZ IM GENITIV

Mustafa, **dessen** Verwandte in der Türkei wohnen, lebt mit Susanne in
Deutschland.

Bezugswort Relativpronomen (mask., sing.; Genitivergänzung)
Mustafa, whose relatives are in Turkey, lives in Germany with Susanne.

Relativsatz mit Präposition

RELATIVSATZ MIT PRÄPOSITION (DATIV)

Müllers, **bei denen** Niederts eingeladen sind, wohnen ganz in der Nähe.

Bezugswort Relativpronomen (pl.; Präpositionalergänzung / Dativ)
The Müllers, to whose house the Niederts are invited, live close by.

NOTE: If the referent is an object or idea, **wo- + Präposition** is frequently used.

Gleichberechtigung ist ein Thema, über das / worüber viel geredet wird.

Relativpronomen und Komma(s) sind im deutschen Relativsatz **obligatorisch**. Das ist im Englischen nicht immer so:

Die Frau, **die** er liebt, . . .   *The woman* (*whom*) *he loves* . . .
Es war der Tag, **an dem** er wegging, . . .   *It was the day* (*on which*) *he left* . . .

Was als Relativpronomen, wenn das Bezugswort / -element:

ein indefinites Pronomen (1),
ein Superlativ (2) oder
ein ganzer Satz (3) ist.

Sie glaubt nicht **alles** (1), **was** Peter sagt.
Das ist **etwas** (1), **was** ich noch nicht wußte.
Bei uns gibt es **vieles** (1), **was** man in . . . nicht bekommt.
Versprich **nichts** (1), **was** du nicht halten kannst.
Susis Stille war das **Schlimmste** (2), **was** Mustafa je erlebt hat.
Die Niederts hatten einen Streit (3), **was** mich nicht überraschte.

Wo, **Wohin**, **Woher** als Relativpronomen, wenn das Bezugselement ein **Ort** ist.

Susanne und Mustafa reisten in die Türkei, **wo** Mustafas Verwandte wohnen.

2. Funktion

Ganz allgemein ist es die Funktion der Relativsätze, dem Hörer oder Leser mehr Informationen zu geben. In der geschriebenen Sprache, die oft besonders präzis sein muß, sind Relativsätze häufig. Das Leseverständnis der Relativsätze ist daher besonders wichtig. Relativsätze gibt es aber auch in der gesprochenen Sprache. Hier will der Sprecher mit Relativsätzen unter anderem:

● dem Hörer etwas genauer definieren oder designieren;

● dem Hörer etwas ins Gedächtnis zurückrufen, was er schon weiß;

● den Hörer auf etwas aufmerksam machen, was er sonst vielleicht übersehen würde.

Relativsätze in der *gesprochenen Sprache* sind aber meistens nicht so lang. Man will sich beim Sprechen nicht die Arbeit machen, sehr komplexe Konstruktionen zu produzieren. Versuchen Sie aber, beim Sprechen und beim Schreiben einige einfache Relativsätze zu verwenden.

A | Finden und markieren Sie Relativpronomen und Bezugswörter im ersten Abschnitt des Textes „Susanne und Mustafa", S. 145.

B | Bilden Sie einfache Relativsätze, die Definitionen für die angegebenen Satzteile sind.

BEISPIEL: ein dreistündiger Flug →
Das ist ein Flug, **der** drei Stunden dauert.

1. ein siebenjähriges Mädchen
   Das ist ein Mädchen, . . .

2. ein jährliches Fest
   Das ist . . .

3. die monatliche Miete
   Das ist . . .

4. ein zweistündiges Seminar
   Das ist . . .

5. ein stündlicher Bus
   Das ist . . .

C „Erinnerungen an Hamburg!" Setzen Sie fehlende Relativpronomen (und Präpositionen) ein.

1. Da war der Hafen, _____der_____ mitten in der Stadt liegt.

2. Hier findet man alles, _____ in der Welt geschieht.

3. Da war der Fernsehturm mit seinem Dreh-Restaurant, _____ _____ man einen herrlichen Blick auf die Stadt hat.

4. Dann die weiten Parks, _____ _____ man spazierengehen kann.

5. Oder die vielen Restaurants, _____ für jeden Geschmack etwas bieten.

6. Da war auch ein Matrose, _____ Heimatstadt sich ganz in der Nähe von meiner befindet.

7. Und dann die Museen, _____ _____ wir Werke der deutschen Romantik, aber auch von Beckmann, Nolde und Klee gesehen haben.

8. Das war eine Reise, _____ _____ wir uns noch lange erinnern werden.

D „Zum Überlegen"—eine Partnerübung. Bilden Sie Relativsätze wie in den Beispielen. Wir helfen Ihnen mit einigen Relativpronomen!

> **BEISPIEL:** A: Was für einen Beruf sollte man wählen?
> B: Der Beruf sollte einem auch ein bißchen Freizeit lassen.
> Man sollte einen Beruf wählen, **der** einem auch ein bißchen Freizeit läßt.
>
> A: Was für eine Arbeit sollte man wählen?
> B: Man sollte sie mit Freude machen.
> Man sollte eine Arbeit wählen, **die** man mit Freude macht.
>
> A: Was für einen Partner / eine Partnerin sollte man wählen?
> B: Man sollte seine / ihre Interessen kennen.
> → Man sollte . . . , **dessen / deren** . . .

➡ WB, S. 176; Übungen zu **Formen und Funktionen 3**.

➡ WB, S. 185; zum Wiederholen und Üben deutscher Verben.

➡ WB, S. 177; mehr zum Lesen.

8

Modernes Leben: Zum Überlegen und Überleben

Weißensee, Kärnten, Österreich.

Goals:

- *Gaining insights into people's relationship with technology, the environment and nature; living standard and the quality of life.*

- *Listening to interviews with scientists and the opinions of young people on the environment*

- *Reading about European measures against waste and pollution; a poem by Christa Reinig; texts by Schadewaldt, Bernhard, and Frisch*

- *Reviewing multiple functions of genitive case; learning about the use of subjunctives in indirect speech and the use of **sollen** and **wollen** for claims and assertions*

- *Being able to present an opinion and discuss more complex issues such as the environment and quality of life*

- *Writing an environmental poem; writing a topic-related short essay on, e.g., individual responsibility for the protection of nature*

259

These items appear in the Workbook.

Aktuelles zum Thema

Als Einführung in das Kapitel „Modernes Leben—zum Überlegen und Überleben" geben wir einen Teil des Interviews wieder, das Reporter für das „Scala Jugendmagazin" geführt haben. Lesen Sie das Gespräch einmal durch, und unterstreichen Sie mit zwei verschiedenen Farben die **positiven** und die **negativen** Aspekte modernen Lebens, die Herr Paturi erwähnt. Danach tragen Sie die entsprechenden Stellen (Wörter oder Satzteile) aus dem Text in eine Spalte ein. Sie werden später noch mehr Gelegenheit haben, über dieses Thema nachzudenken und zu reden.

260

Aus dem Gespräch mit Felix R. Paturi, einem Wissenschaftler

Felix R. Paturi wurde 1940 in Breslau geboren. Er studierte Elektrotechnik, Informationstechnik und Psychologie. In den sechziger Jahren war er unter anderem an der Berechnung weltweiter Energiewirtschaftsprognosen beteiligt. Sein Werk, darunter zwei Bestseller, wurde in mehr als zehn Sprachen übersetzt.

?: Herr Paturi, haben Sie Angst vor der Technik der Zukunft?

PATURI: Nein. Ich habe Angst vor den Menschen! Angst vor der Angst, die viele Menschen heute vor der Technik empfinden. Die Technik selber wird den Menschen nie zum Sklaven machen. Die Angst macht den Menschen zum Sklaven.

?: Wer hat denn eigentlich Angst vor der Technik?

PATURI: Ich glaube jeder, der die Technik zu wichtig nimmt. Ein Jahrhundert lang hat man die Technik überschätzt. Man war zuerst sehr stolz auf jeden technischen Fortschritt. Man wollte mit der Wissenschaft und mit der Technik alle Probleme lösen. Aber dabei hat man sich immer mehr vom Menschen entfernt.

?: Wir müssen also mit Hilfe der Technik Probleme lösen, die durch die Technik entstanden sind?

PATURI: Ja.—Oder man muß die Technik abschaffen. Aber das ist nicht möglich. Wir können nicht mehr ohne die Technik leben. Wir leben auf einer Erde, die uns eigentlich gar nicht mehr ernähren kann—mit natürlichen, biologischen Mitteln.

?: Gerade deshalb haben viele Menschen Angst: Sie sehen, wie sehr die Technik unseren ganzen Alltag verändert.

PATURI: Das sehe ich eher positiv. Es ist doch so: Die Technik ist ein Jahrhundert lang gewachsen, immer nur gewachsen. Dann merkte man plötzlich: Sie schadet auch! Seit man das gemerkt hat—und das ist ja noch gar nicht so lange her, maximal zehn Jahre—hat man aber doch schon viel verbessern können.

?: Zum Beipiel?

PATURI: In allen hochtechnisierten Städten, ob im Ruhrgebiet oder in London, ist die Luft wesentlich besser geworden in den letzten zehn Jahren. In den hochtechnisierten Ländern ist die Wasserqualität in den Flüssen und Seen weitaus besser geworden—durch sauberere Techniken. Es gibt heute ganz neue Methoden, wie man Wasser reinigen kann. In Berlin, am Tegeler See, läuft das größte Projekt der Welt mit dieser Technik. Die oberbayerischen Seen sind heute schon wieder sauber. Das sind schon Fortschritte.

Vokabelhilfe

haben (empfinden) Angst vor *to be afraid of*	**ernähren** *to nourish, feed*
überschätzen *to overestimate*	**schaden** *to harm*
lösen ein Problem *to solve a problem*	**der Fortschritt** *progress*
entstehen (durch) *to originate; to be caused by*	

Wie sieht Herr Paturi Technik, Mensch und Umwelt?

POSITIVE ASPEKTE   **NEGATIVE ASPEKTE**

*H*örverstehen 1

„Umweltschutz kann nicht befohlen werden, er muß gelebt werden"

Im Interview mit Herrn Paturi haben Sie gelesen, wie ein Wissenschaftler Probleme des postmodernen Lebens sieht. Hören Sie nun, was junge Menschen zu diesem Thema sagen.

➡ WB, S. 188; Übungen zum **Hörverstehen 1**.

Zum Vokabelmosaik

„Umdenken" heißt, das moderne Leben neu sehen lernen und daraus Konsequenzen zu ziehen. Die Verben im Vokabelmosaik helfen Ihnen, über dieses „Umdenken" zu lesen und zu sprechen.

Schauen und Identifizieren

A | Suchen Sie im Vokabelmosaik Verben, die mit folgenden Wörtern verwandt sind.

> die Belastung; der Umweltschutz; verschwenderisch
> die Ernährung; benutzbar; die Lösung

B | Nun lesen Sie die Beispielsätze. Erinnern Sie sich, in welchem Kontext Sie diese oder ähnliche Sätze schon gelesen / gehört haben?

Vokabelmosaik 1

Umdenken—Umweltbewußt leben

Wer hat Angst vor der Technik?

	VOR WEM? / WOVOR?
haben Angst (vor) =	vor den Menschen
empfinden Angst	vor einem Hund
to be afraid of =	vor Atomenergie
fürchten sich vor	

Ein Jahrhundert lang hat man die Technik überschätzt.

	WEN? / WAS?
schätzen jdn / etwas	den technologischen Fortschritt
to estimate, value	einen Freund / eine Freundin
der Schatz, ⁼e *treasure;*	sauberes Trinkwasser
sweetheart	
überschätzen	den Wert der Verpackung
to overestimate	die Kraft des Motors
unterschätzen	die Verpestung der Luft
to underestimate	die Gefahren auf der Autobahn

Man wollte mit der Wissenschaft und der Technik alle Probleme lösen.

	WAS?
lösen etwas *to solve*	ein Problem, eine Aufgabe
die Lösung	ein Rätsel *puzzle*

Die Erde kann uns nicht mehr mit natürlichen Mitteln ernähren.

	WEN?
(er)nähren *to nourish, to feed*	die Weltbevölkerung
die Ernährung	hungernde Kinder
unterernährt	die Flüchtlinge

Spiralen

Technologie kann auch der Umwelt schaden.

WEM?

schaden jdm / etwas	der Umwelt
to harm, to cause damage	einem Mitmenschen
der Schaden	dem Wald
schädlich	der Gesundheit

Erwin meint: Unsere Lebensweise belastet die Umwelt.

WEN? / WAS?

belasten jdn / etwas	die Umwelt
to burden, to stress	einen Freund mit persönlichen Problemen
die Belastung	

Michael sagt: Das Verschwenden und das Wegwerfen müssen aufhören.

WAS?

verschwenden *to waste*	Eßwaren, Wasser, Energie,
die Verschwendung	Geld, Zeit
verschwenderisch *wasteful*	

Birgit benutzt phosphatfreies Waschmittel.

WAS?

benutzen (benützen) *to*	das Fahrrad anstatt des Autos
use, utilize, to make use of	Papier (an)statt Plastik
die Benutzung	den Bus
benutzbar	

Birgit sagt: Es ist wichtig, daß die Leute ihre Umgebung schützen.

WAS? / WEN?

schützen (vor) *to protect*	die Kinder (vor Drogen)
der Schutz	das Wasser (vor Chemikalien)
der Umweltschutz	die Landschaft (vor Verbauung)

Anne glaubt, daß sie auf wichtige Sachen keinen Einfluß hat.

AUF WEN? / WORAUF?

haben Einfluß auf	auf eine Entscheidung
to have an influence on	auf die Eltern
	auf Umweltprobleme

Energiequellen:	die Kohle—das Öl—das Atom
energy sources	das Wasser—der Wind—die Sonne
das Kraftwerk *power plant*	das Wasserkraftwerk—das Atomkraftwerk = das Kernkraftwerk

263

Kombinieren und Schreiben

A | Was paßt zusammen? Mit welchen Verben können Sie die Phrasen unten assoziieren?

Verb: _____
ein Rätsel
eine Mathematikaufgabe
ein Umweltproblem

Verb: _____
Energie, Zeit, Geld, Papier

Verb: _____
das Wasser vor Verschmutzung
einen Partner vor Alkoholismus
sich vor Krankheiten

Verb: _____
vor der Zukunft
vor der Chefin
vor Pestiziden

Verb: haben _____
auf eine wichtige Entscheidung
auf seine Geschwister
auf den Naturschutz

B | Versuchen Sie, die Verben vom Vokabelmosaik in zwei Gruppen zu teilen. Eine Gruppe identifiziert mehr Positives, die andere mehr Negatives.

POSITIV: NEGATIV:

BEISPIEL: schätzen   überschätzen
unterschätzen

C | „Überschätzen kann genauso ungut sein wie unterschätzen." Wo (wann, wobei) haben Sie diesen Fehler gemacht?

Ich habe . . . überschätzt.   Ich habe . . . unterschätzt.

BEISPIEL: mein Vokabelwissen →
Ich habe mein Vokabelwissen überschätzt.

die Distanz zwischen . . .
Ich habe die Distanz zwischen Freiburg und München unterschätzt.

Nun fragen Sie Ihren Nachbarn, ob er / sie auch schon jemanden / etwas über- oder unterschätzt hat. Dann darf er / sie Sie fragen.

D | Verbinden Sie jedes Verb unten mit einer passenden Ergänzung.

1. schaden   die Qualität des Wassers
2. belasten   der Gesundheit
3. überschätzen   vor Kernkraftwerken
4. ernähren   die Haut (*skin*) vor der Sonne
5. schützen   den Wert eines Computers
6. benutzen   das Problem der Überbevölkerung
7. lösen   die Hungernden
8. Angst haben   das Fahrrad statt des Autos

E | Verwenden Sie nun fünf der obigen Verbindungen in Sätzen.

BEISPIEL: schaden—der Gesundheit →
Rauchen schadet der Gesundheit.

Spiralen

Recyclingcontainer in Österreich.

F | Gehen Sie zurück zum Hörverstehen. Identifizieren Sie Sätze, in denen Verben vom Vokabelmosaik vorkommen. Schreiben Sie einige dieser Sätze als Selbstdiktat in Ihr Übungsheft.

G | Bilden Sie Passivsätze mit „müssen" und „schützen vor".

> **BEISPIEL:** Kinder / Gefahren / Straße →
> Kinder **müssen vor** den Gefahren der Straße **geschützt werden**.

1. Flüsse / Verschmutzung / durch Chemikalien
2. Jugendliche / Alkoholmißbrauch
3. historische Gebäude / Abreißen
4. Wälder / Zerstörung durch Giftstoffe
5. Konsumenten / korrupten Kaufleuten

*F*ormen und Funktionen 1

FUNCTIONS OF THE GENITIVE CASE: AN OVERVIEW

Bevor wir uns die Funktionen ansehen, wiederholen Sie die Genitivformen. Genitivformen der Adjektive finden Sie in Kapitel 4.

Kapitel 8: Modernes Leben: Zum Überlegen und Überleben

Nomen und Artikel im Genitiv				
maskulin		**feminin**	**neutrum**	**alle Nomen mit „-s" Endung im Plural**
	n-Nomen	SINGULAR		
Gen. des Gastes eines Gastes	des Herrn eines Herrn	der Frau einer Frau	des Kindes eines Kindes	des Parks eines Parks
		PLURAL		
Gen. der Gäste keiner Gäste	der Herren keiner Herren	der Frauen keiner Frauen	der Kinder keiner Kinder	der Parks keiner Parks

Genitivphrasen (ohne und mit Präposition) können mehrere Funktionen haben. Man gebraucht sie z.B. zum Identifizieren und Qualifizieren, zum Angeben von indefiniter Zeit bzw. von Zeitdauer, und um den Grund oder eine Alternative anzugeben.

1. Genitiv ohne Präposition

• Identifizieren und Qualifizieren

BEISPIELE: die neue Wohnung **meines Bruders**
seiner Schwester
unserer Großeltern

Vaters größte Belastung   *father's biggest burden*
Mutters beste Lösung   *mother's best solution*

in der Nähe **des Bahnhofs**   *near the station*
der Universität   *near the university*
des Museums   *near the museum*

die Technik **der Zukunft**   *the technology of the future*
mit Hilfe **der Technik**   *with the help of technology*
die Geschichte **des Landes**   *the history of the country*

Alternativen mit **von** + **Dativ** sind möglich, besonders in der gesprochenen Alltagssprache. Diese Alternative wird auch verwendet, wenn das Nomen auf **-s**, **-z** oder **-x** endet.

BEISPIELE: die neue Wohnung **von meinem Bruder**
die größte Belastung **vom Vater**
das Fahrrad **von Max**

• Angeben von indefiniter Zeit

BEISPIELE: eines Tages   *one day* (*I met . . .*)
eines Abends   *one evening*

Vorsicht: ein**es** Nacht**s**   (*one night*)

Mit **Woche**, **Jahr** oder **Monat** verwendet man Akkusativ.

Ein Jahr kam er zu uns raus aufs Land.
Eine Woche im Herbst hatten wir wunderbares Wetter.

2. Genitiv mit Präposition

- Angeben der Zeitdauer

  BEISPIEL: **Während** des Interviews mit Herrn Paturi . . .

                 Genitiv

           During the interview with Mr. Paturi . . .

- Angeben einer Alternative oder des Grundes

(an)statt (**an Stelle von**)	*instead of, rather than*
wegen (**auf Grund von**)	*on account of, because*
trotz	*in spite of*

  BEISPIELE: **(an)statt**   Statt des Autos benutzt Steffi jetzt ein Fahrrad.
  Instead of the car Steffi now uses a bike.

  Nimm lieber ein Stück Schokolade statt einer Zigarette!
  Take a piece of chocolate rather than a cigarette.

  wegen   Das Spiel mußte wegen schlechten Wetters abgesagt werden.
  The game had to be canceled because of bad weather.

  Wegen Krankheit konnte Beate nicht kommen.
  Because of illness Beate could not come.

  trotz   Das Kernkraftwerk wird trotz der vielen Demonstrationen gebaut werden.
  The nuclear power plant will be built in spite of the many demonstrations.

  Trotz des Verbot(e)s ist Verena im verschmutzten See schwimmen gegangen.
  In spite of the ban, Verena went swimming in the polluted lake.

NOTE: Die folgenden Genitivpräpositionen sollten Sie wenigstens erkennen können, wenn Sie sie lesen oder hören.

diesseits	*on this side of*	**jenseits**	*on the other side of*
außerhalb	*outside of, beyond*	**innerhalb**	*inside, within*
oberhalb	*above*	**unterhalb**	*below, underneath*

Schon bei den Temporalausdrücken in Kapitel 2 haben wir Parallelen zwischen **Präposition + Nomen**, **Subjunktor + Nebensatz** und **Adverb** gesehen: z.B. **vor**, **bevor** und **vorher**. Solche Parallelen gibt es auch bei **wegen**, **trotz** und **statt**.

Präposition	Subjunktor	Adverb
wegen *because*	weil / da *since*	deswegen / deshalb *therefore*
trotz *in spite of*	obwohl / obgleich *although* wenn auch *even though*	trotzdem *nevertheless*
(an)statt *instead of*	statt + zu-Infinitiv *instead of + -ing*	stattdessen

Kapitel 8: Modernes Leben: Zum Überlegen und Überleben

267

BEISPIELE: Beate kann **wegen** Krankheit nicht kommen.
Because of illness, Beate cannot come.

Beate kann nicht kommen, **weil** sie krank ist.
Beate cannot come because she is ill.

Beate ist krank. **Deshalb** kann sie nicht kommen.
Beate is ill. Therefore, she cannot come.

Trotz des Verbots rauchte Petra im Seminarraum.
In spite of the ban Petra smoked in the seminar room.

Obwohl es verboten war, rauchte Petra im Seminarraum.
Although it was forbidden, Petra smoked in the seminar room.

Im Seminarraum war Rauchen verboten. **Trotzdem** rauchte Petra da.
Smoking was prohibited in the seminar room. Nevertheless, Petra smoked there.

Adam nimmt **statt** Kaffee einen Apfel.
Adam has an apple instead of coffee.

Adam ißt einen Apfel, **statt** Kaffee zu trinken.
Adam eats an apple instead of drinking coffee.

Adam trinkt keinen Kaffee. **Stattdessen** ißt er einen Apfel.
Adam does not drink coffee. He eats an apple instead.

➡ WB, S. 190; Übungen zu **Formen und Funktion 1**.

Zum Lesen

Nachdem Sie sich mit dem praktischen Umweltschutz im Hörverstehen 1 im Workbook beschäftigt haben, lesen Sie nun einmal ein Gedicht von Christa Reinig, das das Verhältnis von Mensch zu Natur und von Mensch zu Mensch zum Thema hat.

Kurzinformation zu Christa Reinig: Geb. 1926 in Berlin. Fabrikarbeiterin; Studium an der Arbeiter- und Bauernfakultät; Studium der Kunstgeschichte. 1964 Ausreise aus der DDR. Seitdem lebt sie in München. Mitglied des PEN Clubs. Verschiedene Literaturpreise. Romane, z.B. *Entmannung* (1976), Hörspiele, Erzählungen, *Sämtliche Gedichte* (1984).

Vor dem Lesen

Was assoziieren Sie mit dem Wort **rufen**? Schreiben Sie ein kleines Vokabelmosaik dazu auf.

rufen um Hilfe

anrufen

Gott schuf die Sonne
(1963) (Christa Reinig)

Ich rufe den wind
wind antworte mir
ich bin sagt der wind
bin bei dir

ich rufe die sonne
sonne antworte mir
ich bin sagt die sonne
bin bei dir

ich rufe die sterne
antwortet mir
wir sind sagen die sterne
alle bei dir

ich rufe den menschen
antworte mir
ich rufe—es schweigt
nichts antwortet mir

269

Das Gedicht ist rhythmisch so einfach aufgebaut wie ein Kinderlied. Es wechselt zwischen Betonung (*stress*) auf der zweiten Silbe in den ersten Zeilen zur Betonung der ersten Silbe in den zweiten Zeilen. Was können Sie noch über den Aufbau des Gedichtes sagen? Wie sieht das mit dem Reimschema aus?

STROPHE	REIMSCHEMA
1	abab
2	
3	
4	

Wie ist es inhaltlich aufgebaut? In welchen Zeilen wird gerufen? In welchen geantwortet?

Warum ändert sich das Reimschema in der vierten Strophe? Wodurch wird das kindliche Ruf- / Antwortspiel unterbrochen?

Wer wird in der letzten Strophe gerufen?

Warum wird hier „ich rufe" noch einmal wiederholt, und warum heißt die Antwort „**es schweigt**"?

Lesen Sie das Gedicht einmal laut in zwei Gruppen. Die eine Gruppe fragt, die andere antwortet. Haben Sie die Spannung (*tension*), den Widerspruch bemerkt zwischen den Zeilen „wir sind **alle** bei dir" und „**nichts** antwortet mir"? Wie könnte man diesen Gegensatz erklären?

Was hat der Titel des Gedichts mit dem Inhalt zu tun? Was und wen hat Gott alles geschaffen? In welchen Strophen wird ein harmonisches Bild von Gottes Schöpfung gegeben? Wo ist der Mensch harmonisch in diese Schöpfung integriert? Wo nicht?

Möchten Sie dieses Gedicht nicht auswendig lernen (*to memorize*)? Versuchen Sie es doch!

➡ WB, S. 191; mehr zum Lesen.

Zum Schreiben

A In diesem Gedicht hat der Mensch die Fähigkeit verloren, Echo und Antwort auf den Ruf Gottes zu sein. Er ist kein Vorbild (*model*) für die restliche Schöpfung, sondern ist im Gegenteil aus der Schöpfung herausgefallen. Christa Reinig klagt (*bewails, mourns for*) also über den Verlust (*loss*) des Menschen in der Natur, darüber, daß der Mensch in Widerspruch zur Natur geraten ist.

Wie würden Sie das Gedicht **ums**chreiben, damit der Mensch wieder zum Teil der Natur wird, damit er seine Verantwortung (*responsibility*) wieder übernimmt und auf den Ruf antwortet? Versuchen Sie es mal!

B Schreiben Sie **entweder** einen kurzen Abschnitt über die „Verantwortung des Menschen für die Natur und für den Menschen" **oder** eine Geschichte, in der ein ähnliches Ruf- / Antwortspiel vorkommt wie in Reinigs Gedicht. Vielleicht über eine Situation, in der jemand einen anderen rief, weil er Hilfe brauchte, und dann (k)eine Antwort bekam?

➡ WB, S. 199; **Reden wir miteinander!**

Türme—mit und ohne Rauch.

Hundertwasser:

**Die Nachbarn II—
Spiralsonne und Mondhaus**

Zum Vokabelmosaik

Wenn wir in unserer überbevölkerten Welt überleben wollen, müssen wir überlegen, welche technischen Neuerungen wirklich Fortschritt für die Menschheit bedeuten.

➡ WB, S. 200; lesen Sie Informationen zu Umweltberufen.

Vokabelmosaik 8 bietet einige Verben, um über „Mensch und Technik" leichter lesen und reden zu können.

Schauen und Identifizieren

Vielleicht kennen Sie schon einige der Verben im Vokabelmosaik? Identifizieren Sie diese.

Kapitel 8: Modernes Leben: Zum Überlegen und Überleben

Vokabelmosaik 2

Mensch und Technik

Man kann den Schmutz in der Luft oder im Wasser messen.

	WAS?
messen, mißt, maß,	die Temperatur
gemessen *to measure*	die Verschmutzung der Luft
das Meßinstrument	Giftstoffe
das Maß	den Nährwert von Speisen
meßbar	

Wie kann man Umweltschäden verhindern?

	WAS?
verhindern *to prevent*	einen Plan, einen Unfall *accident*
sein verhindert	die Verschwendung von Rohstoffen
to be unable to . . .	, daß . . .

Was passiert, wenn das Ökosystem gestört wird?

	WEN? / WAS?
stören jdn / etwas *to*	den Biologen bei einem Experiment
interrupt, to disturb	einen Mitbewohner beim Lernen
die Störung	das Ökosystem

Wir brauchen Autos, die weniger Benzin verbrauchen.

	WEN? / WAS?
brauchen *to be in need of,*	mehr Verständnis für die Umwelt
to require	Umweltspezialisten / Umweltspezialistinnen
Du brauchst nicht zu	mehr Zeit
kommen. *You need not come.*	sauberere Flüsse

Viele Autos verbrauchen zu viel Benzin.

	WAS?
verbrauchen *to consume,*	zu viel Benzin
to use (*up*)	weniger Energie
der Verbraucher	

Chemikalien vergiften Boden und Flüsse.

	WAS? / WEN?
vergiften *to poison*	die Nahrung
das Giftgas	den Boden *soil*
giftig	das Wasser

Wie kann man Seen und Flüsse retten?

	WEN? / WAS?
retten *to save*	einen Ertrinkenden
die Rettung *rescue;*	hungernde Menschen
ambulance	Vögel vor der Ölpest

Kombinieren und Schreiben

A „Unser Alltag—Was und womit man mißt." Verbinden Sie die Wörter links mit passenden Wörtern rechts. Suchen Sie neue Wörter im Wörterbuch.

die Wärme / die Kälte	die Waage
die Länge und Breite eines Zimmers	das Hygrometer
die Geschwindigkeit beim Autofahren	das Barometer
die Luftfeuchtigkeit	das Meßband
das Körpergewicht	das Thermometer
der Luftdruck	das Tachometer

Finden Sie selbst noch andere „Meßkombinationen". Nun sagen / schreiben Sie einfache Sätze (Aktiv und Passiv) auf.

> **BEISPIEL:** Zum Messen der Geschwindigkeit braucht man . . .
> *oder:* Die Geschwindigkeit wird mit . . . gemessen.

B „ ‚Vorsicht ist besser als Nachsicht'—Was man alles verhindern kann." Sammeln Sie zu zweit Möglichkeiten.

> **ZWEI BEISPIELE:** Wenn man langsamer fährt, kann man schwere Unfälle verhindern.
>
> Wenn man Flaschen und Dosen sammelt, kann man . . .

Viele Leute tun das aber immer noch nicht. Bilden Sie nun Konditionalsätze.

> **BEISPIEL:** Wenn man langsamer führe (fahren würde), könnte man Unfälle verhindern.

*H*örverstehen 2

„Die Erde ist rund"

Kurzinformationen zu Peter Bichsel: Geb. 1935 in Luzern in der Schweiz, war Lehrer an einer Grundschule und einer Kunstgewerbeschule und 1972 „writer-in-residence" am Oberlin College, Ohio. Für seinen einzigen Roman *Die Jahreszeiten* (1967) erhielt er den Literaturpreis der Gruppe 47. Berühmt geworden ist er als Geschichtenerzähler, zum Beispiel in seinem Buch *Eigentlich möchte Frau Blum den Milchmann kennenlernen* (1964). Viele Menschen in seinen Geschichten möchten „eigentlich" etwas anderes, als sie

Verschmutzung der Elbe.

Smog über Berlin.

haben oder sind, können sich aber nicht verständlich machen. Oder es sind „Kauze" (*eccentrics*), die gegen Konventionen rebellieren. Hören und lesen Sie nun die erste seiner *Kindergeschichten* (1969).

➤ WB, S. 205; Übungen zum **Hörverstehen 2**.

*F*ormen und Funktionen 2

DIRECT AND INDIRECT (REPORTED SPEECH)

Direkte Rede

In direkter Rede berichtet man, wie die andere Person etwas selbst gesagt hat. Das Gesagte steht in der geschriebenen Sprache unter Anführungszeichen („ . . . ")

    BEISPIEL: Herr Paturi sagt: „Ich habe Angst vor den Menschen."

Indirekte Rede

In der indirekten Rede läßt man den anderen Sprecher nicht selbst sprechen. Das Gesagte steht also nicht in Anführungszeichen. Man berichtet **indirekt**, was jemand anderer gesagt hat. Dabei ändert sich das Pronomen und manchmal auch das Verb.

    BEISPIEL: *Variante 1*: Herr Paturi sagt, daß **er** Angst vor den Menschen **hat.**
               oder: Herr Paturi sagt, **er hat** Angst vor den Menschen.

           Variante 2: Herr Paturi sagt, daß **er** Angst vor den Menschen **habe.**
                                             (Konjunktiv 1)
               oder: Herr Paturi sagt, **er habe** Angst vor den Menschen.

           Variante 3: Herr Paturi sagt, daß **er** Angst vor den Menschen **hätte.**
                                             (Konjunktiv 2)
               oder: Herr Paturi sagt, **er hätte** Angst vor den Menschen.
                   Mr. Paturi says (that) he is afraid of people.

Vergleichen Sie diese Beispiele mit dem Beispiel oben: Direkte Rede. An diesen Beispielen sehen Sie, daß das Personalpronomen geändert wurde (**ich** → **er**), daß in Variante 2 und 3 das Verb im Konjunktiv steht, und daß keine Anführungszeichen da sind. In der gesprochenen Sprache wird oft die Variante 1 verwendet, also **kein** Konjunktiv. Die Varianten 2 und 3 gebrauchen zwei verschiedene Konjunktivformen (Konjunktiv 1 und Konjunktiv 2). Diese Konjunktivformen kommen mehr in der formelleren geschriebenen Sprache vor. Die Variante 3 signalisiert außerdem eine größere Distanzierung vom Gesagten bzw. Zweifel am Gesagten.

Zur Wiederholung geben wir Ihnen noch einmal einige Formen für Konjunktiv 2 aus Kapitel 3.

Konjunktiv 2-Formen		
Infinitiv	**Gegenwart / Zukunft**	**Vergangenheit**
sein	wäre	wäre . . . gewesen
haben	hätte	hätte . . . gehabt
werden	würde	wäre . . . geworden
können	könnte + V_{inf}	hätte + V_{inf} + können
müssen	müßte + V_{inf}	hätte + V_{inf} + müssen
dürfen	dürfte + V_{inf}	hätte + V_{inf} + dürfen
sollen	sollte + V_{inf}	hätte + V_{inf} + sollen
wollen	wollte + V_{inf}	hätte + V_{inf} + wollen
kommen	käme (würde kommen)	wäre . . . gekommen
essen	äße (würde essen)	hätte . . . gegessen

Der Konjunktiv 1 ist „defekt". Er unterscheidet sich oft nicht vom Indikativ (siehe die „( )"-Formen unten). In so einem Fall müssen wir den Konjunktiv 2 nehmen (siehe die „→"-Formen unten).

Konjunktiv 1—Formen und Substitutionen mit Konjunktiv 2				
Gegenwart				
Singular				
ich (habe) → **hätte**	ich **sei**	ich **müsse**		ich (komme) → **käme**
Sie (haben) → **hätten**	Sie **seien**	Sie (müssen) → **müßten**		Sie (kommen) → **kämen**
du **habest**	du **seiest**	du **müssest**		du **kommest**
er	er	er		er
sie } **habe**	sie } **sei**	sie } **müsse**		sie } **komme**
es	es	es		es
Plural				
wir (haben) → **hätten**	wir **seien**	wir (müssen) → **müßten**		wir (kommen) → **kämen**
Sie (haben) → **hätten**	Sie **seien**	Sie (müssen) → **müßten**		Sie (kommen) → **kämen**
ihr **habet**	ihr **seiet**	ihr **müsset**		ihr **kommet**
sie (haben) → **hätten**	sie **seien**	sie (müssen) → **müßten**		sie (kommen) → **kämen**

Notes: Genauso wie **ich müsse** auch: **ich dürfe, ich könne, ich solle, ich werde, ich wisse, ich wolle**

Kapitel 8: Modernes Leben: Zum Überlegen und Überleben

Verben mit Vokalwechsel, z.B. **ich fahre**, **er fährt**, haben im Konjunktiv 1 keinen Vokalwechsel.

er fahre (Indikativ: er fährt)
er sehe (Indikativ: er sieht)

Konjunktiv 1: Formen und Substitutionen mit Konjunktiv 2

Vergangenheit

Singular

ich (habe) → **hätte**	ich **sei**
Sie (haben) → **hätten**	Sie **seien**
du **habest**	du **seiest**
er	er
sie } **habe** } gesehen	sie } **sei** } gekommen
es	es

Plural

wir (haben) → **hätten**	wir **seien**
Sie (haben) → **hätten** } gesehen	Sie **seien** } gekommen
ihr **habet**	ihr **seiet**
sie (haben) → **hätten**	sie **seien**

---

1. Redewiedergabe in der Gegenwart

BEISPIELE: *Direkt*: Michael sagt: „**Ich** fahre so wenig wie möglich Auto."

Indirekt: *Variante* 1: Michael sagt, daß **er** so wenig wie möglich Auto **fährt**.
Variante 2: Michael sagt, daß **er** so wenig wie möglich Auto **fahre**.
(Konjunktiv 1)
oder: Michael sagt, **er fahre** so wenig wie möglich Auto.
Variante 3: Michael sagt, daß er so wenig wie möglich Auto **führe** (**fahren würde**). (Konjunktiv 2)
oder: Michael sagt, **er führe** so wenig wie möglich Auto.
Michael says, (that) he drives his car as little as possible.

NOTE: Die „indirekten" Sätze können mit oder ohne **daß** gebildet werden. Dabei ändert sich natürlich die Wortstellung.

2. Redewiedergabe in der Vergangenheit

BEISPIELE: *Direkt*: Steffi berichtet: „**Ich habe mein** Auto **verkauft**."
„**Ich verkaufte mein** Auto."

Indirekt: *Variante* 1: Steffi berichtet, daß **sie ihr** Auto **verkauft hat**.
Variante 2: Steffi berichtet, daß **sie ihr** Auto **verkauft habe**.
Variante 3: Steffi berichtet, daß **sie ihr** Auto **verkauft hätte**.
Steffi reports, (that) she sold her car.

3. Redewiedergabe in der Vergangenheit und Gegenwart

BEISPIELE: *Direkt*: Erwin meint: „Unsere Lebensweise hat sich geändert. Wir leben von der Industrie."

Indirekt: *Variante* 1: Erwin meint, daß sich unsere Lebensweise geändert hat, und daß wir von der Industrie leben.

Variante 2: Erwin meint, daß sich unsere Lebensweise geändert **habe**, und daß wir von der Industrie **lebten / leben würden**.

Variante 3: Erwin meint, daß sich unsere Lebensweise geändert **hätte**, und daß wir von der Industrie **leben würden**. *Erwin thinks that our lifestyle changed and that we live off of industry.*

NOTE: Weil es keine eigene Konjunktiv 1-Form mit **wir** gibt, nimmt man die Konjunktiv 2-Form oder **würde + Infinitiv**.

Direkt: Anne sagt: „**Ich habe versucht**, die Cola-Dosen durch Glasflaschen zu ersetzen. Aber Cola in Glasflaschen **ist** teuer."

Indirekt: *Variante* 1: Anne sagt, daß **sie versucht hat**, die Cola-Dosen durch Glasflaschen zu ersetzen, daß aber Cola in Glasflaschen teuer **ist**.

Variante 2: Anne sagt, daß **sie versucht habe**, die Cola-Dosen durch Glasflaschen zu ersetzen, daß aber Cola in Glasflaschen teuer **sei**.

Variante 3: Anne sagt, daß **sie versucht hätte**, die Cola-Dosen durch Glasflaschen zu ersetzen, daß aber Cola in Glasflaschen teuer **wäre**. *Anne says that she had tried to replace Coke cans with glass bottles but that Coke in glass bottles was expensive.*

277

> Kleine Hilfe zu den Interpunktionszeichen (*punctuation marks*):
> *Direkt*: . . . : „ . . . . / ! / ?)"
> *Indirekt*: . . . , ...

A | Erkennen Sie, zu welchen Verben die folgenden Konjunktivformen gehören? Schreiben Sie jeweils die Infinitivform auf.

BEISPIEL: käme → kommen

1. nähme _____
2. gäbe _____
3. hinge _____
4. bliebe _____
5. träfe _____

6. führe _____
7. läse _____
8. sähe _____
9. spräche _____
10. wüßte _____

B | Wenn das „indirekt" so aussieht wie angegeben, wie sähe das direkt aus? Schreiben Sie die Sätze **mit** Interpunktionszeichen in der direkten Rede auf.

BEISPIEL: Herr Paturi meint, daß es heute viele Gründe für Angst **gebe**. → Herr Paturi meint: „Es gibt heute viele Gründe für Angst."

1. Birgit meint, daß sie in ihrer Wohngemeinschaft eine ziemlich klare Linie hätten.

Birgit meint:

Kapitel 8: Modernes Leben: Zum Überlegen und Überleben

2. Sie sagt, sie würden Altpapier sammeln.

   Sie sagt:

3. Dirgen erzählt, daß er von Brasilien komme und daß dort leider nicht viel für den Umweltschutz getan werde.

   Dirgen erzählt:

4. Birgit sagt, daß sie phosphatfreies Waschmittel benutze. Das sei jetzt glücklicherweise auch billiger geworden.

5. Tobias meint, daß der einzelne nur wenig für den Umweltschutz tun könne.

C | Die folgenden drei Kurztexte kommen von Kapitel 7, Hörverstehen 1: „Berufstätige Mutter oder Hausfrau". So haben die Kinder das gesagt. Wie würden die Texte aussehen, wenn **Sie** (indirekt) berichten, was die Kinder gesagt haben? Schreiben Sie die Texte auf, und machen Sie die notwendigen Änderungen.

1. Yasmin: „**Meine** Mutter **arbeitet** zweimal in der Woche. **Ich finde** das gut, weil **wir** dann mehr Geld **haben**, und **mein** Vater **braucht meiner** Mutter nicht so viel Unterhalt zahlen. Denn **meine Eltern leben** getrennt."
   Yasmin sagt, daß _____

2. Gerhardt: „**Ich finde** es nicht gut, daß **meine** Mutter nicht berufstätig **ist**, weil sie **mich** immer **bevormundet**. Außerdem **will ich** lernen, selbständig zu sein, und das **kann ich** nicht. Dann **verbietet** sie **mir** alles."
   Gerhardt meint, _____

3. Peter: „**Wir haben** einen kleinen Betrieb, wo auch **unser** Haus **ist**. **Meine** Mutter **bringt** zwar manchmal die Post weg, aber **muß** es nicht tun. Wenn **ich** nach Hause **komme, steht** das Essen schon fast bereit. **Ich finde** das prima. Aber trotzdem **finde ich** es auch gut, wenn man mal allein **ist**. **Ich koche** nämlich gerne."
   Peter sagt, _____

D | Hören Sie sich doch nochmals einige Texte vom Hörverstehen 1 an. Notieren Sie, was die jungen Leute gesagt haben. Nun versuchen Sie, indirekt zu berichten. Verwenden Sie dabei **daß**-Sätze und Konjunktiv 1 oder 2.

> **BEISPIEL:** Verena sagt, daß sie Alufolien, Kunststoffabfälle usw. an Sammelstellen **abgebe**, weil Umweltschutz für sie wichtig **sei**.
> Sie meint auch, daß . . .

➡ WB, S. 206; Übungen zu **Formen und Funktionen 2**.

Zum Lesen

Im folgenden stehen sich zwei Texte gegenüber, die eine fundamental entgegengesetzte Einstellung zur Technik und deren Gebrauch zeigen. Der erste ist von dem Altphilologen Wolfgang Schadewaldt; der zweite von dem österreichischen Schriftsteller Thomas Bernhard. Schadewaldts Text ist schwierig geschrieben, hat aber eine eindeutige Aussage; Bernhards Text ist einfach zu lesen, aber schwieriger zu interpretieren. Lesen Sie zuerst Schadewaldt, dann Bernhard.

Kurzinformation zu Wolfgang Schadewaldt: Geb. 1900 in Berlin, gest. in Tübingen. Altphilologe und Literaturwissenschaftler; Professor in Königsberg, Freiburg, Leipzig,

Berlin; lebte bis zur Emeritierung in Tübingen. Der Text stammt aus Schadewaldts Aufsatz „Die Anforderungen der Technik an die Geisteswissenschaften." *Hellas und Hesperien*. Bd. 2 (Zürich: Artemis Verlag, 1970), S. 463f.

Vor dem Lesen

Erinnern Sie sich noch, welche Vorteile der Technik Herr Paturi genannt hat?

Wolfgang Schadewaldt geht in seiner Argumentation zurück in die Urzeit, um die Technik als etwas herauszustellen, was zum Menschen gehört. Haben Sie selber Ideen, oder kennen Sie Theorien über den Ursprung der Technik? Schreiben Sie ein paar Gedanken dazu auf.

Beim Lesen

Unterstreichen Sie beim Lesen **Synonyme** für das Wort Technik, z.B. „Welt der Natur abgewinnen", „gestalten" . . . , damit Sie später eine kleine Definition dafür geben können, was Schadewaldt unter Technik versteht.

Technik als Ur-Humanum
(Wolfgang Schadewaldt)

Vokabelhilfe

die Zuständigkeit *competence*	
der Ursprung *origin*	
eingepaßt sein *to fit in*	
ab•gewinnen *to win from* **gestalten** *to build*	
weben, o, o *to weave* **gerben, a, o** *to tan, dress*	

Um von dem Bereich meiner Zuständigkeit aus das Nötige in dem angegebenen Sinn zu tun, so wollen wir uns an einigen Hauptabschnitten der Geschichte der Technik vor allem im Zeitalter der griechisch-römischen Antike, dem Zeitalter unseres geistigen Ursprungs, zu orientieren suchen.

Da sei zunächst das Eine festgestellt: die Technik in ihrem Wesen und ihren ersten Ursprüngen *hat* ihren unbezweifelbaren menschlichen Ort. Sie ist ein Ur-Humanum, so alt wie der Mensch und mit dessen erstem Heraufkommen mitgesetzt. Der Mensch, der nicht wie das Tier von Natur in eine Umwelt eingepaßt ist, sieht sich, um in seiner Sonderart als Mensch überhaupt bestehen zu können, darauf angewiesen, seine spezifisch menschliche «Welt» der elementaren Natur abzugewinnen und sie zu gestalten. Das Mittel dieser menschlichen Weltgestaltung ist die Technik, zunächst in der Form der alten Künste, der Kunst der Stein-, Holz-, Ton- und Metallbearbeitung, des Spinnens, Webens, Gerbens, Färbens usw. Als die Erfinder und Geber dieser alten Künste galten in alten Mythen bezeichnenderweise entweder die Götter selbst oder hohe, von den Göttern begünstigte Menschen (von sich allein aus kam der Mensch nicht dazu).

Von altersher spricht sich hierin das Bewußtsein aus, daß die Technik einen bedeutenden menschlichen Auftrag hat: den Auftrag der Weltbewältigung, Weltgestaltung. Die Aufgabe der Technik ist *Ausstattung des Lebens und der Welt,* jene Ausstattung, die die „Kultur" erst eigentlich ermöglicht— *cultura* heißt „Pflege", „gepflegtes Dasein"—und die, sofern sie sich recht versteht, auch an sich selber ein Teil der Kultur ist. Die Technik, als Ausstattung des Lebens, ermöglicht mit der Errichtung eines spezifisch menschlichen Lebensraumes dem Menschen erst ein menschenwürdiges Dasein. Sie befreit ihn von dem einfachen Überantwortetsein an die elementaren Kräfte der Natur und gewährleistet ihm statt eines bloßen Vegetierens das eigentliche «Führen seines Lebens». In diesem Sinne befreit sie den Menschen zu sich selbst. Sie sichert, erweitert, steigert so sein Leben und bereichert es um so manche ihm von Natur noch nicht gegebenen Möglichkeiten, was ein antiker Tragiker so ausgedrückt hat: „Wir bewältigen durch die Technik das, worin wir von Natur benachteiligt sind."—

Befreiung des Menschen zu sich selbst in dem angegebenen Sinn ist der Urauftrag der Technik von altersher, und es darf daran erinnert werden, daß dieser Gedanke nicht wenigen von den Männern, die in Deutschland vor hundertfünfzig Jahren die technisch-industrielle Entwicklung auf den Weg gebracht und vorgetrieben haben, einen begeisternden Impuls gegeben hat.

Und ein Zweites. Bereits mit der Ausübung der alten Künste ist von vornherein eine Art Wissenschaft verbunden. Man machte Erfahrungen, sammelte, verfeinerte sie, es entstand ein Kunstwissen, das man sorgsam hegte und von Geschlecht zu Geschlecht überlieferte und vermehrte. Aus der Not, jener „großen Meisterin", erwuchs ein Fragen: das *Fragen aus dem Bedürfnis,* wie ich es nennen möchte. Es gibt noch heute der sogenannten „angewandten Forschung" den Hauptantrieb. Diese geht in der geschichtlichen Entwicklung der „reinen Forschung" durchaus voran, und auf ihrem Wege haben sich die alten Künste, vielfältig mit magisch-religiösen

begünstigt *favored*

das Bewußtsein *consciousness*

der Auftrag *charge, mandate*
die Bewältigung *mastery*
die Ausstattung *equipment*

die Pflege *care, rearing, tending*

die Errichtung *establishment, foundation*

überantworten *to consign, deliver up*
gewährleisten *to guarantee*

steigern *to increase*

vor•treiben *to drive onward*
begeistern *to inspire, fill with enthusiasm*
die Ausübung *to execution*

hegen *preserve, cherish*
das Geschlecht *here: generation; sex*

angewandte Forschung *applied research*
der Hauptantrieb *main drive*

Vorstellungen verwoben, in den alten Hochkulturen des Vorderen wie des Fernen Orients zu relativ großer Vollkommenheit erhoben. Allein, selbst eine so bedeutende Erscheinung wie die großartige Rechen- und Feldmeßkunst der alten Babylonier, Ägypter blieb doch auf das praktische Bedürfnis gerichtet. Was dabei an theoretischen Möglichkeiten mit heraufkam, blieb, außer in die magische Spekulation, in die geübten praktischen Erfahrensweisen eingebunden. Den alten Künsten fehlte, in all ihrer bereits hochentwickelten Empirie, um zur „Technik" im eigentlichen Sinn zu werden, noch eine entscheidende Grundlage: die Grundlage des prinzipiellen Denkens, das über ein bloßes Ausprobieren und eine klug angewandte Empirie hinaus ein planvolles Handeln ermöglicht. Dieses prinzipielle Denken, das, wie für alle geistige Tätigkeit, so auch für die Technik die Grundlage schuf, war die Entdeckung des kleinen Volkes der Griechen, mit denen, eben von dieser Entdeckung her, unser Europa seinen Anfang nehmen sollte.

erheben, o, o sich *to rise*
die Vollkommenheit
perfection
die Rechen- und
Feldmeßkunst *the art of calculation and land-surveying*

Nach dem Lesen

A Beantworten Sie kurz die folgenden Fragen:

- Worin sieht der Autor die Aufgabe der Technik? Welche Möglichkeiten bietet sie dem Menschen?
- Wie sah die Entwicklung von den alten Künsten zur Technik aus, so wie Schadewaldt sie beschreibt?
- Was meint er mit dem „prinzipiellen Denken"?

B Geben Sie eine Definition von „Technik," verstanden als etwas Menschliches oder Ur-Humanum.

Zum Schreiben

A Interpretieren Sie den Satz des antiken Tragikers, den Schadewaldt zitiert, „Wir bewältigen durch die Technik das, worin wir von Natur benachteiligt sind" mit Hilfe von Schadewaldts Argumentation.

B Schreiben Sie zu zweit einen Dialog, den Sie mit Herrn Schadewaldt über seine Auffassung der Technik führen. Sie selber können die Redemittel benutzen, die Sie gelernt haben unter „Wie sagt man, wenn man etwas nicht ganz verstanden hat" oder mit denen Sie Ihre Meinung ausdrücken. „Herr Schadewaldt" soll dagegen Redemittel benutzen, mit denen man etwas genauer erklären kann.

Was sagt man, wenn man etwas genau erklären will?

❏ Ich sehe die Sache folgendermaßen. Zuerst . . . , dann

❏ Zunächst muß man sich darüber im klaren sein, daß . . .

❏ Zu bedenken ist wahrscheinlich auch, daß . . .

❏ Wenn man die Sache ohne Vorurteile besieht, findet man, daß . . .

❏ Die Konsequenz davon ist, daß . . .

❏ Alles in allem . . .

Dieser Dialog kann Ihnen später helfen, wenn Sie nach der Lektüre von Bernhards Text die beiden Technik-Ansichten miteinander konfrontieren.

Kurzinformationen zu Thomas Bernhard: Geb. 1931 in Heerlen (Holland), gest. 1989 in Gmunden. Österreichischer Dramatiker und Erzähler. Gymnasium, Lehre als Verkäufer, Beginn eines Musik- und Schauspielstudiums in Salzburg; seit 1972 freier Schriftsteller. Einige wichtige Texte sind *Frost* (1963), *Verstörung* (1967), *Das Kalkwerk* (1970), *Die Salzburger Stücke* (1975), *Korrektur* (1975). Bernhards Texte spiegeln provokant eine negative Sicht der Wirklichkeit wieder.

Vor dem Lesen

Kennen Sie Ansichten der Technik, Filme, Bücher, Theaterstücke, Bilder, in denen die Technik eine negative oder gar zerstörerische Rolle spielt?

BEISPIEL: Fritz Langs Film *Metropolis*, . . .

Was fällt Ihnen zum Wort „Maschine" ein?

BEISPIEL: Waschmaschine, . . .

Haben Sie in den Ferien schon mal in einer Fabrik oder in einem anderen anstrengenden Job gearbeitet? Wie war das?

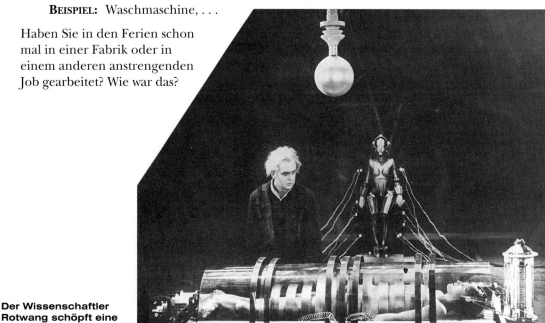

Der Wissenschaftler Rotwang schöpft eine Roboterfrau (Szene aus dem Film *Metropolis*).

Beim Lesen

Achten Sie beim Lesen auf den Aufbau des Textes. Wo würden Sie einen Strich ziehen? Wo fängt inhaltlich ein neuer Teil an? Unterstreichen Sie mit blau alle aktiven Verben, mit rot alle Passivformen oder Passivalternativen.

Eine Maschine
(Thomas Bernhard)

EINE MASCHINE, die wie eine Guillotine ist, schneidet von einer sich langsam fortbewegenden Gummimasse große Stücke ab und läßt sie auf ein Fließband fallen, das sich einen Stock tiefer fortbewegt und an welchem Hilfsarbeiterinnen sitzen, die die abgeschnittenen Stücke zu kontrollieren und schließlich in große Kartons zu verpacken haben. Die Maschine ist erst neun Wochen in Betrieb, und den Tag, an welchem sie der Fabrikleitung übergeben wurde, wird niemand, der bei dieser Feierlichkeit anwesend war, vergessen. Sie war auf einem eigens für sie konstruierten Eisenbahnwaggon in die Fabrik geschafft worden, und die Festredner betonten, daß diese Maschine eine der größten Errungenschaften der Technik darstelle. Sie wurde bei ihrem Eintreffen in der Fabrik von einer Musikkapelle begrüßt, und die Arbeiter und die Ingenieure empfingen sie mit abgenommenen Hüten. Ihre Montage dauerte vierzehn Tage, und die Besitzer konnten sich von ihrer Arbeitsleistung und Zuverlässigkeit überzeugen. Sie muß nur regelmäßig, und zwar alle vierzehn Tage, mit besonderen Ölen geschmiert werden. Zu diesem Zweck muß eine Arbeiterin eine Stahlwendeltreppe erklettern und das Öl durch ein Ventil langsam einfließen lassen. Der Arbeiterin wird alles bis ins kleinste erklärt. Trotzdem rutscht das Mädchen so unglücklich aus, daß es geköpft wird. Sein Kopf platzt wie die Gummistücke hinunter. Die Arbeiterinnen, die am Fließband sitzen, sind so entsetzt, daß keine von ihnen schreien kann. Sie behandeln den Mädchenkopf gewohnheitsmäßig wie die Gummistücke. Die letzte nimmt den Kopf und verpackt ihn in einen Karton.

Vokabelhilfe

ab•schneiden *to cut off*
die Gummimasse *rubber mass*
das Fließband *conveyor belt*

in Betrieb sein *to be working, in operation*

die Feierlichkeit *festivity*
eigens *expressly, particularly*

die Errungenschaft, -en *achievement, acquisition*

die Zuverlässigkeit *reliability*

die Stahlwendeltreppe *steel winding stairs*
erklettern *to climb up, ascend*
schmieren *to grease*
das Ventil *valve*
aus•rutschen *to slip*
köpfen *to truncate, behead*
hinunter.platzen *to burst down*
entsetzt *horrified*
behandeln *to treat*
gewohnheitsmäßig *according to custom, habit*

Nach dem Lesen

A Vergleichen Sie die Tätigkeit der Maschine mit der Tätigkeit der Frauen.

Warum feiern die Betriebsangehörigen die Installierung der Maschine?

Welche Folgen hat die Installation der Maschine auf den menschlichen Arbeitsprozeß?

B Was wird im Aktiv, was im Passiv beschrieben?

Wie erklären Sie sich die Reaktion der Arbeiterinnen nach dem Unfall?

Warum wird die Reaktion der Arbeiterinnen auf den Unfall Ihrer Meinung nach im Aktiv beschrieben, während alles, was die Arbeiterinnen vorher betraf (*concerned*), im Passiv gehalten wurde?

C Sie haben beim Lesen den Text **inhaltlich** in zwei Teile geteilt. Wahrscheinlich werden Sie den Unfall als Wendepunkt angesehen haben. Schauen Sie sich die letzten Zeilen jetzt nochmal von der **Form** her an. Sehen Sie irgendeine Veränderung, die helfen könnte, der Tragödie Ausdruck zu geben?

Sie werden wahrscheinlich nichts gefunden haben. Warum läßt Bernhard die Erzählung wohl so lakonisch weiterlaufen wie vorher, so, als ob keine Tragödie passiert wäre? Warum schreibt er zum Beispiel nicht:

„Plötzlich geschah das Ungeheuerliche (*the monstrous*) . . . "

Reden wir miteinander!

A Sprechen Sie zu zweit über Ihre Reaktion auf Bernhards „Maschine". Unterhalten Sie sich auch über die Filme / Bücher / Bilder / Stücke, die Sie auf S. 282 notiert haben, in denen Technik als Moloch vorkommt.

B Wolfgang Schadewaldt hat in einem eher philosophischen Text über „Mensch und Technik" nachgedacht. Bernhard äußert sich nicht so direkt dazu, aber man kann seine Einstellung am Text ablesen. Überlegen Sie zu zweit einen neuen Titel für Bernhards Geschichte, den Sie Schadewaldts Titel gegenüberstellen.

C „Technik als Ur-Humanum". Führen Sie jetzt eine Diskussion zwischen Schadewaldt und Bernhard. Bernhard soll die positive Sicht der Technik von Schadewaldt herausfordern (*challenge*). Benutzen Sie dazu auch die Redemittel auf S. 282 noch einmal und den Dialog, den Sie mit „Schadewaldt" geführt haben.

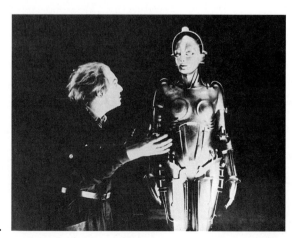

Die Roboterfrau erwacht zum Leben.

Stufe

3

Einfach, ganz einfach leben

„Weniger wäre mehr—Zurück zum bescheideneren Leben hieß das Thema, das die Lehrerin der neunten Klasse Hauptschule zur Diskussion gestellt hatte. Und ihr war es sehr ernst damit. Doch die Mädchen und Jungen hatten Schwierigkeiten, etwas zu finden, was sie eigentlich nicht brauchten. Sie fanden, daß sie eigentlich schon recht bescheiden lebten. Dann kamen sie auf die Idee, ihre Lehrerin zu fragen:

„Sie haben eine Wohnung?"

„Ja", sagte die Lehrerin, „ein Reihenhaus."

Reihenhaus darf sein, Reihenhaus muß sein, meinten die Kinder.

„Ein Auto haben Sie auch!"

„Jeden Tag 20 Kilometer zur Schule hin und 20 Kilometer zurück", sagte die Lehrerin.

Auto zur Arbeit muß sein, meinten die Kinder.

Und der Mann der Lehrerin braucht auch eins, weil er anderswo arbeitet.

„Fernseher?"

„Fernseher braucht man als Lehrer, damit ich weiß, worüber ich reden kann mit Euch."

Fernseher braucht man.

„Stereoanlage?"

„Mal ein bißchen Musik muß sein. Man muß sich ja mal entspannen können."

Musik muß sein.

Und sonst?

„Ja, das kleine Segelboot. Und natürlich das Surfbrett." Der See liegt ja vor der Haustür.

Urlaub muß auch sein. Und mal essen gehen zum Italiener. Und ein bißchen Silberschmuck. Und die Grafik-Serie—der Junge braucht das Geld wirklich dringend. Und mal ins Kino und ins Theater—man lebt ja schließlich nicht nur von Essen und Trinken. Und die neue Bücherwand und die Bücher. Und die beiden Karthäuser-Katzen kann man ja auch nicht verhungern lassen. Und das Kleid war im Sonderangebot. Und als Lehrerin braucht man den Computer. Es kommt ja schließlich den Kindern zugute. Nein. Luxus ist das sicher nicht. Und übrig bleibt ja sowieso nichts. Wo soll man denn eigentlich sparen?

Aber es geht ja auch nicht um die, bei denen eh nichts übrigbleibt. Es geht um die, die das Geld mit vollen Händen zum Fenster rauswerfen. Wirklich: Weniger wäre mehr. Sein, nicht Haben.

285

▼ Vokabelhilfe

bescheiden *modest*	**zugute kommen jdm** *to be beneficial for*
Es ist mir ernst . . . *I am serious about . . .*	**sparen** *to save*
kommen auf eine Idee eine Idee haben	**es geht um . . .** *it is about, it concerns*
. . . zum Italiener in ein italienisches Restaurant	**übrig•bleiben** *to be left over*
der Schmuck *jewelry*	**raus•werfen** *here:* aus•geben / verschwenden
dringend *urgent*	

Schreiben Sie ein paar Sätze im Konjunktiv auf. Was könnte die Lehrerin alles nicht mehr machen:

> Wenn die Lehrerin kein Auto mehr hätte, . . .
> Wenn . . .

➡ WB, S. 209; mehr zum Lesen und Diskutieren.

Zum Vokabelmosaik

Oft, aber nicht immer, hängt die „Lebensqualität" vom „Lebensstandard" ab. Zu diesem wichtigen Thema gibt es verschiedene Meinungen. Die Verben in Vokabelmosaik 3 sollen Ihnen helfen, Gespräche oder Texte zu diesem Thema besser zu verstehen und darüber zu reden.

Schauen und Identifizieren

A Schauen Sie sich das Vokabelmosaik an, und versuchen Sie, die Modellsätze zu verstehen. Identifizieren Sie bekannte Verben.

Markttag für Mensch und Tier.

Spiralen

Vokabelmosaik 3

Lebensstandard—Lebensqualität

Sie meint, sie habe kein Geld übrig zum Sparen.

	WAS?	WOFÜR? / FÜR WEN?
sparen etwas (für) *to save*	Geld	für eine Reise
sparsam *thrifty,*	Energie	
economical	Strom *electricity*	

Fahrräder verursachen keine Staus und brauchen wenig Platz.

	WAS?
verursachen *to cause*	Lärm
die Ursache	keine Energieverschwendung
	keine Parkplatzprobleme

Die Umwelt wird nicht nur durch die Industrie verschmutzt.

	WAS?
verschmutzen *to pollute,*	das Wasser, die Luft, die Erde
to get dirty	Kleider
die Verschmutzung	

Lebensqualität geht jeden an.

	WEN?
an•gehen jdn / etwas	die Autofahrer
to concern	dich, mich, uns alle
Das geht nicht an.	
That won't do.	
Was geht das mich an?	
What's that to me?	
Das geht dich nichts an!	
(very direct)	
That's none of your business.	

Wir alle müssen uns mit dem Schutz der Natur befassen.

	MIT WEM? / WOMIT?
befassen sich mit	mit den Studenten
to deal with,	mit der Frage der Lebensqualität
to attend to	mit einer schwierigen Aufgabe

Viele Menschen wollen nicht auf Bus und Bahn angewiesen sein.

	AUF WEN? / WORAUF?
angewiesen sein auf	auf die Hilfe eines Freundes
to depend on	auf den Rat des Umweltberaters
	auf die Unterstützung durch den Staat
	auf die öffentlichen Verkehrsmittel

287

Kapitel 8: Modernes Leben: Zum Überlegen und Überleben

Oft ist es nicht leicht, einen Umweltplan durchzusetzen.

WAS?

durch•setzen *to carry*   eine Vorschrift *regulation*
   through, to enforce   ein Gesetz
                                  einen Plan

Kombinieren und Schreiben

A | Nehmen Sie nun die für Sie neuen Verben, und bilden Sie einfache Sätze. Zuerst mit gegebenen Vokabeln, dann auch mit Ihren eigenen.

> BEISPIEL: verschmutzen →
> Autos verschmutzen die Luft.
> Max trägt gern verschmutzte Kleider.
> Der Fluß ist durch Abfälle verschmutzt worden.

B | Wie heißen die verwandten Verben (Vokabelmosaik 1 bis 3)? Sagen Sie das Verb laut, und schreiben Sie es auf.

die Ernährung   _____

das Gift   _____

die Ursache   _____

der Naturschutz   _____

benutzbar   _____

sparsam   _____

die Verschmutzung   _____

das Maß   _____

die Störung   _____

der Verbraucher   _____

Statt selber fahren oder gar zu Fuß • Fahr lieber mit dem Autobus •

C | „Umsteigen aufs Fahrrad"—Welches Wort paßt? Schreiben Sie die richtige Form in die Lücke.

Radfahren _____ Energie.

verschwenden
sparen
befassen

Radfahrer _____ keinen Lärm.

angehen
sparen
verursachen

Radfahrer _____ nicht immer auf das

Auto _____.

schützen
sein angewiesen
brauchen

Die Umwelt wird beim Radfahren weniger

_____.

belasten
haben Angst
schützen

Mit dem Fahrrad _____ man zwar mehr

lösen
brauchen

Zeit, aber man schadet der Umwelt nicht.

verbrauchen

D | Machen Sie zwei Vokabelmosaiken mit Verben aus den drei Vokabelmosaiken, eines positiv, das andere negativ.

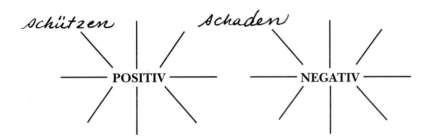

E | Brauchen—zwei Versionen.

(1) als Vollverb:

> brauchen *to need sth. / so.*
> Wir brauchen mehr Verständnis für die Natur.
> Bei Stau braucht man mit dem Auto oft mehr Zeit als mit dem Fahrrad.

(2) als Modalverb:

> nicht ⎫
> nur ⎭ brauchen zu + Infinitiv { *need not + verb*
>   { *only need + **to** + verb*

> Du brauchst nicht immer **zu** sparen.
> = Du mußt nicht immer sparen.
>   *You need not save all the time.*

> Du brauchst nur an**zu**rufen.
> = Du mußt nur anrufen.
>   *You only need **to** call.*

Vorsicht:

> Du mußt bezahlen.
>   *You have to / need to pay.*
> FALSCH Du brauchst zu bezahlen. FALSCH

Deutsch, bitte:

I need your help. _____

He doesn't need to come. _____

We need clean air and water. _____

You need not pay. _____

*H*örverstehen 3 (Video)

Interview mit einem Schweizer Mathematiker

Für die Schweiz wie auch für Österreich ist Tourismus ein wichtiger Teil der Wirtschaft. Bei der Modernisierung des Fremdenverkehrs (=Tourismus) kann es aber zu Konfliktsituationen mit der Umwelt kommen. Um sowohl die landschaftliche Schönheit zu erhalten als auch die Bewohner und die Gäste zu schützen, gibt Österreich unter allen Industrieländern am meisten für Umweltschutz aus.

Bevor Sie sich das Interview anhören / ansehen, lesen Sie den Kurztext, und sehen Sie sich das Schaubild an.

➡ WB, S. 213; Übungen zum **Hörverstehen 3**.

Ausgaben für den Umweltschutz
(in ausgewählten Industrieländern in % des BSP 1991)

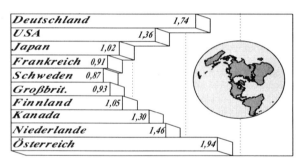

Deutschland	1,74
USA	1,36
Japan	1,02
Frankreich	0,91
Schweden	0,87
Großbrit.	0,93
Finnland	1,05
Kanada	1,30
Niederlande	1,46
Österreich	1,94

Viele Industriestaaten sehen die Bewahrung der Umwelt inzwischen als politische Pflichtaufgabe an. Die Bereitschaft, in den Umweltschutz zu investieren, ist aber unterschiedlich ausgeprägt. Nach Vergleichszahlen gaben Österreich und Deutschland mit fast zwei Prozent des Bruttosozialprodukts (BSP) 1991 am meisten für die Umwelt aus.   *Quelle: OECD/IW*

Tourismus und Umweltschutz

So wichtig der Tourismus für die schweizerische Wirtschaft ist – man darf darüber nicht die Probleme vergessen, die für bestimmte Regionen daraus entstehen. Zugegeben, diese Branche hat dazu beigetragen, die Kluft zwischen wirtschaftlich begünstigten und weniger begünstigten Gebieten zu verkleinern; sie hat im Gebirge auch die fatale Entvölkerung gestoppt.

Doch verändert der Tourismus immer und überall auch die Umwelt. Vor allem Hochgebirge und Seen sind in ökologischer Hinsicht bedroht. Die Notwendigkeit, neue Infrastrukturen zu erstellen (Skilifte, Parkplätze usw.), kollidiert oft direkt mit den Belangen der bergbäuerlichen Landwirtschaft.

Vielerorts hat ein solches Eingreifen, gepaart mit unüberlegter Planung, zu irreparablen Schäden in der Landschaft geführt, die negative Auswirkungen auch auf den Tourismus haben. Diese Schäden sind so alarmierend, daß die eidgenössischen Behörden sich damit befassen. Ein 1979 veröffentlichtes Tourismus-Konzept hat hier klare Richtlinien aufgestellt; es tritt einerseits für ein vernünftiges Wachstum der Fremdenverkehrsorte und für eine Diversifizierung ihres Angebotes ein, plädiert andererseits aber für die Erhaltung des ursprünglichen Ortsbildes und der Landschaft. Mit anderen Worten: Touristische Anlagen und Einrichtungen sind so einzufügen, daß sie nicht als Fremdkörper wirken. ■

*F*ormen und Funktionen 3

I. INDIRECT QUESTIONS AND REQUESTS

Wiedergabe von Fragen

1. Wiedergabe von Ja / Nein-Fragen

    BEISPIEL: *Direkt*: Der Interviewer fragt Herrn Paturi: „**Haben Sie** Angst vor der Technik der Zukunft?"

        Indirekt: *Variante 1*: Der Interviewer fragt Herrn Paturi, OB **er** Angst vor der Technik der Zukunft **hat.**

                Variante 2: Der Interviewer fragt Herrn Paturi, OB **er** Angst vor der Technik der Zukunft **habe.** (Konjunktiv 1)

                Variante 3: Der Interviewer fragt Herrn Paturi, OB **er** Angst vor der Technik der Zukunft **hätte.** (Konjunktiv 2)
The interviewer asks Mr. Paturi whether (if) he is afraid of the technology of the future.

Die indirekte Ja / Nein-Frage beginnt mit der Konjunktion OB. Alle indirekten Fragen sind Nebensätze. Daher steht das Verb am Ende des Satzes.

2. Wiedergabe von Fragewort-Fragen

    BEISPIEL: *Direkt*: Der Interviewer fragt: „**Welche** Gründe gibt es für die Angst heute?"

        Indirekt: *Variante 1*: Der Interviewer fragt, **welche** Gründe es für die Angst heute **gibt.**

                Variante 2: Der Interviewer fragt, **welche** Gründe es für die Angst heute **gebe.** (Konjunktiv 1)

                Variante 3: Der Interviewer fragt, **welche** Gründe es für die Angst heute **gäbe.** (Konjunktiv 2)
The interviewer asks what reasons there are today for being afraid of the future.

A So sehen einige Fragen **indirekt** aus. Wie würden sie **direkt** heißen? Schreiben Sie die direkten Fragen auf, und achten Sie auch auf Interpunktionszeichen.

    BEISPIEL: *Indirekt*: Die Schüler fragen die Lehrerin, ob sie eine Wohnung habe.
           Direkt: . . . : „Haben Sie eine Wohnung?"

1. Sie fragen, ob sie ein Auto habe.

    _____

2. Auch möchten sie wissen, wie oft sie mit dem Auto fahre.

    _____

3. Sie fragen, ob sie denn nicht auch ein kleines Segelboot habe.

    _____

4. Und die Lehrerin fragt, wo man denn eigentlich sparen solle.

_____

Ja, so komplex kann das „einfache" Leben sein!

Wiedergabe von Aufforderungen

1. Wiedergabe von informellen Aufforderungen

    BEISPIEL: *Direkt*: Onkel Georg: „Hab keine Angst vor dem Hund!"

            Indirekt: Onkel Georg meint, ich **soll (solle)** keine Angst vor dem Hund haben.
                Uncle George thinks (that) I should not be afraid of the dog.

Informelle Aufforderungen (meist **du**-Imperative) werden mit **sollen** wiedergegeben.

2. Wiedergabe von formellen Aufforderungen

    BEISPIEL: *Direkt*: Interviewer: „Frau Bühler, bitte beantworten Sie diese Frage!"

            Indirekt: Der Interviewer bat Frau Bühler, sie **möge** diese Frage beantworten.
                The interviewer asked Ms. Bühler to kindly answer this question.

Formelle Aufforderungen (meist **Sie**-Imperative mit **bitte**) können mit **mögen** wiedergegeben werden. Es gibt aber keine klaren Grenzen zwischen **sollen** und **mögen**.

II. SPECIAL FUNCTIONS OF *SOLLEN* AND *WOLLEN*

Sollen als Wiedergabemittel für generelle Behauptungen

    Sollen: *is / are said to . . .*

Generelle Behauptungen—wenn direkt ausgedrückt—beginnen oft mit „man sagt" oder „es heißt". Indirekt kann man für Behauptungen anderer auch **sollen** benutzen.

    BEISPIEL: *Direkt*: Man sagt: „Die chemische Industrie hat die Flüsse verschmutzt."

            Indirekt: Man sagt, daß die chemische Industrie die Flüsse verschmutzt habe.
                One says (they say) that the chemical industry polluted the rivers.

            oder: Die chemische Industrie **soll** die Flüsse **verschmutzt haben**.
                It is said that the chemical industry polluted the rivers.

Bei generellen Behauptungen (*assumptions, rumors, hearsay*) bleibt der Sprecher neutral.

Wollen als Wiedergabemittel für persönliche Behauptungen

    Wollen: *claims (to) . . .*

Für persönliche Behauptungen (*claims*) anderer Personen wird oft **wollen** verwendet.

BEISPIEL: *Direkt*: Peter behauptet: „Ich habe die Cola-Dose nicht aus dem Auto geworfen.“

Indirekt: Peter behauptet, daß er die Cola-Dose nicht aus dem Auto geworfen habe.
Peter maintains that he did not throw the Coke can out of the car.

oder: Peter **will** die Cola-Dose nicht aus dem Auto **geworfen haben.**
Peter claims not to have thrown the Coke can out of the car.

Wenn man persönliche Behauptungen anderer Personen mit **wollen** ausdrückt, bleibt der Sprecher nicht neutral. Der Sprecher zweifelt (*doubts*) oder glaubt nicht, daß die Behauptung wahr ist.

Vorsicht: Nur ein kleiner Strukturunterschied gibt den beiden Sätzen unten ganz verschiedene Bedeutungen.

Behauptung: Peter **will** die Flasche **nicht weggeworfen haben.**
*Peter **claims not to have thrown away** the bottle.*

Faktum: Peter **hat** die Flasche nicht wegwerfen wollen.
*Peter **did not want to throw away** the bottle.*

Sehen Sie den Unterschied? Wo steht **wollen** in den beiden Sätzen?

B Erkennen Sie von der Struktur und vom Kontext, welche Funktion **sollen** und **wollen** haben? Unterstreichen Sie Ihre Wahl und schreiben Sie die englischen Äquivalente der deutschen Sätze auf.

BEISPIEL: Petra soll krank sein.
should be / is said to be →
Petra is said to be ill.

1. Roland will seiner Gesundheit nicht schaden. *claims to / wants to*
2. Man hätte den See vor Verschmutzung schützen sollen. *it is said / should have*
3. Saurer Regen soll dem Wald geschadet haben. *it is said / should have*
4. Brigitte hat die Rechnung bezahlen wollen. *claims to / wanted to*
5. Brigitte will die Rechnung schon bezahlt haben. *claims to / wanted to*

➡ WB, S. 214; Übungen zu **Formen und Funktionen 3.**

Zum Lesen

Kurzinformationen zu Max Frisch: Geb. 1911 in Zürich. Gest. 1991. Schweizer Erzähler und Dramatiker. Studium der Germanistik und Architektur in Zürich; seit 1941 Architekt und seit 1955 freier Schriftsteller mit wechselndem Wohnsitz (Rom, Berzona, Berlin, New York, Zürich). Wichtigste Werke: *Stiller* (1954), *Homo Faber* (1957), *Andorra* (1961), *Mein Name sei Gantenbein* (1964), *Biedermann und die Brandstifter* (1958), *Tagebuch 1946–49* (1950). *Tagebuch 1966–71* (1972). „Motorisiertes Dasein“ ist aus dem Roman *Stiller* in *Gesammelte Werke in zeitlicher Folge*. Hrsg. von Hans Mayer. Bd. 3.2 (Frankfurt / a.M.: Suhrkamp, 1976), S. 529–31.

Vor dem Lesen

Erinnern Sie sich noch daran, warum Johnny aufs Fahrrad umgestiegen ist, und warum der Schweizer Mathematiker kein Auto besitzt? Max Frisch verarbeitet in „Motorisiertes Dasein" den Kulturschock, den er beim Leben in New York erfahren hat . . .

Beim Lesen

Unterstreichen Sie bitte, was man im Paradies um New York herum alles **nicht** machen kann.

Auszug aus „Stiller"
(Max Frisch)

Im Sommer ist Neuyork ja unerträglich, keine Frage, und wer es irgendwie kann, fährt hinaus, sobald er frei ist. Hunderttausende von Wagen rollen am Sonntag beispielsweise über die Washington Bridge hinaus, drei nebeneinander, eine Armee von Städtern, die dringend die Natur suchen. Dabei ist die Natur zu beiden Seiten schon lange da; Seen ziehen vorbei, Wälder mit grünem Unterholz, Wälder, die nicht gekämmt sind, sondern wuchern, und dann wieder offene Felder ohne ein einziges Haus, eine Augenweide, ja, es ist genau das Paradies; nur eben: man fährt vorbei. In diesem fließenden Band von glitzernden Wagen, die alle das verordnete Tempo von vierzig oder sechzig Meilen halten, kann man ja nicht einfach stoppen, um an einem Fichtenzapfen zu riechen. Nur wer eine Panne hat, darf in den seitlichen Rasen ausrollen, muß, um das fließende Band nicht heillos zu stören, und wer etwa ausrollt, ohne daß er eine Panne hat, der hat eine Buße. Also weiterfahren, nichts als weiterfahren! Die Straßen sind vollendet, versteht sich, in gelassenen Schleifen ziehen sie durch das weite und sanfte Hügelland voll grüner Einsamkeit, ach, man müßte bloß aus dem Wagen steigen können, und es wäre so, wie es Jean Jacques Rousseau sich nicht natürlicher erträumen könnte. Gewiß gibt es Ausfahrten, mit Scharfsinn ersonnen, damit man ohne Todesgefahr, ohne Kreuzung, ohne Huperei abzweigen und über eine Arabeske großzügiger Schleifen ausmünden kann in eine Nebenstraße; die führt zu einer Siedlung, zu einer

Vokabelhilfe

unerträglich *unbearable*

dringend *urgently*

das Unterholz *brushwood, undergrowth*
kämmen *to comb*
wuchern *to grow rankly, proliferate*
die Augenweide *welcome sight*

der Fichtenzapfen *fir cone*
die Panne *break down*

heillos *irreparably*
die Buße *penalty*

die Schleife, -n *loop*

der Scharfsinn *sagacity, acuteness*
ersinnen, a , o *to conceive*
die Huperei *honking*
ab•zweigen *to branch off*

Industrie, zu einem Flughafen. Wir wollen aber in die schlichte Natur. Also zurück in das fließende Band! Nach zwei oder drei Stunden werde ich nervös. Da alle fahren, Wagen neben Wagen, ist jedoch anzunehmen, daß es Ziele gibt, die diese Fahrerei irgendwann einmal belohnen. Wie gesagt: immerfort ist die Natur zum Greifen nahe, aber nicht zu greifen, nicht zu betreten; sie gleitet vorüber wie ein Farbfilm mit Wald und See und Schilf. Neben uns rollt ein Nash mit quakendem Lautsprecher: Reportage über Baseball. Wir versuchen vorzufahren, um den Nachbar zu wechseln, und endlich gelingt es auch; jetzt haben wir einen Ford an der Seite und hören die Siebente von Beethoven, was wir im Augenblick auch nicht suchen, sondern ich möchte jetzt einfach wissen, wohin diese ganze Rollerei eigentlich führt. Ist es denkbar, daß sie den ganzen Sonntag so rollen? Es ist denkbar. Nach etwa drei Stunden, bloß um einmal aussteigen zu können, fahren wir in ein sogenanntes Picnic-Camp. Man zahlt einen bescheidenen Eintritt in die Natur, die aus einem idyllischen See besteht, aus einer großen Wiese, wo sie Baseball spielen, aus einem Wald voll herrlicher Bäume, im übrigen ist es ein glitzernder Wagenpark mit Hängematten dazwischen, mit Eßtischlein, Lautsprecher und Feuerstellen, die fix und fertig und im Eintritt inbegriffen sind. In einem Wagen sehe ich eine junge Dame, die ein Magazin liest: How to enjoy life; übrigens nicht die einzige, die lieber im bequemen Wagen bleibt. Das Camp ist sehr groß; mit der Zeit finden wir einen etwas steileren Hang, wo es keine Wagen gibt, aber auch keine Leute: denn wo sein Wagen nicht hinkommt, hat der Mensch nichts verloren. Allenthalben erweist sich der kleine Eintritt als gerechtfertigt: Papierkörbe stehen im Wald, Brunnen mit Trinkwasser, Schaukeln für Kinder; die Nurse ist inbegriffen. Ein Haus mit Coca-Cola und mit Aborten, als romantisches Blockhaus erstellt, entspricht einem allgemeinen Bedürfnis. Eine Station für erste ärztliche Hilfe, falls jemand sich in den Finger schneidet, und Telefon, um jederzeit mit der Stadt verbunden zu bleiben, eine vorbildliche Tankstelle, alles ist da, alles in einer echten und sonst unberührten Natur, in einer Weite unbetretenen Landes. Wir haben versucht, dieses Land zu betreten; es ist möglich, aber nicht leicht, da es einfach keine Pfade für Fußgänger gibt, und es

aus•münden *to open into*

das Schilf *reed*

bescheiden *modest*

die Hängematte *hammock*

inbegriffen *included*

allenthalben *everywhere*
rechtfertigen *to justify*

die Schaukel, -n *swing*
der Abort *toilet*

das Bedürfnis *desire*

295

braucht schon einiges Glück, einmal eine schmale Nebenstraße zu finden, wo man den Wagen schlechterdings an den Rand stellen kann. Ein Liebespaar, umschlungen im Anblick eines Wassers mit wilden Seerosen, sitzt nicht am Ufer, sondern im Wagen, wie es üblich ist; ihr Lautsprecher spielt so leise, daß wir ihn bald nicht mehr hören. Kaum stapft man einige Schritte, steht man in Urwaldstille, von Schmetterlingen umflattert, und es ist durchaus möglich, daß man der erste Mensch auf dieser Stelle ist; das Ufer rings um den See hat keinen einzigen Steg, keine Hütte, keine Spur von Menschenwerk, über Kilometer hin einen einzigen Fischer. Kaum hat er uns erblickt, kommt er, plaudert und setzt sich sofort neben uns, um weiterzufischen, um ja nicht allein zu sein. Gegen vier Uhr nachmittags fängt es wieder an, das gleiche Rollen wie am Morgen, nur in der anderen Richtung und sehr viel langsamer: Neuyork sammelt seine Millionen, Stockungen sind nicht zu vermeiden. Es ist heiß, man wartet und schwitzt, wartet und versucht, sich um eine Wagenlänge vorzuzwängeln; dann geht es wieder, Schrittfahren, dann wieder offene Fahrt, dann wieder Stockung. Man sieht eine Schlange von vierhundert und fünfhundert Wagen, die in der Hitze glitzern, und Helikopter kreisen über der Gegend, lassen sich über den stockenden Kolonnen herunter, um durch Lautsprecher zu melden, welche Straßen weniger verstopft sind. So geht es drei oder vier oder fünf Stunden, bis wir wieder in Neuyork sind, versteht sich, einigermaßen erledigt, froh um die Dusche, auch wenn sie nicht viel nützt, und froh um ein frisches Hemd, froh um ein kühles Kino; noch um Mitternacht ist es, als ginge man in einer Backstube, und der Ozean hängt seine Feuchte über die flirrende Stadt. An Schlaf bei offenem Fenster ist nicht zu denken. Das Rollen der Wagen mit ihren leise winselnden Reifen hört überhaupt nicht auf, bis man ein Schlafpulver nimmt. Es rollt Tag und Nacht . . .

stapfen *to stamp, step*

durchaus *thoroughly, positively*

plaudern *to chat*

die Stockung Stau

vor•zwängeln *to force, squeeze one's way ahead*

die Feuchte *humidity*
flirren *to flicker, vibrate*

winseln *to whine*
das Pulver *powder*

Nach dem Lesen

A Machen Sie eine Liste (Spalte 1) mit Dingen, denen man in der Natur außerhalb von New York begegnen kann, Dinge, die zu hören, sehen, tun sind. In der Spalte 2 tragen Sie das ein, was Sie im Text unterstrichen haben: die Dinge, die man **nicht** hören / sehen / tun kann.

B Sammeln Sie Metaphern, die das „Motorisierte Dasein" beschreiben, zum Beispiel „das fließende Band . . . "

Erinnern Sie sich noch an das deutsche Wort für *conveyor belt* aus Thomas Bernhards Geschichte? _____

Warum benutzt Frisch wohl eine ähnliche Metapher für die „Armee von rollenden Städtern"?

C Suchen Sie die Stellen im Text heraus, an denen der Erzähler eine Hoffnung ausspricht, aus dem „unerträglichen Neuyork" endlich ins Freie zu kommen.

D Wenn man über Schadewaldts Text sagen kann, daß er eine Harmonie zwischen Mensch, Natur und Technik beschreibt, dagegen von Christa Reinigs Gedicht und Bernhards „Maschine", daß dieser harmonische Zusammenhang unterbrochen oder gar gestört ist —wie würden Sie Frischs Ansicht vom Verhältnis Mensch / Natur / Technik einordnen? Kreuzen Sie an, welche Aussagen am ehesten auf Frischs Text zutreffen.

- Der Städter sucht die Natur, weil sie das Paradies für ihn ist. _____
- Der Städter trägt die Stadt in die Natur hinaus. _____
- Es gibt kaum noch einen Unterschied zwischen Stadt und Natur. _____
- Die Natur kann dem motorisierten Städter nichts mehr bieten. _____
- Im Paradies Natur kann man alles hinter sich lassen. _____

Zum Schreiben

297

„Ein motorisiertes Paradies?"

Schreiben Sie einen kurzen Abschnitt dazu, wie sich die Wahrnehmung (*perception*) der Menschen durch die Motorisierung ändert. Vielleicht kommentieren Sie den Satz: „ja, es ist genau das Paradies, nur man fährt vorbei."

➡ WB, S. 215; mehr zum Lesen und miteinander Reden.

➡ WB, S. 218; Wiederholung starker und unregelmäßiger Verben.

Mensch sei bescheiden Abfall vermeiden

Tag der Umwelt 1991

Perspektiven

Kölner Dom und Museum Ludwig: Integration zweier Stilepochen.

Goals:

- *Getting acquainted with activities on today's cultural scene*

- *Listening to Böll's personal view on **Heimat**, to a young sculptor's ambitions, and to a student theater-group's comments on their production of Botho Strauß' **Die Zeit und das Zimmer***

- *Reading Peter Härtling's answers to 20 questions, about New German cinema, a story by Wohmann and poetry by Jandl*

- *Reviewing groups of more complex verbs, learning various infinitive structures, and studying more means for connecting phrases and sentences*

- *Being able to talk about today's cultural scene, about likes and dislikes regarding artistic activities, and to discuss written cultural news.*

- *Writing about memories of one's childhood place (**Heimat**?), about a favorite artist, and composing a **Konkretes Gedicht**.*

Stufe 1

Aktuelles zum Thema
Fernsehen: „Die zweite Heimat"
Kunst: „Galerie"

Hörverstehen 1
Heimat und keine (Böll)

Vokabelmosaik 1
Perspektiven

Formen und Funktionen 1
Simple and Not-So-Simple Verbs

Zum Lesen
„Heimat oder keine"
„20 Fragen an Peter Härtling"

Reden wir miteinander!
Mehr Fragen

Zum Schreiben
Profil eines Gesprächspartners
oder einer Gesprächspartnerin

Stufe 2

Aktuelles zum Thema
Film:Fassbinder / Wender
Oper: Kafkas „Schloß"

Hörverstehen 2
Interview mit einem jungen
Künstler

Vokabelmosaik 2
Visionen in Bild und Ton

Formen und Funktionen 2
Infinitive Structures

Zum Lesen
Der junge deutsche Film
„Wurm" und „Made"

Zum Schreiben
Reaktion auf Kunstobjekte

Reden wir miteinander!
Wir reden über Film, Kino und
Oper

Stufe 3

Aktuelles zum Thema
Theater: Botho Strauß: „Die Zeit
und das Zimmer„
Klassik: „Faust"
Ausstellung: „Entartete Kunst"

Hörverstehen 3 (Video)
„Studenten führen auf"—
Kurzszene und Gespräch

Vokabelmosaik 3
Kunst für alle

Formen und Funktionen 3
Connecting Sentences and
Sentence Fragments

Zum Lesen
Schiller im Schoß (Wohmann)
„bibliothek" (Jandl)
„a love story, dringend" (Jandl)

Zum Schreiben
Meine „konkrete Poesie"

299

These items appear in the Workbook.

Kapitel 9: Perspektiven

Aktuelles zum Thema

Woran denken Sie bei den Begriffen **Kultur** oder **Kunst**? An Filme? An Musik? An Theater? An Festivals? An Gemälde oder Skulpturen? Oder an . . . ?

Verschiedene Menschen im gleichen Land haben verschiedene Antworten. Die einen lieben Jazz oder klassische Musik, andere mögen lieber Filme aus verschiedenen Ländern und Kulturen, wieder andere bewundern alte und moderne Kunstwerke in Museen. Die kurzen Texte am Anfang der drei Stufen sind eine Auswahl verschiedener kultureller Nachrichten, wie man sie in Zeitschriften und Magazinen finden kann. Sie sollen Ihnen einen kleinen Einblick in die Vielfalt der kulturellen Angebote und Tätigkeiten geben. Manche dieser Nachrichten sind natürlich zeitgebunden.

Fernsehen

Für das Premierenpublikum in Venedig und München war es eine arge Strapaze: 26 Stunden lang mußten sich die Gäste flimmernde Bilder ansehen. So lange dauert **„Die zweite Heimat"**, der Film, mit dem **Edgar Reitz** seine Filmchronik „Heimat" fortsetzt, die 1984 entstanden ist, rund zehn Millionen Zuschauer hatte und an 25 Länder verkauft wurde. In der „Zweiten Heimat" wechselt Reitz den Schauplatz: statt Schabbach, des unscheinbaren Hunsrück-Dörfchens, ist es jetzt das große München. Eine ganze Schar von Schabbachern, aber auch Provinzler aus anderen Gegenden finden sich hier im Künstlerviertel Schwabing zusammen, sie studieren (zumeist Musik), träumen von großer Künstlerkarriere und großer Liebe und treffen sich regelmäßig im „Fuchsbau", einer alten Villa in Schwabing, wo eine ältere Dame dem Mäzenatentum nachgeht. Eine richtige Großfamilie findet zusammen, in ihr geht es auch nicht viel anders zu als im heimi-

schen Dorf: Schabbach ist überall. Im Mittelpunkt der langen Geschichte steht wie schon in der „Heimat" der Exzentriker Hermann Simon, der inzwischen zum Komponisten herangereift ist. In München verliebt er sich in die Cellistin Clarissa, doch ganz zusammen kommen die beiden nicht. Viele Geschichten aus dem Künstlerleben der 60er Jahre erzählt der Film, der dem Fernsehpublikum vom Frühjahr 1993 an in relativ kleinen Portionen, in dreizehn Folgen zu jeweils zwei Stunden, angeboten wird. Etwa fünfhundert Darsteller sind dabei, darunter eine Reihe von Musiker-Profis, die musikalische Fertigkeiten nicht nur vortäuschen. Darunter leidet zwar manchmal die schauspielerische Qualität, doch gleicht der Film diese Schwächen durch wahre Prachtrollen aus. **Salome Kammer** fällt besonders auf. Die bis dahin weithin unbekannte Schauspielerin gibt der liebenden und leidenden Cellistin Clarissa mit sanften Augen beeindruckende Kraft. Die Dreharbeiten zu dem Film dauerten fast vier Jahre, als Produzenten wirkten neben sechs deutschen neun ausländische Fernsehanstalten mit.

Vokabelhilfe

die Strapaze *strain, drudgery*	**Mäzenatentum** *patronage*
arg *schrecklich*	**der Darsteller** *performer*
fortsetzen *to continue*	**vortäuschen** *to simulate, pretend*
Schabbach *a small town in the Hunsrück, foothills to the south of the Mosel river between Trier and Koblenz*	**leiden unter** *to suffer from*
	aus•gleichen *to balance*
Schwabing *district of Munich where students and artists gather*	**auf•fallen** *to stand out*
	beeindruckend *impressive*

- Sie haben in Kapitel 5 schon das deutsche Fernsehprogramm kennengelernt und dabei auch Beobachtungen über die Amerikanisierung der Sendungen machen können. Was ist demgegenüber das Besondere an der Filmchronik „Heimat" von Edgar Reitz und ihrer Fortsetzung „Zweite Heimat"?

- „Heimat" spielte in den 30er und 40er Jahren und handelte von dem Schicksal einer deutschen Familie, unter anderem von einem Familienmitglied, das nach Amerika ausgewandert ist und nach dem Krieg in seine Heimat nach Schabbach zurückkehrt. Wo und in welcher Zeit spielt „Zweite Heimat", und worum geht es diesmal?

- Wie wird verhindert, daß die Fortsetzung von „Heimat" auch zu einer argen Strapaze wird?

Galerie

n den Großstädten Dresden und Berlin fand er aufregende Motive: Szenen mit Kokotten und Tänzerinnen, mit Artisten und Dandys., in wilden, glühenden Farben gemalt, inspiriert von der archaischen Formengewalt der Südseekunst. Dann aber wurde ihm die Großstadt zuviel: Ernst Ludwig Kirchner (1880–1938), der Expressionist und Begründer der Künstlergruppe „Die Brücke", flüchtete ins „Atelier der Berge", ins schweizerische Davos, wo er zu einem ruhigeren, abgeklärteren Stil fand. Doch zur reinen Idylle wurde es nie, immer wieder brach das übernervöse, gereizte Empfinden des Künstlers durch. In den vielen Landschaftsbildern, die aus dieser Zeit stammen, sind Unruhe, Bedrohung und Angst spürbar. Oft schnüren Alpen, Felswände das Leben ein. Oder unbeholfen wirkende Motorradfahrer wagen sich in schier unüberwindbare Kurven – auf bedrohliche Lebensbahnen. Die Art des Künstlers, nicht das zu malen, was er sah, sondern das, was er fühlte, fand wenig Gegenliebe bei seinen Zeitgenossen. Die Nationalsozialisten diffamierten Kirchners großen Expressionismus als „entartete Kunst". Verbittert, verarmt und krank schoß Ernst Ludwig Kirchner, 58jährig, in Davos erst auf seine Bilder, dann auf sich selbst. Heute

sind seine Werke den Sammlern Millionen wert, Kirchner-Motive finden sich auch auf Postkarten, und Davos, die Kur- und Touristenstadt, hat dem Künstler, der diplomierter Architekt war, ein Denkmal gesetzt: sie baute ein eindrucksvolles Kirchner-Museum aus gläsernen Kuben.

ERNST LUDWIG KIRCHNER

Das Leben, die permanente Bedrohung

Auf beschwerlicher Bahn: „Motorradrennen", 1927 entstanden.

Vokabelhilfe

aufregend *exciting*	**ein•schnüren** *to limit*
der Begründer *founder*	**die Gegenliebe** *here:* Verständnis
„Die Brücke" *famous group of expressionist artists*	**der Zeitgenosse** *contemporary*
	entartet *degenerate*
das Empfinden *sense, feeling*	**schießen auf** *to shoot at*
spürbar *detectable*	**eindrucksvoll** *impressive*

Für die meisten Kunstwerke des Expressionismus (Eine Bewegung von 1910 bis ungefähr 1925) gilt, daß sie die Erfahrungen der Moderne durch ein neues Sehen zum Ausdruck bringen wollten, also z.B. die Technologisierung und Anonymisierung der Großstadt, die Entfremdung (*alienation*) des Menschen von der Gesellschaft, Angst und Elend des Krieges. Bewegungen, Gefühle des Inneren finden in äußeren (manchmal exotischen) Formen, Farben, oft auch durch abstrakte Maltechnik ihren Ausdruck.

Können Sie an Ernst Ludwig Kirchners Bild „Motorradrennen" einige dieser Charakteristika wiedererkennen? Sammeln Sie auch im Text „Galerie" Motive und Merkmale eines typisch expressionistischen Kunstwerks.

Wie paßt der Titel des kleinen Aufsatzes über Kirchners Werk, „Das Leben, die permanente Bedrohung", zu seinem Bild?

Warum wurde expressionistische Kunst wohl von den Nazis als „entartet" verurteilt?

*H*örverstehen 1

„Heimat und keine"

Dieses Hörverstehen ist ein Teil eines Interviews mit dem bekannten Schriftsteller Heinrich Böll zum Thema „Über mich selbst". Seine Vorstellungen von seiner Heimatstadt Köln haben sich im Laufe der Zeit sehr geändert. Hören Sie sich das Interview an.

➡ WB, S. 220; Übungen zum **Hörverstehen 1**.

Zum Vokabelmosaik

Schon in Kapitel 7 haben wir Situationen kennengelernt, wo Menschen aus einem anderen Land eine neue Heimat suchten. Böll im Hörverstehen 1 sah in Heimat mehr als nur einen physischen Ort. Die Verben im Vokabelmosaik 1 helfen Ihnen, über Zeitaspekte und Empfindungen / Gefühle zu sprechen.

Schauen und Identifizieren

A | Versuchen Sie zuerst, die Basissätze im Vokabelmosaik zu verstehen. Sie haben diese oder ähnliche Sätze bereits gehört oder gelesen.

B | Markieren Sie nun die Wörter, die Sie schon gut kennen.

*V*okabelmosaik 1

Perspektiven

das Heim	*home, residence*
heim	= nach Hause
daheim	= zu Hause
die Heimat	*native place, native country*
heimatlos	= ohne Heimat
die zweite Heimat	*adopted place / country*
das Heimweh	*homesickness*
die Heimkehr	= Rückkehr nach Hause
heimisch	*indigenous, native*
(heimlich	*secret*)

Die Filmchronik „Heimat" ist 1984 entstanden.

	(WANN?)	(WO?)
entstehen, entstand, ist entstanden *to come about, originate* die Entstehung	1984 vor zwei Jahren in den siebziger Jahren	in Deutschland in der Schweiz in den USA in Kanada

„Die zweite Heimat" ist eine Fortsetzung einer Filmchronik.

	WAS?
fort•setzen *to continue* die Fortsetzung	eine Fernsehserie ein Studium eine Diskussion

Die Dreharbeiten dauerten fast vier Jahre.

	WIE LANGE?
dauern *to last* die Dauer dauernd	mehrere Wochen drei Tage ein halbes Jahr

Die schauspielerische Qualität leidet unter der hohen Zahl der Darsteller.

	WORUNTER?
leiden unter, litt, gelitten *to be (negatively) affected by*	Streß Luftverschmutzung zu wenig Unterstützung
	WORAN?
leiden an *to suffer from* das Leid	einer schweren Krankheit

Böll empfand fast nichts, als er an den Ort seiner Kindheit kam.

	WAS?
empfinden, empfand, empfunden *to sense, feel* die Empfindung *sensation, emotion, feeling* empfindlich *sensitive, touchy* empfindsam *sensitive, sentimental*	Freude, Leid, Schmerz *pain* Kälte, Wärme, Durst, Hunger Bewunderung, Antipathie

Kombinieren und Schreiben

A Verbinden Sie jedes Verb links mit einer passenden Ergänzung rechts.

1. leiden an   a. Heimweh
2. empfinden   b. vor einigen Jahren
3. entstand   c. zwei Stunden
4. dauerte   d. das Schreiben eines Buches
5. fort•setzen   e. Sympathie für die Schauspielerin
6. leiden unter   f. einer schweren Krankheit

B | Verwenden Sie nun die Verbindungen von Übung C in Sätzen, und vergleichen Sie diese mit Klassenkameraden / Klassenkameradinnen

> BEISPIEL: Das Schreiben eines wissenschaftlichen Buches dauert oft Jahre.

C | Gehen Sie nun zurück zu den Texten „Fernsehen" und „Galerie" und zum Böll-Interview, und finden Sie den Kontext für die Verben / Nomina aus dem Vokabelmosaik. Schreiben Sie die Sätze, und markieren Sie die gefundenen Vokabelmosaikwörter.

> BEISPIEL: So lange **dauert** „Die zweite Heimat", der Film, mit dem . . .

D | Nun verwenden Sie die Wörter in neuen Kontexten aus Ihrem persönlichen Alltag.

> BEISPIEL: Der Film „ . . . ", den ich letztes Wochenende gesehen habe, dauerte zweieinhalb Stunden.

E | Verstehen Sie die folgenden Komposita?

> die Entstehungsgeschichte (des Films)
> das Seniorenheim
> die Heimatkunde
> der Fortsetzungsroman
> die Aufführungsdauer
> der Heimataufenthalt
> das Heimatmuseum

F | „heim"—„daheim"—„heimisch". Setzen Sie das passende Wort in den Minitexten ein.

Es ist schon spät. Wir müssen nun wirklich _____ gehen.

Wir kamen gestern abend bei dir vorbei. Du warst aber leider nicht _____.

Was denkst du? —Ich meine, wir sollten die _____ Pflanzen besser schützen.

Wo hast du deine Semesterferien verbracht? _____ oder bei Freunden?

*F*ormen und Funktionen 1

SIMPLE AND NOT-SO-SIMPLE VERBS

Sie haben in den Vokabelmosaiken der Kapitel 1 bis 8 viele wichtige Verben mit verwandten Nomina und Adjektiven kennengelernt. So haben Sie kleine Wortfamilien gelernt, nicht Wörter in Isolation. Manche Verben haben eine einfache Struktur, andere bestehen aus mehreren Teilen und / oder brauchen ein Reflexivpronomen oder eine Ergänzung mit Präposition. Die folgende Übersicht zeigt Ihnen Möglichkeiten, aus Basisverben neue Verben zu bilden.

Zuerst einige Ihnen gut bekannte Basisverben:

fahren	sehen
gehen	stehen
kommen	sprechen
leben	wohnen
lesen	

- Verben mit nicht-trennbarem Verbteil

be-	bekommen	miß-	mißverstehen
emp-	empfangen	ver-	versprechen
ent-	entstehen	voll-	vollziehen *to carry out, execute*
er-	erleben	wider-	widersprechen
ge-	gefallen	zer-	zerstören

Bei diesen Verben liegt der Akzent immer auf der Verbbasis. Im Partizip Perfekt haben sie kein „ge-".

BEISPIEL: be**kommen**   be**kam**   be**kommen**
versus: **an**•kommen   kam **an**   **an**gekommen

- Verben mit trennbarem Verbteil

ab•	ab•fahren	fort•	fort•gehen
an•	an•kommen	mit•	mit•bringen
auf•	auf•geben	nach•	nach•sehen
aus•	aus•kennen	vor•	vor•stellen
bei•	bei•tragen	weiter•	weiter•lesen
ein•	ein•ziehen	zu•	zu•schauen
		zurück•	zurück•gehen

kennen•lernen
spazieren•gehen

Bei diesen Verben liegt der Akzent immer auf dem trennbaren Verbteil. Der trennbare Verbteil geht oft ans Ende des Satzes. Im Partizip Perfekt haben diese Verben „ge-".

BEISPIEL: **fort**•setzen   setzte **fort**   **fort**gesetzt
versus: be**setzen**   be**setzte**   be**setzt**

- Verben mit trennbarem / nicht-trennbarem Verbteil

	TRENNBAR	NICHT-TRENNBAR
durch	**durch**•setzen	durch**setzen**
hinter	(**hinter**•gehen *to go back, coll.*)	hinter**gehen**
über	**über**•setzen	über**setzen**
um	**um**•stellen sich auf	um**stellen** *to surround*
unter	**unter**•halten	unter**halten** sich mit
wieder	**wieder**•sehen	wieder**holen**

Bei diesen Verben kann der Verbteil trennbar oder nicht-trennbar sein.

NOTE: As a general rule, the verbal part is separable if the meaning of the verb is literal; it is inseparable if the meaning is abstract / figurative.

BEISPIEL: **über**•setzen   Das Boot setzte über.
to cross (*a river*)   *The boat crossed* (*the river*).

über**setzen**   Der Autor übersetzte sein Buch.
The author translated his book.

- Verben mit obligatorischem Reflexivpronomen (plus Ergänzung)

> entscheiden sich für / gegen
> erholen sich
> fürchten sich vor
> überlegen sich etwas
> verlieben sich in

Bei diesen Verben ist das Reflexivpronomen (und manchmal auch eine Ergänzung mit / ohne Präposition) obligatorisch. Das Reflexivpronomen steht normalerweise direkt nach dem Verb. Nur das Personalpronomen kommt zwischen Verb und Reflexivpronomen.

> **BEISPIEL:** Hermann Simon verliebt sich in München in Clarissa.
> Hermann Simon hat sich in München in Clarissa verliebt.
> In München hat er sich in Clarissa verliebt.

- Komplexe Verbstrukturen

> haben Einfluß auf   treiben Sport
> setzen sich in Verbindung mit   empfinden Angst
> kommen in Frage für

Bei diesen Verben besteht der „trennbare Verbteil" aus einem oder mehreren Wörtern, die die Hauptbedeutung tragen. Vorsicht bei der Wortstellung. Lernen Sie diese Verben immer als Ganzes.

> **BEISPIEL:** Der Autor {setzt} Clarissa mit dem Komponisten {in Verbindung}.
> *The author gets Clarissa in contact with the composer.*

A | Stellen Sie mit einigen Ihnen gut bekannten Verben Mini-Vokabelmosaiken zusammen.

> **BEISPIEL:**

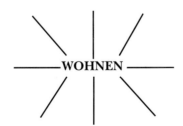

B | Vergleichen Sie nun Ihre Vokabelmosaiken untereinander.

C | Lesen Sie den Text über „Die zweite Heimat" noch einmal. Identifizieren Sie möglichst alle Verben, auch solche, die trennbare Teile haben.

> **BEISPIEL:** war; mußten . . . ansehen;

➤ WB, S. 223; Übungen zu **Formen und Funktionen 1**.

Zum Lesen

„20 Fragen an Peter Härtling"

Kurzbiographie zu Peter Härtling: Geb. 1933 in Chemnitz, Sachsen. Flucht nach Österreich. Redakteur für verschiedene Zeitungen, Cheflektor beim Fischer-Verlag bis 1973. Danach freier Schriftsteller. Mitglied des PEN-Zentrums der BRD. Verschiedene Preise, u.a. Hölderlin-Preis (1987) für seinen Roman *Hölderlin*, den Zürcher Kinderbuch-Preis (1980) für *Oma* und einen „Naturschutzpreis". Gedichte, Geschichten, Aufsätze, Essays, Romane, Kinderromane, Herausgebertätigkeit.

Vor dem Lesen

Sie haben jetzt einige Informationen zu Peter Härtling bekommen. Wenn Sie Gelegenheit hätten, mit diesem Schriftsteller zu sprechen, welche Fragen würden Sie ihm stellen?

Lesen Sie jetzt das Kurz-Interview. Markieren Sie beim Lesen die Fragen und auch die Antworten, die Sie überrascht haben.

Vokabelhilfe

der Spitzname *nickname*
der Igel *hedgehog*
das Krustentier *crustacean*
zusammen•hocken zusammensitzen
Theodor Fontane (1819–1898) Schriftsteller des Realismus; *Der Stechlin* (1897). In der Gestalt des alten Dubslav von Stechlin ist viel von Fontanes Lebensanschauung zu erkennen. Thema des Romans ist die Ablösung (*detachment*) der Eltern Stechlins durch eine neue Generation. „Der Stechlin" ist der Name des Sees, der Dauer und Beständigkeit (*permanence*) symbolisiert.
um sich greifen *to spread*
die Nachgiebigkeit *complaisance*
schätzen *here: to value*
verderben, a, o *to ruin, spoil*
die Hemmungslosigkeit, en *unrestrainedness*
die Gier *greediness*
die Unbelehrbarkeit *obstinacy*
inne•halten *to pause, stop*

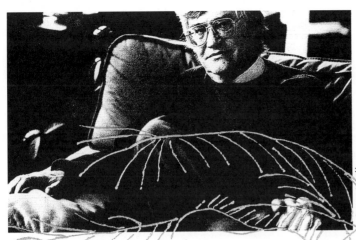

Foto: Renate von Mangoldt

„... ich weiß, daß Bücher die Wärme nicht ersetzen können, die Haut, den Atem und auch nicht das Gespräch. Bücher sind einseitige Gesprächspartner, geben nur dann Antworten auf Fragen, wenn man sie richtig wählt, das Richtige zu finden weiß."

20 Fragen an Peter Härtling

Wer sind Sie?
„Wenn ich es nur immer wüßte."

Name (und Spitzname)
„Peter Härtling (meine Kinder rufen mich 'Alter')."

Alter
„57 Jahre."

Beruf
„Schriftsteller."

Bekannt durch:
„... ein paar Bücher."

Welches sind Ihre Lieblingstiere?
„Esel, Elefant, Igel."

Ihr Lieblingsessen?
„Fische, Krustentiere."

Ihre Lieblingsfarbe?
„Im Moment dunkelblau."

Welche Hobbies haben Sie?
„Lesen. Lesen. Schwimmen. Spazieren. Mit meinen Kindern, meiner Frau, mit Freunden zusammenhocken und reden."

Was ist Ihr Lieblingsbuch? Warum?
„Theodor Fontanes 'Stechlin'. Weil für mich hier das Wunder geschieht, daß eine Romanfigur mit dem Wesen des Autors ganz identisch ist."

Verstand oder Gefühl – was ist wichtiger? Warum?
„Das eine (Gefühl) nicht ohne den anderen (Verstand)."

Welche Musik hören Sie gerne?
„Schubert. Mozart. Jazz (Blues)."

Wen oder was bewundern Sie?
„Menschen, denen es gelingt, bei sich zu sein."

Wen oder was fürchten Sie?
„Menschen, die außer sich sind (und dieser Zustand greift um sich)."

Was ist Ihr größter Fehler?
„Nachgiebigkeit."

Was ist Ihr größter Vorteil?
„Mich konzentrieren zu können."

Was hassen Sie?
„Denunzianten."

Woran glauben Sie?
„Manchmal an Gott. Immer an die Nähe von ein paar mir lieben Menschen."

Wer oder was ist das Wichtigste in Ihrem Leben? Warum?
„Meine Frau, meine Kinder. Meine Freunde."

Wie denken Sie über Politik?
„Sie wird mehr und mehr zu einem hilflosen Instrument derer, die sich für mächtig halten."

Was bedeutet Deutschland für Sie?
„Meine Sprache. Landschaften, die ich kenne."

Welche Eigenschaften schätzen Sie bei Jugendlichen am meisten?
„Daß sie sich ausprobieren können. Daß sie die Gelegenheit zu Anfängen haben."

Was wünschen Sie Jugendlichen für die Zukunft?
„Daß ihnen die Anfänge nicht verdorben werden."

Sie haben drei Wünsche frei – welche?
„Mehr Freundlichkeit. Einen haltbaren Frieden. Einen vernünftigeren Umgang mit der Umwelt."

Was ist das größte Problem der Menschen?
„Die Hemmungslosigkeit. Die Gier. Die Unbelehrbarkeit. Erst Katastrophen rufen uns für Momente auf, innezuhalten."

309

Kapitel 9: Perspektiven

Nach dem Lesen

Reden wir miteinander!

Unterhalten Sie sich zu zweit darüber, was Sie an dem Interview überrascht hat. Danach interviewen Sie sich gegenseitig. Stellen Sie sich zuerst die 20 Fragen von S. 309. Dann schreiben Sie noch ein paar weitere Fragen auf. Einige davon sollten mit Kunst zu tun haben, zum Beispiel, wer der Lieblingskünstler des Interviewten ist, warum, was ihm Bücher, Musik usw. bedeuten. Die Interviewerin schreibt kurze Antworten auf.

IHRE FRAGEN:	ANTWORTEN:
21.	21.
22.	22.
23.	23.
24.	24.
25.	25.

Zum Schreiben

Zu Hause schreiben Sie dann ein Profil Ihrer Gesprächspartnerin oder Ihres Gesprächspartners, in dem Sie die Antworten auf Ihre Fragen benutzen.

BEISPIEL: Meine Gesprächspartnerin ist Ulrike Nickmann, Spitzname Uli . . .

Schwere Entscheidung!

Visionen in Bild und Ton

Über den „Neuen Deutschen Film" werden Sie später unter **Zum Lesen** mehr erfahren. Hier geht es erstmal um zwei international bekannte Repräsentanten des neuen deutschen Films, Rainer Werner Fassbinder und Wim Wenders. Im Sommer '91 gab es in Berlin eine Fassbinder-Ausstellung am Alexanderplatz. Dort liefen alle seine Filme nebeneinander auf Monitoren ab.

Film

In den vergangenen Jahren wurden seine Filme immer seltener gezeigt. Jetzt, zum 10. Todestag, wird **Rainer Werner Fassbinder** wiederentdeckt. In Filmmuseen, in Kinos und im Fernsehen, in neuen Büchern und sogar in einem Ballettstück wird der Münchener Filmemacher geehrt und verklärt. Rainer Werner Fassbinder ist nur 37 Jahre alt geworden. Aber er hat 43 Filme und Fernsehserien gedreht, von „Liebe ist kälter als der Tod" über „Lola" bis zu „Berlin Alexanderplatz", dem Großstadt-Epos, an dem 3000 Statisten mitwirkten. Er arbeitete wie besessen, verkündete „Schlafen kann ich, wenn ich tot bin", er filmte hektisch und tyrannisch gegen die Einsamkeit an, die ihn ständig bedrohte. Viele profitierten davon. Hanna Schygulla etwa, von der manche meinen, sie sei eigentlich keine Schauspielerin, wurde dank des Flairs seiner Filme zum international gefragten Star. Fassbinders Kinodramen sind düstere private Geschichten, aber da es in ihnen um Einsamkeit, Verlassenheit und gesellschaftliche Konventionen geht, verstand man sie überall. Er war der einzige deutsche Filmregisseur der Nachkriegszeit, für den man in New York ein eigenes Festival arrangierte, doch bei den Filmfestspielen in Cannes wurde der Mann mit der Motorradjacke, den Lederstiefeln und dem ungestümen Naturell aus dem Hotel gewiesen. In den siebziger Jahren hat er mit originellen und mutigen Filmen, die oft heftig umstritten waren, die deutsche Kino- und Fernsehszene belebt. Vergleichbares ist bis heute weit und breit nicht in Sicht.

Rainer Werner Fassbinder: Die Angst vor Einsamkeit trieb ihn an.

Vokabelhilfe

zeigen *to show*
ehren *to honor*
verklären *to glorify*
drehen einen Film *to shoot a movie*
mit•wirken *to participate*
besessen *here: furiously (as though possessed)*
verkünden *to proclaim*
bedrohen *to threaten*
düster *gloomy*
die Verlassenheit *abandonment*
weisen aus *to ask to leave*
ungestüm *unusual*
umstritten *controversial*

Fassbinder hat sich in seinen Filmen immer wieder mit gesellschaftlichen Tabu-Themen wie Homosexualität, Prostitution, Gewalt auseinandergesetzt. So wurden Außenseiter zum ersten Mal als normale Menschen gezeigt und viele Mythen um die verbotenen Themen zerstört, etwa in *Querelle*. Wie beschreibt der kleine Text Fassbinders Attraktion? Wodurch ist er so berühmt geworden? Was wird über seine Persönlichkeit gesagt? Kennen Sie einen Fassbinder-Film? Wenn nicht, soll Ihnen Ihr Lehrer / Ihre Lehrerin mal einen vorführen.

Kino

„In weiter Ferne, so nah": Wim Wenders engagiert Gorbatschow.

Der Engel auf der Wanderschaft durch Berlin hat mitten in der Stadt eine unerwartete Begegnung. Er trifft **Michail Gorbatschow**. Der frühere sowjetische Staatspräsident spielt eine Rolle in dem Film **„In weiter Ferne, so nah"**, dem neuesten Werk von **Wim Wenders**, mit dem der 46jährige Erfolgsregisseur aus Düsseldorf an seinen in Cannes preisgekrönten Erfolgsfilm **„Der Himmel über Berlin"** anknüpft. Wiederum geht es um den arbeitslosen Schutzengel Cassiel, der nun nach Perestroika und deutscher Vereinigung das neue Berlin erlebt. Mit dabei ist wieder der amerikanische Colombo-Darsteller **Peter Falk**. Dazu kommen die Deutschen Nastasja Kinski, Horst Buchholz und Heinz Rühmann, der Schweizer Bruno Ganz und Italiens Starkomiker Roberto Benigni. Gorbatschow, der den „Himmel über Berlin" kennt, hatte seine Beteiligung spontan zugesagt. In dem Film, der im Februar 1993 in die Kinos kommen wird, philosophiert er über den Sinn des Lebens: „Eine professionelle Leistung", urteilt Wim Wenders.

Vokabelhilfe

die Begegnung *encounter*	**zu•sagen** *to accept (an invitation)*
an•knüpfen an *to continue*	**urteilen** *to judge*
die Beteiligung *participation*	

Wim Wenders hat vor den hier besprochenen Filmen auch solche gedreht, bei denen es um die Begegnung zweier Kulturen geht, besonders der amerikanischen mit der deutschen, z.B. in *Paris, Texas* und *Der amerikanische Freund*. Welche interkulturelle Begegnung findet in „In weiter Ferne, so nah" wohl statt? Schauen Sie sich einmal die internationale Star-Besetzung an . . .

Fotos: Archie Kent, Annie Leibovitz/Aus der American Express Porträts Kampagne, Bildarchiv Engelmeier (2)

Beklemmende Perspektiven: Aribert Reimann machte aus Franz Kafkas Roman „Das Schloß" eine Horroroper.

Oper

Moderne Musik mit ihren vielen Dissonanzen ist nicht jedermanns Sache, bei „schräger Musik" hören viele weg. Bei **Aribert Reimann** aber merken auch die Freunde harmonischer Klänge auf. Denn die Opern des 56jährigen Pianisten, Liederbegleiters, Theatermanns und Komponisten haben hohen Unterhaltungswert. Die große Weltliteratur hat es ihm besonders angetan. Er hat aus Strindbergs „Traumspiel" und der „Gespenstersonate", aus Shakespeares „Lear" und aus den „Troerinnen" des Euripides große Opern gemacht. Die neueste ist auch seine bisher beste: eine Oper zu **Franz Kafkas „Schloß"**, die sowohl beim Publikum als auch bei Kritikern Anklang fand. Dreieinhalb Stunden lang dauert die Horrorshow mit ihren ungewöhnlichen Raumperspektiven, den absurden Dialogen und den Szenen wie aus einem Albtraum, doch Langeweile kommt nicht auf, weil die Oper geschickt ganz unterschiedliche Stilelemente miteinander kom-

biniert. So gibt es beispielsweise ganz neue, zwitschernde und gackernde Schlagzeugeffekte, Trällerliedchen nach Art der Opera buffa, effektvolle Horrormusik und deftige Slapstick-Szenen. Der Inhalt des Romans bildet die Grundlage, doch hat Aribert Reimann, der auch das Libretto schrieb, noch andere Kafka-Texte eingebaut. Dabei hält er sich streng an den Text und an die Stimmung des Romans. Die Inszenierung rückt das Gefährliche, Unheimliche und Rätselhafte in den Mittelpunkt und schildert eindrucksvoll die Absurdität einer allmächtigen Bürokratie am Beispiel des K., der hilflos im irrealen Schloß umherirrt. In Berlin wurde die Oper uraufgeführt; es gab ungewöhnlich lebhaften Beifall. Weitere Aufführungen, unter anderem in Düsseldorf und im schweizerischen Bern, werden demnächst folgen.

▼ Vokabelhilfe

beklemmend *uneasy, oppressive*
hören auf *here: to pay attention*
angetan *under the spell*
finden Anklang *to find acclaim*
deftig *robust*
rücken in bringen in
uraufführen *to premiere*
der Beifall *applause*

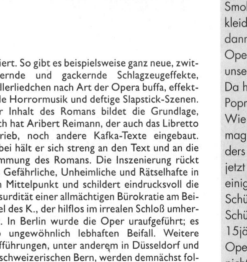

HALLO!

Wann wart Ihr das letzte Mal im Konzert oder in der Oper? Oder mögt Ihr klassische Musik nicht? Viele Jugendliche denken: „Oper ist etwas für alte Leute! Da trägt man Smoking oder Abendkleid und langweilt sich dann mehrere Stunden! Oper hat nichts mit unserem Leben zu tun! Da hören wir lieber Popmusik."
Wie steht Ihr dazu? Ich mag die Oper. Besonders toll fand ich darum jetzt das Projekt von einigen Düsseldorfer Schülerinnen und Schülern. Die 12 bis 15jährigen haben eine Oper komponiert. Aber nicht nur das: Schüler singen auch die Rollen, dpielen die Instrumente und bauen die Bühne! Dann ist Oper wohl dach nicht nur etwas für Oldies, oder?

EURE PETRA

313

Erinnern Sie sich noch an Kafkas Parabel „Gibs auf!" ? Welche Themen, die Aribert Reimann bei seiner Inszenierung betont, sind „kafkaesk"? Welche Stilelemente und bühnentechnischen Mittel setzt Reimann ein, damit die Horror-Oper nicht zu düster und langweilig wird?

*H*örverstehen 2

Interview mit einem jungen Künstler

In diesem Interview hören Sie, was der Bildhauer Österloh über seine Arbeit mit „neuen" Materialien zu sagen hat, wo er schon ausgestellt hat, und wie er über politische Tätigkeiten von Künstlern denkt.

➡ WB, S. 225; Übungen zum **Hörverstehen 2**.

Zum Vokabelmosaik

Obwohl die Videokassette die Möglichkeit bietet, Filme zu Hause anzusehen, gehört „ins Kino gehen" immer noch zu den populären Freizeitbeschäftigungen. Andere Perspektiven und Visionen bieten moderne Opern wie die obige Inszenierung von Kafkas „Schloß" und das Interview mit dem jungen Künstler. Im Vokabelmosaik 2 finden Sie Wörter zum Thema „Kunst" und einige neue Verben.

Schauen und Identifizieren

A | Schauen Sie sich zuerst die Wörter zu „Kunst" an. Denken Sie dabei an die Komposita in **Vokabelmosaik 2**. Dann markieren Sie die für Sie neuen Wörter und Verben.

*V*okabelmosaik 2

Visionen in Bild und Ton

die Kunst

die Volkskunst   das Kunstwerk   der Künstler / die Künstlerin
   Filmkunst   die Kunstsammlung   *artist*   Schauspieler / Schauspielerin
   Plakatkunst   künstlerisch   *actor / actress*
   Baukunst = Architektur   *artistic*   Schriftsteller / Schriftstellerin
                                               writer
                aber: künstlich   Sänger / Sängerin
                    artificial   Musiker / Musikerin
                                Maler / Malerin
                                Bildhauer / Bildhauerin
                                   sculptor

Fassbinder wird wiederentdeckt.

	WAS / WEN?
(wieder)entdecken	ein Land
to (re) discover	ein Talent
die Entdeckung (Amerikas)	

Einsamkeit bedrohte den Künstler.

	WEN? / WAS?
bedrohen *to threaten*	ein Kind
die Bedrohung	eine Stadt

Gorbatschow sagte spontan seine Beteiligung zu.

	(WAS?)
zu•sagen *to accept*	mitzumachen
(*an invitation*)	seine Beteiligung
die Zusage	

	(WAS?)
ab•sagen *to decline, cancel*	ein Konzert
die Absage	eine Party

Der Filmemacher hält sich an den Text des Romans.

	WORAN?
halten sich an, hält,	an ein Gesetz
hielt, gehalten	an Verkehrsregeln
to follow, to comply with	an das Programm

Der Filmplan ist (ihm) gelungen.

	(WEM?)
gelingen (jdm), gelang,	dem Studenten
ist gelungen *to be*	der Künstlerin
successful	
eine gelungene Produktion	

Es gelang ihr, Unterstützung für das Projekt zu bekommen.

Der Film wurde mit dem Bundesfilmpreis ausgezeichnet.

	WEN? / WAS?	(WOMIT?)
aus•zeichnen jdn / etwas	die Autorin	mit einem Preis
(mit) *to award, to treat*	den Film	mit einem „Oscar"
with distinction		
die Auszeichnung		

Die Ausstellung war ein großer Erfolg.

	WAS?
aus•stellen *to exhibit*	Gemälde
die Ausstellung	Skulpturen

315

	Der junge Künstler bekennt sich zur Gruppe 70.	
		Wozu?
bekennen sich zu, bekannte, bekannt *to declare oneself part of sth.* das Bekenntnis		zu einer Kunstrichtung zu einer Religion

Kombinieren und Schreiben

A „Was man nicht alles ausstellen kann." Sehen Sie sich die Liste an und setzen sie fort. Haben Sie schon mal irgendetwas von der Liste ausgestellt gesehen, oder haben Sie selbst bei einer Ausstellung mitgemacht? Wann? Wo? Machen Sie sich Notizen, und sprechen Sie mit anderen darüber.

> Bücher; Gemälde; Autos; Kleider; Möbel; Steine; Briefmarken; Skulpturen; Teppiche; Eßwaren; Tiere; Masken . . .

BEISPIELE: Letzten Sommer wurden in meiner Heimatstadt historische Bilder und Dokumente ausgestellt. Das fand ich sehr interessant.

oder: Im . . . museum gab es vor einigen Monaten eine Fotoausstellung. Da waren tolle Naturaufnahmen dabei. Ich fotografiere selbst sehr gerne.

B Verbinden Sie jedes Verb links mit passenden Ergänzungen rechts. Die Verben kommen von den Vokabelmosaiken 1 und 2.

1. ab•sagen   a. Freude über das gelungene Konzert
2. dauern   b. seine Beteiligung bei einer Hilfsaktion
3. aus•zeichnen   c. ein neues Medikament gegen AIDS
4. entstehen   d. neue demokratische Staaten in Osteuropa
5. zu•sagen   e. einen Journalisten für seinen Dokumentarbericht
6. empfinden   f. eine Einladung wegen Krankheit
7. gelingen   g. mehr als drei Stunden
8. entdecken   h. ein naturwissenschaftliches Experiment

C Nehmen Sie nun die gefundenen Kombinationen von Übung C, und bilden Sie Sätze im Perfekt. Sprechen und schreiben Sie.

BEISPIEL: Der Fassbinder-Film hat mehr als drei Stunden gedauert.

D Gehen Sie zurück zu den Texten über Film und Kino. Welche Verben vom Vokabelmosaik 2 können Sie finden? Steht das Verb in diesem Satz im Passiv? Im Perfekt? Im Infinitiv? Am Ende des Satzes? In einem Nebensatz?
Schreiben Sie die Verbstruktur.

BEISPIEL: Film: wird . . . wiederentdeckt.

Wie würden Sie den Satz im Englischen wiedergeben? Vergleichen Sie mit anderen.

*F*ormen und Funktionen 2

INFINITIVE STRUCTURES

Ihnen schon bekannte Basisinformationen:

- Der Infinitiv ist die Grundform des Verbs. In dieser Form finden Sie ein neues Verb im Wörterbuch —————→

  aus•stellen

- Die meisten Verben bilden den Infinitiv mit **-en**

  empfind**en**—ab.sag**en**—aus.zeichn**en**

- Den Infinitiv mit **-n** bilden Verben auf **-el** und **-er** sowie **sein** und **tun**.

  dauer**n**—erinner**n**—sammel**n**—bummel**n**

- Wörter, die den Infinitiv näher bestimmen, stehen **links** vom Infinitiv.

  einen Eindruck bekommen
  Angst empfinden

- Im Hauptsatz steht der Infinitiv ganz weit **rechts**.

  Man mußte die Oper wegen Erkrankung einiger Sänger **absagen.**

- Im Nebensatz steht der Infinitiv möglichst weit **rechts**.

  Als er ins Kino **gehen** wollte, . . .
  . . . , weil der Autor sich nicht an den Text **halten** wollte.

- Der Infinitiv als Nomen steht immer im Neutrum (= das).

  das Lesen   das Gelingen   das Wissen

aus|stellen *tr. V.* a) *auch itr. (im Schaufenster)* put on display; display; *(im Museum, auf einer Messe)* exhibit; **ausgestellt sein** ⟨*goods*⟩ be on display/be exhibited; ⟨*painting*⟩ be exhibited; **die Galerie wird Hans Meyer ~:** the gallery is going to put on a Hans Meyer exhibition; **bekannte Künstler/ viele Betriebe stellen hier aus** famous artists/many firms exhibit here; b) *(ausfertigen)* make out, write [out] ⟨*cheque, prescription, receipt*⟩; make out ⟨*bill*⟩; issue ⟨*visa, passport, certificate*⟩; **einen Scheck auf jmdn. ~:** make out a cheque to sb.; c) *(ugs.: ausschalten)* turn *or* switch off ⟨*cooker, radio, heating, engine*⟩; d) *(nach außen stellen)* open out ⟨*window*⟩; roll out ⟨*blind*⟩; pull out ⟨*aerial*⟩; e) *(aufstellen)* put up ⟨*poster, sign*⟩; post ⟨*sentry*⟩; set ⟨*trap*⟩; *s. auch* **ausgestellt 2**

317

Infinitiv *ohne* „zu"

Infinitiv **ohne** „zu" steht bei anonymen Imperativen.

> **BEISPIELE:** Bitte weitergehen!
> Einsteigen!
> Türen schließen!

Infinitiv **ohne** „zu" steht bei Modalverben.

dürfen	mögen	werden
können	müssen	wollen
„möchte"	sollen	

> **BEISPIELE:** Der Film sollte nur eine Stunde dauern.
> Wann können wir die Diskussion fortsetzen?
> Ich habe nicht absagen wollen.
> Er wird schon kommen!

Infinitiv **ohne** „zu" steht bei folgenden Verben.

bleiben	hören	lehren
gehen	kommen	lernen
helfen	lassen	sehen

BEISPIELE: Wohin geht ihr heute abend essen?
Sie halfen uns die Wohnung einrichten.
Ich hörte meinen Freund singen.
Er möchte kochen lernen.
Wir ließen ihn mitkommen.
Wir sehen den Präsidenten vorbeifahren.
Die Sängerin lehrt Ulrike Arien singen.
Kommst du heute nachmittag Fußball spielen?

Vorsicht: Im Perfekt, Plusquamperfekt und Futur mit **sehen, lassen, helfen** und **hören** stehen beide Verben im Infinitiv.

BEISPIELE: Wir haben den Präsidenten vorbeifahren sehen.
Sie hatten uns die Wohnung einrichten helfen.
Ich habe meinen Freund singen hören.
Wir werden ihn mitkommen lassen.

A | Erweitern Sie die folgenden Sätze. Dann bilden Sie das Perfekt.

Beispiel: Die Stadt Köln stellt im Stadtpark eine Großplastik auf. (lassen) →
Die Stadt Köln läßt im Stadtpark eine Großplastik aufstellen.
Die Stadt Köln hat im Stadtpark eine Großplastik aufstellen lassen.

1. Man verlängert die Ausstellung. (können)

2. Der Künstler arbeitet mit fertigen Teilen. (wollen)

3. Er stellt die Skulptur auf. (seine Freunde, helfen)

4. Die Parkbesucher berühren (*touch*) die Skulptur. (wollen)

Infinitiv *mit* „zu"

Infinitiv **mit** „zu" steht bei allen anderen Verben. Trennbare Verben haben das **zu** zwischen Verbteil und Basisverb.

aus**zu**stellen   fort**zu**setzen   **zu**zusagen

Wo im Satz kann der Infinitiv mit **zu** stehen?

● **Rechts** vom Hauptsatz

BEISPIELE: Es war immer schon ihr Wunsch, einen Film **zu** drehen.
Es war für Peter unmöglich, sein Studium fort**zu**setzen.

● **Links** vom Hauptsatz

BEISPIELE: Einen Film **zu** drehen, war immer schon ihr Wunsch.
Das Studium fort**zu**setzen, war für Peter unmöglich.

● Selten **mitten** im Satz

BEISPIEL: Jürgen hat **zu** rauchen aufgehört.

Infinitiv **mit** „zu" steht auch nach Ausdrücken wie

> Es ist möglich / schwer / wichtig / verboten, . . .
> Ich habe den Wunsch / die Möglichkeit / das Recht, . . .

> **BEISPIELE:** Es ist unmöglich, in einer Woche alle interessanten Museen der Stadt **zu** besuchen.
> Viele Studenten hatten die Möglichkeit, sich die kontroverse Kunstausstellung an**zu**sehen.

Infinitiv **mit** „zu" steht manchmal als Alternative, wenn eine Präpositionalergänzung durch einen Nebensatz erweitert wird. Diese Alternative ist aber nur möglich, wenn das Subjekt des Nebensatzes und das Subjekt des Hauptsatzes **identisch** sind.

> **BEISPIELE:** **Die Organisatoren** des Filmfestivals mußten daran denken, daß **sie** auch für junge Leute interessante Filme im Programm hatten.
> *oder:* Die Organisatoren des Filmfestivals mußten daran denken, auch für junge Leute interessante Filme im Programm **zu** haben.

Die **da**-Verweisform **daran** ist bei **denken an** obligatorisch.

Im nächsten Beispiel ist keine Alternative mit **zu**-Infinitiv möglich, weil das Subjekt im Hauptsatz und das Subjekt im Nebensatz **nicht** identisch sind.

> **Der Komponist** hatte Angst (davor), daß **das Publikum** seine Horrormusik nicht akzeptieren würde.
> **Er** freute sich daher umso mehr (darüber), daß **die Oper** großen Anklang fand.

Die **da**-Verweisformen **davor** und **darüber** können bei **Angst haben** (**vor**) und **sich freuen** (**über**) weggelassen werden.

Auch bei folgenden Verben gebraucht man oft diese Infinitiv-Alternative:

> fürchten sich vor   verzichten auf *to do without*
> gewöhnen sich an   verlassen sich auf

B | „Das macht Spaß!" Bilden Sie **zu**-Infinitive, die aus den gegebenen Satzfragmenten informationsreiche Sätze machen.

> **BEISPIEL:** Es macht Spaß, . . . →
> Es macht Spaß, **mit Freunden auszugehen.**

1. Es macht (mir) Spaß, . . . zu . . .
2. . . . zu . . . Das macht Spaß.
3. Was macht mehr Spaß, . . . zu . . . oder . . . zu . . . ?
4. . . . zu . . . , machte keinen Spaß.

C | „Was in einem Museum alles verboten ist!" Bilden Sie Sätze mit **zu**-Infinitiv.

> **BEISPIEL:** von der Wand nehmen →
> Es ist verboten, Kunstwerke von der Wand zu nehmen.

1. rauchen
2. essen
3. fotographieren
4. trinken
5. Getränke mitbringen
6. unterhalten sich laut

Finden Sie noch weitere Verbote?

D | „Und wie ist das in Ihrer Bibliothek?" Finden Sie Beispiele für Möglichkeiten und Verbote.

> **BEISPIELE:** In unserer Bibliothek ist es möglich, Bücher nach Hause mitzunehmen.
> Es ist aber verboten, sich laut zu unterhalten.

E | Verschiedene Möglichkeiten! Zuerst beenden Sie den angefangenen Satz mit einem einfachen **zu**-Infinitiv. Dann erweitern Sie diese Infinitivstruktur.

> **BEISPIEL:** Ich habe mich entschieden / zu Hause bleiben →
> Ich habe mich entschieden, **zu Hause zu bleiben.** →
> Ich habe mich entschieden, **dieses Wochenende zu Hause zu bleiben.**

1. Ich habe vor / den neuen Film ansehen
2. Wenn du nur daran gedacht hättest / mein Buch mitbringen
3. Wir haben euch doch gebeten / Blumen mitbringen
4. Als Michael anrief, war Hans gerade damit beschäftigt / sich umziehen
5. Langsam mußt du dich daran gewöhnen / früher aufstehen

F | „Was paßt zusammen?" Verbinden Sie einen Hauptsatz links mit einem **daß**-Satz rechts. Mit welchen zwei **daß**-Sätzen ist eine Alternative mit **zu**-Infinitiv möglich? Schreiben Sie die Beispiele.

1. Denk bitte beim Einkaufen daran, . . .	a. daß es in dieser Stadt so wenig Museen gibt.
2. Es gibt eine Möglichkeit, . . .	b. daß ich mit Ihnen zusammenarbeiten darf.
3. Der Dirigent verläßt sich darauf, . . .	c. daß wir auch Milch brauchen.
4. Es freut mich, . . .	d. daß wir noch Konzertkarten bekommen.
5. Ich kann mich nicht daran gewöhnen, . . .	e. daß die Musiker pünktlich da sind.

Infinitiv *mit* „zu" in „um . . . zu" Strukturen

Mit „**um . . . zu**" (*in order to, so that*) nennt man den Zweck (*purpose*). Diese Struktur ist aber nur möglich, wenn das Subjekt des Nebensatzes und das Subjekt des Hauptsatzes **identisch** sind. Andernfalls ist ein Nebensatz mit **damit** (*so that*) notwendig.

> Die Theatergruppe braucht Unterstützung, **um** das Stück aufführen **zu** können.
> *oder:*
> Die Theatergruppe braucht Unterstützung, **damit** sie das Stück aufführen kann.
> *The theater group needs support so that they can put on the play.*
> *aber:*
> Die Theatergruppe sollte mehr Unterstützung bekommen, damit die Stadt alternative Aufführungen anbieten kann.
> *The theater group should receive more support so that the city can offer alternative performances.*

Hier ist keine Alternative mit „**um . . . zu**" möglich, weil das Subjekt im Hauptsatz (die Theatergruppe) nicht identisch ist mit dem Subjekt im Nebensatz (die Stadt).

Infinitiv *mit* „zu" im Passiv

Wenn das Subjekt im Hauptsatz und das Subjekt im **daß**-Satz die gleiche Person oder Sache bezeichnen, ist ein **zu**-Infinitiv im Passiv als Alternative möglich.

Spiralen

320

BEISPIELE: Der Schauspieler hofft, **daß** er abgeholt wird.

oder: Der Schauspieler hofft, abgeholt **zu** werden.
The actor hopes to be picked up.

Die Autorin fürchtet, **daß** sie mißverstanden wird.

oder: Die Autorin fürchtet, mißverstanden **zu** werden.
The writer is afraid to be misunderstood.

Infinitiv *mit* „zu" im Perfekt

Wenn die Aussage der Infinitivstruktur chronologisch vor der des Hauptsatzes liegt, braucht man Infinitiv Perfekt. Vergleichen Sie die Beispiele:

GLEICHZEITIGKEIT:

> Der Musiker erwartet, eine Zusage zu bekommen.
> *The musician expects to receive an offer.*
> Der Musiker erwartete, eine Zusage zu bekommen.
> Der Musiker hat erwartet, eine Zusage zu bekommen.

VORZEITIGKEIT:

> Er erinnert sich nicht daran, das Buch **gelesen zu haben.**
> ↓
> Infinitiv im Perfekt

> *He does not remember having read the book.*
> Er erinnerte sich nicht daran, das Buch gelesen zu haben.
> Er hat sich nicht daran erinnert, das Buch gelesen zu haben.

Vorsicht: Im Deutschen kann ein Infinitiv nicht auf ein Fragewort folgen wie im Englischen.

BEISPIELE: *He told me where I can get inexpensive opera tickets.*

or: *. . . where **to get** inexpensive opera tickets.*
Er sagte mir, wo ich billige Opernkarten bekommen kann.

We did not know how we should continue the discussion.

or: *We did not know how **to continue** the discussion.*
Wir wußten nicht, wie wir die Diskussion fortsetzen sollten.

Auch englische Infinitivstrukturen folgender Art sind im Deutschen nicht möglich.

BEISPIELE: *The museum wanted the photographer **to document** the exhibit.*
Das Museum wollte, **daß** der Fotograf die Ausstellung **dokumentiert.**

Solche Strukturen findet man im Englischen oft bei Verben des Wünschens, des Glaubens und des Erwartens.

Reden wir miteinander!

Unterhalten Sie sich in einer Dreiergruppe über Ihre Erfahrungen mit deutschen Filmen und Opern. Welche kennen Sie? Wo hatten Sie die Gelegenheit, sie zu sehen? In welchen Film / welche Oper würden Sie gerne mal die ganze Klasse mitnehmen? Warum? Gibt es zur Zeit einen Film, der in Ihrer Stadt läuft, den Sie unbedingt empfehlen würden? Oder vielleicht eine Oper?

➡ WB, S. 227; **Zum Lesen.** S. 231; **Zum Schreiben.**

Stufe 3

Theater: Die folgenden Theater-Nachrichten haben wir ausgewählt, weil wir einen Teil einer Aufführung des Stücks „Die Zeit und das Zimmer" von Botho Strauß auch auf Video aufgenommen und uns anschließend mit den Schauspielern über ihre Aufführung unterhalten haben. Passen Sie also besonders gut auf beim Lesen.

Theater

Es fasziniert auch Theaterfreunde in Stockholm, Kopenhagen oder Sidney, in Wien, London oder Athen und wurde in Frankreich mit dem Regiepreis „Dominique" ausgezeichnet: **„Die Zeit und das Zimmer" von Botho Strauß** ist das erfolgreichste Stück eines zeitgenössischen deutschen Autors im Ausland. Seit der Uraufführung im Februar 1989 in Berlin macht das Stück international Karriere, zumal es auch von kleineren Theatern bewältigt werden kann. Botho Strauß, 42 Jahre alt, ist der schreibfreudigste und international bekannteste deutsche Dramatiker. In seinen Stücken reden Paare, Einzelgänger, Neureiche und Neurotiker unentwegt an ihren Gefühlen vorbei. Das ist wie von Beckett, Arthur Schnitzler und Woody Allen zugleich, urteilen

Kritiker. Doch liebt Strauß darüber hinaus auch bildkräftige Symbole: In „Die Zeit und das Zimmer" agieren die Stadtneurotiker von heute in antiken Kulissen, im „Schlußchor", in dem Botho Strauß das Thema der deutschen Vereinigung zum kunstvollen Gesellschaftsspiel variiert, hackt der „deutsche Adler" auf eine Frau ein. Wenige Monate nach der Uraufführung von „Die Zeit und das Zimmer" erhielt Botho Strauß den mit 60 000 Mark dotierten Georg-Büchner-Preis der Deutschen Akademie für Sprache und Dichtung. Zur Preisverleihung allerdings war der menschenscheue Autor nicht gekommen. Die Dankesrede hatte sein Verleger verlesen.

▼ Vokabelhilfe

bewältigen *here: to manage, master*	**der Adler** *eagle*
der Einzelgänger *outsider*	**die Preisverleihung** *award ceremony*
vorbei•reden *to talk past; to ignore*	**der Verleger** *publisher*
ein•hacken auf *here: to peck at*	

„Klassik—Faust"

Klassik

Das sei keine normale Inszenierung, sondern eine Staatsaktion. So hat der Generalintendant des Deutschen Nationalen Theaters Weimar, Fritz Wendrich, das Unternehmen **„Goethes Faust in Weimar"** charakterisiert. Die einstige Residenzstadt in Thüringen, die erst durch Goethe berühmt wurde, fühlt sich zu Höherem berufen, wenn es um den „Faust" geht. Die jetzt geplante Neuinszenierung der Tragödie soll daher ungewöhnlich ausfallen. Aufgeführt wird „Faust" nicht als Schauspiel, sondern als Musiktheater. Im April 1993 wird das Theater der Stadt, an dem Goethe Direktor war, Eduardo Sanguinettis 1991 in Ba-

sel uraufgeführte Oper „Faust" auf die Bühne bringen. Sie wird die derzeitige, schon zehn Jahre alte Inszenierung ablösen. Es soll aber nicht nur beim neuen „Faust" bleiben. Die 62 000-Einwohner-Stadt, die jährlich drei Millionen Touristen anlockt, hat noch weitere kulturelle Ambitionen. So hat sie sich mit besten Aussichten auf Erfolg darum beworben, 1999 **europäische Kulturstadt** zu werden. Einen Titel hatte sie schon früher einmal: Weimar sei, so urteilte Madame de Staël 1810 , Deutschlands „schöngeistige Hauptstadt".

Vokabelhilfe

der Generalintendant, -en *theatre director*
einstig *former*
berufen fühlen sich zu *to feel called upon*
aus•fallen *to turn out*
an•locken *to attract*
die Aussicht, -en *perspective, view*

Madame de Staël (1766–1817) Kennerin
der deutschen Kultur und Autorin des
Buches *De l'Allemagne* (*On Germany*),
1810
schöngeistig *belletristic, aesthetic*

Den Klassiker Johann Wolfgang Goethe (1749–1832) kennen Sie bereits von seinem „Mignon-Lied" in Kapitel 2; in der Kurzbiographie wurde auch erwähnt, daß Goethes berühmteste Werke die Tragödien *Faust I* (1808) und *Faust II* (1832) sind. Im thüringischen Weimar war Goethe ab 1779 als „Geheimer Rat" (*minister*) am Hofe des Herzogs Karl Eugen tätig und von 1796–1805 in Zusammenarbeit mit Friedrich Schiller Leiter des Weimarer Hoftheaters. Sie können noch heute dort das Goethe-Haus besichtigen.

Beim Faust-Motiv, einem der bekanntesten Motive der Weltliteratur, geht es um den Pakt mit dem Teufel, den ein Intellektueller eingeht, um seinen Erkenntnis- und Erlebnishunger zu stillen (*satisfy*). Kennen Sie andere Faust-Dichtungen, z.B. Christopher Marlowes „Faust" oder Valéries „Mon Faust" oder die Faust-Oper von Guineau? Was ist das Neue an Eduardo Sanguinettis Faust-Oper?

Sind Ihnen Modernisierungen von Klassikern anderer Länder bekannt? Welche anderen Mekka der Kunst (außer Weimar) kennen Sie auf der Welt? Wo würden Sie gerne mal hinfahren?

323

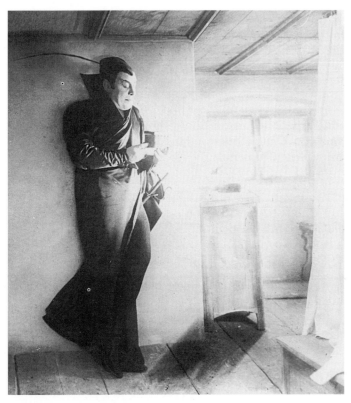

Mephisto in Gretchens Kammer in Fritz Murnaus *Faust* (1926).

„Ausstellung ‚Entartete Kunst' "

Sie haben in der Stufe 1 schon den expressionistischen Künstler Kirchner kennen-gelernt. Dort haben Sie sich Gedanken gemacht, warum expressionistische Kunst von den Nazis als „entartet" bezeichnet wurde. Sie wurde deshalb als „aus der Art geschlagen" angesehen, weil sie kein zukunftsoptimistisches Bild von der Welt abgab, keinen heldenhaften Menschen, sondern im Gegenteil den bedrohten, ängstlichen, elenden Menschen. Die Intensität des Gefühlsausdrucks in Farbe und Stil, die intellektuellen Abstraktionen paßten nicht zu dem von den Nazis propagierten Stil des Monumentalen, Heldenhaften, Starken.

Lesen Sie im folgenden Text mehr zu diesem Thema.

Ausstellungen

Brave Bilder von Bergen, Kühen, Helden und prallen Blondinen galten als Kunst — die Meister-werke der Moderne dagegen wurden verpönt, verspottet und beschimpft. Für Hitler und die Nationalsozialisten waren Bilder von Klee oder Kandinsky, von Emil Nolde oder Franz Marc **„entartete Kunst"**. Selbst der Expressionis-mus, der ursprünglich zur „Staatskunst" ernannt werden sollte, fiel in Ungnade. 1937 versuchten dann die Nationalsozialisten in einer Ausstellung mit 600 Objekten, die moderne Kunst ins Lä-cherliche zu ziehen. Viele der dort gezeigten Werke des Expressionismus, des Dadaismus und der Abstraktion sind anschließend verschwun-den. Von den übriggebliebenen zweihundert hat die Kuratorin Stephanie Barron 175 ausgeliehen und sie zu der Ausstellung „Entartete Kunst" zu-sammengefügt, die zunächst in den USA und dann auch in Berlin zum herausragenden Kunst-ereignis wurde. Allein in den USA sahen 500 000 Besucher die große Schau der einst an den Pran-ger gestellten Kunstwerke, von denen heute vie-le Millionen wert sind.

324

▼ Vokabelhilfe

brav *upright*	**in Ungnade fallen** *to fall into disgrace*
gelten als *to be considered*	**ins Lächerliche ziehen** *to ridicule*
verpönt *taboo*	**verschwinden, a, u** *to disappear*
verspotten *to mock*	**herausragend** *here: special*
beschimpfen *to insult*	**an den Pranger stellen** *to expose publicly*

Vergleichen Sie . . . Unterhalten Sie sich in Gruppen über die Bilder oben. Erzählen Sie sich auch von Ihren eigenen Lieblingsperioden in der Kunst, Ihrem Lieblings-bildhauer (*sculptor*), Ihrer Lieblingsmalerin. Gehen Sie oft in Museen, oder sind Sie vielleicht selber künstlerisch tätig? Mit welchem Material arbeiten Sie? Benutzen Sie dabei folgende Redemittel.

Redemittel

Wie spricht man über seine Vorlieben als Kunstkonsument?

❏ Ich kann Punk-Musik überhaupt nicht ausstehen!

❏ Meine Familie hört sich vorzugsweise klassische Musik an.

❏ Mit Opern kann ich gar nichts anfangen!

❏ Mir liegt nichts an den Romantikern, aber E.T.A. Hoffmann lese ich mit Vorliebe.

❏ Ich mag Dali nicht, obwohl mir die Surrealisten sonst gut gefallen.

❏ Was Filme anbelangt, so kenne ich mich da nicht besonders gut aus.

Wie spricht man über die Arbeit als Kunstproduzent?

❏ Also, wenn du mich fragst, so meine ich, daß man als Schauspieler . . . unbedingt . . .

❏ Klee bevorzugt Farben, die die menschliche Seele ausdrücken.

❏ Meine Mutter ist als Bildhauerin tätig. Sie arbeitet mit Ton.

❏ Als Architektin entwerfe ich Pläne für neue Häuser.

❏ Ich experimentiere mit vielen Materialien, außer mit Abfall. Das geht mir zu weit! Ich will ja kein zweiter Beuys werden.

*H*örverstehen 3 (Video)

Studenten führen „Die Zeit und das Zimmer" auf—eine Teilszene und ein Interview

Hören Sie sich nun eine Teilszene aus dem Stück an, wie sie von Amateurschauspielern gespielt wird. Anschließend reden Mitglieder der Theatergruppe mit Sigrid Berka über ihre Aufführung.

➤ WB, S. 231; Übungen zum **Hörverstehen 3**.

Zum Vokabelmosaik

In den Texten oben und im Hörverstehen bekamen Sie ganz verschiedene Einblicke in die Theater- und Kunstszene: Positives, Kritisches und Zerstörerisches. Im Vokabelmosaik finden Sie nochmals Wörter zum Thema „Kunst" und Verben, die Ihnen beim Reden und Lesen über dieses und andere Themen helfen.

Schauen und Identifizieren

A Schauen Sie sich zuerst alle Wörter / Komposita unten an. Vielleicht wollen Sie die Listen fortsetzen? Dann identifizieren Sie den Kontext für die Beispielsätze und markieren die Verben, die für Sie neu sind.

*V*okabelmosaik 3

Kunst für alle

das Theater	das Konzert	das Fest
das Stadttheater	das Klavierkonzert	das Volksfest
das Puppentheater	das Violinkonzert	das Stadtfest
das Theaterstück	der Dirigent	die Festwoche
die Theatergruppe	die Cellistin	das Festzelt *tent*
die Bühne *stage*		

Das Stück wurde 1989 zum ersten Mal aufgeführt.		
	WAS?	
auf•führen *to perform, to show (film)*	ein Theaterstück	
die Aufführung	ein Musical	
die Uraufführung *opening night*	eine Komödie	

Die Frau im Theaterstück hat sich auf viele eingestellt: auf Empfindsame, auf Schweigsame, auf . . .		
	AUF WEN? / WORAUF?	
ein•stellen sich auf *to adjust oneself to*	auf eine neue Arbeit	
die Einstellung *adjustment, attitude, outlook on*	auf Mitbewohner auf ein heißes Klima	

Die Studenten wollten die Rollen irgendwie gleich verteilen.		
	WAS?	**(UNTER WEM)?**
verteilen etwas (unter) *to distribute, share* die Verteilung	die Rollen das Geld	unter den Schauspielern unter den Gewinnern

Meisterwerke der Moderne wurden von Hitler verspottet.	
	WEN? / WAS?
verspotten *to deride, ridicule* die Verspottung	Andersdenkende ein Kunstwerk

Der Expressionismus sollte zur „Staatskunst" ernannt werden. Die Akademie der Künste ernannte den Künstler zum Präsidenten.	
	WEN? / WAS? / WOZU?
ernennen jdn / etwas zu, ernannte, ernannt *to nominate, appoint* die Ernennung	die Künstlerin zur Präsidentin den Komponisten zum Dirigenten

Idiom: Das geht wohl klar. = Das ist wohl o.k.

Kombinieren und Schreiben

A Haben Sie schon mal bei einer Aufführung mitgemacht? Oder haben Sie selbst schon etwas aufgeführt? Was für Aufführungen haben Sie in den letzten Monaten gesehen? Machen Sie sich zuerst Notizen, dann sprechen Sie mit Klassenkameraden / Klassenkameradinnen darüber.

> **BEISPIEL:** *Notizen* vor zwei Jahren—bei einem Musical mitgemacht
> letzten Sommer—bei der Vorbereitung einer Aufführung
> geholfen

Sprechen „Vor zwei Jahren habe ich in meiner Heimatstadt bei der Aufführung eines Musicals mitgemacht. Das machte Spaß. Und letzten Sommer habe ich bei der Vorbereitung einer Theateraufführung in meiner Heimatstadt geholfen. Dabei habe ich sogar etwas Geld verdient."

B | „Was paßt zusammen?" Verbinden Sie die Verben links (aus den Vokabelmosaiken 1 bis 3)
mit passenden Ergänzungen rechts.

1. auf•führen	a.	ein Kunstwerk, einen Andersdenkenden
2. ab•sagen	b.	Freude über die Zusage
3. empfinden	c.	die Schauspielerin zur Theaterdirektorin
4. gelingen	d.	den Komponisten für sein neues Konzertstück
5. verteilen	e.	auf postmodernes Theater
6. dauern	f.	drei Stunden
7. ein•stellen sich	g.	eine Mozartoper
8. aus•zeichnen	h.	ein Experiment
9. verspotten	i.	ein Rockkonzert wegen Schlechtwetter
10. ernennen	j.	die Texte an die Schauspieler

C | Nun nehmen Sie fünf oder mehr der obigen Kombinationen und schreiben Sätze im Perfekt.

> **BEISPIEL:** Das Experiment ist dem Forscher nicht gelungen.

D | Man muß sich auf Vieles einstellen. Fällt Ihnen das leicht oder (sehr) schwer? Reagieren Sie mit einem **zu**-Infinitiv.

> auf Mitbewohner / Mitbewohnerinnen, auf das Essen in der Mensa, auf Professoren, auf das Wetter in . . . , etc.

> **BEISPIEL:** Es fällt mir manchmal nicht leicht, mich auf meine Mitbewohnerin einzustellen.

> Mich auf den Vormittagsunterricht einzustellen, ist mir am Anfang des Semesters schwer gefallen.

E | „Wußten Sie das? Wie ist das in Ihrem Land?" Zuerst markieren Sie die Verben in den folgenden Sätzen. Gibt es auch Passivsätze? Dann geben Sie ähnliche Information über Ihr Land / Ihre Stadt.

- Pro Spielzeit werden die deutschen Theater mit über zwei Milliarden Mark aus öffentlichen Mitteln unterstützt.
- Damit wird jede Theater- karte mit etwa 100 DM subventioniert.

Deutsches Theater

Berechtigungskarte 3994

Datum: 2.6.91   Preis: 5,00

Diese Karte berechtigt zur Benutzung eines unbesetzten Platzes in der heutigen Aufführung.
Der Inhaber hat keinen Anspruch auf einen bestimmten Platz und ist verpflichtet, im Falle eines verspäteten Kommens des Karteninhabers des von ihm besetzten Platzes, einen anderen unbesetzten Platz ein- zunehmen.

94 Ag 310-89-DDR-B 253 10

„DDR-Deutsch"

- In Mannheim werden die meisten Stücke produziert.
- Die Aufführungen pro Saison verteilen sich auf 420 deutsche Bühnen.
- Die Bühnen in den neuen Bundesländern leiden unter Überalterung.
- Moderne Inszenierungen provozieren oft das Publikum.
- Klassische Stücke werden modernisiert und oft auch politisiert.
- Mit dem Georg-Büchner-Preis ausgezeichnet zu werden, ist eine besondere Ehre.

> **BEISPIEL:** Ich denke, in . . . . wird das Theater nicht mit öffentlichen Mitteln
> unterstützt. Die Unterstützung kommt von . . .
>
> *oder*: Ich weiß leider nicht, ob . . .

Diese Übung können Sie auch in Gruppen machen.

*F*ormen und Funktionen 3

CONNECTING SENTENCES AND SENTENCE FRAGMENTS

Sie haben in früheren Kapiteln schon viele Möglichkeiten kennengelernt und geübt, wie man Wörter, Satzteile und Sätze verbinden kann. Denken Sie nur an die Präpositionen, Adverbien und **Subjunktoren** (**weil**, **daß**, **nachdem**, **als**, **wenn**, **ob** . . .), die Haupt- und Nebensätze verbinden.

Die folgende Übersicht zeigt Ihnen die wichtigsten Konjunktoren nach ihrer Funktion. **Konjunktoren** (*coordinating conjunctions*) verbinden gleichwertige Sätze oder Satzteile. Die Übersicht soll Ihnen helfen, sowohl beim Lesen Satz- und Textteile und -verbindungen schneller zu identifizieren, als auch beim Schreiben interessantere Sätze zu formen.

1. Additiv

Mit additiven Konjunktoren kann man gleichwertige Satzteile oder Sätze verbinden, oder den Inhalt eines Satzteiles / Satzes erweitern.

> **und**
> **sowohl** . . . **als auch** (=**wie auch**) *as well as; both . . . and*
> **nicht nur** . . . **sondern auch** *not only . . . but also*
> **außerdem** (*adv.*) *besides, moreover*

> **BEISPIELE:** Das moderne Theater ist populär geworden, **und** sein Publikum
> besteht **nicht** mehr **nur** aus feinen Leuten, **sondern auch** aus
> Angestellten, Facharbeitern, Studenten **und** Schülern.
>
> Zu einem Festwochenprogramm gehören **sowohl** Konzerte,
> Theateraufführungen und Filmvorführungen **als auch**
> Tanzveranstaltungen. **Außerdem** gibt es oft auch auf Plätzen und
> Parks Unterhaltung für jung und alt.

2. Disjunktiv

Mit disjunktiven Konjunktoren kann man Alternativen bzw. Oppositionen einführen.

> **oder**
> **entweder . . . oder** *either . . . or*
> **weder . . . noch** *neither . . . nor*
> **aber (sondern)*** *but*
> **andernfalls** (*adv.*) *otherwise*
> **sonst** (*adv.*) (*otherwise, or*) *else*

> **BEISPIELE:** Wir können nicht beides machen: **Entweder** sehen wir uns die Ausstellung im „Haus der Kunst" an, **oder** wir gehen in den Zoo.
>
> **Weder** der Dirigent **noch** die Musiker hatten einen so großen Erfolg ihres Konzertprogrammes erwartet.
>
> Er ist nicht Musiker, **sondern** Maler.
>
> Er ist nicht Musiker, **aber** er spielt gut Flöte.
>
> Hört jetzt endlich auf zu streiten, **sonst** gehe ich sofort.

3. Restriktiv

Mit restriktiven Konjunktoren kann man Aussagen / Argumente genauer begrenzen.

> **zwar . . . aber** *it is true, but*
> **zwar . . . (je)doch**
> **wohl . . . aber**
> **allerdings** (*adv.*) *it is true, though*

> **BEISPIELE:** Jugendliche besuchen **nicht nur** die staatlichen und städtischen Bühnenhäuser, **sondern** vor allem **auch** experimentierfreudige Kleintheater, die **zwar** in Privatbesitz sind, **jedoch** wie die öffentlichen Theater aus Steuergeldern subventioniert werden.

An diesem komplexen Satz können Sie gut die verbindende Funktion von **nicht . . . nur** und **zwar . . . jedoch** sehen. Oft sind die Konjunktoren mitten im Text versteckt, sie stehen also nicht so oft am Satzanfang wie die Subjunktoren.

> Der Direktor der Festspiele wird sehr gut bezahlt, **allerdings** ist seine Aufgabe nicht leicht.

4. Kausal

Sowohl „**denn**" als auch „**weil**" können eine kausale Verbindung anzeigen. Während aber „**weil**" als Subjunktor einen Nebensatz mit Verb am Satzende beginnt, verbindet „**denn**" zwei Hauptsätze. Vergleichen Sie die Verbpositionen in den Beispielen.

---

*Nach negativer Information zeigt **sondern** etwas Positives an, wenn ein wirklicher Gegensatz (*opposition*) besteht.

BEISPIELE: Oper und Theater brauchen öffentliche Subventionen, **denn** der Verkauf von Eintrittskarten **deckt** nur einen kleinen Teil der Unkosten.

oder: Opern und Theater brauchen öffentliche Subventionen, **weil** der Verkauf von Eintrittskarten nur einen kleinen Teil der Unkosten **deckt.**

Achten Sie beim Lesen von „Schiller im Schoß" auf Satzverbindungen. Versuchen Sie, beim Schreiben öfter solche Satzverbindungen zu benutzen.

Zum Lesen

„Schiller im Schoß" (Gabriele Wohmann)

Kurzinformationen zu Gabriele Wohmann: Geb. 1932 in Darmstadt. Studium der Germanistik, Romanistik, Musikwissenschaft, Philosophie in Frankfurt. Arbeit als Lehrerin. Ab 1956 erste schriftstellerische Arbeiten. Mitglied des PEN Clubs. Poetik-Dozenturen an den Universitäten Augsburg (1985) und Mainz (1988). Verschiedene Preise, u.a. ein Villa Massimo Stipendium (1967) und den Stadtschreiber-Literaturpreis des ZDF und der Stadt Mainz (1985). Wohmann ist vor allem eine Erzählerin (*Gesammelte Erzählungen aus dreißig Jahren* (1986), hat aber auch Hör- und Fernsehspiele geschrieben, Gedichte und Romane (*Ernste Absicht* ,1970, *Frühherbst in Badenweiler*, 1978). „Schiller im Schoß" ist aus *Stolze Zeiten,* 1981.

Kurzinformationen zu Friedrich Schiller: Geb. 1759 in Marbach / Neckar; gest. 1805; Ausbildung an der Militärakademie in Jurisprudenz und Medizin. Wichtigster deutscher Dramatiker, der zusammen mit Goethe die Weimarer Klassik begründet. Frühe dramatische Werke u.a. *Die Räuber* (1779/80), *Kabale und Liebe* (1783); Schriften zur Kunst, *Die Schaubühne als moralische Anstalt betrachtet* (1784), *Über die ästhetische Erziehung des Menschen* (1793/94); klassische dramatische Werke u.a. *Wallenstein I und II* (1796–99), *Die Jungfrau von Orléans* (1800/01), *Wilhelm Tell* (1802/04); Gedichte u.a. Ode „An die Freude" (1785), „Die Götter Griechenlands" (1788), Gedankenlyrik „Der Spaziergang" (1795/96).

Goethe-Schiller-Denkmal in Weimar.

Spiralen

Vor dem Lesen

Im Text über Goethes „Faust" haben Sie den Begriff „Klassiker" schon in bezug auf die deutschen Dichter Goethe und Schiller kennengelernt. Welcher amerikanische, englische, französische, mexikanische oder andere Klassiker aus Literatur, Musik oder Kunst fällt Ihnen ein? Wissen Sie zum Beispiel, daß Beethoven—ein musikalischer Klassiker—Schillers Ode „An die Freude" in seiner 9. Sinfonie vertont hat?

In der BRD hat es in den 60er Jahren die sogenannte „Klassikerschelte" (*scolding of the classics*) gegeben. Das war eine Bewegung gegen die Kanonisierung von „großer" Kunst, gegen die Verabsolutierung von ästhetischen Normen und Werten. In der DDR wurde die ideologische Rezeption der Klassiker von der sogenannten „Erbediskussion" (*discussion of cultural heritage*) in Frage gestellt; das heißt, jüngere Autoren / Autorinnen wie Franz Fühmann, Günther de Bruyn oder Christa Wolf nahmen in ihren Werken Kontroverse Autoren wie Kafka, Kleist und E.T.A. Hoffmann als Figuren auf.

Welche Klassiker kennen Sie, welche mögen Sie (nicht)?

Beim Lesen

Gabriele Wohmanns Text ist eine Satire auf einen bestimmten Umgang mit Kunst. Achten Sie also beim Lesen darauf, welches Verhältnis die verschiedenen Personen zur Kunst haben.

331

Schiller im Schoß
(Gabriele Wohmann)

Ich bin nicht sehr gescheit, aber ich kann auch wirklich nicht finden, daß Frauen das sein müssen. Schön und anregend ist es allerdings für eine Frau, mit gebildeten Männern Verkehr zu haben. In dieser Beziehung kann ich mich nicht beklagen: ich habe Onkel Ehrhard und Frido. Zwei größere Gegensätze kann man sich kaum denken. Onkel Ehrhard war immer der Stolz unserer Familie: er studierte vor Jahrzehnten, als das unseren einfachen Kreisen noch erschwert wurde, Germanistik, war dann Studienrat; jetzt ist er pensioniert. Seine Leidenschaft war von jeher Schiller. Das machte uns alle stolz; er hielt auch manchen guten Vortrag in unserer Stadthalle. Heute lebt er sehr zurückgezogen mit seinen Schätzen: das sind seine Bücher, vor allem sein Schiller, und wenn er das sagt, spitzt er die Lippen, als wollte er pfeifen, und man sieht die nasse Innenhaut, und er wirkt dann fast lüstern, so, als würde er von einer Frau reden—er

Vokabelhilfe

gescheit *clever*

anregend *stimulating*
gebildet *educated*
Verkehr haben mit *to associate, have intimate relations with*

der Stolz *pride*

erschwert *made difficult*
der Studienrat, ⸚e *master teacher of a secondary school*
die Leidenschaft, -en *passion*
von jeher *schon immer*
zurückgezogen *withdrawn*
der Schatz, ⸚e *treasure*
spitzen *to purse*
pfeifen *to whistle*
lüstern *lustful*

war nie verheiratet übrigens, wir pflegten in der Familie zu sagen: er ist zu gescheit dazu.

Dann lernte ich eines Tages Frido kennen, er studiert irgendwas an der hiesigen Hochschule, ich kann nie richtig behalten, wie sein Fach eigentlich heißt, auf jeden Fall ist es nicht Germanistik, und deshalb sage ich mir immer, wenn er sich über Onkel Ehrhard lustig macht und über Schiller, daß er's ja gar nicht so gut wissen kann, denn er studiert es ja nicht. Er sagt, das wäre alles nur Schwulst und lächerliche Übertreibung und Wortklirren und Geschichtsfälschung. Aber ich muß sagen: die *Maria Stuart* und auch die *Jungfrau von Orléans* haben mich sehr beeindruckt. Gestern gab's fast Streit zwischen den beiden: Frido redete von widerlichem Pathos, es ging um Schillers Gedichte. Deswegen habe ich mir das Buch geliehen, schließlich kann, wenn es um Gedichte geht, oft gerade eine Frau das entscheidende Wort sagen. Dazu braucht man Gefühl. Jetzt, so mit mir allein, darf ich es ja gestehen: aus dem Inhaltsverzeichnis suchte ich mir zuerst mal die Titel aus, die, wie soll ich sagen, so ein bißchen unanständig klangen wie zum Beispiel *Die Homeriden* oder *Die Geschlechter* oder *Brautlied*. Aber natürlich war's gar nicht unanständig. Es war richtige Kunst, sehr schöne Worte, sehr weit weg von unserm Alltag, eine gepflegte und großartige Sprache, wirklich klassisch. Ich mußte lächeln, ich wurde ganz müde und schlaff von einem Triumphgefühl für Onkel Ehrhard und gegen Frido. Und ich fühlte mich so warm, so froh in der Verehrung für das Große und Edle, das ja auch noch in mir sein mußte, ja, jetzt spürte ich das Gute und Beglückende, von diesem großen Deutschen abzustammen. Das mußte ich irgendwie Frido klarzumachen versuchen: daß die ältere Generation doch einfach recht hat mit Schiller und alldem. Ich las gar nicht mehr weiter in den Gedichten, legte das Buch in den Schoß und spürte es da hart und gewichtig, und ich wußte: darauf wird man sich immer verlassen können.

pflegen + zu Infinitiv *to be accustomed to; to have the habit of*

der Schwulst *bombast*
die Übertreibung, -en *exaggeration*
klirren *to clink, rattle, clatter*
die Fälschung *falsification*
der Streit *quarrel, fight*
widerlich *disgusting*

gestehen *to admit*

unanständig *indecent*

gepflegt *refined, cultivated*

schlaff *slack, loose, limp*

die Verehrung *reverence, veneration*
das Edle *that which is noble*
spüren *to sense*
beglücken *to bless*
ab•stammen *to stem from*

gewichtig *weighty*
verlassen sich auf *to rely on*

Nach dem Lesen

A Sammeln Sie Ausdrücke aus dem Text, die:

1. die drei Hauptpersonen charakterisieren

Spiralen

2. die Beziehung Onkel Ehrhards, Fridos und der Erzählerin zu Schiller deutlich machen.

	ONKEL EHRHARD	FRIDO	ERZÄHLERIN
1.			
2.			

B | Welche Klischees finden Sie im Text, die sich auf Kunst und auf Frauen beziehen? — Mit welchen Verallgemeinerungen will Frido den Mythos des Klassikers Schiller zerstören?

C | Wer ist in den Augen der Erzählerin Sieger im Duell um die Kunst, Onkel Ehrhard oder Frido? Warum wohl?

D | Wie versucht die Erzählerin, sich eine eigene Meinung zu bilden? Warum wählt sie nur bestimmte Schiller-Stücke und Gedichte aus? Und **wie** liest sie seine Gedichte? Wie fühlt sie sich dabei? Warum hört sie nach ein paar Gedichten auf zu lesen?

Welcher Satz im Text bezieht sich auf den Titel der Geschichte? Haben Sie Ideen, wie man den Titel deuten (*interpret*) könnte? Schreiben Sie einige Möglichkeiten auf.

● Die Geschichte hat den Titel „Schiller im Schoß", weil . . .

●

●

Wie würden Sie der Erzählerin Verständnis von Kunst umschreiben? Was muß Kunst der Leserin bieten? Schreiben Sie ein paar Gedanken auf.

Woran erkennt man, daß die Autorin Gabriele Wohmann sich von ihrer Erzählerin-Figur distanziert? Wie kommt ihre Ironie zum Ausdruck?

Kurzinformationen zu Ernst Jandl: Geb. 1925 in Wien. Professor an einem Gymnasium. Einer der berühmtesten Vertreter experimenteller Lyrik in Österreich. Schreibt „konkrete Poesie", die mit akustischer und visueller Qualität des Materials spielt. Die Titel seiner Lyriksammlungen sind sprechend: *Laut und Luise* (1966), *Sprechblasen* (1968), *serienfuss* (1974). Die Gedichte „bibliothek" und „a love-story, dringend" kommen aus *Gesammelte Werke*, Bd. II und Bd. I.

Vor dem Lesen

In Wohmanns Text haben Sie verschiedene Umgangsformen mit Büchern kennengelernt, eine sakrale (Onkel Ehrhard), eine polemische (Frido), eine naive, beinahe erotisierte (Erzählerin). Achten Sie beim Lesen von Jandls „bibliothek" darauf, wie er mit dem Thema Bücher und mit der Sprache experimentiert. Lesen Sie laut.

333

bibliothek (1977)
(Ernst Jandl)

die vielen buchstaben
die nicht aus ihren wörtern können

die vielen wörter
die nicht aus ihren sätzen können

die vielen sätze
die nicht aus ihren texten können

die vielen texte
die nicht aus ihren büchern können

die vielen bücher
mit dem vielen staub darauf

die gute putzfrau
mit dem staubwedel

Nach dem Lesen

Arbeiten Sie in Dreiergruppen, um zusammen mit Jandls Gedichten zu experimentieren. Diskutieren Sie die folgenden Aufgaben:

A | Wenn Sie für das Gedicht „bibliothek" eine Struktur aufmalen sollten, welche Form gäbe das Gedicht (mit Ausnahme der letzten zwei Zeilen) am besten wieder?

Kreis _____ Viereck _____ Dreieck _____

Wie verläuft die Bewegung?

Vom Großen zum Kleinen _____ Vom Kleinen zum Großen _____

B | Wenn Sie die 5. Strophe logisch weiterführen wollten, was käme dabei heraus? Denken Sie an den Titel.

Die vielen Bücher, die . . .

Wenn Sie diesen Satz umgeschrieben haben, überlegen Sie mal, warum Jandl aus dem logischen Muster (*pattern*) des Gedichts ausbricht (*break out*). Warum redet er plötzlich von Staub und Putzfrau?

C | Was ist eigentlich das **Thema** dieses Gedichts? Schreiben Sie kurz Ihre eigenen Gedanken auf.

Markieren Sie jetzt Aussagen, die am besten passen:

_____ Man sollte mehr Putzfrauen in den Bibliotheken einstellen.

_____ Die Bücher verstauben in den Bibliotheken, weil keiner sie mehr liest.

_____ Wenn die Bücher Leser hätten, könnten die Bücher aus der Bibliothek raus, die Texte könnten aus den Büchern raus (in die Köpfe der Leser) . . .

_____ Die Putzfrau ist die einzige, die die armen Bücher berührt.

_____ Jandl will mit seinen Gedichten die Leser wieder zum Lesen bringen, indem er:

    a. die Texte aus den Büchern befreit (Er liest seine Gedichte immer laut vor, so daß sie nicht nur fürs Auge, sondern auch fürs Ohr sind.)

    b. die Sätze aus den Texten, die Worte aus den Sätzen, die Buchstaben aus den Worten befreit (Das macht er durch graphische Form-Experimente, durch die die Bedeutung des Inhalts hervorgehoben wird. Als Beispiel sehen Sie sich das nächste Gedicht „a love-story, dringend" an.)

D Lesen Sie jetzt zusammen laut Jandls „love-story, dringend". Welche Worte können Sie in der Gedichtzeile erkennen?

Aus welchem Wort befreit Jandl hier die Buchstaben und andere Wörter?

Sehen Sie eine logische Sequenz in den befreiten Worten?

        Zuerst . . . , dann . . .

Was hat die Gedichtzeile mit dem Titel zu tun?

---

a love-story dringend
(Ernst Jandl)

d dr dri drin ring inge ngen gend end dn d

▼ **Vokabelhilfe**

dringend _urgent_

Zum Schreiben

A Jeder aus Ihrer Gruppe schreibt mit den von Ihnen gefundenen Wörtern einen kurzen Prosatext zu dieser „love-story". Danach lesen Sie sich Ihre Geschichten laut vor.

B Zu Hause versuchen Sie einmal selbst, „konkrete Poesie" zu schreiben. Arbeiten Sie mit akustischen, visuellen Mitteln. Sie sollen Ihr Gedicht in der nächsten Stunde vortragen und von den anderen Studenten / Studentinnen interpretieren lassen.

Europa

Elsaß-Lothringen; an der französisch-deutschen Grenze.

Goals:

- *Learning about the connecting link between the Rhine and the Danube, two European rivers; getting facts and opinions about the process of growing together of European countries; investigating multicultural awareness*

- *Listening to the opening ceremony of the **Rhein-Main-Donau-Kanal**, an interview on visions for 2050, and (optional) a scene from Wagner's "Rheingold"*

- *Reading a scene from "**Rheingold**," texts by young aspiring West Europeans and from a concerned personality from Eastern Europe; reading a poem by a contemporary Austrian writer reflecting on his "**Österreich**"*

- *Summing up our acquired knowledge about and skills in German; observing regularities in grammatical gender; learning some more complex adjectives and how to read extended nominal constructions*

- *Being able to talk about basic political and economic developments, discuss multicultural issues, and summarize a story*

- *Writing a summary, composing a short essay on future outlook for a city/country*

Stufe 1

Aktuelles zum Thema
Rhein-Main-Donau-Kanal:
„Schiffahrt"; Europakarte

Hörverstehen 1 (Video)
„Rhein-Main-Donau-Kanal
eröffnet" aus „Zeit im Bild"
(ORF)

Vokabelmosaik 1
„legen"

Formen und Funktionen 1
Der? Die? Das?—A Few Rules

Zum Lesen
☑ „Das Rheingold" (Wagner)

Reden wir miteinander!
☑ Wir erzählen die Szene aus
„Rheingold" nach

Zum Schreiben
☑ Zusammenfassung der
„Rheingold-Szene"

Stufe 2

Aktuelles zum Thema
Die Europäische Gemeinschaft;
Junge Europäer zu Europa

Hörverstehen 2 (Optional)
„Das Rheingold" (Wagner)

Vokabelmosaik 2
Staatenfamilie oder Überstaat?

Reden wir miteinander
Wir reden über und reagieren auf
Meinungen junger Europäer

Formen und Funktionen 2
Simple and Not-So-Simple
Adjectives

Zum Lesen
☑ „Typischer Deutscher?"
☑ „Mein Österreich"
☑ „Europäer auf Reisen"

Stufe 3

Aktuelles zum Thema
Die Vordenker Europas: „Politik
der kleinen Schritte"

Hörverstehen 3
„Fünf Fragen an Chong Sook
Kang"

Vokabelmosaik 3
Europa—eine multikulturelle
Völkerfamilie

Formen und Funktionen 3
More Complex Noun Phrases

Zum Lesen
„Jeder Fremde ist ein Münchner"

Reden wir miteinander!
Wir diskutieren die Positionen
einiger Personen aus dem
Lesetext

Zum Schreiben
Vision einer Großstadt in 50
Jahren

337

☑ These items appear in the Workbook.

Aktuelles zum Thema

Zwei große Flüsse, der Rhein und die Donau, verbinden viele europäische Länder. Während der Rhein von Süden nach Norden durch westeuropäisches Gebiet fließt, nimmt die Donau ihren Lauf ganz eigenwillig zuerst von Südwesten nach Nordosten, windet sich dann langsam aber mächtig durch den Südosten Europas. Beide Ströme haben in der oft turbulenten Geschichte dieses Kontinents bedeutende Rollen gespielt. Die beiden Flüsse zu verbinden und damit eine Wasserstraße von der Nordsee bis zum Schwarzen Meer zu schaffen, war ein alter Wunsch. Durch den Kanal, der vom Rhein über den Main zur Donau führt, ist 1992 dieser Wunsch Wirklichkeit geworden.

Spiralen

Der folgende Text berichtet kurz über dieses „Jahrhundertbauwerk". Sie werden im Hörverstehen 1 Gelegenheit haben, eine Kurzreportage von der Eröffnung des Rhein-Main-Donaukanals zu hören bzw. zu sehen. Bevor Sie den Text lesen, folgen Sie auf der Europakarte dem Lauf der beiden Flüsse von ihrer Quelle bis zu ihrer Mündung ins Meer.

Wo entspringt der Rhein? In welchem Land? Und die Donau? Haben Sie gesehen, wie nahe beim Rhein sich die Donauquellen befinden? Durch welche Länder und großen Städte fließen die beiden Flüsse? Am Main liegt die wichtige deutsche Stadt Frankfurt (Frankfurt/Main). Es gibt aber in Deutschland eine zweite Stadt Frankfurt. An welchem Fluß liegt sie?

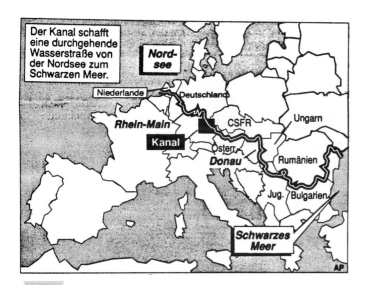

Der Kanal schafft eine durchgehende Wasserstraße von der Nordsee zum Schwarzen Meer.

Nordsee
Niederlande
Deutschland
Rhein-Main
Kanal
Ungarn
CSFR
Österr.
Donau
Rumänien
Jug. Bulgarien
Schwarzes Meer

Schiffahrt

Per Schiff von der Nordsee zum Schwarzen Meer, 3500 Kilometer lang, quer durch Europa: Der **Rhein-Main-Donau-Kanal** macht es möglich. Der 171 Kilometer lange, füfzig Meter breite Kanal schließt die letzte Lücke in der Binnenschiff-fahrt Europas. Mit ihm wurde unter anderem die Altmühl, ein besonders attraktives Flüßchen in einer beliebten bayerischen Ferienregion, auf 51 Kilometer begradigt. Jahrelang waren Umweltschützer gegen den Eingriff ins Altmühltal Sturm gelaufen. Daher wurden hier auch 65 Millionen Mark für die Ökologie ausgegeben und dafür unter anderem Altarme, reizvolle Brücken, Inseln und Feuchtegebiete angelegt. Umstritten ist der wirtschaftliche Wert des Kanals. Er ist für 18 Millionen Tonnen pro Jahr ausgelegt, doch die Zahlungsschwierigkeiten osteruopäischer Länder werden auch die Warenmengen in der Binnenschiffahrt reduzieren. Die Experten rechnen jetzt nur noch mit acht bis zehn Millionen Tonnen im Jahr.

339

Vokabelhilfe

per Schiff mit dem Schiff
die Lücke, -n *gap, deficiency*
die Binnenschiffahrt *inland navigation*
unter anderem *among other things*
begradigen *to straighten*
der Eingriff, -e *operation*
laufen Sturm *to assail, protest*
das Feuchtgebiet, -e *wetland*
anlegen *to lay out, design, construct*
sein umstritten *to be disputed, controversial*
ausgelegt *here: designed, planned*
die Ware, -n *merchandise, goods*

Schiffe über den Dächern: Der neue Kanal ist Europas höchste Wasserstraße.

*H*örverstehen 1 (Video)

„Rhein-Main-Donau-Kanal eröffnet"

Diese Reportage kommt aus der Sendung „Zeit im Bild" des Österreichischen
Rundfunks (ORF).

 WB, S. 240; Übungen zum **Hörverstehen 1**.

Zum Vokabelmosaik

In Kapitel 9 fanden Sie einen Überblick über die vielen Möglichkeiten, wie man aus
einem „einfachen" Verb komplexere Verben oder Verbstrukturen bilden kann. Im
Vokabelmosaik 1 geben wir ein Beispiel, was **einem** Verb alles passieren kann. Dabei
ändert sich natürlich auch oft die Valenz des Verbs, die notwendige Satzstruktur und
damit auch die Bedeutung. Das folgende Mosaik ist nur eine Auswahl der vielen
Möglichkeiten.

Schauen und Identifizieren

Schauen Sie nun mal das ganze Mosaik an, und überlegen Sie, welche neuen **legen**-
Verben Sie ohne Wörterbuch verstanden hätten.

Spiralen

*V*okabelmosaik 1

Legen

legen (das Buch auf den Tisch)
       (sich in die Sonne)
       (das Kind ins Bett)

an•legen (einen Garten, Park)
  to plan, lay out
  . . . Geld *to invest money*
die Anlage

ab•legen (Kleider, Dokumente)
  to take off, to put aside
  . . . eine Prüfung *to pass an exam*
  . . . einen Eid *to take an oath*

auf•legen (eine Platte, einen Verband)
  to put on
  . . . einen Verband *to dress a wound*
  . . . den Hörer *to hang up*

belegen (mit) (das Brot mit Käse,
  den Boden mit Teppichen)
  to cover, lay with
  . . . einen Kurs *to enroll in*

ein•legen (einen Film in die Kamera)
  to insert

erlegen (ein Tier) *to kill by hunting, shoot*

zu•legen (50 DM) *to add (50 marks)*
  . . . sich ein neues Auto (*coll.*)
  to get / treat oneself to

vor•legen (einen Brief zur Unterschrift)
  to present for

verlegen (einen Schlüssel) *to misplace*
  . . . ein Geschäft *to relocate*
  . . . eine Prüfung *to postpone*
  . . . ein Buch *to publish*

unter•legen (einen Stein)
  to lay (put) under
  die Unterlage *base, support*

überlegen sich etwas
  to think about, to consider

*   *   *

der Fluß

entspringen, entsprang,   fließen (durch, in), floß,   münden in
  ist entsprungen   ist geflossen   *to flow, empty into*
  to arise, originate   *to flow, run*   die Mündung *estuary*

der See, -n *the lake*   die See *the sea*
der Bodensee   die Ostsee
am Bodensee wohnen   auf der Ostsee segeln

das Meer, -e = der Ozean, -e
am Meer Urlaub machen

Kombinieren und Schreiben

Welche englische Übersetzung paßt zu den folgenden Ausdrücken oder Sätzen?

1. Bitte, legen Sie doch ab!   a. *Take off your things!*
                             b. *Please, take the exam.*
                             c. *Take off your clothes.*

341

2. nach langem Überlegen
   a. *after a long layover*
   b. *after considering for a long time*
   c. *after a long presentation*

3. eine auf morgen verlegte Konferenz
   a. *a conference taking place in the morning*
   b. *a conference that will take place tomorrow*
   c. *a conference that has been postponed until tomorrow*

4. Alle Zimmer sind belegt.
   a. *Expenses for all rooms are covered.*
   b. *All rooms are taken.*
   c. *All rooms are laid out.*

5. die Anlegebrücke
   a. *a park by the bridge*
   b. *landing stage/bridge*
   c. *a bridge in a park*

6. die abzulegende Prüfung
   a. *the exam that was passed*
   b. *the exam that is in progress*
   c. *the exam to be taken*

7. das angelegte Geld
   a. *the money that had been put down*
   b. *the invested money*
   c. *The money that was laid out*

8. das verlegte Dokument
   a. *the printed document*
   b. *the misplaced document*
   c. *the document that was put aside.*

*F*ormen und Funktionen 1

DER? DIE? DAS?—A FEW RULES

Sie haben in den neun Kapiteln viele Nomina gelernt, und wir haben schon früher auf einige Regelmäßigkeiten hingewiesen. Die folgende Übersicht soll Ihnen auch später bei der oft schwierigen Genus-Entscheidung helfen. Allerdings: Ausnahmen werden Sie immer wieder finden!

Immer *der*

- männliche Personen
  (Berufe, Nationalitäten)
  männliche Tiere

  der Freund
  der Arzt, der Franzose
  der Löwe, der Hund

- Nomina auf: **-er**   der Besucher, der Lehrer, der Körper
  -ling   der Lehrling, der Frühling

- Wochentage, Monate,
  Jahreszeiten

  der Montag, der Mai
  der Sommer, der Herbst

- Wetter,
  Himmelsrichtungen

  der Regen, der Schnee
  der Norden, der Süden

- Alkohol   der Wein, der Cognac, der Sekt (Ausnahme: das Bier)
- Nomina auf:

-ant	der Konsonant, der Elefant
-ent	der Student, der Präsident
-ist	der Polizist, der Spezialist
-e	der Psychologe, der Theologe
-or	der Motor, der Reaktor
-us	der Organismus, der Kapitalismus

- Nomina, die von einem   der Gang (gehen), der Sitz (sitzen)
  Verb kommen und keine
  Endung bekommen

Immer *die*

- weibliche Personen,   die Freundin, die Kollegin (exception: das Mädchen)
  (Berufe, Nationalitäten)   **-in**   die Ärztin, die Französin
  weibliche Tiere   die Löwin, die Hündin
- Blumen und Bäume   die Rose, die Tulpe
                               die Tanne, die Buche
- Nomina auf:

-anz	die Bilanz, die Distanz
-enz	die Frequenz, die Potenz
-ei	die Bäckerei, die Partei
-ik	die Politik, die Physik
-heit	die Gesundheit, die Freiheit
-keit	die Gemütlichkeit, die Möglichkeit
-schaft	die Wirtschaft, die Gesellschaft
-ung	die Vorstellung, die Meinung
-ät	die Universität, die Diät
-ie	die Drogerie, die Psychologie
-ik	die Logik, die Musik
-ur	die Literatur, die Kultur
-ion	die Funktion, die Union

- Nomen, die von einem   die Sicht (sehen), die Tat (tun)
  Verb kommen und ein
  t bekommen

Immer *das*

- Nomina auf:

-chen	das Mädchen, das Häuschen
-lein	das Kindlein, das Blümlein

  (Die Endung **-e / -en** des
  Basiswortes fällt weg:
  die Blume → das Blümchen)
- Metalle   das Eisen, das Gold
- Nomina auf:

-ment	das Instrument, das Parlament
-um	das Gymnasium, das Museum

- Nomina mit Präfix   **Ge-**   das Gebäude, das Gebirge
- Nomen, die von einem   das Wohnen, das Spielen
  Verb kommen, im Infinitiv

343

A | Finden und schreiben Sie zu jeder Gruppe zwei bis drei Nomina mit Artikel auf, womöglich aus früheren Kapiteln.

-ant:	-ei:	-ie:
-ent:	-ik:	-ik:
-ist:	-heit:	-ur:
-e:	-keit:	-ion:
-or:	-schaft:	-chen / -lein:
-us:	-ung:	-ment:
-anz:	-ät:	-um:
-enz:		

B | Setzen Sie die passenden Nomina ein.

1. Zur _____ des Rhein-Main Donaukanals kam auch der deutsche Bundespräsident. (eröffnen)

2. Für den _____ des Kanals mußte das attraktive _____ Altmühl begradigt werden. (bauen, kleiner Fluß)

3. Wegen dieses _____ in die Natur liefen Umwelt_____ jahrelang Sturm. (ein•greifen, schützen)

4. Eine Wander_____ zeigt das Altmühltal vor und nach dem Kanalbau. (aus•stellen)

➡ WB, S. 242; Übungen zu **Formen und Funktionen 1.**

➡ WB, S. 244; **Zum Lesen. S. 255; Reden wir miteinander! Zum Schreiben.**

Stufe

2

Aktuelles zum Thema

Orientieren Sie sich zunächst auf der Karte der Europäischen Gemeinschaft über Lage, Größe und wirtschaftliche Produktivität der 12 westeuropäischen Länder.

Dann decken Sie die Karte zu und machen ein kleines Wettspiel. Teilen Sie die Klasse in zwei Gruppen. Eine Gruppe stellt eine Frage, z.B. „Wo liegt Dänemark? Im Osten, Westen, Süden oder Norden Europas?" Wenn die andere Gruppe richtig antwortet, bekommt sie einen Punkt und darf die nächste Frage stellen. (Sie muß die Antwort aber auch selber wissen . . .)

Danach überfliegen Sie die untenstehenden Bilder und Texte, und lesen Sie den, der Sie am meisten anspricht. Wählen Sie ein Land oder eine Person, mit dem / der Sie sich identifizieren und über das / die Sie nachher berichten.

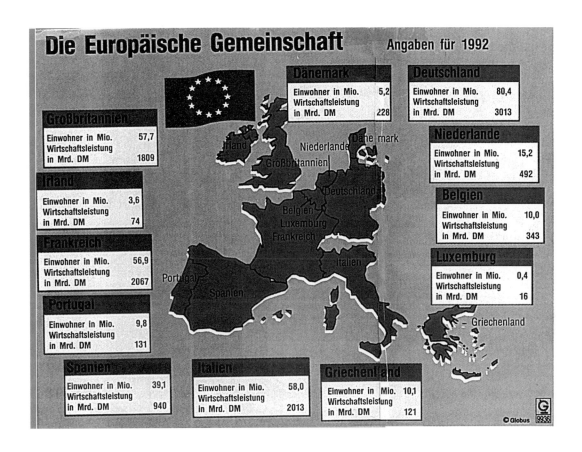

Die Europäische Gemeinschaft — Angaben für 1992

Großbritannien
Einwohner in Mio.	57,7
Wirtschaftsleistung in Mrd. DM	1809

Irland
Einwohner in Mio.	3,6
Wirtschaftsleistung in Mrd. DM	74

Frankreich
Einwohner in Mio.	56,9
Wirtschaftsleistung in Mrd. DM	2067

Portugal
Einwohner in Mio.	9,8
Wirtschaftsleistung in Mrd. DM	131

Spanien
Einwohner in Mio.	39,1
Wirtschaftsleistung in Mrd. DM	940

Italien
Einwohner in Mio.	58,0
Wirtschaftsleistung in Mrd. DM	2013

Griechenland
Einwohner in Mio.	10,1
Wirtschaftsleistung in Mrd. DM	121

Dänemark
Einwohner in Mio.	5,2
Wirtschaftsleistung in Mrd. DM	228

Deutschland
Einwohner in Mio.	80,4
Wirtschaftsleistung in Mrd. DM	3013

Niederlande
Einwohner in Mio.	15,2
Wirtschaftsleistung in Mrd. DM	492

Belgien
Einwohner in Mio.	10,0
Wirtschaftsleistung in Mrd. DM	343

Luxemburg
Einwohner in Mio.	0,4
Wirtschaftsleistung in Mrd. DM	16

© Globus 9936

Astrid, 19 Jahre, Dänemark

Das Au-pair-Mädchen aus Dänemark ist ein halbes Jahr in Deutschland. Sie arbeitet in einer Familie mit kleinen Kindern. Morgens bringt sie den 5jährigen Sohn mit dem Fahrrad in den Kindergarten. Anschließend hilft sie im Haushalt und spielt mit der 2jährigen Tochter. Zu ihren Aufgaben gehören bügeln, aufräumen und manchmal kochen. Nachmittags geht sie in eine Sprachenschule. Dort trifft sie viele junge Leute aus anderen Ländern. Ihre beste Freundin kommt aus Norwegen. Kontakt zu deutschen Jugendlichen hat sie kaum. Sie findet das schade. „Sie sind etwas zurückhaltend", meint Astrid. „Bei uns in Kopenhagen sind wir lockerer."

Zur EG-Union hat Astrid „ja" gesagt. Sie glaubt, daß sie dadurch mehr Möglichkeiten hat. Sie will Energie- und Umwelttechnik studieren. „In Dänemark gibt es nicht so viele Stellen. Ich kann nach Deutschland kommen", denkt sie. Aber Astrid hat auch Ängste: „Die Umweltgesetze und die soziale Sicherheit sind in Dänemark besonders gut. Hoffentlich verlieren wir das nicht!" Und: „Ein kleines Land wie Dänemark hat vielleicht keinen großen Einfluß. Unsere Geschichte und die nationale Identität könnten verloren gehen."

Kapitel 10: Europa

Matthew, 17 Jahre, Großbritannien

Der englische Internats[...]
genau, was er will. [...]
beschloß er, Rechtsan[...]
ter will er in Oxford s[...]
eine Anstellung in Sa[...]
vor: ein Büro in einem[...]
das letzte Licht, das a[...]
Um sein Ziel zu erreic[...]
Eliteschule. „Dort h[...]
Möglichkeiten. Es gib[...]
tolle Sportmöglichkei[...]
chen und Trinken sin[...]
erzählt Matthew. Nur[...]
ze Schuluniform gef[...]
so sehr. In der Freize[...]
für Schwimmwettk[...]
Schule. Selbst bei s[...]
Sprachurlaub in Deu[...]
er fast jeden Tag ins[...]
bad, um zu trainieren

Phillippe, 17 Jahre, Belgien

Der blonde Junge aus Belgien spricht Französisch, Niederländisch und Deutsch. In seinem Land spricht man alle diese Sprachen. Außerdem lernt er noch Englisch. Phillippe hatte in der Schule Schwierigkeiten mit Deutsch. Darum kam er in eine Sprachschule nach Köln und wohnte bei einer deutschen Familie. „Sprachen sind wichtig, denn dann kann man mit anderen besser Geschäfte machen", sagt der junge Belgier. In seiner Freizeit geht Phillippe Tennis spielen, oder er fährt Motocross. Musik hört er am liebsten von den Pixies und Primus, „die sind nicht so kommerziell."

Für Phillippe ist Europa wichtig. Sein Vater hat ein großes Schlachthaus. Dort handelt man bereits mit vielen europäischen Staaten. „Ich will im Betrieb meines Vaters arbeiten", weiß Phillippe schon heute. Der Weg dorthin ist ihm noch nicht ganz klar. Er will Wirtschaft studieren und dann erst einmal in einem anderen Betrieb arbeiten. Aber vielleicht verändert sich ja auch einiges durch Europa. „Viele meiner Mitschüler sind ängstlich, aber auch neugierig, was 1993 bringt."

Ilaria, 18 Jahre, Italien

„Ich bin stolz auf Florenz, aber ich komme aus Italien." Das sagt die italienische Schülerin auf die Frage, wo ihre Heimat ist. Dieses Jahr macht sie Urlaub in Deutschland. Sie möchte aber auch noch in die anderen Länder der EG reisen. In England und Frankreich ist Ilaria bereits gewesen. Immer hatte sie schnell Kontakt zu den Einheimischen. „Bei uns Jugendlichen gibt es nicht so viele Unterschiede", beschreibt sie ihre Erfahrungen. In Deutschland hat sie viele Leute kennengelernt, die freundlich zu Ausländern sind. Ilaria findet die Bundesrepublik Deutschland schön: die verschiedenen Landschaften, die alten und die modernen Gebäude. Sie glaubt, daß sie hier leben kann. Für immer? „Ich weiß nicht", antwortet Ilaria.

Ilaria denkt, daß es irgendwann eine europäische Mentalität gibt. „Hoffentlich geht unsere eigene Mentalität dabei nicht verloren!" Sie glaubt, man muß zunächst an sein eigenes Land denken, dann an Europa. Wirtschaftliche Probleme und die Mafia sind Hindernisse auf dem Weg zur EG, glaubt sie.

347

Raquel, 21 Jahre, Spanien

Die Studentin aus Spanien geht in Barcelona zur Universität. Ihre Fächer sind englische und deutsche Philologie. Sie nutzt die Semesterferien, um zu reisen und Sprachen zu lernen. „Sprachen", findet Raquel, „sind das Wichtigste überhaupt." Das haben ihr die älteren Schwestern schon als Kind gesagt. Damals lernte sie die ersten deutschen Wörter. „Leider sprechen in meiner Heimat die meisten Leute nur ein bißchen Englisch", berichtet Raquel. Darum möchte sie gerne eine Zeitlang im Ausland leben. Im Moment ist die Studentin aber noch am liebsten zu hause. „Das ist anders als bei deutschen Jugendlichen. Die meisten wollen möglichst schnell ausziehen." Auch sonst gibt es ihrer Meinung nach ein paar Unterschiede: „Bei uns sind die Leute immer besonders freundlich. Sie haben ein ganz anderes Temperament." Trotzdem gefallen ihr „die Disziplin, die Erziehung und die Ordnung des deutschen Volkes".

Raquel wünscht sich ein einiges Europa: „Ich möchte eine Zukunft ohne Terror und Kriege." Sie findet es traurig, daß man in ihrem Land Probleme mit Separatisten und Terroristen hat.

Kapitel 10: Europa

Antonios, 19 Jahre, Griechenland

Antonios wohnt seit seinem zweiten Lebensjahr in Deutschland. Hier ist er zur Schule und in die Lehre gegangen, und die Bundesrepublik ist seine zweite Heimat. Seine Freunde, Deutsche und Griechen, nennen ihn Toni. Er fühlt sich wohl hier, doch nach seiner Ausbildung will er zurück in seine Heimatstadt Thessaloniki. Er will sich selbständig machen. Mit seinem Beruf als Heizungs- und Lüftungsbauer kommt er in ein Entwicklungsland. Sein Onkel, selbst Inhaber einer Heizungsfirma, hat ihm diesen Rat gegeben. Toni spricht fließend Griechisch und Deutsch, doch er weiß: „Mir fehlt viel griechische Grammatik." In der Schule hat er Englisch gelernt, und die Schulfreunde haben ihm ein bißchen Türkisch beigebracht. Toni, der in seiner Freizeit griechische Musik auf der Bouzuki macht, fühlt sich nicht als Ausländer. Er ist noch nie böse angesprochen worden.

Toni findet es gut, zwei Nationalitäten zu haben. Doch das reicht ihm auch. In einem anderen Land in Europa möchte er nicht wohnen.

348

Raoul, 12 Jahre, Luxemburg

Der Schüler aus Luxemburg lebt seit seiner Geburt in Deutschland. Seine Eltern haben hier studiert und Arbeit gefunden. Raoul geht in die sechste Klasse des Gymnasiums. „In meiner Klasse sind die Deutschen in der Minderheit", berichtet er, „und jeder akzeptiert jeden." Zuhause spricht der Junge aus dem Großherzogtum meist Luxemburgisch. Ein- bis zweimal im Monat besucht er seine Großeltern dort. Es gefällt ihm in Luxemburg besser, doch leben will er in Deutschland. Er denkt, sein Heimatland ist zu klein. Man hat dort nicht so viele Möglichkeiten. Raouls Hobbies sind sein Computer, die Modelleisenbahn und Fußballspielen.

„Alle Länder Europas sollten zusammengehen", sagt Raoul, „auch die, die noch nicht zur EG gehören." Es ist sein Wunsch, daß die Leute dann nicht mehr an Kriege, sondern an den wirtschaftlichen Aufbau denken. Er findet es am besten, wenn sich die Leute aus den verschiedenen Ländern direkt kennenlernen – so wie in seiner Schule. „Dann gibt es keine Probleme", meint Raoul.

Belinda, 21 Jahre, Niederlande

Ihre Heimat sind die Niederlande, aber sie studiert in Belgien: Das Mädchen aus Zwolle will Übersetzerin werden. Die Ausbildung, die sie sich wünschte, gab es in ihrer Heimat nicht. Die Benelux-Staaten (Belgien, Niederlande, Luxemburg) haben schon seit 45 Jahren offene Grenzen, also ein Stück Europa im kleinen. Trotzdem mußte Belinda vor dem Beginn ihres Studiums eine Menge zusätzlicher Formulare ausfüllen. Wenn sie in Belgien Mitglied in einem Verein oder in einer Bibliothek werden will, muß sie eine Aufenthaltsgenehmigung vorzeigen. Sie hofft, daß sich das 1993 ändert. Deutsch und Spanisch sind die beiden Sprachen, die Belinda lernt. „Deutsch konnte ich an der Schule schon gut, und Spanisch ist eine Weltsprache", erklärt die Studentin ihre Wahl. Letztes Jahr machte sie Ferien in der Bundesrepublik. Gut haben ihr die Straßenmärkte gefallen: „Einkaufen macht dort besonders viel Spaß!"

„Erst müssen alle Länder sozial gleichstehen", meint Belinda zur EG, „erst dann ist es möglich, daß man Politik und Wirtschaft gemeinsam steuert." Und sie glaubt: „Wir müssen noch einige Jahre Geduld haben, bevor wir wirklich eine Union haben. Die Menschen müssen sich noch besser untereinander verstehen."

Julia, 14 Jahre, Deutschland

Geboren in Jordanien, aufgewachsen in den Niederlanden, der Schweiz und Deutschland – das ist Julia aus Bonn. Zur Zeit besucht die Diplomatentochter ein Gymnasium, an dem Französisch erste Fremdsprache ist. Zwei Nebenfächer werden hier in Französisch unterrichtet. Julia, die Spaß an fremden Sprachen hat, spricht außer Französisch Englisch, auch ein bißchen Niederländisch. In der Schweiz war sie an einer Schule, wo man täglich bis nachmittags Unterricht hatte und lange Sommerferien. Dieses System vermißt sie in Deutschland, wo man meistens nachmittags frei hat. „Man hat keine Zeit, etwas richtig zu machen", meint sie. Das gilt besonders für ihr Hobby, das Reiten. Bis man das Pferd vorbereitet hat, ist schon der halbe Nachmittag vorbei. Julia glaubt, daß ihre Erfahrungen im Ausland nützlich sind: „Man ist flexibler, wenn man weiß, wie es woanders ist." Als Deutsche fühlt sie sich nicht. „Meine Heimat ist da, wo ich mich wohlfühle, wo ich die Sprache verstehen und sprechen kann."

Julia wünscht sich, daß Europa zu einem starken und reichen Land zusammenwächst, das den armen Ländern hilft. Sie kann sich gut vorstellen, irgendwo in diesem Europa zu arbeiten.

Elisa, 18 Jahre, Portugal

Sie ist in Deutschland geboren, doch auf ihrem Paß ist sie Portugiesin. Elisa, Tochter eines Ehepaars aus Porto, kennt ihre zweite Heimat nur von Ferienbesuchen. Sie ist in Deutschland geboren und zur Schule gegangen. Jetzt macht sie in einem kleinen Ort bei Düsseldorf eine Ausbildung als Friseuse. Elisas Eltern möchten gerne zurück nach Portugal. „Ich soll mitkommen und dort einen Friseursalon führen", berichtet Elisa. Sie selbst weiß noch nicht, ob sie das wirklich will: „Man müßte mal ein Jahr dort wohnen und arbeiten – auf Probe." Erst einmal muß sie ihre Lehre beenden. Zuhause spricht Elisa mit ihren Eltern Portugiesisch. Mit ihren Freunden, die verschiedene Nationalitäten haben, spricht sie Deutsch. Elisas Hobby ist das Tanzen. Sie gehört zu einer portugiesischen Volkstanzgruppe, die schon auf vielen Veranstaltungen aufgetreten ist. Außerdem trainiert das blonde Mädchen zusammen mit acht Freundinnen Tanzfiguren, die man aus dem Fernsehen oder aus dem Kino kennt.

Elisa glaubt, daß Europa eine gute Zukunft hat. Doch sie denkt auch an Umweltverschmutzung, Kriege, Diskriminierung und Katastrophen. Sie vergleicht die Welt mit einem Topf und sagt: „Wenn der Topf auf dem Ofen überkocht, wird auch Europa betroffen sein."

▼ Vokabelhilfe

bügeln *to iron*	**der Inhaber** *owner*
zurückhaltend *reserved*	**zusätzlich** *additional*
locker *loose, slack*	**das Formular, -e** *form*
das Internat, -e *boarding school*	**die Aufenthaltsgenehmigung, -en**
der Wolkenkratzer *skyscraper*	*permission to stay; visa*
der Wettkampf, ⁼e *competition*	**steuern** *to steer*
der Einheimische, -n *native*	**auf•treten** *to perform*
das Hindernis, -se *obstacle*	**über•kochen** *to boil over*
der Heizungs- und Lüftungsbauer *heating-*	**betreffen, a, o** *to concern*
and ventilation builder	

Berichten Sie jetzt Ihrer Klasse über die Person / das Land Ihrer Wahl! Benutzen Sie auch die indirekt Rede!

„Ich habe Phillippe gewählt, weil er so viele Sprachen sprechen kann. Er . . . "

Die anderen hören gut zu und tragen Informationen über die vorgestellten Personen hinter deren Länder ein.

Dänemark	Griechenland
Großbritannien	Luxemburg
Belgien	Niederlande
Italien	Deutschland
Spanien	Portugal

Spiralen

Burg Rheinstein am Rhein.

*H*örverstehen 2 (Optional)

„Das Rheingold"

Sind Sie ein Wagner-Fan? Dann hören Sie sich doch ein bißchen Wagner'sche Musik in Ihrer Musikbibliothek an.

➡ WB, S. 256; mehr Information zu Wagners Musikdremen.

Zum Vokabelmosaik

Die jungen Europäer aus den EG-Staaten geben im allgemeinen ein recht positives Bild über die europäische Integration. Sie scheinen aber alle etwas Angst davor zu haben, daß ihr Land seine Identität verlieren könnte. Im Vokabelmosaik 2 finden Sie einige Verben, die Ihnen helfen, über wirtschaftliche und menschliche Beziehungen zu reden und zu lesen.

Schauen und Identifizieren

Lesen Sie zuerst die Beispielsätze, und identifizieren Sie neue Verben und andere Vokabeln.

Kapitel 10: Europa

Vokabelmosaik 2

Staatenfamilie oder Überstaat?

Astrid findet es schade, daß sie wenig Kontakt zu deutschen Jugendlichen hat.

WIE?

finden etwas (gut, . . .) schade *a pity, unfortunate*
to find sth. to be, traurig *sad*
to consider sth. to be falsch *incorrect*
 praktisch
 schön
 nicht in Ordnung *not o.k.*

Ich finde es schade (schön, . . .), daß . . .
Er findet, daß es schade wäre, wenn . . .
Wie finden Sie . . . ? *What do you think about . . . ?*
Findest du nicht auch, daß . . . ? *Don't you agree that . . . ?*

Ilaria ist stolz auf Florenz.

AUF WEN? / WORAUF?

sein stolz auf jdn / etwas auf einen Freund, eine Freundin
to be proud of auf einen Beruf, auf eine Leistung
der Stolz

Rachel nutzt die Semesterferien, um zu reisen.

	WAS?	WOZU?
nutzen etwas zu	den Abend	zum Studieren
to make use of, utilize;	das Wochenende	zum Einkaufen
to seize (opportunity)	die Gelegenheit . . .	um Deutsch zu lernen
	die Ferien . . .	um zu reisen

Julie vermißt die freien Nachmittage.

WEN? / WAS?

vermissen jdn / etwas die Familie, die Heimat
to miss heimisches Essen

Phillippe sagt, daß sein Vater schon mit vielen europäischen Staaten handelt.

MIT WEM? / WOMIT?

handeln mit mit einem Geschäftspartner
to trade with, deal mit benachbarten Staaten
der Handel mit Lebensmitteln, mit Lederwaren

Idiomatisch:
Es handelt sich um . . .
It is a question of . . .
Es handelt sich darum, ob . . .
The question is whether . . .
Worum handelt es sich?
What is it all about?

verhandeln (mit) über *to negotiate* die Verhandlung	WORÜBER? über Warenaustausch über Import- und Exportquoten	
behandeln jdn / etwas *to treat, handle* die Behandlung	WEN? / WAS? einen Patienten ein Haustier ein Thema	WIE? schlecht

Kombinieren und Schreiben

A „Darauf war ich aber stolz!—Worauf denn?" Bilden Sie Sätze aus Ihrem eigenen Leben oder Bekanntenkreis.

> Ich war sehr stolz darauf, daß . . .
> Meine Nachbarin ist stolz auf . . .

B Fragen Sie mit **Worum? Um wen? Womit?** oder **Mit wem?**

1. Es handelt sich um einen Kaufvertrag.
2. Handelte es sich bei dem Anruf um deinen Bruder oder Vater?
3. Die Bewohner des Penthauses handelten mit Drogen.
4. Bei dem Ermordeten handelt es sich um einen Flüchtling aus Rumänien.
5. Jahrelang hat die italienische Firma mit Iran gehandelt.

353

Brüssel: Europäische Kommission.

Reden wir miteinander!

Gehen Sie zurück zu den Texten der jungen Europäer. Geben Sie Meinungen (*statements*), bei denen Sie die Zustimmung Ihres Partners oder Ihrer Partnerin erwarten. Beginnen Sie mit:

> Findest du nicht auch, daß . . . ?

> **BEISPIEL:** A: Findest du nicht auch, daß Matthew, der junge Engländer, etwas unrealistisch ist?
> B: Ja, finde ich auch.
> *oder*: B: Nein, (ganz) im Gegenteil, ich finde, daß . . .

1. Astrid, die 19jährige Dänin—zu viel arbeiten müssen
2. Phillippe, der blonde Junge aus Belgien—nicht im Betrieb seines Vaters arbeiten sollen
3. . . .

*F*ormen und Funktionen 2

SIMPLE AND NOT-SO-SIMPLE ADJECTIVES

Sie haben im Laufe der bisherigen Kapitel eine Vielzahl von Adjektiven kennengelernt. Sie wissen auch, daß Adjektive Endungen und verschiedene Komparationsformen annehmen können.

> **BEISPIEL:** ein neugieriger Student die beste Behandlung
> eine stolze Leistung von größerem Nutzen
> ein ängstliches Kind die längste Verhandlung

Nun können aber einige Adjektive und Partizipien genauso wie manche Verben eine bestimmte Präposition verlangen, wenn sie prädikativ verwendet werden. Ein Beispiel hatten wir im Vokabelmosaik.

> sein stolz auf *to be proud of*

Die folgende Liste gibt Ihnen eine Auswahl von Adjektiven und Partizipien mit Präposition. Genau wie bei den Verben sollten Sie auch hier die Präposition immer zusammen mit dem Adjektiv lernen.

> arm an + D(ativ) (Mineralien) *poor in* (minerals)

> **BEISPIEL:** Dieses Land ist arm an Mineralien.
> *This country is poor in minerals.*

angesehen bei + D	den Kollegen	*respected among*
ärgerlich über + A	die Verspätung	*annoyed at*
blaß vor + D	Angst, Neid	*pale with*
böse auf + A	einen Freund	*angry with*

Spiralen

erfreut über + A	ein Geschenk	*pleased about*
freundlich zu + D	allen Nachbarn	*friendly toward*
interessiert an + D	der Verhandlung	*interested in*
nützlich für + A	die Umwelt	*beneficial, useful for*
schädlich für + A	die Gesundheit	*harmful to*
verschieden von + D	seinem Bruder	*different from*
zufrieden mit + D	den Verhandlungen	*satisfied with*
zurückhaltend gegenüber + D	ihren Mitbewohnern	*reserved toward*

A Ergänzen Sie die Präpositionen, Artikel und Endungen.

1. Die junge Dänin ist zufrieden_____ _____Arbeit als Au-pair-Mädchen, aber sie ist ärgerlich dar_____, daß sie nur wenig junge Deutsche trifft.

2. Der junge Brite Matthew ist erfreut _____ _____ Möglichkeit, in Oxford studieren zu können.

3. Die Spanierin Rachel ist sehr interessiert _____ ander_____ Sprachen. Sie denkt auch, daß Terrorismus und Separatismus schädlich _____ ihr Land sind.

4. Der Deutsch-Grieche Antonios meint, daß seine Ausbildung in Deutschland nützlich _____ _____ Arbeit in Griechenland ist. Seine Zukunftspläne sind sehr verschieden _____ denen anderer junger Leute.

5. Die Holländerin Belinda ist ärgerlich dar_____, daß sie so viele Formulare ausfüllen muß.

6. Die Journalistin ist sehr angesehen _____ ihr_____ Kollegen / Kolleginnen, denn sie ist freundlich _____ all_____ Mitarbeitern.

B Finden Sie passende Präpositionalergänzungen.

> **BEISPIEL:** stolz auf sein Auto, auf ihr Land *proud of*

bekannt bei	_____ _____	*well-known among*
bekannt für	_____ _____	*well-known for*
fähig zu	_____ _____	*capable of*
überzeugt von	_____ _____	*convinced of*
verwundert über	_____ _____	*surprised about*

➤ WB, S. 258; Übungen zu **Formen und Funktionen 2**. S. 259; **Zum Lesen**.

355

Aktuelles zum Thema

„Politik der kleinen Schritte"

Schon einmal, in Kapitel 6, haben wir am Beispiel Berlins einen kurzen Gang in die Vergangenheit unternommen. Nun, am Ende unseres Programmes, wollen wir es noch einmal versuchen, um den Werdegang der EG und die für das Zusammen-wachsen notwendige Zeit besser zu verstehen.

Dies ist auch eine gute Gelegenheit für Sie zu sehen, wie viele der zum Verstehen eines solchen Textes notwendigen Vokabeln Sie im Programm schon gelernt haben.

Vor dem Lesen

Denken Sie an das, was wir über die beiden Flüsse Rhein und Donau gesagt haben. Denken Sie auch an die Nachkriegsgeschichte Berlins, Kapitel 6, und schauen Sie sich nochmals die Übersichtskarte der EG in Stufe 2 an.

Beim Lesen

Lesen Sie zuerst den Text über „Die Vordenker Europas".

DIE VORDENKER EUROPAS

Jean Monnet

Geboren am 9. November 1888 in Cognac. Geriet durch Zufall in die Politik, indem er der französischen Regierung während des Ersten Weltkriegs eine Denkschrift zur Reorganisation der Versorgung sandte. War Urheber und von 1952 bis 1955 Präsident der Montanunion und gründete anschließend das „Aktionskomitee für die Vereinigron Staaten von Europa", das er bis 1975 auch leitete. Gilt als „Vater Europas". Monnet starb 1979.

Konrad Adenauer

Geboren am 5. Januar 1876 in Köln. Adenauer sprach immer von seinen „drei Leben". Das erste ging bis 1917: Studium und Start in der Kommunalpolitik; das zweite umfaßt die Zeit als Ober-bürgermeister von Köln, und das dritte begann am 15. September 1949: er wurde zum Bundeskanzler gewählt. Eines seiner Hauptziele war die Aussöhnung mit Frankreich als Basis für ein vereintes Europa. Das gelang ihm mit dem „Wunder von Colombey-Les-Deux-Eglises". Adenauer und de Gaulle wurden auf dem Landsitz des französischen Staatspräsidenten Freunde. 1963 trat Adenauer zurück. Er starb 1967.

Charles de Gaulle

Geboren am 22. November 1890 in Lille. Sein Urururgroßvater stammte aus Durlach bei Karlsruhe. Im Ersten Weltkrieg war de Gaulle in Ingolstadt in Kriegsgefangenschaft und lernte dort Deutsch. Von 1958 bis 1969 war Charles de Gaulle französischer Staatspräsident. Er erkannte den Deutschen viele gute Eigenschaften zu, wollte aber hauptsächlich mit ihrer Hilfe Frank-reich gegenüber Amerika und Ruß-land stärken. De Gaulle starb 1970.

Vokabelhilfe

der Urheber der Initiator
gelten als *to be considered to be*
die Aussöhnung *reconciliation*
der Urururgroßvater *great-great-grandfather*

Alle drei hatten bereits den Ersten Weltkrieg miterlebt. Jeder der drei leistete individuelle Beiträge zum Zusammenwachsen Europas. Identifizieren Sie diese Beiträge in den Kurztexten, und tragen Sie Informationen ein.

MONNET	ADENAUER	DE GAULLE
______________	______________	______________
______________	______________	______________

Und wie alt sind diese drei Männer geworden?

______________ ______________ ______________

POLITIK DER KLEINEN SCHRITTE

1957 unterzeichneten Belgien, Frankreich, Italien, Luxemburg, die Niederlande und die Bundesrepublik Deutschland die Geburtsurkunde der Europäischen Gemeinschaft. „Eine Art Vereinigte Staaten von Europa" wünschte sich Winston Churchill schon ein Jahr nach Ende des Zweiten Weltkriegs. „Der Weg ist einfach", sagte er. Bis zum Gemeinsamen Markt erstreckte er sich jedoch über vier Jahrzehnte.

1949

5. Mai

Zehn westeuropäische Staaten (Belgien, Dänemark, Frankreich, Italien, Irland, Luxemburg, Niederlande, Norwegen, Schweden, Vereinigtes Königreich von Großbritannien und Nordirland) gründen den Europarat. Er ist somit die älteste und mit derzeit 24 Mitgliedsstaaten zugleich die größte zwischenstaatliche Organisation des europäischen Kontinents. Der Europarat ist jedoch eine von der EG völlig getrennte Organisation. Waren 1949 noch symbolisch Plätze für die Länder Osteuropas freigehalten worden, so haben die nun dort eingeleiteten Reformen auch deren Mitgliedschaft in den Bereich der Möglichkeit gerückt. Ungarn ist schon im November 1990 Mitglied geworden, 1991 folgten die Tschechoslowakei und Polen, 1992 Bulgarien. Die Hauptorgane des Europarats sind die Parlamentarische Versammlung und das Ministerkomitee, das die Außenminister der Mitgliedsstaaten bilden. Der Europarat versteht sich vor allem als Verfechter der Demokratie und der Menschenrechte. Er hat bis heute über 130 Konventionen verabschiedet (Konventionen und Abkommen erlangen in den Ländern, die sie ratifizieren, Gesetzeskraft), darunter die Europäische Konvention zum Schutz der Menschenrechte und Grundfreiheiten sowie die Europäische Sozialcharta. Wichtige Einrichtungen, die der Europarat geschaffen hat, sind: die Europäische Kommission für Menschenrechte, der Europäische Gerichtshof für Menschenrechte und das Europäische Jugendzentrum.

1950

9. Mai

Frankreich bietet Deutschland mit dem „Schuman-Plan" an, die Kohle- und Stahl-Produktion beider Staaten in einer Organisation zusammenzulegen.

1951

18. April

Neben Frankreich und der Bundesrepublik Deutschland unterzeichnen in Paris Italien, Belgien, die Niederlande und Luxemburg den Vertrag zur Gründung der Europäischen Gemeinschaft für Kohle und Stahl (EGKS), oft einfach Montanunion genannt.

Vokabelhilfe

1949

verstehen sich *here:* sehen sich

der Verfechter *advocate, defender*

verabschieden *here: to pass a regulation, law*

die Einrichtung die Institution

1957
25. März

In Rom unterzeichnen dieselben sechs Staaten die Verträge zur Gründung der Europäischen Wirtschaftsgemeinschaft (EWG) und der Europäischen Atomgemeinschaft (EAG oder Euratom), bekannt auch als Römische Verträge, die am 1. 1. 1958 in Kraft treten. Die EWG, EAG und EGKS stellen zusammen die „Europäischen Gemeinschaften" dar.

1962
14. Januar

Einigung des Ministerrats auf die Grundsätze einer gemeinsamen Agrarpolitik.

1965
8. April

Unterzeichnung des Vertrages über die Verschmelzung der Exekutiv-Organe von EGKS, EWG und EAG.

1968
1. Juli

Die Zollunion mit Abschaffung aller Zölle zwischen den EG-Mitgliedsstaaten und der Einführung eines gemeinsamen Außenzolls tritt in Kraft —eine wichtige Vorstufe zum einheitlichen Binnenmarkt.

1970
1. Januar

Die EG-Staaten beginnen mit ihrer Europäischen Politischen Zusammenarbeit (EPZ), das heißt mit einer Gemeinsamen Außenpolitik.

1970
21. April

Beschluß über die Ersetzung der Finanzbeiträge der Mitgliedsstaaten durch eigene Mittel der Gemeinschaft.

1973
1. Januar

Die Gemeinschaft erhält endgültig die Gesamtkompetenz für die gemeinsame Handelspolitik der Mitgliedsstaaten. Dänemark, Irland und Vereinigtes Königreich treten bei.

1975
28. Februar

Unterzeichung des ersten Lomé-Abkommens zwischen der EG und seinerzeit 46 Entwicklungsländern. 1990 trat bereits das IV. Lomé-Abkommen mit nunmehr 69 AKP- (Afrika-, Karibik-, Pazifik-) Staaten in Kraft. Die Kontrakte sind die einzigen Vertragswerke zwischen einer Gruppe von Industrie- und Entwicklungsländern, die umfassend alle wichtigen Bereiche der Zusammenarbeit regeln. Sie gewähren den AKP-Staaten neben der Kooperation zur Entwicklung von Industrie und Landwirtschaft vor allem Handelsvorteile.

1979
13. März

Das Europäische Währungssystem (EWS) wird in Kraft gesetzt.

1979
7.-10. Juni

Erstmals wird das Europäische Parlament, dessen Abgeordnete bisher von den Parlamenten delegiert wurden, direkt gewählt.

1981
1. Januar

Beitritt Griechenlands.

1985
14. Juni

Die Kommission der EG veröffentlicht ihr „Weißbuch" über die Vollendung des Binnenmarktes, in dem die Maßnahmen für den Abbau der materiellen, technischen und steuerlichen Schranken bis 1992 festgelegt sind.

1985
2./3. Dezember

Einigung des Europäischen Rates in Luxemburg auf eine Reform der Verträge der Europäischen Gemeinschaft.

1985

Seit Mitte der 80er Jahre werden im Rahmen des Programms „Europa der Bürger" die Personenkontrollen an den Grenzen innerhalb der Europäischen Gemeinschaft verstärkt abgebaut. Das sogenannte „Schengener Abkommen" hat hier den Anfang gemacht.

1986
1. Januar

Spanien und Portugal treten der Europäischen Gemeinschaft bei.

1986
28. Februar

In Den Haag wird die „Einheitliche Europäische Akte" unterzeichnet. Sie tritt am I. Juli 1987 in Kraft.

1988
11./12. Februar

Einigung der Staats- und Regierungschefs über die Vorschläge der EG-Kommission zur Reform der Agrar- und Strukturpolitik. Damit gelang es der Gemeinschaft, schon lange anstehende Probleme auf dem Agrarsektor und beim Abbau sozialer wie regionaler Ungleichheiten einer Lösung näherzubringen.

1989
26./27. Juni und 8./9. Dezember

Der Europäische Rat verständigt sich auf unumkehrbare Schritte in Richtung Wirtschafts- und Währungsunion.

1990
3. Oktober

Beitritt der DDR zur Bundesrepublik Deutschland, wodurch die frühere DDR zugleich Teil der EG wird.

1991
9./10. Dezember

Während des EG-Gipfels in Maastricht wird beschlossen, die EG von einer Wirtschaftsgemeinschaft in eine politische Union mit einheitlicher Währung umzuwandeln.

1992
20. September

Bei einer Volksabstimmung in Frankreich spricht sich eine knappe Mehrheit für den Maastrichter Vertrag aus.

1957
stellen dar sind

1965
die Verschmelzung *fusion, merger*
treten in Kraft *to become effective*

1973
bei•treten *to join (a party, organization)*

1975
gewähren garantieren

1979
der / die Abgeordnete, -n der / die Delegierte

1985
die Schranke, -n *barrier*
ab•bauen reduzieren

1989
unumkehrbar *irreversible*

1991
umwandeln *to change, transform*
die Währung *currency*

1992
aussprechen sich für *here:* entscheiden sich für

Lesen Sie nun die „Schritte" von 1949 bis 1992 einmal durch. Dann finden Sie das Jahr und den Ort für die folgenden wichtigen Schritte. Notieren Sie.

	ZEIT	ORT / LAND
Einigung der Reform der Verträge der EG	_____	_____
Unterzeichnung des Vertrages zur Gründung der EGKS	_____	_____
Umwandlung der EG in eine politische Union mit einheitlicher Währung	_____	_____
Verträge zur Gründung der EWG	_____	_____

Welche Information erhielten Sie über den Europarat? Sprechen Sie zu zweit über Gründung, Mitgliedstaaten, Aufgaben.

Sie haben sicher bemerkt, daß dieser Text viele Nomen hat, für die es auch ein verwandtes Verb gibt. Außerdem finden Sie viele Passivsätze. Erinnern Sie sich noch daran, wann man Passivsätze statt Aktivsätze gebraucht?

Suchen Sie im Text Beispiele wie:

die Unterzeichnung   wird unterzeichnet

*H*örverstehen 3

„Fünf Fragen an Chong Sook Kang"

In diesem Interview geht es um Perspektiven einer multikulturellen Gesellschaft und Prognosen für die Stadt München im Jahre 2050.

➡ WB, S. 262; Übungen zum **Hörverstehen 3**.

*Europas Vergangenheit
ist reich und vielfältig.
Seine Zukunft, gestützt
auf eine Föderation
von individuellen Natio-
nen, kann ein Bei-
spiel sein für die Welt. Es
könnte eine
neue Renaissance sein.*

Sir Peter Hall, britischer Regisseur

Zum Vokabelmosaik

In diesem letzten Vokabelmosaik des *Spiralen*-Programmes finden Sie einige Verben, die Ihnen besonders beim Lesen und Reden über politische und wirtschaftliche Fragen nutzen werden.

Schauen und Identifizieren

Lesen Sie zuerst die Beispielsätze, und denken Sie an Kontexte in den „Schritten" und im Hörverstehen.

*V*okabelmosaik 3

Europa—eine multikulturelle Völkerfamilie

1962 hatte sich der Ministerrat auf eine gemeinsame Agrarpolitik geeinigt.

	(MIT WEM?)	WORAUF?
einigen sich (mit) auf	mit dem Verkäufer	auf einen Zeitpunkt
to agree on (*with*)		auf einen Kompromiß
die Einigung		auf einen Preis
einig		
Einigkeit *unity, harmony*		

1973 traten drei weitere Länder bei.

	(WEM?)
bei•treten (tritt bei), trat bei,	einem Klub
ist beigetreten *to join* (*an organization*)	einer politischen Partei
der Beitritt	der Gewerkschaft *union*
aus•treten aus *to leave, resign membership*	den Vereinten Nationen, der EG

Adenauer hat zur Verständigung zwischen Deutschland und Frankreich beigetragen.

	Wozu?
bei•tragen zu (trägt bei), trug bei, beigetragen *to contribute to* der Beitrag	zum Gelingen der Aufführung zur Verbesserung der Lebensqualität zum Abschluß der Verhandlungen

1991 wurde in Maastricht beschlossen, . . .

	Was?
beschließen, beschloß, beschlossen *to conclude, decide* der Beschluß	einen Vertrag , dem Klub beizutreten

Die Regierungschefs berieten dreißig Stunden lang.

	Was?
beraten (sich), beriet, beraten *to deliberate (on)* die Beratung	, wann die Konferenz stattfinden soll , ob (wie) . . .

	Wen	(Worüber?)
beraten (berät), jdn (über) beriet, beraten *to counsel so.* die Beratung	den Freund einen Fremden	über Mietpreise

Monnet sandte der Regierung einen Plan zur Reorganisation der Versorgung.

	Wen?	(Womit?)
versorgen jdn (mit) *to supply so. with, to provide with* die Versorgung	die Hungernden einen Flüchtling	mit Nahrung mit Kleidern

München wird nur dann noch blühen, wenn es sein Herz für Fremde und seine Weltoffenheit bewahren kann.

	Was?
bewahren *to keep, preserve* die Bewahrung	die Unabhängigkeit den Frieden

Kombinieren und Schreiben

Geben Sie das Genus der folgenden Nomina (aus den Stufen 1 bis 3) an. Dann schreiben Sie die passenden Verben / Adjektive auf. Kennen Sie auch die drei Basisformen der Verben?

_____Handel   _____

_____Nutzen   _____

_____Stolz   _____

_____Anlage   _____

_____Behandlung   _____

_____Beitrag _____

_____Einigung _____

_____Beschluß _____

_____Unterlage _____

_____Verhandlung _____

_____Beitritt _____

_____Beratung _____

*F*ormen und Funktionen 3

MORE COMPLEX NOUN PHRASES

Bereits in Kapitel 4 haben Sie gesehen, wie auch Partizipien das Nomen näher bestimmen können und wie Adjektive Endungen bekommen.

Zur Wiederholung zwei Beispiele:

die Aufführung, die beginnt → die beginnende Aufführung
            ↓   ↓
          Verb   Partizip Präsens

das Auto, das geparkt wurde → das geparkte Auto
            ↓   ↓
       Verb-Passiv   Partizip Perfekt

Solche Strukturen können natürlich erweitert (*expanded*) werden, was dann zu komplexeren Nomengruppen führt.

Versuchen wir nun an einem Beispiel, Schritt für Schritt die Komposition so einer komplexen Nomengruppe zu verstehen.

Die Basis ist natürlich das Nomen.

der Vertrag → Der Vertrag ist beschlossen worden.

Der Satz kann reduziert werden auf: **beschlossen**

[der} beschlossene {Vertrag]
        └────────→

Der Vertrag ist vor einem Jahr beschlossen worden.

Die neue Information **vor einem Jahr** kann wieder eingebettet werden.

┌────────── Basis ──────────┐
[der} (vor einem Jahr) (beschlossene) {Vertrag]
        └────────→   └────────→

Der Vertrag ist in Paris beschlossen worden.

Die neue Information **in Paris** kann auch eingebettet werden.

[der} (vor einem Jahr) (in Paris) (beschlossene) {Vertrag]

      └──→   └──→   └──→

Der Vertrag ist **über die Entwicklung von Industrie und Landwirtschaft.**

Auch diese Information kann zur Nomengruppe dazukommen, aber diesmal auf der rechten Seite.

    der vor einem Jahr in Paris beschlossene Vertrag über die Entwicklung
    von Industrie und Landwirtschaft

Und die ganze Nomengruppe funktioniert jetzt wie ein Wort als Teil eines neuen Satzes. Zum Beispiel als Akkusativergänzung:

    Alle neuen Mitgliedstaaten haben **den vor einem Jahr in Paris
    beschlossenen Vertrag über die Entwicklung von Industrie und
    Landwirtschaft** akzeptiert.
    *All new member states have accepted the treaty on the development of industry and
    agriculture that was agreed on in Paris a year ago.*

Beim Lesen ist wichtig zu erkennen, wo das Basisnomen steht. Dieses ist oft ziemlich weit vom Artikel entfernt.

    Im Hörverstehen, das Sie ja auch lesen konnten, hatten Sie ein Beispiel so einer komplexen Nomengruppe.

    „Auch im Jahr 2050 wird es darum gehen, daß die EinwanderInnen
    gleiche politische und soziale Rechte haben wie die Deutschen, respektive
    die zu Deutschen gewordenen früheren Einwohnergenerationen."

Untersuchen Sie zuerst, wo in diesem Satz ein Artikel weit von seinem Nomen entfernt steht.

    . . . im Jahr 2050?   nein
    . . . die EinwanderInnen? nein
    . . . wie die Deutschen?   nein
    . . . die . . . . Einwohnergenerationen. ja
                      früheren ──→
    zu Deutschen gewordenen ──→
    . . . the earlier generations of immigrants who had become German citizens

Komplexere Nomengruppen im Überblick:

    Links vom Nomen stehen: Rechts vom Nomen steht:

               ←── Nomen ──→

Artikel	der, ein, . . .	andere Nomengruppen,
Adjektive	neu, . . .	oft im Genitiv oder
Partizip	beratend, . . .	mit Präposition
Ergänzungen	den Plan, . . .	
Zeit- und	im Mai, . . .	
Ortsangaben	in München, . . .	

Zum leichteren Verständnis komplexer Nomengruppen sollten Sie also folgende Schritte beachten:

1. das Basisnomen finden
2. Die Teile links vom Nomen analysieren:
   Was gehört direkt zum Nomen (direkt links vom Nomen)?
   Was gehört zu einem Adjektiv oder Partizip?
3. die Teile rechts vom Nomen analysieren

A | Versuchen Sie diese Schritte an den folgenden zwei Beispielen aus „Politik der kleinen Schritte":

1. Der Europarat ist jedoch eine von der EG völlig getrennte Organisation.

   _____ (Artikel?) _____ (Partizip?) _____ (Basisnomen?)

2. Waren 1949 noch symbolisch Plätze für die Länder Osteuropas freigelassen worden, so haben die nun dort eingeleiteten Reformen auch deren Mitgliedschaft in den Bereich der Möglichkeit gerückt.

   _____ (Artikel?) _____ (Partizip?) _____ (Basisnomen?)

B | Versuchen Sie selbst, mit den folgenden Teilen einige etwas komplexere Nomengruppen zu bilden.

1. die Konferenz—stattfinden—im nächsten Sommer—in Italien
   die} . . . . {Konferenz mußte abgesagt werden.
   (die neue Nomengruppe)
2. das Fahrrad—finden—im Park
   das} . . . . {Fahrrad gehört meinem Freund.
   (die neue Nomengruppe)

➡ WB, S. 264; Übungen zu **Formen und Funktionen 3**.

Zum Lesen

„Jeder Fremde ist ein Münchner"

Vor dem Lesen

Was assoziieren Sie mit dem Stichwort **multikulturell?** Die multikulturelle Gesellschaft ist in den USA ein vieldiskutiertes Thema, schon deshalb, weil die amerikanische Gesellschaft von ihrer Geschichte her immer ein Schmelztiegel (*melting pot*) von Menschen verschiedenster Länder war. Trotzdem kann man besonders in den großen Städten oft nicht von Integration, sondern eher von Segregation sprechen. Für Deutschland ist die multikulturelle Gesellschaft durch die Migrantenbewegung der letzten Jahrzehnte ein ganz neues Thema, eine Aufgabe der Zukunft. Die *Süddeutsche Zeitung* hat deshalb zu dieser Frage eine Serie angefangen, von der wir hier den ersten Beitrag abdrucken.

Beim Lesen

Markieren Sie in den Abschnitten I—VI folgende Punkte:

- *Abschnitt I* (Anfang—Leben und leben lassen)
  —die Sätze oder Ausdrücke, die zeigen, daß München schon heute viele Bevölkerungsgruppen hat.
- *Abschnitt II* (—zu einem fatalen Nationalgefühl)
  —die drei Szenarien für die Zukunft, die in dem Buch des Regio Forums entworfen wurden und mit **rot** die Position des Mitautors Hartmut Arras.
- *Abschnitt III* (—55 Jahre vor dem Jahr 2050)
  —mit **blau** die Position von Julian Nida-Rümelin.
- *Abschnitt IV* (—Lichtenhagen)
  —**rotblau**, wo Arras und Nida-Rümelin eine Definition der multikulturellen Gesellschaft geben; Unterschiede wieder nur **rot** oder **blau**.
- *Abschnitt V* (—als . . . Kommunalpolitiker akzeptiert wird)
  —**rotblau** die politischen Forderungen von Arras und Nida-Rümelin.
- *Abschnitt VI* (—Ende)
  —**rotblau** die Gefahren, falls Deutschland sich gegen den Multikulturalismus sperrt.

Stadtleben in 50 Jahren (I): Die multikulturelle Gesellschaft als Realität

Jeder Fremde ist ein Münchner

Alle Nationalitäten, Hautfarben und Religionen müssen zusammenwachsen, sonst droht die Explosion einer ethnischen Bombe

„Eine Gesellschaft, in der Einzelkulturen sich absondern und nebeneinanderherleben, hat keine Zukunft."
Julian Nida-Rümelin
„Ich glaube, daß der Begriff ‚Multikultur' erst in der Zukunft seine Berechtigung erhalten wird." Hartmut E. Arras

Von Karl Forster

München, an einem Tag im Jahr 2050: „Hier ist Ihr Fernsehkanal Neuhausen-Aktuell. Wir schalten um zu den München-Nachrichten mit Ösal Ülzöl und Maria Gonzales." – „Guten Abend, Buona sera, Good evening, Kalesperasas, Mesaoun Saíd, Aksamlar Hayir Olsun. Münchens Oberbürgermeister Hassan Müller-Salieri zapft heute mittag zum 216. Oktoberfest an . . ." Und Herr Müller-Salieri wird „Ozapft is" in Deutsch, Italienisch, Englisch, Griechisch, Arabisch und Türkisch sagen.

München im Jahre 2050. Eine bunte Welt, so, wie es vielleicht vor 50 Jahren das Westend schon war, in dem es an jeder Straßenecke nach einem anderen orientalischen Gewürz roch. Die Millionenstadt an der Isar ist nicht mehr nur Hauptstadt des Freistaates Bayern, sondern führt in diesem Jahr den Vorsitz im Städteverbund der Regio Alpenia, in der sich Kommunen wie Bozen, Innsbruck und Zürich zusammengeschlossen haben, um ihre Interessen als Binnenstädte im Alpenraum in der Europäischen Regierung besser durchsetzen zu können. Vorteil dieses Zusammenschlusses ist, daß man sich bei der Problembewältigung mit Rat und Tat zur Seite steht, etwa deshalb, weil die Pflegeversicherung längst nicht mehr für die finanzielle Unterstützung der hundertjährigen Kranken ausreicht, deren Zahl sich in den letzten Jahren verdreifacht hat.

Das europäische Sozialministerium hat dafür den Begriff *Versicherungsnotstand* geprägt. Einige bemerkenswerte Details dieses Münchens: Die drei häufigsten Namen hinter Huber, Müller und Meier sind Özal, Fangio und Pachlevi.

Vokabelhilfe

erörtern *to discuss*
schwerfällig *slow, cumbersome*
umfassend *comprehensive*
ab•sondern sich *to seclude, separate oneself*
um•schalten *to switch*
„ozapft is" = **„angezapft ist"** *(the beer barrel) is tapped*
das Gewürz, -e *spice*
der Vorsitz, -e *chair, presidency*
die Bewältigung, -en *mastery, achievement*
die Pflegeversicherung, -en *nursing insurance*
der Versicherungsnotstand, -e *emergency state regarding insurance*

Ein Motto in 15 Sprachen

Der Fußballclub „Türk Güçü" wurde gerade Vizemeister der 1. Europaliga, der FC Bayern hingegen zwei Jahre zuvor wegen Konkurses reamateurisiert. Über dem Eingang eines Hauses nahe dem Wiener Platz steht in 15 verschiedenen Sprachen und Dialekten das alte bayerische Motto: *Leben und leben lassen.*

Dies alles ist wahr geworden, weil sich die Gesellschaft der Jahrtausendwende unter anderem das 1989 erschienene Buch „Welche Zukunft wollen wir?" zu Herzen genommen hat. In diesem Werk, herausgegeben vom Basler Regio Forum, wurden drei Szenarien für die Zukunft entworfen. Was passiert, wenn, erstens, die Gesellschaft die Herausforderungen von High-Tech, Umweltproblematik und Anwachsen der völkerwanderungsbedingten Multikultur ignoriert („Die große Ruhe")? Was, wenn, zweitens, sie mit ein bißchen Engagement und Bereitschaft zum Dialog zwischen den verschiedenen gesellschaftlichen Gruppen ansetzt („Der kleine Aufbruch")? Was, wenn sie sich, drittens, in Denken und Handeln einer „ganzheitlichen Ethik" unterwirft, einem neuen Bewußtsein von gesellschaftlicher Qualität („Der andere Einstieg")?

Mitautor dieses Buches ist der deutsche Stadtplaner und Politik-Berater Hartmut E. Arras von der Syntropie-Stiftung für Zukunftsgestaltung in Basel. Für die SZ skizzierte er seine Forderungen an die Stadt München im Jahr 2050, Forderungen, die verhindern sollen, daß die bayerische Metropole, die selbstverständlich auch im vereinigten Europa eine zentrale Rolle spielen wird, an den Herausforderungen der bis dahin etablierten multikulturellen Gesellschaft zugrunde geht. Eine von Arras' zentralen Warnungen heißt: Es braucht keine räumliche Ausgrenzung, das Ghetto findet im Kopf statt – die Ausgrenzung der Zuwanderer führt zu Chaos, Anarchie und dadurch zu einem fatalen Nationalgefühl.

Zu einem, wenn auch in manchen Bereichen unterschiedlichen, so doch ähnlichen Schluß kommt Professor Julian Nida-Rümelin, der zur Zeit (nach einigen Jahren als Dozent an der Münchner Universität) einen Lehrstuhl am Zentrum für Ethik in den Wissenschaften der Eberhard-Karls-Universität in Tübingen inne hat. Einer seiner Zentralsätze für die Zukunft lautet: Eine Gesellschaft, die nur aus auseinandergerissenen Teilgesellschaften besteht, ist ein böses Zerrbild mit einem enormen Gefahrenpotential.

Nun noch eine Kleinigkeit aus dem Jahre 1992: Zur Zeit fließen von den Weltflüchtlingsströmen nur etwa fünf Prozent aus der Dritten Welt nach Europa. Und es kommen von dort „ohnehin nur Menschen aus der urbanen Mittelschicht zu uns", wie Julian Nida-Rümelin die Flüchtlingsberichte der Menschenrechtsorganisationen interpretiert. Das kann sich ändern.

Gefahren, Ängste, Hoffnungen, formuliert 55 Jahre vor dem Jahr 2050.

Was aber heißt eigentlich Multikultur? Einig sind sich Arras und Nida-Rümelin in der Deutung: Multikultur bezeichnet das funktionierende Neben- und Miteinander fremder Kulturen. Und beide erwarten für die Zukunft eine noch wesentlich breiter und diffuser angelegte multikulturelle Gesellschaft. In den Ansichten, wie das zu organisieren ist, unterscheiden sich Arras und Nida-Rümelin ganz erheblich. Für Julian Nida-Rümelin liegt das Ideal einer künftigen Gesellschaft in der gemeinsamen Bürgerschaft mit gemeinsamer Verantwortung und einer möglichst vielfältigen kulturellen Ausprägung. Die Stadtviertelpolitik der Amerikaner, mit – um bei New York zu bleiben – Chinatown, South Bronx oder Greenwich Village, ist für ihn die Wurzel eines bösen Wachstumsübels. „Schon heute ist die Lebenserwartung der männlichen Schwarzen in der Bronx niedriger als die der Bewohner von Bangladesh. Sie sterben an Drogen und Bandenkrieg. Die New Yorker Stadtgesellschaft wurde durch Segregation und Desintegration kaputtgemacht."

Hartmut E. Arras sieht zwar die fatalen Ergebnisse der Ghettoisierung ähnlich, aber er glaubt nicht recht an die Möglichkeit der heilen, bunten Multi-Kulti-Welt. Für ihn ist es notwendig, daß eine Kommune wie München sich mit einer intensiven Stadtviertel-Kultur arrangiert. „Es ist", sagt er, „eine falsche Diskussion, die rein räumliche Segregation als gefährlich anzusehen. Auf keinen Fall kann man Ausländer nach Quoten auf Stadtteile zur Durchmischung verteilen. Die Gefährlichkeit der Ausgrenzung findet im Kopf der alteingesessenen Bürger statt. Diese Ausgrenzung kann durch entsprechende Siedlungspolitik genauso passieren." Als Negativbeispiel dafür nennt er Frankreich: „Dort wurden über Jahre hinweg die sozial Schwachen und Zuwanderer in die billigsten Trabantenstädte gesteckt." Oder die Ausgrenzung geschieht in unmittelbarer Nachbarschaft der Bürger. Schreckliches Beispiel dafür: Rostock-Lichtenhagen.

In ihren politischen Forderungen sind sich der Philosoph Nida-Rümelin und der Städteplaner Arras einig: Die Zuwanderer müssen künftig einen festen Platz in der kommunalen und regionalen Politik haben. Das regionale Ausländerwahlrecht ist im Jahre 2050 längst Selbstverständlichkeit. Für Arras ist klar, daß auch viele Innungs- oder Zunftmeister eines München im Jahr 2050 Namen haben, die heute noch ausländisch klingen. Julian Nida-Rümelin hat dafür ein Beispiel aus der nicht mehr allzu jungen Vergangenheit: In der deutschen Fußball-Nationalmannschaft spielte vor Jahren ein Jürgen

---

die Jahrtausendwende, -n *turn of the millennium*

entwerfen, a, o *to sketch*

völkerwanderungsbedingt *caused by migration*

an•setzen zu *here: to initiate, launch*

die Syntropie-Stiftung, -en *syntropy foundation*

die Herausforderung, -en *challenge*

zugrunde gehen *to perish*

die Ausgrenzung, -en *segregation*

der Zuwanderer *immigrant*

auseinander•reißen, i, i *to tear apart*

das Zerrbild, -er *caricature*

die Mittelschicht, -en *middle class*

an•legen *to lay out, plan*

erheblich *considerable*

die Ausprägung, -en *here; degree, mark, distinction*

das Wachstumsübel *evil of growth*

verteilen *to distribute*

alteingesessen *long-established*

der Innungsmeister *guild master*

der Zunftmeister *trade master*

die Hürde, -n *hurdle*

die Abschottung, -en *insulation*

abgrenzen *to demarcate, delineate*

betreiben etwas *to exercise, push forward*

Grabowski. Seine Vorfahren waren Einwanderer aus Polen.

Doch hat München auf dem Weg ins Jahr 2050 noch gewaltige Hürden zu nehmen. Ein vereinigtes Europa wird möglicherweise eine massive Abschottungspolitik betreiben, die die derzeitige Asyldiskussion überflüssig machen könnte. Dann würden die Grenzen nach Quoten für Zuwanderer aus ausgesuchten Ländern geöffnet und nur jene Ausländer eingelassen, die Lücken in der Gesellschaft schließen können. Arras: „Wenn man zum Beispiel die Überalterung im Jahr 2050 berechnet, werden wir jede Menge Menschen brauchen, die zur Pflege bereit sind." Doch die Etablierung von Ausländern in der Produktionsgesellschaft einer Stadt wie München gelingt nicht über Quoten oder Beschränkung auf Mangelberufe. Aufgabe der Zukunft wird es sein, daß jeder Fremde nicht nur als Müllmann, sondern auch als Arbeitgeber, Arzt oder Kommunalpolitiker akzeptiert wird.

Und wenn München bis zum Jahr 2050 keinen friedlichen Weg des Zusammenlebens findet, wenn sich Deutschland gegen die Rolle als Einwanderungsland sperrt? Dann wird ein massiver Konflikt unausweichlich sein – da sind sich beide einig. Die Anzeichen, daß die positiven Visionen von Hartmut E. Arras und Julian Nida-Rümelin wahr werden, sind nicht besonders deutlich. Beispiel Amerika: In dem einst klassischen Einwanderungsland grassiert derzeit ein übler Bazillus. ein fataler „neuer Kollektivismus" (Nida-Rümelin). Dort betreiben sogenannte „new radicals" eine neue (alte?) Variante des Faschismus: Allein Hautfarbe, Herkunft und Geschlecht genügen zur Klassifikation (und eventuell Diffamierung) eines Individuums. Selbst an den angesehensten Universitäten der Staaten macht sich diese menschenverachtende Zelebration der Intoleranz breit. Es gibt, die Nachrichten melden es täglich, zunehmend mehr Gruppen, die sich solcher dumpfer und blinder Aggressivität auch hierzulande verschreiben.

Wenn aber die Gesellschaft Fremdes bekämpft statt es zu integrieren, wenn sie Andersartigkeit ausschließt statt sie zu akzeptieren, wenn dumpfes Nationalgefühl dominiert statt offene Internationalität, wird München im Jahr 2050 aussehen wie New York in Ken Russels Film „Snake": ein nicht mehr beherrschbares Chaos aus sich bekämpfenden Individuen und Gangs – ein explodierendes Gemisch aus rivalisierenden ethnischen Minderheiten. Kein Schmelztiegel, sondern eine soziale Bombe.

der Mangelberuf,
-e *needed profession*
sperren sich gegen
to resist, struggle against
dumpf *dull*
verschreiben sich
(acc.) + gen. to make a pledge, sell oneself to

367

Nach dem Lesen

Schreiben Sie jetzt wichtige Sätze und Definitionen zur multikulturellen Gesellschaft in eigenen Worten zu jedem Abschnitt auf.

I.

II.

III.

IV.

V.

VI.

Reden wir miteinander!

A | Diskutieren Sie in einer Vierergruppe die Positionen von Arras und Nida-Rümelin. Benutzen Sie folgende Redemittel, mit denen man über kontroverse Themen diskutieren kann.

Redemittel

Wie diskutiert man über kontroverse Themen?

❑ Wenn man bedenkt, daß . . . , dann . . .

❑ Man sollte die Vorteile und die Nachteile von . . . abwägen

❑ Gehen wir mal davon aus, daß . . .

❑ Gesetzt den Fall, daß . . .

❑ Angenommen, daß . . .

B | Der Autor bringt die USA und besonders New York zum Vergleich ein. Diskutieren Sie seine These, daß es in New York und anderen Großstädten der USA keine wirklich multikulturelle Gesellschaft gibt. Sie können die gleichen Redemittel benutzen.

Zum Schreiben

Wie stellen Sie sich eine deutsche, amerikanische, . . . Großstadt in 50 Jahren vor?
Schreiben Sie eine Zukunftsvision, in der Sie die Informationen und Vokabeln
verwenden, die Sie in diesem Kapitel gelernt haben. Vielleicht möchten Sie eine
kreative Geschichte erfinden, so wie der Autor des obigen Artikels am Anfang?

➤ WB, S. 264; mehr zum Lesen.

Appendix

verview of Forms and Functions

AT THE CORE OF THE SENTENCE—VERBS AND MODAL VERBS

The number in parentheses refers to section in textbook where the item is discussed.

1. Verbs (1.1)

1.1 Overview of Principal Parts (Infinitive, Simple Past, Past Participle)

There are three different groups of verbs according to the way they form the simple past tense (Präteritum) and past participle.

	Infinitiv	Präteritum	Partizip Perfekt
Regular (weak) verbs The largest group (no vowel change and regular -(e)t ending)			ge_____(e) t
	suchen	suchte	gesucht
	arbeiten	arbeitete	gearbeitet
Strong verbs Much smaller but very important group (vowel change and -en ending)			ge_____en
	finden	fand	gefunden
	wachsen	wuchs	gewachsen
Irregular verbs The smallest group (vowel change and regular ending)			regular ending ge_____t
	bringen	brachte	gebracht
	denken	dachte	gedacht
	kennen	kannte	gekannt

	Infinitiv	Präteritum	Partizip Perfekt
With additional parts, **(prepositions, prefixes, . . .** Many new verbs can be formed with verbs from all three groups			
With separable parts auf•, aus•, ein• . . .			. . . + ge_____
	ein•richten	richtete . . . ein	eingerichtet
	auf•wachsen	wuchs . . . auf	aufgewachsen
	aus•ziehen	zog . . . aus	ausgezogen
With prefixes (never separable) be-, emp-, ent-, er-, ge-, miß-, ver-, zer-			Präfix + _____
	vermieten	vermietete	vermietet
	besitzen	besaß	besessen

Note: When learning strong or irregular verbs make sure you memorize all three principal parts (*Infinitiv, Präteritum, Partizip Perfekt*) and, where applicable, the vowel change in the present tense.

1.2 Overview of Tense Formation

	Präsens	Präteritum		Perfekt	Plusquamperfekt	Futur
	Verbbasis + Endung	Verbbasis +Endung regular irreg.	strong	**haben/sein** + past part.	**hatte/war** + past part.	**werden** + infinitive
ich	-e	-e	ø	ist/hat	war/hatte	wird
du	-(e) st	-(e) st	-(e) st	bist/hast	warst/hattest	wirst
er/sie/es	-(e) t	-e	ø	ist/hat	war/hatte	wird
wir/sie/Sie	-en	-en	-en	sind/haben	waren/hatten	werden
ihr	-(e) t	-(e) t	-(e) t	seid/habt	wart/hattet	werdet

Notes: 1. In general, verbs that imply movement from one location to another (**kommen, gehen, umziehen**) and verbs that indicate a change in condition (**aufwachsen, einschlafen, krank werden**, etc.) use **sein** for the formation of the Perfekt and *war* for the Plusquamperfekt.

2. **Sein** (*be*) and **bleiben** (*stay*) also use *sein.*

sein	war	ist/war gewesen
bleiben	blieb	ist/war geblieben

BEISPIELE:

Präsens:	Eva **liest** ein Buch.	Peter **bleibt** hier.
Präteritum:	Eva **las** ein Buch.	Peter **blieb** hier.
Perfekt:	Eva **hat** ein Buch **gelesen.**	Peter **ist** hier **geblieben.**
Plusquamperfekt:	Eva **hatte** ein Buch **gelesen.**	Peter **war** hier **geblieben.**
Futur:	Eva **wird** ein Buch **lesen.**	Peter **wird** hier **blieben.**

1.3 Making Requests with the Imperative

Depending on the situation, there are several ways to express a request in German, ranging from very polite and soft requests to a very command-like imperative (**Imperativ**). In order to change the command-like imperative to a friendly request the word **bitte** is used. Thus, the imperative forms plus **bitte** are the basic and clearest way of making a request. Other forms of expressing requests will be reviewed in later chapters.

Since German has three forms of address it also has three imperative forms: two informal and one formal.

INFORMELL		FORMELL
du-**Imperativ**	*ihr*-**Imperativ**	*Sie*-**Imperativ**
Singular	*Plural*	*Singular und Plural*
Komm!	Kommt!	Kommen Sie!
Geh!	Geht!	Gehen Sie!
Antwort**e**!	Antwortet!	Antworten Sie!
Spr**i**ch laut!	Sprecht laut!	Sprechen Sie laut!
N**i**mm den Bus!	Nehmt den Bus!	Nehmen Sie den Bus!
F**a**hr langsam!	F**a**hrt langsam!	Fahren Sie langsam!
Komm . . . mit!	Kommt . . . mit!	Kommen Sie . . . mit!
Sei ruhig!	Seid ruhig!	Seien Sie ruhig!
Hab doch Geduld!	Habt doch Geduld!	Haben Sie doch Geduld!
Have patience!		

Notes:

- The **du-Imperativ** is formed with the infinitive stem (**Verbbasis**)

  Strong verbs with vowel change e → i(e) (**nehmen → nimm__**) *retain* this change in the **du-Imperativ**.

  > BEISPIEL: **Nimm** doch das größere Zimmer!

  Strong verbs with vowel change a → ä (**fahren → fähr__**) *do not* change the vowel in the **du-Imperativ**.

  > BEISPIEL: **Fahr** doch ein bißchen schneller!

- The **ihr-Imperativ** is identical to the **ihr**-form of the verb.

  > BEISPIEL: **Bezahlt** noch heute die Miete!

  With **du-Imperativ** and **ihr-Imperativ** the personal pronouns are not used, except occasionally to show emphasis.

  > BEISPIEL: Bezahl **du** diesmal die Telefonrechnung!

- The **Sie-Imperativ** is identical to the **Sie**-form of the verb.

  > BEISPIEL: Bitte, **richten** Sie mein Zimmer **ein**!

  The personal pronoun *always* follows the verb.

- German actually has a fourth imperative, the **wir-Imperativ**. This imperative is identical to the **wir**-form of the verb. It can be used in informal as well as formal speech.

wir-**Imperativ**

Gehen wir!   *Let's go.*
Essen wir!   *Let's eat.*

Warten wir noch ein bißchen!
Let's wait a little longer.

1.4 Reflexive Verbs and Reflexive Pronouns

German, like French and Spanish, has a relatively large group of verbs that are accompanied by a reflexive pronoun. Many of these verbs *always* have a reflexive pronoun, i.e., the reflexive pronoun has become part of the verb.

- As you can see from the chart below, only for the third person singular (**er / sie / es**) and third person plural (**sie / Sie**) is the reflexive pronoun **sich**; otherwise it has the same forms as the personal pronoun.

Personalpronomen			Reflexivpronomen		
	AKKUSATIV	DATIV		AKKUSATIV	DATIV
ich	mich	mir	(ich)	mich	mir
du	dich	dir	(du)	dich	dir
er	ihn	ihm	(er)		
sie	sie	ihr	(sie) }	sich	sich
es	es	ihm	(es)		
wir	uns	uns	(wir)	uns	uns
ihr	euch	euch	(ihr)	euch	euch
sie	sie	ihnen	(sie) }	sich	sich
Sie	Sie	Ihnen	(Sie)		

BEISPIELE: interessieren sich für etwas / jdn (*to be interested in*)

Ich interessiere mich für Musik.
Interessierst du dich für Sport?
Beate(sie) interessiert **sich** für Peter.
Wir interessieren uns nicht für Politik.
Interessiert ihr euch für Tennis?
Sie interessieren **sich** sehr für eine Reise nach Amerika.

- The reflexive pronoun indicates that an action or an emotion refers back to the subject.
- If a verb has both a phrase in the dative and accusative case associated with it, the reflexive pronoun appears in the dative case.

Compare:

NON-REFLEXIVE	REFLEXIVE
Ich wasche das Auto.	Ich wasche mich.
Ich wasche dem Kind die Hände.	Ich wasche **mir** die Hände.
Dativ Akkusativ	*I wash **my** hands.*

Some German verbs require a preposition in addition to the reflexive pronoun. In English, such verbal structures are rare. Examples are: *to pride oneself on* and *to avail oneself of*. In these cases, the preposition becomes closely tied to the verb. In fact, a change in the preposition may change the meaning of the verb (see below).

Note that if a preposition follows the verb, the reflexive pronoun is then in the accusative. Also, two-way prepositions (**an**, **auf**, **in**, **über**, . . .), when part of a reflexive verb, are followed by an accusative.

Remember, when learning reflexive verbs, to be sure you include the reflexive pronoun and, if applicable, the preposition.

BEISPIELE: interessieren sich **für**	*to be interested in*
freuen sich **auf**$_a$	*to look forward to*
freuen sich **über**$_a$	*to be pleased about*

Ich interessiere mich sehr **für** Jazz.
Wir freuen uns **auf** die Party.
Eva hat sich **über** das Geburtstagsgeschenk gefreut.

2. Modal Verbs

2.1 Formation of tenses

Präsens (*Present Tense*)							
Infinitive	**können**	**dürfen**	**müssen**	**sollen**	**wollen**	**mögen**	**werden**
ich	kann	darf	muß	soll	will	mag	werde
du	kannst	darfst	mußt	sollst	willst	magst	wirst
er/sie/es	kann	darf	muß	soll	will	mag	wird
wir/sie/Sie	können	dürfen	müssen	sollen	wollen	mögen	werden
ihr	könnt	dürft	müßt	sollt	wollt	mögt	werdet

Präteritum (*Simple Past*)							
	konnt__	durft__	mußt__	sollt__	wollt__	mocht__	wurd__
ich	→		-e		←		
du	→		-est		←		
er/sie/es	→		-e		←		
wir/sie/Sie	→		-en		←		
ihr	→		-et		←		

BEISPIELE:

Präsens: Eva **will** ein Buch **lesen**.   Peter **kann** hier **bleiben**.
Präteritum: Eva **wollte** ein Buch **lesen**.   Peter **konnte** hier **bleiben**.

Subjunctive—Practical and Easy

1. The Subjunctive (*Konjunktiv*) in Questions, Requests, and Wishes (3.2)

One can express questions, requests and wishes directly, without using a subjunctive. However, the use of the subjunctive makes questions, requests, and wishes somewhat more polite and more formal. Look over the examples below and compare them to their English counterparts.

BEISPIELE: *Direct*

Ich **habe** mal eine Frage.
Ist es möglich, . . .?
Kann ich die Zeitung mal haben?
Darf ich später kommen?
Was **muß** ich tun, um . . .?
Geben Sie mir bitte . . .

More formal

Ich **hätte** mal eine Frage.
Wäre es möglich, . . .?
Könnte ich die Zeitung mal haben?
Dürfte ich später kommen?
Was **müßte** ich tun, um . . .?
Würden Sie mir bitte . . . geben?

Indikativ		*Konjunktiv*
haben	→	hätte (*would have*)
sein	→	wäre (*would be*)
können	→	könnte (*could*)
dürfen	→	dürfte (*would be allowed to*)
müssen	→	müßte (*would have to*)
mögen	→	möchte (*would like to*)
geben	→	würde . . . geben (*would give*)

NOTE: Make sure not to confuse the subjunctive forms of modal verbs above with their **Präteritum** forms, for example, **könnte** vs. **konnte**. Practice pronouncing these similar but distinct forms correctly.

2. The Subjunctive in Hypothetical Conditions

Whether or not a given action or event can be carried out depends on certain conditions. In No. 1 below, Beate's talent is a *fact*. In 2 and 3, however, we have *hypothetical conditions*, one referring to *present time*, the other to *past time*.

First, study the three possibilities below; then look over the verb forms for the hypothetical conditions (sometimes called *contrary-to-fact statements*).

1. **Fact:**

Beate ist musikalisch begabt.

Beate is musically gifted.

Sie wird an einer Musikhoch-schule studieren.

She will be studying at a conservatory.

2. **Hypothetical condition (present time):**

Wenn Beate musikalisch begabt **wäre**, **würde** sie an einer Musikhochschule **studieren**.

*If Beate **were** musically gifted, she **would study** at a conservatory.*

3. Hypothetical condition (past time):

Wenn Beate musikalisch begabt **gewesen wäre**, **hätte** sie an einer Musikhochschule **studiert**.

*If Beate **had been** musically gifted, she **would have studied** at a conservatory.*

Infinitiv	Hypothetische Kondition (Gegenwart / Zukunft)	Hypothetische Kondition (Vergangenheit)
sein	wäre	wäre . . . gewesen
haben	hätte	hätte . . . gehabt
werden	würde	wäre . . . geworden
kommen	würde . . . kommen	wäre . . . gekommen
abschließen	würde . . . abschließen	hätte . . . abgeschlossen
beraten	würde . . . beraten	hätte . . . beraten
können	könnte + Verb$_{inf}$	hätte + V$_{inf}$ + können
müssen	müßte + Verb$_{inf}$	hätte + V$_{inf}$ + müssen
dürfen	dürfte + Verb$_{inf}$	hätte + V$_{inf}$ + dürfen
sollen	sollte + Verb$_{inf}$	hätte + V$_{inf}$ + sollen
wollen	wollte + Verb$_{inf}$	hätte + V$_{inf}$ + wollen

NOTE: Strong verbs have special subjunctive forms (for example, **käme, führe, wüßte**) but, except for a few very commonly used verbs, these forms are not used in the spoken language. You will, however, have to be able to recognize such forms for reading purposes. Since the subjunctive form of strong verbs is derived from the **Präteritum**, it is important to know the **Präteritum** form.

	INFINITIV	PRÄTERITUM	KONJUNKTIV	PARTIZIP PERFEKT
BEISPIELE:	kommen	kam	→ **käme**	gekommen
	entschließen	entschloß	→ **entschlösse**	entschlossen
	beraten	beriet	→ **beriete**	beraten

The table below presents a summary of the most commonly used subjunctive forms. Pay special attention to the pronunciation of these forms, since most of them have a counterpart without the Umlaut but with a very different function and meaning (Compare: **hätte** vs. **hatte**; **würde** vs. **wurde**)

BEISPIELE:	Ich **hatte** Zeit.	versus	Wenn ich Zeit **hätte**, . . .
	I had time. (simple past)		*If I had time . . .*
	Peter **war** müde.		Wenn Peter müde **wäre** . . .
	Peter was tired.		*If Peter were tired . . .*
	Beate **konnte** Jura studieren.		Wenn Beate Jura studieren **könnte** . . .
	Beate was able to study law.		*If Beate were able to study law . . .*
	Alex **wurde** Bäcker.		Wenn Alex Bäcker **würde** . . .
	Alex became a baker.		*If Alex became a baker . . .*

	sein	haben	werden	können	müssen	dürfen
ich (er,sie,es)	wäre	hätte	würde	könnte	müßte	dürfte
du	wär(e)st	hättest	würdest	könntest	müßtest	dürftest
wir (sie,Sie)	wären	hätten	würden	könnten	müßten	dürften
ihr	wär(e)t	hättet	würdet	könntet	müßtet	dürftet

3. Reported Speech (*Redewiedergabe*)—Another Use of Subjunctive (8.2)

In direct speech one reports the way another person actually said something. What he or she said is put in quotations marks (**Anführungszeichen**) = (" . . . ").

In reported speech one repeats what another person has said in an indirect way, e.g., by changing the personal pronouns from the **ich**-form to the third person form (**er / sie / es / sie / Sie**) and using a **daß**-sentence. In reported speech, there are no quotation marks.

While the subjunctive forms derived from the **Präteritum** (sometimes referred to as subjunctive 2) exist for every pronoun/person, the subjunctive forms derived from the **Präsens** (sometimes referred to as subjunctive 1) are not complete, i.e., some are no different from the regular (indicative) form of the verb.

Konjunktiv 2-Formen		
Infinitiv	**Gegenwart / Zukunft**	**Vergangenheit**
sein	wäre	wäre . . . gewesen
haben	hätte	hätte . . . gehabt
werden	würde	wäre . . . geworden
können	könnte + V_{inf}	hätte + V_{inf} + können
müssen	müßte + V_{inf}	hätte + V_{inf} + müssen
dürfen	dürfte + V_{inf}	hätte + V_{inf} + dürfen
sollen	sollte + V_{inf}	hätte + V_{inf} + sollen
wollen	wollte + V_{inf}	hätte + V_{inf} + wollen
kommen	käme (würde kommen)	wäre . . . gekommen
essen	äße (würde essen)	hätte . . . gegessen

<table>
<tr><td colspan="4" align="center">**Konjunktiv 1—Formen und Substitutionen mit Konjunktiv 2**</td></tr>
</table>

Gegenwart

Singular

ich (habe) → **hätte**	ich **sei**	ich **müsse**	ich (komme) → **käme**
Sie (haben) → **hätten**	Sie **seien**	Sie (müssen) → **müßten**	Sie (kommen) → **kämen**
du **habest**	du **seiest**	du **müssest**	du **kommest**
er ⎫	er ⎫	er ⎫	er ⎫
sie ⎬ **habe**	sie ⎬ **sei**	sie ⎬ **müsse**	sie ⎬ **komme**
es ⎭	es ⎭	es ⎭	es ⎭

Plural

wir (haben) → **hätten**	wir **seien**	wir (müssen) → **müßten**	wir (kommen) → **kämen**
Sie (haben) → **hätten**	Sie **seien**	Sie (müssen) → **müßten**	Sie (kommen) → **kämen**
ihr **habet**	ihr **seiet**	ihr **müsset**	ihr **kommet**
sie (haben) → **hätten**	sie **seien**	sie (müssen) → **müßten**	sie (kommen) → **kämen**

Notes: Genauso wie **ich müsse** auch: **ich dürfe, ich könne, ich solle, ich werde, ich wisse, ich wolle**

Vowel change as in **ich fahre, er fährt**, does not occur in subjunctive 1.

BEISPIEL: (*Konjunktiv 1*) er fahre (Indikativ: fährt)
er sehe (Indikativ: er sieht)

<table>
<tr><td colspan="2" align="center">**Konjunktiv 1: Formen und Substitutionen mit Konjunktiv 2**</td></tr>
</table>

Vergangenheit

Singular

ich (habe) → **hätte** ⎫		ich **sei** ⎫
Sie (haben) → **hätten** ⎪		Sie **seien** ⎪
du **habest** ⎬ gesehen		du **seiest** ⎬ gekommen
er ⎫ ⎪		er ⎫ ⎪
sie ⎬ **habe** ⎪		sie ⎬ **sei** ⎪
es ⎭ ⎭		es ⎭ ⎭

Plural

wir (haben) → **hätten** ⎫		wir **seien** ⎫
Sie (haben) → **hätten** ⎬ gesehen		Sie **seien** ⎬ gekommen
ihr **habet** ⎪		ihr **seiet** ⎪
sie (haben) → **hätten** ⎭		sie **seien** ⎭

3.1. Redewiedergabe in der Gegenwart

BEISPIELE: *Direkt*: Michael sagt: „**Ich** fahre so wenig wie möglich Auto."

Indirekt: *Variante* 1: Michael sagt, daß **er** so wenig wie möglich Auto **fährt**.
Variante 2: Michael sagt, daß **er** so wenig wie möglich Auto **fahre**.
(Konjunktiv 1)

oder: Michael sagt, **er fahre** so wenig wie möglich Auto.
Variante 3: Michael sagt, daß er so wenig wie möglich Auto **führe**
(**fahren würde**). (Konjunktiv 2)

oder: Michael sagt, **er führe** so wenig wie möglich Auto.
Michael says, (that) he drives his car as little as possible.

WICHTIG: Die „indirekten" Sätze können mit oder ohne **daß** gebildet werden. Dabei ändert sich natürlich die Wortstellung.

3.2. Redewiedergabe in der Vergangenheit

BEISPIELE: *Direkt:* Steffi berichtet: „**Ich habe mein** Auto **verkauft.**"
                         „**Ich verkaufte mein** Auto."

           Indirekt: *Variante* 1: Steffi berichtet, daß **sie ihr** Auto **verkauft hat.**
                       Variante 2: Steffi berichtet, daß **sie ihr** Auto **verkauft habe.**
                       Variante 3: Steffi berichtet, daß **sie ihr** Auto **verkauft hätte.**
                                     Steffi reports, (that) she sold her car.

3.3. Redewiedergabe in der Vergangenheit und Gegenwart

BEISPIELE: *Direkt:* Erwin meint: „Unsere Lebensweise hat sich geändert. Wir leben von der Industrie."

           Indirekt: *Variante* 1: Erwin meint, daß sich unsere Lebensweise geändert hat, und daß wir von der Industrie leben.
                       Variante 2: Erwin meint, daß sich unsere Lebensweise geändert **habe,** und daß wir von der Industrie **lebten / leben würden.**
                       Variante 3: Erwin meint, daß sich unsere Lebensweise geändert **hätte,** und daß wir von der Industrie **leben würden.**
                                     Erwin thinks that our lifestyle changed and that we live off of industry.

WICHTIG: Weil es keine eigene Konjunktiv 1-Form mit **wir** gibt, nimmt man die Konjunktiv 2-Form oder **würde + Infinitiv.**

           Direkt: Anne sagt: „**Ich habe versucht,** die Cola-Dosen durch Glasflaschen zu ersetzen. Aber Cola in Glasflaschen **ist** teuer."

         Indirekt: *Variante* 1: Anne sagt, daß **sie versucht hat,** die Cola-Dosen durch Glasflaschen zu ersetzen, daß aber Cola in Glasflaschen teuer **ist.**
                     Variante 2: Anne sagt, daß **sie versucht habe,** die Cola-Dosen durch Glasflaschen zu ersetzen, daß aber Cola in Glasflaschen teuer **sei.**
                     Variante 3: Anne sagt, daß **sie versucht hätte,** die Cola-Dosen durch Glasflaschen zu ersetzen, daß aber Cola in Glasflaschen teuer **wäre.**
                                   Anne says that she had tried to replace Coke cans with glass bottles but that Coke in glass bottles was expensive.

Kleine Hilfe zu den Interpunktionszeichen (*punctuation marks*):

Direkt: . . . : „ . . .   . / ! / ?"
Indirekt: . . . , ...

379

4. Indirect Questions and Requests

BEISPIEL: *Direkt*: Der Interviewer fragt: „**Welche** Gründe gibt es für die Angst heute?"

               Indirekt: *Variante 1*: Der Interviewer fragt, **welche** Gründe es für die Angst heute **gibt**.

                                Variante 2: Der Interviewer fragt, **welche** Gründe es für die Angst heute **gebe**. (Konjunktiv 1)

                                Variante 3: Der Interviewer fragt, **welche** Gründe es für die Angst heute **gäbe.** (Konjunktiv 2)
The interviewer asks what reasons there are today for being afraid of the future.

BEISPIEL: *Direkt*: Der Interviewer fragt Herrn Paturi: „**Haben Sie** Angst vor der Technik der Zukunft?"

               Indirekt: *Variante 1*: Der Interviewer fragt Herrn Paturi, OB **er** Angst vor der Technik der Zukunft **hat**.

                                Variante 2: Der Interviewer fragt Herrn Paturi, OB **er** Angst vor der Technik der Zukunft **habe**. (Konjunktiv 1)

                                Variante 3: Der Interviewer fragt Herrn Paturi, OB **er** Angst vor der Technik der Zukunft **hätte**. (Konjunktiv 2)
*The interviewer asks Mr. Paturi whether (*if*) he is afraid of the technology of the future.*

Informal requests/commands (mostly **du**-Imperatives) are rendered with **sollen**.

BEISPIEL: *Direkt*: Onkel Georg: „Hab keine Angst vor dem Hund!"

          Indirekt: Onkel Georg meint, ich **soll (solle)** keine Angst vor dem Hund haben.
*Uncle George thinks (*that*) I should not be afraid of the dog.*

BEISPIEL: *Direkt*: Interviewer: „Frau Bühler, bitte beantworten Sie diese Frage!"

          Indirekt: Der Interviewer bat Frau Bühler, sie **möge** diese Frage beantworten.
The interviewer asked Ms. Bühler to kindly answer this question.

Formal requests (mostly **Sie**-Imperatives with **bitte**) are generally rendered with **mögen**.

5. Special Functions of *sollen* and *wollen*

Sollen (*is said to*) is used to report general claims (rumors, hearsay). The speaker remains neutral.

BEISPIEL: *Direkt*: Man sagt: „Die chemische Industrie hat die Flüsse verschmutzt."

          Indirekt: Man sagt, daß die chemische Industrie die Flüsse verschmutzt habe.
*One says (*they say*) that the chemical industry polluted the rivers.*

          oder: Die chemische Industrie **soll** die Flüsse **verschmutzt haben**.
It is said that the chemical industry polluted the rivers.

Wollen (*claims to . . .*) is used to report personal claims. Here, the speaker does not remain neutral but rather questions/doubts the truth of the claim.

> BEISPIEL: *Direkt*: Peter behauptet: „Ich habe die Cola-Dose nicht aus dem Auto geworfen.“
>
> *Indirekt*: Peter behauptet, daß er die Cola-Dose nicht aus dem Auto geworfen habe.
> *Peter maintains that he did not throw the Coke can out of the car.*
>
> *oder*: Peter **will** die Cola-Dose nicht aus dem Auto **geworfen haben.**
> *Peter claims not to have thrown the Coke can out of the car.*
>
> *Behauptung*: Peter **will** die Flasche **nicht weggeworfen haben**.
> *Peter **claims not to have thrown away** the bottle.*
>
> *Faktum*: Peter **hat** die Flasche nicht wegwerfen wollen.
> *Peter **did not want to throw away** the bottle.*

THE PASSIVE (4.2)

Using the passive forms of verbs is a way to focus on events while deemphasizing the agent. This difference in perspective on events is important. Both German and English use the passive when agents or means are of secondary importance, even though the speaker may know them. For instance, you may not wish to name *who* or *what* caused something, preferring to remain vague. In other cases, that information about the identity of the agent may simply not be available. One should also remember that each sentence type results in a difference in meaning, either a focus on events in themselves (passive) or on the agents or means that bring about events (active). In other words, one sentence type cannot simply be used in place of the other.

To form the passive, German uses the auxiliary verb:

> werden, wurde, **ist . . . worden**

1. Basic Passive Sentences

werden + Verb_{Partizip Perfekt}

Präsens:	Die Flugtickets **werden** abgeholt.
	The plane tickets are being picked up.
Präteritum:	Die Flugtickets **wurden** abgeholt.
Perfekt:	Die Flugtickets **sind** abgeholt **worden**.
Plusquamperfekt:	Die Flugtickets **waren** abgeholt **worden.**
Futur:	Die Flugtickets **werden** abgeholt **werden**.

NOTE: **Werden** has two other important functions in German.

1. As a main verb: **werden, wurde, ist geworden**

Präsens:	Petra **wird** Schauspielerin.	(*to become*)
Präteritum:	Das Essen **wurde** kalt.	(*to get, become*)
Perfekt:	Hans **ist** müde **geworden**.	(*to grow, become*)
Plusquamperfekt:	Nachdem es dunkel **geworden war,** . . .	
Futur:	Das Essen **wird** kalt **werden**, wenn . . .	

2. As auxiliary verb to form the future tense:

werden + Verb$_{Infinitiv}$

Schmidts **werden** nächstes Wochenende nach Kanada fahren.

$$\underline{\qquad\qquad\qquad\qquad\qquad\qquad\qquad}$$

Verb$_{Inf}$

2. Passive Sentences with Modal Verbs

Modal verbs are verbs used to express some obligation, necessity, wish, possibility, etc. They frequently appear in passive sentences to express what *has to be done* or *cannot be done* in general terms.

	AKTIV	**PASSIV**
BEISPIELE:	Man muß den Koffer packen.	Der Koffer muß gepackt werden.
		The suitcase must be packed.

Passiv mit Modalverb = Modalverb + V$_{PP}$ + werden$_{Inf}$

↓ ↓ ↓

kann	repariert werden
can	*be repaired*
sollte	bestellt werden
ought	*to be ordered*
dürfen	gewaschen werden
may	*be washed*
variable Form	*invariable Form*

Präsens:	Der Koffer **muß** gepackt werden.
Präteritum:	Der Koffer **mußte** gepackt werden.
Perfekt:	Der Koffer **hat** gepackt werden **müssen**.
Plusquamperfekt:	Der Koffer **hatte** gepackt werden **müssen**.
Futur:	Der Koffer **wird** gepackt werden **müssen**.

NOTE: In the *future* example, there are two forms of **werden** with two different functions.

wird . . . müssen (Futur)
gepackt **werden** (Passiv)

3. Agentive Passive versus Statal Passive (5.2)

The passive structures considered so far focused on some action or event. In German, **werden** plus the past participle is used to form this *agentive* passive. The *statal* passive indicates the state or result of a previous action. The German statal passive is formed using **sein** plus the past participle. It is, therefore, sometimes referred to as the **sein-Passiv**, while the agentive passive is called **werden-Passiv**. English uses *to be* for the formation of *both* the agentive and the statal passive, but with some differences. Study the two sentences below.

The house *is being* sold.   The house *is* sold.

What is your initial understanding of the second sentence above? It can mean

The house is no longer available. (state)

or

The house has (already) been sold. (result of action)

The sentence *The house is sold* is, therefore, not simply a transformation of *The house is being sold.*

In *agentive* passive sentences in English, the agent or means may be included with a phrase using *by*; in German, a phrase with **von** is used for the agent and a phrase with **durch** for the means. In *statal* passive sentences, the agent or means is *never* expressed.

Study the table below to get a clear sense of the differences between **Vorgangspassiv** (agentive passive) and **Zustandspassiv** (statal passive).

	Vorgangspassiv **werden**—Passiv *Focus on action/event*	Zustandspassiv **sein**—Passiv *Focus on result/state*
Präsens:	Die Sendung **wird** übertragen.	Die Sendung **ist** (schon) übertragen.
Präteritum:	Die Sendung **wurde** übertragen.	Die Sendung **war** (schon) übertragen.
Perfekt:	Die Sendung **ist** übertragen **worden**.	*Although these tenses are*
Plusquamperfekt:	Die Sendung **war** übertragen **worden**.	*possible in the statal passive*
Futur:	Die Sendung **wird** übertragen **werden**.	*they are quite rare!*

Partizip als Adjektiv:
die (schon) übertragene Sendung

4. Three Alternatives for Passive (6.2)

4.1. Man

For expressing an action without focusing on the agent one often uses a **man**-sentence. This is especially the case for the **Perfekt** and **Plusquamperfekt** since passives in these tenses tend to be rather complex.

BEISPIELE: An der Grenze **wurde** früher alles **kontrolliert.**
At the border everything used to be checked.
→ **Man** kontrollierte alles.
"They" checked everything.

Zur 750-Jahr-Feier **ist** in Ost-Berlin viel **renoviert worden.**
For the 750-year anniversary a lot was renovated in East Berlin.
→ Zur 750-Jahr-Feier hat **man** in Ost-Berlin viel renoviert.
For the 750-year anniversary "they" renovated a lot in East Berlin.

In der Disko „Far-Out" **wird** die ganze Nacht **getanzt.**
At the "Far-Out" disco there is dancing all night.
→ In der Disko „Far-Out" tanzt **man** die ganze Nacht.
In the "Far-Out" disco they dance all night.

383

Dort **darf** noch **geraucht werden.**
There smoking is still allowed .
→ Dort darf **man** noch rauchen.
    There one is still allowed to smoke.

4.2. *Sein + Zu* Infinitiv

This alternative sometimes stands for **notwendige (müssen)** or **mögliche (können)** actions *without* focusing on the agent.

BEISPIELE: **Notwendigkeit**
An der Grenze **müssen** die Reisepässe **gezeigt werden.**
At the border the passports must be shown.
→ An der Grenze **sind** die Reisepässe **zu zeigen.**
    At the border the passports are to be shown.

Nach 1989 **mußten** viele Gebäude **renoviert werden.**
After 1989 many buildings had to be renovated.
→ Nach 1989 **waren** viele Gebäude **zu renovieren.**
    After 1989 many buildings were to be renovated.

Möglichkeit
Der Alexanderplatz **kann** mit der U-Bahn **erreicht werden.**
Alexanderplatz can be reached by subway.
→ Der Alexanderplatz **ist** mit der U-Bahn **zu erreichen.**
    Alexanderplatz is reachable by subway.

Tips **können** in der Berliner Illustrierten „Zitty" **gefunden werden.**
Tips can be found in the Berlin magazine „Zitty. "
→ Tips **sind** in der Berliner Illustierten „Zitty" **zu finden.**
    Tips are to be found in the Berlin magazine „Zitty. "

4.3. *Sich Lassen + Infinitiv*

This alternative is sometimes used for actions (with **können**) without focus on the agent.

BEISPIELE: Der City-Walk ist in einer Stunde nicht zu machen.
→   Der City-Walk **läßt sich** in einer Stunde nicht **machen.**
       The City-Walk cannot be done in an hour.
oder: Der City-Walk **kann** in einer Stunde nicht **gemacht werden.**
oder: **Man** kann den City-Walk in einer Stunde nicht machen.

Die „Wende" ist nicht leicht zu erklären.
→   Die „Wende" **läßt sich** nicht leicht **erklären.**
       The „Wende" cannot easily be explained.
oder: Die „Wende" **kann** nicht leicht **erklärt werden.**
oder: Die „Wende" kann **man** nicht leicht erklären.

5. Reduced Passives?—Adjectives Ending in -bar or -wert (6.3)

Adjectives ending in **-bar** or **-wert** often imply a passive meaning. Thus, one can sometimes reduce a passive structure to an adjective by using **-bar** or **-wert.**

BEISPIELE: Berlin **ist** mit der Bahn, mit dem Auto oder mit dem Flugzeug **erreichbar.**
Berlin is reachable / accessible by . . .
Passiv: Berlin **kann** mit der Bahn, mit dem Auto oder mit dem Flugzeug **erreicht werden.**

Der City-Walk durch das Zentrum ist sehr **empfehlenswert.**
The City-Walk through downtown is highly recommendable.
Passiv: Der City-Walk durch das Zentrum **kann empfohlen werden.**

erreich**bar**	empfehlens**wert**
= kann erreicht werden	= kann empfohlen werden
= ist zu erreichen	= ist zu empfehlen

THE HARMONY OF THE NOUN PHRASE

1. Nouns (2.1)

1.1. Three Important Characteristics of Nouns

Genus (*gender*)	Kasus (*case*)		Numerus (*number*)
M(askulin)	N(ominativ)	wer? was?	S(ingular)
F(eminin)	A(kkusativ)	wen? was?	Pl(ural)
N(eutrum)	D(ativ)	wem?	
	G(enitiv)	wessen?	

Nominativ Subject		Dativ (Indirect Object)	Akkusativ (Direct Object)	Genetive (Possessive)
wer? / was	**Verb**	**wem?**	**wen? was?**	
Peter	grübt		die Gäste.	
Stefan	trifft		seine Freunde.	
Der neue BNW	gehört	Eva.		
Ursula	bringt	ihrer Mutti	Blumen.	
Beate	gibt	ihrem Freund	einen Kuß.	
Paul	bekommt		das Auto	seines Vaters.
Dirk	gibt	uns	die Adresse	des Vermieters.

1.2 Case Forms of Nouns and Articles

Formen von Nomen und definitem / indefinitem Artikel				
MASKULIN		FEMININ	NEUTRUM	„PLURAL -S NOMEN"
		Singular		
	n-Nomen			
NOM der Gast ein	der herr ein	die Frau eine	das Kind ein	der Park ein
AKK den Gast einen	den Herrn einen	die Frau eine Frau	das Kind ein Kind	den Park einen
DAT dem Gast einem Gast	dem Herrn einem Herrn	der Frau einer	dem Kind einem	dem Park einem
GEN des Gastes eines Gastes	des Herrn eines Herrn	der Frau einer Frau	des Kindes eines	des Parks eines
		Plural		
NOM die Gäste	die Herren	die Frauen	die Kinder	die Parks
AKK keine	keine	keine	keine	keine
DAT den Gästen keinen	den Herren keinen	den Frauenden keinen	Kindern keinen	den Parks keinen
GEN der Gäste keiner	der Herren keiner	der Frauen keiner	der Kinder keiner	der Parks keiner

Im Singular gibt es drei Artikel (**der** / **die** / **das**), im Plual nur einen (**die**).

1.3. Gender: *Der? Die? Das?*—Some Regularities

The following summary supplies all important regularities for the identification of gender. But there are always some exceptions!

Immer *der*

- männliche Personen   der Freund
  (Berufe, Nationalitäten)   der Arzt, der Franzose
  männliche Tiere   der Löwe, der Hund

- Nomina auf: **-er**   der Besucher, der Lehrer, der Körper
                    -ling der Lehrling, der Frühling

- Wochentage, Monate,   der Montag, der Mai
  Jahreszeiten   der Sommer, der Herbst

- Wetter,   der Regen, der Schnee
  Himmelsrichtungen   der Norden, der Süden

- Alkohol   der Wein, der Cognac, der Sekt (Ausnahme: das Bier)

- Nomina auf: **-ant** der Konsonant, der Elefant
                    -ent der Student, der Präsident
                    -ist der Polizist, der Spezialist
                    -e   der Psychologe, der Theologe

	-or	der Motor, der Reaktor
	-us	der Organismus, der Kapitalismus
● Nomina, die von einem Verb kommen und keine Endung bekommen		der Gang (gehen), der Sitz (sitzen)

Immer *die*

● weibliche Personen, (Berufe, Nationalitäten) weibliche Tiere	**-in**	die Freundin, die Kollegin (exception: das Mädchen) die Ärztin, die Französin die Löwin, die Hündin
● Blumen und Bäume		die Rose, die Tulpe die Tanne, die Buche
● Nomina auf:	**-anz**	die Bilanz, die Distanz
	-enz	die Frequenz, die Potenz
	-ei	die Bäckerei, die Partei
	-ik	die Politik, die Physik
	-heit	die Gesundheit, die Freiheit
	-keit	die Gemütlichkeit, die Möglichkeit
	-schaft	die Wirtschaft, die Gesellschaft
	-ung	die Vorstellung, die Meinung
	-ät	die Universität, die Diät
	-ie	die Drogerie, die Psychologie
	-ik	die Logik, die Musik
	-ur	die Literatur, die Kultur
	-ion	die Funktion, die Union
● Nomen, die von einem Verb kommen und ein **t** bekommen		die Sicht (sehen), die Tat (tun)

Immer *das*

● Nomina auf:	**-chen**	das Mädchen, das Häuschen
	-lein	das Kindlein, das Blümlein
(Die Endung **-e** / **-en** des Basiswortes fällt weg: **die Blume** → **das Blümchen**)		
● Metalle		das Eisen, das Gold
● Nomina auf:	**-ment**	das Instrument, das Parlament
	-um	das Gymnasium, das Museum
● Nomina mit Präfix	**Ge-**	das Gebäude, das Gebirge
● Nomen, die von einem Verb kommen, im Infinitiv		das Wohnen, das Spielen

1.4. Number

In English, the most frequent plural marker is **-s**. While this plural marker also exists in German, it occurs only with very few nouns, such as **das Hotel**, **die Hotels**; **der Park**, **die Parks**.

387

SINGULAR	PLURAL	ENDUNG
der Besitzer	die Besitzer	-
das Mädchen	die Mädchen	-
die Wohnung	die Wohnungen	**-en**
die Schwester	die Schwestern	**-n**
die Freundin	die Freundinnen	**-nen**
der Bruder	die Brüder	⸚(Umlaut)
die Mutter	die Mütter	⸚
der Freund	die Freunde	**-e**
das Jahr	die Jahre	**-e**
die Stadt	die Städte	⸚**e**
der Gast	die Gäste	⸚**e**
das Kind	die Kinder	**-er**
das Land	die Länder	⸚**er**
das Radio	die Radios	**-s**

NOTES:

- From this summary you can see that **-e**, **-er**, and/or an **Umlaut** (**ä, äu, ö, ü**) frequently serve as plural markers.

- Having reviewed the three important characteristics (gender, case, number) of the preceding nouns, are there any aspects that were new or unfamiliar to you? If so, make a note for yourself so that your learning of new nouns becomes easier.

2. Adjectives Expressing Quality and Quantity (4.1)

2.1. Base Forms of Adjectives and Determiners

Adjectives can be used as part of the predicate (after **sein, werden**, and a few other verbs), adverbially (following a verb), or attributively (typically before a noun).

> **BEISPIELE:** Das Tennis-Tournier war toll.   (prädikativ)
> Peter und Ute spielen toll Tennis.   (adverbial)
> Gestern sahen wir ein tolles Tennis-Match.   (attributiv)

NOTE: Only attributive adjectives have variable endings.

The system of endings for attributive adjectives is best understood in conjunction with nouns and various other noun modifiers. Most familiar to you are the definite and indefinite articles. Other determiners are grouped with them since they behave like them. Review the groups of modifiers below:

DEFINITE ARTICLE	INDEFINITE ARTICLE
der, die, das	ein, eine, ein
	kein, keine, kein (*negation*)
	irgendein- (*some*)

OTHER DETERMINERS

dies- (*this*)
jen- (*that*)
jed- (*each*)
welch- (*which*)
manch- (*many a*)
beide (+ Plural)
alle (+ Plural)

mein, dein, usw.
(*all possessives*)

The attributive adjective is part of the noun group which should be seen as a unit. The noun group shows a certain "harmony." The center of the noun group is obviously the noun. To the left of the noun is the adjective which further describes the noun. To the left of the adjective(s) may be a determiner. As you will see later on, this left expansion of the noun group can be quite extensive. For the moment, let us concentrate on the simple noun group:

(Determiner) + Adjective(s) + Noun

Look at the following example and observe the consonant (**-s** / **-r**) ending.

das Spiel
tolles Spiel
das tolle Spiel
ein tolles Spiel

der Film
guter Film
der gute Film
ein guter Film

To the left of the noun always appears a consonant-ending (for example, **-s** / **-r** above). This **-s** / **-r** is a grammatical signal indicating that a **das**-noun or a **der**-noun will follow. This signal (sometimes referred to as marker / strong ending) can occur with the adjective or the determiner. If the article / determiner carries the signal, then the adjective does not need one. The adjective then often takes on an **-n**. If the article / determiner does not carry the signal, or if there is no article / determiner, then the adjective **must** carry the signal.

The following chart gives an overview of the signals for determiners and (in brackets) the endings for the adjective when it follows a determiner.

	Singular					Plural	
	M		**F**	**N**		**M = F = N**	
Nominativ	-r	(e)	e	-s	(e)	e	(-en)
Akkusativ	-n	(-en)	e	-s	(e)	e	(-en)
Dativ	-m	(-en)	-r	-m	(-en)	-n	(-en)
Genitiv	-s*	(-en)	-r	-s*	(-en)	-r	(-en)

*This -s never appears on the adjective.
If there is more than one adjective in a row, *all* adjectives have the same ending.

Remember, the first important step for deciding on endings is still knowing the *gender of the noun.* Using the correct endings requires time and patience. It may be helpful to get used to the harmony (of sound) we referred to earlier.

389

2.2 Expressing Degrees of Quality and Quantity by Comparing

Adjectives enable us to compare persons, things, or activities that are *equal*. To do so we use the base form of the adjective and **so . . . wie** (*as . . . as*).

> **BEISPIEL:** Ute spielt so gut Tennis wie Peter.

To indicate a *difference* in quality or quantity we use the comparative form of the adjective and **als** (*than*). It is also possible to compare two comparatives; in such a case **je . . . desto** or **je . . . umso** is used with the two adjectives in the comparative form.

> **BEISPIELE:** Steffi spielt besser als Ute.
> *Steffi plays better than Ute.*
> Je schneller Steffi spielt, desto nervöser wird Ute.
> *The faster Steffi plays, the more nervous Ute gets.*

One way to express the *highest degree* of a certain quality or quantity is to use the superlative form of the adjective. Another possibility is to use an *idiomatic* superlative.

> **BEISPIELE:** Die Flugreise ist am teuersten.
> Das war die teuerste Flugreise.
> Das Wasser im Chiemsee war eiskalt. (= sehr, sehr kalt)

Therefore, we typically distinguish three forms. Study the table and notes below.

Grundstufe (*Base Form*)	Komparativ (*Comparative*)	Superlativ (*Superlative*)
schön	schön + **er**	**am** schön + **sten** (prädikativ adverbial) *or:* der / die / das schön + **ste** (attributiv)
alt	**ält** + **er***	**am ält** + **esten**[†]
jung	**jüng** + **er***	**die** jüngste Spielerin
teuer	**teur** + **er**[‡]	**am** teuer + **sten**
dunkel	**dunkl** + **er**[‡]	**am** dunkel + **sten**
Adj. + Endung	Adj. + (¨)**er** + Endung	Art. + Adj. + (¨)**st** + Endung

*Most one-syllable adjectives with the vowels **a, o,** or **u** take an umlaut in the comparative and superlative forms. Typical examples:

a: alt, arg, arm, hart, kalt, lang, nah, scharf, schwach, schwarz, stark, warm
o: grob, groß, hoch
u: dumm, gesund, jung, klug, kurz

[†]The superlative marker **-st-** changes to **-est-** with adjectives ending in **-d, -t, -s/ß, -sch, -x,** and **-z.**
[‡]Adjectives with **-el** or **-er** drop the **e** in the base form when an ending is added, and in the comparative.

NOTE: Many English adjectives take **-er** for comparative and **-st** for the superlative; others form the comparative with **more** and the superlative with **most.** German adjectives *never* use **mehr** to form the comparative.

Watch these "deviants":

groß	größer	größt-
hoch (hoh__)	höher	höchst-
nah	näher	nächst-
gut	besser	best-
viel	mehr	meist-
sehr*	mehr	meist-
spät	später	spätest-
lieb	lieber	liebst-
gern*	lieber	liebst-

When does one use the **der**-superlative, when the **am**- superlative?

BASIC RULE: If the superlative occurs to the left of the noun, use the **der**-superlative; if there is no noun, use the **am**- superlative.

> BEISPIELE: Steffi war die interessanteste Spielerin.
> Das Spiel zwischen Peter und Sabine war am interessantesten.

3. Adjectives and Participles with Prepositions (10.2)

Just as with verbs, some adjectives take a specific preposition when used as part of a verbal phrase with **sein**.

> arm an + D(ativ) (Mineralien)   *poor in* (minerals)

> BEISPIEL: Dieses Land ist arm an Mineralien.
> *This country is poor in minerals.*

angesehen bei + D	den Kollegen	*respected among*
ärgerlich über + A	die Verspätung	*annoyed at*
blaß vor + D	Angst, Neid	*pale with*
böse auf + A	einen Freund	*angry with*
erfreut über + A	ein Geschenk	*pleased about*
freundlich zu + D	allen Nachbarn	*friendly toward*
interessiert an + D	der Verhandlung	*interested in*
nützlich für + A	die Umwelt	*beneficial, useful for*
schädlich für + A	die Gesundheit	*harmful to*
verschieden von + D	seinem Bruder	*different from*
zufrieden mit + D	den Verhandlungen	*satisfied with*
zurückhaltend gegenüber + D	ihren Mitbewohnern	*reserved toward*

WORD ORDER IN GERMAN SENTENCES

1. Position of Verbal Structures (1.2)

*These forms occur together only with verbs.

> Das Tennis-Match gefiel ihr sehr.
> Ich würde gern mit dir spielen.

1.1. Statements: Conjugated Verb Form in Position *Two*

1	2	3 . . .	*end of sentence*
Subject	Conjugated verb form (ending agrees with subject)		Part of verb/ prefix/ infinitive/ past participle
Gustav	lebt	in einem Dorf.	
Frau Bach	sucht	eine Einzimmerwohnung.	
Die Wohnung	gefällt	der Studentin.	
Diese Stadt	ist	alt.	
Fischers	haben	viele antike Möbel.	
Monika	[zieht}	in ein Appartement	{um].*
Max	[richtet}	sein Zimmer	{ein].
Peter	[muß}	die Miete	{bezahlen].
Wir	[möchten}		{ausziehen].
Martin	[hat}	lange zu Hause	{gewohnt].
Oma	[hat}		{umziehen müssen].
Martina	[wird}	ihre große Wohnung	{verkaufen].

Expressions of location, time or any one of many other elements can be in position *one* either for emphasis or for smooth transition between sentences.

1	2	3	
Other part of sentence	Conjugated → verb form	Subject	
In München	wohnt	Michaela	schon lange.
Seit gestern	wohnt	Peter	bei Monika.

1.2. WH-Questions: Conjugated Verb Form in Position *Two*

1	2	3 . . .	*end of sentence*
Question word	Conjugated verb form	Subject	
Wo	wohnt	Christian?	
Wohin	fahrt	ihr	im Sommer?
Wie	komme	ich	zum Bahnhof?
Was	suchst	du?	
Wer	bist	du?	
Wie	[richtest}	du	dein Zimmer {ein]?
Wann	[ziehen}	Bergers	aufs Land {um]?
Wer	[mußte}	die Miete	{bezahlen]?
Was	[hat}	Martin	{gefunden]?

* [__} . . . {__]: brackets indicate that these forms belong together.

Spiralen

NOTE: Many parts of the sentence (**Ergänzungen** and **Angaben**) can be in position 1, either for emphasis or for smooth transition between sentences. The conjugated verb still remains in position 2, however.

1.3. Yes-No Questions and Imperatives: Conjugated Verb Form in Position *One*

1 Conjugated verb form	2 Subject	3 . . .	*end of sentence*
Sucht	Frau Betz	ein Zimmer?	
Haben	Fischers	antike Möbel?	
[Zieht}	Monika	heute	{um]?
[Hat}	Alexander	bei euch	{gewohnt]?
[Sollen}	wir	die Lampe in die Ecke	{stellen]?
[Seid}	ihr	schon	{eingezogen]?
Bezahl		die Miete!	
[Seid}		nicht so	{laut]!
Fahren	Sie	bitte langsam!	
[Machen}	Sie	die Tür	{auf]!
Essen	wir	doch jetzt!	

1.4. Dependent Clauses with Subordinating Conjunction (Subjunktor), Question Word, or Relative Pronoun: Conjugated Verb Form at *End of Sentence*

Hauptsatz,	Nebensatz . . .	*end of sentence*
. . . ,	subordinating conjunction (**daß**, **weil**, . . .) question word (**wo**, **wann**, . . .) relative pronoun (**die**, **deren**, . . .)	conjugated verbform
Ich weiß,	**daß** Roger die Miete . . .	**bezahlt hat.**
Ulla sagt mir nicht,	**wo** sie	**wohnt.**
Kennst du die Leute,	**die** das Bauernhaus	**gekauft haben**?

1.5. Verbal Structure in Passive Sentences (5.1)

1.5.1. Basic Passive Sentence (*Hauptsatz*)

Was **wird** heute abend im Fernsehen **gesendet**?
↓
marked verbal element

What is being broadcast on TV tonight?

1.5.2. Passive in Dependent Clause (*Nebensatz*)

Weißt du, **ob** die Rede des Präsidenten heute abend **gesendet wird**?
↓
marked verbal element

Do you know whether the president's speech is being broadcast tonight?

1.5.3. Passive Sentence with Modal Verb

Diese Rede **muß** doch **gesendet werden.**
↓
marked verbal element

This speech must be broadcast.

1.5.4. Passive in Dependent Clause with Modal Verb

Ich weiß nicht genau, wann seine Rede **gesendet werden soll.**
↓
marked verbal element

I am not sure, when his speech is supposed to be broadcast.

1.5.5. Passive in Dependent Clause with Modal—*Perfekt*

Ich weiß, daß der Fernseher **hat repariert werden müssen.**
↓
marked verbal element

I know that the TV set had to be repaired.

1.5.6. Passive in Dependent Claus with Modal Verb—*Futur*

Ich weiß, daß mein Fernseher **wird repariert werden müssen**
↓
marked verbal element

I know that my TV set will have to be repaired.

2. Position of Objects (*Ergänzungen*) and Adverbial Phrases (*Angaben*) (2.3, 7.1, 9.3)

Sequence of Elements from Left to Right—Overview

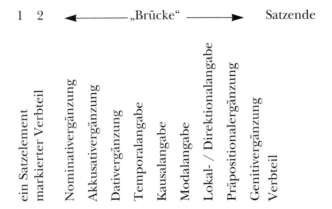

Within the "bridge"—between position 2 and the end of the sentence—some elements have a tendency towards the left, others a tendency to the right.

- **Nominativergänzungen** (**Subjekt**), **Dativergänzungen**, and **Akkusativergänzungen** have a tendency towards the left.

Heute abend bringt Alfredo Susi Blumen in ihre Wohnung mit.
↓   ↓   ↓   ⌣
wer?   wem?   was?   wohin?

This evening Alfredo is bringing flowers up to Susi in her apartment.

NOTE: When both a **Dativergänzung** and an **Akkusativergänzung** appear in one sentence, the normal sequence is for the dative to precede the accusative. However, if the accusative appears in pronoun form, then the accusative pronoun **always** precedes any dative, in noun or pronoun form.

- **Präpositionalergänzungen** and **Genitivergänzungen** have a tendency towards the right.

Susi hat Alfredo noch nicht auf seine Einladung geantwortet.
↓   ⌣
wem?   worauf?

Susi has not yet answered Alfredo's invitation.

- **Angaben** are not as closely tied to the verb as are **Ergänzungen**. They are generally positioned in the middle of the sentence between the **Ergänzungen**.

Temporal → Kausal → Modal → Lokal / Direktional
↓   ↓   ↓   ⌣
wann?   warum?   wie?   wo? / wohin?

Susi ist gestern wegen einer Erkältung nicht zur Arbeit gegangen.
↓   ⌣   ⌣
wann?   warum?   wohin?

Susi did not go to work yesterday because of a cold.

Man wird das Kind bald wegen Mißhandlung von den Eltern trennen.
⌣   ↓   ⌣   ⌣
wen?   wann?   warum?   von wem?

The child will soon be separated from its parents because of mistreatment.

- General **Temporalngaben** *precede* more specific **Temporalangaben**.

Sie fahren Freitag nachmittag um 17 Uhr ab.
⌣   ⌣
wann?   wann?
(general)   (specific)

- **Temporalangaben** come *after* **Dativergänzungen** but *precede* **Akkusativergänzungen**.

Alfredo bringt Susi jeden Tag Blumen mit.
↓   ⌣   ↓
wem?   wann?   was?

- New information has a tendency toward the right.

Susi möchte Alfredo zum Geburtstag ein Geschenk bringen.
⌣
new information

Susi would like to bring Alfredo a present for his birthday.

CONNECTING WORDS, PHRASES, AND SENTENCES

1. Time Expressions and Sequence of Events (2.3)

1.2. Forms of Time Expressions

Time expressions can have different forms: one word (**Adverb**), a phrase (for example, **Präposition plus Nomen**), or an entire temporal clause introduced by a **Subjunktor**, traditionally called subordinating conjunction.
Compare the following:

> Diana spielt **täglich** Flöte.

> Diana spielt **während des Essens** Flöte.

> Diana spielt Flöte, **während wir essen**.

We said above that time expressions can take the form of entire dependent clauses introduced by a **Subjunktor** (*when, while, after, before,* and so on). Like other time expressions, temporal clauses are common in initial position. In such cases they are followed by the main clause (**Hauptsatz**). Since the entire dependent clause is now *one* element of the complex sentence, the verb must be in second position (i.e., at the beginning of the main clause).

> **BEISPIEL:** **Während wir essen**, spielt Diana Flöte.
> 1   2   3   . . .

> *While we are eating, Diana plays the flute.*

1.3. Sequencing of Time Expressions

Events can either be simultaneous or sequential.

Simultaneous events: When simultaneous events relate to a one-time situation in the past, the **Subjunktor** is **als**. **Wenn** is used primarily with non-past events (**jetzt, später**), but occasionally with past events to indicate customs or habitual occurrences (**immer wenn**).
Compare the following:

> *One-time events in the past:*
>
> **Als** das Fest zu Ende war, wünschten die weisen Frauen dem Kind Tugend, Reichtum und Schönheit.

> *Non-past events:*
>
> **Wenn** die Prinzessin 15 Jahre alt **ist**, wird sie sich mit der Spindel stechen.

> *Repeated (habitual) events:*
>
> (**Immer**) **wenn** Königssöhne durch die Hecke zur Prinzessin wollten, blieben sie in der Hecke hängen und starben.

Sequential events: These are events following one another. In temporal clauses, sequential ordering can be signaled by **bevor**, **seit**(**dem**), **bis**, **sobald**, or **nachdem**. With **nachdem**, the sequence of tenses follows the rule shown in the table below; **bevor** does not follow such a rigid scheme as **nachdem**.

Spiralen

396

NACHDEM-TEMPORALSATZ	HAUPTSATZ
Perfekt	Präsens
Plusquamperfekt	Präteritum

BEISPIEL: **Nachdem** er den ganzen Abend studiert **hat, hört** er Musik.

Nachdem er den ganzen Tag studiert **hatte, hörte** er Musik.

<table>
<tr><th colspan="3">Summary of Different Time Expressions</th></tr>
<tr><th>Präposition + Nomen</th><th>Subjunktor
+ temporaler Nebensatz</th><th>Adverb</th></tr>
<tr><td>während (during)</td><td>während (while)
wenn (when)
als (when)</td><td>währenddessen (= gleichzeitig)</td></tr>
<tr><td>vor (before)</td><td>bevor / ehe (before)</td><td>vorher (before that)</td></tr>
<tr><td>nach (after)</td><td>nachdem / sobald (after, as soon as)</td><td>nachher (afterward)</td></tr>
<tr><td>seit (since)</td><td>seit(dem) (since)</td><td>seitdem (since then)
seither</td></tr>
<tr><td>bis (until)</td><td>bis (until)
solange (as long as)</td><td>bis dahin (until then)</td></tr>
</table>

2. Tying Sentences Together with Pronouns and da-Words (2.2, 7.2, 7.3)

Texts, spoken or written, that involve more than a single sentence have numerous ways of tying the information conveyed in individual sentences together into a cohesive message that the hearer or reader can follow easily. Perhaps the simplest and most common of these devices is the *personal pronoun*. Pronouns are words that can take the place of nouns, specifically in the circumstances described below. New topics that are the focus of a sentence are typically introduced with a noun. In subsequent sentences this "new" topic becomes old; other new material takes center stage. To signal this shift from *unknown* to *known* information we use pronouns.

> Yesterday *my roommate* got a call from *his sister*. *She* wants to visit *him* on campus for the long weekend. I've only met *her* once but I look forward to seeing *her* again.

To help you appreciate the importance of this function, try saying these three sentences without pronoun substitution! It sounds awfully repetitive. Pronouns can be replaced again by nouns if it becomes unclear, over a number of sentences, what nouns they originally referred to.

Since pronouns replace nouns, German pronouns must have a way of indicating case, number, and gender just as nouns do.

Personalpronomenformen					
Singular					
	1. PERSON	2. PERSON		3. PERSON	
		formell *familiär*		*maskulin* *feminin* *neutrum*	
Nominativ	ich	Sie	du	er sie es	
Akkusativ	mich	Sie	dich	ihn sie es	
Dativ	mir	Ihnen	dir	ihm ihr ihm	
Genitiv*	meiner	Ihrer	deiner	seiner ihrer seiner	
Plural					
	1. PERSON	2. PERSON		3. PERSON	
		formell *familiär*		*maskulin* *feminin* *neutrum*	
Nominativ	wir	Sie	ihr	sie	
Akkusativ	uns	Sie	euch	sie	
Dativ	uns	Ihnen	euch	ihnen	
Genitiv*	unser	Ihrer	euer	ihrer	

* The genitive of personal pronouns occurs extremely rarely.

The *case* of a pronoun is, of course, dependent on the role it plays in the sentence where it appears. It can stand for a subject (**Nominativ**), a direct object (**Akkusativ**), indirect object (**Dativ**), or, rarely, a possessive (**Genitiv**).

BEISPIELE: Hast du schon **mit Eva** gesprochen? **Sie** wollte uns zum Abendessen einladen. (*subject*)

Evas Bruder aus München kommt auch. Ich habe **ihn** letzten Sommer kennengelernt. (*direct object*)

Weißt du, **Eva** liebt die Natur. Bringen wir **ihr** doch einen Strauß Wiesenblumen mit. (*indirect object*)

When both a **dative** and an **accusative** appear in one sentence, the normal sequence is for the **dative** to precede the **accusative**. However, if the **accusative** appears in pronoun form *the accusative pronoun always precedes any **dative***, in noun or pronoun form.

BEISPIELE: BEATE: Schenk deiner Mutter doch ein paar Blumen.

MATTHIAS: Gute Idee. Vielleicht kann ich sie ihr in einer hübschen Vase geben.

           Dativ   *Akkusativ*
Schenk **deiner Mutter** doch **ein paar Blumen**.

Vielleicht kann ich **sie ihr** in einer Vase geben.

Akkusativ Dativ

FRAU MAY: Zeig bitte unseren Gästen das Zimmer, in dem sie schlafen werden.

HERR MAY: Darf ich Sie in den ersten Stock bitten? Dann kann ich es Ihnen zeigen.

           Dativ   *Akkusativ*
Zeig bitte **unseren Gästen das Zimmer**.

. . . Dann kann ich   **es**   **Ihnen** zeigen.
                   Akkusativ   *Dativ*

Referring Back (*Zurückverweisen*) and Ahead (*Vorverweisen*)

Besides using personal pronouns to refer back to something already mentioned, there is also the possibility of using **da** / **wo**-words.

Many verbs require a specific preposition as a connector to the *Ergänzungen*.

überraschen jdn **mit**	sorgen **für**	warten **auf**
haben Verständnis **für**	erinnern sich **an**	reden **über**

In such cases one refers back by using either the **Präposition** + **Pronomen** / **Fragewort** or **da-** / **wo-** + **Präposition**.

- Referring to a person: **Präposition** + **Pronomen** / **Fragewort**

  BEISPIEL: A: Frau Niedert hat lange **auf ihren Mann** gewartet. Jeden Abend muß sie **auf ihn** warten.

  B: **Auf wen?**

  A: **Auf ihren Mann,** natürlich!

- Referring to an object / idea: **da-** / **wo-** + **Präposition**

  BEISPIEL: FRAU N.: Wir haben nie Zeit für **ein hübsches Wochenende** zusammen!

  HERR N.: Aber Inge, bitte! Ich hol' mir schnell etwas zu trinken, und dann reden wir **darüber.**

  FRAU N.: **Worüber** sollen wir denn reden? Du weißt doch selber, die nächsten vier Sonntage sind total ausgebucht! Du hast einfach kein Verständnis **für meine Situation.**

  HERR N.: Das ist doch nicht wahr, Schatz! Natürlich habe ich Verständnis **dafür.**

399

Beispiele von Rückverweisformen bei Präpositionalergänzungen				
Verb + Präposition	**Dinge / Ideen**		**Personen / Lebewesen**	
	da-Form	**wo**-Form	Präp.+ Pron.	Präp.+ Fragewort
abhängen **von**	**da**von	**wo**von	**von** . . .	**von** wem?
überraschen **mit**	**da**mit	**wo**mit	**mit** . . .	**mit** wem?
fürchten sich **vor**	**da**vor	**wo**vor	**vor** . . .	**vor** wem?
warten **auf**	**da-r**-auf[*]	**wo-r**-auf	**auf** . . .	**auf** wen?
reden **über**	**da-r**-über	**wo-r**-über	**über** . . .	**über** wen?

[*]Wenn die Präposition mit einem Vokal beginnt, kommt zwischen **da-** / **wo-** und Präposition ein **-r-**.

3. Defining or Further Explaining with Relative Clause (7.3)

Relative clauses allow us to further define a person, object / idea, or situation. The relative pronoun connects the relative clause with the sentence element to be defined.

3.1. Forms of Relative Pronouns

Relativpronomen			
Singular			**Plural**
m	*f*	*n*	
n der	die	das	die
a den	die	das	die
d dem	der	dem	**denen**
g **dessen**	**deren**	**dessen**	**deren**

3.2. Relative Clause without Preposition

- Relative Clause in Nominative Case

RELATIVSATZ IM NOMINATIV

Frau Niedert, **die** auf ihren Mann wartet, wird ungeduldig.

Bezugswort   Relativpronomen (Genus + Numerus wie Bezugswort)
(Kasus = Funktion; hier: Nominativ)

Ms. Niedert, who is waiting for her husband, becomes impatient.

- Relative Clause in Accusative Case

RELATIVSATZ IM AKKUSATIV

Herr Niedert, **den** wir noch nicht kennen, kommt nach Hause.

Bezugswort   Relativpronomen (mask., sing.; Akkusativergänzung)

Mr. Niedert, whom we do not yet know, is coming home.

- Relative Clause in Dative Case

RELATIVSATZ IM DATIV

Jochen,   **dem** Inge etwas Gutes gekocht hat, kommt oft zu spät.

Bezugswort Relativpronomen (mask., sing.; Dativergänzung)

Jochen, for whom Inge has cooked something good, is often late.

- Relative Clause in Genitive Case

RELATIVSATZ IM GENITIV

Mustafa, **dessen** Verwandte in der Türkei wohnen, lebt mit Susanne in Deutschland.

Bezugswort Relativpronomen (mask., sing.; Genitivergänzung)

Mustafa, whose relatives are in Turkey, lives in Germany with Susanne.

3.3. Relative Clause with Preposition

RELATIVSATZ MIT PRÄPOSITION (DATIV)

Müllers, **bei denen** Niederts eingeladen sind, wohnen ganz in der Nähe.

Bezugswort Relativpronomen (pl.; Präpositionalergänzung / Dativ)

The Müllers, to whose house the Niederts are invited, live close by.

NOTES: If the referent is an object or idea, **wo- + Präposition** is frequently used.

> Gleichberechtigung ist ein Thema, über das / worüber viel geredet wird.

The relative pronoun and the comma are *obligatory* in German. This is not always the case in English.

Die Frau, **die** er liebt, . . .	*The woman (whom) he loves . . .*
Es war der Tag, **an dem** er wegging, . . .	*It was the day (on which) he left . . .*

3.4. *Was* as Relative Pronoun

Was acts as a relative pronoun when the element referred to is:

> an indefinite pronoun (1)
> a superlative form (2) or
> a complete sentence (3)

Sie glaubt nicht **alles** (1),	**was** Peter sagt.
Das ist **etwas** (1),	**was** ich noch nicht wußte.
Bei uns gibt es **vieles** (1),	**was** man in . . . nicht bekommt.
Versprich **nichts** (1),	**was** du nicht halten kannst.
Susis Stille war **das Schlimmste** (2),	**was** Mustafa je erlebt hat.
Die Niederts hatten einen Streit (3),	**was** mich nicht überraschte.

3.5. *Wo*, *wohin*, and *woher* as Relative Pronouns

Wo, wohin, woher act as relative pronouns if the element referred to is a location.

> Susanne und Mustafa reisten in die Türkei, **wo** Mustafas Verwandte wohnen.

4. Prepositions (1.2)

4.1. Overview

AKKUSATIV	DATIV	DATIV / AKKUSATIV	GENITIV (DATIV)
durch	aus	an	statt
für	außer	auf	trotz
gegen	bei	hinter	während
ohne	mit	in	wegen
um	nach	neben	
	seit	über	
	von	unter	
	zu	vor	
		zwischen	

4.2. Prepositions Indicating Location and Direction

Some prepositions always require the same case. Other prepositions can be followed by either the accusative or the dative case. These prepositions are sometimes called *two-way* prepositions. When signaling location, they are followed by the dative; when signaling direction, they are followed by the accusative case.

- Always the same case:

Location (**Dativ**)	Direction (**Dativ**)	Direction (**Akkusativ**)
bei	aus (woher?)	durch
	von (woher?)	gegen
	nach (wohin?)	um
	zu (wohin?)	

- Variable case:

Location (**Dativ**)	Direction (**Akkusativ**)
(wo?)	(wohin?)

an, auf, hinter,
in, neben, über,
unter, vor, zwischen

4.3. Prepositions, Subordinating Conjunctions (*Subjunktoren*), Restrictions, and Alternatives

Präposition	Subjunktor	Adverb
wegen *because*	weil / da *since*	deswegen / deshalb *therefore*
trotz *in spite of*	obwohl / obgleich *although* wenn auch *even though*	trotzdem *nevertheless*
(an)statt *instead of*	statt + zu-Infinitiv *instead of + -ing*	stattdessen

BEISPIELE: Beate kann **wegen** Krankheit nicht kommen.
Because of illness, Beate cannot come.

Beate kann nicht kommen, **weil** sie krank ist.
Beate cannot come because she is ill.

Beate ist krank. **Deshalb** kann sie nicht kommen.
Beate is ill. Therefore, she cannot come.

Trotz des Verbots rauchte Petra im Seminarraum.
In spite of the ban Petra smoked in the seminar room.

Obwohl es verboten war, rauchte Petra im Seminarraum.
Although it was forbidden, Petra smoked in the seminar room.

Im Seminarraum war Rauchen verboten. **Trotzdem** rauchte Petra da.
Smoking was prohibited in the seminar room. Nevertheless, Petra smoked there.

Adam nimmt **statt** Kaffee einen Apfel.
Adam has an apple instead of coffee.

Adam ißt einen Apfel, **statt** Kaffee zu trinken.
Adam eats an apple instead of drinking coffee.

Adam trinkt keinen Kaffee. **Stattdessen** ißt er einen Apfel.
Adam does not drink coffee. He eats an apple instead.

5. Connecting Main Clauses and Sentence Elements with Coordinating Conjunctions (*Konjunktoren*) and Adverbs

● Additiv

> **und**
> **sowohl . . . als auch** (=**wie auch**) *as well as; both . . . and*
> **nicht nur . . . sondern auch** *not only . . . but also*
> **außerdem** (*adv.*) *besides, moreover*

> BEISPIELE: Das moderne Theater ist populär geworden, **und** sein Publikum besteht **nicht** mehr **nur** aus feinen Leuten, **sondern auch** aus Angestellten, Facharbeitern, Studenten **und** Schülern.
>
> Zu einem Festwochenprogramm gehören **sowohl** Konzerte, Theateraufführungen und Filmvorführungen **als auch** Tanzveranstaltungen. **Außerdem** gibt es oft auch auf Plätzen und Parks Unterhaltung für jung und alt.

● Disjunktiv

> **oder**
> **entweder . . . oder** *either . . . or*
> **weder . . . noch** *neither . . . nor*
> **aber** (**sondern**)* *but*
> **andernfalls** (*adv.*) *otherwise*
> **sonst** (*adv.*) (*otherwise, or*) *else*

> BEISPIELE: Wir können nicht beides machen: **Entweder** sehen wir uns die Ausstellung im „Haus der Kunst" an, **oder** wir gehen in den Zoo.
>
> **Weder** der Dirigent **noch** die Musiker hatten einen so großen Erfolg ihres Konzertprogrammes erwartet.
>
> Er ist nicht Musiker, **sondern** Maler.
>
> Er ist nicht Musiker, **aber** er spielt gut Flöte.
>
> Hört jetzt endlich auf zu streiten, **sonst** gehe ich sofort.

● Restriktiv

> **zwar . . . aber** *it is true, but*
> **zwar . . . (je)doch**
> **wohl . . . aber**
> **allerdings** (*adv.*) *it is true, though*

> BEISPIELE: Jugendliche besuchen **nicht nur** die staatlichen und städtischen Bühnenhäuser, **sondern** vor allem **auch** experimentierfreudige Kleintheater, die **zwar** in Privatbesitz sind, **jedoch** wie die öffentlichen Theater aus Steuergeldern subventioniert werden.

*Nach negativer Information zeigt **sondern** etwas Positives an, wenn ein wirklicher Gegensatz (*opposition*) besteht.

Overview of Forms and Functions

403

Der Direktor der Festspiele wird sehr gut bezahlt, **allerdings** ist seine Aufgabe nicht leicht.

- Kausal

BEISPIELE: Oper und Theater brauchen öffentliche Subventionen, **denn** der Verkauf von Eintrittskarten **deckt** nur einen kleinen Teil der Unkosten.

oder: Opern und Theater brauchen öffentliche Subventionen, **weil** der Verkauf von Eintrittskarten nur einen kleinen Teil der Unkosten **deckt.**

NOTE: Although a **weil** -clause may appear as the first or the second part of a complex sentence, a **denn** -clause occurs only as the second part.

CROSSING WORD BOUNDARIES (4.3)

1. From Verbs to Adjectives; Participles as Adjectives

German verbs have two participial forms:

1. the **Partizip Perfekt**, needed to form the **Perfekt**, **Plusquamperfekt** and the **Passive**, and
2. The **Partizip Präsens**.

Study the table below to see how the present participle is formed and how it compares with the past participle.

	Partizip Präsens	Partizip Perfekt
fahren + **d** = fahren**d**		gefahren
abfahren + **d** = abfahren**d**		abgefahren
spielen + **d** = spielen**d**		gespielt
steigen + **d** = steigen**d**		gestiegen
beginnen + **d** = beginnen**d**		begonnen
Infinitiv + **d** = Partizip Präsens		Partizip Perfekt

NOTE: The **d** is only added to the infinitive to form the present participle; *no* additional ending is used to form the past participle.

Both participial forms can function as adjectives, which means that they may take adjective endings. German participial phrases may require a rather different structure in English. Try giving an idiomatic English equivalent for each of the phrases shown below.

BEISPIEL: der abfahrende Bus   versus   der abgefahrene Bus
the departing bus   *the bus that has left*

1. die steigenden Temperaturen   die gestiegenen Temperaturen
2. der singende Jugendchor   das gesungene Lied
3. die beginnenden Ferien   die begonnene Arbeit
4. die ankommenden Gäste   die angekommenen Gäste

2. From Adjectives to Nouns

Sometimes adjectives, including participles, are used like nouns.

> Das **S**chönste am ganzen Urlaub war . . .
> Die **B**ekannten / **V**erwandten von mir . . .

When preceded by **viel, etwas, wenig,** or **nichts**, nouns derived from adjectives have the endings shown in the table below.

viel etwas wenig nichts	NOM AKK	**-es** (viel Schön**es**, nichts Interessant**es**)
	DAT	**-em** (mit wenig Bekannt**em**)

When preceded by **alles** or **manches**, the endings of adjectives used as nouns are as shown below.

alles manches	NOM AKK	**-e** (alles Gut**e**)
allem manchem	DAT	**-en** (all**em** Gut**en**)

When preceded by **jemand** or **niemand**, the endings of noun-adjectives are as shown below.

jemand niemand	NOM	**-er** (jemand Fremd**er**, niemand Bekannt**er**)
	AKK	**-en** (jemand Fremd**en**, niemand Bekannt**en**)
	DAT	**-em** (Er hat mit jemand Fremd**em** gesprochen)

3. From Nouns to Adjectives

Just as adjectives can be used like nouns, so nouns can be transformed into adjectives. The following list shows some frequently used suffixes for deriving adjectives from nouns.

Nomen oder Verb + **-lich**:

Freund → freund**lich**	frag-en → frag**lich**
Sport → sport**lich**	ärger-n → ärger**lich**

Nomen + **-ig**:

Fleiß → fleiß**ig**	Vorsicht → vorsicht**ig**
Sonne → sonn**ig**	Woche → __wöch**ig** (**dreiwöchig**)

Nomen + **-isch:**

Künstler → künstler**isch**	Österreich → österreich**isch**
Frankreich → franzö**sisch**	Amerika → amerikan**isch**

Nomen + **-bar:**

Dank → dank**bar**	Furcht → furcht**bar**

When used in a temporal sense **-lich** and **-ig** have very specific functions. **-lich** refers to frequency (**wie oft?**), **-ig** identifies duration (**wie lange?**). Study the samples below and find equivalents in English.

Frequenz (wie oft?): **-lich**	Dauer (wie lange?): **-ig**

die tägliche Arbeit
   = jeden Tag
	ein zweitägiger Besuch
	   = zwei Tage lang

ein stündlicher Bus
   = jede Stunde
	ein dreistündiger Flug
	   = drei Stunden lang

die monatliche Miete
   = jeden Monat
	ein fünfmonatiges Kind
	   = fünf Monate alt

der jährliche Urlaub
   = jedes Jahr
	ein achtzigjähriger Mann
	   = achtzig Jahre alt

eine wöchentliche Veranstaltung
   = jede Woche
	eine dreiwöchige Reise
	   = drei Wochen lang

BEISPIELE: 1. Wie oft kommt hier ein Bus?   Ich glaube, viertel**stündlich**, = alle fünfzehn Minuten.

2. Wie lange dauerte der Flug von Zürich nach London?   Das war ein **einstündiger** Flug.

3. Verbringt ihr **jährlich** euren Urlaub in der Schweiz?   Ja, und immer ist es ein **zweiwöchiger** Aufenthalt im Tessin.

4. From Adjectives to Adverbs

Some frequently used German adverbs are formed by adding as **-s** to the *superlative form* of the adjective.

Adjektiv-Superlativ	Adverb
am —sten der —ste . . .	—sten**s**
am höchsten (hoch, höher) der höchste Berg	höchsten**s** = nicht mehr als *at most*
am wenigsten (wenig, weniger) die wenigste Zeit	wenigsten**s** = nicht weniger als *at least*
am frühesten (früh, früher) das früheste Schiff	frühesten**s** = nicht früher als *at the earliest*
am spätesten (spät, später) der späteste Flug	spätesten**s** = nicht später als *at the latest*
am meisten (viel, mehr) die meisten Leute	meisten**s** = sehr, sehr oft *most of the time*
am besten (gut, besser) das beste Hotel	besten**s** = sehr, sehr gut *superbly*

Alphabetical List of Verbs Introduced in the Vokabelmosaike

Number refers to **Vokabelmosaik** where the verb was introduced.

ab•biegen 1.2
ab•fahren 4.2
ab•hängen von 4.3
ab•legen etwas 10.1
ab•lehnen 2.2
ab•reißen 1.3
ab•sagen 9.2
ab•schaffen 7.1
ab•schließen 3.3
an•bieten jdm etwas 6.3
ändern 3.1
ändern sich 4.3
an•gehen jdn / etwas 8.3
angewiesen sein auf 8.3
an•hören sich etwas / jdn 5.1
an•legen etwas 10.1
an•nehmen 2.2
an•nehmen, daß 7.2
an•rufen 2.1
an•sehen sich 4.1
an•sprechen 2.1
ärgern sich über 5.3
auf•führen 9.3
auf•geben 3.2
auf•legen etwas 10.1
auf•wachsen 1.1
aus•bilden 3.3
auseinander•setzen sich mit / über 7.3
aus•gehen 4.1
aus•kennen sich 1.2
aus•kommen (mit) 6.1
aus•rechnen 4.3
aus•steigen 1.2
aus•suchen 4.2
aus•treten aus 10.3
aus•wählen 3.2
aus•zeichnen jdn / etwas 9.2
Auto fahren 4.1

backen 4.1
bauen 1.3
bedauern jdn / etwas 6.2
bedrohen 9.2
befassen sich mit 8.3
begabt sein 3.2
begeistern jdn / sich für 7.2
behandeln jdn / etwas 10.2

bei•tragen zu 7.3, 10.3
bei•treten 10.3
bekennen sich zu 9.2
bekommen 2.2
bekommen einen Eindruck 6.1
belasten jdn / etwas 8.1
belegen etwas (mit) 10.1
benachteiligen jdn (wegen) 7.3
benutzen / benützen 8.1
beobachten 2.1 beraten 3.3
beraten jdn über 10.3
berg•steigen 4.1
berichten von / über 5.3
beschäftigen sich mit 3.2
beschäftigt sein bei 3.3
beschließen etwas 10.3
besitzen 1.3
besprechen etwas (mit) 5.1
bestehen aus 7.3
betrachten (jdn / etwas) als 7.2
beurteilen jdn / etwas 5.3
bewahren 10.3
bewerben sich um 3.3
bezahlen 1.1
bieten 6.3
brauchen 8.2
buchen 4.2
bummeln 4.1

danken 2.2
dauern 9.1
durchsetzen 8.3
durchsetzen sich 7.1

einigen sich (mit) (auf / daß) 7.1, 10.3
ein•laden 2.2
ein•legen etwas 10.1
ein•richten 1.1
ein•steigen 4.2
ein•stellen sich auf 9.3
ein•ziehen 1.1
empfangen 5.1
empfinden 9.1
empfinden Angst 8.1
entdecken 9.2

entscheiden sich für / gegen 3.2
entschließen sich zu 3.3 = entscheiden sich für 3.2
entspannen sich 4.1
entspringen 10.1
entstehen 9.1
enttäuschen jdn 3.3
erfahren (durch / von) über 5.2
erholen sich 4.3
erinnern sich an 6.2
erklären 1.2
erleben etwas 6.1
erlegen 10.2
ernähren 8.1
ernennen jdn / etwas zu 9.3
erreichen 6.1
ersetzen jdn / etwas 7.1

fahren 1.2, 4.2
fallen etwas jdm leicht / schwer 3.2
faulenzen 4.1
fernsehen 4.1, 5.1
finden 1.1
finden etwas (gut) 10.2
fischen 4.1
fliegen 4.2
fließen 10.1
flüchten (vor) 6.2
fort•setzen 9.1
fragen 1.2
freuen sich auf 5.3
freuen sich über 5.3
fühlen sich wohl 4.3
fürchten sich vor 6.2

geben Auskunft 4.2
gehen 1.2, 4.1
gelingen etwas (jdm) 9.2
gewöhnen sich an 6.1
glauben (jdm) etwas 5.3
gratulieren 2.2
grillen 4.1
gründen 6.2

haben Angst vor 8.1
haben Einfluß auf 8.1

407

haben (zeigen) Verständnis
    für 7.1
halten sich an 9.2
handarbeiten 4.1
handeln mit 10.2
hängen an jdm / etwas 6.2
heiraten 7.3
helfen 2.2
hören Musik 4.1

informieren sich / jdn, über
    3.1
interessieren sich für 3.1

kaufen 1.3
kegeln 4.1
kennen 2.1
kennen•lernen 2.1
kochen 4.1
kommen in Frage für 3.2
konkurrieren mit (um) 5.2
kontrollieren 6.1

leben 1.1
legen 10.1
leiden an 9.1
leiden unter 9.1
leisten können sich etwas 6.2
lesen 4.1
lohnen sich 4.3
lösen 8.1

machen einen Ausflug 4.1
machen eine Reise 4.2
machen Musik 4.1
malen 4.1
meinen 5.2
messen 8.2
mieten 1.1
mißverstehen 5.1
mit•bringen 2.2
Mitglied sein 4.1
mit•singen 4.1
mit•spielen 4.1
modernisieren 1.3
münden 10.1

nahen 4.1
nähren 8.1
nehmen 1.2
nehmen etwas / jdn ernst 3.2
nutzen etwas zu 10.2

rad•fahren 4.1
reden (mit) über / von 5.1
regieren 6.3
reisen 4.2
reiten 4.1

renovieren 1.3
reparieren 1.3
restaurieren 1.3
retten jdn / etwas 8.2
richten sich nach 4.3

sagen 1.2
sagen jdm etwas 5.1
sammeln 4.1
schaden jdm / etwas 8.1
schätzen jdn / etwas 8.1
scheiden lassen sich 7.3
Schi fahren 4.1
schreien 7.2
schützen (vor) 8.1
schwimmen 4.1
segeln 4.1
sein angewicscn auf 8.3
sein ledig 7.3
sein stolz auf 10.2
senden 5.1
setzen sich in Verbindung mit
    3.3
sorgen für 7.1
sparen 8.3
spazieren•gehen 4.1
spielen 4.1
sprechen (mit) über / von 5.1
statt•finden 6.2
steigen (auf) 7.2
stören jdn / etwas 8.2
streichen 1.3
streiten sich / mit, über 5.3
stricken 4.1
suchen 1.1

tapezieren 1.3
teilen 6.1
teilen mit 6.1
treffen 2.1
treiben Sport 4.1
trennen jdn / etwas (von) 7.1

überlassen jdm etwas / jdn
    7.1
überlegen sich etwas 3.1, 10.1
überraschen jdn (mit / bei)
    7.2
überreden jdn zu / etwas zu
    tun 5.2
überschätzen jdn / etwas 8.1
übertragen 5.2
überzeugen jdn von 5.2
um•steigen 1.2, 4.2
um•stellen sich (auf) 6.3
um•ziehen 1.1
unterhalten sich mit, über 3.1

unter•legen etwas 10.1
unterschätzen jdn / etwas 8.1
unterstützen jdn / etwas 7.3
unterwegs sein 4.2
unterzeichnen 6.3
urteilen über 5.3

verbieten 6.3
verbinden jdn / etwas mit 6.1
verbrauchen 8.2
vereinigen 6.2
vergiften 8.2
verhalten sich 7.2
verhandeln (mit) über 10.2
verhindern 8.2
verlassen sich auf 5.3
verlegen etwas 10.1
verlieben sich (in) 7.3
verloben sich (mit) 7.3
vermieten 1.1
vermissen jdn / etwas 10.2
verschmutzen 8.3
verschwenden 8.1
versorgen jdn (mit) 10.3
verspäten sich 2.1
verspotten 9.3
versprechen jdm etwas 5.2
verstehen 5.1
verstehen sich (gut) 5.1
verteilen etwas (unter) 9.3
    verursachen 8.3
voraus•sagen 4.3
vor•bereiten 4.2
vor•schreiben jdm etwas 7.2
vor•stellen sich / jdn 2.1
vor•stellen sich etwas 3.1

wagen 6.3
wählen 6.3
wandern 4.1
wehren sich (gegen) 6.3
wenden sich an 3.3
werben für 5.2
wissen 1.2
wohnen 1.1
wünschen jdm / sich etwas
    3.1

zulassen jdn / etwas 7.2
zu•legen etwas 10.1
zurecht•finden sich 7.2
zu•sagen 9.2
zerstören 6.2
zurück•gehen 7.3
zu•schauen 4.1
zu•sehen (bei) 5.1

List of Selected Verbs Requiring Specific Prepositions

AN

denken an (A)	*to think of*
erinnern sich an (A)	*to remember*
gewöhnen sich an (A)	*to get used to*
glauben an (A)	*to believe in*
leiden an (D)	*to suffer from*
schreiben an (A)	*to write to*
wenden sich an (A)	*to turn to*

AUF

antworten auf	*to answer to*
bestehen auf	*to insist upon*
einstellen sich auf	*to adjust to*
freuen sich auf	*to look foward to*
umstellen sich auf	*to adjust to*
verlassen sich auf	*to rely on*
warten auf	*to wait for*

AUS

bestehen aus	*to consist of*

BEI

arbeiten bei	*to work at*
wohnen bei	*to live/reside with*

FÜR

begeistern sich / jdn für	*to get oneself so enthusiastic about*
entscheiden sich für / gegen	*to decide for/against*
interessieren sich für	*to be interested in*
sorgen für	*to take care of, to see to*

IN

verlieben sich in	*to fall in love with*

MIT

auseinandersetzen sich mit / über	*to argue with*
auskommen mit	*to get along with*
befassen sich mit	*to deal with, to be engaged in*
beschäftigen sich mit	*to be busy with*
einigen sich mit / über	*to speak with/about*
sprechen mit / über	*to quarrel with so./about*
streiten sich mit / über	*to quarrel with so./about*
unterhalten sich mit / über	*to chat with/about*
verloben sich mit	*to get engaged to*

NACH

erkundigen sich nach	*to inquire about*
richten sich nach	*to go along with*

ÜBER

ärgern sich über	*to be angry about*
beklagen sich über	*to complain about*
beraten jdn über	*to advise so. about*
freuen sich über	*to be pleased about*
informieren sich / jdn über	*to inform oneself/so. about*
nachdenken über	*to think about, ponder over*
wundern sich über	*to be surprised about*

UM

bewerben sich um / bei	*to apply for/with*
gehen (es) um	*to be about*
kümmern sich um	*to look after*

UNTER

leiden unter / durch	*to suffer from/because of*

VON

abhängen von	*to depend on*
halten von	*to think of*
überzeugen jdn von	*to convince so. of*
verabschieden sich von	*to say good-bye to*
verstehen von	*to understand about*
wissen von	*to know about*

VOR

flüchten vor	*to flee from*
fürchten sich vor	*to be fearful of*

ZU

beitragen zu	*to contribute to*
entschließen sich zu	*to decide*
gehören zu	*to be part of, belong to*
überreden jdn zu	*to persuade so. to*

*I*ndex

412